D1691205

Liebe Leserin, lieber Leser,

vielen Dank, dass Sie sich für ein Buch von SAP PRESS entschieden haben.

SAP PRESS ist eine gemeinschaftliche Initiative von SAP und Galileo Press. Ziel ist es, qualifiziertes SAP-Wissen Anwendern zur Verfügung zu stellen. SAP PRESS vereint das fachliche Know-how der SAP und die verlegerische Kompetenz von Galileo Press. Die Bücher bieten Expertenwissen zu technischen wie auch zu betriebswirtschaftlichen SAP-Themen.

Jedes unserer Bücher will Sie überzeugen. Damit uns das immer wieder neu gelingt, sind wir auf Ihre Rückmeldung angewiesen. Bitte teilen Sie uns Ihre Meinung zu diesem Buch mit. Ihre kritischen und freundlichen Anregungen, Ihre Wünsche und Ideen werden uns weiterhelfen.

Wir freuen uns auf den Dialog mit Ihnen.

Ihre Wiebke Hübner
Lektorat SAP PRESS

Galileo Press
Gartenstraße 24
53229 Bonn

wiebke.huebner@galileo-press.de
www.sap-press.de

SAP PRESS

SAP PRESS wird herausgegeben von
Bernhard Hochlehnert, SAP AG

Helmut Stefani et al.
Datenarchivierung mit SAP
Praktisches Handbuch für Archivierungsprojekte
2002, ca. 360 Seiten, geb.
ISBN 3-89842-212-7

Sue McFarland Metzger, Susanne Röhrs
SAP R/3 Änderungs- und Transportmanagement
R/3-Systemlandschaft implementieren und warten
2000, 690 Seiten, geb., CD,
ISBN 3-934358-42-X

Horst Keller, Sascha Krüger
ABAP Objects
Einführung in die SAP-Programmierung
2. Auflage 2001, 665 Seiten, geb., 2 CDs
ISBN 3-89842-147-3

Horst Keller, Joachim Jacobitz, Erhardt Vortanz
ABAP Objects-Referenz
2002, ca. 1000 Seiten, geb., 2 CDs
ISBN 3-89842-61-0

Aktuelle Angaben zum gesamten SAP PRESS-Programm finden Sie unter
www.sap-press.de.

Werner Hertleif
Christoph Wachter

SAP Smart Forms

Formulare komfortabel erstellen

Galileo Press

Die Deutsche Bibliothek – CIP-Einheitsaufnahme
Ein Titeldatensatz für diese Publikation
ist bei der Deutschen Bibliothek erhältlich

ISBN 3-89842-196-1

© Galileo Press GmbH, Bonn 2002
1. Auflage 2002

Der Name Galileo Press geht auf den italienischen Mathematiker und Philosophen Galileo Galilei (1564–1642) zurück. Er gilt als Gründungsfigur der neuzeitlichen Wissenschaft und wurde berühmt als Verfechter des modernen, heliozentrischen Weltbilds. Legendär ist sein Ausspruch **Eppur se muove** (Und sie bewegt sich doch). Das Emblem von Galileo Press ist der Jupiter, umkreist von den vier Galileischen Monden. Galilei entdeckte die nach ihm benannten Monde 1610.

Lektorat Wiebke Hübner **Korrektorat** U. Hübner, Lüneburg **Einbandgestaltung** department, Köln-Godorf **Herstellung** Iris Warkus **Satz** Typographie & Computer, Krefeld **Druck und Bindung** Bercker Graphischer Betrieb, Kevelaer

Das vorliegende Werk ist in all seinen Teilen urheberrechtlich geschützt. Alle Rechte vorbehalten, insbesondere das Recht der Übersetzung, des Vortrags, der Reproduktion, der Vervielfältigung auf fotomechanischen oder anderen Wegen und der Speicherung in elektronischen Medien.

Ungeachtet der Sorgfalt, die auf die Erstellung von Text, Abbildungen und Programmen verwendet wurde, können weder Verlag noch Autor, Herausgeber oder Übersetzer für mögliche Fehler und deren Folgen eine juristische Verantwortung oder irgendeine Haftung übernehmen.

Die in diesem Werk wiedergegebenen Gebrauchsnamen, Handelsnamen, Warenbezeichnungen usw. können auch ohne besondere Kennzeichnung Marken sein und als solche den gesetzlichen Bestimmungen unterliegen.

Sämtliche in diesem Werk abgedruckten Abbildungen und Bildschirmabzüge unterliegen dem Urheberrecht © der SAP AG, Neurottstraße 16, D-69190 Walldorf.

SAP, das SAP-Logo, mySAP.com, R/3, R/2, SAPtronic, ABAP, ABAP/4, SAPscript, SAP Business Navigator, SAP Business Framework, AcceleratedSAP, InterSAP, SAPoffice, SAPfind, SAPfile, SAPtime, SAPmail, SAPaccess, SAP-EDI, SAP ArchiveLink, SAP Early Watch, R/3 Retail, RIVA, SAP GUI, TeamSAP, SAP APO, SAP Business Workflow, SAP Business Engineer, SAP Business Information Warehouse, BW Explorer, ALE/WEB und SAP PRESS sind Marken oder eingetragene Marken der SAP AG, Walldorf.

Inhalt

1 Einleitung 13

- 1.1 Formularerstellung im neuen Stil 13
- 1.2 Handhabung des Buches 14
- 1.2.1 Buchaufbau 14
- 1.2.2 Der richtige Einstieg 17
- 1.2.3 Generelle Hinweise 17

2 Schnelleinstieg 19

- 2.1 Generelles zur Formularentwicklung 19
- 2.1.1 Übersicht 19
- 2.1.2 Layout des Formulars 20
- 2.1.3 Ablauflogik des Formulars 21
- 2.1.4 Daten im Formular 23
- 2.1.5 Ausgabe 24
- 2.1.6 Werkzeuge 24
- 2.2 Übungsbeispiel 25
- 2.2.1 Voraussetzungen 25
- 2.2.2 Vorbereitung: Standardtext erstellen 27
- 2.2.3 Ausgabe Musterformular 30
- 2.2.4 Eigenes Formular als Arbeitskopie erstellen 36
- 2.2.5 Änderungen am eigenen Formular 38
- 2.2.6 Eigenes Rahmenprogramm erstellen 47
- 2.3 Knotentypen in der Übersicht 50

3 Werkzeuge 55

- 3.1 Übersicht 55
- 3.2 Style Builder 57
- 3.2.1 Übersicht 57
- 3.2.2 Funktionen des Style Builders 58
- 3.2.3 Eigenen Stil durch Kopie erstellen 59
- 3.2.4 Kopfdaten eines Stils 61
- 3.2.5 Absatzformate pflegen 62
- 3.2.6 Übungsbeispiel: Gliederungen 66
- 3.2.7 Zeichenformate 68
- 3.2.8 Übungsbeispiele: Inhalte des Stils 70
- 3.3 Form Builder 71
- 3.3.1 Bearbeitungsfunktionen 71
- 3.3.2 Form Painter 79
- 3.3.3 Table Painter 81

3.4	**Formulare prüfen, testen, aktivieren**	**84**
3.4.1	Formular aktivieren	85
3.4.2	Formular testen	87
3.4.3	Formular generieren	88
3.5	**Formular-Dokumentation**	**88**

4	**Layout des Formulars**	**91**
4.1	**Übersicht**	**91**
4.2	**Generelle Layoutvorgaben**	**92**
4.2.1	Globale Einstellungen	93
4.2.2	Rahmen und Schattierungen	94
4.3	**Seite-Knoten**	**96**
4.3.1	Neuanlage von Entwurfsseiten	97
4.4	**Fenster-Knoten**	**99**
4.4.1	Neuanlage eines Fensters	100
4.4.2	Übungsbeispiel: Fenster erzeugen	102
4.5	**Schablonen und Ausgabetabellen**	**103**
4.5.1	Übersicht	103
4.5.2	Übungsbeispiel: Schablone-Knoten einrichten	106
4.5.3	Mehrere Schablonen kombinieren	112
4.5.4	Ausgabetabelle ohne direkten Datenzugriff	112

5	**Elementare Knotentypen**	**115**
5.1	**Text-Knoten**	**115**
5.1.1	Allgemeine Eigenschaften	115
5.1.2	Textelement	119
5.1.3	Übungsbeispiel: Text-Knoten anlegen	120
5.1.4	Include-Text (SAPscript-Texte)	121
5.1.5	Textbausteine einbinden	125
5.1.6	Übungsbeispiel: Textbaustein einbinden	126
5.1.7	Textbausteine anlegen und pflegen	128
5.1.8	Übungsbeispiel: Textbaustein anlegen	129
5.2	**Adresse-Knoten**	**130**
5.2.1	Adresse-Knoten anlegen	131
5.3	**Grafiken und Hintergrundbild**	**135**
5.3.1	Einbindung in das Formular	135
5.3.2	Grafiken in Fenster, Schablone oder Ausgabetabelle	137
5.3.3	Hintergrundbild zur Seite	137
5.3.4	Optimierung der Druckausgabe	139

5.4	**Ordner-Knoten**	**139**
5.4.1	Übungsbeispiel: Ordner anlegen	141
5.5	**Sprache im Formular**	**141**
5.5.1	Sprache bei Formularausgabe	142

6 Daten im Formular 143

6.1	**Übersicht**	**143**
6.2	**Felder als Platzhalter**	**145**
6.2.1	Feldliste	145
6.2.2	Felder im Text-Knoten	145
6.2.3	Felder als Knotenattribut	148
6.2.4	Felder mit Aufbereitungsoptionen	149
6.3	**Datenstrukturen und Datendefinitionen**	**152**
6.3.1	Vorgehensweise	152
6.3.2	Übersicht Datenstrukturen	153
6.3.3	Datendefinition	159
6.3.4	ABAP-Datentypen verwenden	160
6.3.5	Bezug auf ABAP-Dictionary	161
6.3.6	Bezug auf interne Daten	166
6.3.7	Individuelle Datentypen im Formular	167
6.3.8	Syntax der Felder	168
6.4	**Quelle der Daten**	**168**
6.4.1	Formularschnittstelle	169
6.4.2	Globale Definitionen	176
6.4.3	Systemfelder	178

7 Ablauflogik des Formulars 181

7.1	**Übersicht**	**181**
7.2	**Dynamische Datenausgabe**	**184**
7.2.1	Übersicht	184
7.2.2	Knotentypen zur Ausgabe von internen Tabellen	186
7.2.3	Schleife	188
7.2.4	Einzelnen Datensatz über Schleife lesen	194
7.2.5	Übungsbeispiel: Schleife	196
7.2.6	Ausgabetabelle	197
7.2.7	Zeitpunkte (Ereignisknoten)	200
7.2.8	Übungsbeispiel: Flugrechnung überarbeiten	201
7.3	**Logische Abfragen**	**206**
7.3.1	Bedingungen	206
7.3.2	Verzweigungen über Alternative-Knoten	209
7.4	**Abfolge und Nummerierung der Ausgabeseiten**	**210**

7.5	Kommando-Knoten 213
7.5.1	Übersicht 213
7.5.2	Print-Controls 214
7.5.3	Attribute zum Spoolauftrag 216
7.6	**Komplexer Abschnitt 218**
7.7	**Nachprozessierung 218**
7.8	**Zusammenfassung der Formularprozessierung 220**

8	**ABAP-Programme im Formular 223**
8.1	Wozu Programmcode im Formular? 223
8.2	Bearbeitungsfunktionen im Programm-Knoten 226
8.3	Besonderheiten im Programm-Knoten 230
8.4	**ABAP-Grundlagen 232**
8.4.1	Übersicht 232
8.4.2	Datendefinition 234
8.4.3	Wertzuweisungen 235
8.4.4	Datenbanktabellen abfragen 237
8.4.5	Schleifen 239
8.4.6	Kontrollstrukturen (über Bedingungen) 240
8.4.7	Unterprogramme 241
8.4.8	Testfunktion 242
8.5	**Beispiel : Adresse über Funktionsbaustein einbinden 242**
8.5.1	Übersicht 242
8.5.2	Verwendung einer Adressnummer aus der ZAV 244
8.5.3	Einbindung bei direkter Übergabe von Adressinhalten 246
8.5.4	Übungsbeispiel 248
8.6	**Beispiel: Summenbildung in der Flugrechnung 248**
8.6.1	Übungsvorschlag: Ausgabe in Hauswährung 251

9	**Rahmenprogramm 255**
9.1	**Übersicht 255**
9.2	**Festlegung der Merkmale zur Datenbereitstellung 257**
9.2.1	Flugrechnung: Selektionsbild zur Dateneingabe 257
9.2.2	Abwicklung über Nachrichtensteuerung 260
9.3	**Datenbeschaffung 264**
9.3.1	Flugrechnung: Lesen der Datenbanktabellen 264
9.3.2	Lieferung: Daten zusammenstellen 266
9.4	**Funktionsbaustein des Formulars ansprechen 267**
9.4.1	Name des Funktionsbausteins ermitteln 267
9.4.2	Aufruf Funktionsbaustein zum Formular 268
9.5	**Übungsbeispiel: Flugrechnung an mehrere Kunden 270**

9.6	**Welche Daten verwendet das Formular?** 276
9.6.1	Übersicht 276
9.6.2	Beispiel: Übergabe Flugverbindungen je nach Bedarf 279
9.6.3	Reduzierte Datenbereitstellung beim Lieferschein 279
9.6.4	Beispiel: Kennzeichnung von Durchschlägen 282
9.7	**Standardparameter der Formularschnittstelle** 286
9.7.1	Übersicht 286
9.7.2	Import-Standardparameter 287
9.7.3	Übungsbeispiel: Import-Standardparameter 293
9.7.4	Export-Standardparameter 296
9.7.5	Übungsbeispiel: Export-Standardparameter 298
9.8	**Laufzeitfehler/Ausnahmen** 300
9.8.1	Übersicht 300
9.8.2	Fehlerbehandlung im Rahmenprogramm 303
9.8.3	Individuelle Fehlerbehandlung im Formular 306
9.8.4	Überwachung der Formularausführung per TRACE 312

10	**Besondere Ausgabeverfahren** 313
10.1	**Versenden über E-Mail oder Telefax** 313
10.1.1	Übersicht 313
10.1.2	Übungsbeispiel: E-Mail-Versand 316
10.1.3	Zusätzliche Möglichkeiten bei DEVICE='MAIL' 319
10.1.4	Anwendungsfall: mySAP CRM 320
10.2	**Versenden per Telefax** 321
10.3	**XSF-Ausgabe** 323
10.3.1	Übersicht 323
10.3.2	Übergabeformen der XSF-Ausgabe 324
10.3.3	XSF-Ausgabe statisch aktivieren 325
10.3.4	XSF-Ausgabe dynamisch über Formularsschnittstelle vorgeben 326
10.3.5	Übungsbeispiel: Download XSF-Ausgabe 327
10.4	**Archivierung** 331

11	**SAPscript-Formulare migrieren** 333
11.1	**Übersicht** 333
11.2	**Stile migrieren** 335
11.3	**Formulare migrieren** 336
11.3.1	Automatische Migrationsfunktion 336
11.3.2	Manuelle Nachbearbeitung 338
11.3.3	Testfähigkeit des Formulars erreichen 339
11.3.4	SAPscript-Kommandos umsetzen 342
11.3.5	Ausgabefähigkeit über Rahmenprogramm erzeugen 346
11.3.6	Übergeordnete Ablauflogik 347
11.3.7	Standard-Schnittstellenparameter 352

12 Neuerung ab Basis-Release 6.10 357

- **12.1** Web Application Server 6.10 357
  - 12.1.1 Neuerungen im Form Builder, Form Painter und Table Painter 358
  - 12.1.2 Neue Tabellenausgabe 360
  - 12.1.3 Das Kopienfenster 361
  - 12.1.4 Das Abschlussfenster 362
  - 12.1.5 Neue Systemfelder 363
- **12.2** Web-Formulare für Internet-Anwendungen 363
  - 12.2.1 Die HTML-Ausgabe 365
  - 12.2.2 Verwendung eines Web-Formulars 365
  - 12.2.3 Eingabeelemente 366
  - 12.2.4 Mehr Details zu HTML-Formularen 368
  - 12.2.5 Aufruf eines Web-Formulars mit einer BSP-Applikation 370
  - 12.2.6 Formulareingaben auswerten 373
  - 12.2.7 Web-Eigenschaften im Form Builder pflegen 374
  - 12.2.8 Einfache Eingabetypen verwenden 375
  - 12.2.9 Gruppierende Eingabetypen verwenden 376
- **12.3** Web Application Server 6.20 377
  - 12.3.1 Seitenschutz für Tabellenzeilen 377
  - 12.3.2 Hoch- und Herunterladen von Textbausteinen und Smart Styles 378
  - 12.3.3 Web-Formulare 378

13 Umfeld Formularentwicklung 381

- **13.1** Übersicht 381
- **13.2** Transport und Übersetzung 381
  - 13.2.1 Transport 382
  - 13.2.2 Übersetzung von Texten 383
- **13.3** Textbearbeitung und -ablage 387
  - 13.3.1 Übersicht 387
  - 13.3.2 Inline-Editor 387
  - 13.3.3 SAPscript-Editor (Ganzseiteneditor) 391
  - 13.3.4 Textverwaltung 393
- **13.4** Grafikverwaltung 399
- **13.5** Nachrichtenfindung und -steuerung 402
  - 13.5.1 Übersicht 402
  - 13.5.2 Nachrichtenfindung über Konditionstechnik 403
  - 13.5.3 Formulare des Finanzwesens einbinden 413
  - 13.5.4 QM-Formulare einbinden 414
- **13.6** Druck- und Spoolsystem 416
  - 13.6.1 Übersicht 416
  - 13.6.2 Vorgaben im Spooldialogbild 418
  - 13.6.3 Spoolsteuerung (Ausgabesteuerung) 420
  - 13.6.4 Spoolverwaltung 424

| 13.6.5 | Gerätetypen (Print-Controls) | **428** |
| 13.6.6 | Fonts und Barcodes im SAP-System | **431** |

13.7 Entwicklungswerkzeuge **436**
13.7.1	Übersicht (Object Navigator)	**436**
13.7.2	ABAP-Editor	**439**
13.7.3	Function Builder	**443**
13.7.4	ABAP-Debugger	**449**
13.7.5	ABAP-Dictionary	**459**

A Anhang **467**

A.1 Hinweise im SAPnet (SAPnotes/OSS-Meldungen) **467**

A.2 Das SAP-Flugdatenmodell **467**

A.3 Beispielformulare zur Flugrechnung **472**
A.3.1	Ausgelieferte Musterformulare	**472**
A.3.2	Musterausdruck zur Flugrechnung (SF_EXAMPLE_01)	**472**
A.3.3	Quelltexte zum Rahmenprogramm (Original)	**474**
A.3.4	Musterausdruck zur Flugrechnung nach Änderungen	**476**
A.3.5	Quelltext zur Flugrechnung nach den Übungsbeispielen	**477**

A.4 Beispiel zum E-Mail-Versand über Smart Forms **480**
| A.4.1 | Quelltext | **480** |
| A.4.2 | Programmerstellung | **486** |

A.5 Musterformulare Automotiv **489**
A.5.1	Übersicht	**489**
A.5.2	Warenanhänger nach VDA 4902 (KLT-Label)	**490**
A.5.3	Lieferschein nach DIN 4994/4992	**490**
A.5.4	Frachtauftrag nach VDA 4992	**492**

Index **493**

1 Einleitung

1.1 Formularerstellung im neuen Stil

Für jedes Unternehmen spielen Dokumente mit einheitlichem Design (Formulare) eine zentrale Rolle:

- Als verbindendes Glied zwischen Geschäftspartnern (z. B. in der gesamten Auftragsabwicklung von der Bestellung über die Rechnung bis hin zur Mahnung)
- Im innerbetrieblichen Geschäftsablauf (z. B. im Rahmen der Lohn- und Gehaltsabrechnung oder bei Qualitätsberichten)

Formulare verbessern durch ihren reproduzierbar gleichen Aufbau die Erkennbarkeit der enthaltenen Informationen und sind damit wichtiger Grundstock einer funktionierenden Kommunikation. So gleichartig die Ausgabe eines Formulars über die Zeit auch ist (z. B. bei einer Rechnung), so unterschiedlich können die verschiedenen Arten von Formularen sein, die für den Ablauf des Geschäftsbetriebs erforderlich sind. Die Ausgabe und damit die Verteilung der Formulare kann traditionell über Drucker erfolgen oder über moderne elektronische Medien wie Telefax, E-Mail und das Internet.

Für eine betriebswirtschaftliche Organisationssoftware ist es ein wichtiges Kriterium, wie sie diesen Anforderungen an das Formularwesen gewachsen ist. Im Fall von SAP heißt die Lösung seit Basis-Release 4.6C **SAP Smart Forms**.

Durch seine neue grafische Oberfläche bietet Smart Forms auch dem weniger geübten Anwender einen leichten Zugang zum SAP-Formularwesen. Mit Smart Forms verringert sich der Aufwand für die Erstellung und Pflege von Formularen nicht nur entscheidend, sondern dank dieser Oberfläche sind viele Forumularanpassungen ohne Programmierkenntnisse möglich.

Über Smart Forms sind zukünftig Endanwender (oder zumindest Key-User) in der Lage, Formulare selbst zu erstellen bzw. anzupassen. Die Richtung der zukünftigen Formularentwicklung ist klar erkennbar: weg vom Experten, hin zum SAP-Endanwender. Hinzu kommen technische Vorteile:

- Hohe Performanz bei Massendruck
- Anbindung an das SAP-Transportwesen
- Plattformunabhängigkeit
- Mehrsprachigkeit
- Web-Publishing über XML-Ausgabe

Mittelfristig werden Formulare auf Basis von Smart Forms die bisher übliche Ausgabe über SAPscript ersetzen. Für zentrale Anwendungen liegen bereits Formulare vor, die mit der neuen Technologie erstellt wurden, z. B. in den Modulen Vertrieb (SD), Finanzbuchhaltung (FI) und Personalwirtschaft (HR), aber auch im Customer Relationship Management (CRM) und Supply Relation-Ship Management (SRM) innerhalb von mySAP.com-Lösungen.

Die Umstellung seitens SAP erfolgt in einem kontinuierlichen Prozess. Neue Formulare werden nur noch über Smart Forms erstellt. Für die Übernahme kundenindividueller SAPscript-Formulare stehen Migrationshilfen zur Verfügung, die allerdings zusätzliche manuelle Nachbearbeitungen erfordern.

1.2 Handhabung des Buches

1.2.1 Buchaufbau

Mit Smart Forms sind zukünftig mehr SAP-Anwender in der Lage, Formulare selbstständig zu erstellen bzw. anzupassen, so dass dies nicht mehr nur Aufgabe von Experten bleibt. Insbesondere diesen Anwendern wollen wir mit diesem Buch auf dem Weg zur erfolgreichen Formulargestaltung zur Seite stehen.

Wir gehen davon aus, dass Ihre bisherigen Kenntnisse rund um das Formulardesign eher gering sind. Deshalb wollen wir zu Beginn einen einfachen Einstieg in Smart Forms vermitteln.

Trotz der neuen Vereinfachung durch Smart Forms sind Entwurf und Pflege komplexer Formulare noch immer eine Aufgabe, die hohe Detailkenntnisse erfordert – sowohl zu Smart Forms als auch zu angrenzenden Bereichen. Spätestens bei der Einbindung von Berechnungs-Routinen in das Formular oder gar bei Erstellung eines kundenindividuellen Rahmenprogramms sind Grundkenntnisse zur ABAP-Programmiersprache erforderlich.

Unser Ziel ist es, die erforderlichen Kenntnisse in all diesen Bereichen zu vermitteln. Das kann natürlich nur schrittweise erfolgen. Nutzen Sie die einzelnen Schritte des Buches, um Ihre Kenntnisse kontinuierlich und anwendungsbezogen zu erweitern.

Hieraus ergibt sich der folgende Buchaufbau:

▶ **Kapitel 2:** Schnelleinstieg
Anwendern, die sich erstmals mit Formularen und deren Erstellung über Smart Forms befassen, ermöglichen wir in diesem Kapitel einen kompakten Einstieg in das Thema. Wer sich ganz ohne Vorkenntnisse an die neue Aufgabe wagt, wird sich dabei sicher über eine knappe Darstellung zur Theorie beim Formu-

larlayout freuen. Anhand kleiner, nachvollziehbarer Übungsbeispiele lernen Sie dann sofort die Grundfunktionen für eine Formularentwicklung mit Smart Forms kennen. Abschließend folgt eine Übersicht zu allen Grundelementen, aus denen sich ein Formular bei Smart Forms zusammensetzt.

- **Kapitel 3**: Werkzeuge
  Bevor Sie weiter in die Formularentwicklung einsteigen, kann es für Sie sinnvoll sein, die verwendeten Werkzeuge kennen zu lernen. Da Smart Forms aber in hohem Maße intuitiv ist, können Sie dieses Kapitel zunächst auch überspringen und erst bei Bedarf darauf zurückkommen.

- **Kapitel 4**: Layout des Formulars
  In diesem ersten Themenschwerpunkt zum Formulardesign zeigen wir, wie Sie das Layout des Formulars festlegen. Dazu beschreiben Sie die Seiten des Formulars über Ausgabebereiche.

- **Kapitel 5**: Elementare Knotentypen
  Hier stellen wir Ihnen elementare Knotentypen vor (Texte, Grafiken), die in nahezu allen Formularen enthalten sind. Wir beschränken uns vor allem auf die Bausteine, die wenig Erfahrung in Datenbankabfrage oder zumindest keine ABAP-Kenntnisse erfordern, denn gerade Anwender ohne solche Vorkenntnisse sind die Zielkunden von Smart Forms.

- **Kapitel 6**: Daten im Formular
  Nahezu jedes Formular hat die Aufgabe, variable Daten auszugeben, deren Inhalt erst bei Ausführung des Formulars bekannt ist. Diese Daten werden bei Smart Forms über ein Rahmenprogramm zur Verfügung gestellt. Für das Design des Formulars ist es aber unabdingbar, die Struktur der relevanten Daten zu verstehen, denn nur so ist eine korrekte Definition und Ausgabe möglich. Auch Anwender ohne Datenbankerfahrungen werden anhand dieses Kapitels die notwendigen Zusammenhänge verstehen.

- **Kapitel 7**: Ablauflogik des Formulars
  Ein Formular besteht zunächst aus einzelnen Textelementen, Datenfeldern etc. In diesem Kapitel sorgen wir dafür, dass sowohl die Seiten des Formulars als auch die darin enthaltenen Daten in der gewünschten Reihenfolge (z. B. Rechnungspositionen gefolgt von Rechnungssumme) ausgegeben werden.

- **Kapitel 8**: ABAP-Programme im Formular
  So leistungsfähig die Grundbausteine in Smart Forms auch sind: Nicht alle speziellen Anforderungen an ein Formular können von den Bausteinen abgedeckt werden, die wir bisher kennen gelernt haben. In diesem Fall können Sie direkt im Formular einen Programmcode einfügen, der auf die spezielle Anforderung abgestimmt ist. Erst jetzt wird von Ihnen die Bereitschaft erwartet, sich auch mit der ABAP-Programmierung zu befassen. Wir wollen aber auch hier eine

»sanfte Landung« ermöglichen. Doch auch erfahrene ABAP-Entwickler finden sicher den einen oder anderen Tipp zu Besonderheiten, die im Umfeld von Smart Forms gelten.

▶ **Kapitel 9:** Rahmenprogramm
Bei allen Erfahrungen in der Formulargestaltung: Irgendwann muss zusätzlich ein individuelles Rahmenprogramm für die Datenbereitstellung und (Druck-)Ausgabe erstellt werden. Wir zeigen, dass auch dies im Grunde nicht so schwierig ist und dass Sie schon mit geringen ABAP-Kenntnissen eine solche Aufgabe lösen können.

▶ **Kapitel 10:** Besonderere Ausgabeverfahren
Smart Forms zeichnet sich durch eine Vielzahl von Ausgabemöglichkeiten aus. Jedes Ausgabegerät (Drucker, Fax, E-Mail, XML etc.) hat dabei seine eigenen Steuerungsparameter, die wiederum vom Formular bzw. dem Rahmenprogramm für die gezielte Ausgabe genutzt werden können.

▶ **Kapitel 11:** SAPscript-Formulare migrieren
Bis zum Release 4.6B des SAP-Systems war SAPscript das übliche Werkzeug zur Entwicklung von Formularen. Dieses Tool wird auch weiterhin gepflegt, zumal dazu eine große Anzahl von Formularen existiert. Die grundlegenden Vorteile von Smart Forms haben wir einleitend schon genannt. Es ist folglich ein zentrales Thema, wie sich die bisher erstellten Formulare nach Smart Forms überführen lassen. Zwar können Sie Teilaspekte über ein integriertes Migrations-Tool automatisch abwickeln, doch verbleiben so viele zusätzliche Aufgaben, dass eine ausführliche Darstellung der notwendigen Schritte sinnvoll erscheint.

▶ **Kapitel 12:** Neuerung ab Basis-Release 6.1
Smart Forms wurde erstmals mit Basis-Release 4.6C von SAP ausgeliefert. Auf diesem Releasestand basieren auch die Darstellungen in diesem Buch. Mit dem darauf folgenden Basis-Release *Web Application Server 6.10* steht eine in vielen Punkten erweiterte Version zur Verfügung. Sie unterstützt u.a. interaktive Prozesse, die weit über die bisherige, passive Formularausgabe hinausgehen. Die Erweiterung wollen wir an dieser Stelle kompakt vorstellen, um dann im Text der weiteren Kapitel nur noch in Ausnahmefällen auf Änderungen hinzuweisen.

▶ **Kapitel 13:** Umfeld Formularentwicklung
Im Zuge der Formularentwicklung wird jeder Anwender mit SAP-Funktionen in Berührung kommen, die mit der Formularentwicklung selbst nur indirekt zu tun haben (z.B. Customizing der Nachrichtenfindung und Problemanalyse per Debugger in der ABAP-Entwicklungsumgebung). Sie werden wird dabei feststellen, dass es vorteilhaft ist, auch in diesen Themenfeldern das passende Basiswissen zu haben, um die Entwicklung und Überprüfung der Formulare

effizient voranzutreiben. Genau dieses Basiswissen vermitteln wir hier. Den Themenbereich haben wir als Kompendium gestaltet, damit Sie die Unterkapitel je nach Ihrem Bedarf auch einzeln nutzen können.

- **Kapitel 14:** Anhang
  Im Anhang finden Sie Ausdrucke zu den verwendeten Formularen bzw. Programmen sowie eine kurze Einführung in das Flugdatenmodell, auf dem alle unsere Beispiele basieren. Nützlich ist sicher auch die Auswahl an Hinweisen aus dem SAPnet.

1.2.2 Der richtige Einstieg

Hier noch ein kleiner Hinweis, wie Sie als Leser den besten Weg durch das Buch finden. Um dieses Buch Ihrem bisherigen Kenntnisstand entsprechend zu nutzen, empfehlen wir Ihnen, die folgenden Schwerpunkte zu setzen:

- Neueinsteigern empfehlen wir natürlich den *Schnelleinstieg* über Kapitel 2. Nehmen Sie sich einen halben Tag Zeit dafür.
- Wenn Sie schon etwas mit den Werkzeugen von Smart Forms experimentiert haben, werden Sie vermutlich gleich mit dem Design von Formularen beginnen wollen. Ab Kapitel 4 *Layout des Formulars* finden Sie hierzu die passenden Grundlagen.
- Sollten Sie als Programm-Entwickler nur für die Erstellung eines Rahmenprogramms hinzugezogen werden, bietet Ihnen Kapitel 9 *Rahmenprogramm* die notwendigen Grundlagen, um ein Formular einzubinden.
- Erfahrene Anwender der Formularentwicklung unter SAPscript werden sich vermutlich dafür interessieren, wo die Unterschiede liegen und vor allem, wie vorhandene Formulare zu migrieren sind. In diesem Fall bietet Kapitel 10, *Besonderere Ausgabeverfahren* den passenden Einstieg.

1.2.3 Generelle Hinweise

Folgende Hinweise sollten Sie bei der Arbeit mit dem Buch beachten:

- Der eigentliche Name der Lösung, die wir hier vorstellen, ist *SAP Smart Forms* oder kurz *Smart Forms*. Wir verstehen darunter bewusst eine Bezeichnung für die gesamte Lösung zur Formularerstellung im SAP-System. Innerhalb von Smart Forms werden u.a. Formulare und Stile erstellt. Smart Forms ist also aus dieser Sichtweise **nicht** das einzelne Formular. Im Rahmen der Gesamtlösung stehen verschiedene Teilwerkzeuge zu Verfügung, die wir Ihnen im Zuge des Buches vorstellen werden (z.B. den *Form Builder* und den *Style Builder*).

- Mit Smart Forms entwerfen Sie u.a. *Formulare* und *Stile*. Diese allgemeinen Begriffe haben natürlich auch in anderen Zusammenhängen eine Bedeutung. Um solche abweichenden Anwendungsfälle kenntlich zu machen, werden wir jeweils erweiterte Begriffe verwenden und dann z.B. von *SAPscript-Formularen* oder auch von *Formularvordrucken* sprechen.

- Die Funktionen innerhalb von Smart Forms sind auf verschiedenen Wegen erreichbar: Über den Menüweg, über die Funktionstasten und per Maus über entsprechende Tasten oder Symbole.

  Häufig werden wir auch Begriffe im Zusammenhang mit *Auswählen* benutzen. Damit kann je nach Situation ein Menüweg, eine Taste im Bildschirmbild oder auch ein Maus-Doppelklick gemeint sein: Die Bedeutung ergibt sich jeweils aus dem Zusammenhang.

  - Wir beschränken uns hier vorzugsweise auf die Nennung des jeweiligen Menüpfades. Aus diesem Menüeintrag ergibt sich häufig auch die Belegung der Funktionstasten. Auf das passende Symbol werden Sie meist intuitiv stoßen.

  - Bei Aufruf zentraler Transaktionen nennen wir den Eintrag im SAP-Menü und den Transaktionscode.

  - Menüwege, die sich nicht auf das SAP-Menü unter *Easy Access*, sondern auf den Einführungsleitfaden beziehen, kennzeichnen wir durch den Vorsatz »IMG:«.

- Smart Forms ist eine grafisch orientierte Lösung zur Formularerstellung, in der insbesondere auch die Maus als nützliches Eingabeinstrument vorgesehen ist. Bei Hinweisen auf Aktivitäten mit der Maus sprechen wir von *linker* bzw. *rechter Maustaste* und gehen dabei von der gängigen Maustastenbelegung aus. Wir wissen jedoch, dass die Maustasten-Einstellung für Linkshänder häufig geändert wird und bitten um Verständnis, dass wir auf diese Möglichkeit im Text nicht gesondert hinweisen.

2 Schnelleinstieg

Anwendern, die sich erstmals mit Formularen und deren Erstellung über Smart Forms befassen, wollen wir in diesem Kapitel einen kompakten Einstieg in das Thema ermöglichen. Wer sich ganz ohne Vorkenntnisse an die neue Aufgabe wagt, wird sich dabei sicher über eine knappe Darstellung zur Theorie beim Formularlayout freuen. Anhand kleiner, nachvollziehbarer Übungsbeispiele lernen Sie dann sofort die Grundfunktionen für eine Formularentwicklung mit Smart Forms kennen. Abschließend folgt eine Übersicht zu allen Grundelementen, aus denen sich ein Formular bei Smart Forms zusammensetzt.

2.1 Generelles zur Formularentwicklung

2.1.1 Übersicht

Die Formularverarbeitung über Smart Forms enthält drei grundlegende Elemente:

- Ein Formular mit den eigentlichen Angaben zur Seitenaufteilung, den enthaltenen Texten, Daten etc.
- Einen Stil (*Smart Style*) mit Vorgaben zur Formatierung, wie z.B. Schriftgrößen, Ränder, Zeilenabstand
- Ein ABAP-Rahmenprogramm, das die im Formular benötigten Daten bereitstellt und die Ausgabe des grafisch erstellten Formulars veranlasst

Im Zuge einer Formularentwicklung über Smart Forms müssen Sie diese drei Elemente aufeinander abstimmen. Sicherlich wird der Schwerpunkt der gängigen Formularentwicklungen darin liegen, vorhandene Formulare und Stile auf die Anforderungen des jeweiligen Geschäftsbetriebs abzustimmen.

Diese Aufgabe wird dadurch vereinfacht, dass ein einzelnes Rahmenprogramm mehrere Formulare ansprechen kann, solange die dort ausgegebenen Daten weitgehend übereinstimmen. Solche generellen Datenbereitstellungsroutinen werden mittelfristig für alle diejenigen Module im SAP-System zur Verfügung stehen, deren Ausgaben über Formulare erfolgen (gegliedert nach Applikationen, z.B. mit Bereitstellung aller Daten, die im Rahmen der Rechnungsstellung erforderlich sind).

Der Anwender kann sich also in erster Linie dem Entwurf des Formulars widmen. Dabei muss er sich mit zwei grundlegenden Themen auseinandersetzen:

- Mit dem Layout des Formulars (siehe Abschnitt 2.1.2)
- Mit der Ablauflogik im Formular (siehe Abschnitt 2.1.3)

Nach dieser kurzen Übersicht werden wir die konkreten Vorgehensweisen anhand eines Beispiels vorstellen (Abschnitt 2.2). Dabei werden Sie schon die wichtigsten Funktionen kennenlernen, die Smart Forms beim Design eines Formulars bietet. Am Ende dieser Einführung finden Sie dann noch eine tabellarische Übersicht zu allen Grundelementen eines Formulars (Abschnitt 2.3).

2.1.2 Layout des Formulars

Unter dem Oberbegriff *Layout* werden alle Einstellungsmöglichkeiten zusammengefasst, die mit der Anordnung von Elementen auf dem Formular zusammenhängen.

Wenn Sie sich gängige Formulare ansehen, werden Sie feststellen, dass sie wiederkehrende Bereiche enthalten. Nehmen wir ein Rechnungsformular. Üblicherweise sind dort Ausgabebereiche für Kopf- und Fußzeilen enthalten und es gibt ein Adressfenster, falls das Formular an einen Geschäftspartner versandt werden soll. Viele Formulare enthalten darüber hinaus einen Bereich zur Ausgabe beliebig vieler Positionen (eben die Rechnungspositionen).

Diese Ausgabebereiche auf dem Formular werden bei SAP als *Fenster* bezeichnet. Die Abbildung 2.1 zeigt als Beispiel ein Rechnungsformular, das wir in den Übungen des kommenden Kapitels verwenden werden.

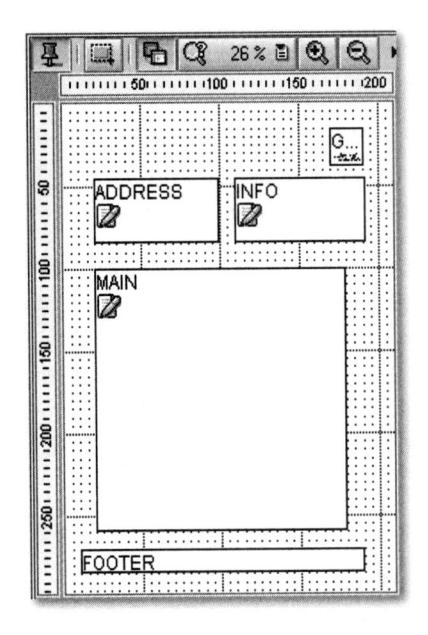

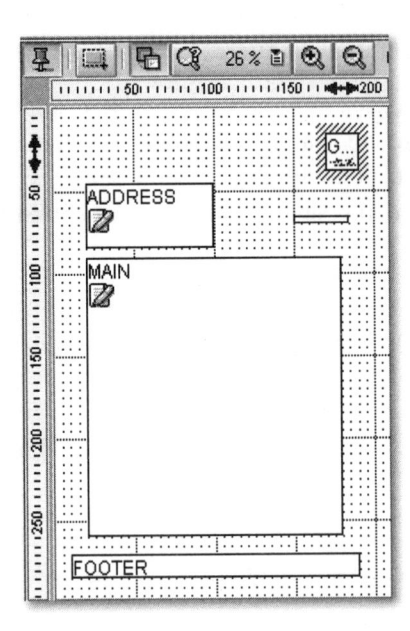

Abbildung 2.1 Layout der Seiten des Beispielformulars

Die Abbildung stammt ursprünglich aus dem *Form Painter*, einem grafischen Werkzeug unter Smart Forms. Die Abbildung enthält zwei unterschiedliche Seitenlayouts, auf die wir später eingehen werden.

Betrachten Sie zunächst die Rechtecke, die auf jeder Seite eingezeichnet sind. Es handelt sich um die erwähnten Ausgabebereiche (Fenster). Nur innerhalb eines solchen Fensters können wirklich Informationen ausgegeben werden (als Text, Daten oder Grafiken). Diese Informationen müssen so formatiert sein, dass sie die Grenzen der Fenster nicht überschreiten. Damit ist z.B. sichergestellt, dass eine Formularausgabe auf vorgedrucktem Papier (Briefvordruck) die vorgegebenen Begrenzungen einhält.

Die Abbildung dieses groben Layouts mag anfangs vielleicht etwas befremdlich sein, da die eigentlichen Inhalte noch fehlen. Im Anhang haben wir zum Vergleich ein Muster zum Inhalt der Rechnung beigefügt. Dieses Formular hat die Aufgabe, Flugbuchungen eines Kunden mit Preisen in tabellarischer Form als Rechnungspositionen auszugeben (dafür ist das große Fenster MAIN in der Mitte vorgesehen). Die weiteren Fenster werden Angaben zum Firmenlogo, zur Kundenadresse und zu sonstigen Merkmalen (wie Sachbearbeiter, Kundennummer, Zeichen, Datum etc.) enthalten.

Unsere Abbildung aus dem Form Painter enthält nicht nur eine Seite, sondern zwei Seiten, üblicherweise als *Erstseite* und *Folgeseite* bezeichnet. Dies ist – zumindest bei Formularen im Briefverkehr zwischen Geschäftspartnern – übliche Praxis: Die Erstseite wird auf einem vorgegebenen Briefbogen ausgegeben, während die Folgeseiten eine Fortführung der Positionen enthalten, falls diese nicht mehr auf der Erstseite Platz finden.

Unsere Seitenaufteilung mit Fenstern unterscheidet sich allerdings nur geringfügig: Die rechte Folgeseite enthält kein INFO-Fenster mehr; statt dessen ist dort in dem Balken nur die Seitennummer ausgegeben, wie wir noch sehen werden.

2.1.3 Ablauflogik des Formulars

Abbildung 2.2 zeigt den Ablauf der Formularausgabe in einer grafischen Darstellung. Die Grafik verdeutlicht den wichtigen Unterschied zwischen *Entwurfs-* und *Ausgabeseiten*. Einer Erstseite, die mit Smart Forms entworfen wurde, folgt normalerweise auch nur eine Ausgabeseite. Die Folgeseite dagegen kann beliebig viele Ausgabeseiten hervorrufen. Wenn wir also im Folgenden von einer *Seite* sprechen, die mit Smart Forms erstellt wird, so meinen wir implizit immer eine *Entwurfsseite.*

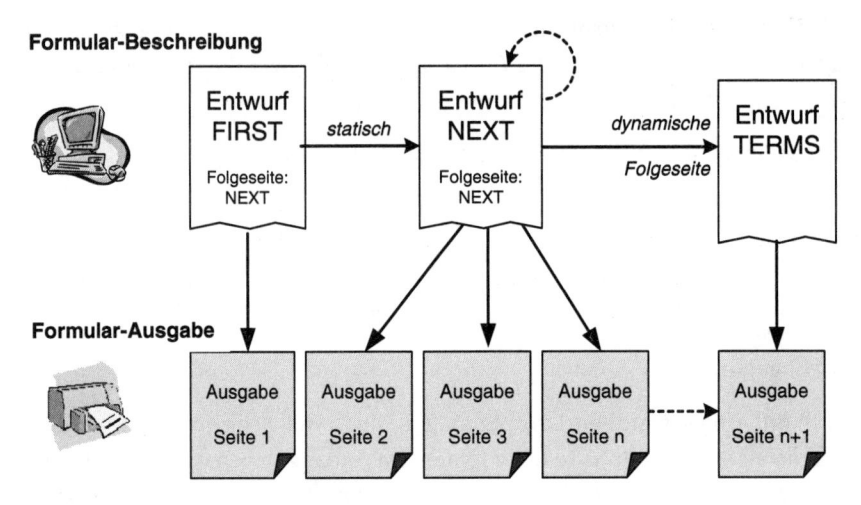

Abbildung 2.2 Formularausgabe über mehrere Seiten

Bei Ausgabe des Formulars werden die im Layout festgelegten Fenster mit echten Daten der Anwendung gefüllt. Bei Abwicklung über Erst- und Folgeseiten muss die Ausgabesteuerung von Smart Forms selbständig entscheiden, wann eine neue Ausgabeseite mit dem Layout einer Folgeseite begonnen werden muss.

Im Fall der Rechnung ist der Weg dieser Entscheidungsfindung natürlich naheliegend: Wenn die Rechnungspositionen (bzw. die dazugehörigen Zwischen- oder Gesamtsummen) auf der aktuellen Ausgabeseite keinen Platz mehr finden, muss eine weitere Ausgabeseite folgen. Deshalb spielen die Rechnungspositionen in unserem Formular eine besondere Rolle. Um diese Sonderstellung zu vereinbaren, werden die Rechnungspositionen in einem besonderen Fenster vom Typ *Hauptfenster* ausgegeben (in unserem Beispiel ist MAIN als Hauptfenster markiert).

Sobald ein Hauptfenster während der Ausgabe gefüllt ist und gleichzeitig noch Daten für die Ausgabe anstehen, wird von Smart Forms automatisch eine neue (*statische*) Ausgabeseite eröffnet. Im Unterschied zu allen anderen Fenstern vom Typ *Nebenfenster* darf es ein Hauptfenster immer nur einmal im gesamten Formular geben.

Die Abfolge mit Erst- und Folgeseite entspricht sicher dem gängigsten Fall einer Formularlogik. Grundsätzlich kann ein Formular unter Smart Forms aber beliebig viele Entwurfsseiten enthalten (z.B. die allgemeinen Geschäftsbedingungen als ergänzende Anlage). Dann müssen weitere Kriterien gefunden werden, um einer Ausgabeseite die richtige Entwurfsseite zuzuordnen (*dynamischer Seitenwechsel*).

2.1.4 Daten im Formular

Wir gehen bisher davon aus, dass mit Ausgabe des Formulars auch die gewünschten Daten zur Verfügung stehen. Dafür sorgt das übergeordnete Rahmenprogramm nach einem vom Formular logisch getrennten Verfahren.

Diese Trennung von Datenbereitstellung und Formular ist typisch für Smart Forms und zugleich der entscheidende Vorteil seiner Architektur: Bei einer Änderung der Logik oder der Ausgabeform muss immer nur das Formular angepasst werden, nicht jedoch das Rahmenprogramm mit seiner ABAP-Codierung.

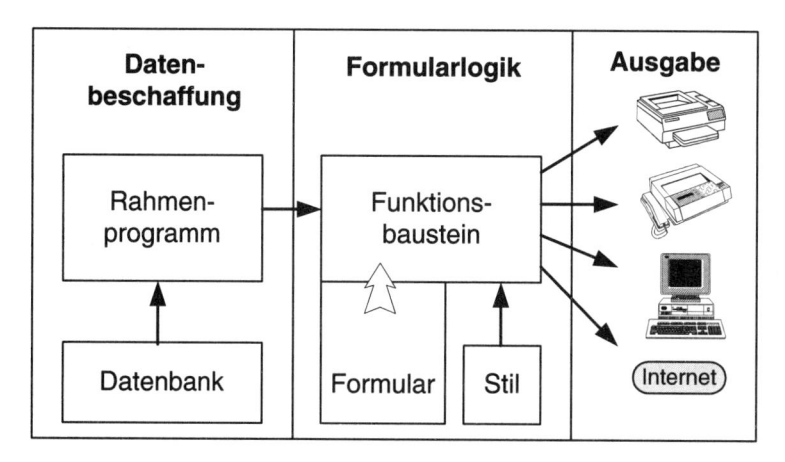

Abbildung 2.3 Trennung von Daten und Formular

Aus der grundsätzlichen Trennung von Datenbeschaffung in Rahmenprogramm und Formular ergibt sich, dass zwischen beiden eine definierte Schnittstelle vorhanden sein muss, über die dann die Daten übertragen werden. Hierzu wird mit Aktivierung eines Formulars automatisch im Hintergrund ein *Funktionsbaustein* generiert, der alle Einstellungen enthält, die das Rahmenprogramm für die Übergabe der Daten und die dann folgende Ausgabe des Formulars benötigt.

> **Hintergrund:** Sollten Sie bislang mit der ABAP-Entwicklungsumgebung des SAP-Systems keinen Kontakt gehabt haben: ABAP ist die SAP-eigene Programmiersprache, mit der die meisten Anwendungen des SAP-Systems erstellt wurden. Ein ABAP-Funktionsbaustein kapselt dabei Programmcodes als eigenständige Einheit, die dann von unterschiedlichen Anwendungsprogrammen aufgerufen werden kann. Das Formular wird bei seiner Aktivierung komplett in einen solchen Funktionsbaustein übersetzt und lässt sich dann, wie jeder sonstige Funktionsbaustein, aus einem beliebigen ABAP-Programmen aufrufen.

Auch wenn wir immer wieder auf die Vorteile der Trennung von Datenbeschaffung und Formular zurückkommen werden: Auch dem Formular selbst können Sie zusätzlich die Möglichkeit mitgeben, individuelle Daten zu beschaffen und dann auszugeben. Dadurch kann sich ein anderer Vorteil ergeben: Durch diese individuelle Datenbeschaffung muss nicht bei jedem kleineren Datenzusatz das Rahmenprogramm überarbeitet werden. Ein vorhandenes Rahmenprogramm lässt sich also auch in diesem Fall weiterverwenden. Dies ist für die weitere Standardisierung vorteilhaft und wirkt einem möglichen Zuviel an Rahmenprogrammen entgegen.

2.1.5 Ausgabe

Der letzte Schritt einer Formularentwicklung ist im Normalfall die Einbindung in das sonstige SAP-System. Das erfordert in den meisten Fällen Einstellungen im Customizing (z.B. zur Nachrichtensteuerung). Diese Einstellungen steuern bei einem betriebswirtschaftlichen Vorgang insbesondere die Art des verwendeten Formulars sowie dessen Ausgabezeitpunkt. Neben der üblichen Ausgabe über den Drucker stehen somit auch Fax und E-Mail als Versandmedien zur Verfügung.

Zusätzlich wurde mit *XML for Smart Forms* (*XSF*) eine neue zertifizierte Schnittstelle zu Smart Forms implementiert, um einen Datenaustausch über den offenen Standard XML zu ermöglichen. Die Ausgabe im XML-Format ermöglicht die Darstellung aller Formulare im Web-Browser und zukünftig auch einen aktiven Datenaustausch mit dem Anwender über das Internet.

2.1.6 Werkzeuge

Das Design eines Formulars erfolgt über grafische Tools wie den *Form Builder*, *Form Painter* und *Table Painter*. Abbildung 2.4 zeigt, wie Sie die Formularbearbeitung unter Smart Foms im SAP-Menü finden.

Im Form Builder ist die gesamte Formularlogik über einen Hierachiebaum abgebildet, dessen Zweige aus einzelnen *Knoten* bestehen, z.B. Knoten für globale Einstellungen, Fenster, Texte oder für Grafiken. Änderungen erfolgen durch die Auswahl zugehöriger Attribute oder per Maus (z.B. mit Drag&Drop).

Im grafisch orientierten Form Painter können Sie Formularfenster sogar direkt per Maus anlegen und in ihren Maßen bestimmen (ggf. auch durch einfaches Nachzeichnen von einem Formularvordruck).

Sie können einzelne Knoten oder auch das gesamte Formular prüfen lassen und testen, wobei Smart Forms auch auf mögliche Ursachen der Fehler hinweist.

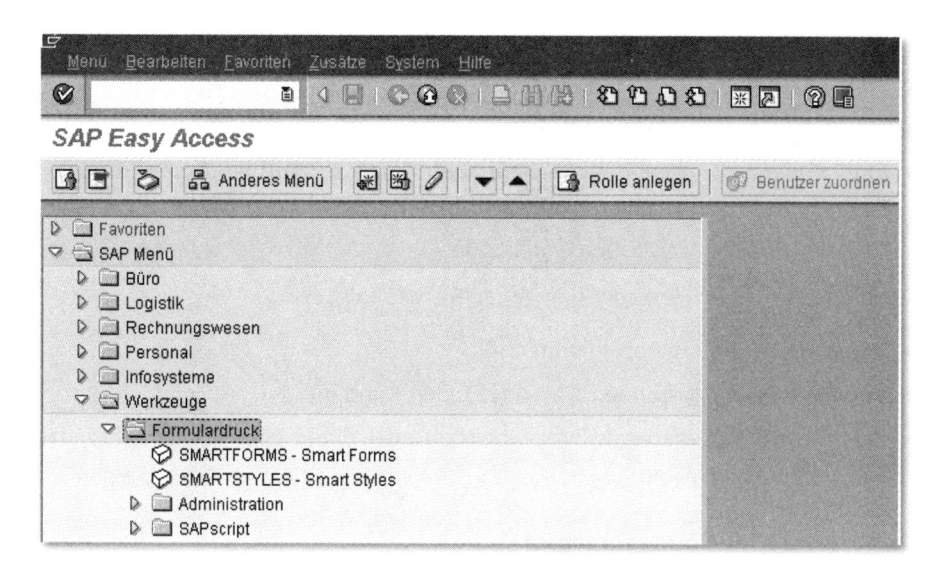

Abbildung 2.4 Aufruf über SAP-Menü

Im folgenden Kapitel wollen wir Ihnen die Formularentwicklung unter Smart Forms anhand eines konkreten Übungsbeispiels vorstellen.

2.2 Übungsbeispiel

2.2.1 Voraussetzungen

Wir möchten Ihnen nun zunächst in einer Art Schnellkurs zeigen, wie Sie mit Smart Forms ein neues Formular erstellen und ausgeben können. Dieses Formular basiert mit leicht geändertem Inhalt auf einem Schulungsbeispiel, das im SAP-Training verwendet wird. Das Beispiel ist in allen ausgelieferten Systemen ab Release 4.6C enthalten (IDES und Standard-Auslieferungssystem).

Das Beispielformular verwendet keine Daten aus einem originären SAP-Modul, sondern basiert auf dem *SAP-Flugdatenmodell*, einem Modul, das ebenfalls nur im Rahmen von Schulungen oder für Produktpräsentationen verwendet wird. Beschrieben wird in den zugehörigen Tabellen der Flugbetrieb verschiedener Fluggesellschaften mit Kunden, Flugplänen, Buchungen etc. Mit Bezug auf unsere Beispielanwendungen haben wir im Anhang die wichtigsten Informationen zum Flugdatenmodell zusammengestellt.

Das Formular in unserem Beispiel entspricht einer Rechnung für Flüge, die ein Kunde bei verschiedenen Fluggesellschaften gebucht hat. Wir bezeichnen es im folgenden einfach als *Flugrechnung*. Wie für jede erfolgreiche Formularausgabe unter Smart Forms, benötigen Sie auch für die Flugrechnung primär zwei Komponenten:

- Ein Formular, das unter Smart Forms erstellt wurde (SF_EXAMPLE_01)
- Ein Rahmenprogramm, das die passenden Daten zur Verfügung stellt und die Ausgabe des Formulars veranlasst (hier ebenfalls als SF_EXAMPLE_01 bezeichnet).

Für die Ausgabe der Flugrechnung gehen Sie wie folgt vor:

- Rufen Sie das Rahmenprogramm auf
- Wählen dort die passenden Daten (z. B. den Kunden)
- Lassen Sie die Ausgabe als Druckvorschau oder direkt über den Drucker, das Fax-Gerät etc. erfolgen

Die Schritte im Übungsbeispiel

So einfach die Schritte zur Ausgabe der Flugrechnung auch erscheinen mögen, müssen Sie doch zunächst eine kleine Hürde überwinden, wenn Sie in einem anderen Mandanten als *000* arbeiten (was wohl meist der Fall ist) oder wenn Sie in einer anderen Sprache als *DE* arbeiten. Wegen eines dann noch fehlenden Textbausteins erscheint nicht der erhoffte Ausdruck der Flugrechnung, sondern eine Fehlermeldung des Systems.

Diese Problem wollen wir natürlich zunächst einmal lösen. Daraus ergibt sich für unseren Schnelleinstieg der folgende Ablauf:

1. Im ersten Schritt werden Sie den erforderlichen Textbaustein (*Standardtext*) neu anlegen bzw. kopieren. Damit umgehen Sie die beschriebene Fehlermeldung und das Formular erhält alle erforderlichen Laufeigenschaften.
2. Sie können sich dann erstmals das Musterformular SF_EXAMPLE_01 zur Flugrechnung ansehen und Tests damit durchführen.
3. Für weitere Änderungen am Formular sollten Sie von dem Musterformular eine Kopie erstellen. Sie erhalten damit ein eigenes, individuelles Formular zur Flugrechnung, das Sie im Laufe der Zeit nach Belieben überarbeiten können.
4. Um die Grundfunktionen im Formular-Design unter Smart Forms zu erläutern, werden wir Ihnen einige Änderungen am neuen Formular vorschlagen.
5. Zum Abschluss dieser Einführung erstellen Sie dann ein eigenständiges Rahmenprogramm, auf welchem die Übungsbeispiele in den weiteren Buchkapiteln beruhen.

Nehmen Sie sich einen halben Tag Zeit für diese Übung. Danach haben Sie schon viele Komponenten einer erfolgreichen Formularpflege mit Smart Forms kennengelernt.

> **Hinweis:** Um diese Übungsbeispiele am System nachvollziehen zu können, müssen Sie die entsprechenden Rechte in Ihrem Testsystem besitzen:
>
> ▶ In erster Linie benötigen Sie den Zugriff auf die Formularbearbeitung (Menüpfad **Werkzeuge • Formulare**, z.B. Transaktion SMARTFORMS).
>
> ▶ Auch wenn im Rahmen dieses Buches keine Änderungen an den Originalformularen und -programmen der SAP erfolgen, müssen Sie für die Erstellung eines Rahmenprogramms zum Formular als Entwickler bei SAP registriert sein.
>
> ▶ Aus dem gleichem Grund benötigen Sie auch den Zugriff auf die ABAP-Entwicklungsumgebung (*Workbench*).

2.2.2 Vorbereitung: Standardtext erstellen

Damit das Musterformular SF_EXAMPLE_01 zur Flugrechnung ausgegeben werden kann, muss ein Textbaustein im System hinterlegt sein, der allerdings nicht in allen Installationen vorhanden ist. Konkret gesagt: er existiert nur in Mandant 000 und in Sprache DE. Sie sollten diesen Baustein zunächst kontrollieren und ggf. neu anlegen.

> **Hintergrund:** Textbausteine sind standardisierte Texte, die an zentraler Stelle im SAP-System hinterlegt sind. Diese Texte können ggf. in mehrere unterschiedliche Formulare eingebunden werden. Wird der Inhalt des Textbausteins geändert, so kann dies an zentraler Stelle geschehen. Er wird dann automatisch in alle betroffenen Formulare übernommen. Typische Anwendung sind z.B. zyklisch wechselnde Werbetexte oder übergreifende Kopf- und Fußtexte.

Auch bei der Formularstellung unter SAPscript konnten bereits Textbausteine eingesetzt werden (dort als *Standardtexte* bezeichnet). Aus Gründen der Kompatibilität zu vorhandenen Texten im System kann Smart Forms trotz neuer Technologie auch diese SAPscript-Texte lesen und in ein Formular einbinden. Genau das geschieht in unserem Musterformular.

Öffnen Sie im SAP-Menü die Pflege-Transaktion für Standardtexte über den Pfad **Werkzeuge • Formulardruck • SAPscript • Standardtext (SO10)**.

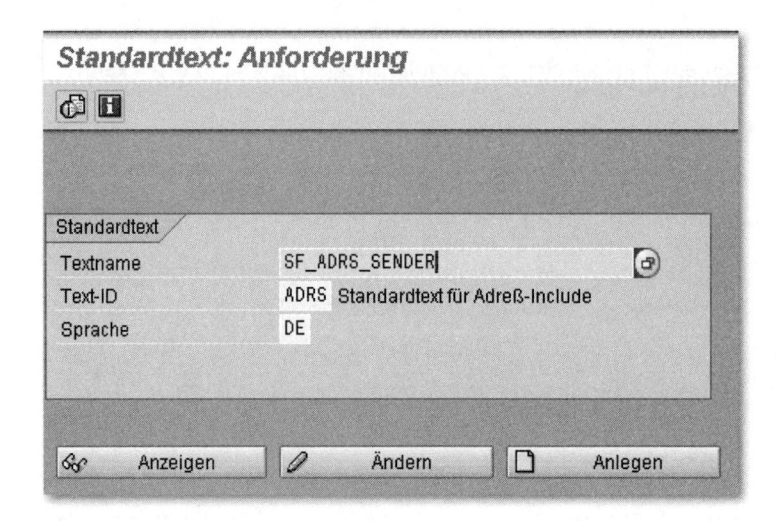

```
Standardtext: Anforderung

Standardtext
Textname     SF_ADRS_SENDER
Text-ID      ADRS  Standardtext für Adreß-Include
Sprache      DE

  Anzeigen       Ändern        Anlegen
```

Abbildung 2.5 Standardtext in SAPscript (Einstiegsbild)

Der benötigte Standardtext ist in Abbildung 2.5 dargestellt. Es ist wichtig, dass Sie den Textnamen genau so eingeben, wie in Abbildung 2.5 gezeigt. Ändern Sie bei der Eingabe auch die Text-ID auf ADRS (ist vermutlich mit ST vorbelegt).

Wählen Sie dann den Menüpfad **Standardtext • Anzeigen** oder die gleichnamige Taste, um zu sehen, ob der Text vorhanden ist. Falls nicht, haben Sie zwei Alternativen:

▶ Wählen Sie **Hilfsmittel • Kopieren aus Mandant**, um den Text aus dem Quell-Mandanten 000 zu kopieren, was zumindest für Sprache DE der schnellere Weg ist.

▶ Wählen Sie alternativ **Standardtext • Anlegen**, um den Text direkt neu einzugeben.

Wir wollen das Vorgehen für beide Fälle kurz erläutern.

Text aus Mandant 000 kopieren

Nach Aufruf des Menüpfades zum Kopieren erscheint ein Dialogbild wie in Abbildung 2.6. Ergänzen Sie die Angaben wie vorgegeben. Anwender, die in Sprache DE arbeiten, sind jetzt schon fertig, denn da der Text nur in Sprache DE hinterlegt ist, wird er auch nur mit diesem Sprachattribut kopiert.

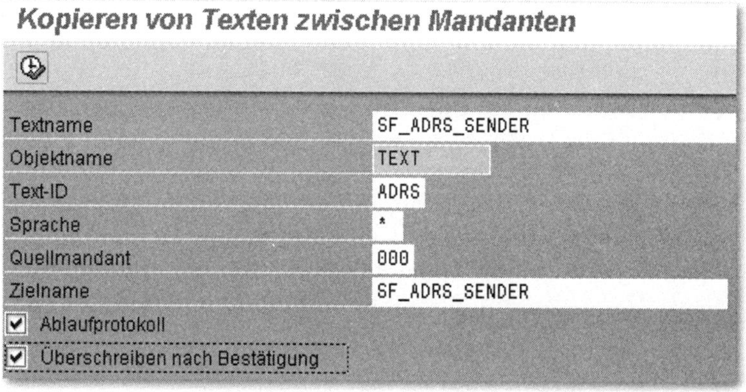

Kopieren von Texten zwischen Mandanten

Textname	SF_ADRS_SENDER
Objektname	TEXT
Text-ID	ADRS
Sprache	*
Quellmandant	000
Zielname	SF_ADRS_SENDER
☑ Ablaufprotokoll	
☑ Überschreiben nach Bestätigung	

Abbildung 2.6 Standartext zwischen Mandanten kopieren

Sind Sie im System in einer anderen Sprache angemeldet, sollten Sie den erzeugten Text über das Einstiegsbild wie in Abbildung 2.5 zur Bearbeitung aufrufen und dann über **Standardtext • Speichern** unter mit der gewünschten Zielsprache im System ablegen. Natürlich können Sie bei dieser Gelegenheit den Inhalt des Textbausteins auch den eigenen Wünschen anpassen.

Wiederholen Sie den Vorgang für den Standardtext ADRS_FOOTER, der ebenfalls vom Formular benötigt wird. Danach können Sie mit der Formularausgabe starten (Siehe Abschnitt 2.2.3).

Text direkt neu anlegen

Um einen Text direkt neu anzulegen, wählen Sie **Standardtext • Anlegen** oder die gleichlautende Taste wie in Abbildung 2.5 dargestellt. Die Vorgabe zur Sprache sollte der Anmeldesprache entsprechen, die Sie auch bei Ausgabe des Beispielformulars verwenden werden. Es öffnet sich das Bearbeitungsfenster zu SAPscript-Texten. Bei dem Text handelt es sich um die Absenderzeile im Anschrift-Fenster. Abbildung 2.7 zeigt unseren Vorschlag zum Inhalt (natürlich können Sie hier gern auch eigene Vorstellungen entwickeln).

Sollte Ihr Texteditor etwas anders aussehen, liegt es vermutlich daran, dass als Modus der *Zeileneditor* eingestellt ist. Wechseln Sie ggf. über den Menüpfad **Springen • Editor wechseln** in den grafischen Modus entsprechend unserer Abbildung 2.7.

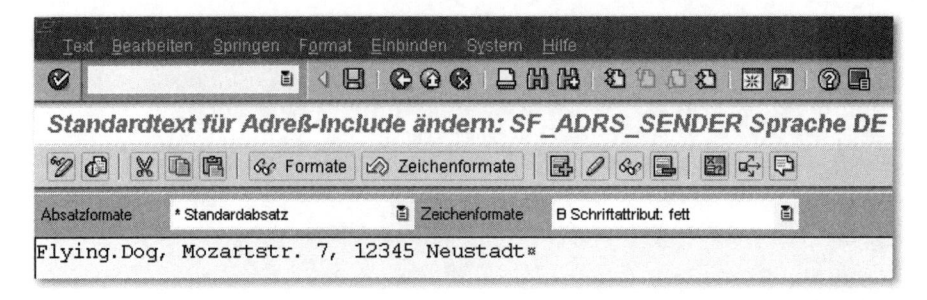

Abbildung 2.7 Standardtext in SAPscript bearbeiten

Formatierung

Bevor Sie Ihre Eingabe speichern, müssen wir die Eingabe noch umformatieren, denn eine Absenderzeile wird üblicherweise mit kleiner Schrift gedruckt (nicht zuletzt, damit sie in das zugehörige Anschriftfenster passt). Das ist bisher nicht der Fall.

Bei Smart Forms wie auch bei SAPscript sind die möglichen Formatanweisungen jeweils in einem *Stil* enthalten. Für die Ausgabe in einem Adressfenster ist ein passender Stil im System hinterlegt. Der Stil gehört zu den Kopfangaben des Textes. Sie können die aktuelle Einstellung kontrollieren über den Menüpfad **Springen • Kopf**.

Mit zwei Schritten erreichen Sie die richtige Formatierung:

1. Wählen Sie über den Menüpfad **Format • Stil wechseln** den Eintrag **SAPADRS** in der Stilauswahl
2. Ändern Sie dann in der Formatleiste das Absatzformat von **Standardformat** auf **SD Fenster ADRESS Kurzabsender**.

Jetzt sollte der Text in so kleiner Schrift dargestellt sein, dass er am Bildschirm fast nicht mehr lesbar ist.

Abschluss

Speichern Sie den neu angelegten Standardtext und verlassen Sie das Bearbeitungsbild zur Texterfassung. Wiederholen Sie das Ganze noch für den Standardtext ADRS_FOOTER, der im Fußbereich des Formulars benötigt wird.

2.2.3 Ausgabe Musterformular

Nach dieser kleinen Vorarbeit wechseln wir nun endgültig in die Welt von Smart Forms. Wählen Sie dazu im SAP-Menü **Werkzeuge • Formulardruck • Smart Forms (SMARTFORMS)**.

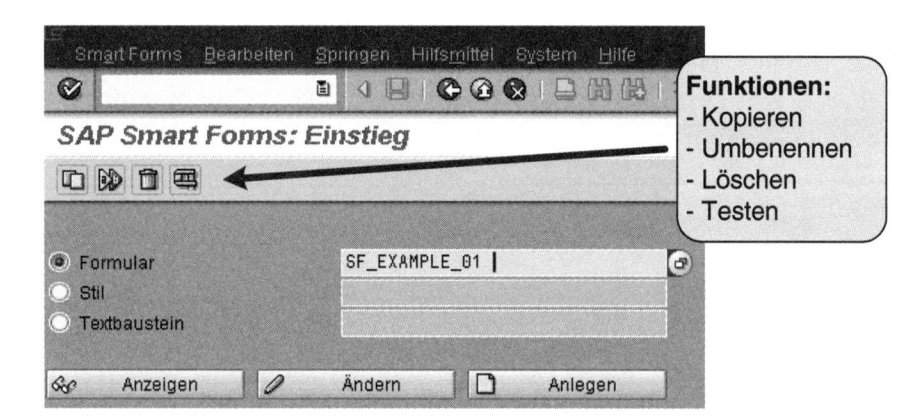

Abbildung 2.8 Einstiegsbild zu Smart Forms

Das Eröffnungsbild zu Smart Forms (Abbildung 2.8) bietet drei Optionen:

- Die erste und wichtigste Option ermöglicht die Bearbeitung der **Formulare** unter Smart Forms. Den Namen des Musterformulars haben wir schon eingetragen; die hinterlegte Wertehilfe zeigt Ihnen bei Interesse eine Liste aller im System angelegten Formulare.
- Mit **Stilen** kamen Sie schon in Berührung, als es um die Formatierung der Absenderzeile ging: sie enthalten Absatz- und Zeilenformate. An dieser Stelle werden eigenständig die Stile zu Smart Forms gepflegt.
- Die untere Option **Textbaustein** haben Sie so ähnlich ja eben schon für SAPscript kennen gelernt. An dieser Stelle können Textbausteine gepflegt werden, die speziell für Smart Forms vorgesehen sind (wobei sich einige Vorteile ergeben, die wir später noch darstellen werden).

Bevor Sie jetzt das Formular erstmals aufrufen, wählen Sie bitte den Menüpfad **Smart Forms • Generieren**. Dies dient dem Fall, dass in Ihrem System noch niemand einen Blick auf das Formular geworfen hat: Bei diesem Vorgang wird der passende Funktionsbaustein im Hintergrund erzeugt, den wir später für die Tests benötigen.

Da die Flugrechnung von SAP standardmäßig ausgeliefert wird, lässt sich das Originalformular nur bedingt bearbeiten. Sie werden deshalb in einem späteren Schritt eine individuelle Kopie davon erstellen. Für den ersten Einblick wählen Sie nun die Taste **Anzeigen**. Dadurch wechseln Sie in das Bearbeitungsbild zum Formular, das über den *Form Builder* dargestellt wird.

Öffnen Sie dort noch zusätzlich den *Form Painter*, ein grafisches Design-Werkzeug zum Formular. Wählen Sie dazu den Menüpfad **Hilfsmittel • Form Painter an/aus** oder die gleichnamige Taste in der Symbolleiste. Dann sollte Ihr Bildschirm in etwa so aussehen wie in Abbildung 2.9.

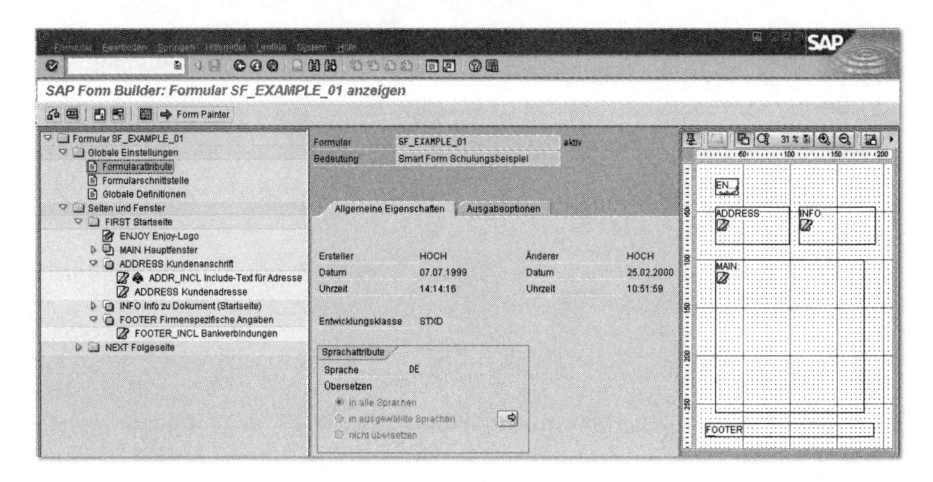

Abbildung 2.9 Übersicht Form Builder und Form Painter

Die Anzeige besteht aus drei Bereichen:

- Auf der rechten Seite des Formulars sehen Sie den Form Painter mit seiner grafischen Übersicht zur Aufteilung der aktuellen Seite; man sieht dort einzeln abgetrennte Bereiche (die *Fenster*). Die Seitenaufteilung zeigt schon wichtige Einteilungen wie bei einem gängigen Geschäftsbrief: Sie sehen Fenster für die Anschrift, für den Fußbereich und in der Mitte ein Fenster zur Ausgabe von Positionen. In unserem Fall werden es Flugbuchungen sein. Auf dem Musterausdruck im Anhang werden Sie die Fenster mit ihren echten Daten sicherlich gleich wiedererkennen.

- Auf der linken Seite zeigt der Form Builder in einem *Navigationsbaum* die Hierarchie aller Elemente des Formulars (inkl. der Fenster, die Sie auch im Form Painter rechts gesehen haben). Jedes Formularelement wird durch einen Knoten im Navigationsbaum repräsentiert. Die Knoten des Navigationsbaums sind der Leitfaden zur Abarbeitung des Formulars. Über sie werden alle Funktionen im Formular gesteuert. Den einzelnen Knoten können weitere Knoten untergeordnet sein. Daraus resultieren *Teilbäume* oder auch *Zweige*, die sich per Mausklick auf- und zuklappen lassen.

- In der Mitte des Bildschirms zeigt der Form Builder die Attribute des gerade ausgewählten Knotens. Hier erfolgen auch in den meisten Fällen die zugehörigen Anwendereingaben. Diese *Knotenattribute* sind thematisch geordnet auf mehrere Registerkarten verteilt. Fast in allen Knoten vorhanden sind die Registerkarten **Ausgabeoptionen** und **Bedingungen**.

Die grundsätzliche Bedienung des Navigationsbaums dürfte spätestens seit dem neuen Einstiegsmenü unter *SAP Easy Access* bekannt sein. Sie können jeden Knoten durch Maus-Doppelklick im Navigationsbaum anwählen; alternativ können Sie auch einen Fenster-Knoten direkt im Form Painter auswählen.

Eine kurze Klettertour durch den Navigationsbaum

Im Zweig **Seiten und Fenster** sehen Sie beispielsweise untergeordnet zwei Seite-Knoten mit der Kurzbezeichnung FIRST und NEXT. Natürlich können mit dem Formular auch mehr als zwei Seiten gedruckt werden. Ab Ausgabeseite 2 wird in diesem Beispiel automatisch immer auf das Layout von NEXT zurückgegriffen. Wählen Sie per Maus-Doppelklick abwechselnd eine der beiden Seiten. Es aktualisieren sich automatisch die zugehörigen Knotenattribute, aber auch die grafische Layout-Darstellung der jeweiligen Seite im Form Painter.

Öffnen Sie im Navigationsbaum die untergeordneten Zweige zur Seite FIRST. Die nächste Ebene enthält eine Aufteilung dieser Seite in einzelne Abschnitte, die wir schon weiter oben als *Fenster* bezeichnet haben. Genau diese Fenster werden mit Lage und Größe auch im Form Painter abgebildet. Wählen Sie per Mausklick eines der Fenster im Navigationsbaum: Es wird automatisch auch im Form Painter markiert (was auf dem umgedrehten Weg allerdings auch funktioniert).

Angaben zur Adresse

Öffnen Sie nun den Fenster-Knoten ADDRESS, der für die Ausgabe im Anschrift-Fenster vorgesehen ist. Darunter existieren zwei weitere Knoten: ADDR_INCL ist für die Ausgabe einer Absenderzeile zuständig; der untere Knoten ADDRESS für die Ausgabe der Kundenanschrift.

Wählen Sie bei den Attributen zum Knoten ADDR_INCL (Absenderzeile) die Registerkarte **Allgemeine Eigenschaften**. Die Auswahlliste zum Eingabefeld **Texttyp** zeigt, dass es unterschiedliche Möglichkeiten gibt, einen Text in das Formular einzubinden. Im gewählten Fall ist **Include** vorbelegt. Er dient dazu, einen SAPscript-Text einzubinden. Der Abschnitt **Textschlüssel** enthält den direkten Verweis auf denjenigen Standardtext, den Sie im letzten Schritt bereits angelegt haben!

> **Hinweis:** Darunter finden Sie das Attribut **kein Fehler, falls Text nicht vorhanden:** Es ist **nicht** gesetzt. Deshalb hätte unsere Formularausgabe ohne den Standardtext nicht zum Erfolg geführt, sondern statt dessen das System veranlasst, eine entsprechende Fehlermeldung zu erzeugen.

Einstellungen zum Gesamtformular

Sie haben sich nun schon etwas im Layout des Formulars orientiert. Der Vollständigkeit halber möchten wir noch auf den obersten Zweig **Globale Einstellungen** im Navigationsbaum hinweisen. Hier sind Einstellungen hinterlegt, die das Formular als Ganzes betreffen. Im Knoten **Formularschnittstelle** finden Sie z. B. alle Parameter für den Datenaustausch mit dem zugehörigen Rahmenprogramm.

Wenn Sie dort beispielsweise den Unterknoten **Formularattribute** anwählen, erscheint der Name des Formulars und dahinter der Status **aktiv** oder **inaktiv**. Nur bei einem aktiven Formular ist auch ein Funktionsbaustein erzeugt worden, der alle Einstellungen des Formulars widerspiegelt und die Ausgabe über das Rahmenprogramm ermöglicht.

Funktionsbaustein zum Formular testen

Mit Aktivierung des Formulars wird automatisch im Hintergrund ein Funktionsbaustein angelegt, der später vom Rahmenprogramm für die Ausgabe aufgerufen wird. Wir wollen nun diesen Funktionsbaustein einem Kurztest unterziehen, wobei jedoch noch keine Daten zur Ausgabe kommen.

Hierfür sind folgende Einzelschritte auszuführen:

- Wählen Sie den Menüpfad **Formular • Testen** oder **F8** im Form Builder. Es erscheint der Name des erzeugten Funktionsbausteins. Dies ist gleichzeitig das Eingangsbild zum *Function Builder*, über den üblicherweise Funktionsbausteine im SAP-Entwicklungssystem gepflegt werden (die Testfunktion, die wir hier verwenden, ist also nur von dort ausgeliehen).

> **Hinweis:** Falls das System »Es wurde noch kein Funktionsbaustein generiert« meldet, haben Sie die Generierung vergessen, die wir am Anfang von Abschnitt 2.2.3 beschrieben haben. Bitte holen Sie dies jetzt nach.

- Wählen Sie nun den Menüpfad **Funktionsbaustein • Testen • Einzeltest** oder **F8**. Es erscheint eine Liste aller Parameter, die der Funktionsbaustein als Schnittstellenparameter von seinem Rahmenprogramm erwartet. Theoretisch könnten Sie hier auch Daten vorgeben; in den meisten Fällen werden Sie dafür jedoch den Weg über das echte Rahmenprogramm vorziehen.

- Wählen Sie als nächstes den Menüpfad **FBausteine • Ausführen** oder **F8**. Es erscheint nun noch die Abfrage zum Drucker. Auch wenn Sie über **Druckansicht** gehen wollen, erwartet das System hier einen Eintrag. Wählen Sie Ihren Arbeitsplatzdrucker oder einfach LOCL.

- Wählen Sie dann die Taste **Druckansicht** oder wieder **F8**.

Jetzt sehen Sie als Ausgabeergebnis eine Flugrechnung mit minimalen Formularinhalten. Da wir ohne Daten ausgeben, ist z.B. keine Anschrift enthalten, und auch die Liste der Flugbuchungen ist leer (wohin die Daten gehören, lässt sich jedoch leicht nachvollziehen). Der Inhalt des Fensters INFO (oben rechts) ist nur deshalb komplett mit allen Angaben zu sehen, weil diese fest im Formular hinterlegt sind.

Wir haben soeben den Weg zur Testfunktion sehr ausführlich über die Menüwege beschrieben. Am schnellsten geht es aber, indem Sie einfach viermal hintereinander die Funktionstaste **F8** betätigen. Zusätzlich hat SAP für den Aufruf auch Icons in der Symbolleiste des Form Builders etc. vorgesehen.

Formular über Rahmenprogramm ausgeben

Für die richtige Ausgabe unserer Flugrechnung muss zusätzlich ein passendes Rahmenprogramm aufgerufen werden. Es handelt sich dabei um einen gewöhnlichen Report, der entsprechend über Transaktion SA38 oder das Anwendungsmenü **System • Dienste • Reporting** ausgeführt werden kann. Der Name des passenden Reports zur Flugrechnung ist wieder SF_EXAMPLE_01.

Starten Sie die Ausführung wie üblich über das zugehörige Ausführungs-Icon, Funktionstaste **F8** oder über das Menü.

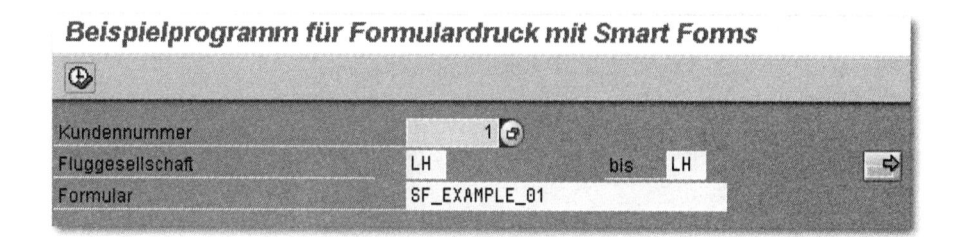

Abbildung 2.10 Beispielprogramm für Formulardruck

Es folgt ein Selektionsbild zur Abfrage von Flugdaten wie in Abbildung 2.10:

▶ Wählen Sie die Kundennummer und die Fluggesellschaft wie vorgeschlagen (dafür sollten auch in Ihren Tabellen Daten enthalten sein).

▶ Das Selektionsbild erlaubt auch die Vorgabe des passenden Formulars. Vorgeblendet ist bereits SF_EXAMPLE_01, so dass die Ausgabe gestartet werden kann.

Es folgt das übliche Spool-Dialogbild. Wählen Sie Ihren gängigen Arbeitsplatzdrucker oder einfach LOCL. Letzterer erledigt die Ausgabe über Ihren lokalen (Windows-)Drucker. Wer Papier sparen möchte, wird auf die Druckansicht zurückgreifen.

Jetzt haben Sie erstmals einen Eindruck davon, was die Flugrechnung in ihrer Grundausstattung schon bietet! Im Anhang befindet sich ein Ausdruck des Formulars zum Vergleich mit Ihrer Installation.

Nach diesem ersten Erfolg wollen wir jetzt einige Änderungen am Formular vornehmen, um Ihnen noch weitere Funktionen unter Smart Forms vorstellen zu können. Dazu müssen Sie aber zunächst eine Arbeitskopie von der Mustervorlage erstellen.

2.2.4 Eigenes Formular als Arbeitskopie erstellen

Um Änderungen an der Flugrechnung vornehmen zu können, müssen Sie von dem bisher verwendeten Musterformular eine Kopie erstellen. Mit diesem neuen Formular können Sie dann nach Belieben experimentieren.

Öffnen Sie zunächst wieder das Einstiegsbild zu Smart Forms im SAP-Menü über **Werkzeuge • Formulardruck • Smart Forms (SMARTFORMS)**. Geben Sie nochmals das Musterformular SF_EXAMPLE_01 vor.

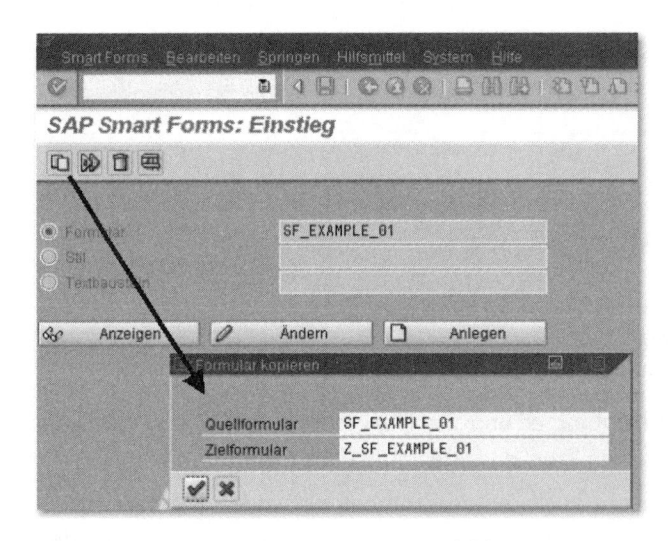

Abbildung 2.11 Formular kopieren im Einstiegsbild zu Smart Forms

Wählen Sie dann im Menü des Einstiegsbildes **Smart Forms • Kopieren** oder das entsprechende Symbol in der Symbolleiste.

Wie in Abbildung 2.11 werden Sie nach dem Namen des Zielformulars gefragt. Wählen Sie einen Namen aus dem Kundennamensraum (z.B. beginnend mit Z oder Y). Unser Vorschlag zur Benennung ist Z_SF_EXAMPLE_01, wie auch in der Abbildung dargestellt. Verwenden Sie möglichst ebenfalls diesen Namen, da wir uns auf dieses neue Beispielformular im Laufe des Buches noch häufiger beziehen werden.

Nach Bestätigung des Namens werden noch einige Eigenschaften des neuen Formulars abgefragt, die für eine korrekte Einbindung des Formulars in die SAP-Entwicklungsumgebung sorgen (siehe Abbildung 2.12).

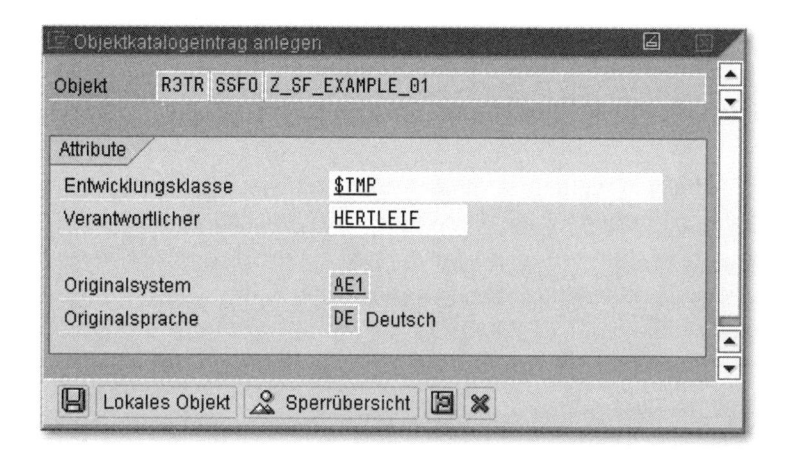

Abbildung 2.12 Objektkatalogeintrag zum Formular

Mit Ihrem Anmeldenamen werden Sie automatisch als Verantwortlicher des neuen Formulars vorgeschlagen.

Noch wichtiger ist die Zuordnung einer Entwicklungsklasse. Dieser Eintrag bestimmt, wie Ihr Formular im System abgelegt wird und ob es z.B. später in ein Produktivsystem gelangen soll. Letzteres ist (noch) nicht das Ziel dieser Übung. Betrachten Sie statt dessen Ihre Versuche zunächst einfach als Privatsache. Hierfür existiert in allen SAP-Installationen die Entwicklungsklasse $TMP. Sie macht das neue Formular zu einem *Lokalen Objekt*, für das grundsätzlich kein Transport in andere SAP-Installationen vorgesehen ist. Für die Arbeit mit einem Formular dieser Entwicklungsklasse existieren ansonsten aber keine Einschränkungen.

Sie können das Kürzel $TMP einfach per Hand eingeben oder per Maus die Taste **Lokales Objekt** wählen. Im letzteren Fall wird danach sofort auch das Eingabebild geschlossen und Sie befinden sich wieder im Einstiegsbild. Der neue Formularname wird jetzt direkt im Einstiegsbild zur weiteren Bearbeitung vorgeschlagen.

Formular aktivieren

Sie haben über die Kopierfunktion zwar ein neues Formular erzeugt, dieses Formular lässt sich aber erst nach einer Aktivierung wirklich verwenden (d.h. ausgeben). Öffnen Sie deshalb das neue Formular über die Taste **Ändern** im Änderungsmodus.

Kontrollieren Sie zunächst den Status des Formulars über den Knoten **Formularattribute** im Navigationsbaum des Form Builders. Hinter dem Namen des Formulars ist der Status als **inaktiv** gekennzeichnet.

Aktivieren Sie Ihr Formular über den Menüpfad **Formular • Aktivieren** oder das entsprechende Icon in der Symbolleiste. Bei diesem Vorgang wird das gesamte Formular einer Prüfung unterzogen und dann **aktiv** gesetzt. Dabei wird automatisch auch ein zugehöriger Funktionsbaustein generiert.

> **Hinweis:** Beim Aktivieren werden vermutlich auch mehrere Warnmeldungen zu Ihrer Flugrechnung auftreten, die Sie in einem zusätzlichen Fenster unter den Knotenattributen sehen. Auf diese Meldungen kommen wir später noch zurück. Im Moment ist nur wichtig, dass in der üblichen Statusleiste am unteren Fensterrand »Formular Z_SF_EXAMPLE_01 wurde aktiviert« gemeldet wird. In diesem Fall wurde das Formular auch automatisch gespeichert und kann ausgegeben werden.

Testen Sie das Formular wie im letzten Abschnitt beschrieben. Sie haben hierfür zwei Möglichkeiten:

- Über viermal **F8** für den Schnell-Test des Funktionsbausteins ohne Daten
- Über das Rahmenprogramm SF_EXAMPLE_01 im Reporting: Wählen Sie hierfür die Selektionsparameter wie bei der ersten Ausgabe, aber vergessen Sie nicht, dort den Namen des Formulars (Z_...) anzupassen!

2.2.5 Änderungen am eigenen Formular

In dem kopierten Formular Z_SF_EXAMPLE_01 sollen jetzt die folgenden Änderungen vorgenommen werden:

- Beseitigung der Warnungen, die beim Aktivieren des Formulars erscheinen
- Ändern und Verschieben der enthaltenen Grafik
- Ändern von Texten auf dem Rechnungsformular

Nach jeder Änderung sollten Sie das Formular wieder testen und zur Kontrolle auch ausgeben.

Beseitigung der Warnungen

Nach Aufruf des Formulars im Form Builder werden die Warnungen, die Sie bei der letzten Aktivierung des Formulars gesehen haben, nicht wieder angezeigt. Um sie erneut einzusehen, könnten Sie das Formular noch einmal aktivieren. Eine Alternative besteht in der Funktion **Formular** • **Prüfen**:

Es werden dabei die gleichen Prüfroutinen durchlaufen wie bei **Aktivieren**. Solange es eine Fehlermeldung gibt, ist **Prüfen** sicher der bessere Weg der Kontrolle, da in diesem Fall die zuletzt aktivierte Version des Formulars auch weiterhin noch für die Ausführung zur Verfügung steht. Neben dieser Formular-Gesamtprüfung gibt es auch noch Einzelprüfungen für jeden individuellen Knoten. Darauf kommen wir später noch zurück.

Nach einer Gesamtprüfung sehen Sie wie in Abbildung 2.13 vermutlich drei Warnungen zur Flugrechnung.

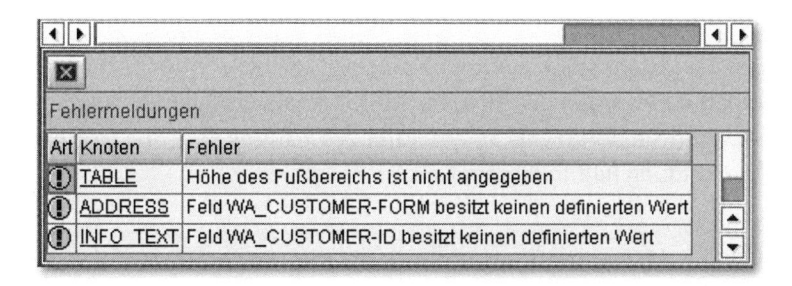

Abbildung 2.13 Fehlermeldungen nach Gesamtprüfung

Smart Forms unterscheidet zwei Arten von Meldungen: die eigentlichen *Fehlermeldungen* und *Warnmeldungen*. Bei ersteren kann das Formular nicht aktiviert und damit auch nicht ausgegeben werden. Die Art der Meldung ist am Symbol in der ersten Spalte erkennbar (in unserem Beispiel gibt es nur Warnungen).

Zur Vereinfachung wollen wir im Folgenden aber nur noch von *Fehlermeldungen* sprechen und damit die Bezeichnung des zugehörigen Fensters aufgreifen. Warnungen schließen wir in diesen Begriff mit ein.

Fußbereich anpassen

Eine Fehlermeldung beinhaltet immer die Angabe des zugehörigen Knotens und eine Beschreibung des Inhalts. Da das System jedoch Ursache und Wirkung eines Fehlers nicht immer unterscheiden kann, raten wir, die Interpretation der Hinweise nicht zu eng zu fassen, um die eigentliche Fehlerquelle zu ermitteln.

Durch Doppelklick auf die Angabe zum Knoten wird der jeweilige Knoten angewählt und entsprechend im Navigationsbaum und Form Painter markiert. Selbst bei den Knotenattributen wird direkt die Registerkarte vorgeblendet, auf der das System die Fehlerursache vermutet. Versuchen Sie es mit der ersten Meldung zum Knoten TABLE: Es wird zusätzlich die zugehörige Registerkarte **Zeitpunkte** gezeigt. Dort befindet sich ein Eingabefeld zur Höhe eines Fußbereichs (dessen Bedeutung werden wir später noch ausführlich darstellen). Wählen Sie als Eintrag '1 cm' (Betrag und Maßeinheit befinden sich in getrennten Eingabefeldern).

Wiederholen Sie nun die Gesamtprüfung. Die erste Warnmeldung dürfte nun nicht mehr erscheinen.

Feld besitzt keinen definierten Wert
In den verbleibenden beiden Warnmeldungen wird ein Problem mit *Feldern* beschrieben. Dahinter verbergen sich im Normalfall Daten, die aus dem Rahmenprogramm an das Formular übergeben werden. Offensichtlich gibt es eine Prüfung, welche den Inhalt der Felder kontrolliert.

Springen Sie zum Test wieder zu einem der Knoten mit Fehlermeldung. Ein solcher Knoten enthält die Ausgabe der Kundenadresse, an die die Rechnung gehen soll. Allerdings können Sie dort nichts an der Datenbeschaffung ändern. Der Hinweis in der Fehlermeldung hilft in diesem Fall also nicht weiter.

> **Hintergrund:** Aus unseren ersten Tests wissen Sie, dass die Daten zum Kunden über die Selektion im Rahmenprogramm vorgegeben sind. Diese werden bei Ausführung auch korrekt an das Formular übergeben, das zeigen nicht zuletzt die bisherigen Ausdrucke. Die Meldung selbst ist also eigentlich gar nicht sinnvoll! Man könnte auch sagen: Smart Forms prüft offensichtlich an dieser Stelle nicht richtig, die Prüfroutine selbst ist das Problem. Wir werden später darauf auch noch einmal zurückkommen.

Um die Warnungen zu unterdrücken und die Prüfroutine zufrieden zu stellen, hilft ein Trick: Die Felder müssen an anderer Stelle im Formular einmal als aktiv bearbeitete Variablen erwähnt werden. Verfahren Sie daher folgendermaßen:

- ▶ Öffnen Sie den Knoten **Globale Definitionen** bei den **Globalen Einstellungen** und dort die Registerkarte **Initialisierung**. Oben rechts sehen Sie eine zunächst noch leere Liste mit Ausgabeparametern. Tragen Sie hier WA_CUSTOMER ein: Dieser Eintrag täuscht dem System vor, dass den zugehörigen Feldern Werte zugewiesen worden sind.

- ▶ Wiederholen Sie jetzt die Gesamtprüfung: Sie sollte nunmehr ohne Fehlermeldungen enden!

Aktivieren Sie danach das geänderte Formular. Ein Ausgabetest über das Rahmenprogramm schadet natürlich auch nicht; denken Sie dabei wieder
an den richtigen Formularnamen mit Z_... .

Ändern und Verschieben einer Grafik

Auf dem bisherigen Ausdruck, aber auch in der grafischen Anzeige des Form Painters, haben Sie gesehen, dass die Flugrechnung in der linken oberen Ecke eine Grafik enthält. Sie werden jetzt eine andere Grafik wählen und gleichzeitig ihre Position im Formular ändern.

Neue Grafik zuordnen
Wählen Sie zunächst den Knoten zur Grafik aus. Sie finden ihn auf Seite FIRST im Knoten ENJOY oder durch Anwahl des zugehörigen Fensters mit der Maus im Form Painter. Sofort aktualisieren sich auch die Knotenattribute im mittleren Bereich des Bildschirms.

Auf der Registerkarte **Allgemeine Eigenschaften** ist der Name der Grafik eingetragen und kann entsprechend geändert werden. In diesem Feld steht auch die Wertehilfe über **F4** zur Verfügung, um auf alle im System hinterlegten Grafiken zuzugreifen.

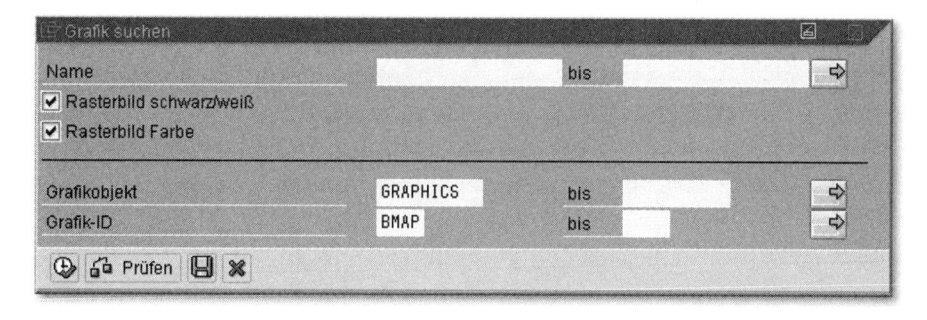

Abbildung 2.14 Grafik selektieren

Wählen Sie die Voreinstellungen im Selektionsbild wie in Abbildung 2.14 dargestellt (d.h. auch **Rasterbild schwarz/weiß** anwählen). Daraufhin werden alle passenden, im System hinterlegten Grafiken angezeigt.

Wählen Sie z.B. die Grafik SAPSCRIPT_SMALL_DOG. Diese ist zwar nur in schwarz/weiß hinterlegt, wir werden in späteren Abschnitten darauf aber noch häufiger zugreifen. Nach Übernahme ins Formular betätigen Sie mit **Return**: Erst dann wird der neue Inhalt mit seinem Format auch in den Form Painter übernommen.

Größe der Grafik anpassen

Offensichtlich ist diese Grafik recht klein. Über das Knotenattribut **Auflösung** bei **Technische Eigenschaften** können Sie die Größe aber nachträglich anpassen. Experimentieren Sie mit den hinterlegten Auflösungen oder wählen Sie einfach den Wert '75'. Für unser Beispielformular ist das eine passende Größe.

> **Hinweis:** Die Auflösung der Grafik wird in *Dots per Inch (dpi)* angegeben. Wird der Punktabstand verringert, so verteilen sich die Punkte der Grafik auf eine entsprechend größere Fläche. Die Grafik wird dann zwar größer ausgegeben, allerdings ist die Darstellung wegen der geringeren Auflösung auch grober.
>
> Bei einer nachträglichen Änderung der Auflösung hin zu kleineren Werten geht immer die Genauigkeit im Ausdruck verloren. Im produktiven Formular wird man deshalb eine Grafik verwenden, die schon im Original eine geeignete Größe hat. Ohne die direkte Eingabe einer Auflösung bei den Knotenattributen übernimmt das System automatisch die Größe aus den Daten der Originalgrafik.

Position der Grafik ändern

Zusätzlich sollten Sie die Lage der Grafik wie in Abbildung 2.15 dargestellt ändern.

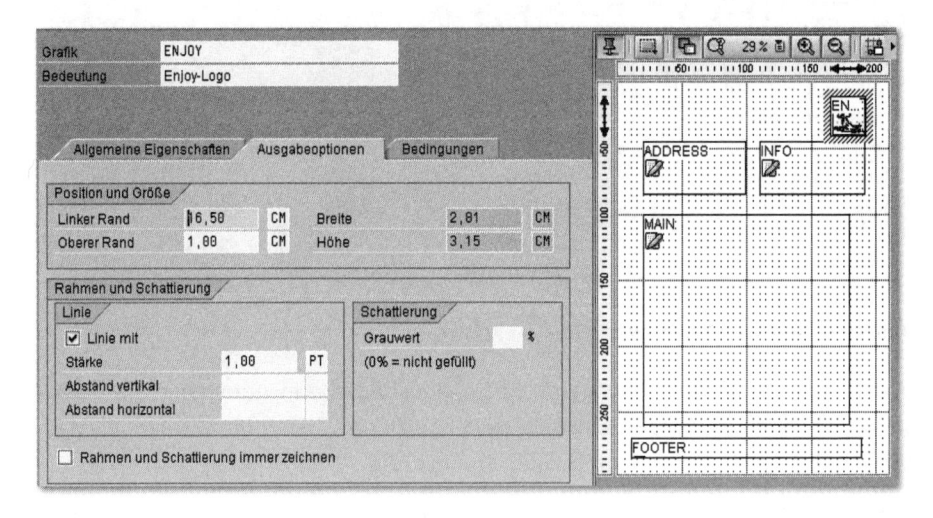

Abbildung 2.15 Ausgabeoptionen zur Grafik

Wählen Sie bei den Knotenattributen die Registerkarte **Ausgabeoptionen**. Die Lage ist über Koordinaten zum linken und oberen Rand einstellbar. Doch Vorsicht: Bei großen Werten kann die Grafik auch »vom Papier fallen« (allerdings wird

Sie eine spätere Gesamtprüfung mit einer Warnung darauf hinweisen). Ändern Sie den linken Rand z. B. auf '17,0 cm', den oberen Rand auf '0,5 cm' und bestätigen Sie mit **Return**.

Zusätzlich sehen Sie bei den Knotenattributen auch die Breite und Höhe der Grafik. Beide Angaben sind vom System aufgrund der vorher gewählten Auflösung aus der Originalgröße der Grafik berechnet worden. Sie können die Werte hier also nicht direkt ändern.

Auch im Form Painter sehen Sie sofort die neue Position der Grafik. Noch besser: Sie können die Grafik dort auch direkt per Maus verschieben. Setzen Sie dazu den Maus-Cursor auf das Grafik-Fenster und bewegen Sie das Fenster bei gedrückter Maustaste. Jetzt ändern sich parallel dazu auch die Einträge in den Feldern der Knotenattribute.

Kurzbezeichnung zum Knoten
Jeder Knoten hat ein Kürzel und eine Bezeichnung. Da Sie die Grafik geändert haben, passen diese Begriffe nicht mehr zum Knoten. Ändern Sie die Einträge auf GRAPHIC und LOGO; Sie sind damit unabhängig vom konkreten Namen der Grafik. Aktivieren Sie das Formular (es wird dabei automatisch auch gesichert).

> **Übung:** Es gibt im Formular die Seite NEXT, die bei Ausgabe des Formulars ab der zweiten Seite verwendet wird, falls die Anzahl der Flugbuchungen nicht auf die erste Seite passt. Wählen Sie auf dieser Seite ebenfalls den Grafik-Knoten an und verschieben Sie ihn nach rechts. Haben Sie sich darüber gewundert, dass die Grafik auf dieser Seite noch links steht, aber der Inhalt der Grafik und auch die Kurzbezeichnung des Knotens schon wie auf Seite FIRST geändert worden sind? Das ist kein Versehen, sondern eine beabsichtigte Funktion unter Smart Forms, die Sie noch häufig vorteilhaft einsetzen werden!

Ändern des Rechnungstextes

Mit diesem Schritt erhalten Sie die Möglichkeit, die Texte der Rechnung, die vor bzw. nach der Liste der Flugbuchungen ausgegeben werden, Ihren Wünschen entsprechend anzupassen.

Die Texte befinden sich zusammen mit der Tabelle der gebuchten Flüge im Fenster MAIN, das das wichtigste Fenster des Formulars ist. Befinden sich viele Flüge auf der Rechnung des Kunden, so reicht unter Umständen der Platz auf einer Seite nicht aus. Die Formular-Prozessierung von Smart Forms erkennt diesen Umstand und eröffnet automatisch eine weitere Ausgabeseite. Diese Überprüfung erfolgt aber nur für ein einziges (und damit besonderes) Fenster im Formular, nämlich das *Hauptfenster* (in unserem Beispiel das Fenster MAIN). Diese Ausnahmestellung erkennen Sie am zugehörigen Knotenattribut **Hauptfenster** auf der Registerkarte **Allgemeine Eigenschaften**.

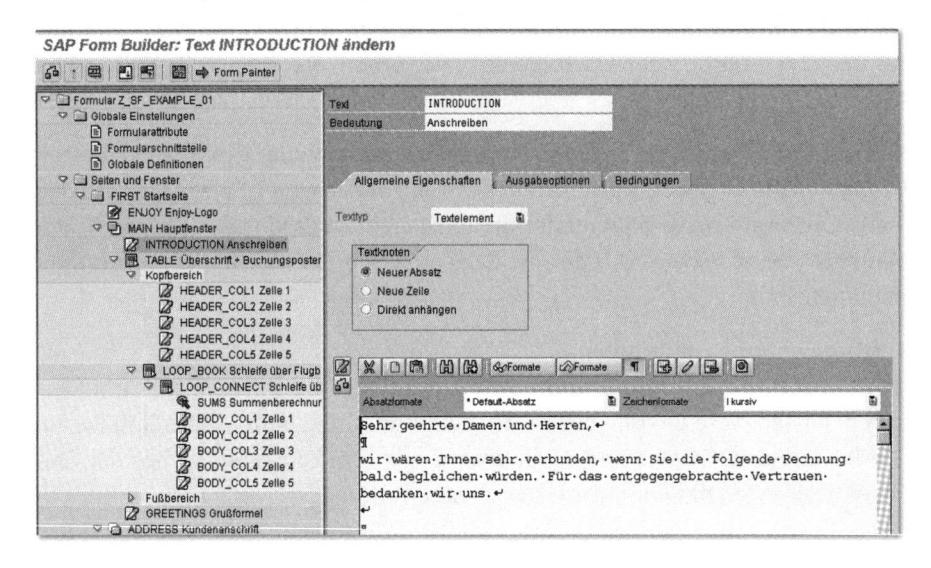

Abbildung 2.16 Texte im Hauptfenster bearbeiten

Öffnen Sie wie in Abbildung 2.16 den Knoten INTRODUCTION unterhalb von MAIN und dann die Registerkarte **Allgemeine Eigenschaften** bei den Knotenattributen. Über einen kleinen Texteditor können Sie hier direkt den Einleitungstext zur Rechnung ändern.

Für die Formatierung der Texte in einem Text-Knoten stehen Absatz- und Zeichenformate zur Verfügung (siehe Abbildung 2.16). Um nur ein einzelnes Wort oder Zeichen *Fett* zu drucken, markieren Sie den entsprechenden Textteil (z. B. per Maus), und wählen Sie dann das passende Zeichenformat. Der Inline-Editor bietet Funktionen der Textbearbeitung, die Ihnen schon von gängigen Textprogrammen bekannt sein dürften und daher hier nicht näher erläutert werden müssen.

> **Hinweis:** Die hinterlegten Absatz-/Zeichenformate müssen zuvor in einem Stil (als *Smart Style*) definiert worden sein. Um zu sehen, welcher Stil aktuell im Formular zugeordnet ist, wählen Sie im Navigationsbaum bei den globalen Einstellungen den Knoten **Formularattribute** und dort die Registerkarte **Ausgabeoptionen**.

Über den Knoten GREETINGS erreichen Sie nach gleichem Verfahren auch den Text am Ende der Rechnung.

Ausgabe der Positionen

Zwischen den beiden Text-Knoten INTRODUCTION und GREETINGS muss schlüssiger Weise die Ausgabe der Flugbuchungen erfolgen. Öffnen Sie den Knoten TABLE. Er enthält neben einem weiten Knoten LOOP_BOOK auch besondere Knoten für Kopf- und Fußbereiche:

- Öffnen Sie den Knoten zum **Kopfbereich**. Sie sehen darunter fünf weitere Knoten, die jeweils einzelne Texte enthalten, nämlich die Spaltenüberschriften unserer Buchungstabelle.
- Öffnen Sie HEADER_COL5 mit Registerkarte **Allgemeine Eigenschaften**. Verschieben Sie dort den **Preis** über drei weitere Tabulatoren nach rechts, damit er bei der späteren Ausgabe über den eigentlichen Preisangaben steht. Eigentlich würde sich hier eine rechtsbündige Formatierung anbieten, die aber im Stil unseres Beispielformulars (noch) nicht vorgesehen ist.

Öffnen Sie abschließend auch noch die Knoten LOOP_BOOK und LOOP_CONNECT. Hier wird die eigentliche Ausgabe der Buchungen gesteuert:

- Im Unterknoten BODY_COL5 erfolgt die Ausgabe des Preises mit Betrag und Währung. Wie schon bei Ausgabe der Kundenadresse gesehen, werden dafür wieder Felder eingesetzt.
- Sie sehen auch, dass durch alle Textelemente zusammen genau eine Ausgabezeile zu den Flugbuchungen repräsentiert wird. Dass dann trotzdem mehrere Zeilen nacheinander mit diesen Angaben ausgegeben werden, besorgt der übergeordnete Knoten LOOP_CONNECT (mit wiederholter Abarbeitung der Zeilen je nach Anzahl der Flugbuchungen). Die vielfältigen Möglichkeiten zur Steuerung solcher Ausgaben werden wir noch ausführlich in Kapitel 7 erläutern.

Abschluss

Aktivieren Sie das Formular (es wird dabei automatisch auch gesichert). Geben Sie die neue Version der Flugrechnung wieder über das Programm SF_EXAMPLE_01 aus und achten Sie dabei auf die richtigen Angaben zum Formularnamen mit Z_... !

Bevor Sie die Formularbearbeitung verlassen, schlagen wir noch einen kleinen Exkurs vor, um Ihnen weitere Funktionen zur Pflege von Knoten zu zeigen, die in der späteren praktischen Formularentwicklung Ihr »tägliches Brot« sein werden.

Exkurs: Knoten verwalten

Sie haben bisher schon die wichtigen Knotentypen zu **Seite**, **Fenster**, **Grafik** und **Text** kennen gelernt. Wir haben Ihnen aber noch nicht gezeigt, wie diese Knoten verwaltet werden können (Anlegen, Ändern, Löschen etc.). Hierfür existiert im Navigationsbaum, aber auch im Form Painter, ein umfassendes Kontextmenü, wie es inzwischen auch an anderen Stellen im SAP-System üblich ist.

Bewegen Sie die Maus in den Navigationsbaum des Form Builders und betätigen Sie auf einem beliebigen Knoten die rechte Maustaste: Es erscheint wie in Abbildung 2.17 das Kontextmenü mit allen Verwaltungsfunktionen, die zum aktuellen Knoten möglich sind.

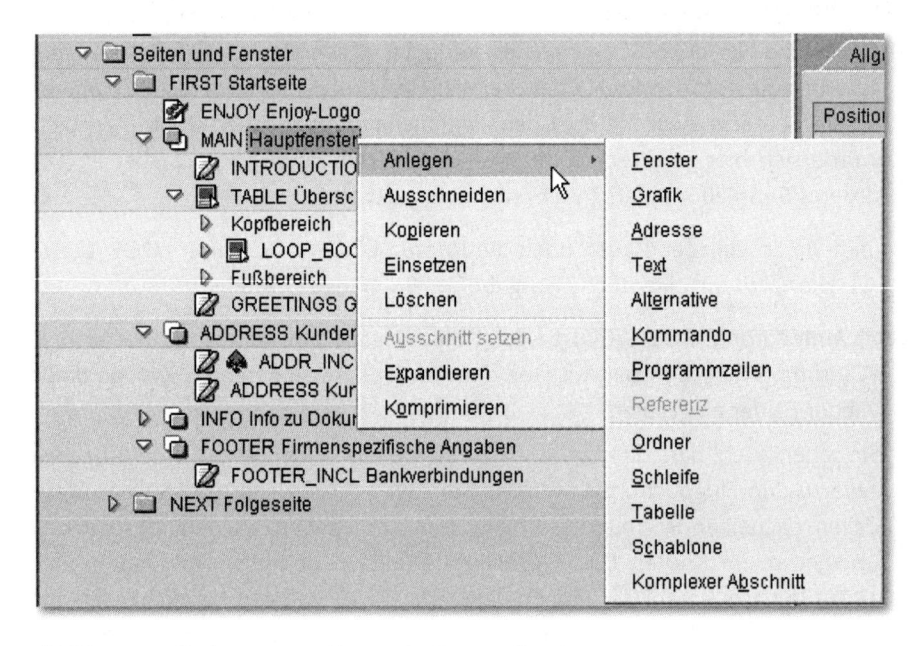

Abbildung 2.17 Funktionen zum Knoten im Kontext-Menü

Hier sehen Sie eine Liste aller Knotentypen, die von Smart Forms angeboten werden. Wir werden diese Knotentypen später noch ausführlich beschreiben. Das Kontextmenü enthält immer nur die Knotentypen, die beim jeweils aktuell eingestellten Knoten als Unterknoten verwendbar sind. Abbildung 2.17 zeigt die Auswahl zum Knoten MAIN. Rufen Sie probehalber auch einmal die Liste bei einem Seite-Knoten auf (z. B. FIRST).

Im Laufe der praktischen Formularerstellung werden Sie häufig Knoten verschieben oder kopieren müssen (z. B. Text-Knoten). Statt die entsprechenden Funktionen im Kontextmenü zu nutzen, ist der direkte Weg über die Maus häufig der schnellere (*Drag&Drop*). Markieren Sie dazu den Ausgangsknoten und »ziehen« Sie ihn bei gedrückter Maustaste an eine andere Stelle. Damit haben Sie den Knoten verschoben. Gleichzeitiges Drücken von **Strg** erzeugt eine Kopie an der Zielstelle. Das nötige Fingerspitzengefühl für diese Mausfunktionen werden Sie schon aus anderen Anwendungen besitzen oder mit etwas Übung schnell erreichen.

> **Hinweis:**
>
> ▶ Nicht jeder Knoten ist überall sinnvoll. Wenn Sie die Maus über »verbotene« Zonen des Navigationsbaums bewegen, ändert sich der Mauszeiger entsprechend.
>
> ▶ In Einzelfällen kann der Form Builder nicht automatisch erkennen, wohin ein Knoten verschoben werden soll (z. B. unter oder hinter einen vorhandenen Knoten). In diesem Fall erscheint eine zusätzliche Abfrage.

2.2.6 Eigenes Rahmenprogramm erstellen

Über unser Rahmenprogramm SF_EXAMPLE_01 haben Sie bisher alle Ausgaben anstoßen können. Da der Name des Formulars im Selektionsbild als Parameter abgefragt wird, konnten Sie auch das neue, kopierte Beispielformular von dort aufrufen.

Dieses Vorgehen zeigt, dass ein Rahmenprogramm die Ausgabe unterschiedlicher Formulare veranlassen kann. Einzige Bedingung: Die verwendeten Formulare müssen ähnliche Daten verwenden, damit diese vom Rahmenprogramm sinnvoll zur Verfügung gestellt werden können. Da wir bisher nur ein Formular kopiert haben, ist die Bedingung in diesem Fall erfüllt.

Es ist vielleicht noch etwas störend, dass die Vorbelegung des Formularnamens bisher immer geändert werden musste, da die Vorbelegung im Rahmenprogramm fest hinterlegt ist. Da später ohnehin noch Änderungen am Rahmenprogramm vorgesehen sind, nehmen wir die Vorbelegung des Namens als Anlass, um schon jetzt ein individuelles Rahmenprogramm für die Formularausgabe zu erzeugen. Auch dies erfolgt üblicherweise als Kopie zu einem vorhandenen Rahmenprogramm, das Sie dann nach Belieben ändern können.

Schritte zum individuellen Programm

Für die Programmerstellung ist der *ABAP-Editor* der Entwicklungsumgebung zuständig. Sie finden das Werkzeug im SAP-Menü unter **Werkzeuge** • **ABAP-Workbench** • **Entwicklung** • **ABAP Editor (SE38)**.

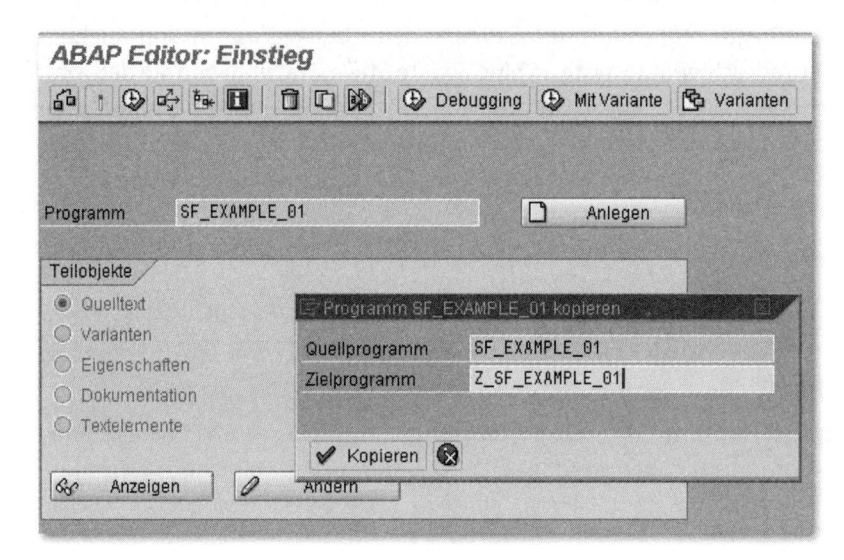

Abbildung 2.18 Programm kopieren über den ABAP-Editor

Wählen Sie im Einstiegsbild den Namen des Musterprogramms und dann die Kopierfunktion über **Programm • Kopieren**. Unser Vorschlag zum Namen des Zielprogramms ist Z_SF_EXAMPLE_01 (siehe Abbildung 2.18).

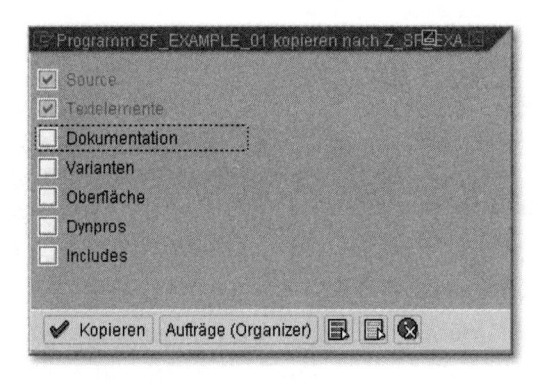

Abbildung 2.19 Optionen zur Programm-Kopie

Es folgt eine weitere Abfrage wie in Abbildung 2.19. Unser kleines Programm enthält bisher keine weiteren eigenständigen Objekte. Gehen Sie deshalb weiter über die Taste **Kopieren**. Abschließend erfolgt wieder die Abfrage zum Objektkatalogeintrag, die Sie schon von der Kopierfunktion zum Formular kennen (siehe Abbildung 2.12). Sie sollten auch dieses neue Programm nur als *Lokales Objekt* verwenden (Entwicklungsklasse $TMP).

Erst jetzt wird die Kopie endgültig erzeugt (siehe Hinweis in der Statuszeile am unteren Bildschirmrand). Das neu erstellte Programm wird sofort in das Eröffnungsbild der Transaktion übernommen. Prüfen Sie das Programm über das gleiche Symbol 🔁 wie unter Smart Forms. Es sollten keine Fehler gemeldet werden.

Programm starten

Über den Menüpfad **Programm • Aktivieren** wird das Programm ablauffähig. Je nach Situation folgt ein weiteres Abfragebild, in dem das aktuelle Programm aber schon markiert ist. Bestätigen Sie nochmals; in der Statuszeile erscheint jetzt abschließend **Objekt wurde aktiviert**. Eine Aktivierung muss – ähnlich wie im Formular von Smart Forms – immer erfolgen, wenn ein Programm neu angelegt oder geändert wurde.

Sie können das neue Programm auch direkt von hier ausführen (statt über Transaktion SA38, die wir bisher immer aufgerufen haben). Wählen Sie dazu **Programm • Ausführen**. Denken Sie bei der Wahl der Selektionsparameter an das richtige Formular (jetzt also wieder mit Z_... am Anfang). Das Ergebnis wird das gleiche sein wie bei dem letzten Versuch zur Ausgabe.

Erste Änderung am Quellcode

Kehren Sie zum Eröffnungsbild des ABAP-Editors zurück. Sie sollen nun zum ersten Mal Quelltext aufrufen und bearbeiten. Es bietet sich natürlich an, den Namen des kopierten Formulars jetzt auch im Rahmenprogramm richtig vorzugeben.

Öffnen Sie den Quelltext im Änderungsmodus wie in Abbildung 2.20. Wie Sie sehen, ist in Programmzeile 13 der Formularname als Vorbelegung eingetragen. Die aktuelle Zeilennummer der Cursor-Position wird als Hilfe auch in der Statuszeile am unteren Rand des Editor-Fensters angezeigt. Der genaue Aufbau der zugehörigen ABAP-Anweisung soll an dieser Stelle noch nicht interessieren.

Schreiben Sie den neuen Formularnamen (z. B. Z_SF_EXAMPLE_01) zwischen die Hochkommata. Aktivieren Sie nochmals das Programm, und führen Sie es testweise erneut aus: Jetzt sollte im Selektionsbild der richtige Formularname vorgeblendet sein.

```
   Programm  Bearbeiten  Springen  Hilfsmittel  Umfeld  System  Hilfe
```

ABAP Editor: Report Z_SF_EXAMPLE_01 ändern

| Report | Z_SF_EXAMPLE_01 | inaktiv |

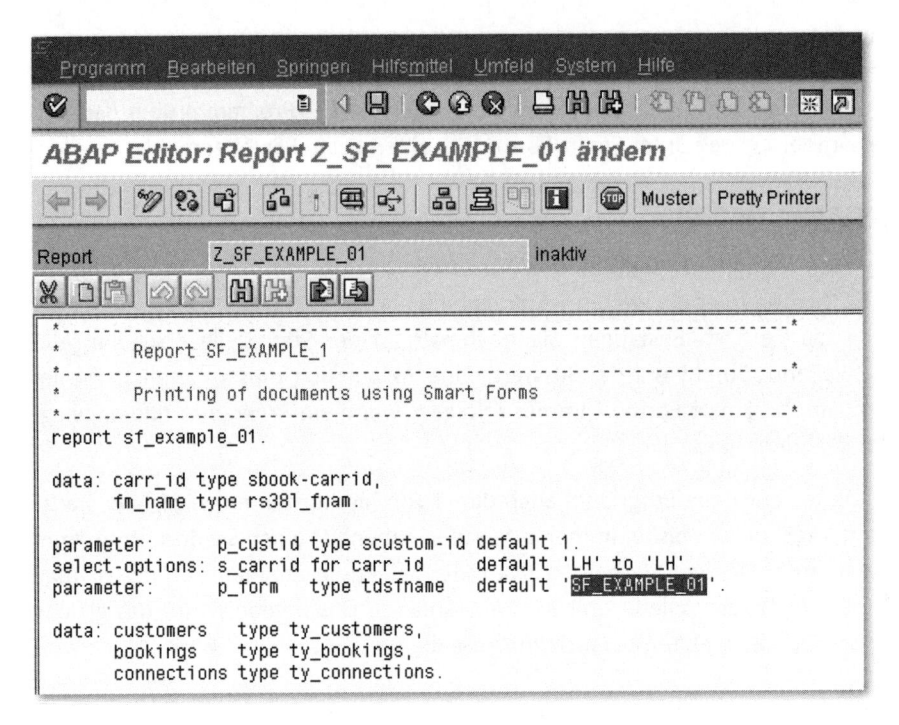

```
*----------------------------------------------------------------*
*       Report SF_EXAMPLE_1
*----------------------------------------------------------------*
*       Printing of documents using Smart Forms
*----------------------------------------------------------------*
report sf_example_01.

data: carr_id type sbook-carrid,
      fm_name type rs38l_fnam.

parameter:       p_custid type scustom-id default 1.
select-options:  s_carrid for carr_id     default 'LH' to 'LH'.
parameter:       p_form   type tdsfname   default 'SF_EXAMPLE_01'.

data: customers   type ty_customers,
      bookings    type ty_bookings,
      connections type ty_connections.
```

Abbildung 2.20 Formularname im Rahmenprogramm ändern

Das war es auch schon: Sie haben Ihr erstes eigenes Programm angelegt und geändert. Das neue Programm ist jetzt natürlich auch vom üblichen Reporting unter SA38 ausführbar.

2.3 Knotentypen in der Übersicht

Im vorangegangenen Abschnitt haben Sie Smart Forms über einen praktischen Einstieg kennen gelernt. Sie haben gesehen, wie ein Formular im *Form Builder* über einen Navigationsbaum abgebildet wird. Jeder Zweig dieses Baums besteht aus beliebig vielen einzelnen Knoten, deren Attribute das Formular komplett beschreiben. Je nach gewünschter Aufgabe im Formular muss der zugehörige Knoten einen bestimmten Typ haben.

Der Navigationsbaum eines jeden Formulars besitzt zwei Wurzelknoten, die bei Neuanlage des Formulars automatisch angelegt wurden:

- Der Zweig **Globale Einstellungen** enthält immer die Unterknoten **Formularattribute**, **Formularschnittstelle** und **Globale Definitionen**, über die Sie übergreifende Attribute und Einstellungen pflegen.
- Im Zweig **Seiten und Fenster** erstellen Sie die Seiten des Formulars mit allen erforderlichen Elementen als Unterknoten. Über deren Anordnung in der

Gesamtstruktur erkennt Smart Forms auch die Reihenfolge, in der die Knoten bei der Ausgabe abgearbeitet werden sollen: Auf erster Ebene können Sie nur Seite-Knoten anlegen, darunter wiederum nur Fenster bzw. andere Knotentypen, die Eigenschaften eines Fensters annehmen können (Grafik, Adresse).

> **Hinweis:**
>
> ▶ In den folgenden Buchkapiteln werden wir noch häufig auf die Unterknoten **Formularattribute**, **Formularschnittstelle** und **Globale Definitionen** zurückkommen. Der Zugang zu diesen Knoten erfolgt immer über den Zweig **Globale Einstellungen**.
>
> ▶ Nach kurzer Einarbeitungszeit in Smart Forms versteht es sich auch von selbst, dass mit **Formularattribute** etc. immer der gleichnamige Knoten im Navigationsbaum gemeint ist. Wir werden deshalb in diesen Fällen auf den Zusatz »Knoten« verzichten.
>
> ▶ Alle Knoten, die bei Gestaltung des Formulars eingefügt werden, befinden sich unter dem Zweig **Seiten und Fenster**. Wir wollen auch dies zukünftig nicht jedes Mal ausdrücklich erwähnen, wenn wir den Aufruf eines untergeordneten Knotens beschreiben.

Aus der bisherigen Einleitung erkennen Sie, dass neben dem Knotentyp auch die Positionierung der Knoten im Navigationsbaum entscheidenden Einfluss auf die Ausgabe hat. Da die Knoten innerhalb eines Zweigs Einfluss aufeinander haben, kann nicht jeder Knoten beliebige andere Knoten als Unterknoten haben. Wir haben deshalb in der folgenden Übersicht zu allen Knotentypen nicht nur ihre Bedeutung, sondern auch die Typen der möglichen Unterknoten aufgelistet.

Knotentyp	Bedeutung	Mögl. Unterknoten
Knotentypen mit Layouteigenschaften (Layout-Knoten)		
Seite	Entwurfsseite des Formulars	Fenster, Grafik, Adresse
Fenster	Ausgabebereich auf einer Seite; unterschieden nach Haupt- und Nebenfenster	Alle, bis auf Fenster- und Seite-Knoten
Schablone	Ausgabe einer statischen Tabelle	Alle, bis auf Fenster- und Seite-Knoten
Tabelle	Ausgabe einer dynamischen Tabelle mit beliebig vielen Anwendungsdaten	Alle, bis auf Fenster- und Seite-Knoten

Tabelle 2.1 Übersicht der Knotentypen

Elementare Knoten (ohne Unterknoten)		
Text	Mit Ausnahme von Adressen werden alle Texte und Daten über diesen Knotentyp ausgegeben	Keine
Grafik	Platzieren von Grafiken im Formular (zusätzlich ein Hintergrundbild als direktes Attribut je Seite-Knoten)	Keine
Adresse	Einbinden einer Adresse; die Adressdaten werden dabei direkt aus Datenbanktabellen eingelesen und für die Druckausgabe aufbereitet.	Keine
Ablaufsteuerung		
Kommando	Sonderfunktionen wie **Sprung auf neue Seite**, **Rücksetzen Absatz-Nummerierung** oder **Ausgabe besonderer Befehle zur Druckersteuerung**	Keine
Schleife	Ermöglicht die wiederholte Abarbeitung aller Unterknoten; abhängig von der Anzahl an Datensätzen in einer internen Tabelle	Alle, bis auf Fenster- und Seite-Knoten
Tabelle	Dynamische Datenausgabe wie **Schleife**, zusätzlich mit Vorgaben zur Formatierung über Ausgabetabellen	Alle, bis auf Fenster- und Seite-Knoten
Alternative	Abhängig von einer Bedingung verzweigen	Direkte Unterknoten sind automatisch die Ereignis-Knoten TRUE und FALSE. Deren Unterknoten: alle, bis auf Fenster- und Seite-Knoten
Sonstige Knoten		
Ordner	Unterknoten organisatorisch zu Einheiten zusammenfassen	Alle, bis auf Fenster- und Seite-Knoten
Komplexer Abschnitt	Kann wahlweise einen Knotentyp **Schablone**, **Tabelle**, **Schleife** oder **Ordner** simulieren (nicht mehr verwenden)	Abhängig vom Modus der Simulation
Programmzeilen	ABAP-Programmcode z. B. als Konvertierungs-Routinen	Keine

Tabelle 2.1 Übersicht der Knotentypen

Die Attribute der angelegten Knoten werden über mindestens drei Registerkarten beschrieben, die fast immer gleich lauten und sich nur teilweise im Inhalt der abgefragten Attribute unterscheiden:

▶ **Allgemeine Eigenschaften**

Die erste Registerkarte beschreibt individuell den Inhalt oder die Bedeutung des Knotens. Der Aufbau der Registerkarte hängt stark vom Knotentyp ab. Einzelne Knotentypen verwenden allerdings statt **Allgemeine Eigenschaften** eine andere Bezeichnung für die Registerkarte.

▶ **Ausgabeoptionen**

Diese Registerkarte beschreibt Attribute wie **Position**, **Stil**, **Rahmen und Schattierung**.

Hier können Sie also z. B. einen Rahmen und eine Schattierung zum zugehörigen Knoten festlegen (einzige Ausnahmen: Seite- und Programm-Knoten). Knotentypen, bei denen Textausgaben eine Rolle spielen, haben zudem das Attribut **Stil** (Text-Knoten, aber z. B. auch **Schablone**). Eine Angabe zu diesem Attribut übersteuert den für das Formular zentral eingestellten Stil (für den jeweiligen Zweig).

Je nachdem wo ein Knoten eingefügt wird, hat er zusätzliche Ausgabeoptionen, z. B. wenn die Ausgabe über Zellen einer Schablone oder eine Ausgabetabelle erfolgt.

▶ **Bedingungen**

Die Registerkarte ermöglicht es, Knoten nur unter bestimmten Bedingungen auszuführen. Es ist die schnellste Form, um eine individuelle Ablaufsteuerung zu erzeugen (anwendbar bei allen Knotentypen, mit Ausnahme des Seite-Knotens).

3 Werkzeuge

3.1 Übersicht

Sie erreichen die Grundwerkzeuge der Formularbearbeitung über den SAP-Menüpfad **Werkzeuge • Formulardruck**. Abbildung 3.1 zeigt die Einträge der zugeordneten Transaktionen und Bereichsmenüs.

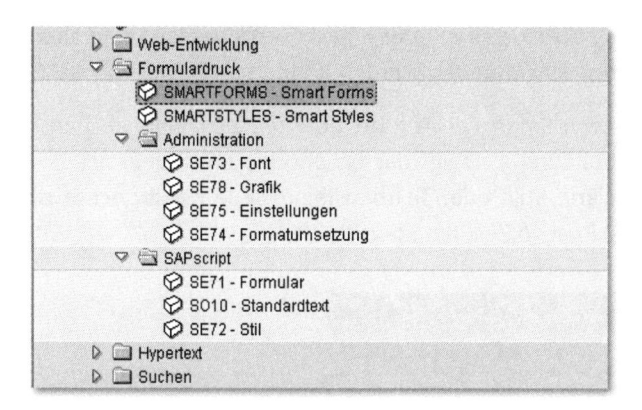

Abbildung 3.1 Bereichsmenü zum Formulardruck

Für den Zugriff auf Formulare, Stile und Textbausteine verwenden wir in diesem Buch immer die zentrale Transaktion SMARTFORMS. Der Zugang über die Transaktion SMARTSTYLES bietet einen eigenständigen Zugriff auf Stile, sonst aber keine inhaltlichen Unterschiede.

Über das Bereichsmenü **Administration** haben Sie Zugriff auf:

▶ **Font**
Die Fontverwaltung der SAP-Druckausgabe: Dort steuern Sie u.a. die Einbindung von Softfonts und Druckbarcodes, die dann über Print-Controls im Formular angesprochen werden können. Für die Einrichtung sind grundlegende Druckerkenntnisse sinnvoll. Wir werden in Abschnitt 13.6 darauf eingehen.

▶ **Grafik**
In ein Formular können Rastergrafiken (Bilder) eingebunden werden. Zuvor müssen diese jedoch im Datenbanksystem vorhanden sein. Da im SAP-System keine eigene Transaktion zur Bearbeitung von Rastergrafiken enthalten ist, kann dies nur durch Einlesen vom lokalen Arbeitsplatz erfolgen. Wir werden das Vorgehen ausführlich in Abschnitt 13.4 erläutern

▶ **Einstellungen**
Alle Grafiken und SAPscript-Texte werden bei Ablage in den SAP-Datenbanktabellen über Merkmale (Objekt-Nr., ID) klassifiziert; diese Merkmale müssen

zunächst im System angelegt sein. Dies ist eine Aufgabe, die kaum in der normalen Smart Forms-Entwicklung, sondern eher in der Basis-Administration anzusiedeln ist.

▶ **Formatumsetzung**
Nur relevant im Rahmen der Entwicklung von SAPscript-Formularen

Das Bereichsmenü **SAPscript** enthält die bisherigen Transaktionen zur Erstellung von Formularen unter SAPscript. Hier pflegen Sie auch SAPscript-Standardtexte, die ähnliche Bedeutung wie Textbausteine unter Smart Forms besitzen und auch in Formulare von Smart Forms eingebunden werden können.

Der übliche Weg zur Arbeit mit Smart Forms führt über die gleichnamige Transaktion (SMARTFORMS). Abbildung 3.2 zeigt das zugehörige Eröffnungsbild. Sie bearbeiten von dort Formulare, Stile oder Textbausteine. Jede Komponente ist durch einen Namen mit maximal 30 Zeichen identifiziert.

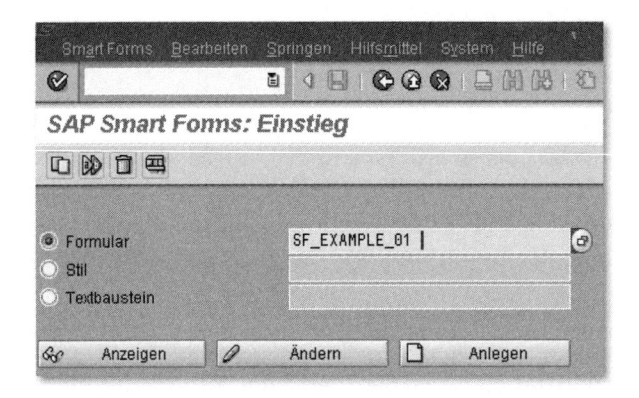

Abbildung 3.2 Eröffnungsbild Smart Forms

Neben den Standardfunktionen für **Anzeigen**, **Ändern** und **Anlegen** finden Sie im Eröffnungsbild auch die Sonderfunktionen **Kopieren**, **Umbenennen**, **Löschen** und **Testen**. Beachten Sie, dass ein Formular oder Stil nach einer Umbenennung erneut aktiviert werden muss.

Über einen Transportauftrag kann ein aktiviertes Formular in weitere SAP-Systeme übertragen werden. Bei diesem Transport wird der zugehörige Funktionsbaustein nicht mit übertragen. Er muss im Zielsystem neu erzeugt werden. Wählen Sie dazu den Menüpfad **Smart Forms · Generieren**. Der neu erzeugte Funktionsbaustein besitzt dann auch einen anderen Namen als im Quellsystem.

> **Hinweis:** Die Generierung erfolgt allerdings dann automatisch, wenn das Formular zum ersten Mal vom zugehörigen Rahmenprogramm aufgerufen wird.

Damit ein Formular überhaupt in einen Transportauftrag aufgenommen werden kann, müssen bestimmte Eigenschaften hinterlegt sein. Diese Eigenschaften finden Sie unter dem Menüpfad **Springen • Objektkatalogeintrag**. Sie können dort z. B. die Entwicklungsklasse ändern.

Bevor wir jetzt näher auf den *Form Builder* eingehen, das zentrale Werkzeug zur Formularbearbeitung, wollen wir zuvor noch einige Hinweise zum *Style Builder* geben. Denn über geeignete Formatvorlagen schaffen Sie die beste Ausgangslage für ein individuelles Formular mit Stil.

3.2 Style Builder

3.2.1 Übersicht

In einem Stil (*Smart Style*) definieren Sie Absatz- und Zeichenformate, die Sie dann in einem Formular von Smart Forms zur Formatierung von Texten und Feldern verwenden können. Das Werkzeug zur Pflege der Stile wird als *Style Builder* bezeichnet.

Die im Stil enthaltenen Formate können in verschiedenen Formularen eingesetzt werden. Änderungen im Stil werden bei der nächsten Ausgabe eines Formulars, in dem dieser Stil verwendet wird, automatisch übernommen. Das Formular selbst muss also nicht mehr überarbeitet werden. Die Verwendung dieser zentralen Stile vereinfacht das Formulardesign und unterstützt gleichzeitig Vorgaben zur Corporate Identity des Unternehmens.

Innerhalb des Formulars kann der Verweis auf den verwendeten Stil in verschiedenen Knoten erfolgen (jeweils auf der Registerkarte **Ausgabeoptionen**):

- Eine übergeordnete Zuweisung für das gesamte Formular erfolgt bei den Formularattributen.
- Durch Zuordnung zu einem Knotentyp mit Layoutvorgaben (z. B. **Schablone**) kann ein ganzer Zweig im Navigationsbaum mit einem abweichenden Stil versehen werden.
- Letztendlich kann auch der Knoten des Ausgabeelementes selbst mit einem eigenen Stil versehen werden (z. B. Adress- oder Text-Knoten).

Ein Stil umfasst:

- Kopfdaten mit den Defaultwerten des Stils
- Absatzformate inkl. Einzüge und Abstände, Schriftattribute wie *Fett* und *Unterstrichen*, Tabulatoren sowie Nummerierung und Gliederung
- Zeichenformate inkl. Effekte (*Hochgestellt*, *Tiefgestellt*, *Farben*), Barcode und Schriftattribute

Anweisungen in Absatzformaten beziehen sich immer auf einen gesamten Textabsatz; sollen innerhalb eines solchen Absatzes einzelne Zeichen anders formatiert werden, so erfolgt dies über Zeichenformate. Dieses Vorgehen dürfte Ihnen aus den gängigen Textverarbeitungsprogrammen bekannt sein und soll deshalb hier auch nicht weiter erläutert werden.

Nur ein Stil mit dem Status **aktiv** kann in ein Formular eingebunden werden. Dazu muss der Stil unmittelbar aktiviert werden. Bei dieser Aktivierung überprüft das System den Stil auf Fehler und gibt ggf. eine Fehlerliste aus.

Sie können einen bestehenden SAPscript-Stil nach Smart Forms konvertieren. Darauf werden wir im Kapitel 10 noch ausführlich eingehen.

3.2.2 Funktionen des Style Builders

Der Aufruf des *Style Builders* erfolgt entweder vom Einstiegsbild zu Smart Forms oder direkt über die Transaktion SMARTSTYLES im SAP-Menüpfad **Werkzeuge • Formulardruck**. In unserem Einstiegskapitel haben wir den Stil SF_STYLE_01 verwendet. Wählen Sie diesen Stil und danach die Taste **Anzeigen**.

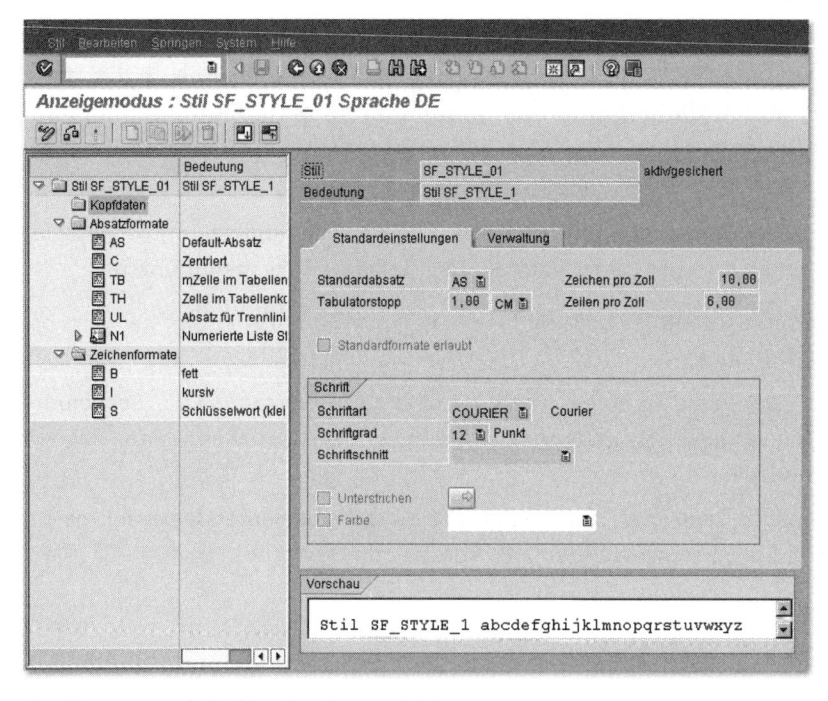

Abbildung 3.3 Style Builder: Bearbeitungsbild

Abbildung 3.3 zeigt das Bearbeitungsbild des Style Builders mit folgenden Elementen:

- Links als Navigationshilfe einen Navigationsbaum (den *Stilbaum*); er enthält auf oberster Ebene immer die drei festen Knoten **Kopfdaten**, **Absatzformate** und **Zeichenformate**. Auf die Inhalte dieser Knotentypen werden wir in den folgenden Abschnitten ausführlich eingehen.
- Rechts auf entsprechenden Registerkarten die Attribute zum ausgewählten Knoten (die aktuelle Abbildung zeigt z. B. die **Standardeinstellungen** zum Knoten Kopfdaten).
- Unten rechts eine Vorschau auf die Formatierung (z. B. Schriftart), die im aktuellen Format eingestellt ist.

Alle Bearbeitungsfunktionen zu einem Knoten (Anlegen, Kopieren, Löschen etc.) sind über das Kontextmenü zu diesem Knoten erreichbar (rechte Maustaste).

Die Abbildung oben zeigt den gewählten Stil aber bisher nur im Anzeigemodus. Der Grund ist einfach: Der verwendete Stil wird ursprünglich von SAP ausgeliefert und gepflegt. Sie sollten deshalb dort keine Änderungen vornehmen. Als Lösung können Sie diesen Stil wieder in den Kunden-Namensraum kopieren und dann den neuen Stil nach eigenen Vorstellungen erweitern.

3.2.3 Eigenen Stil durch Kopie erstellen

Für das Erstellen eines neuen Stils durch Kopie wählen Sie wieder das allgemeine Einstiegsbild zu Smart Forms.

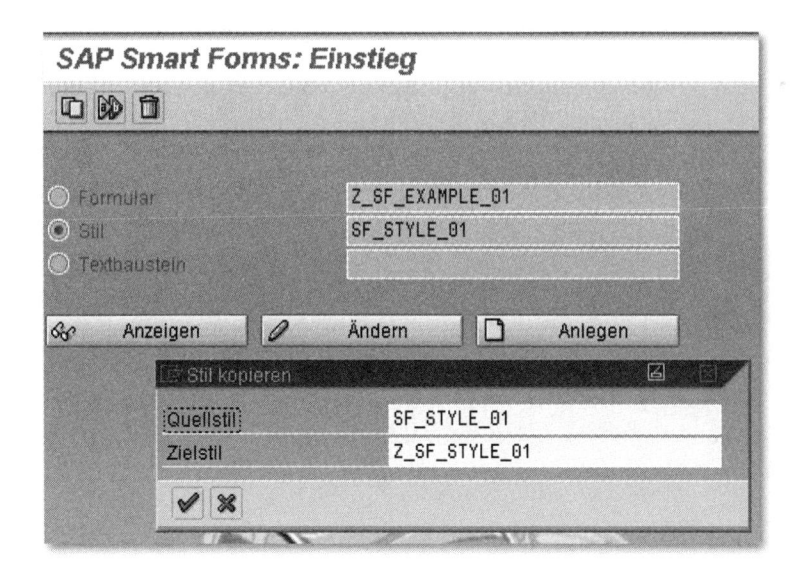

Abbildung 3.4 Stil kopieren

Quelle der Kopie soll der bisher verwendete Stil sein. Markieren Sie das Eingabefeld für Stile und wählen Sie den Namen wie in Abbildung 3.4 gezeigt. Die Kopierfunktion erreichen Sie über den Menüpfad **Smart Styles** • **Kopieren** oder die Symbolleiste. Wählen Sie das Ziel wieder im Kundennamensraum (beginnend mit Y oder Z). Nehmen Sie nach Möglichkeit unser Beispiel, denn diesen Namen werden wir noch häufiger verwenden.

Es folgt die schon bekannte Abfrage zur Entwicklungsklasse: Wählen Sie wieder $TMP oder die Taste **Lokales Objekt**. Daraufhin wird die Kopie erzeugt und auch gleich in das Einstiegsbild übernommen.

Der neue Stil kann noch nicht sofort verwendet werden. Er muss zunächst wie ein Formular aktiviert werden. Öffnen Sie den Stil über den Menüpfad **Smart Styles** • **Ändern** oder die entsprechende Taste. Wählen Sie dann im Bearbeitungsbild des Style Builders **Stil** • **Aktivieren**.

> **Hinweis:** Im Style Builder werden unter dem Menü Springen auch Stil-Varianten genannt. Hier war ursprünglich eine Funktionalität geplant, die bisher aber noch nicht realisiert wurde.

Den Stil ins Formular einbinden

Um den neuen Stil zukünftig auch in unserer Flugrechnung verwenden zu können, muss dort die Zuweisung geändert werden. Öffnen Sie deshalb das Beispielformular Z_SF_EXAMPLE_01 zur Flugrechnung. Wählen Sie bei den Formularattributen die Registerkarte **Ausgabeoptionen** und ändern Sie dort den Stil auf den neuen Eintrag. Aktivieren Sie anschließend das Formular und testen Sie es wie im Einstiegs-Kapitel beschrieben (z. B. über viermal **F8**).

> **Tipp:** Wenn Sie einen neuen Stil angelegt haben, er sich aber trotzdem nicht in das Eingabefeld des Formulars übernehmen lässt, dann haben Sie vermutlich doch vergessen, den Stil zu aktivieren.

Wenn Sie den Stil zusätzlich auf untergeordneten Knoten zugewiesen haben, was eigentlich nur bei abweichenden Stilen sinnvoll ist, müssen Sie den Stil auch in diesen Knoten einzeln ändern.

Den Namen des Stils ändern

Sie können einen Stil auch umbenennen. Tun Sie dies aber nur, wenn Sie ganz sicher sind, dass der Stil in keinem Formular verwendet wird, bzw. stellen Sie zumindest nach einer Änderung sicher, dass auch alle Verweise in den anderen relevanten Formularen geändert werden. Enthält ein Formular nämlich noch Einträge zu einem solchen verwaisten Namen, wird dies von der Formular-Gesamtprüfung nicht erkannt. Die Ausgabe des Formulars wird abgebrochen, wobei die dann erzeugte Fehlermeldung jedoch kaum zur Ursachenfindung beiträgt.

> **Hinweis:** Änderungen des Kürzels von Absatz- und Zeichenformaten (die wir im kommenden Abschnitt behandeln) werden dagegen bei der Formular-Gesamtprüfung festgestellt. Auch ohne Anpassungen im Formular ist eine Ausgabe also auch weiterhin möglich. Allerdings erfolgen die betreffenden Formatierungen dann eher zufällig.

Auf Basis des neuen Stils, den Sie soeben angelegt haben, werden wir in den folgenden Abschnitten die wichtigsten Inhalte eines Stils vorstellen. Sie können als abschließende Übung auch neue Formate anlegen, die später noch für Formatierungen in Text-Knoten benötigt werden.

3.2.4 Kopfdaten eines Stils

Unter dem Knotentyp **Kopfdaten** finden Sie im Style Builder übergreifende Vorgabewerte des jeweiligen Stils (siehe Abbildung 3.3). Öffnen Sie die Registerkarte **Standardeinstellungen**: Auf die zugehörigen Attribute wird das System immer zurückgreifen, falls Sie in den eigentlichen Absatz- und Zeichenformaten keine individuellen Werte angeben.

Die folgenden Vorgaben sind möglich:

- **Standardabsatz**
  Bei Neuanlage eines Text-Knotens im Formular wird immer und automatisch ein Standardabsatz zugewiesen; der zugehörige Eintrag im Text-Knoten lautet **Default-Absatz**. Über die Zuweisung des Standardformats bei den Kopfdaten des hinterlegten Stils ermittelt Smart Forms, welches Absatzformat angewendet werden soll.

  Der Eintrag zum Standard-Absatz ist ein Verweis auf ein anderes Absatzformat im Stil. Die Zuweisung kann folglich auch erst erfolgen, wenn dieses echte Absatzformat bereits im Stil vorhanden ist.

- **Tabulatorstopp**
  Diesen Tabulatoren-Abstand verwendet Smart Forms, wenn keine Tabulatoren im Absatzformat definiert sind.

▶ **Schriftattribute**
Hierzu gehören Schriftart, Schriftgrad (Höhe), Schriftschnitt (*Fett/Kursiv*) sowie die Merkmale *Unterstrichen* und *Farbe*.

▶ **Zeichen pro Zoll und Zeilen pro Zoll**
Diese Angaben werden benötigt, falls Sie im Stil Maßangaben in den Maßeinheiten CH (Zeichen) oder LN (Zeilen) verwenden möchten (z. B. für Ränder oder Einzüge). Die Definitionen der Maßeinheiten gilt dann auch nur für den Stil und nicht etwa in einem Formular. Dort können bei den Formularattributen eigene Definitionen vorgenommen werden.

> **Hinweis:** Verwenden Sie in beiden Bereichen die gleichen Definitionen, falls Sie mit CH und LN arbeiten wollen, sonst werden diese Maßeinheiten noch weniger übersichtlich (siehe auch Abschnitt 4.2). Ohne besonderen Grund sollten Sie die Systemvorgaben nicht ändern, weil darauf auch die gängigen Drucker eingestellt sind.

3.2.5 Absatzformate pflegen

Ein Absatzformat enthält u.a. Informationen über Einzüge, Abstände, Schrift-Einstellungen, Farbe des Textes und über Tabulatoren. Im Formular können Sie ein Absatzformat beliebig oft für die Formatierung von Texten oder Feldern einsetzen (siehe Abschnitt 5.1).

Viele der Angaben im Absatzformat (siehe Abbildung 3.5) sind in gleicher oder ähnlicher Form auch in gängigen Textverarbeitungsprogrammen üblich. Deshalb beschränken wir uns zum Teil auf Kurzdarstellungen. Absatzformate können Sie auch zur Abbildung von gegliederten Textstrukturen verwenden (Nummerierungen und Gliederungen). Dieser Fall ist etwas komplexer, wir werden deshalb auch ausführlicher darauf eingehen.

In einem Stil können beliebig viele Absatzformate enthalten sein. Verwenden Sie für die Neuanlage wieder die Kopierfunktion. Positionieren Sie dazu die Maus auf ein Absatzformat mit ähnlichen Eigenschaften und wählen Sie im Kontextmenü **Kopieren**. Vergeben Sie danach ein neues, zweistelliges Namenskürzel. Nach Bestätigung der Eingabe wird das neue Absatzformat an die Liste der bisherigen Absatzformate angefügt.

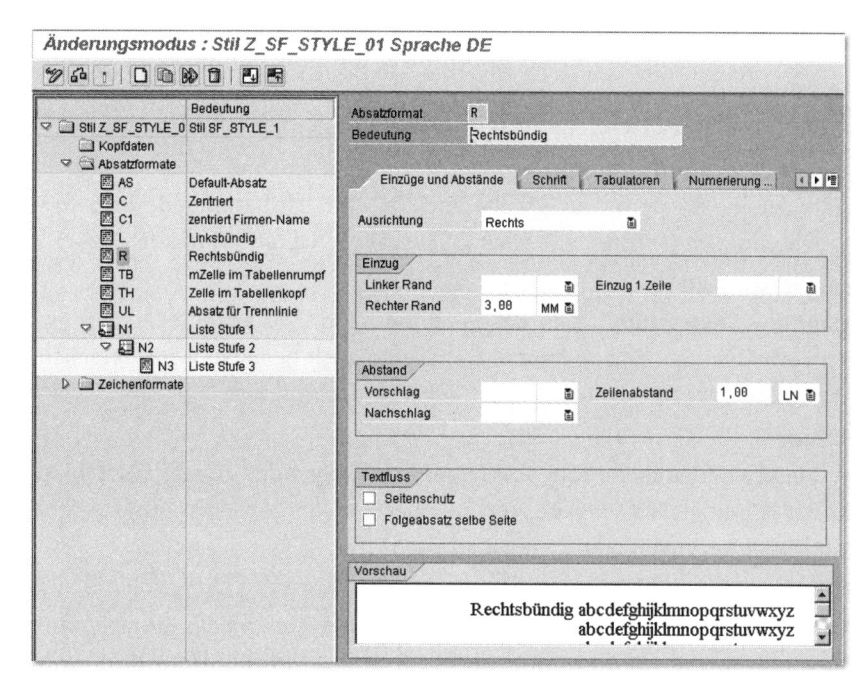

Abbildung 3.5 Absatzformat im Style Builder

Ränder und Abstände

Die Grafik in Abbildung 3.6 kennzeichnet die Angaben zu Rändern bei zwei beispielhaften Absatzformaten (A1 und A2).

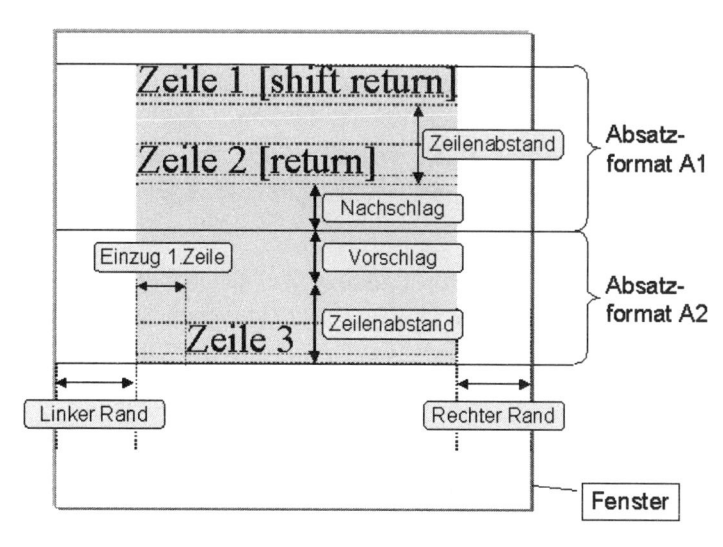

Abbildung 3.6 Attribute im Absatzformat

Die Bedeutung der Attribute zum Absatzformat:

▶ **Ausrichtung**
Orientierung des Textes im Absatz (*Links*, *Zentriert*, *Rechts* oder *Blocksatz*).

▶ **Linker/Rechter Rand**
Abstand zu den Rändern des Ausgabebereichs, dem der betreffende Text-Knoten zugeordnet ist (Fenster, ggf. auch Zelle einer Schablone/Ausgabetabelle)

▶ **Einzug (erste Zeile)**
Abstand des Textes zum linken bzw. rechten Rand. Die erste Zeile kann ggf. einen abweichenden Einzug haben. Dabei sind auch negative Werte möglich, die erste Zeile beginnt dann früher als der Rest des Absatzes.

▶ **Abstände**
Höhe des Zwischenraums zum vorherigen bzw. folgenden Absatz (Vorschlag/Nachschlag), zusätzlich Vorgabe zum Zeilenabstand im aktuellen Absatz (siehe den folgenden Hinweis zum Zeilenabstand).

▶ **Textfluss**
Das Attribut **Seitenschutz** steuert in einem Hauptfenster, ob ein Absatz immer zusammenhängend auf einer Seite ausgegeben werden soll. Der Absatz wird ggf. nicht durch einen Seitenumbruch zerrissen. Das Attribut **Folgeabsatz selbe Seite** steuert, dass auch der Folgeabsatz zum aktuellen Absatz auf der selben Ausgabeseite erscheint; die beiden betreffenden Absätze bleiben also zusammen.

> **Hinweis:** Sie können beim Zeilenabstand auch auf die Maßeinheit LN (Lines) zurückgreifen. Dies könnte zu der Annahme verführen, dass damit das System den Zeilenabstand automatisch aus der verwendeten Schriftgröße ableitet, wie dies bei modernen Textverarbeitungssystemen der Fall ist. Dem ist aber nicht so: Auch die Maßeinheit LN ist über die zentrale Definition bei den Kopfdaten mit einer festen Maßeinheit verknüpft. Sie müssen also bei unterschiedlichen Schriftgrößen zusätzlich auch einen passenden Zeilenabstand vergeben.

Die Einstellungen zur Schrift (Schriftart, Schriftgrad/-größe) gelten innerhalb eines Absatzes so lange, bis sie durch Angaben im Zeichenformat individuell übersteuert werden.

Tabulatoren

Je Absatzformat können Sie beliebig viele Tabulatoren definieren; fünf Ausrichtungen sind hinterlegt (siehe Abbildung 3.7):

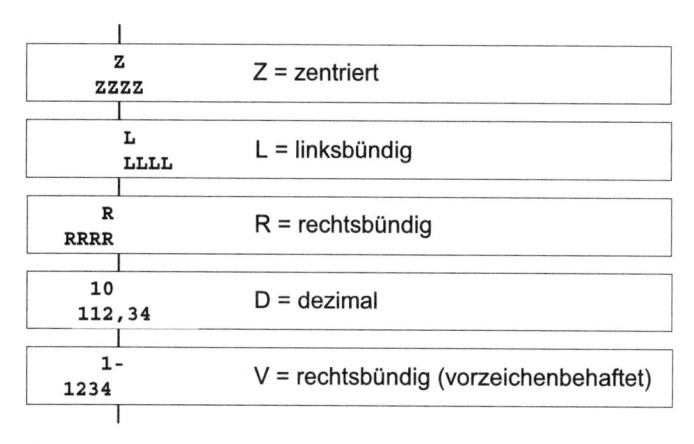

```
    Z
   ZZZZ      Z = zentriert

   L
   LLLL      L = linksbündig

   R
   RRRR      R = rechtsbündig

   10
   112,34    D = dezimal

   1-
   1234      V = rechtsbündig (vorzeichenbehaftet)
```

Abbildung 3.7 Tabulatoren im Absatzformat

Die Ausrichtung der Tabulatoren innerhalb einer Zeile kann beliebig wechseln. Nach dem letzten im Absatzformat definierten Tabulator verwendet das System automatisch denjenigen Tabulatorabstand, der in den Kopfdaten des Stils hinterlegt ist.

In der Praxis erfolgen tabellarische Formatierungen im Formular häufig auch mit Hilfe von Schablonen oder Ausgabetabellen.

Nummerierung und Gliederung

Sie können mehrere Absatzformate durch Bezüge aufeinander so anlegen, dass bei der späteren Ausgabe mehrstufige Gliederungen entstehen. Dabei muss je Gliederungsstufe genau ein Absatzformat vorhanden sein.

In dieser Anwendung unterscheidet Smart Forms zwei Fälle:

- **Aufzählungen**
  In diesem Fall wird innerhalb einer Stufe immer das gleiche Aufzählungszeichen verwendet.
- **Nummerierung**
  Hier wird das Gliederungs-Sonderzeichen automatisch vom System hochgezählt.

Diese und alle weiteren Vorgaben zu Gliederungsabsätzen erfolgen auf der Registerkarte **Nummerierung und Gliederung**. Abbildung 3.8 zeigt die Systematik anhand von drei Absatzformaten und dem entsprechenden Ausgabe-Ergebnis.

Definition:		Aufzählung	linker Begrenzer	rechter Begrenzer	Nummern-Verkettung	Position
▽ 🔳 N1	Liste Stufe 1	1, 2, 3, ...				
▽ 🔳 N2	Liste Stufe 2	1, 2, 3, ...	.		ok	5 mm
🔳 N3	Liste Stufe 3	a, b, c, ...	.	)	ok	10 mm
Ergebnis:		1 1.1 1.1.a) 1.1.b) 1.2 2	Gliederungsabsatz N1 Gliederungsabsatz N2 Gliederungsabsatz N3 Gliederungsabsatz N3 Gliederungsabsatz N2 Gliederungsabsatz N1			Alle Gliederungsebenen hier zusätzlich noch mit einem linkem Rand von 25 mm für den Einzug auf Registerkarte "Einzüge und Abstände"

Abbildung 3.8 Gliederung im Absatzformat

Jede Gliederungsstufe besitzt ein eigenes Absatzformat. Durch Zuweisung eines *Obersten Absatzformates* ergibt sich die Ebene der einzelnen Absatzformate (und damit auch die Zählweise bei den Gliederungszeichen).

3.2.6 Übungsbeispiel: Gliederungen

Beginnen Sie mit dem Absatzformat für die oberste Ebene. Legen Sie zunächst über das Kontextmenü ein neues Absatzformat für die oberste Gliederungsstufe an (z. B. mit dem Kürzel N1). Ein neues Absatzformat wird in der Liste der bisherigen Absatzformate immer am Ende eingefügt. Oder wählen Sie ein vorhandenes Absatzformat aus, das nicht mehr benötigt wird. Im hier verwendeten Stil auf Basis von SF_STYLE_01 ist ein solches Absatzvormat N1 schon vorhanden, das Sie auch weiterverwenden können.

Erstellen Sie dann ein Absatzformat für die nächst untergeordnete Stufe (z. B. mit dem Kürzel N2). Nach der Neuanlage wird das Absatzformat wie üblich am unteren Ende der Liste gezeigt. Ändern Sie nun auf der Registerkarte **Nummerierung und Gliederung** zu diesem Absatzformat den Eintrag **Oberster Gliederungsabsatz**. Tragen Sie dort das zuerst angelegte Absatzformat N1 ein. Das System vergibt daraufhin intern automatisch die Gliederungsstufe 2 für N2; im Stilbaum wird N2 dadurch als Knoten direkt unterhalb von N1 angezeigt.

Kontrollieren Sie jetzt nochmals den ersten Gliederungsabsatz N1: Dort wurde mit N1 bei **Oberster Gliederungsabsatz** automatisch vom System ein Verweis auf sich selbst eingetragen; damit ist dort gleichzeitig auch die Gliederungsstufe 1 gesetzt.

Erzeugen Sie erneut ein Absatzformat für eine weitere untergeordnete Stufe und weisen Sie dort wieder bei **Oberster Gliederungsabsatz** das erste Absatzformat N1 zu. Das System vergibt jetzt intern automatisch die Gliederungsstufe 3 und ordnet folglich das neue Absatzformat auch im Stilbaum unterhalb von N2 ein.

Nach dieser Übung haben Sie die notwendigen Absatzformate angelegt, um Texte gegliedert auszugeben (siehe Abbildung 3.9). Es fehlen nur noch die weiteren

Angaben zur Formatierung, die wir in Abbildung 3.8 schon angedeutet haben. Darauf wollen wir jetzt näher eingehen.

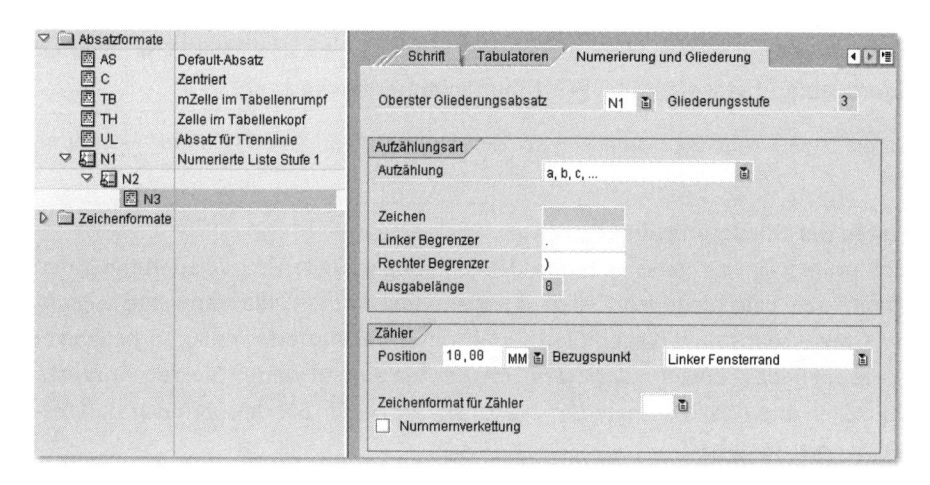

Abbildung 3.9 Attribute bei Nummerierung und Gliederung

Sonderkennzeichen der Gliederung
Üblicherweise wird jeder neue Absatz innerhalb einer Gliederung mit einem Sonderkennzeichen eingeleitet. Die Art dieses Zählers wählen Sie über das Attribut **Aufzählung**. Beachten Sie die folgende Fallunterscheidung:

- Bei einer *Aufzählung* ist das Sonderzeichen in jedem Absatz der Gliederung gleich. Sie können daher jedes über die Tastatur eingebbare Zeichen nutzen.

- Bei einer *Nummerierung* wird das Sonderzeichen während der Ausgabe mit jedem neuen Absatz automatisch hochgezählt. Das Absatzformat bestimmt nur die Art dieses Zählers (z.B. *nummerisch* 1,2,3 oder *alphabetisch* a,b,c). Bei einer Nummerierung kann das System zusätzlich noch linke und rechte Begrenzer je Stufe anfügen (z.B. für Klammerung).

- Wahlweise können Sie auch ganz auf eine Kennzeichnung verzichten; in diesem Fall sorgt die Gliederung ausschließlich für eine passende Formatierung (z.B. über Einzüge).

Wählen Sie für die Ausgabe des Zählers aus den folgenden Optionen der Registerkarte **Nummerierung und Gliederung**:

- Die horizontale Ausgabe-Position des Zählers können Sie relativ oder mit Abstand vom Fensterrand festlegen. Der Einzug des folgenden Textes ergibt sich immer aus den allgemeinen Einstellungen unter der Registerkarte **Einzüge und Abstände**.

- Für den Zähler können Sie eine abweichende Formatierung (z. B. *Fett*) vorgeben. Das gewählte Zeichenformat muss allerdings im Stil schon angelegt sein.
- Bei allen Aufzählungsarten besteht die Option, dass der ausgegebene Zähler nicht nur die aktuelle Stufe wiedergibt, sondern auch den Zähler vom übergeordneten Absatz einschließt (Attribut **Nummernverkettung**).

Vergleichen Sie die Eigenschaften mit den Eintragungen im Beispiel der Abbildung 3.8.

Testen der Gliederungsfunktionen
Überprüfen Sie die verschiedenen Ausgabemöglichkeiten zu Gliederungsstufen einfach mit verschiedenen Zeilen in einem Text-Knoten, die dann ihre Gliederungstexte sein sollen. Legen Sie dazu in unserem Musterformular an beliebiger Stelle ein neues Fenster mit diesem Text-Knoten an und weisen Sie den einzelnen Textzeilen ihre Absatzformate (N1, N2 ...) zu. Aktivieren Sie das Formular und testen Sie die Ausgabe.

Wenn Sie eine Option in den Gliederungsabsätzen ändern und dann direkt überprüfen wollen, reicht die Änderung im Stil. Die nächste Ausgabe des Formulars wird dann automatisch diese Änderungen enthalten.

3.2.7 Zeichenformate

Über Zeichenformate können Sie Textteile innerhalb eines Absatzes mit speziellen Ausgabeattributen versehen. Ein Zeichenformat übersteuert die entsprechenden Vorgaben im Absatzformat (siehe Abbildung 3.10).

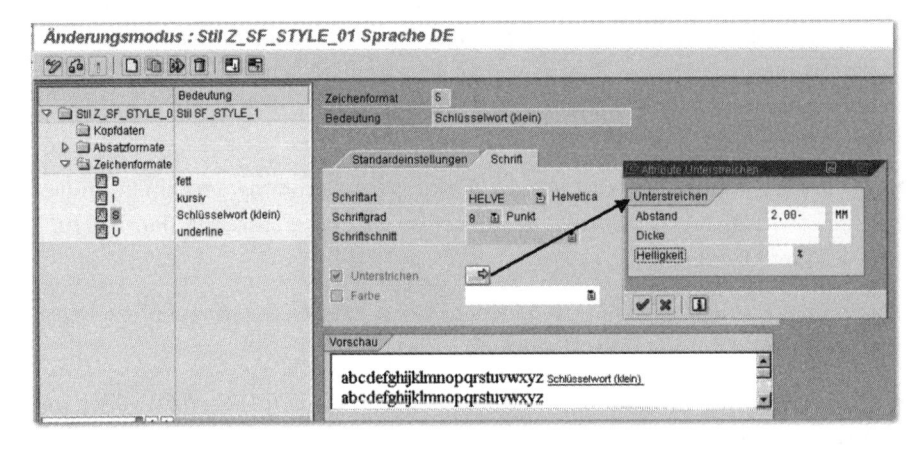

Abbildung 3.10 Zeichenformate im Style Builder

Die Angaben im **Zeichenformat** betreffen primär die Wahl einer Schriftart, dessen Größe (Schriftgrad) und weitere Merkmale wie *Fett* und *Kursiv*. Die angebotenen Auswahlmöglichkeiten hängen zum Teil von den installierten Schriftfamilien (Fonts) ab und damit letztendlich von den verwendeten Ausgabegeräten (siehe auch Hinweise in Abschnitt 13.6.6). Bei Farbdruckern unterstützt Smart Forms insbesondere auch die Wahl von farbigen Schriften.

Die Option **Unterstrichen** bietet eine Besonderheit: Über die hinterlegte Mehrfachselektion können Sie zusätzlich Höhe, Dicke und Helligkeit des Unterstrichs ändern. So ist dann z. B. auch ein *Durchgestrichen* möglich. Überprüfen Sie aber, ob die vorgesehene Formatierung von Ihrem Drucker auch unterstützt wird.

Es müssen nicht alle Attribute des Zeichenformats gefüllt sein; ggf. werden die Vorgaben aus dem jeweils gültigen Absatzformat oder aus den Kopfdaten des Stils übernommen.

Barcode

Ein *Barcode* (Strichcode) besteht aus einer Folge von senkrechten Strichen, die über entsprechende Geräte besonders zuverlässig gelesen werden können (siehe Abbildung 3.11).

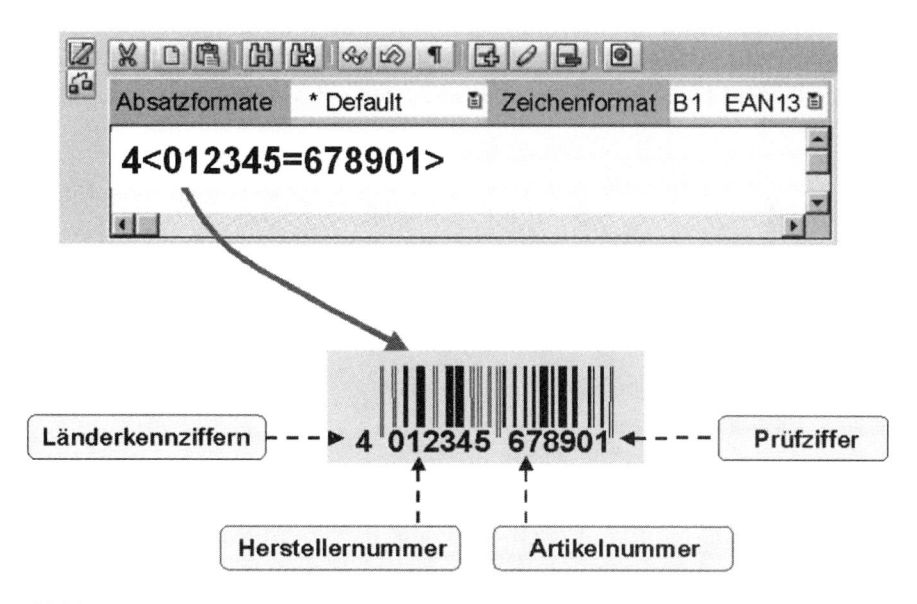

Abbildung 3.11 Barcode bei der Ausgabe

Falls Sie Text oder Zahlen als Barcode ausgeben möchten, müssen Sie zunächst über das Kontextmenü im Style Builder ein neues Zeichenformat erstellen. Wählen Sie dann auf der Registerkarte **Standardeinstellungen** den Namen des entsprechenden Barcode-Schlüssels. Die dort hinterlegte Höhe und Breite wird danach automatisch in die Anzeige übernommen.

Für einen Text im Formular von Smart Forms ist ein Barcode nur eine spezielle Zeichenformatierung; entsprechend unterscheidet sich die Formatzuweisung im Text nicht von anderen Zuweisungen. Allerdings kann der Platzbedarf des Barcodes bei Ausgabe nicht immer richtig ermittelt werden, was zu falschen Berechnungen führen kann (z. B. im Seitenumbruch). In der Druckvorschau wird ein Barcode nur schemenhaft in Form einer Standardgrafik angedeutet; allerdings entspricht die Größe der Grafik schon in etwa dem gewählten Barcode.

Barcodes können im Normalfall nur auf Druckern mit entsprechenden Fähigkeiten ausgegeben werden; zusätzlich müssen Anpassungen in Transaktion SE73 erfolgen (siehe auch Abschnitt 13.6.6).

3.2.8 Übungsbeispiele: Inhalte des Stils

Für einzelne Übungen mit unserem Formular zur Flugrechnung sind auch Erweiterungen im Stil sinnvoll, die Sie hier in einzelnen Schritten anlegen können.

Absatzformate (für Formularkopf)

Für die Ausgabe der Kopfinformationen zur Flugrechnung werden drei neue Absatzformate benötigt. Erzeugen Sie diese Absatzformate über das Kontextmenü; entweder durch Neuanlage oder als Kopie, z. B. von Absatzformat C (Zentriert).

Name des Absatzformats	Änderung gegenüber Absatzformat 'C'
L (linksbündig)	Ausrichtung *Links* , linker Rand 3 mm
R (rechtsbündig)	Ausrichtung *Rechts*, rechter Rand 3 mm
C1 (zentriert Firmenname)	Vorschlag 5 mm, Schrift *Times* mit Größe 36 Punkt und Schnitt *Kursiv*

Tabelle 3.1 Neue Absatzformate

Verwenden Sie die Bezeichnung der neuen Absatzformate wie in Tabelle 3.1 genannt und pflegen Sie die Attribute auf der Registerkarte **Einzüge und Abstände** bzw. **Schrift** wie beschrieben.

Nur beim Absatzformat C1 wird zusätzlich auch eine Schriftart vergeben. Dort ist zusätzlich eine Angabe zum **Vorschlag** erforderlich, um bei der gegebenen Schriftgröße auch einen passenden Abstand zum oberen Fensterrand zu erhalten.

Zeichenformat

Erstellen Sie zusätzlich ein neues Zeichenformat U (Underline), um in weiteren Übungen Texte auch unterstreichen zu können (ohne weitere Vorgaben zur Schriftart etc.). Vergessen Sie abschließend nicht, den Stil mit seinen Änderungen zu aktivieren.

3.3 Form Builder

3.3.1 Bearbeitungsfunktionen

Der *Form Builder* bietet eine vollständige grafische Oberfläche, um das Layout eines Formulars und die zugehörige Formularlogik zu bearbeiten. Nur in Sonderfällen sind grundlegende ABAP-Kenntnisse erforderlich.

Für den Aufruf des Form Builders wählen Sie den SAP-Menüpfad **Werkzeuge** • **Formulare** • **Smart Forms** und dort das gewünschte Formular.

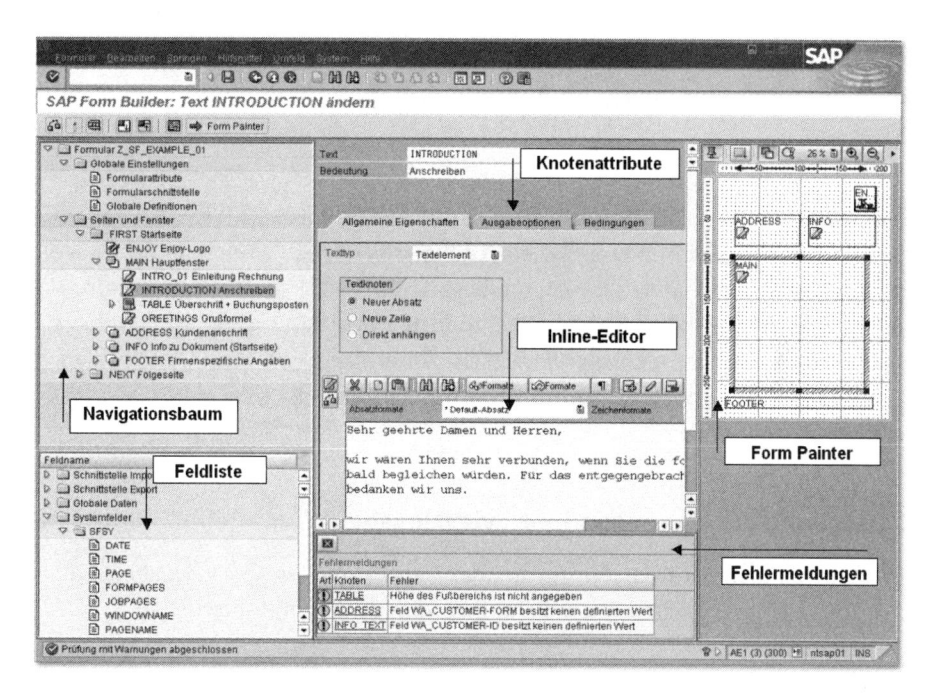

Abbildung 3.12 Bearbeitungsbild Form Builder

In Abbildung 3.12 sind folgende Teilwerkzeuge des Form Builders erkennbar:

- Der *Navigationsbaum* links oben stellt das Formular hierachisch dar, wobei jedes Formularelement durch einen Knoten repräsentiert ist. Der Navigationsbaum dient zum direkten Zugriff auf diese Elemente (Maus-Doppelklick) und deren Platzierung im Rahmen der Formularlogik.
- Die *Feldliste* links unten zeigt alle Daten, die aktuell im Formular definiert sind. Wir werden darauf ausführlich im Abschnitt 6.2.1 eingehen.
- Der mittlere Bildschirmbereich ermöglicht die Pflege der Attribute zum gerade gewählten Knoten im Navigationsbaum.
- Unterhalb der Knotenattribute erscheint ein eigenständiges Bildschirmfenster *Fehlermeldungen*, wenn im Rahmen einer Formularprüfung Fehler- oder Warnmeldungen aufgetreten sind.
- Der *Form Painter* rechts dient der grafischen Layouterstellung des Formulars über Ausgabebereiche (Größe und Lage von Fenstern).

Der *Table Painter* zum Erstellen von Schablonen und Ausgabetabellen ist in der Abbildung nicht zu sehen. Er ist nur aufrufbar in einzelnen Knotentypen (siehe auch Abschnitt 4.5).

Für die Eingabe von Texten und Feldern in einem Text-Knoten verwenden Sie den *Inline-Editor*.

> **Hinweis:** Der Inline-Editor wird in vielen Modulen des SAP-Systems verwendet, in dem Texte vom Anwender eingegebenen werden können. Bis auf einige Sonderfunktionen handelt es sich hierbei also um eine Standard-Anwendungskomponente, die Ihnen bereits bekannt sein dürfte. Wenn Sie sich trotzdem näher mit dem Inline-Editor und auch der Verwaltung von Texten im SAP-System befassen möchten, haben wir in Abschnitt 13.3 die relevanten Informationen zusammengestellt.

Darstellung des Formulars im Navigationsbaum

Im Form Builder wird das Formular über Verzweigungen im Navigationsbaum beschrieben. Die oberste Hierarchie enthält die folgenden Knoten:

- **Globale Einstellungen**
  - Formularattribute (siehe Abschnitt 4.2)
  - Formularschnittstelle (siehe Abschnitt 6.4.1)
  - Globale Definitionen (siehe Abschnitt 6.4.2)
- **Seiten und Fenster**
  - %PAGE1 Neue Seite (mit einem Hauptfenster MAIN)

Die zusätzlich aufgeführten Unterknoten werden bei Neuanlage eines Formulars automatisch angelegt. Damit ist auch die Struktur des Navigationsbaumes bereits vorgegeben:

- Im Zweig **Globale Einstellungen** können Sie keine weiteren Unterknoten einfügen; die Attribute der vorhandenen Knoten werden wir später noch ausführlich beschreiben.
- Das eigentliche Formular wird durch Anlage von Knoten unterhalb von **Seiten und Fenster** aufgebaut. Bei Navigation durch die Struktur des Hierarchiebaums kann es hilfreich sein, sich vorzustellen, dass Unterknoten teilweise ihre Eigenschaften vom übergeordneten Knoten übernehmen (z.B. Ausgabebereiche).

Bei Knoten auf einer Ebene spricht man auch von *Vorgänger-* und *Nachfolgerknoten*. Die Bezeichnungen weisen schon darauf hin, dass diese Reihenfolge auch bei der Formularausgabe eine Rolle spielt (Prozessierung). Generell gilt: Die Knoten im Navigationsbaum werden nacheinander von oben nach unten abgearbeitet, als wären im Baum alle Zweige aufgeklappt. Die genauen Regeln für die Abarbeitung und die individuelle Beeinflussung des Ablaufes werden wir im Kapitel 7 ausführlich erläutern.

Der Entwurf eines Formulars ist also gleichbedeutend mit Anlage und Pflege der einzelnen Zweige innerhalb des Navigationsbaums. Um eine bestimmte Funktionalität im Formular zu erzeugen, erstellen Sie einen oder mehrere Knoten, wobei der Knotentyp jeweils der gewünschten Funktionalität entsprechen muss (z.B. Text- oder Grafik-Knoten).

Zu jedem Knoten im Navigationsbaum zeigt der Form Builder ein grafisches Symbol (Icon), das direkt auf den hinterlegten Knotentyp schließen lässt. Abbildung 3.13 zeigt eine Aufstellung der verwendeten Icons.

Hauptfenster	Text	Alternative
Nebenfenster	Adresse	TRUE
		FALSE
Schablone	Grafik	Bedingung
Tabelle	Schleife	Kommando
Ordner	Sortierstufe	Programmzeilen

Abbildung 3.13 Icons im Navigationsbaum des Form Builders

In Sonderfällen erzeugt der Form Builder eigenständig neue Unterknoten im Navigationsbaum. Diese Knoten werden als *Ereignisknoten* bezeichnet und können nicht direkt vom Anwender angelegt werden. Sie werden ausgeführt, wenn bei der Ausgabe des Formulars bestimmte Ereignisse auftreten; z. B. zur Ausgabe von Fußzeilen, wenn ein bestimmter Ausgabebereich verlassen wird. Ereignisknoten stehen nur als Ergänzung bestimmter Knotentypen zur Verfügung (z. B. **Schleife** oder **Ordner**).

Bearbeitungsfunktionen im Navigationsbaum

Wenn Sie einen Knoten im Navigationsbaum per Maus-Doppelklick auswählen, aktualisiert das System auch automatisch die Darstellung der zugehörigen Knotenattribute. Gleichbedeutend können Sie auch im Form Painter ein Fenster auswählen; das System markiert dann den zugehörigen Knoten im Navigationsbaum.

Welche Operationen mit einem Knoten als Gesamtes möglich sind, zeigt das zugehörige Kontextmenü (rechte Maustaste). Insbesondere welche weiteren Knotentypen eingefügt werden können, hängt in hohem Maße von der Stelle ab, in der sich der Cursor im Navigationsbaum befindet. Einen Text-Knoten beispielsweise können Sie innerhalb von Fenstern oder Schablonen anlegen, nicht aber direkt auf einer Seite. Entsprechend unterscheiden sich auch die Einträge im Kontextmenü (siehe Abbildung 3.14). Die hinterlegten Funktionen dürften wohl selbsterklärend sein.

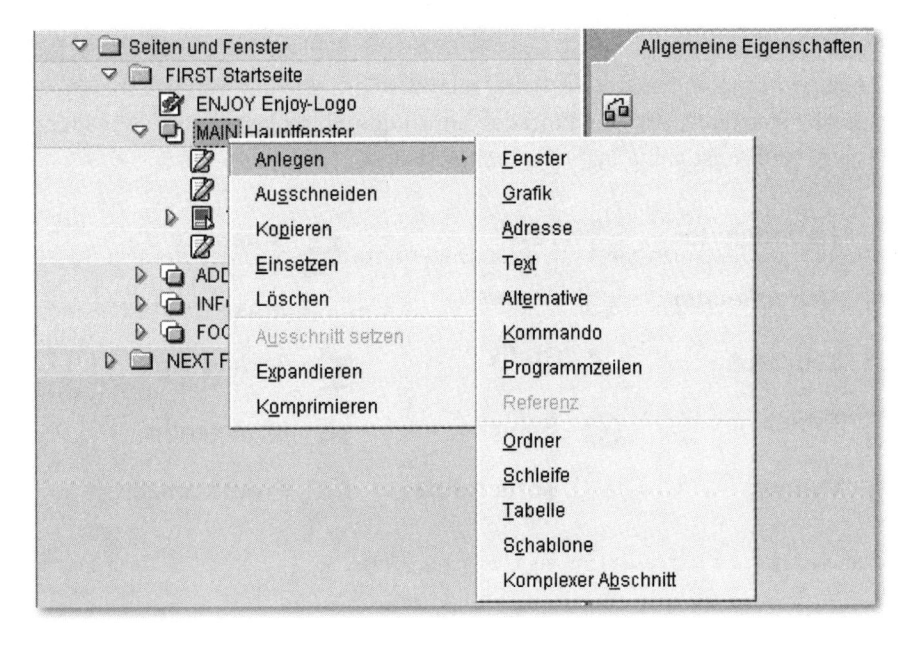

Abbildung 3.14 Bearbeitungsfunktionen im Navigationsbaum

Das Kontextmenü zeigt auch eine Liste aller Knotentypen, die üblicherweise eingebunden werden können. Diese Liste werden wir in den folgenden Abschnitten noch ausführlich erläutern, wenn es um die Formularinhalte geht.

Knoten kopieren und verschieben

Regelmäßige Aufgabe beim Formularentwurf ist das Kopieren und Verschieben ganzer Knoten inkl. der zugehörigen Unterknoten. Dazu stehen im Kontextmenü die gängigen Funktionen für Ausschneiden, Kopieren und Einfügen über die Zwischenablage zur Verfügung. Noch komfortabler geht es direkt per Maus (Drag&Drop): Mit gedrückter linker Maustaste wird verschoben, mit zusätzliche gedrückter Taste **Strg** wird kopiert. Je nachdem, ob beim angewählten Ziel ein Einfügen überhaupt zulässig ist, ändert sich bei diesem Vorgang auch der Mauszeiger.

Der Weg über die Zwischenablage ist bis Basis-Release 4.6C leider nur innerhalb eines Formulars möglich. Ab Basis-Release 6.1 können Sie auch Teile eines anderen Formulars kopieren (z. B. über einen zweiten Anzeige-Modus).

Knoten über mehrere Seiten kopieren

Kopien können jedoch von einer Seite auf eine andere Seite erfolgen. Das Verhalten des Systems hängt dann allerdings vom jeweiligen Knotentyp ab. Bei Fenstern beispielsweise wird der gesamte Inhalt wie ein Verweis mitgeführt, d.h. der Inhalt wird auch auf der neuen Seite ausgegeben (z. B. für durchgängige Beschriftungen in Kopf- oder Fußzeile). Der Name und Inhalt des Fensters wird auf die Zielseite übernommen; Lage und Größe können im Zielfenster geändert werden. Darauf werden wir bei Vorstellung der einzelnen Knotentypen nochmals eingehen.

Kurzbezeichnung bei neuem Knoten

Mit Einfügen eines neuen Knotens wird vom Form Builder automatisch eine Kurzbezeichnung vergeben, die mit einem %-Sonderzeichen beginnt und abhängig vom jeweiligen Knotentyp durchnummeriert ist (z. B. %PAGE1). Das %-Sonderzeichen sollte deshalb nicht am Anfang sonstiger Knoten verwendet werden.

Generell muss sich das Kürzel eines Knotens an die Vorgaben zu technischen Namen halten: Es darf nur aus Zahlen und Ziffern (ohne Umlaute) sowie dem Unterstrich _ als Ersatz für das Leerzeichen bestehen. Jedes Kürzel muss mit einem Buchstaben beginnen.

> **Tipp:** Das Löschen eines Knotens betrifft den gesamten Zweig inkl. aller untergeordneten Knoten. In Release 4.6C erfolgt die Löschung ohne eine Sicherheitsabfrage. Lassen Sie also Vorsicht walten: schnell ist mit der Maus ein falscher Menüeintrag gewählt. Der Form Builder kann keine Funktionen rückgängig machen. Denken Sie im Falle eines Falles noch an die letzte Sicherung auf der Datenbank (ggf. Formularbearbeitung abbrechen und neu aufrufen).

Knotenattribute

Jeder Knoten besitzt mehrere Registerkarten zur Darstellung der zugehörigen Attribute. Die genaue Aufteilung wählt der Form Builder entsprechend dem aktuellen Knotentyp. Auf den verschiedenen Registerkarten stehen themenbezogen die einzelnen Attribute des Knotens zur Auswahl. Dabei kann ein bestimmtes Attribut auch durchaus den Aufbau ganzer Registerkarten ändern (z. B. Änderung beim Texttyp im Text-Knoten).

Ereignisknoten
Für einzelne automatische Abläufe erzeugt der Form Builder abhängig von Attributen auch direkt Unterknoten im Navigationsbaum. Diese so genannten *Ereignisknoten* stehen außerhalb der üblichen Knotentypen, sie sind fest vorgegeben und können vom Anwender auch nur mit wenigen eigenen Attributen versehen werden.

> **Beispiel:** Beim Ordner- und Tabelle-Knoten kann über die Registerkarte **Zeitpunkte** eine Funktion zu Kopf- und Fußzeilen aufgerufen werden. Der Form Builder erzeugt bei Aktivierung der Funktionen direkt zwei untergeordnete Knoten mit der Bezeichnung **Kopfbereich** bzw. **Fußbereich**, in die Sie dann weitere Unterknoten mit dem eigentlichen Inhalt einfügen können.

Gestaltung der Eingabefelder
Häufig kann ein Eingabefeld bei den Knotenattributen auf zwei Arten gefüllt werden:

- *Statisch*, durch feste Vorgabe des Wertes
- *Dynamisch*, durch Eintrag eines variablen Feldes

Dementsprechend müssen Sie ggf. auch die Gestalt des Eingabefeldes ändern. Abbildung 3.15 zeigt ein Beispiel zu einem Include-Text-Knoten.

Abbildung 3.15 Funktionen im Eingabefeld

Die Attribute **Textobjekt** und **Text-ID** werden hier mit festen Werten vorbelegt. Über die zugeordneten Pfeilspitzen rechts ist auch das Eingabefeld auf eine Kurzversion gesetzt: Die Pfeil-Richtung nach rechts soll andeuten, dass sich das Eingabe-Feld noch verlängern lässt. Nur in der Kurzversion steht auch die Wertehilfe **F4** zur Auswahl möglicher fester Attribute zur Verfügung.

Die Attribute **Textname** und **Sprache** sind auf Langversion gestellt. Dies bedeutet, dass Feldnamen verwendet werden können. In unserem Beispiel wird der Textname dynamisch über ein Feld ermittelt. Es ist zusätzlich in &-Sonderzeichen eingeschlossen, wie dies eigentlich nur bei der Ausgabe eines Feldes im Text üblich ist. Leider ist das Eingabeverfahren hier nicht ganz einheitlich. In den meisten Fällen ist das Sonderzeichen & für Eingaben bei Knotenattributen nicht erforderlich (siehe auch Abschnitt 6.2)

> **Tipp:** Generell steht bei allen Eingaben zu Knotenattributen auch die erweiterte SAP-Zwischenablage (**Strg + Y** etc.) zur Verfügung. In der Praxis ist ihre Verwendung vor allem bei tabellarischer Eingabe (*Table Controls*) sinnvoll, z.B. unter der Registerkarte **Bedingungen**.

Grundeinstellungen zum Form Builder

Zum Form Builder und vor allem seinen zusätzlichen Werkzeugen können Sie eine Reihe von Grundeinstellungen hinterlegen und somit an Ihre eigenen Arbeitsgewohnheiten anpassen. Über den Menüpfad **Hilfsmittel · Einstellungen** können Sie diese Einstellungen zentral für alle Werkzeuge vornehmen (siehe Abbildung 3.16).

Die Vorgabe zum Seitenformat wird automatisch in jedes neue Formular übernommen, sie lässt sich dort aber natürlich auch ändern.

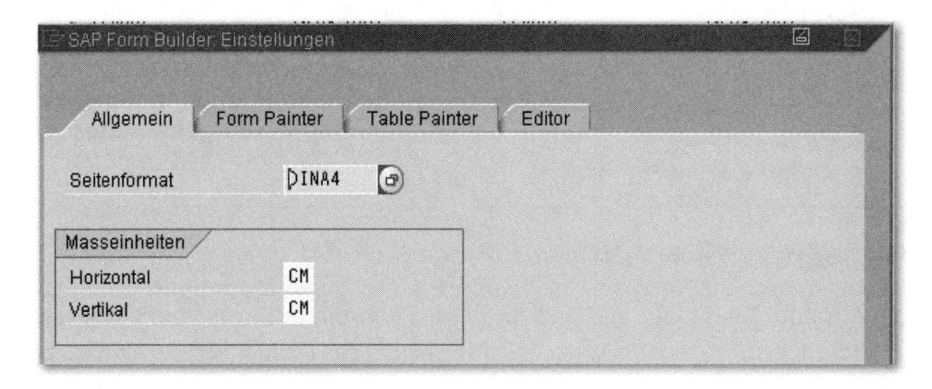

Abbildung 3.16 Einstellungen zum Form Builder

Maßeinheiten

Das gesamte Layout des Formulars ergibt sich später über die Lage und Größe von Seiten und Fenstern sowie deren Unterknoten. Über die Vorgabe zur Maßeinheit an dieser Stelle legen Sie fest, welche Einheit Sie üblicherweise im Formular verwenden wollen. Natürlich ist bei jedem Eingabefeld mit Maßangaben die Einheit erneut wählbar.

Im Form Builder stehen grundsätzlich die folgenden Maßeinheiten zur Verfügung:

CH	Zeichen (Character), siehe Formularattribute
LN	Zeilen (Lines), siehe Formularattribute
CM	Zentimeter
MM	Millimeter
IN	Zoll (Inch, ca. 2,54 mm)
PT	Punkt (1/72 Zoll, üblich bei Schriftgrößen)
TW	Twip (1/20 Punkt, üblich bei Strichstärken)

Die Angaben CH und LN sind lediglich umgerechnete Werte auf der Basis von Zoll und individuell je Formular bestimmbar (siehe Abschnitt 4.2).

> **Tipp:** Verwenden Sie im gesamten Formular möglichst einheitliche Maßangaben. Sie vermeiden dadurch Umrechnungen, die sonst regelmäßig erforderlich wären. Das ist nicht nur bequemer, Sie umgehen dadurch auch mögliche Fehlerquellen (vor allem dann, wenn die Bezüge der Knoten untereinander komplex werden).

Sonstige Einstellungen

Auf die Einstellungsmöglichkeiten unter den Registerkarten **Form Painter**, **Table Painter** und **Editor** werden wir bei Vorstellung der einzelnen Teilwerkzeuge eingehen.

3.3.2 Form Painter

Der *Form Painter* kann verwendet werden, um das Layout eines Formulars grafisch zu ändern oder auch nur zu überprüfen. Der Form Painter muss (abhängig von der letzten Einstellung) nach Start des Form Builder gesondert aufgerufen werden. Wählen Sie dazu den Menüpfad **Hilfsmittel • Form Painter ein/aus** oder die entsprechende Taste in der Symbolleiste.

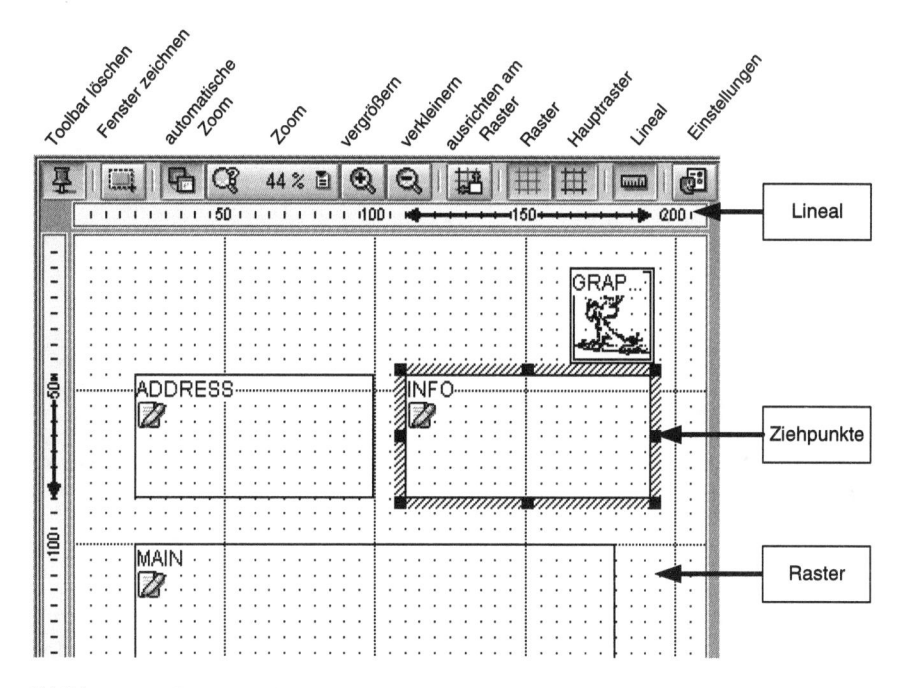

Abbildung 3.17 Fenster im Form Painter

Der Form Painter (Abbildung 3.17) zeigt die im Navigationsbaum ausgewählte Entwurfsseite mit Seitenmaßen, den enthaltenen Fenstern und ggf. auch mit Hintergrundgrafik. Über einen einfachen Mausklick wählen Sie ein anderes Fenster: Sofort folgt auch die Markierung im Navigationsbaum.

Der Form Painter zeigt Fenster nur mit einem symbolischen Rahmen, der die jeweils aktuellen Maße eines Fensters widerspiegelt. Die Fenster sind also nicht zwangsläufig auch bei der Ausgabe gerahmt; hierzu sind entsprechende Einstellungen bei den Knotenattributen erforderlich. Auch Grafiken werden direkt angezeigt. Geschieht dies nicht, ist diese Funktion evtl. in Ihrer Installation aus Gründen der Geschwindigkeit ausgeschaltet. Deaktivieren Sie in diesem Fall das Attribut **Platzhalter für Grafiken** unter der Registerkarte **Form Painter** bei den Einstellungen zum **Form Builder** (also nicht etwa bei den Einstellungen des Form Painters).

Einstellungen
Der Form Painter besitzt eine eigene Symbolleiste, durch die die gebräuchlichsten Funktionen aufrufbar sind. Über das Symbol für **Einstellungen** können Sie den Form Painter in vielen Punkten an Ihre eigenen, individuellen Anforderungen anpassen.

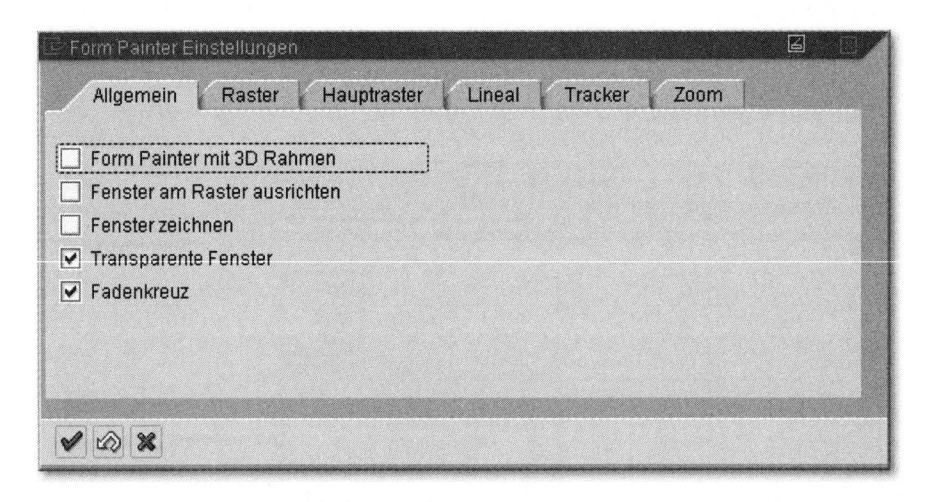

Abbildung 3.18 Einstellungen zum Form Painter

Wie Abbildung 3.18 zeigt, beziehen sich die meisten Einstellungen auf die Gestaltung der grafische Oberfläche. Ihre jeweilige Bedeutung ist im Normalfall aus dem Zusammenhang erkennbar (wenn nicht, einfach kurz ausprobieren). Besonders nützlich sind die folgenden Einstellmöglichkeiten:

▶ Zur einfacheren Orientierung können Sie im Form Painter ein Grob- und Feinraster einblenden (als grau hinterlegte Striche bzw. Schnittpunkte, ggf. zuschaltbar über die Symbolleiste). Unter der Registerkarte **Raster** bei den Einstellungen lässt sich der Abstand im Raster anpassen.

▶ Wie in gängigen Grafikprogrammen, kann die Position und Größe eines Fensters bei gedrückter linker Maustaste über Ziehpunkte (*Handles*) geändert werden. Die neuen Koordinaten eines geänderten Fensters kann der Form Painter dabei wahlweise auch automatisch auf das Feinraster ausrichten (siehe Attribut **Fenster am Raster ausrichten** in der letzten Abbildung).

- Setzen Sie das Attribut **Fadenkreuz**, wenn Sie Ihr Formular grafisch ändern wollen. Die Koordinaten eines Punktes lassen sich dann direkt an den Linealen oben und links kontrollieren. Es wird damit auch einfacher, ein neues Fenster auf vorhandene Fenster auszurichten.

- Setzen Sie das Attribut **Transparente Fenster**, wenn Sie überlappende Fenster im Formular haben. Damit wird die Position der einzelnen Fenster besser erkennbar. Sonst besteht die Gefahr, dass ein großes Fenster kleinere Fenster komplett überdeckt, die damit nicht mehr sichtbar sind.

> **Hinweis:** Diese Einstellung hat nur Einfluss auf die Anzeige im Form Painter. Bei Ausgabe werden prinzipiell alle Fenster transparent übereinander gedruckt. Sie können also grundsätzlich beliebige Inhalte durch Verteilung auf mehrere Fenster übereinander drucken.

Die Anzeige als transparente Fenster müssen Sie auch dann setzen, wenn Fenster oder Schablonen auf Basis einer Hintergrundgrafik nachgezeichnet werden sollen. In diesem Zusammenhang ist auch eine zusätzliche Funktion im Kontextmenü des Form Painters zu sehen (rechte Maustaste). Über die Funktion **In den Hintergrund** wird ein Fenster so angeordnet, dass Sie andere (kleinere) Fenster mit der Maus wieder fassen können.

Ansonsten entsprechen die Einträge im Kontextmenü des Form Painters den Möglichkeiten, die Sie schon vom Navigationsbaum her kennen (bei Seite- bzw. Fensterknoten).

3.3.3 Table Painter

Der Table Painter ermöglicht die Darstellung und Pflege des Layouts von Schablonen und Ausgabetabellen. Beide Knotentypen ermöglichen die formatierte Ausgabe von Texten und Daten, wie es sonst über Tabulatoren üblich ist. Die Eigenschaften der Knotentypen werden wir ausführlich in Abschnitt 4.5 darstellen. Hier ist nur wichtig, dass in beiden Fällen die Ausgabe über Zeilentypen erfolgt, die wiederum in Spalten aufgeteilt sind. Daraus ergeben sich einzelne Zellen, in denen dann die Ausgabe der eigentlichen Information erfolgen kann. Mit dem Table Painter entwerfen Sie diese Zeilentypen auf grafischer Ebene.

Der Aufruf erfolgt beim Schablone- und Tabelle-Knoten über die jeweils erste Registerkarte. Dort finden Sie eine Taste **Table Painter**. Nach dem Aufruf ändert sich der Inhalt dieser Registerkarte. Aus der tabellarischen Eingabeform der Zeilentypen wird die gesuchte grafische Darstellung wie in Abbildung 3.19 dargestellt.

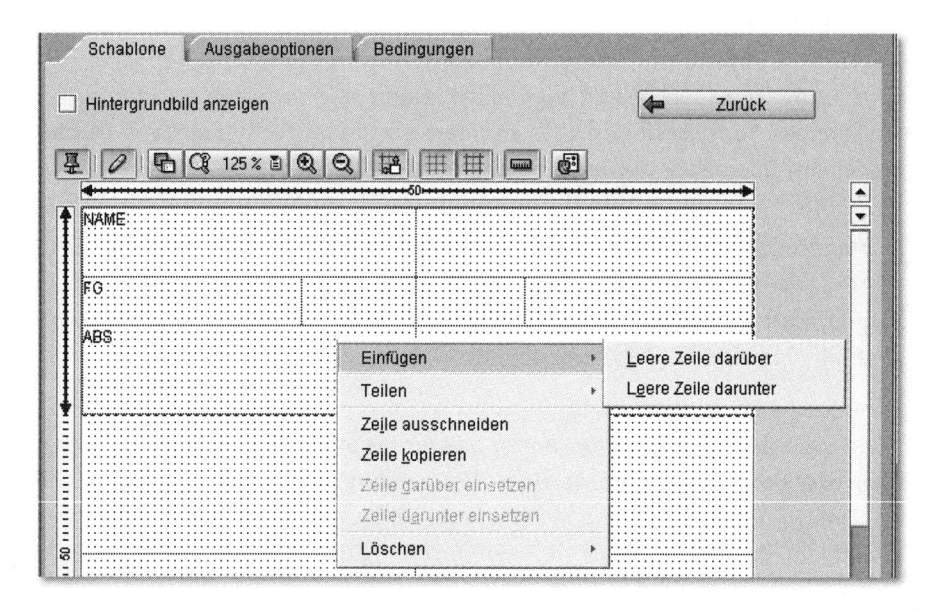

Abbildung 3.19 Table Painter

Der Designbereich ist so breit wie die zugehörige Schablone/Tabelle, vorhandene Zeilentypen werden direkt angezeigt. Sind noch keine Zeilentypen angelegt, erzeugt der Table Painter beim ersten Aufruf automatisch eine erste Zeile, deren Höhe dem Gesamtausgabebereich entspricht.

Mausfunktionen

Die Maße vorhandener Zeilen und Spalten können Sie direkt über die Maus ändern. Positionieren Sie z.B. die Maus auf einen der senkrechten Striche, die zwei Zellen einer Zeile trennen. Verschieben Sie diesen Strich dann bei gleichzeitig gedrückter linker Maustaste.

Sie können auch direkt per Maus neue Zeilen oder Spalten anlegen. Ziehen Sie dazu einfach mit der Maus als Zeichenstift einen waagerechten oder senkrechten Strich in eine vorhandene Zeile. Halten Sie dabei wieder die linke Maustaste gedrückt. Alle weiteren Bearbeitungs-Funktionen sind wieder über das Kontextmenü abrufbar.

Tipp: Sie können nur einen vorhandenen Zeilentyp per Maus in weitere Zeilen oder Spalten aufteilen. Im Bildschirmbereich unterhalb des letzten Zeilentyps sind folglich keine Eingaben möglich. Leider ist dieser Außenbereich im Form Painter nicht gesondert gekennzeichnet, was insbesondere bei den ersten Versuchen mit diesem Werkzeug etwas irritiert.

Raster verwenden

Der Table Painter bietet wie der Form Painter ein hinterlegbares Raster, auf das Sie die Zeilen- und Spaltenabstände automatisch ausrichten lassen können. Solche Einstellungen erfolgen wieder über das entsprechende Icon in der Symbolleiste. Wenn Sie den Table Painter zu Eingaben nutzen, ist es meist vorteilhaft, wenn die folgenden Optionen gesetzt sind:

- Transparente Tabellen
- Fadenkreuz
- Tabellen am Raster ausrichten

Vordruck und Hintergrundbild

Insbesondere bei der Erstellung komplexer Schablonen kann es sinnvoll sein, einen Formularvordruck als Hintergrundbild einzubinden und dann eine passende Schablone davon abzuzeichnen.

Um ein solches Hintergrundbild auch im Table Painter anzuzeigen, müssen Sie die Option **Hintergrundbild anzeigen** gesetzt haben (das erste Attribut auf dem Eingabebild des Form Painters). Dann erscheint im Table Painter ein Ausschnitt der Hintergrundgrafik, die Sie zum Nachzeichnen von Zeilen und Spalten nutzen können. Der Ausschnitt wird bestimmt durch Position und Größe des übergeordneten Fensters, in dem sich die Schablone befindet. Achten Sie auch darauf, dass für die Positionierung der Schablone innerhalb dieses Fensters das Attribut **Vertikale Ausrichtung** auf **absolut** gesetzt ist.

Den Table Painter verlassen

Beim Verlassen des Table Painters über die Taste **Zurück** werden Änderungen sofort in die Listendarstellung der Zeilentypen übernommen. Der Table Painter richtet dabei die letzte Spalte immer so aus, dass jede Zeile exakt die Breite der zugehörigen Schablone/Tabelle besitzt. Diese Voraussetzung muss bei beiden Knotentypen erfüllt sein und wird auch von der Prüfroutine des Knotens kontrolliert.

3.4 Formulare prüfen, testen, aktivieren

Smart Forms unterscheidet gespeicherte Formulare (über **Formular • Sichern**) und Formulare, die zusätzlich aktiviert worden sind (über **Formular • Aktivieren**). Jedes Formular muss den Status **aktiv** besitzen, wenn es über ein Rahmenprogramm ausgegeben werden soll (dies gilt ebenso für Stile). Den Status des Formulars erkennen Sie z. B. im Form Builder hinter dem Formularnamen.

Wenn Sie Änderungen an einem aktiven Formular vornehmen und auch speichern, so wechselt der Status wieder auf **inaktiv**. Dabei bleibt im System die letzte aktive Version noch erhalten. Zu dieser vorher aktiven Version gehört auch der generierte Funktionsbaustein. Wenn Sie also in dieser Situation die Ausgabe über ein Rahmenprogramm starten, verwendet das System die letzte aktive Version. Das gilt auch für die Funktion zum Testen des Formulars!

Wenn Sie den Menüpfad **Hilfsmittel • Zurück zu aktiver Version** wählen, verwirft der Form Builder alle zwischenzeitlichen Änderungen und stellt die letzte aktive Version wieder her.

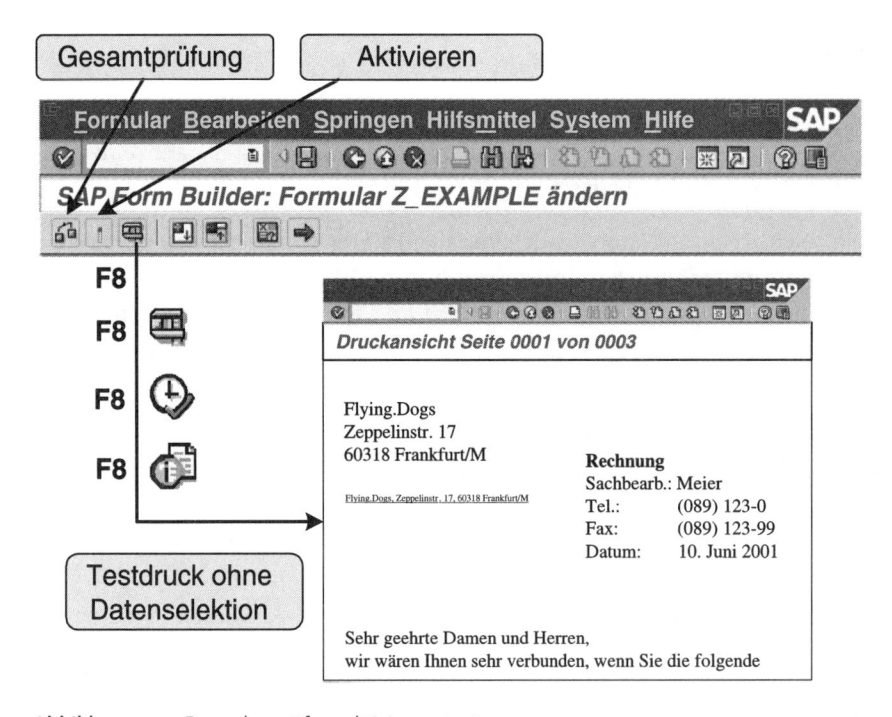

Abbildung 3.20 Formular prüfen, aktivieren, testen

3.4.1 Formular aktivieren

Wenn Sie ein Formular aktvieren, werden die folgenden Einzelfunktionen ausgeführt:

- Gesamtprüfung des Formulars
- Falls ohne Fehler
  - Generieren des Funktionsbausteins
  - Löschen des vorher aktiven Formulars
  - Setzen von Status **aktiv** bei der aktuelle Version des Formulars

Die Gesamtprüfung zum Formular beinhaltet nacheinander alle Einzelprüfungen der enthaltenen Knoten; zusätzlich überprüft der Form Builder das Zusammenspiel der Knoten untereinander. Darauf werden wir weiter unten noch eingehen.

Ist die Formularprüfung ohne Fehler, so wird ein passender Funktionsbaustein generiert und das Formular auf Status **aktiv** gesetzt. Warnungen blockieren die Aktivierung nicht. Danach können Sie das Formular zusätzlich testen.

Fehlerliste

Falls der Form Builder nach Überprüfung eines Formulars oder Einzelknotens mit Hinweisen auf Fehler oder Warnungen reagiert, öffnet sich ein weiterer Anzeigebereich unterhalb der Knotenattribute. Dort sind alle Hinweise in einer Liste aufgeführt. Sie enthält auch eine Angabe zum Knoten, in dem der Fehler aufgetreten ist. Wählen Sie einfach diesen Knoten per Maus an (zweite Spalte): Das System springt an die entsprechende Stelle im Navigationsbaum und Sie können dort den Fehler beheben.

> **Tipp:** In Einzelfällen erkennt der Form Builder nicht, dass eine Fehlerursache schon behoben ist. Die zugehörige Meldung ist offensichtlich im internen Programmspeicher weiterhin vorhanden und wird bei der nächsten Überprüfung erneut angezeigt. Sollten Sie dies vermuten, so speichern Sie versuchsweise das Formular, beenden Sie die Bearbeitung und rufen Sie den Form Builder erneut auf. Die Prüfung meldet jetzt voraussichtlich keinen Fehler mehr.

Knoten-Einzelprüfungen

Für jeden Knoten existiert eine individuelle Überprüfung, die über das Prüfen-Icon bei den jeweiligen Knotenattributen aufgerufen wird. Eine Knotenprüfung empfiehlt sich vor allem dann, wenn an einem einzelnen Knoten größere Änderungen erfolgt sind. Ihr Vorteil gegenüber einer Gesamtprüfung ist vor allem die hohe Geschwindigkeit.

Der Inhalt der Prüfungen hängt vom jeweiligen Knotentyp ab. In Schablonen wird beispielsweise überprüft, ob die einzelnen Zeilen in ihren Maßen mit dem übergeordneten Fenster übereinstimmen. Im Programm-Knoten erfolgt dagegen ein ABAP-Syntaxcheck. Wir werden die jeweiligen Prüfungsinhalte bei der Darstellung der einzelnen Knotentypen erwähnen.

Formular-Gesamtprüfung

Über den Menüpfad **Formular • Prüfen** wird das Formular einer Gesamtprüfung unterzogen. Diese Prüfung erfolgt automatisch auch bei jeder Aktivierung des Formulars. Die Gesamtprüfung beinhaltet:

- Die Einzelprüfungen aller Knoten
- Zusätzliche Prüfungen, die nur im Gesamtzusammenhang einen Sinn ergeben

Tritt bei der Gesamtprüfung ein Fehler in der Formularschnittstelle oder in den globalen Daten auf, so wird nur der erste Fehler als Meldung ausgegeben und die weitere Überprüfung des Formulars abgebrochen. In diesem Fall wäre zwangsläufig mit Folgefehlern zu rechnen, so dass alle weiteren Einzelprüfungen unsinnig sind.

Datenflussanalyse
Die Gesamtprüfung beinhaltet auch eine Datenflussanalyse. Dabei überprüft der Form Builder, ob ein bestimmtes Feld, das in einem Text verwendet wird, zum Zeitpunkt der Ausgabe überhaupt einen definierten Wert besitzt. Da es aber keine direkte Verbindung zum zugehörigen Rahmenprogramm gibt, kann der Form Builder diese Überprüfung nur auf Basis von Annahmen leisten. Auf dieser Basis ist natürlich keine hundertprozentige Treffsicherheit möglich; ggf. gibt der Form Builder Warnungen als Hinweis aus.

Hier die Annahmen der Datenflussanalyse:

- Für alle Parameter, die in der Formularschnittstelle definiert sind, wird grundsätzlich angenommen, dass entsprechende Daten vorhanden sind.
- Wurde die eine Variable unter **Globale Definitionen** angelegt (also nicht über die Formularschnittstelle), so muss sie im Formular selbst mit Daten versorgt werden. Deshalb werden zusätzlich die folgenden Bedingungen überprüft:
  - Ist ein Vorschlagswert bei der Definition vergeben worden? Die Prüfung erfolgt natürlich nur, wenn es sich um ein Feld handelt (kein strukturierter Datentyp).

- Ist die Variable als Ausgabeparameter in einem Programm-Knoten eingetragen, der vorher prozessiert wird? Falls ja, wird angenommen, dass sie dort auch mit Daten versorgt wird (es wird also nicht der eigentliche Programmcode überprüft).
- Handelt es sich um die Kopfleiste einer internen Tabelle und wird diese interne Tabelle in einem Knoten als Schleife durchlaufen?

Die Überprüfung endet ohne Warnung, wenn eine der Bedingungen erfüllt ist. Da bei dieser Datenflussanalyse auch die Reihenfolge der Abarbeitung wichtig ist, erfolgt sie einzeln für jeden Knoten.

Bei global definierten Daten berücksichtigt die Prüfung auch den Fall, dass eine Datenzuweisung von Laufzeitbedingungen abhängt (wenn eine vorherige Datenzuweisung z. B. mit einer Bedingung versehen ist). Im einem solchen Fall erscheint eine Warnung mit der Einschränkung, dass ein Feld eventuell nicht gefüllt ist.

> **Tipp:** Im Schleife-Knoten wird üblicherweise ein eigenständiger Arbeitsbereich mit dem jeweils aktuellen Datensatz einer internen Tabelle versorgt. Diese Art der Datenzuweisung wird bei der Überprüfung nicht berücksichtigt. Es kommt deshalb immer wieder vor, dass ein Arbeitsbereich von der Gesamtprüfung des Formulars wegen fehlender Daten angemahnt wird (wie etwa bei unserer Flugrechnung im Schnelleinstieg). Um eine solche ungerechtfertigte und damit störende Warnung auszublenden, sollten Sie den Arbeitsbereich vorher als Ausgangsparameter zu einem Programm-Knoten angeben (oder einfach unter der Registerkarte **Initialisierung** bei den Globalen Definitionen).

3.4.2 Formular testen

Beim Test eines Formulars wird in Wirklichkeit der erzeugte Funktionsbaustein getestet. Diese Funktionalität hat sich Smart Forms vom *Function Builder* ausgeliehen, einem Werkzeug der ABAP-Entwicklungsumgebung.

Wählen Sie für das aktivierte Formular den Menüpfad **Formular • Testen F8**. Sie gelangen auf das Einstiegsbild des Function Builders (Transaktion SE37, für weitere Details zu diesem Werkzeug siehe Abschnitt 13.7.3). Gehen Sie von dort mit **Einzeltest F8** in den Testmodus zum generierten Funktionsbaustein.

Einen besonders schnellen Aufruf der Testfunktion erreichen Sie durch viermaliges Drücken der Funktionstaste **F8** (siehe auch Abbildung 3.20). Bei diesem Vorgang wird nicht das Rahmenprogramm zur Datenbeschaffung aufgerufen; entsprechend erhält der Funktionsbaustein auch keine Daten. Diese Testfunktion eignet sich deshalb vor allem zur Kontrolle des Layouts.

Bei komplexen Formularen mit Dateneinbindung sollten Sie zum Test den Weg über das Rahmenprogramm gehen. Wenn Sie das Rahmenprogramm in einem zweiten Bildschirm-Modus offen lassen, ist der Aufruf sogar noch schneller als über die interne Testfunktion des Formulars (vorausgesetzt das Rahmenprogramm existiert bereits).

3.4.3 Formular generieren

Unter *Generieren* versteht man die Erstellung des passenden Funktionsbausteins zum Formular. Beim Aktivieren des Formulars wird diese Funktion automatisch mit ausgeführt; erst danach ist ein Test des Formulars über den Funktionsbaustein möglich.

Wenn Sie ein neu erstelltes Formular in ein weiteres SAP-System übertragen (z. B. per Transportauftrag), existiert dort zunächst noch kein Funktionsbaustein. Er wird aber automatisch generiert, wenn Sie das betreffende Formular erstmals über das zugehörige Rahmenprogramm aufrufen. Über den Menüpfad **Smart Forms • Generieren** im Einstiegsbild zu Smart Forms können Sie die Generierung auch manuell anstoßen (erst danach ist dann auch die Test-Funktion zum Formular bzw. zum Funktionsbaustein aufrufbar).

Im Gegensatz zur Aktivierung müssen Sie hier das Formular nicht im Änderungsmodus aufrufen (es sind also keine weiteren Berechtigungen erforderlich). Sie können die manuelle Generierung jederzeit wiederholen; ggf. wird ein bereits vorhandener Funktionsbaustein überschrieben.

3.5 Formular-Dokumentation

Smart Forms enthält selbst keine Werkzeuge zur Dokumentation von Formularinhalten. Lediglich in Programm- und Text-Knoten können Sie Kommentarzeilen einfügen.

Smart Forms enthält auch kein direktes Änderungsmanagement. Es wird lediglich gespeichert, wann und durch wen die letzte Änderung erfolgt ist (siehe Registerkarte **Allgemeine Eigenschaften** bei den Formularattributen). Da aber die Dokumentation von Formularinhalten durchaus ein wichtiges Thema ist, wollen wir im folgenden eine praktikable Lösung dafür beschreiben.

> **Tipp:** Erzeugen Sie zu selbstentworfenen Formularen zumindest eine Kurzdokumentation, die einen Verweis auf das zugehörige Rahmenprogramm enthält. Für Formulare der SAP existieren Hinweise im SAPnet, welche die jeweiligen Kombinationen und die Installation beschreiben (siehe Anhang).

Sie haben vermutlich auch schon die Erfahrung gemacht, dass Dokumente nicht gelesen werden, wenn Sie unabhängig vom eigentlichen Objekt (in diesem Fall dem Formular) gespeichert sind. Was liegt also näher, als eine Standardfunktion innerhalb des Formulars auch für die Dokumentation zu verwenden: gemeint ist der Text-Knoten (zur Bedienung siehe Abschnitt 13.3.2). Der Knotentyp hat nützliche Funktionen für diese Anwendung:

- Für kurze Anmerkungen ist die Eingabe über den Inline-Editor ideal.
- Für umfassende Texte wechseln Sie zum SAPscript-Editor (als Ganzseiteneditor wahlweise in grafischer Form oder als Zeileneditor).
- Für den Ausdruck des Textes wählen Sie ebenfalls den Weg über den Ganzseiteneditor.

Da der Text an dieser Stelle nur zur Dokumentation dienen soll, muss er bei Ausgabe des Formulars natürlich unterdrückt werden. Sie könnten dies erreichen, in dem Sie alle Dokumentationszeilen mit dem Sonder-Absatzformat /* kennzeichnen. Dann stehen aber für die Formatierung des Textes keine weiteren Möglichkeiten zur Verfügung. Deshalb ist es vorteilhafter, gleich den gesamten Text-Knoten über eine passende Bedingung »auszukommentieren«.

Dies ist unser Vorschlag für eine übersichtliche Formular-Dokumentation:

1. Erstellen Sie für die Dokumentation ein eigenes Fenster, z.B. an oberster Stelle der ersten Formularseite.
2. Positionieren Sie das Fenster an eine abgelegene Stelle der Seite, z.B. oben rechts (nicht oben links, denn dort werden automatisch alle neuen Fenster angelegt).
3. Verknüpfen Sie den Fenster-Knoten mit einer Ausgabebedingung, die niemals erfüllt ist (z.B. 'A' = 'B' oder auch: 'Text' = 'Doku'). Alternativ können Sie natürlich auch eine komplette Entwurfseite nur für die Dokumentation anlegen, auf die dann aber keine andere Seite verweisen sollte.
4. Erzeugen Sie einen oder mehrere Text-Knoten unterhalb dieses Fensters; mehrere Knoten sind sinnvoll, wenn Sie z.B. die Grunddokumentation getrennt von den Änderungen führen wollen.
5. Erstellen Sie für die Dokumentation einen eigenen Stil, der die benötigten Absatz- und Zeichenformate enthält. Damit wird die Formatierung der Dokumentation unabhängig vom jeweiligen Formular. Ordnen Sie diesen Stil dann individuell den jeweiligen Text-Knoten zu. Achten Sie aber darauf, dass ein entsprechender Stil auch zu SAPscript angelegt sein muss, um den Text ggf. einzeln ausdrucken zu können.

In Einzelfällen mag es auch sinnvoll erscheinen, Anmerkungen direkt zu einer Formularkomponente zu erfassen. Verwenden Sie einfach weitere Text-Knoten direkt an den jeweiligen Stellen, z. B. zu Beginn des jeweiligen Fensters (Vergessen Sie nicht die Ausgabebedingung).

4 Layout des Formulars

4.1 Übersicht

Als Grundelemente des Layouts haben wir im Schnelleinstieg bereits *Seiten* und *Ausgabebereiche* kennen gelernt; letztere werden unter Smart Forms als *Fenster* bezeichnet. Zur Erinnerung zeigt Abbildung 4.1 noch einmal das Layout zu unserer Flugrechnung (als Darstellung im Form Painter):

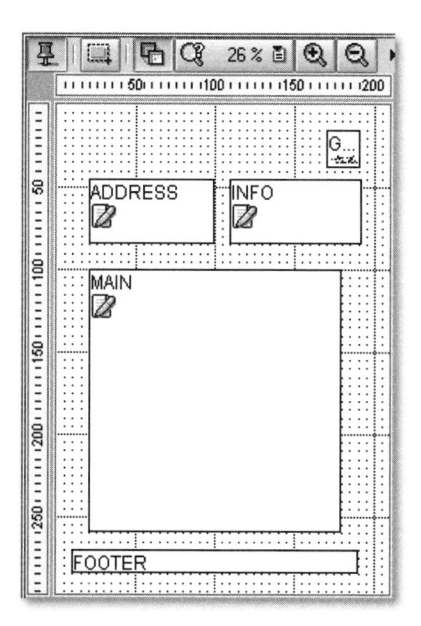

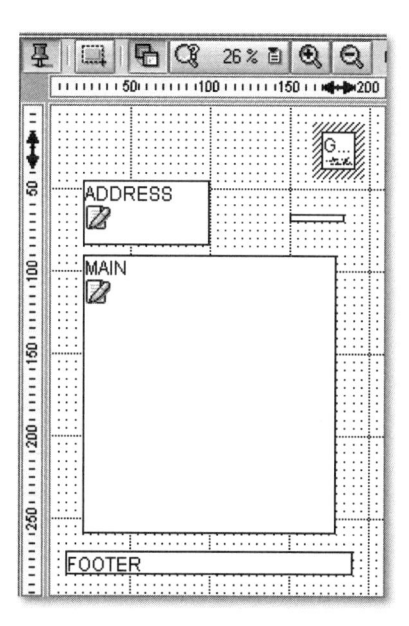

Abbildung 4.1 Layout des Beispielformulars

Das Formularlayout in unserem Beispielformular enthält zwei Entwurfsseiten. Die Aufteilung der beiden Seiten nach Fenstern unterscheidet sich in unserem Beispiel aber nur geringfügig: Die zweite Seite enthält kein INFO-Fenster mehr, statt dessen ist dort eine Seitennummerierung vorgesehen.

Es ist die Aufgabe des Rechnungsformulars, alle Flugbuchungen eines Kunden mit ihren Preisen in tabellarischer Form in einem Fenster auszugeben. Diese Flugbuchungen werden im Hauptfenster MAIN nacheinander ausgegeben. Es gibt weitere Fenster (als Nebenfenster) mit Angaben zum Firmenlogo, Absender, Kundenadresse und sonstigen Merkmalen (wie z. B. Sachbearbeiter, Kundennummer, Zeichen, Datum; siehe auch Musterausdruck im Anhang).

Die Seitenaufteilung der Flugrechnung entspricht dem wohl gängigsten Anwendungsfall: Nach Ausgabe einer Erstseite wird die Folgeseite solange wiederholt, bis alle Daten (bei uns die Flugbuchungen) ausgegeben sind.

Der Form Painter zeigt in seiner Layoutübersicht allerdings nur die angelegten Fenster als Ausgabebereiche. Diese Fenster können Sie jedoch über Schablonen und Ausgabetabellen in noch kleinere Ausgabebereiche untergliedern, die dann weitere Gestaltungsmöglichkeiten bieten. Damit ergibt sich insgesamt eine maximal dreistufige Gliederung der Ausgabebereiche (siehe Abbildung 4.2).

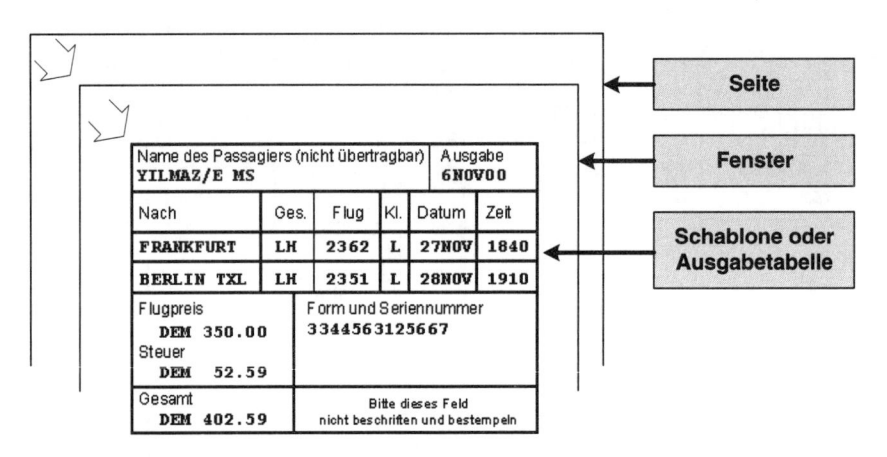

Abbildung 4.2 Definition von Ausgabebereichen

Jede Layout-Ebene (Seite, Fenster, Schablone etc.) hat ihre individuellen Eigenschaften, die wir in den folgenden Kapiteln erläutern wollen. Zunächst jedoch noch einige Anmerkungen zu generellen Layoutvorgaben wie Maßeinheiten oder Rahmungen und Schattierungen, die Sie in nahezu jedem Knoten anwenden können.

4.2 Generelle Layoutvorgaben

An verschiedenen Stellen im Formular können Sie generelle Layoutinformationen hinterlegen, die wir an dieser Stelle als Übersicht zusammengetragen haben. Gemeint sind insbesondere:

▶ Verschiedene generelle Formularattribute bei den globalen Einstellungen
▶ Rahmungen und Schattierungen bei den Ausgabeoptionen der verschiedenen Knotentypen

4.2.1 Globale Einstellungen

Der Zweig **Globale Einstellungen** mit seinen drei Unterknoten **Formularattribute**, **Formularschnittstelle** und **Globale Definitionen** ist bei jedem neu angelegte Formular bereits vorhanden. Hier können Sie einige grundlegende Parameter einstellen, die im gesamten Formular gelten.

Für die Layoutgestaltung relevant sind allerdings nur die Eintragungen bei den **Formularattributen**. Wählen Sie dort die Registerkarte **Ausgabeoptionen** wie in Abbildung 4.3.

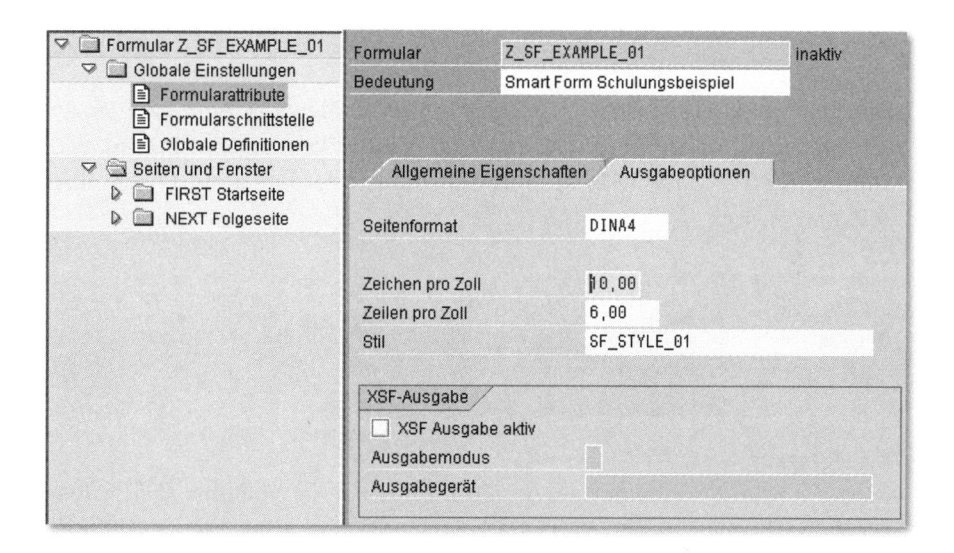

Abbildung 4.3 Generelle Formularattribute

Die einzelnen Formularattribute sind:

▶ **Seitenformat**
Das Seitenformat wird bei Neuanlage des Formulars aus den Grundeinstellungen des Form Builders übernommen (siehe Abbildung 3.18). Die Vorgabe lässt sich an dieser Stelle ändern. Über die Wertehilfe **F4** stehen alle Seitenformate zur Auswahl, die in der Spooladministration eingerichtet worden sind. Individuell zu jeder Seite können Sie später zusätzlich wählen, ob die Ausgabe der entsprechenden Seiten im Hoch- oder Querformat erfolgen soll.

▶ **Zeichen pro Zoll**
Diese Angabe (*Character per Inch*, *cpi*) hat keine direkte Auswirkung. Es wird nur eine Definition der Einheit CH (Zeichen, Character) vorgenommen, die in Feldern mit horizontalen Maßeinheiten zur Auswahl angeboten werden. Wird beispielsweise eine Fensterbreite von '1 CH' als Maß eingetragen, so übersetzt

Smart Forms diesen Eintrag in unserem Beispiel in ein Zehntel Zoll (was ca. 2,54 mm entspricht).

- **Zeilen pro Zoll**
Die gleiche Definition wie im vorherigen Punkt können Sie über **Zeilen pro Zoll** (*Lines per Inch, lpi*) für die vertikale Maßeinheit LN (Zeilen, Lines) vornehmen.

> **Tipp:** Die Vorschläge des Systems sind 10 cpi bzw. 6 lpi. Ohne zwingenden Grund sollten Sie den Eintrag nicht ändern; sie werden als Standardwerte von jedem Drucker unterstützt.

- **Stil**
Der hier zugewiesene Stil ist Grundlage aller Knoten mit Ausgaben (Texte, Adressen etc.), solange auf weiteren Unterknoten kein anderer individueller Stil zugewiesen wurde (z. B. in einer Schablone oder direkt auf Ebene eines Text-Knotens).

> **Tipp:** Versuchen Sie mit wenigen Stilen im Formular auszukommen. Nur so erreichen Sie eine durchgängige Gestaltung Ihrer Formulare und verringern gleichzeitig den Pflegeaufwand.

- **XSF-Ausgabe**
Diese spezielle Ausgabeform erwähnen wir hier nur der Vollständigkeit halber. Die Möglichkeiten zur XSF-Ausgabe werden wir in Abschnitt 10.3 ausführlich ansprechen.

4.2.2 Rahmen und Schattierungen

Alle wählbaren Knotentypen – mit Ausnahme des Programm-Knotens – besitzen bei den Knotenattributen eine Registerkarte **Ausgabeoptionen** mit einem Abschnitt **Rahmen und Schattierungen** (siehe Abbildung 4.4).

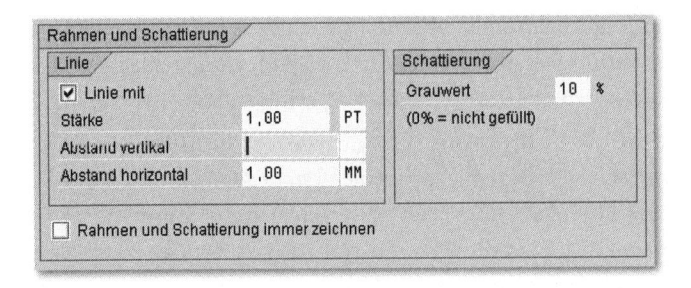

Abbildung 4.4 Rahmen und Schattierungen

Schattierung

Über die Angabe zum Grauwert kann der von einem Knotenelement umschlossene Ausgabebereich mit einer Schattierung hinterlegt werden. Das Verhalten des Systems hängt allerdings auch von den Einstellungen in übergeordneten Knoten ab (z. B. übersteuert die Schattierung im Fenster eine Schattierung im untergeordneten Text-Knoten).

> **Tipp:** Wird ein Text mit 100 % schattiert, so erscheint bei Ausgabe ein schwarzer Balken in Länge der jeweiligen Textzeile; zusammen mit Schriftfarbe *Weiß* im Zeichenformat können Sie dies zur Ausgabe inverser Schrift nutzen.

Rahmen

Über Vorgaben zur Linie können Sie das gesamte Knotenelement (z. B. Fenster, Text) mit einem Rahmen versehen. Die Angaben zum Abstand beziehen sich auf den äußeren Rand des übergeordneten Ausgabebereichs, hängen damit also auch vom dort verwendeten Knotentyp ab.

> **Tipp:** Smart Forms unterstützt nur einfache Linien direkt. Sind spezielle Rahmungen erforderlich, z. B. solche mit doppelten Linien, sollten Sie dafür eigene Fenster anlegen, die ggf. nur die Darstellung des Rahmens zur Aufgabe haben. Über solche Fenster können Sie mittels Grauwerten auch sehr breite Rahmen erzeugen. Bei der Ausgabe überlagern sich dann die einzelnen Vorgaben. Im Anhang finden Sie den Abdruck eines Frachtauftrags als Beispiel zu solchen Formatierungen.

Die Rahmung umfasst immer einen rechteckigen Ausgabebereich: Smart Forms besitzt keine direkte Möglichkeit, nur senkrechte oder nur waagerechte Striche auszugeben. Sie können dafür aber die Rahmung bei entsprechend schmalen Fenster-Knoten einsetzen; noch einfacher geht es allerdings über Schablonen mit entsprechenden Mustern.

Da ein Knoten nur angedruckt wird, wenn auch Inhalte zur Verfügung stehen, wird bei einem leeren Fenster im Standardfall auch kein Rahmen ausgegeben. Setzen Sie in diesem Fall das Attribut **Rahmen und Schattierung immer zeichnen**.

> **Hinweis:** Ein Fenster-Knoten besitzt auch im grafischen Form Painter einen Rahmen. Er dient dort allerdings wirklich nur der besseren Anzeige und hat nichts mit dem Rahmen bei der Ausgabe zu tun.

4.3 Seite-Knoten

Um die Bedeutung der Entwurfsseite für das Layout des Formulars zu verdeutlichen, schildern wir nochmals kurz den Ablauf bei Ausgabe unserer Flugrechnung:

- Auf der ersten Entwurfsseite FIRST wird in der Regel die Kundenanschrift ausgegeben. Im Hauptfenster MAIN folgen dann nach einem einleitenden Text alle Flugbuchungen in einer Ausgabetabelle, wobei die Ausgabelänge von der Anzahl der Flugbuchungen abhängt (*dynamische Tabelle*).
- Falls auf der ersten Seite nicht genügend Platz für alle Posten ist, wird die Tabelle mit Wiederholung der Spaltenüberschriften auf der nächsten Seite fortgesetzt.

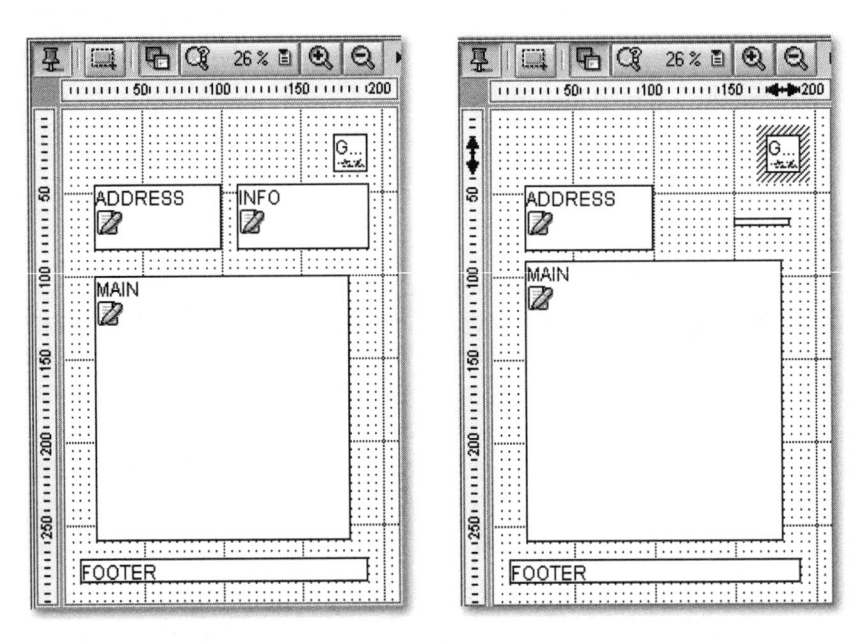

Abbildung 4.5 Layout der Seiten des Beispielformulars

Die folgende Angabe zu unserer Flugrechnung lässt sich auf die Layouts fast aller Formulare übertragen:

- Die Ausgabe besteht aus einer oder mehreren Seiten. Die erste Seite ist die Startseite; mit ihr beginnt die Abarbeitung (Prozessierung) des Formulars.
- Wenn bei der Ausgabe nicht alle auszugebenden Daten im Hauptfenster einer Seite Platz finden, wird automatisch vom System die Ausgabe einer weiteren Seite angestoßen. Welche Seite dies ist, ergibt sich aus dem Parameter **Folgeseite** der jeweils aktuellen Seite.

Die übliche Bezeichnung der Entwurfsseiten ist:

- **FIRST**
  Erste Seite (mit NEXT als Folgeseite)
- **NEXT**
  Ab Ausgabeseite 2 (mit NEXT als Folgeseite)

Der Seitenumbruch wird automatisch ausgelöst, wenn der Platz für die Liste der Positionen im Hauptfenster nicht mehr ausreicht. Alternativ können Sie mit Hilfe von Sprungbefehlen auch einen manuellen Seitenwechsel erzwingen. Das ist erforderlich, wenn z. B. nach der letzten Seite mit Datenausgabe noch eine Seite mit den Geschäftsbedingungen folgen soll. Diese Fälle werden wir ausführlicher bei Betrachtung der Formularlogik im Abschnitt 7.4 behandeln.

4.3.1 Neuanlage von Entwurfsseiten

Zu einem Formular können Sie beliebig viele Entwurfsseiten anlegen. Bei mehr als zwei Seiten müssen Sie allerdings zusätzlich auch eine individuelle Ablauflogik für den dynamischen Seitenwechsel hinterlegen.

Die Neuanlage erfolgt über **Anlegen • Seite** im Kontextmenü einer vorhandenen Seite. Die neue Seite wird sofort als ausgewählte Seite im Navigationsbaum und im Form Painter angezeigt. Jede neue Seite zeigt zunächst auf sich selbst als Folgeseite.

Wenn Sie eine Seite als Kopie einer vorhandenen Seite erstellen, wird der gesamte Seiteninhalt mit übernommen. Die Fenster, die auf der ersten Seite bereits angelegt waren, befinden sich mit gleichem Namen dann auch auf der kopierten Seite. Über die identischen Namen weist der Form Builder auch den gleichen Inhalt zu (wie ein Verweis). Darauf kommen wir bei Behandlung der Fenster noch zurück (siehe Abschnitt 4.4).

Attribute zum Seite-Knoten

Wichtigster Eintrag auf der Registerkarte **Allgemeine Eigenschaften** ist die Angabe zur Folgeseite. Bei einem Formular mit zwei Entwurfsseiten ist dies immer die Entwurfsseite, die bei Ausgabe ab Seite 2 gelten soll. Bei den **Allgemeinen Eigenschaften** können Sie auch Parameter zur Seitennummerierung vorgeben. Darauf werden wir in Abschnitt 7.4 ausführlich eingehen.

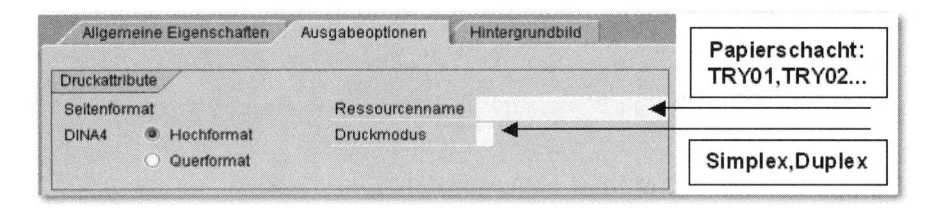

Abbildung 4.6 Seite einrichten: Ausgabeoptionen

Die Registerkarte **Ausgabeoptionen** (siehe Abbildung 4.6) enthält grundlegende Druckattribute, um die Ausgabe einer Seite einzurichten:

▶ **Seitenformat**
Über diese Angabe wählen Sie nur zwischen Druck in Hoch- und Querformat. Sie können also je Entwurfsseite nur die Druckrichtung wechseln, nicht das eigentliche Papierformat. Letzteres ist einheitlich für das Formular bei den Formularattributen eingestellt (in unserem Beispiel werden alle Seiten mit Papiergröße DINA4 ausgegeben).

▶ **Ressourcenname**
Über diese Angabe geben Sie eine individuelle Papierquelle vor, von der aus der Drucker sein Papier bezieht (z. B. zur direkten Ansteuerung eines Schachtes bei Verwendung von Formularvordrucken). Zur Auswahl stehen:

  ▶ TRY01 (Erstes Papierfach)
  ▶ TRY02 (Zweites Papierfach)
  ▶ TRY03 (Drittes Papierfach)
  ▶ TRYEN (Umschlagdruck)
  ▶ TRYMN (Manueller Papiereinzug)
  ▶ TRYME (Manueller Einzug für Briefumschläge)

Es handelt sich bei diesen Einträgen um *Print-Controls*, die in der Druckerverwaltung (Transaktion SPAD) hinterlegt sind. Vergewissern Sie sich, dass die Print-Controls für Ihren Zieldrucker gepflegt sind, damit die Schachtwahl erfolgreich sein kann.

> **Hinweis:** Sie werden später noch sehen, dass solche Print-Controls zusätzlich über einen Kommando-Knoten an jeder Stelle im Formular eintragbar sind. Bei Behandlung dieses Knotentyps werden wir auch ausführlich auf die Hintergründe eingehen (siehe Abschnitt 7.5.2). Dass die Schachtwahl ganz am Anfang der Seite erfolgen muss und deshalb hier im Seite-Knoten zu finden ist, erklärt sich von selbst.

▶ **Druckmodus**
Dieses Attribut bezieht sich auf Drucker, die in der Lage sind, Papier doppelseitig zu bedrucken. Zur Auswahl stehen:
- ▶ S: Neue Seite im Modus SIMPLEX beginnen (einseitig auf Vorderseite)
- ▶ D: Neue Seite im Modus DUPLEX beginnen (beidseitig)
- ▶ T: Neue Seite im Modus TUMBLE DUPLEX (beidseitig, aber Rückseite »auf dem Kopf«)

Ohne Angabe bei **Ressourcenname** und **Druckmodus** übernimmt Smart Forms die Vorgaben, wie sie im Ausgabegerät selbst eingestellt sind. Auch diese Attribute führen natürlich nur zum Erfolg, wenn der Drucker die notwendigen Voraussetzungen mitbringt und die entsprechende Anpassung in Transaktion SPAD hinterlegt ist. Für weitere Hinweise siehe auch Abschnitt 13.6.

Über die Registerkarte **Hintergrundbild** können Sie der gesamten Seite eine Grafik zuordnen; das Vorgehen ist äquivalent zur Anlage eines Grafik-Knotens. Wir werden darauf in Abschnitt 5.3 ausführlich eingehen.

4.4 Fenster-Knoten

Über die Fenster-Knoten wird jede Entwurfsseite eines Formulars in Ausgabebereiche eingeteilt (siehe Abbildung 4.5). Eine direkte Zuordnung von elementaren Knotentypen (z. B. Text-Knoten) zur Seite ist nicht möglich. Einzige Ausnahme sind Grafik- und Adresse-Knoten: Sie können gleichzeitig die Eigenschaften eines Fensters enthalten.

Die Position und Größe eines Fensters ist auf der Seite frei wählbar. Der Eintrag der Ränder bzw. der Höhe und Breite erfolgt auf der Registerkarte **Ausgabeoptionen**. Sie können die Fenster im Form Painter auch per Maus positionieren. Die alphanummerischen Knotenattribute werden dann automatisch mitgeführt.

Verschiedene Fenster können sich auch überlappen oder sogar komplett übereinander liegen. Dadurch können Sie die Inhalte der Fenster auch ganz bewusst übereinander ausgeben lassen (z. B. Text über Grafik). Untereinander existiert keine Abhängigkeit zwischen den Fenstern. Folglich sind im Navigationsbaum alle Fenster auf gleicher Ebene unter einem Seite-Knoten angelegt; exakt diese Ebene wird auch im grafischen Form Painter zur Bearbeitung angeboten.

Auf der Entwurfsseite kann es zwei unterschiedliche Typen von Fenstern geben: Hauptfenster und Nebenfenster, wobei es im Formular immer nur ein Hauptfenster geben kann. Ein Fenster wird zum Hauptfenster, wenn Sie auf der Registerkarte **Allgemeine Eigenschaften** das gleichnamige Attribut setzen.

Hier haben wir die wichtigsten Merkmale zusammengefasst:

▶ **Nebenfenster**

In einem Nebenfenster geben Sie Text und Daten in einen fest vorgegebenen Ausgabebereich aus. Texte und Daten, die nicht in ein Nebenfenster passen, werden abgeschnitten, ein Seitenumbruch ist nicht vorgesehen. Auf jeder Seite können Sie beliebig viele Nebenfenster angelegen.

Existiert ein Nebenfenster mit gleichem Kürzel auf mehreren Seiten (erzeugt über die Kopierfunktion), wird auf jeder Seite der gleiche Inhalt ausgegeben (jeweils wieder mit der ersten Zeile beginnend). Die direkten Knotenattribute des Fensters können allerdings verschieden sein (z.B. unterschiedliche Lage und Größe).

▶ **Hauptfenster**

In einem Hauptfenster geben Sie Texte und Daten aus, die sich über mehrere Seiten erstrecken können (Fließtext). Sobald ein Hauptfenster vollständig gefüllt ist, wird der restliche Inhalt im Hauptfenster der Folgeseite ausgegeben. Der Seitenumbruch erfolgt dabei automatisch in Abhängigkeit von der Anzahl der Datensätze.

Weitere Besonderheiten:

- Sie können im Formular nur ein Fenster als Hauptfenster auszeichnen (über gleichnamiges Attribut auf der Registerkarte **Allgemeine Eigenschaften**).
- Nach Anlage eines neuen Formulars ist immer auch ein Hauptfenster auf der ersten Seite vorhanden.
- Sie müssen ein Hauptfenster auf den ersten beiden Seiten anlegen, wenn das Formular die gängige Seitenfolge besitzt (ggf. zuerst auf der ersten Seite einrichten und dann über die Kopierfunktion übertragen, siehe folgender Abschnitt). Das Hauptfenster muss auf jeder Seite die gleiche Breite haben, damit die zeilenweise Ausgabe überall gleichbleibend ist, die Höhe ist beliebig.
- Eine Seite ohne Hauptfenster darf als Folgeseite nicht auf sich selbst verweisen (sonst entsteht eine Endlosschleife). Smart Forms bricht die Ausgabe allerdings sicherheitshalber nach drei Seiten ab.

4.4.1 Neuanlage eines Fensters

Um ein neues Fenster anzulegen, wählen Sie **Anlegen • Fenster** im Kontextmenü zu einem Seite-Knoten oder im Form Painter. Bei letzterem können Sie auch direkt Lage und Größe grafisch einstellen.

Die Lage und Größe des Fensters tragen Sie unter der Registerkarte **Ausgabeoptionen** ein, oder sie wird vom Form Painter dorthin übernommen.

Beim Zeichnen über den Form Painter sollten Sie Hilfsmittel wie Raster und Fadenkreuz verwenden, um ein durchgängiges Design zu gewährleisten (siehe auch Abschnitt 3.3.2.).

Sie können ein neues Fenster auch als Kopie eines vorhandenen Fensters anlegen (z. B. per Maus und **Strg**). Soweit dies innerhalb einer Seite geschieht, vergibt der Form Builder für das kopierte Fenster wie bei einer direkten Neuanlage einen zufälligen neuen Namen. Er übernimmt neben den Knotenattributen (z. B. **Position**) aber auch die Inhalte des Fensters als Unterknoten. Auch diese Unterknoten werden mit einem neuen Namen als Kopie angelegt und können dann individuell von Ihnen geändert werden.

Fenster auf mehreren Seiten

Die Kopie eines Fensters über Seitengrenzen hinweg führt hingegen zu einem etwas anderen Ergebnis. Über die Kopierfunktion (z. B. per Maus und **Strg**) können Sie ein Fenster auf mehreren Seiten gleichzeitig anlegen. Es besitzt dann auf allen Seiten auch die gleiche Kurzbezeichnung. Sie erzielen diesen Effekt für alle Fenster gleichzeitig, wenn Sie eine Seite komplett kopieren. Hier das Ergebnis:

- Smart Forms geht davon aus, dass in diesem Fall immer der gleiche Inhalt des Fensters ausgegeben werden soll. Enthält das Fenster weitere Unterknoten, so sind diese auch auf allen Seiten im Navigationsbaum abgebildet. Der Inhalt ist auf allen Seiten der gleiche (wie ein Verweis darauf). Wenn Sie z. B. Änderungen an einem Unterknoten auf Seite FIRST vornehmen, sind diese gleichzeitig auch auf Seite NEXT wirksam.

- Unterscheiden können sich dagegen die direkten Knotenattribute der jeweiligen Fenster wie Lage, Größe, Umrahmung und Bedingungen. Sie können ein Fenster auf der Seite NEXT also mit einer anderen Lage oder einer anderen Größe oder auch unter anderen Bedingungen als auf Seite FIRST ausgeben. Beachten Sie dabei außerdem Folgendes:
  - Da beide Fenster den gleichen Inhalt haben, wird der Inhalt bei Ausgabe abgeschnitten, falls ein Fenster auf einer Seite zu klein gewählt ist (gilt bei Nebenfenstern).
  - Bei einem Hauptfenster muss die Breite auf allen Seiten gleich sein, da sonst die tabellarische Ausgabe nicht möglich wäre.

Diese Art von Knoten (mit Verweis bei den Unterknoten) können Sie nur über die Kopierfunktion erstellen. Ein neu angelegtes Fenster, dem Sie den gleichen Namen wie einem vorhandenen Fenster geben, wird vom Form Painter abgewiesen.

Fensterdefinition prüfen

Die Prüfung eines Fensters erzeugt Fehlermeldungen in folgenden Situationen:

- Das Fenster passt nicht auf die übergeordnete Seite.
- Das Hauptfensters ist nicht auf allen Seiten gleich breit.

4.4.2 Übungsbeispiel: Fenster erzeugen

In unserer Flugrechnung haben wir als Logo des ausstellenden Reisebüros die Grafik eines Hundes hinterlegt. Wir wollen jetzt einen passenden Text zum Absender der Rechnung hinzufügen.

Erzeugen Sie am oberen Papierrand ein neues Fenster SENDER, in das Sie später Text eingeben können. Vergeben Sie Namen und Positionsdaten wie in Abbildung 4.7. Der Rand des Fensters schließt exakt mit der Grafik ab, wenn Sie die Koordinaten wie von uns vorgeschlagen gewählt haben.

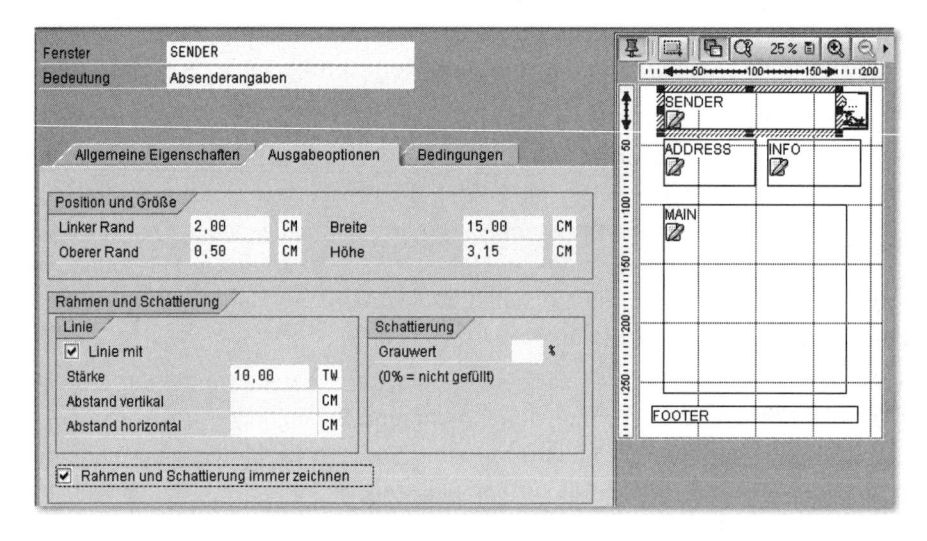

Abbildung 4.7 Fenster anlegen

Experimentieren Sie auch einmal mit Rahmen und Schattierungen. Allerdings werden die Ergebnisse nicht direkt im Form Painter angezeigt, sondern erst bei der tatsächlichen Ausgabe oder über den Formulartest (die Druckvorschau ist dabei ausreichend). Lassen Sie zum Abschluss aber keine Schattierung stehen, denn in diesem Fenster werden Sie als Nächstes eine Schablone erstellen, deren Musterfunktion sich nicht mit den Schattierungen verträgt.

4.5 Schablonen und Ausgabetabellen

4.5.1 Übersicht

Über das Layout von Schablonen und Ausgabetabellen in Tabelle-Knoten können Sie ein Fenster weiter unterteilen, um eine tabellarische Darstellung zu erhalten. Solche Darstellungen werden häufig auch mit Hilfe von Tabulatoren erzeugt. Die feste Vorgabe über ein Layout bietet aber viele Vorteile beim Entwurf und vor allem bei der späteren Pflege des Formulars.

Tabelle

```
Ihre Buchungen:
Flug    Datum        Preis
AA017   16.12.2000   1.200,00 USD
AA017   31.12.2000   1.200,00 USD
Summe für AA         2.400,00 USD
LH400   17.11.2000     581,00 DEM
LH402   17.11.2000     669,00 DEM
LH403   12.12.2000     610,00 DEM
Summe für LH         1.860,00 DEM
Gesamtsumme
                     2.400,00 USD
                     1.860,00 DEM
```

Schablone

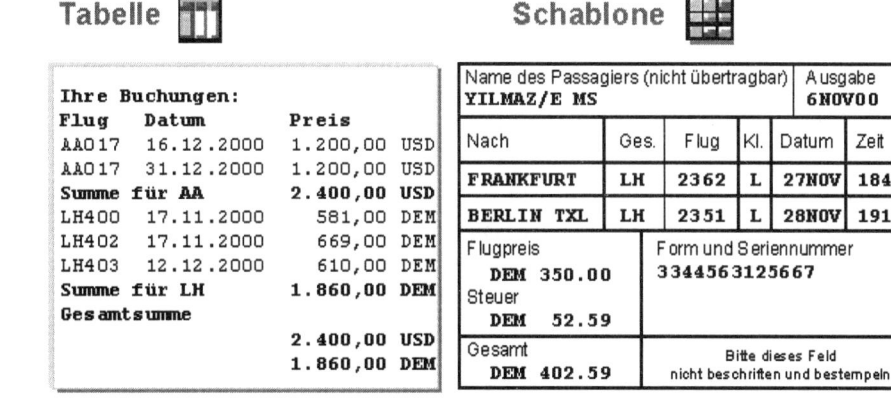

Name des Passagiers (nicht übertragbar) YILMAZ/E MS				Ausgabe 6NOV00	
Nach	Ges.	Flug	Kl.	Datum	Zeit
FRANKFURT	LH	2362	L	27NOV	1840
BERLIN TXL	LH	2351	L	28NOV	1910
Flugpreis DEM 350.00		Form und Seriennummer 3344563125667			
Steuer DEM 52.59					
Gesamt DEM 402.59		Bitte dieses Feld nicht beschriften und bestempeln			

Abbildung 4.8 Unterschiede von Ausgabetabellen und Schablonen

Wir wollen zunächst die Unterschiede und die Gemeinsamkeiten zwischen beiden Gestaltungsformen erläutern.

Unterschiede

Die wichtigsten Unterscheidungsmerkmale zwischen den beiden Knotentypen sind an den Beispielen in Abbildung 4.8 erkennbar:

▶ *Schablonen* besitzen ein festes Layout und eine feste Größe; die Art und Anzahl der Zellen wird zur Laufzeit des Programms nicht geändert. Sie eignen sich insbesondere zur Abbildung von Vordrucken (Flugtickets, Steuerformulare etc.).

▶ *Ausgabetabellen* werden über Tabelle-Knoten ausgegeben und sind in allen Höhenangaben dynamisch. Die Anzahl der Datensätze, die später ausgegeben werden, ist beim Design des Formulars nicht bekannt. Die Länge der Ausgabetabelle ergibt sich deshalb erst zur Laufzeit über die Menge und die Art der Daten. Die enthaltenen Daten werden üblicherweise über Schleife-Knoten ausgegeben (wie z. B. bei den Positionen unserer Flugrechnung).

Schablonen werden vor allem in Nebenfenstern verwendet. Tabelle-Knoten werden dagegen üblicherweise im Hauptfenster eingesetzt, das ebenfalls dynamisch ist und auch automatisch für den passenden Seitenumbruch sorgt.

> **Hinweis:** Der Begriff *Tabelle* wird auch unter Smart Forms mit verschiedenen Bedeutungen genutzt. Um Sprachverwirrungen zu vermeiden, hier eine kurze Übersicht:
>
> ▶ Wenn wir das Ergebnis der Ausgabe über ein Formular (also das, was auf dem Papier erscheint) meinen, dann sprechen wir von einer *Ausgabetabelle*. Allerdings heißt der Knoten, der für diese Ausgabeform sorgt, nicht Ausgabetabelle, sondern einfach *Tabelle*.
>
> ▶ Wir werden später noch häufig mit Tabellen zu tun haben, die dann aber zur Speicherung von Daten im SAP-System dienen. Dort spricht man dann entweder von *internen Tabellen* oder *Datenbanktabellen*, abhängig davon, wo sich die Daten befinden. Über die eingebaute Funktion einer Schleife kann der Tabelle-Knoten auch direkt auf Daten der internen Tabellen zugreifen. In diesem Fall werden also Daten aus *internen Tabellen* über *Ausgabetabellen* zu Papier gebracht.
>
> ▶ Auch das, was eine Schablone im Layout beschreibt, wird im normalen Sprachgebrauch häufig als *Tabelle* bezeichnet.

Gemeinsamkeiten

Trotz der genannten Unterschiede haben beide Knotentypen auch sehr viele Gemeinsamkeiten, insbesondere bei der Pflege im Formular. Die wichtigste Gemeinsamkeit ist der zeilenweise Aufbau der Schablonen bzw. der Ausgabetabellen über *Zeilentypen*:

▶ Jeder Zeilentyp lässt sich über Spalten in beliebig viele Zellen aufgliedern. Diese Zellen dienen später als Ausgabebereiche für die eigentlichen Informationen (wie kleine aneinandergereihte Fenster).

▶ Durch Aneinanderreihung mehrerer Zeilentypen entsteht die gesamte Schablone bzw. Ausgabetabelle. Bei der Schablone wird die zugehörige Reihenfolge fest hinterlegt; bei der Ausgabetabelle ergibt sie sich aus dem Aufbau und der Anzahl der ausgegebenen Datensätze.

▶ Das Prinzip der Zeilentypen macht es u.a. auch möglich, dass beim Design der Table Painter (den wir schon in Abschnitt 3.3.3 vorgestellt haben) als gemeinsames Werkzeug verwendet werden kann.

Anwendungsbereich Ausgabetabelle

Ausgabetabellen werden üblicherweise verwendet, wenn die Anzahl der benötigten Zeilen beim Entwurf des Formulars nicht bekannt ist. Folglich werden wir auf die Ausgabetabellen bzw. den zugehörigen Tabelle-Knoten ausführlich im Zusammenhang mit Schleifen im Hauptfenster zurückkommen (siehe Abschnitt 7.2).

Es wird jedoch leicht vergessen, dass Sie den Tabelle-Knoten durchaus auch sinnvoll für die reine Layoutunterstützung einsetzen können, also ohne den dynamischen Zugriff auf Daten. Darauf werden wir am Ende dieses Kapitels nochmals eingehen. Wir wollen die Arbeit mit diesen Knotentypen allerdings beispielhaft am Schablone-Knoten zeigen, den wir dann auch vorteilhaft in unsere Flugrechnung einbringen können.

Schablone anlegen

Einen Schablone-Knoten können Sie nur als Unterknoten eines Fensters anlegen. Bei den Knotenattributen definieren Sie über beliebig viele Zeilentypen das Layout der Schablone. Das Design kann über den grafischen Table Painter erfolgen oder direkt durch Eingabe der Maße für die Spaltenbreiten und die Zeilenhöhen.

Der Knotentyp erzeugt selbst keine inhaltlichen Ausgaben; dafür müssen weitere Unterknoten zur Schablone angelegt werden. In diesem Fall übernimmt jede einzelne Schablonenzelle die Funktion eines Ausgabebereichs. Es können auch die gleichen Inhalte wie in einem Fenster ausgegeben werden (Texte, Felder, Grafiken).

Im Schablonenlayout (Abbildung 4.9) beschreiben Sie Folgendes:

- Die Anzahl der Zeilen und Spalten (Zellen)
- Die Höhe jeder Zeile
- Die Breite der einzelnen Zellen
- Die Ausrichtung der Tabelle im Fenster
- Ob und an welcher Stelle Trennlinien bzw. Rahmen dargestellt werden

Das erstellte Layout der Schablone dient häufig nur zur leichteren Positionierung der ausgegebenen Inhalte. Sie können dieses Layout über Trennlinien und Rahmen allerdings auch selbst mit ausgeben: Dazu nutzen Sie die Funktion der Muster, die wir ebenfalls im Rahmen des folgenden Übungsbeispiels vorstellen.

4.5.2 Übungsbeispiel: Schablone-Knoten einrichten

Zu unserer Flugrechnung haben wir zuletzt ein Fenster SENDER angelegt, um dort Angaben zum Absender ausgeben zu können (siehe auch den Musterausdruck im Anhang). Wir wollen dieses Fenster nun über eine Schablone strukturieren. Erzeugen Sie deshalb einen neuen Schablone-Knoten unterhalb von SENDER über den Pfad **Anlegen • Schablone** im zugehörigen Kontextmenü.

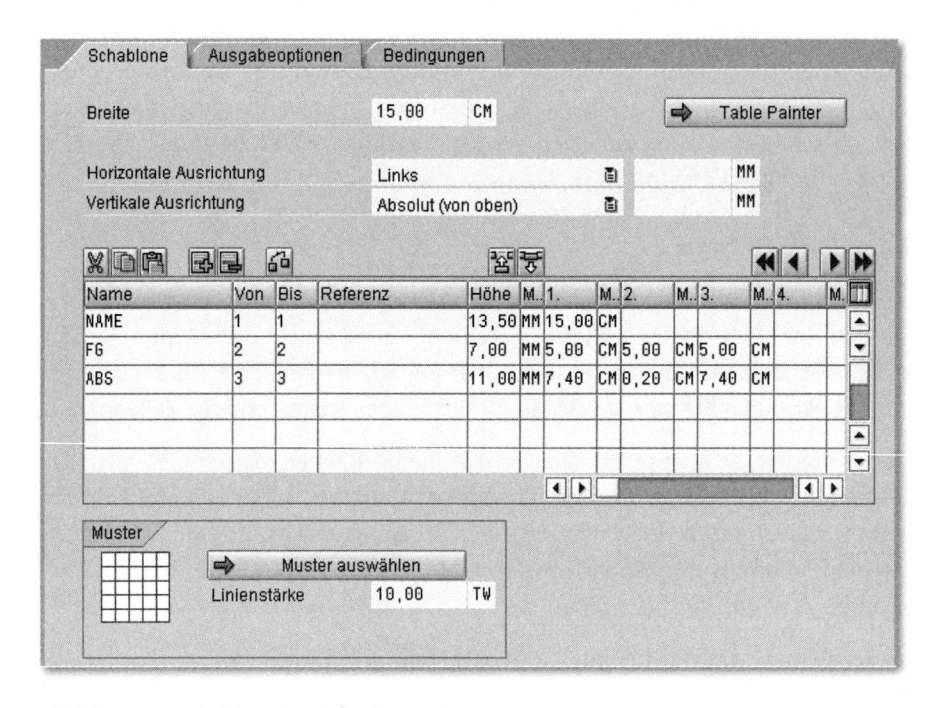

Abbildung 4.9 Schablone für Absenderangaben

In Abbildung 4.9 sind bereits die erforderlichen Angaben zum Layout des Beispiels eingetragen. Die ersten Attribute betreffen die Positionierung der Schablone und sind überwiegend selbsterklärend. Bezugspunkt ist immer die linke obere Ecke des übergeordneten Fensters. Die Schablone muss immer komplett in das übergeordnete Fenster passen. Beachten Sie deshalb beim Design die folgenden Grenzwerte:

▶ Die Breite der Schablone darf zusammen mit dem linken Rand die Fensterbreite nicht überschreiten.

▶ Die Summe aller angelegten Zeilen ergibt die Schablonenhöhe; sie darf zusammen mit dem vertikalen Abstand die Fensterhöhe nicht überschreiten.

▶ Die Einhaltung der Grenzwerte wird von der Prüffunktion des Knotens überwacht, allerdings mit einer Einschränkung: Als vertikale Ausrichtung können

Sie auch **Aktuell** eintragen. Dann hängt der Beginn der Schablone von den vorherigen Ausgaben im gleichen Fenster ab. Das ist eine kritische Einstellung, wenn Sie zuvor beispielsweise einen Text ausgeben, der in seiner Länge nicht begrenzt ist. Falls daraus folgt, dass die gesamte Schablone nicht mehr in das zugehörige Fenster passt, wird die Formularausgabe mit einer Laufzeit-Fehlermeldung abgebrochen. Die resultierende Meldung nennt dabei nicht den verantwortlichen Knoten im Formular, so dass die Suche nach der Ursache recht mühselig sein kann.

▶ Verwenden Sie deshalb möglichst als vertikale Ausrichtung **Absolut (von oben)**. In diesem Fall wird die Schablone zumindest nicht durch andere Knoten im gleichen Fenster verschoben (zumal in Nebenfenstern normalerweise ohnehin eine vorgegebene Position eingehalten werden muss). Über die absolute Positionierung können Sie auch mehrere Schablonen in einem Fenster unterbringen. Diesen Sonderfall werden wir im weiteren Verlauf dieses Kapitels noch ansprechen.

Zeilentypen einrichten

In unserem Beispiel zur Flugrechnung ist für die Ausgabe der Absenderangaben eine Schablone mit drei Zeilen zuständig (siehe Abbildung 4.9). Später soll in den zugehörigen einzelnen Zellen der Name des Reisebüros (Zeilentyp NAME), eine Liste der vertretenen Fluggesellschaften (FG) sowie die Anschrift des Reisebüros erscheinen (ABS).

Jeder Zeilentyp ist mit passenden Spalten angelegt. Die Gesamtbreite entspricht der Breite des übergeordneten Fensters; zusätzlich muss in jeder Zeile die Summe der einzelnen Spalten mit der Breite der gesamten Schablone übereinstimmen. Die eingestellte Höhe einer Zeile gilt für alle enthaltenen Zellen.

Über die Spalten **Von/Bis** ist eingestellt, für welche Ausgabezeilen der Schablone ein Zeilentyp gelten soll. Die Nummerierung beginnt bei 1. Die Intervalle der Zeilendefinitionen dürfen sich weder überschneiden noch Lücken aufweisen. In unserem einfachen Fall entspricht jedem der eingegebenen Zeilentypen genau eine Zeile bei der Ausgabe.

Da Schablonen üblicherweise sehr systematisch aufgebaut sind, kommt es bei komplexen Schablonen regelmäßig vor, dass verschiedene Ausgabezeilen einen gleichartigen Zeilentyp besitzen. Stehen diese Zeilen bei der Ausgabe direkt untereinander, können Sie den passenden Zeilentyp als Mehrfachzeile nutzen: Bei der Angabe **Von 2/Bis 4** würden also insgesamt drei Zeilen ausgegeben.

Tipp: Nach Neuanlage einer Schablone existiert weder eine Angabe zur Breite noch ein Zeilentyp. Wenn Sie nur eine einzige Schablone im zugehörigen Fenster benötigen, besitzt der Table Painter eine nützliche Initialisierungs-Funktion. Rufen Sie ihn über die gleichnamige Taste kurz auf und kehren Sie gleich wieder zurück. Der Table Painter hat jetzt die Breite der Schablone auf den Wert des übergeordneten Fensters gesetzt und gleichzeitig einen ersten Zeilentyp mit genau einer Zelle angelegt, die ebenfalls den Dimensionen des Fensters entspricht. Natürlich können Sie diese erste Zeile auch direkt im Table Painter weiter unterteilen und damit den Anforderungen an Ihr Layout anpassen.

Stehen die gleichartigen Zeilen im abzubildenden Layout nicht direkt hintereinander, müssen Sie einen neuen Zeilentyp anlegen. Dort können Sie dann den ursprünglichen Zeilentyp als Referenz eintragen. Das System übernimmt dabei automatisch die Angaben für die Höhe und Zellen-Breiten aus dem bisherigen Zeilentyp.

Pflege über Table Painter

Die Eingabe der Schablonendaten kann zeilenweise in einem tabellarischen Bearbeitungsbild wie in Abbildung 4.9 erfolgen. Alternativ steht dafür der Table Painter zur Verfügung, den Sie über die gleichnamige Taste auf der Registerkarte **Schablone** aufrufen. Damit wechselt die Darstellungsform auf dieser Registerkarte. Abbildung 4.10 zeigt unsere Beispielschablone.

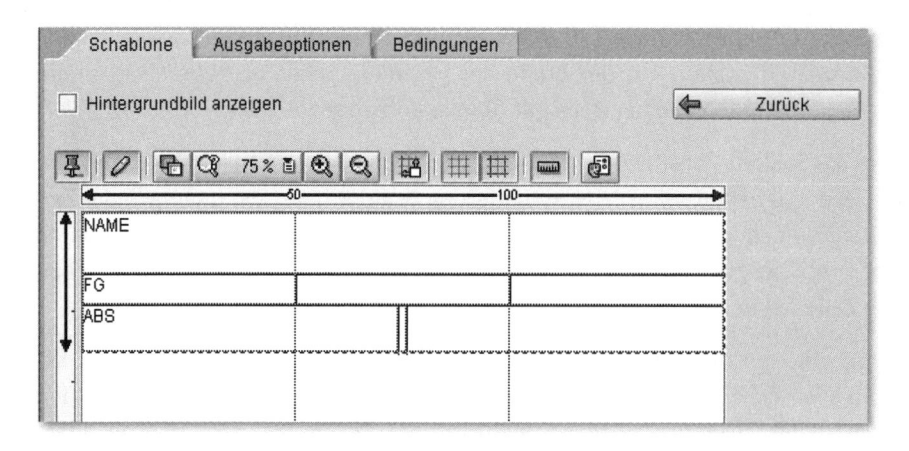

Abbildung 4.10 Schablone im Table Painter

Im Table Painter können Sie das Design der Schablone grafisch mit Hilfe von Maus-Funktionen vornehmen (z. B. Abmessungen ändern, neue Zeilen oder Spalten einfügen). Zur generellen Bedienung des Werkzeugs siehe Abschnitt 3.3.3.

Leider kann der Table Painter nicht mit einem Zeilentyp umgehen, der über eine Von/Bis-Angabe für die Darstellung mehrerer Zeilen vorgesehen ist oder bei dem eine Referenz eingetragen ist. Der Aufruf des Table Painters ist dann nicht möglich (eine entsprechende Meldung weist darauf hin).

Tipp: Bei der Definition von Schablonen ist es wichtig, dass alle Spalten einer Zeile zusammen genau die Breite ergeben, die als Schablonenbreite eingetragen ist. Bei einer großen Anzahl Spalten kann das eine aufwändige Berechnung sein. Diese Rechenaufgabe löst der Table Painter mit Freude: Ein kurzer Aufruf genügt, und schon ist in allen Zeilen die letzte Spalte bündig auf die Schablonenbreite ausgerichtet.

Rahmen und Muster

Häufig sollen die in der Schablone definierten Zellen (Ausgabebereiche) durch Rahmungen auch auch auf dem späteren Ausdruck zu sehen sein. Ähnlich wie bei der Rahmenfunktion zum Fenster, können deshalb bei der Schablone Zellen gerahmt werden. Zur Vereinfachung werden solche Rahmen über *Muster* zugewiesen.

Um zu der Auswahl hinterlegter Muster zu gelangen, wählen Sie zum Schablone-Knoten die Registerkarte **Schablone**. Dort befindet sich unter der Liste der Tabellentypen ein Bereich mit Angaben zu Mustern. Wählen Sie die Taste **Muster auswählen**; es öffnet sich ein weiteres Bearbeitungsbild mit der Anzeige der hinterlegten Muster (siehe Abbildung 4.11).

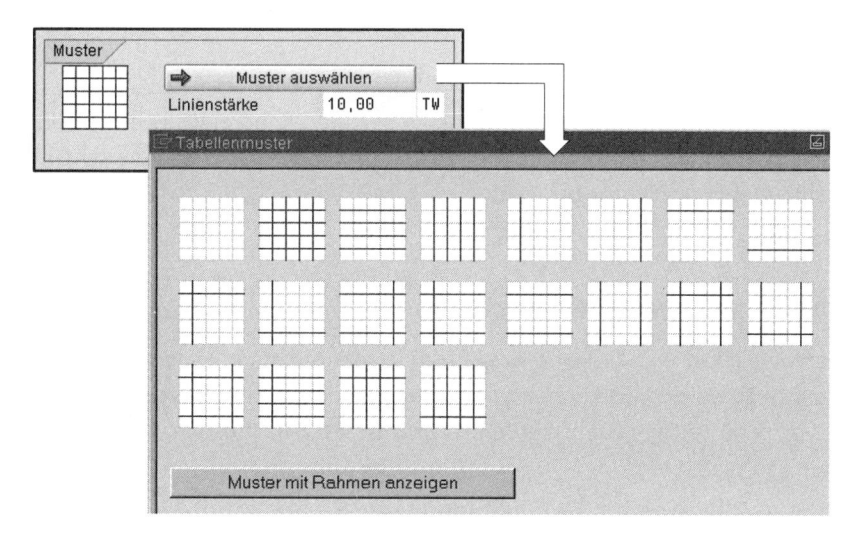

Abbildung 4.11 Muster zur Schablone auswählen

Sie können wahlweise auf Muster mit oder ohne Gesamtrahmen zurückgreifen. Der Aufbau der Muster ist selbsterklärend.

In unserem Übungsbeispiel sollen alle Zellen gerahmt sein:

1. Wählen Sie hierfür das zweite Muster in der ersten Zeile; Sie können die Version mit oder ohne Rahmen wählen. Den Rahmen hatten Sie schon im übergeordneten Fenster vergeben, d.h. der Rahmen wird auf jeden Fall ausgegeben.
2. Nach Auswahl per Maus wird das Bearbeitungsbild automatisch geschlossen.
3. Sie befinden sich nun wieder auf der übergeordneten Ebene zur Bearbeitung von Knotenattributen. Vergeben Sie hier zusätzlich eine Linienstärke (z.B. '10 TW').

Sie können weder auf der Registerkarte **Ausgabeoptionen** der Schablone, noch bei den untergeordneten Knoten weitere Rahmungen und Schattierungen vornehmen. Damit besteht insbesondere auch nicht die Möglichkeit, die gesamte Schablone oder einzelne Zellen grau zu hinterlegen.

> **Tipp:** Smart Forms besitzt keine direkte Möglichkeit, einfache senkrechte oder waagerechte Striche auszugeben. Sie können dafür aber eine leere Schablone mit einem entsprechendem Muster verwenden, denn für die Ausgabe der Muster ist kein Inhalt erforderlich. Verwenden Sie bei komplizierten Mustern mehrere Schablonen übereinander (siehe auch Abschnitt 4.5.3).

Schablone prüfen

Eine Knoten-Einzelprüfung meldet Fehler in folgenden Situationen:

- Eine Schablone ist größer als das übergeordnete Fenster.
- Die Schablone überschreitet über falsche Offsets den Rand eines Fensters (die Prüfung ist allerdings nur bei *absoluter* Positionierung möglich, sonst erscheint die Fehlermeldung erst zur Laufzeit).
- Die Summe aller Spalten stimmt nicht mit der Schablonenbreite überein.

Der Schablone Unterknoten zuordnen

Die Schablone selbst enthält keine Ausgabe-Informationen; dafür müssen Unterknoten angelegt werden. Es können auch unterschiedliche Knotentypen über die gleiche Schablone ausgegeben werden. Damit ist es z.B. möglich, Text neben einer Grafik zu platzieren.

Jeder dieser Unterknoten benötigt dabei eine Angabe, welche Zelle ihm als Ausgabebereich zugedacht ist. Diese Adressierung erfolgt über die Nummern von

Zeile und Spalte (als Koordinaten), wobei die Zeile sich aus den Einträgen bei **Von/Bis** ergibt. Für die Festlegung der Koordinaten besitzt jeder dieser Unterknoten auf der Registerkarte **Ausgabeoptionen** die zusätzlichen Eingabefelder **Zeile** und **Spalte**.

> **Tipp:** Die Knoten-Prüfung kann nicht überwachen, ob zu eingegebenen Koordinaten wirklich Zellen vorhanden sind. Achten Sie deshalb auf eine korrekte Zuordnung, sonst bricht die Formularausgabe mit einer Laufzeit-Fehlermeldung ab (das geschieht vor allem dann, wenn nachträglich Änderungen am Schablonenlayout erfolgen).
>
> Um bei komplexen Schablonen die Übersicht zur Adressierung der Zellen zu behalten, kann ein einfaches Mittel helfen: Drucken Sie die leere Schablone mit allen Rahmen aus und tragen Sie als Gedankenstütze auf dem Papier die Koordinaten in die einzelnen Zellen ein.

Sie können auch mehrere Unterknoten in die gleiche Zelle ausgeben, z.B. nacheinander unterschiedliche Texte. Die Ausgabereihenfolge innerhalb der Zelle ist dann durch die Reihenfolge der Knoten im Navigationsbaum bestimmt. Generell gilt Folgendes: Reicht der Platz in einer Schablonenzelle nicht mehr aus, wird der Rest des Inhalts wie bei Nebenfenstern einfach abgeschnitten. Ein zusätzlicher Ordner-Knoten je Zeile verbessert dabei in vielen Fällen die Übersichtlichkeit.

> **Tipp:** Ein Ordner-Knoten kann auch dazu verwendet werden, um mehrere Unterknoten in eine gemeinsame Schablonenzelle auszugeben. Denn auch bei einem Ordner-Knoten gibt es die zusätzlichen Ausgabeoptionen zur Schablonenzelle; allerdings darf dann bei den einzelnen Unterknoten keine weitere Zuordnung erfolgen. Diese gemeinsame Zuordnung einer Zelle gibt es auch für alle Knotentypen mit Ordnereigenschaften, also auch für Schleife- und Tabelle-Knoten. Auf diese Weise kann z.B. eine Liste komfortabel innerhalb einer Zelle erzeugt werden (siehe das Beispiel zur Ermittlung von Gesamtsummen der Flugrechnung in Abschnitt 8.6).

Über die Registerkarte **Ausgabeoptionen** können Sie zur Schablone einen eigenen Stil hinterlegen, der dann automatisch für alle Unterknoten gilt (solange dort nicht wieder eine andere Wahl getroffen wird).

4.5.3 Mehrere Schablonen kombinieren

Über eine absolute Positionierung im Fenster können Sie auch mehrere Schablonen neben- oder gar übereinander setzen (gesteuert über den entsprechenden Offset). Das kann in den folgenden Sonderfällen sinnvoll sein:

▶ Sie können durch die Überlagerung von Schablonen mit Hilfe der hinterlegten Muster eine besondere grafische Gestaltung erreichen. In Einzelfällen kann es sinnvoll sein, zusätzliche grafische Elemente wie z. B. Striche einzufügen, die mit der Ausgabe der Schabloneninhalte direkt nichts zu tun haben. Das können Sie erreichen, in dem Sie eine passende leere Schablone überlagern.

▶ Sie können mehrere Schablonen nebeneinander positionieren. Das ist vor allem dann erforderlich, wenn innerhalb der geplanten Ausgabeform keine durchgängigen Zeilentypen vorhanden sind (d. h. bei mindestens einer Zeile keine durchgängige Höhe).

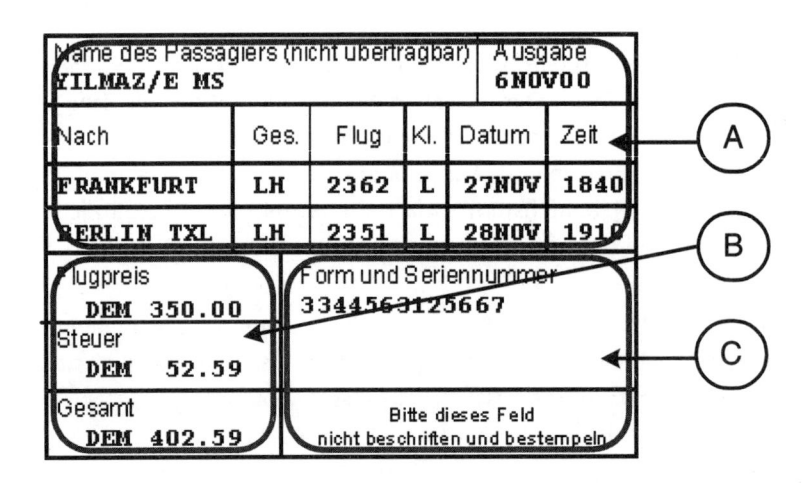

Abbildung 4.12 Mehrere Schablonen kombinieren

Zum zweiten Anwendungsfall sehen Sie in Abbildung 4.12 ein Beispiel. Hier haben die Zeilen mit Flugpreis und Steuer keine durchgängige Zeilenhöhe. Deshalb sind mindestens drei Schablonen für die Abbildung erforderlich (bezeichnet mit A, B und C). Alternativ könnten Sie natürlich auch drei unterschiedliche Fenster anlegen, ggf. jeweils mit einer Schablone.

4.5.4 Ausgabetabelle ohne direkten Datenzugriff

Es ist die besondere Eigenschaft einer Schablone, dass sie das Layout der Zeilen und Spalten für die Ausgabe fest vorgibt.

Ein Tabelle-Knoten dagegen legt nur das Design von Spalten fest. Wie viele Zeilen in welcher Höhe erzeugt werden, hängt davon ab, in welchem Umfang die untergeordneten Knoten Ausgaben erzeugen, und welche Formatierungen dabei gelten. Die übliche Anwendung von Tabelle-Knoten liegt damit in der Ausgabe von Listen, deren Länge vorher nicht bekannt ist, wie dies z. B. in unserer Flugrechnung bei den Flugbuchungen als Rechnungspositionen der Fall ist. Wir werden deshalb den Tabelle-Knoten ausführlich im Zusammenhang mit Schleifen im Hauptfenster erläutern (siehe Abschnitt 7.2.6).

Wir verweisen aber schon hier auf den Sonderfall, dass ein Tabelle-Knoten auch ganz ohne Schleifen betrieben werden kann (d. h. ohne direkten Zugriff auf Daten). Dann stehen ausschließlich dessen Layoutfunktionen zur Verfügung. Auch in diesem Fall können Sie wieder Zellen innerhalb der Ausgabetabelle von untergeordneten Text-Knoten ansprechen.

Beispiel

In unserer Flugrechnung ist das Fenster INFO für die Ausgabe allgemeiner Rechnungsinformationen vorgesehen. Die Ausgabe erfolgt zur Zeit über einen einzigen Text-Knoten INFO_TEXT, wobei die tabellarische Ausgabeform über Tabulatoren erreicht wird.

Anstatt durch einen einzelnen Text-Knoten könnte die Ausgabe auch dadurch erfolgen, dass zu jedem Textelement ein eigener Text-Knoten angelegt wird. Dann kann übergeordnet ein Tabelle-Knoten ohne Datenzugriff die Positionierung der Texte organisieren. Hierfür muss lediglich ein passendes Zeilenlayout hinterlegt sein (in diesem Fall bestehend aus einem Zeilentyp mit zwei Spalten). Daraus ergeben sich folgende Vorteile:

▶ Die Höhe einer Zeile richtet sich nach dem Inhalt; auch ein Wechsel der Text-Formatierungen wird berücksichtigt.

▶ Geht die Länge eines Textes über den vorgesehen Raum hinaus, wird bei der Ausgabetabelle automatisch die betreffende Zelle um eine neue Zeile erweitert, ohne dass das gesamte Layout zerstört wird. Bei der aktuellen Lösung mit Tabulatoren würde der Text am Beginn einer neuen Zeile fortgesetzt.

▶ In jeder Zeile unseres Beispiels wird eine Information zusammen mit einer vorgestellten Bezeichnung ausgegeben (z. B. »Telefon 12344«). Die Ausgabe erfolgt bei der neuen Variante über jeweils zwei Text-Knoten, wobei die eigentliche Information im Normalfall über Datenfelder geliefert wird. Fehlt die auszugebende Information (hier »12344« als Telefonnummer), ist auch das zugehörige

Datenfeld im zweiten Text-Knoten leer. Wenn Sie nun beiden Text-Knoten eine passende Bedingung zur Abfrage des Datenfeldes hinterlegen, wird ggf. die ganze Zeile ausgeblendet; die restlichen Elemente rücken dann nach oben.

In dem beschriebenen Fall wird der Tabelle-Knoten innerhalb eines Nebenfensters verwendet. Achten Sie darauf, dass auch hier die gesamte Ausgabe in das Fenster passen muss. Wenn die Ausgabetabelle so lang wird, dass sie die Höhe des Fensters überschreitet, erhalten Sie Fehlermeldungen zur Laufzeit, die den Abbruch der Ausgabe bewirken.

5 Elementare Knotentypen

In diesem Kapitel stellen wir Ihnen elementare Knotentypen vor (z. B. Text- und Grafik-Knoten), die in nahezu allen Formularen enthalten sind. Wir beschränken uns vor allem auf die Bausteine, die wenig Erfahrung in Datenbankabfrage oder zumindest keine ABAP-Kenntnisse erfordern, denn gerade Anwender ohne solche Vorkenntnisse sind die Zielkunden von Smart Forms.

5.1 Text-Knoten

5.1.1 Allgemeine Eigenschaften

Texte im Formular geben Sie mit Hilfe von Text-Knoten aus. Einzige Ausnahme sind Adressen, die durch einen eigenen Knotentyp dargestellt werden können. Texte können Sie individuell zum Formular erfassen oder aus Textbausteinen der Datenbank lesen lassen (wodurch eine zentrale Pflege der Texte möglich wird).

In die Texte können Sie Felder einbinden, die bei Ausgabe des Formulars durch die zugehörigen Daten ersetzt werden. Darauf werden wir ausführlich im Kapitel 6 eingehen.

Formatierung

Für die Formatierung von Texten und Feldern (Daten) werden *Absatz-* und *Zeichenformate* benötigt. Wie diese Bezeichnungen schon sagen, sind die jeweiligen Formatierungsvorgaben entweder für einen ganzen Absatz relevant oder nur für eine Folge einzelner Zeichenketten (z. B. Worte), die Sie im Rahmen des Formulardesigns speziell formatieren wollen. Im jeweiligen Format sind folgende Eigenschaften enthalten:

- **Absatzformate**
  Schriftart, -farbe und -größe, Einzüge und Abstände, Textausrichtung im Absatz, Tabulatoren, Gliederungsmöglichkeiten (z. B. Nummerierungen); Schutz von Absätzen gegen Seitenumbruch

- **Zeichenformate**
  Vom Absatzformat abweichende Schriftart, -farbe oder -größe, Hervorhebung durch Unterstreichen, Formatierung über Barcode

Alle benötigten Absatz- und Zeichenformate müssen Sie zuvor in einem Stil angelegt haben. Den Stil können Sie einem Knoten auf unterschiedlichen Ebenen im Navigationsbaum zuweisen (z. B. unter den Formularattributen, in einem Schablone-Knoten oder auch direkt im Text-Knoten). Verwendet wird der Eintrag auf der jeweils untersten Ebene.

Die Anlage der Stile erfolgt mit dem Werkzeug Style Builder außerhalb der individuellen Formularbearbeitung (siehe Abschnitt 3.2). Durch diese zentrale Definition können Sie Stile auch für unterschiedliche Formulare verwenden, um dadurch z. B. eine Corporate Identity für die Ausgabegestaltung zu erreichen.

Ausgabebereich

Ein Text-Knoten ist grundsätzlich immer der Unterknoten eines anderen Knotens mit Layouteigenschaften (z. B. von **Fenster** oder **Schablone**). Text-Knoten können selbst keine Unterknoten mehr haben. Primär ist der übergeordnete Knoten für die Ausgabeposition eines Textes verantwortlich:

▶ Als Unterknoten eines Fensters wird dessen Position übernommen.
▶ Bei Ausgabe über eine Schablone oder Ausgabetabelle muss auf der Registerkarte **Ausgabeoptionen** zusätzlich die Zelle eingetragen sein, die für die Ausgabeposition vorgesehen ist.

Wird ein Text über einen Ausgabebereich ausgegeben, der feste Randvorgaben hat (Nebenfenster, Schablone), so schneidet die Ausgabesteuerung alle Worte ab, die nicht mehr hineinpassen. Ein Text verschwindet auch komplett, wenn die gewählte Schriftart für den Ausgabebereich zu groß ist (bei Ausgabe oder Test des Formulars ist der Ausgabebereich dann leer).

Befindet sich ein Text in einem Ausgabebereich ohne Höhenbegrenzung (Hauptfenster, Ausgabetabelle), so wird der Text nicht abgeschnitten. Die Ausgabesteuerung erzeugt statt dessen so viele Zeilen wie erforderlich. Dazu passend können Sie über das Attribut **Seitenschutz** bei einem Text-Knoten im Hauptfenster sicherstellen, dass der jeweilige Text zusammenhängend auf einer Ausgabeseite erscheint und nicht durch einen Seitenwechsel zerschnitten wird.

Textfluss über mehrere Text-Knoten

Innerhalb eines vorgegebenen Ausgabebereichs können Sie beliebig viele Text-Knoten nacheinander anlegen, z. B. wenn unterschiedliche *Texttypen* verwendet werden sollen. Trotz dieser Aufteilung in einzelne Text-Knoten ist für die Ausgabe ein übergreifender Textfluss möglich, wobei die Knoten nach vorgegebenen Regeln zusammengefügt werden. Über diese Regeln besteht z. B. die Möglichkeit, eine durchgängige Formatierung über mehrere Knoten hinweg zu schaffen. Der übergeordnete Textfluss übersteuert ggf. die Formatierung der im einzelnen beteiligten Text-Knoten.

Die erforderlichen Einstellungen treffen Sie jeweils auf der Registerkarte **Allgemeine Eigenschaften** im Eingabebereich **Textknoten**.

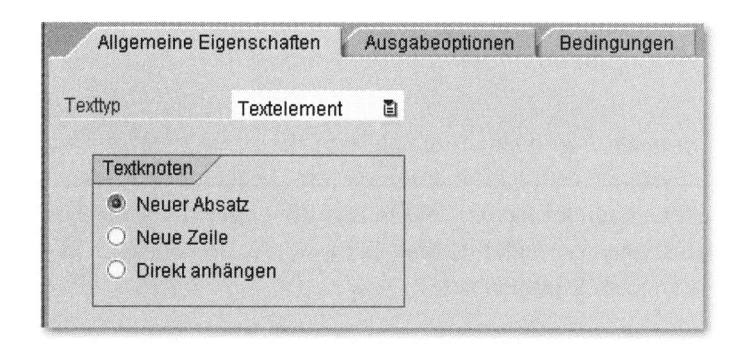

Abbildung 5.1 Textfluss über mehrere Knoten

- **Neuer Absatz**
  Die Option erzeugt mit Beginn des aktuellen Knotens eine neue Zeile. Alle Textformatierungen werden so ausgeführt, wie sie im Text des aktuellen Knotens vergeben sind. Ein neuer Absatz entspricht einer »harten« Zeilenschaltung innerhalb eines einzelnen Text-Knotens (dort ausgeführt über **Return**).

- **Neue Zeile**
  Die Option erzeugt eine neue Zeile, es wird aber die Absatz-Formatierung des vorigen Text-Knotens übernommen und auch auf den aktuellen Text-Knoten angewendet. Dessen eigene Formatierungsvorgabe wird also übersteuert. Diese Vorgabe entspricht einer »weichen« Zeilenschaltung innerhalb eines Text-Knotens (dort ausgeführt über **Shift** + **Return**).

- **Direkt anhängen**
  In diesem Fall wird das erste Zeichen des aktuellen Textes direkt an das letzte Zeichen des vorherigen Text-Knotens angehängt; auch die Formatierung wird wieder von dort übernommen. Falls zwischen beiden Textelementen ein Leerzeichen erforderlich ist, so sollten Sie dafür den Beginn des zweiten Textes verwenden, da das System ein Leerzeichen am Ende eines Textes automatisch abschneidet.

Es gibt eine Ausnahmeregelung: Ist der erste Text-Knoten mit einem Rahmen versehen oder schattiert, so wird der zweite Knoten automatisch immer als **Neuer Absatz** angefügt; unabhängig von dessen individueller Vorgabe.

Texttypen

Auf der Registerkarte **Allgemeine Eigenschaften** können Sie einen der folgenden drei Texttypen wählen:

▶ **Textelement**
Es dient zur direkten Eingabe von Texten und Feldern über den Inline-Editor.

▶ **Include-Text**
Hierüber hat das Formular Zugriff auf SAPscript-Texte, die zu einer Vielzahl von Objekten des SAP-Systems hinterlegt sind. Auf diesem Weg können u. a. auch Standardtexte weiterverwendet werden, die in den bisherigen SAPscript-Formularen als Textbausteine verwendet wurden (sinnvoll z. B. bei Migration von SAPscript-Formularen nach Smart Forms).

▶ **Textbaustein**
Ein Textbaustein ist als standardisierter Text im System hinterlegt und kann somit in verschiedenen Formularen gleichzeitig verwendet werden (z. B. ein allgemein gültiger Kopf- oder Fußtext).

Als besonderen Texttyp könnte man zusätzlich die Ausgabe von formatierten Adressen betrachten, die unter Smart Forms allerdings über einen Adresse-Knoten als völlig eigenständiger Knotentyp abgebildet wird. Darauf werden wir später noch eingehen.

Rahmen und Schattierung

Bevor wir die soeben aufgeführten Texttypen ausführlich vorstellen, zunächst noch einige Hinweise zu den besonderen Regeln, die bei Text-Knoten in Bezug auf Rahmen und Schattierung gelten. Die zugehörigen Eingaben finden Sie wie bei den sonstigen Knoten auf der Registerkarte **Ausgabeoptionen**:

▶ Rahmen und Schattierung beziehen sich immer auf einen rechteckigen Bereich, wobei die Höhe durch die Anzahl der ausgegeben Zeilen festgelegt ist. Auch wenn die letzte Zeile eines Textes eine Leerzeile ist, wird sie als ganze Zeile dazugenommen.

▶ Am oberen Rand wird als Grundeinstellung ein Abstand zum Rahmen von ca. 25 % der Schrifthöhe eingehalten; die untere Linie schließt mit der Schrift ab.

▶ Auch die linken und rechten Ränder schließen mit der Schrift ab; einen zusätzlichen Abstand zum Rand des Ausgabebereichs können Sie über das Absatzformat einstellen.

Den Inhalt eines Text-Knotens mit Rahmen oder Schattierung können Sie nicht über weitere Text-Knoten fortsetzen. Besitzt der erste Text-Knoten einen Rahmen oder eine Schattierung, so wird der Inhalt dieses zweiten Text-Knotens mit einem neuen Absatzformat ausgegeben (also mit neuem Zeilenanfang etc.), selbst wenn Sie zum zweiten Text-Knoten **Direkt anhängen** als Attribut vergeben. Rahmen oder Schattierung beziehen sich nur auf den ersten Text.

5.1.2 Textelement

Die Neuanlage eines Text-Knotens erfolgt im Kontextmenü über **Anlegen • Text**. Standardmäßig wird dabei ein Knoten mit dem Texttyp **Textelement** vorgeschlagen (er kann ggf. nachträglich auf einen anderen Texttyp geändert werden).

Wählen Sie als Beispiel in unserer Flugrechnung die Seite FIRST, das Fenster MAIN und dort den Knoten INTRODUCTION.

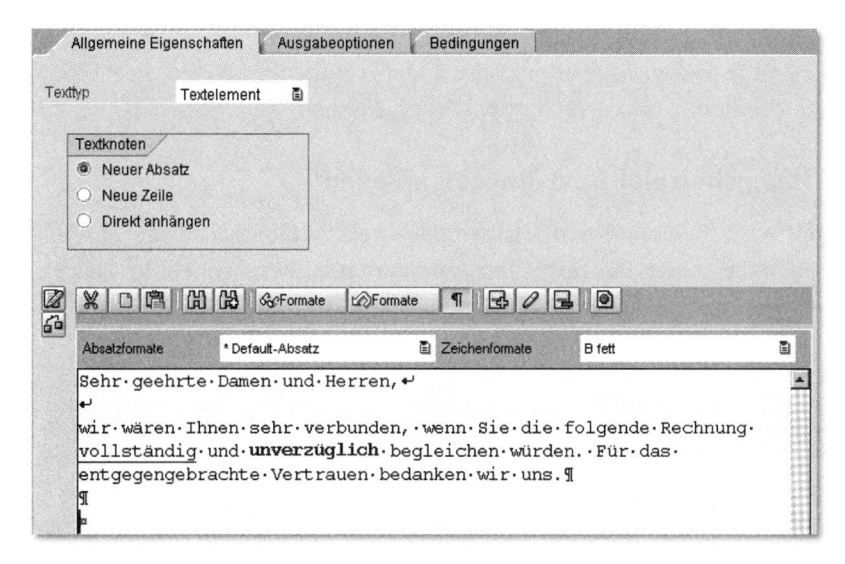

Abbildung 5.2 Text im Text-Knoten

Die Bearbeitung des auszugebenden Textes erfolgt über einen Editor, der direkt in die Registerkarte **Allgemeine Eigenschaften** der Knotenattribute eingebunden ist, daher auch die Bezeichnung *Inline-Editor*. Er stellt einfache Textbearbeitungsfunktionen zur Verfügung, wie sie in gängigen WYSIWYG-Editoren verwendet werden.

Der Inline-Editor wird in ähnlicher Form auch an anderen Stellen im SAP-System eingesetzt. Vermutlich werden Sie mit seiner Bedienung also schon vertraut sein. Eine ausführliche Darstellung finden Sie in Abschnitt 13.3.

Beim Inline-Editor entspricht die Darstellung im Eingabebereich (mit Zeichenformatierungen wie *Fett* und *Kursiv* oder auch mit unterschiedlichen Schriftarten; siehe Abbildung 5.2) weitestgehend der späteren Ausgabe.

In einem Text-Knoten sind auch häufig Platzhalter für Felder enthalten, die erst bei Ausgabe mit den passenden Daten gefüllt werden. Der Platzhalter bestimmt dabei nicht nur die Position der Ausgabezeichen, sondern auch deren Formatierung (siehe auch Kapitel 6).

> **Hinweis:** Bei der Eingabe neuer Texte im Formular wird auch deren aktuelle Spracheinstellung gespeichert. Alle Texte eines Formulars können dann im SAP-Übersetzungswerkzeug in andere Sprachen übersetzt werden (siehe Abschnitt 13.2).

Um die Arbeit mit Text-Knoten kennenzulernen, sollten Sie in der folgenden Übung zu unserer Flugrechnung beispielhaft einige Texte im Kopf des Formulars erfassen. Benutzen Sie dazu die Schablone, die wir in Abschnitt 4.5 als Ausgabebereich angelegt haben. In Musterausdruck 2 des Anhangs können Sie sich die Textinhalte der Übung und deren Formatierung ansehen.

5.1.3 Übungsbeispiel: Text-Knoten anlegen

Im Kapitel zum Schablone-Knoten haben Sie eine Schablone angelegt, über die Sie jetzt auch die passenden Texte zum Absender ausgeben können. Im Navigationsbaum des Form Builders sollten zum Schluss die in Abbildung 5.3 gezeigten Knoten im Fenster SENDER vorhanden sein:

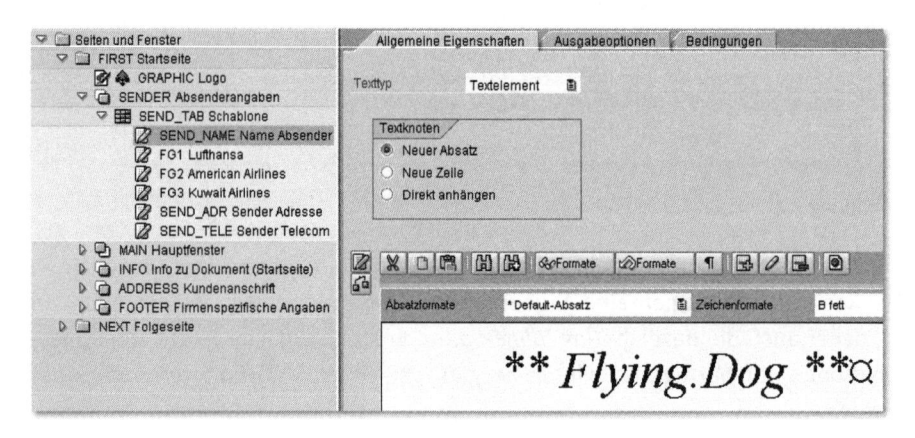

Abbildung 5.3 Texte zum Formularkopf

Für die Neuanlage der Text-Knoten wählen Sie zunächst den Schablone-Knoten SEND_TAB per Maus aus. Erzeugen Sie dann über **Anlegen • Text** im Kontextmenü zu jeder Zelle der Schablone einen eigenen Text-Knoten. Beachten Sie, dass auf der Registerkarte **Ausgabeoptionen** auch die jeweils passende Zelle der Schablone mit Zeile und Spalte zugeordnet sein muss.

Die einzugebenden Texte können Sie dem Ausdruck im Anhang entnehmen. Verwenden Sie für deren Formatierung die drei neuen Absatzformate C1, L und R. Sollten Sie diese Absatzformate bisher noch nicht angelegt haben: Im Übungsbeispiel zu Abschnitt 7.2.4 finden Sie die passende Anleitung.

5.1.4 Include-Text (SAPscript-Texte)

Über den Texttyp **Include-Text** werden vorhandene Texte eingebunden, die im System über den SAPscript-Texteditor erstellt worden sind. Dieser Texttyp entspricht in seiner Bedeutung dem SAPscript-Kommando INCLUDE. Bereits in unserem Schnelleinstieg haben wir exemplarisch einen Standardtext angelegt, da ein im Musterformular angesprochener SAPscript-Text nicht vorhanden war (siehe Abschnitt 2.2.2).

Neuanlage

Bei Neuanlage eines Text-Knotens wird immer ein Knoten mit dem Texttyp **Textelement** vorgeschlagen. Um auf einen SAPscript-Text zuzugreifen, müssen Sie den Texttyp auf **Include-Text** ändern. Es folgt eine Sicherheitsabfrage zum Wechsel des Texttyps, die Sie unbesorgt bestätigen können (bei vorhandenen Texteingaben würde ein Wechsel im Texttyp zum Verlust des entsprechenden Textes führen).

Mit Wechsel des Texttyps ändert sich auch der Aufbau der Registerkarte **Allgemeine Eigenschaften**. Der Inline-Editor verschwindet; statt dessen können Sie jetzt die Merkmale eines SAPscript-Textes angeben (Textnamen, Textobjekt, Text-ID und Sprache). Abbildung 5.4 zeigt ein Beispiel.

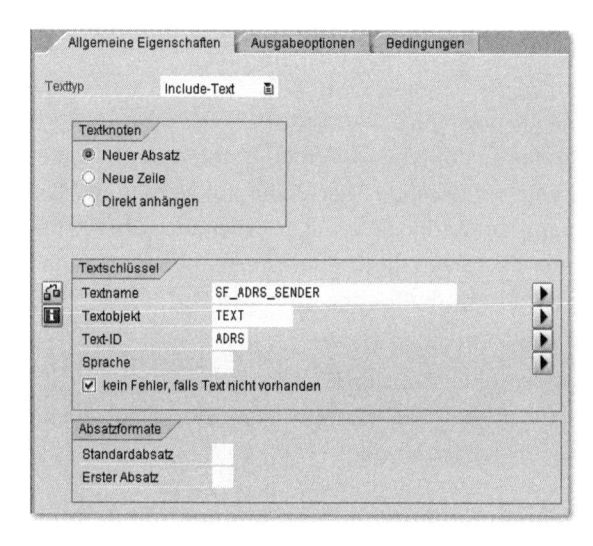

Abbildung 5.4 Text-Knoten mit Include-Text

Merkmale des Textes (Textschlüssel)

SAPscript-Texte sind im System über einen Namen und verschiedene Klassifikationsmerkmale abgelegt. Nur durch Angaben zu allen relevanten Schlüsselmerkmalen ist ein Text eindeutig beschrieben und kann vom System gefunden werden:

- Das Textobjekt TEXT in unserem Beispiel repräsentiert einen SAPscript-Standardtext.
- Der Eintrag ADRS zur Text-ID steht für eine Untergruppe von Standardtexten, die speziell für die Ablage von Adressinformationen vorgesehen ist (zur Bedeutung dieser Merkmale siehe Abschnitt 13.3). Das übliche Kennzeichen eines allgemeinen SAPscript-Standardtextes ist ST als Text-ID

Innerhalb dieser Klassifikationen wird der eigentliche Textbaustein über den Textnamen gefunden.

In welcher Sprache der Include-Text ausgegeben werden soll, können Sie auf drei Wegen festlegen:

- Die Sprache wird im zugehörigen Feld fest vorgegeben (wenn z.B. ein Text immer in der gleichen Sprache ausgegeben werden soll).
- Der Eintrag zur Sprache ist dynamisch über ein Feld bestimmt; im Normalfall wird die Steuerung dann über einen Parameter der Formularschnittstelle erfolgen, d.h. vom Rahmenprogramm vorgegeben.
- Ohne Eintrag versucht das System, den Include-Text über einen internen Sprachenvektor zu ermitteln. Dabei werden nacheinander alle relevanten Sprachen (aus Formularschnittstelle, Anmeldung bzw. Formular) durchlaufen, bis ein passender Text gelesen werden kann (siehe auch Abschnitt 5.5).

Text zuordnen

Um bei Anlage des Knotens einzelne Textobjekte zu finden, steht in der Eingabezeile zum Textnamen über **F4** eine umfassende Wertehilfe zur Verfügung. Die Suche kann über die bereits genannten Merkmale erfolgen, aber auch über Kriterien wie Erfasser, Datum etc. In der dort erzeugten Trefferliste können Sie sich den gefundenen Text sogar über den SAPscript-Editor anzeigen lassen.

> **Tipp:** Im Text-Knoten selbst ist der Inhalt des eingebundenen Textes nun nicht mehr sichtbar. Um den Inhalt zu kontrollieren, können Sie die Wertehilfe auch nachträglich mit allen Merkmalen wieder aufrufen!

Im Standardfall geht Smart Forms davon aus, dass ein Formular nur ausgegeben werden soll, wenn in den Text-Knoten auch die erforderlichen Include-Texte in passender Sprache zur Verfügung stehen. Falls nicht, wird die gesamte Ausgabe mit einer Laufzeit-Fehlermeldung beendet (wie auch im Schnelleinstieg zu unserem Musterformular beschrieben). Wünschen Sie eine andere Ausgabeform, setzen Sie das Attribut **kein Fehler, falls Text nicht vorhanden**.

Formate zum Include-Text

So wie im Formular von Smart Forms die angelegten Texte nur auf Formatierungen im zugehörigen Stil zurückgreifen können, ist auch bei jedem vorhandenen SAPscript-Text ein eigener Stil hinterlegt. Im Standardfall ist dies ein Stil mit der Bezeichnung SYSTEM, der nur grundlegende Formatierungen erlaubt. Im unserem Schnelleinstieg haben wir dazu bereits ein Beispiel gezeigt (siehe Abschnitt 2.2.2).

Auf der Basis des hinterlegten Stils kann somit jeder eingebundene Include-Text bereits eigene Formatierungen enthalten. Die verwendeten Formatkürzel werden auch bei der Ausgabe über das Formular unter Smart Forms beibehalten, die Inhalte werden aber aus dem Stil des Include-Textknotens gelesen.

> **Tipp:** Bei der Ausgabe des Formulars versucht das System, die Formate eines eingebundenen Include-Textes aus dem Stil zu lesen, der im jeweiligen Text-Knoten des Formulars aktiv ist. Stellen Sie also sicher, dass alle verwendeten Formate auch in diesem Stil unter Smart Forms vorhanden sind. Dabei können die Inhalte dieser Formate durchaus auch von den Inhalten abweichen, die vorher im Stil des SAPscript-Textes eingestellt waren. Auf diesem Wege kann also die Formatierung des eingebundenen Textes vom Formular abhängig sein.
>
> Hier ein Beispiel dazu: Im Anschriftenfenster der Flugrechnung ist für die Absenderzeile ein Standardtext SF_ADRS_SENDER eingebunden. Wenn Sie diesen Text über den SAPscript-Editor bearbeiten und ausdrucken, werden Sie sehen, dass der Text in kleiner Schrift angelegt ist, dass er aber nicht unterstrichen wurde. Im Formular unter Smart Forms wird er allerdings unterstrichen ausgeben. Verantwortlich dafür ist das Absatzformat SD im hinterlegten Stil SAPADRS. Dieser Stil ist auch unter Smart Forms im Text-Knoten zugewiesen, und dort sind die Zeichen zusätzlich unterstrichen. Kontrollieren Sie das Absatzformat selbst, indem Sie den Stil SAPADRS im Style Builder aufrufen.

Optional besteht die Möglichkeit, einzelne Absatzformate des Include-Textes durch Absatzformate des Formulars zu ersetzen. Sie haben dazu zwei Möglichkeiten:

- Eine Angabe zum Attribut **Standardabsatz** übersteuert alle Absätze, die mit einem Standardabsatz im Include-Text formatiert sind.
- Über das Attribut **Erster Absatz** stellen Sie für den ersten Absatz des Include-Textes ein Absatzformat ein. Wenn das Feld **Standardabsatz** leer bleibt, werden zusätzlich alle Standardabsätze im Include-Text mit diesem Absatzformat formatiert.

Dynamische Textnamen

Es sind Anwendungsfälle vorstellbar, bei denen zwar ein Text-Knoten als Include-Text angelegt wird, der eigentliche Text mit seinem Namen aber erst bei Ausgabe des Formulars bekannt ist. Dies ist immer dann der Fall, wenn der Textname von dem jeweiligen Beleg abhängt, für den die Ausgabe erfolgt (z. B. Texte, die als ergänzende Hinweise zu einem Verkaufsbeleg eingetragen wurden oder Materialtexte, die von der Position abhängen). In diesem Fall muss der Textname dynamisch über ein entsprechendes, variables Feld festgelegt sein (zur allgemeinen Anwendung von Feldern siehe Abschnitt 6.2.3).

Wir wollen das Vorgehen am Beispiel eines Lieferbelegs zeigen. Dort soll je Position ein Text ausgegeben werden. Passende Knotenattribute zum Aufruf des Include-Textes sehen Sie in Abbildung 5.5.

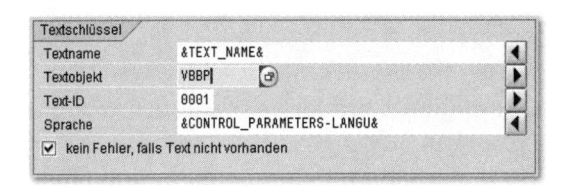

Textschlüssel	
Textname	&TEXT_NAME&
Textobjekt	VBBP
Text-ID	0001
Sprache	&CONTROL_PARAMETERS-LANGU&
☑ kein Fehler, falls Text nicht vorhanden	

Abbildung 5.5 Include-Text mit dynamischer Namensvergabe

Das Kürzel VBBP kennzeichnet hier allgemein den Objekttyp **Lieferung**. Der Eintrag zur Text-ID verweist auf die Textart **0001**, die natürlich in der jeweiligen Position auch angelegt sein sollte. Ist kein Eintrag vorhanden, wird in unserem Fall aber keine Fehlermeldung ausgegeben (siehe entsprechendes Attribut am unteren Rand). Die Textsprache wird vom aufrufenden Rahmenprogramm übernommen. Den Parameter werden wir später bei den Schnittstellenparametern noch ausführlich erläutern.

Für unsere Betrachtungen ist die spezielle Vorgabe zum Textnamen wichtig. Über die Klammerung mit dem &-Sonderzeichen ist erkennbar, dass TEXT_NAME nicht direkt der Name des gesuchten Textes ist, sondern ein Platzhalter, der erst bei Ausgabe des Formulars den richtigen Namen zur Verfügung stellt.

Der Text zu einer Lieferposition wird in der SAP-Datenbank immer so gespeichert, dass die genaue Kennung der Position enthalten ist. Der Name des Textes beinhaltet entsprechend die Lieferungs-Nummer (zehnstellig) und die Positions-Nummer (sechsstellig).

Um den Text bei Formularausgabe wieder aus der Datenbank lesen zu können, muss dieser individuelle Name des Textes bekannt sein. Dafür stehen zwei Wege zur Verfügung:

- Der Textname wird über die Formularschnittstelle zur Verfügung gestellt (auf die Systematik gehen wir in Kapitel 9 ein).
- Die Wertzuweisung erfolgt innerhalb eines Programm-Knotens durch eine Zusammensetzung aus Beleg- und Positionsnummer (natürlich vor Aufruf des Include-Textes). Den Inhalt eines solchen Programm-Knotens werden wir ausführlich in Abschnitt 13.3.4 vorstellen.

5.1.5 Textbausteine einbinden

Ein Text-Knoten vom Texttyp **Textbaustein** verweist auf einen bereits vorhandenen Textbaustein im System. Diese Textbausteine können auf einfache Weise in mehreren Formularen verwendet werden. Die Pflege der Textbausteine erfolgt unabhängig von der Formularbearbeitung. Änderungen an Textbausteinen werden bei Ausdruck eines Formulars automatisch übernommen, das Formular muss also nicht neu aktiviert werden wie bei Texten, die individuell zu einem Formular eingegeben wurden.

Textbausteine haben damit etwa den gleichen Hintergrund wie Standardtexte, die über den SAPscript-Editor gepflegt werden. Smart Forms-Textbausteine haben jedoch zwei wichtige Vorteile:

- Sie sind grundsätzlich mandantenunabhängig.
- Sie haben einen Transport- und Übersetzungsanschluss.

Deshalb sind sie bei einer Anwendung innerhalb von Smart Forms den Standardtexten vorzuziehen. Der Include-Text-Knoten wird aber damit keinesfalls überflüssig, denn über ihn muss auch weiterhin der Zugriff auf objektbezogene Texte (z. B. zum Material, zu Lieferanten, zum Verkaufsbeleg) erfolgen.

In ein Formular können Sie nur Textbausteine einbinden, die Sie zuvor im System mit der gleichen Sprache angelegt haben, wie sie auch für das Formular selbst verwendet wird.

> **Hinweis:** Wird ein Textbaustein bei Ausgabe des Formulars nicht gefunden, reagiert das System mit einer Laufzeit-Fehlermeldung und beendet den gesamten Ausgabeauftrag. Achten Sie deshalb also darauf, dass die angesprochenen Textbausteine auch in der Zielsprache gepflegt sind.

Die Verwaltung von Textbausteinen erfolgt über das Einstiegsbild zu Smart Forms. Die Eingabe des eigentlichen Textes erfolgt genau wie bei einem Text-Knoten im Formular. Möchten Sie zunächst Textbausteine im System anlegen, so können Sie das entsprechende Vorgehen in Abschnitt 5.1.7 nachschlagen.

Es gibt zwei Möglichkeiten, um Textbausteine im Formular einzubinden:

- **Der Textbaustein wird als Verweis angesprochen.**
  In diesem Fall ist der Textbaustein dann schreibgeschützt im Inline-Editor sichtbar und wird bei Ausgabe des Formulars immer wieder neu gelesen.

- **Der Textbaustein wird komplett übernommen.**
  Dabei wird der Inhalt kopiert, und der Inline-Editor behandelt den Text, als sei er direkt im Formular eingegeben worden (beliebig änderbar). Der Textbaustein hat hier also nur noch die Funktion einer Vorlage. Spätere Änderungen am Textbaustein sind für das Formular nicht mehr relevant.

5.1.6 Übungsbeispiel: Textbaustein einbinden

In diesem Beispiel wollen wir den einleitenden Text zur Flugrechnung durch einen Textbaustein ersetzen und dabei die Bearbeitungsfunktionen zeigen.

Öffnen Sie dazu im Formular zur Flugrechnung auf Seite FIRST den Knoten MAIN. Erzeugen Sie **oberhalb** von INTRODUCTION einen weiteren Text-Knoten (über das Kontextmenü **Anlegen • Text**). Da INTRODUCTION der erste Knoten unter MAIN ist, sollte der Mauszeiger dabei auf MAIN stehen; dann wird der neue Knoten an erster Stelle eingefügt.

Standardmäßig wird der Knoten als normales Textelement angelegt. Ändern Sie den Texttyp auf **Textbaustein**. Es folgt eine Sicherheitsabfrage zum Wechsel des Texttyps, die Sie bestätigen. Abbildung 5.6 zeigt den zugehörigen Ausschnitt im Navigationsbaum.

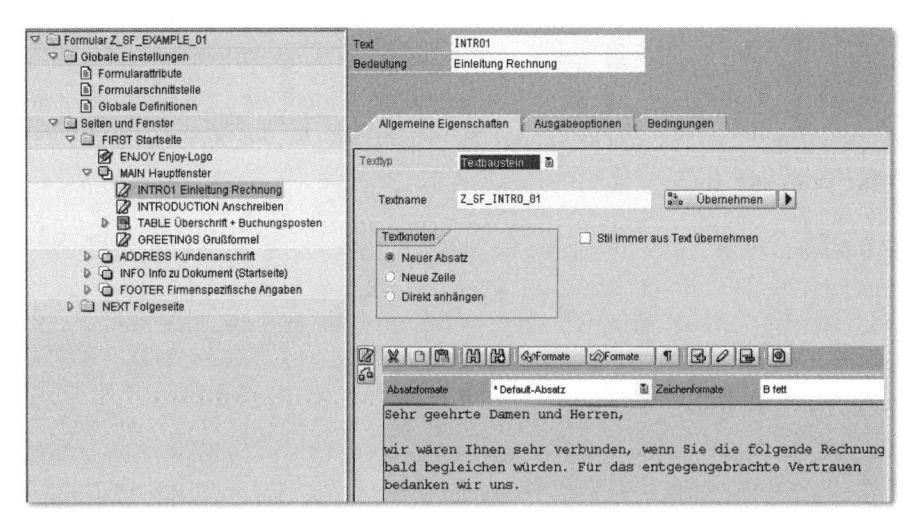

Abbildung 5.6 Textbaustein einfügen

Geben Sie zu dem neuen Knoten unter der Registerkarte **Allgemeine Eigenschaften** den Namen Z_SF_INTRO_01 als Textbaustein ein (falls dieser in Ihrem System noch nicht vorhanden ist, so erfahren Sie in Abschnitt 5.1.7, wie er angelegt wird).

Dynamischer Textname

In bestimmten Anwendungsfällen kann es sinnvoll sein, den Namen des Textbausteins dynamisch zu bestimmen. Der angesprochene Textbaustein kann dann von Ausgabe zu Ausgabe variieren; z. B. Mahntext in Abhängigkeit von Mahnstufe. In diesem Fall muss statt des Textnamens ein Feld eingetragen sein, dessen Inhalt vorher mit dem Namen des jeweiligen Mahntextes vorbelegt wurde (siehe Kapitel 6).

Festlegungen zum Stil

Die Formatierung des eingebundenen Textes über Absatz- und Zeichenformate kann wahlweise mit Bezug auf den Stil des Textbausteins oder den Stil des Formulars erfolgen:

- Wenn Sie einen Textbaustein neu einfügen, wird der Name des Stils automatisch in den Text-Knoten kopiert (als Eintrag auf der Registerkarte **Ausgabeoptionen**). Falls die verwendeten Absatzformate auch im übergeordneten Stil des Formulars enthalten sind, können Sie den Eintrag zum Stil im Text-Knoten natürlich auch wieder entfernen (und damit ggf. auch Änderungen in der Formatierung erreichen).
- Insbesondere für den Fall einer dynamischen Namensvergabe zum Textbaustein ist das Attribut **Stil immer aus Text übernehmen** gedacht. Bei der Wahl zwischen verschiedenen Textbausteinen könnten ja auch unterschiedliche Stile nötig sein! Wenn Sie das Attribut setzen, ist die Vorgabe eines Stils auf der Registerkarte **Ausgabeoptionen** nicht mehr möglich; das System nutzt automatisch immer den Eintrag beim Textbaustein.

Text übernehmen

Wenn Sie den Inhalt des Textbausteins für das aktuelle Formular ändern möchten, wählen Sie die Taste **Übernehmen**. Der Form Builder ändert automatisch den Texttyp zurück auf **Textelement** und kopiert den Inhalt des Textbausteins.

Sie können den Inhalt nun im Inline-Editor wie sonstige Texte bearbeiten. Der ursprüngliche Textbaustein bleibt natürlich erhalten, Änderungen am Textbaustein werden aber nicht mehr zum Formular weitergereicht.

5.1.7 Textbausteine anlegen und pflegen

Sie haben gerade gesehen, wie Smart Forms-Textbausteine in ein Formular eingebunden werden. Wir wollen Ihnen nun erläutern, wie Sie diese Textbausteine unter Smart Forms anlegen und pflegen.

Es ist die zentrale Eigenschaft von Textbausteinen, dass sie unabhängig von einem Formular verwaltet werden. Entsprechend stellt Smart Forms eine eigene Transaktion für deren Pflege zur Verfügung, die aber durch Verwendung des Inline-Editors vollständig mit den Bearbeitungsmöglichkeiten im Text-Knoten eines Formulars übereinstimmt.

Wichtige Eigenschaften zu Textbausteinen:

- Sie sind mandantenunabhängig (im Gegensatz zu Include-Texten, die über den SAPscript-Editor erstellt werden).
- Sie sind am Transport-System angeschlossen (weshalb die Zuordnung zu einer Entwicklungsklasse erforderlich ist).
- Sie haben Anschluss an Übersetzungswerkzeuge im System (als Originalsprache ist die Anmeldesprache zum Zeitpunkt der Neuanlage des Textbausteins zugeordnet).

Ausgangspunkt der Pflege von Textbausteinen ist das übliche Einstiegsbild zu Smart Forms, wie in Abbildung 5.7 dargestellt. Kundenindividuelle Textbausteine müssen wieder im Namensraum Y oder Z beginnen.

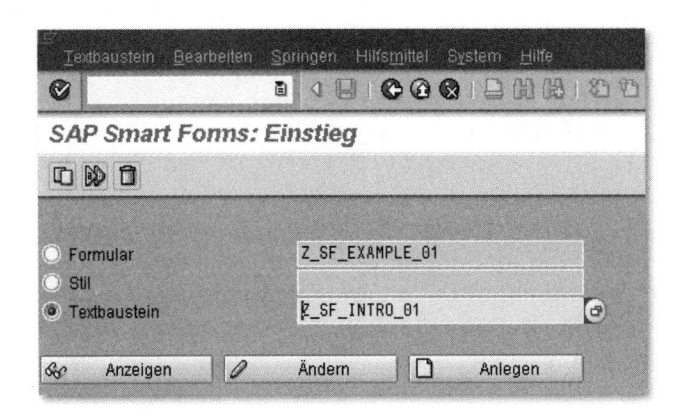

Abbildung 5.7 Textbausteine pflegen

> **Hintergrund:** Textbausteine werden intern wie reduzierte Formulare gespeichert und verwenden deshalb auch die gleichen Datenbanktabellen. Zur Unterscheidung besitzt ein Textbaustein ein zusätzliches Kennzeichen T (= Textbaustein) im Datenbankfeld zum Typ des Smart Forms. Wenn Sie über **F4** die Wertehilfe zur Suche nach Textbausteinen aufrufen, werden Sie gelegentlich auch alle (normalen) Formulare in der Ergebnisliste angezeigt bekommen. In dem zugehörigen Selektionsbild können Sie dieses Ergebnis dann aber direkt auf den gewünschten Typ einschränken.

Da Textbausteine wie Formulare bei Bedarf in andere SAP-Systeme transportiert werden können, ist eine Einbindung in die Entwicklungsumgebung erforderlich. Beim ersten Speichern eines neuen Textbausteins fragt das System deshalb nach einer Entwicklungsklasse (siehe Abbildung 2.12 zum Vergleich). Verwenden Sie in der Übung wieder $TMP oder **Lokales Objekt** als Eintrag.

Das Bearbeitungsbild zu Textbausteinen hat zwei Registerkarten:

- **Text**
  Die Eingabe des Textes erfolgt mit den gleichen Möglichkeiten wie im individuellen Text-Knoten eines Formulars. Es können auch Felder zur Ausgabe von Daten enthalten sein. An dieser Stelle wird aber nicht überprüft, ob ein Feldeintrag im Zielformular auch vorhanden ist. Wird ein solcher Baustein in mehreren Formularen aufgerufen, muss überall der gleiche Feldname definiert sein.

- **Verwaltung**
  Sie müssen jedem Textbaustein einen Stil zuordnen. Dieser Stil wird bei Einbindung in das Formular automatisch in den jeweiligen Text-Knoten übernommen. Damit ist sichergestellt, dass die verwendeten Formatierungen auch im Formular zu Verfügung stehen (ob sie dort auch genutzt werden, ist dann wieder im Formular festzulegen). Für jeden Textbaustein können Sie außerdem festlegen, in welche Sprachen er übersetzt werden soll. Die Festlegung erfolgt im Formular bei den Formularattributen.

Textbausteine erfordern keine gesonderte Aktivierung. Sie stehen nach Neuanlage oder Änderung sofort für die Übernahme in ein Formular zur Verfügung.

5.1.8 Übungsbeispiel: Textbaustein anlegen

Legen Sie einen neuen Textbaustein an, der im Formular den bisherigen, individuellen Einleitungstext zur Rechnung ersetzen soll (Namensvorschlag Z_SF_INTRO_01 wie in Abbildung 5.7). Schreiben Sie den Text nach eigenen Vorstellungen neu.

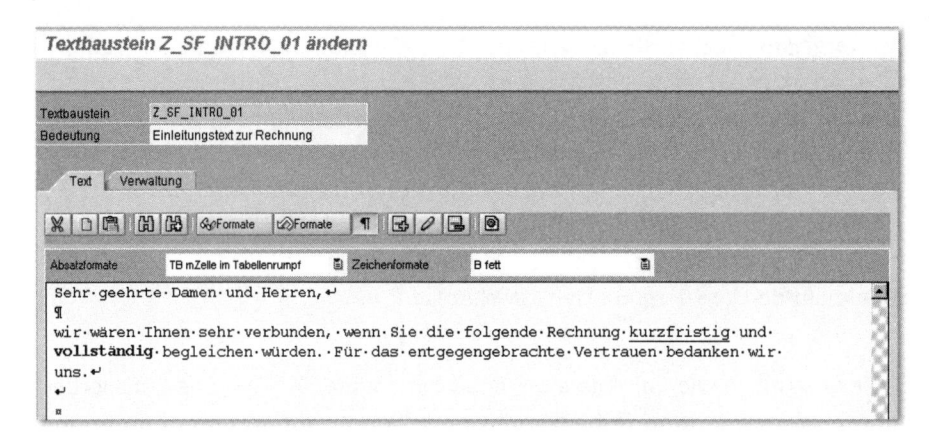

Abbildung 5.8 Textbaustein zur Flugrechnung

Weisen Sie dem Textbaustein unter der Registerkarte **Verwaltung** den Stil Z_SF_STYLE_01 zu. Damit stehen Ihnen die gleichen Formatierungen wie im Formular zur Verfügung (siehe Abbildung 5.8). Der Einleitungstext im Formular hatte bisher das Absatzformat TB.

5.2 Adresse-Knoten

Formulare, die mit Smart Forms erstellt werden, beinhalten häufig einen Empfänger (z.B. Lieferungen, Rechnungen etc.) oder andere Bezüge zu einer Adresse (z.B. in Buchungsbelegen).

Insbesondere wenn Sie ein Formular versenden wollen, muss die korrekte Formatierung der Empfängeradresse gewährleistet sein. Für diese Anwendung stellt Smart Forms den Knotentyp **Adresse** zur Verfügung. Er sorgt dafür, dass die eingefügte Adresse korrekt nach den postalischen Regeln des Absenderlandes formatiert wird (ISO 11180 bzw. Richtlinien Weltpostverband). Dieser Formatierungsvorschlag des Systems betrifft z.B. die Anzahl der Zeileneinträge, die für die Adressausgabe verwendet werden.

Die Funktionen des Adresse-Knotens basieren auf der *ZAV* (= *Zentrale Adress-Verwaltung*) im SAP-System, auf die wir weiter unter noch ausführlicher eingehen werden. Ab Basis-Release 6.1 wird dafür der Name *BAS* (= *Business Address Services*) verwendet.

Der Zugriff auf eine Adresse in der ZAV erfolgt über eine eindeutige Adressnummer, die bei Abarbeitung des Knotens bekannt sein muss. Weitere Kenntnisse zu technischen Details sind für die Einrichtung eines Adresse-Knotens allerdings nicht erforderlich.

Tipp: In den meisten Modulen, die mit der ZAV zusammenarbeiten (z. B. dem Kundenstamm) können Sie sich schon direkt im Erfassungsbild zur Adresse die verwendete Adressformatierung über ein entsprechendes Symbol anzeigen lassen.

5.2.1 Adresse-Knoten anlegen

Sie können einen Adresse-Knoten direkt zum Seite-Knoten oder auch innerhalb eines Fensters anlegen. Der erste Fall bietet den Vorteil, dass der Adresse-Knoten wie ein Fenster im Form Painter erscheint und auch dort direkt verschoben oder in seinen Maßen angepasst werden kann.

In vielen Fällen wird man aber für die Darstellung der Adresse ein eigenes Fenster anlegen, dessen Lage und Maße dann denen eines Sichtfensters im Briefumschlag angepasst ist (dazu gibt es zusätzliche Normrichtlinien). Innerhalb dieses Fensters wird der eigentlichen Adresse dann üblicherweise noch ein Text-Knoten mit kleingedruckten Absenderangaben vorangestellt (als erste Zeile im Adressfenster).

Der eigentliche Adresse-Knoten wird über **Anlegen • Adresse** im Kontextmenü zum Knoten einer Seite oder eines Fensters eingefügt.

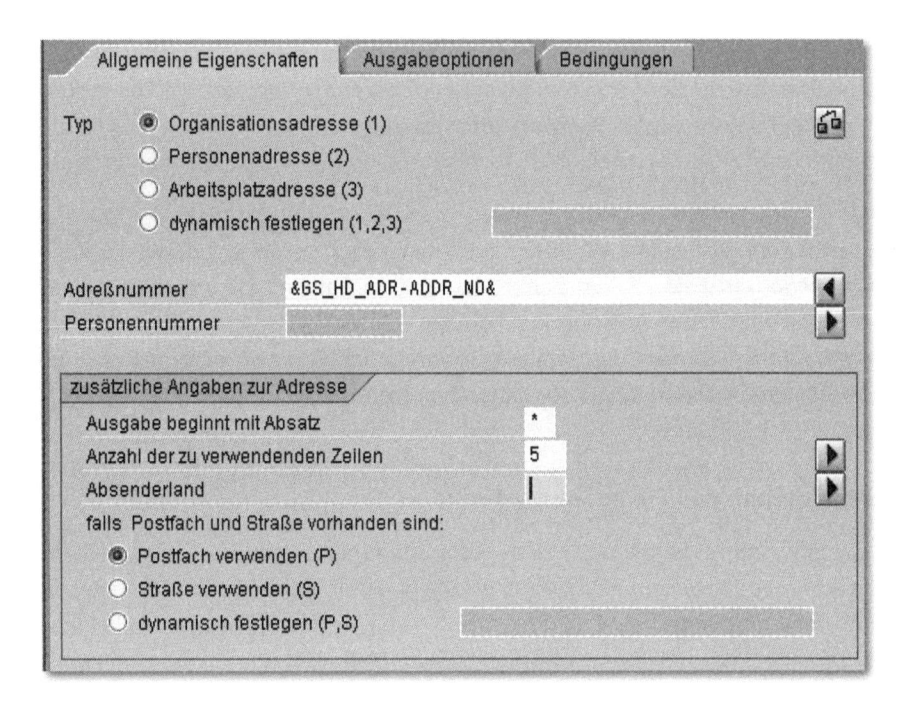

Abbildung 5.9 Adresse-Knoten (Allgemeine Eigenschaften)

Die Möglichkeiten auf den Registerkarten **Ausgabeoptionen** und **Bedingungen** entsprechen denen in anderen Knoten. Lediglich bei Anlage des Adresse-Knotens direkt zur Seite sind unter der Registerkarte **Ausgabeoptionen** auch die zusätzlichen Angaben zur Fensterlage und -größe vorhanden.

Adresstyp

Die erste Option auf der Registerkarte **Allgemeine Eigenschaften** ist der Adresstyp:

- **Organisationsadressen**
  Diese Adressen kann man als die üblichen Geschäftsadressen betrachten: Sie sind z.B. Kunden, Lieferanten oder auch einem Buchungskreis zugeordnet. Diese Adressen sind über eine einzige *Adressnummer* (zehnstellig) eindeutig identifizierbar.

- **Personenadressen**
  Diese Adressen sind genau einer natürlichen Person zugeordnet. Die Angaben zur Person enthalten zusätzliche Attribute wie Titel und weitere Namensteile. Eine Person kann mehrere Adressen besitzen; entsprechend ist zur Identifizierung sowohl eine *Personennummer* als auch eine *Adressnummer* erforderlich.

- **Arbeitsplatzadressen**
  Diese Adressen betreffen Personen in Firmen (im SAP-System angelegt als *Ansprechpartner*). Sie enthalten personenbezogene Attribute wie die Abteilung, die Telefon- und Durchwahlnummer, die Zimmernummer etc. Für die Identifizierung sind wieder eine Adressnummer und eine Personennummer erforderlich.

Wahlweise können Sie den Adresstyp auch dynamisch vorgeben. Verwenden Sie hierfür wieder ein Feld als Platzhalter, das erst zur Laufzeit mit dem passenden Wert gefüllt wird. Die Anwendung könnte z.B. ein Rundschreiben sein, das sowohl an Firmen als auch einzelne Personen gerichtet ist. In diesem Fall muss den vorhandenen Daten auch der Adresstyp entnommen und über einen Feldeintrag hinterlegt werden.

Adressnummer und Personennummer

Das nächste Attribut ist die eigentliche Adressnummer. Der Eintrag wird sinnvollerweise immer über einen Feldeintrag erfolgen, da ein Formular in aller Regel an verschiedene Empfänger versendbar sein soll. Die Eingabe des passenden Feldnamens erfolgt geklammert über &-Sonderzeichen (Ampersand).

> **Tipp:** Bei der späteren Formularausgabe muss das Feld der Adressnummer einen gültigen Wert haben. Sonst bricht das System die Bearbeitung mit einer Laufzeit-Fehlermeldung ab, die man allerdings nicht immer gleich richtig interpretiert. Es kann daher hilfreich sein, die Ausgabe des Adresse-Knotens mit einer Bedingung zu versehen, die kontrolliert, ob die vorgesehene Adressnummer überhaupt einen Wert besitzt (siehe Abschnitt 7.3.1).

Bei Personen- und Arbeitsplatzadressen ist zusätzlich die Vorgabe einer Personennummer erforderlich. Auch hier gilt, dass im Grunde nur die dynamische Ermittlung über einen Feldnamen sinnvoll ist.

> **Tipp:** Nach Neuanlage eines Adresse-Knotens befindet sich das Eingabefeld zur Personennummer allerdings in einem Modus, der nur für die direkte Eingabe der Personennummer vorgesehen ist (siehe Abbildung 5.9). Für die Suche steht dann in diesem Feld über **F4** sogar die Wertehilfe zur Verfügung. Um die längeren Feldnamen eingeben zu können, müssen Sie das Eingabefeld auf die Langdarstellung umstellen (über die entsprechende Pfeilspitze rechts neben dem Eingabefeld).

Gestaltung der Adressen

Die weiteren Attribute im Abschnitt **Zusätzliche Angaben zur Adresse** betreffen die Gestaltung der Adresse bei der späteren Ausgabe:

- **Ausgabe beginnt mit Absatz**
  Die Angabe bestimmt das Absatzformat. In diesem Feld ist keine Wertehilfe realisiert. Das Kürzel zum Absatzformat muss im eingestellten Stil vorhanden sein, wird aber bei Überprüfung des Formulars nicht kontrolliert (bei dem Sonderzeichen * wird wieder das Default-Absatzformat des Stils übernommen).
- **Anzahl der zu verwendenden Zeilen**
  Aus Platzgründen kann es manchmal sinnvoll sein, die vorgeschlagene Ausgabeform der Adresse auf eine bestimmt Anzahl von Zeilen einzuschränken. Dann unterdrückt die Formatierungsroutine der ZAV entsprechend viele Zeilen der Adresse. Die Anzahl der maximal möglichen Zeilen ist '10'. Der Wert wird auch als Default vom System vorgeschlagen (in unserem Beispiel eingestellt auf '5').
- **Absenderland**
  In der Regel richtet sich die Aufbereitung der Adresse nach dem Empfängerland (inkl. sprachabhängiger Anteile wie »Postfach«). Die Angabe zum Absenderland an dieser Stelle ermöglicht der ZAV-Adressaufbereitung die Feststellung, ob die Empfängeradresse vom Absenderland abweicht. In diesem Fall

wird automatisch die internationale Adressversion ermittelt (z. B. mit zusätzlicher Angabe des Empfängerlandes).

Wenn Sie das Feld leer lassen, formatiert das System entsprechend den Einstellungen im Customizing zur Zentralen Adressverwaltung. Vorgabe zum Absenderland ist dort im Standardfall derjenige Eintrag, der beim Erfassen der Adresse angegeben wurde.

▶ **Falls Postfach und Straße vorhanden**
Bei einer Adresse, bei der entweder die Straßen- oder die Postfachangaben vorhanden sind, wählt das System immer den richtigen Eintrag. Sind allerdings bei einer Adresse beide Angaben vorhanden, können Sie über diese Option festlegen, welche Angabe Smart Forms vorziehen soll. Die Vorgabe kann wahlweise wieder dynamisch über einen Feldeintrag erfolgen (der je nach Fall das Zeichen 'P' oder 'S' enthalten muss).

Wurde die Adresse als direkter Unterknoten einer Seite eingefügt (z. B. über den Form Painter), so wird für die Adresse ein eigener Ausgabebereich im Form Painter angezeigt.

Adressaufbereitung (Customizing)

Die postalisch korrekte Aufbereitung der Adresse erfolgt im Adresse-Knoten auf Basis eines ABAP-Funktionsbausteines mit der Bezeichnung ADDRESS_INTO_PRINTFORM. Die Vorgehensweise während der Aufbereitung wird sowohl in der Anleitung zu diesem Funktionsbaustein als auch im Kapitel zur ZAV in der SAP-Bibliothek ausführlich beschrieben.

Im Customizing des Systems können Sie die Art der Adressaufbereitung individuell anpassen (z. B. über Adressversionen). Wählen Sie dazu den Menüweg **IMG: Basis • Services • Adressverwaltung** oder **IMG: Allgemeine Einstellungen • Länder einstellen • Länder definieren** (Adress-Aufbereitungsroutinen).

Für individuelle Anforderungen stehen darüber hinaus User-Exits zur Verfügung, die eine kundenspezifische Adressaufbereitung über ABAP-Programmcode ermöglichen. Diese Änderungen werden bis zum Adresse-Knoten von Smart Forms durchgereicht.

Der Funktionsbaustein ADDRESS_INTO_PRINTFORM kann auch unter Smart Forms direkt über einen Programm-Knoten angesprochen werden. Dies eröffnet in Einzelfällen weitere Aufbereitungs-Optionen. Dieses Vorgehen werden wir in Abschnitt 8.5 zwar als Beispiel für die Anwendung eines Programm-Knotens vorstellen, der Fall dürfte aber für Standardanwendungen kaum relevant sein.

5.3 Grafiken und Hintergrundbild

Smart Forms bietet komfortable Möglichkeiten, Grafiken im Formular auszugeben (z. B. als Firmenlogo, wahlweise in Farbe oder Schwarz/Weiß). Vorraussetzung ist, dass die Grafiken vorher über die Grafikverwaltung (Transaktion SE78) in das SAP-System importiert worden sind. Dazu finden Sie ausführliche Erläuterungen im Abschnitt 13.4. Erste Versuche zum Umgang mit Grafiken haben Sie schon im Schnelleinstieg unternommen (siehe Abschnitt 2.2.5).

5.3.1 Einbindung in das Formular

Sie können Grafiken auf folgenden Wegen beim Entwurf des Formulars einbinden:

- **Als Hintergrundbild zu einer Seite**
  Die Zuordnung erfolgt dann direkt über die entsprechende Registerkarte im Seite-Knoten. Hintergrundbilder können wahlweise auch zum Nachzeichnen eingescannter Musterformulare dienen und werden deshalb im Form Painter und im Table Painter angezeigt.

- **Als Grafik-Knoten direkt zur Seite**
  Der Knoten erhält dann zusätzlich die Eigenschaften eines Fensters und wird z. B. direkt im Form Painter angezeigt (wie beim Logo zur Flugrechnung). Die Position dieses Grafikfensters wird wieder über den linken bzw. den oberen Rand bestimmt. Allerdings wird die Größe der Grafik mit Höhe und Breite selbstständig vom System über die gewählte Grafikauflösung ermittelt und kann deshalb nicht vom Anwender geändert werden.

- **Als Grafik-Knoten innerhalb eines Fensters**
  Die Position der Grafik kann in diesem Fall von anderen Knoten, wie z. B. Texten abhängen. Ändert sich die Textlänge, verschiebt sich auch der Grafik-Knoten (ggf. verschwindet er auch vollständig aus einem Nebenfenster, wenn nicht ausreichend Platz zur Verfügung steht).

- **Als Grafik-Knoten unterhalb einer Schablone/Ausgabetabelle**
  In diesem Fall müssen Sie wie beim Text-Knoten die Koordinaten der Zelle mitgeben. Die Ausrichtung kann dort allerdings nur linksbündig erfolgen.

Unsere Flugrechnung enthält eine Grafik als Logo, die wir bereits in unserem Schnelleinstieg eingerichtet haben. Die Festlegung der gewünschten Grafik erfolgt ähnlich wie beim Include-Text auf der Registerkarte **Allgemeine Eigenschaften** (siehe Abbildung 5.10).

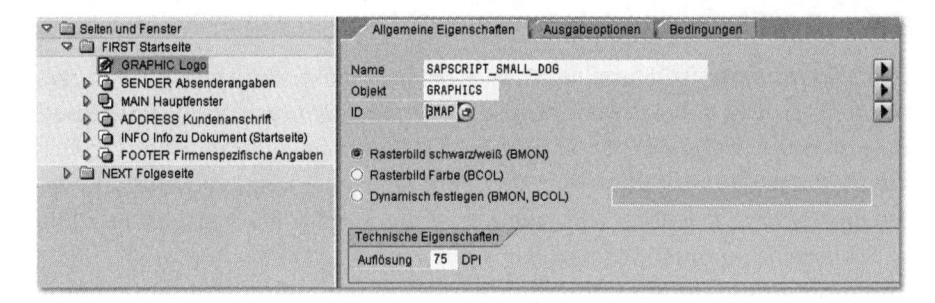

Abbildung 5.10 Grafik-Knoten

Grafiken sind ähnlich wie Include-Texte mit einem Namen und zusätzlichen Merkmalen zur Klassifikation im SAP-System gespeichert. Im Schnelleinstieg haben wir ausführlich beschrieben, wie Sie eine Grafik im System finden. Die zugehörigen Selektionsparameter der Wertehilfe sehen Sie in Abbildung 2.14.

> **Tipp:** Die Wertehilfe liefert als Ergebnis eine Liste aller Grafiken, die den vorgegebenen Kriterien entsprechen. Sollten viele Grafiken in Ihrem System hinterlegt sein, kann es hilfreich sein, die Selektion zusätzlich über die Funktion **Einschränkungen** in dieser Trefferliste vorzunehmen. Dort ist z.B. eine Selektion nach Autor möglich.

Anders als bei Include-Texten existiert heute bei einer Standardinstallation von SAP sowohl zum Grafikobjekt als auch zur Grafik-ID jeweils nur ein Merkmalseintrag: GRAPHICS bzw. BMAP. Letzterer weist darauf hin, dass nur pixelorientierte Bitmap-/Raster-Grafiken verarbeitet werden können.

Neben einer festen Namensvergabe kann die Wahl der Grafik auch wieder dynamisch erfolgen. Dabei werden Datenfelder verwendet, die je nach Umfeld unterschiedliche Grafiken einbinden, um z.B. ein Logo von der Verkaufsorganisation abhängig zu machen oder um Bilder von Materialien auszugeben (beachten Sie unsere Hinweise beim Include-Text).

> **Tipp:** Grafiken und Texte können Sie für die Ausgabe auch überlagern. Legen Sie dazu zwei unterschiedliche Fenster an: ein Fenster für die Grafik und ein Fenster für den Text. Um Grafiken und Texte nebeneinander auszugeben, verwenden Sie ebenfalls zwei Fenster-Knoten oder – noch eleganter – eine übergeordnete Schablone.

5.3.2 Grafiken in Fenster, Schablone oder Ausgabetabelle

Bei Grafik-Knoten, die über ein Fenster oder die Zelle einer Schablone ausgegeben werden, ist die vertikale Ausgabeposition immer von vorherigen Ausgaben in dem jeweiligen Ausgabebereich abhängig. Entsprechend gibt es auf der Registerkarte **Ausgabeoptionen** zum Grafik-Knoten lediglich die Einstellmöglichkeiten zur **Horizontalen Position** (wie in Abbildung 5.11 dargestellt).

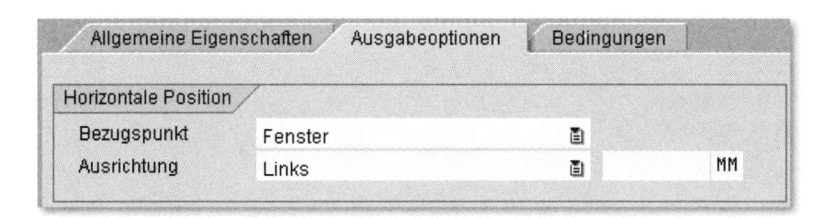

Abbildung 5.11 Horizontale Position zur Grafik

Als Bezugspunkt der **Horizontalen Position** kann entweder der Rand des Ausgabebereichs dienen (mit den üblichen Ausrichtungen *Links*, *Zentriert* oder *Rechts*) oder das Ende des letzten Absatzes. Ergänzen Sie ggf. den Abstand zum linken oder zum rechten Rand (Eingabefeld hinter der Angabe zur Ausrichtung).

Bei Ausgabe der Grafik über eine Schablone oder Ausgabetabelle gelten die gleichen Auswahlmöglichkeiten. Der Bezugspunkt **Fenster** meint hier allerdings die Zelle als Ausgabebereich. Die Möglichkeiten zur Wahl der Ausrichtung sind nur eingeschränkt nutzbar, denn im Grunde führt nur die Ausrichtung *Links* zu sinnvollen Ergebnissen. Natürlich enthält die Registerkarte **Ausgabeoptionen** wie auch schon beim Text-Knoten die üblichen Abfragen zu den Koordinaten der zugehörigen Zelle.

> **Tipp:** Die vertikale Ausgabeposition der Grafik ist immer durch die letzte Ausgabe im Fenster bestimmt. Ohne vorhergehende Knoten wird die Grafik am oberen Fenster- bzw. Zellenrand ausgegeben. Um die Grafik nach unten zu verschieben, fügen Sie vor dem Grafik-Knoten andere Knoten ein, die leere Ausgaben erzeugen (z. B. einen Text-Knoten mit Leerzeilen). Bei Ausgabe über eine Schablone können Sie natürlich auch leere Schablonenzellen vorschalten.

5.3.3 Hintergrundbild zur Seite

Alternativ zum Grafik-Knoten können Sie eine einzelne Grafik auch als Hintergrundbild einer kompletten Seite hinterlegen. Die Zuordnung erfolgt auf der Registerkarte **Hintergrundbild** des jeweiligen Seite-Knotens (siehe Abbildung 5.12).

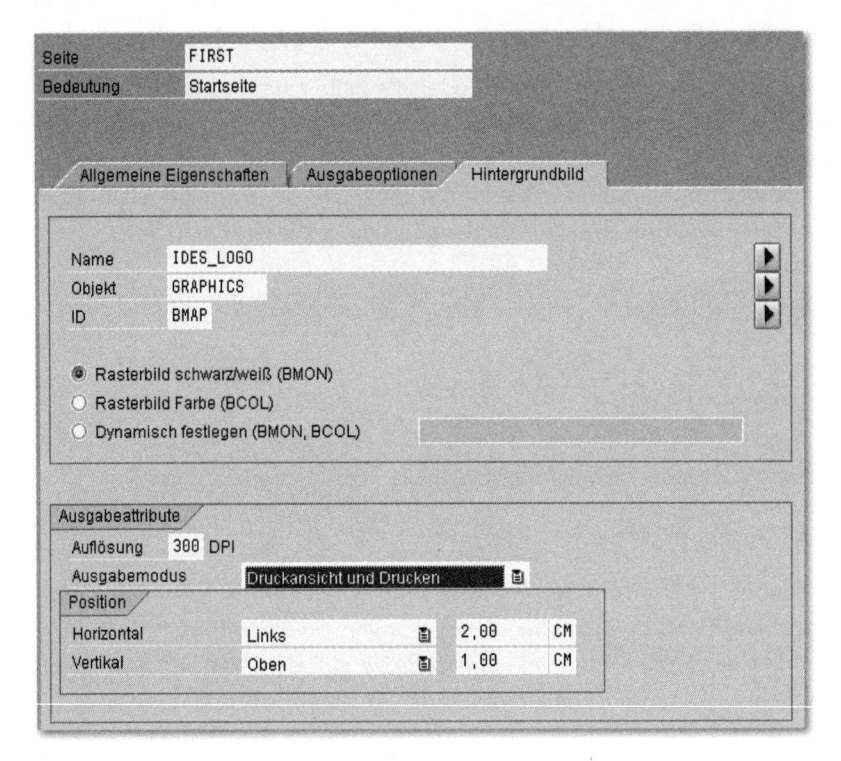

Abbildung 5.12 Hintergrundbild einer Seite

Bei einer Hintergrundgrafik bestimmen Sie die Position der Grafik mit direktem Bezug zum Format der Seite. Die übrigen Merkmale legen Sie auf die gleiche Weise fest wie im Grafik-Knoten.

Die Hintergrundgrafik wurde unter Smart Forms vor allem implementiert, um eingescannte Vordrucke einblenden und auch nachzeichnen zu können. Das kann die Positionierung von Fenstern oder sonstigen Ausgabeelementen wie Schablonen, Ausgabetabellen etc. erheblich vereinfachen. Eine Hintergrundgrafik kann deshalb auch im Form Painter und Table Painter eingeblendet werden. Damit das Bild im Form Painter nicht durch andere Fenster überdeckt wird, sollten Sie allerdings bei den jeweiligen Einstellungen die Option **Transparente Fenster** gesetzt haben.

Ebenfalls für die Anwendung von Vordrucken ist das zusätzliche Attribut **Ausgabemodus** gedacht. Die Optionen lauten:

- Leer (= keine Ausgabe)
- Druckansicht (d.h. nur Ausgabe zur Kontrolle, kein Ausdruck)
- Druckansicht und Drucken

In der Grundeinstellung ist dieser Eintrag leer, es wird also nichts ausgegeben. Das würde einem Anwendungsfall entsprechen, in dem die Hintergrundgrafik nur zum Nachzeichnen verwendet werden soll. Um einen echten Ausdruck zu erreichen, müssen Sie die letzte Option wählen.

> **Tipp:** Sie können Fenster mit beliebigem Inhalt über die Position legen, an der sich das Hintergrundbild befindet. Nutzen Sie die Möglichkeit, um z. B. zusätzlichen Text in ein Hintergrundbild einzufügen.

5.3.4 Optimierung der Druckausgabe

Bei wiederholter Ausgabe von Formularen, die die gleichen Grafiken (z. B. ein Logo) enthalten, können Sie durch Nutzung eines druckerinternen Speichers eine beachtliche Verbesserung der Druckperformance erreichen. Bei diesem Verfahren werden die Grafiken nur einmal zu Beginn eines Ausgabeauftrags zum Drucker gesendet und verbleiben dort bis zu dessen Ende.

Um diese Option unter Smart Forms nutzen zu können, müssen Sie zur jeweiligen Grafik ein entsprechendes Attribut in der Grafikverwaltung setzen (Transaktion SE78, siehe Abschnitt 13.4)

5.4 Ordner-Knoten

Mit wachsender Knotenzahl in einem Formular besteht die Gefahr, dass die Übersichtlichkeit im Navigationsbaum verloren geht. Um dem entgegenzuwirken, sollten Sie sich auf ein einheitliches Schema für die Benennung der Knoten festlegen. Dadurch erreichen Sie einen verbesserten Wiedererkennungseffekt der Knoten im Navigationsbaum. Eine Suchfunktion über alle Knoten steht innerhalb von Smart Forms nicht zur Verfügung.

Eine weitere Möglichkeit, um Übersichtlichkeit zu erreichen, besteht in der Anwendung von Ordner-Knoten. Diesem Knotentyp können Sie inhaltlich oder formal zusammenhängende Knoten als gemeinsame Unterknoten zuordnen. Diese sind damit auch optisch im Navigationsbaum zusammengefasst. Sie können z. B. die Unterknoten einer Schablone oder einer Ausgabetabelle nach Zeilen, Spalten oder sogar Zellen im Navigationsbaum zusammenfassen.

Der Ordner bietet darüber hinaus weitergehende Funktionen wie Kopf- und Fußzeilen oder die gemeinsame Zuordnung eines Stils.

> **Beispiel:** Eine Rechnung soll abhängig von den Zahlungsbedingungen noch zusätzliche Texte enthalten. In diesem Fall wird man mehrere Text-Knoten anlegen, die jeweils mit Bedingungen versehen sind. Zur besseren Übersichtlichkeit wird man alle Text-Knoten in einem Ordner zusammenfassen, der dann z. B. die Bezeichnung »Texte Zahlungsbedingungen« erhält. In anderen Fällen kann es sinnvoll sein, einen solchen Ordner-Knoten selbst mit einer Bedingung zu versehen, die dann für alle untergeordneten Knoten gültig ist.

Registerkarte Zeitpunkte

Sie erhalten hier die Möglichkeit, Kopf- und Fußbereiche für den Ordner-Knoten einzurichten. Die Ausgabe erfolgt am Anfang bzw. am Ende des Bereichs, der durch die Inhalte aller zugehörigen Unterknoten beschrieben wird. Beim Fußbereich müssen Sie zusätzlich eine Höhe vorgegeben, welche die Ausgabesteuerung zur Berechnung der Seitenlänge benötigt.

Sind Kopf- und Fußbereich aktiviert, so erscheinen im Navigationsbaum unterhalb des Ordner-Knotens automatisch zusätzliche Ereignisknoten mit den Namen **Kopfbereich** bzw. **Fußbereich**. Unter jedem Ereignisknoten können Sie dann weitere Knoten anlegen, um z. B. Überschriften oder auch Summenwerte auszugeben.

Beachten Sie, dass diese Ereignisknoten nicht geschachtelt werden dürfen. Wenn Sie einmal Kopf- oder Fußbereiche aktiviert haben, kann kein weiterer untergeordneter Knoten solche Bereiche definieren. Außerdem müssen Kopf- und Fußbereich immer am gleichen Knoten definiert sein (falls beide Bereiche verwendet werden sollen). Der Form Builder überprüft diese Anforderungen.

> **Hinweis:** Die Funktionen zu den Kopf- und Fußbereichen stehen in erweiterter Form auch in Schleife- und Tabelle-Knoten zur Verfügung. Wir werden deshalb auch in Abschnitt 7.2 nochmals darauf zurückkommen.

Registerkarte Ausgabeoptionen

Rahmen und Schattierung entsprechen dem Standard anderer Knoten. Der Ordner-Knoten bietet folgende zusätzliche Optionen:

- Es kann ein individueller Stil vergeben werden, der für alle zugehörigen Unterknoten gilt.
- Bei Ausgabe über Schablonen oder Ausgabetabellen finden Sie als zusätzliche Ausgabeoptionen die üblichen Attribute zur Zuordnung einer Zelle. Der Ein-

trag im Ordner-Knoten sorgt dafür, dass alle zugehörigen Unterknoten in diese Zelle ausgegeben werden (solange in diesen Knoten keine anderen Zellen angesprochen werden).

5.4.1 Übungsbeispiel: Ordner anlegen

In den vorhergehenden Übungen haben Sie zur Flugrechnung ein Fenster SENDER mit Angaben zum Reisebüro angelegt. Innerhalb der zugeordneten Schablone haben Sie in einer Schablonenzeile drei Fluggesellschaften ausgeben lassen. Diese Knoten können Sie sinnvoll in einem Ordner zusammenfasssen. Der Aufbau im Formular sollte dann wie in Abbildung 5.13 aussehen.

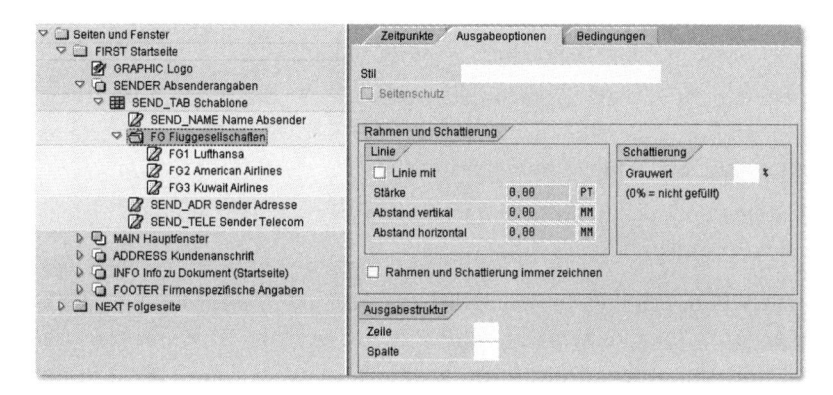

Abbildung 5.13 Attribute des Ordner-Knotens

Die Neuanlage erfolgt über den Pfad **Anlegen** • **Ordner** im Kontextmenü des Navigationsbaums. Verschieben Sie dann die vorhandenen Texte FG1 bis FG3 in den Bereich unterhalb des neuen Ordners (einfach per Maus über Drag&Drop). Achten Sie aber darauf, dass die bisherige Reihenfolge erhalten bleibt.

5.5 Sprache im Formular

Bei Neuanlage eines Formulars übernimmt der Form Builder die Anmeldesprache des aktuellen Anwenders als Originalsprache in die Formularattribute. Mit dieser Spracheinstellung sind in Folge davon alle im Formular verwendeten Langtexte gespeichert. Das sind:

▶ Bezeichnungen von Knoten
▶ Inhalte von Text-Knoten (Fließtext)

Über das zentrale SAP-Übersetzungswerkzeug können Sie diese Texte später in andere Zielsprachen übersetzen. Aber auch nach einer Übersetzung können Sie das Formular nur in der Originalsprache mit dem Form Builder bearbeiten. Eine

Ausnahme stellt die nachträgliche Änderung der Originalsprache dar (siehe Abschnitt 13.2). Über die Formularattribute können Sie individuell vorgeben, ob und in welche Sprache das jeweilige Formular übersetzt werden soll.

5.5.1 Sprache bei Formularausgabe

Bei Ausgabe eines Formulars spielen die Bezeichnungen der Knoten keine Rolle mehr; dort sind nur noch die Inhalte der Text-Knoten und deren sprachenabhängige Einträge relevant. Die Sprache für diese Ausgabe kann aus verschiedenen Quellen stammen:

- In vielen Fällen wird die Ausgabesprache vom Rahmenprogramm vorgegeben. Dazu steht ein entsprechender Parameter in der Formularschnittstelle zur Verfügung (ggf. sogar mit Ersatzsprachen, siehe Abschnitt 9.7).
- Ist ein Textelement in dieser Sprache oder einer der Ersatzsprachen nicht vorhanden (oder wurde keine Sprache vorgegeben), so wählt die Ausgabesteuerung statt dessen die aktuelle Anmeldesprache.
- Ist ein Textelement auch in dieser Sprache ohne Eintrag, wird auf die Originalsprache des Formulars zurückgegriffen.

Das System verwendet einen internen Sprachenvektor, der alle zur Verfügung stehenden Sprachen in der Reihenfolge ihrer Priorität enthält. Ist ein Text in der Sprache mit höchster Priorität nicht vorhanden, so wird er automatisch in der jeweils nächsten Sprache gesucht. Das gleiche Vorgehen über den Sprachenvektor finden Sie auch bei Text-Knoten, über die Textbausteine eingebunden sind. Achten Sie also darauf, dass auch die Textbausteine in den erforderlichen Sprachen vorliegen.

Nur für Include-Texte können Sie die Ausgabesprache individuell als Knotenattribut vorgeben. Ohne Eintrag wird wie sonst auch der Sprachenvektor abgearbeitet, d.h. höchste Priorität hat dann die Vorgabe der Schnittstelle. In Abbildung 5.5 haben Sie gesehen, wie ein Include-Text auf die Sprachvorgaben der Formularschnittstelle festgelegt werden kann.

Datumsausgabe

Ein Sonderfall von »Sprachenabhängigkeit« ist die landesspezifische Form, mit der ein Datum bei seiner Ausgabe dargestellt wird. Das betrifft insbesondere auch das Tagesdatum, das über einen Systemparameter zur Verfügung steht. Das System nutzt den Eintrag zum Land beim angemeldeten Anwender, es sei denn, über eine ABAP-Anweisung wurde ein anderes Land eingestellt (siehe Abschnitt 6.4.3).

6 Daten im Formular

6.1 Übersicht

Wohl jedes Formular hat die Aufgabe, variable Daten auszugeben, die noch nicht bei der Erstellung des Formulars, sondern erst bei seiner Ausgabe (d.h. zur Laufzeit) bekannt sind. Diese Daten werden üblicherweise vom Rahmenprogramm an das Formular übergeben. Das Rahmenprogramm seinerseits beschafft die Daten aus der Datenbank und/oder erfragt sie vom Anwender, der das Programm ausführt.

> **Beispiel:** Ein Lieferschein enthält mindestens die Adresse des Kunden, die gelieferten Materialien als Positionen und verschiedene Randinformationen wie Lieferdatum, Nummer des Lieferscheines etc. Diese Angaben stehen erst bei der Ausgabe als Daten im Formular zur Verfügung.

Um solche variablen Daten in das Formular einzubinden, werden Platzhalter verwendet und stellvertretend für die Daten in die Text-Knoten eingebunden. Wahlweise können diese Platzhalter auch in Textbausteine eingebunden sein, die hierdurch sehr flexibel werden. Eine weitere Verwendung finden Platzhalter als Attribut eines beliebigen Knotens (z.B. als abzufragende Bedingung).

Unter Smart Forms werden diese Platzhalter als *Felder* bezeichnet. Bei Ausgabe des Formulars werden alle im Text vorkommenden Felder durch ihre augenblicklich gültigen Werte ersetzt.

Quelle der Daten

Um bei Ausführung des Formulars den Feldern die richtigen Inhalte zuzuweisen, muss das System selbstverständlich wissen, wie Inhalte beschafft werden. Es gibt folgende Möglichkeiten:

- Die Daten werden vom Rahmenprogramm aus Datenbanktabellen selektiert und dann über eine definierte Formularschnittstelle an das Formular übergeben.
- Die Daten werden vom SAP-System bereitgestellt (z.B. als aktuelles Datum oder als aktuelle Seitenzahl im Ausdruck).
- Die Daten werden im Formular selbst bei dessen Ausgabe ermittelt (z.B. Ausgabe von Summenwerten in einer Liste oder Berechnungen innerhalb von ABAP-Programmcode).

Allen Fällen gemeinsam ist, dass die Felder, welche die benötigten Informationen zur Verfügung stellen, mit ihrem Namen als Platzhalter in Text-Knoten eingebunden sind. Diese Platzhalter können Sie dann wie normalen Text behandeln (z. B. mit passender Formatierung versehen).

Datendefinition

Bevor ein Feld aber als Platzhalter in den Text eingesetzt werden kann, muss es dem System bekannt sein. Das geschieht über eine *Definition* (oder auch *Deklaration*) der Daten. Analog zu den oben genannten Anwendungsfällen stellt Smart Forms folgende drei Möglichkeiten zur Verfügung, um Daten im Formular zu definieren:

- Parameter in der Formularschnittstelle beschreiben solche Daten, die mit dem Rahmenprogramm ausgetauscht werden.
- Systemfelder haben eine vorbelegte Bedeutung wie *Datum* und *Seitenzahl*.
- Im Formular selbst können *Globale Daten* definiert werden, deren Inhalte sich innerhalb des Formulars ergeben (z. B. über interne Summenberechnungen). Diese Felder sind häufig auch erforderlich, um Parameter der Formularschnittstelle in gewünschter Form ausgeben zu können.

Struktur der Daten

Die im Formular verwendeten Daten unterscheiden sich nicht nur in der Herkunft. Sie können auch sehr unterschiedliche Inhalte haben. Es ist leicht ersichtlich, dass ein Tagesdatum anders gespeichert ist als eine komplette Adresse oder gar die Sammlung aller Positionen einer Rechnung.

Entsprechend haben wir es mit unterschiedlichen Typen von Daten zu tun. Diese Unterschiede im Typ haben wiederum Auswirkungen auf das Design des Formulars. Folglich ist eine sinnvolle Verwendung von Daten (und damit Feldern) im Formular nur mit Verständnis dieser Grundlagen möglich.

Weitere Vorgehensweise

Entsprechend dieser Übersicht behandeln wir das Thema *Daten im Formular* in drei Stufen:

- Zunächst werden wir Ihnen zeigen, wie die Einbindung der Daten in das Formular erfolgt (Abschnitt 6.2), wir beginnen also quasi mit dem Ergebnis. Diese Vorgehensweise wird Ihnen den Einstieg erleichtern.

- Auf dieser Basis erläutern wir dann ausführlich, wie Daten unter Smart Forms definiert werden (Abschnitt 6.3). Dafür werden wir auch einzelne allgemeine Grundlagen erläutern.
- Unter Smart Forms gibt es verschiedene Quellen, aus denen Daten in das Formular gelangen können. In erster Linie ist das natürlich die Formularschnittstelle, die wir hier mit den wichtigsten Eigenschaften vorstellen werden (Abschnitt 6.4).

6.2 Felder als Platzhalter

6.2.1 Feldliste

Um Daten überhaupt im Formular verwenden zu können, muss zunächst einmal bekannt sein, wie diese Daten anzusprechen sind. Dazu verwendet Smart Forms *Felder*.

Eine Übersicht darüber, welche Felder im individuellen Formular vorhanden sind, bietet der Form Builder unter der Bezeichnung *Feldliste*. Sie können dieses zusätzliche Anzeigefenster über den Menüpfad **Hilfsmittel • Feldliste ein/aus** (oder entsprechendes Symbol) aufrufen. Abbildung 6.1 zeigt dazu ein Beispiel.

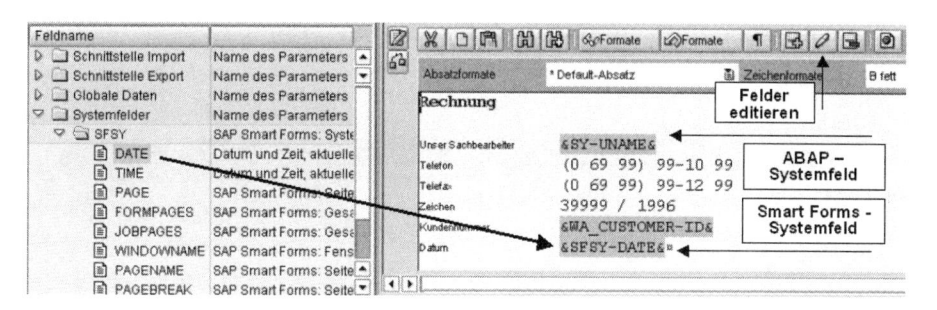

Abbildung 6.1 Text-Knoten mit Feldern für variable Daten

Die Feldliste wird im linken unteren Bildschirmbereich eingeblendet. Sie listet alle verfügbaren Felder nach Oberbegriffen geordnet auf. Die Anzeige erfolgt wieder als Navigationsbaum.

Wir werden auf die verwendeten Oberbegriffe später noch ausführlich eingehen. Zunächst aber wollen wir zeigen, wie einfach die Einbindung von Feldern in einen Text-Knoten erfolgt.

6.2.2 Felder im Text-Knoten

Aus der Feldliste können Sie einzelne Felder per Maus (Drag&Drop, d.h. bei gedrückter Maustaste) direkt in einen Text ziehen. Dazu müssen Sie den betreffenden Text-Knoten allerdings vorher mit seiner Registerkarte **Allgemeine Eigenschaften** angewählt haben. In Abbildung 6.1 sehen Sie als Beispiel den Text-Knoten INFO_TEXT der Flugrechnung.

Diese Übernahme per Maus ist sicher die komfortabelste und zugleich sicherste Möglichkeit, Felder einzufügen, denn die Felder werden so auf jeden Fall mit der richtigen Schreibweise übernommen. Sie können dabei sogar sehr exakt die Position im Text anwählen.

Nach Übernahme in einen Knoten-Text sind dort die Felder grau hinterlegt und werden zur besseren Unterscheidung von normalem Text durch &-Sonderzeichen geklammert. Die eingefügten Felder können Sie über Absatz- und Zeichenformate wie normalen Text formatieren. Sie können einen Feldnamen aber nicht direkt ändern; dafür ist eine Sonderfunktion des Inline-Editors erforderlich.

Felder im Text editieren

In der Smart Forms-Version des Inline-Editors sind drei spezielle Symbole zur Bearbeitung von Feldern vorgesehen (siehe die Symbole oben rechts in Abbildung 6.1). Darüber können Sie ein Feld einfügen, ändern bzw. löschen. Am häufigsten werden Sie wohl die Änderungsfunktion benötigen: Setzen Sie dazu den Schreib-Cursor auf ein Feld im Text und wählen Sie das mittlere Symbol für **Feld ändern**. Es folgt ein Dialogbild, in dem das Feld jetzt als frei editierbarer Text wie in Abbildung 6.2 erscheint

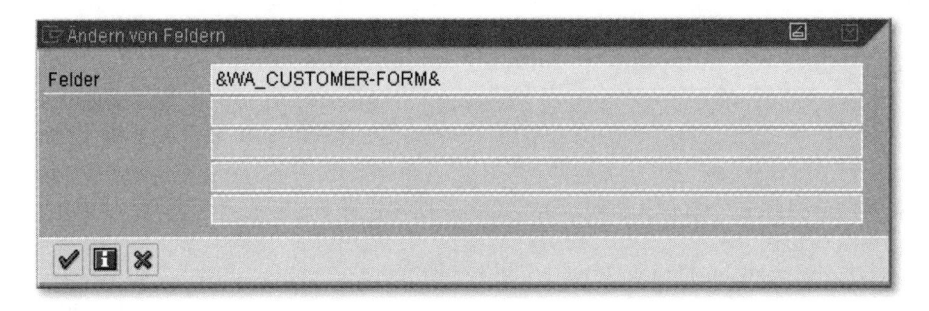

Abbildung 6.2 Text-Knoten: Feld im Text ändern

Hier können Sie den Feldnamen direkt ändern oder Aufbereitungsoptionen hinzufügen, die wir weiter unten noch vorstellen werden. Sie können diesen Weg natürlich auch für die Neuanlage von Feldern nutzen. Das empfiehlt sich aber nur, wenn der Name des Feldes kurz ist oder sich schnell, z.B. aus der Zwischenablage, einfügen läßt. Auf diesem Wege können Sie auch ABAP-Systemfelder einfügen (z.B.: SY-UNAME)

Felderausgabe mit Einschluss von Text

Das erste &-Sonderzeichen muss nicht direkt vor dem Feldnamen stehen: Sie können dazwischen auch sonstige Zeichen einfügen, die sonst eher direkt als Text ausgegeben werden. Die Abbildung 6.3 zeigt ein Beispiel dazu.

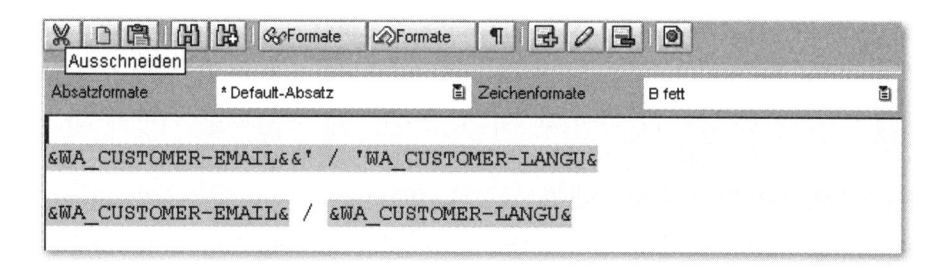

Abbildung 6.3 Zusätzliche Textzeichen im Feldnamen

Über die eingebundenen Felder erzeugen beide Zeilen nacheinander die gleiche Ausgabe von E-Mail und Sprache zum Kunden der Flugrechnung. Als trennende Zeichenfolge zwischen den beiden Angaben wird jeweils ein Querstrich mit Leerzeichen eingesetzt. In der ersten Zeile des Beispiels ist die Zeichenfolge in das Feld mit der Sprachangabe eingeschlossen. Beachten Sie, dass die zusätzlichen Zeichen bei Einbindung in die &-Klammerung mit Hochkommata versehen sein müssen, damit Smart Forms den Unterschied zum Feldnamen erkennt.

Die Einbindung solcher Zeichenfolgen in die &-Klammerung zu Feldnamen kann sinnvoll sein, wenn z.B. Leerzeichen mit ausgegeben werden sollen. Weiterer Vorteil: falls der Datenteil im Feldnamen leer ist, wird auch die zugehörige Zeichenfolge nicht ausgegeben. Für die Eingabe verwenden Sie wieder die Feld-Funktionen in der Symbolleiste (wie zuvor beschrieben).

Felder in Textbausteinen

Ist der Text-Knoten als Textbaustein oder Include-Text angelegt, so werden aus dem *referenzierten* Text auch alle Felder übernommen und bei Ausführung des Formulars mit entsprechenden Inhalten versehen.

Allerdings kann das System bei der Pflege solcher Texte außerhalb des Formulars keine Kontrolle darüber vornehmen, ob die dort eingetragenen Felder in den Formularen definiert sind, in denen die Texte später aufgerufen werden. Falsche Feldnamen führen erst mit Ausgabe des Formulars zu einer Laufzeitfehlermeldung.

6.2.3 Felder als Knotenattribut

Sie können Felder nicht nur in Text-Knoten ausgeben, sondern auch direkt als Eintrag zu einem Knotenattribut nutzen. Da in diesem Fall die eigentliche Festlegung des Inhalts zum betreffenden Attribut erst bei Ausgabe des Formulars erfolgt (Laufzeit), spricht man auch von einer *dynamischen* Zuweisung. Für diese Anwendung stehen die komfortablen Mausfunktionen (Drag&Drop) allerdings nicht zur Verfügung.

Bei der Verwendung von Feldern als Knotenattribut müssen Sie zwei Fälle unterscheiden, die sich durch unterschiedliche Anzeige und Eingabe des Feldes auszeichnen (und deshalb leider anfangs etwas verwirren):

- Bei Knotenattributen, die in *Listenform* dargestellt werden (z. B. bei den Bedingungen oder bei Schleifen) werden die Feldnamen ohne &-Klammerung eingetragen. Die Überschrift zu solchen Eingabefeldern lautet dann überwiegend **Feldname**. Wollen Sie statt dessen dort direkt eine Zeichenkette eintragen, müssen Sie diese in Hochkommata einschließen. Die Schreibweise entspricht damit den Standards der ABAP-Programmierung (siehe Abbildung 6.4).

- Bei *einzelnen* Knotenattributen ist dagegen eine Eingabeform wie im Text eines Text-Knotens erforderlich. Verwenden Sie dann bei Feldern die Klammerung über das &-Sonderzeichen (z. B. bei Zuordnung einer variablen Adressnummer zu einem Adresse-Knoten). Die direkte Eingabe von Werten (als Zeichenkette) erfolgt dann ohne Hochkommata.

Abbildung 6.4 zeigt ein Beispiel für den ersten Fall: Durch die Verwendung einer Bedingung wird der betreffende Knoten nur bei Abarbeitung von Ausgabeseite 3 ausgeführt.

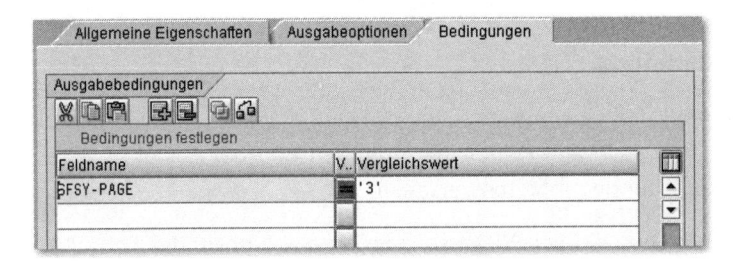

Abbildung 6.4 Felder als Knotenattribute

Der Feldname SFSY-PAGE (= aktuelle Seitenzahl) ist nicht in &-Sonderzeichen geklammert, statt dessen steht der Vergleichswert in Hochkommata (bei nummerischen Angaben wahlweise auch ohne Hochkommata).

6.2.4 Felder mit Aufbereitungsoptionen

In unserem einführenden Beispiel aus Abbildung 6.1 ist ein Feld &SFSY-DATE& als aktuelles Tagesdatum im Text enthalten. Der Inhalt des Feldes wird bei Ausgabe des Formulars so in den Text eingefügt, wie es für das aktuelle Land vorgesehen ist. Die Formatierung des Feldes besitzt direkt keine Hinweise, mit welcher Stellenzahl z. B. das Jahr erscheinen soll.

In vielen Fällen ist es jedoch sinnvoll, den Inhalt eines Feldes für die Ausgabe nochmals anzupassen. Dazu stehen im System die *Aufbereitungsoptionen* zur Verfügung. Sie werden direkt an den Namen eines Feldes angehängt. Die Aufbereitungsoptionen sind über Kürzel gesteuert, die wiederum immer in Großbuchstaben anzugeben sind. Sie lassen sich teilweise kombinieren. Bei der Ausführung werden die einzelnen Optionen dann vom System in einer hinterlegten Reihenfolge interpretiert.

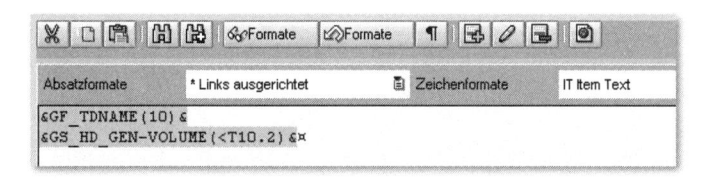

```
&GF_TDNAME(10)&
&GS_HD_GEN-VOLUME(<T10.2)&
```

Abbildung 6.5 Felder mit Aufbereitungsoptionen im Text-Knoten

Abbildung 6.5 zeigt beispielhaft zwei Felder mit Aufbereitungsoptionen:

- Das Feld in der ersten Zeile wurde alphanummerisch definiert. Es kann entsprechend beliebige Textzeichen enthalten. In unserem Beispiel wird die Ausgabe auf 10 Zeichen begrenzt.
- Das Feld in der zweiten Zeile wurde nummerisch definiert: Es enhält also Zahlen, in diesem Fall Gewichtsangaben. Die Ausgabe erfolgt mit maximal 10 Stellen, davon 2 Stellen hinter dem Dezimalzeichen, sowie ohne Tausenderpunkte (Option 'T') und mit dem Vorzeichen vor der Zahl (Option '<').

Sie sehen an diesen Beispielen, dass die Ausgabeoptionen einfach in Klammern an den Feldnamen angehängt werden. Darüber hinaus sind Kombinationen möglich. Hier die verwendbaren Aufbereitungsoptionen im Einzelnen:

- **&feld+ <offset>&**
  Bei Ausgabe des Feldinhalts werden so viele Stelle übersprungen, wie die Zahl vorgibt, die als <offset> angegeben ist (dies ist nur für Zeichenfelder sinnvoll). Ist die Offset-Angabe größer als die Wertlänge, so wird nichts ausgegeben. Beispiel: &GF_TNAME+5& gibt den gesamten Inhalt der Textvariablen ab dem sechsten Zeichen aus.

- **&feld(<nZahl>)&**
  Setzt die Ausgabelänge auf <nZahl> als natürliche Zahl. Beispiel: &BETRAG(8)& liefert eine Ausgabe mit acht Stellen, ohne Angabe zur Rundung bei nummerischen Feldinhalten. Die Längenangabe kann auch zusammen mit einem Offset erfolgen: &TYP(1)+2& liefert nur den dritten Buchstaben im Feld TYP.

- **&feld(.<nZahl>)&**
  Nachkommastellen auf <nZahl> als natürliche Zahl begrenzen. Beispiel: &BETRAG(8.2)& liefert Ausgabe mit acht Stellen, einschließlich zwei Nachkommastellen.

- **&feld(*)&**
  Ist das Feld über einen Typ im ABAP-Dictionary definiert, so wird die Ausgabelänge von dort übernommen.

- **&feld(S)&**
  Ausgabe ohne Vorzeichen, d.h. als reine Betragsangabe

- **&feld(<)&**
  Vorzeichen links von einer Zahl ausgeben; die Standarddarstellung bei SAP zeigt das Vorzeichen rechts hinter einer Zahl.

- **&feld(E <nZahl>)&**
  Darstellung des Feldwertes mit dem festen Exponent <nZahl>. Die Mantisse wird durch Verschieben des Dezimalzeichens und Nachziehen von Nullen an diesen Exponenten angepasst.

- **&feld(T)&**
  Unterdrückung Tausenderpunkt, nur sinnvoll bei Feldern vom Typ DEC, CURR, INT und QUAN, die im Standardfall mit Tausenderpunkten ausgegeben werden.

- **&feld(Z)&**
  Führende Nullen bei Ausgabe von Zahlen unterdrücken

- **&feld(I)&**
  Ausgabe initialer Werte unterdrücken: Es werden nur Felder mit echten Inhalten berücksichtigt. Im Standardfall wird ein initiales nummerisches Feld bei Ausgabe wie die Zahl Null behandelt. Der gleiche Effekt wie mit dieser Aufbereitung lässt sich für einen gesamten Knoten über die Bedingung **feld <> intitial** erreichen.

- **&feld(R)&**
  Rechtsbündige Ausgabe: Sie ist nur sinnvoll, wenn gleichzeitig eine Ausgabelänge angegeben wird. *Rechtsbündig* bezieht sich nur auf die Darstellung innerhalb dieser Ausgabenlänge. Wie der erzeugte Feldinhalt dann in den umgebenden Ausgabebereich eingebunden ist (z.B. das zugehörige Fenster), bestimmt die entsprechende Angabe im Textformat (z.B. links- oder rechtsbündig).

- **&feld(F<X>)&**

  Linksbündige Leerzeichen im Wert durch angegebenes, beliebiges Füllzeichen ersetzen. Beispiel: &BETRAG(F-)& erzeugt führende Bindestriche

- **&feld(L)&**

  Umrechnung des Datums in lokales japanisches Datumsformat (nur in japanischem SAP-System sinnvoll)

- **&feld(C)&**

  Der Feldwert wird als eine Folge von Wörtern betrachtet, die jeweils durch Leerzeichen voneinander abgesetzt sind. Diese Wörter werden nach links zusammengeschoben und dann durch genau ein Leerzeichen voneinander getrennt. Führende Leerzeichen entfallen ganz (wie bei der ABAP-Anweisung CONDENSE). Die Aufbereitungsoption kann auch bei Zahlen verwendet werden. So ermöglicht die Aufbereitung &ZAHL(C.2)& eine Zahlenausgabe zwei Nachkommastellen, die sich für die Einbindung in Fließtext eignet (d.h. ohne Leerstellen am Beginn).

- **&feld(K)&**

  Alle bisher betrachteten Aufbereitungen werden ignoriert, wenn zum verwendeten Datentyp im ABAP-Dictionary eine feste Konvertierungsroutine hinterlegt ist. Über die Option (K) können Sie diese Routine ausschalten und damit den anderen Aufbereitungen Geltung verschaffen.

Interpretation der Aufbereitungsoptionen

An den Beschreibungen werden Sie schon erkannt haben, dass die einzelnen Aufbereitungsoptionen nicht für jeden Feldtyp geeignet sind. So ist z. B. eine Darstellung mit Exponent nur bei Zahlen sinnvoll, nicht aber bei Zeichenfeldern. Deshalb unterscheidet das System bei Interpretation der Aufbereitungsoptionen zwischen *nummerischen* Feldern (Zahlen) und *Zeichenfeldern* (Textinhalten).

- **Anwendung auf nummerische Felder**

  Als Erstes wird die Angabe zur <Länge> ausgewertet, falls sie angegeben wurde. Ohne Längenangabe erfolgt die Ausgabe in der vollen Länge, wie sie in der Deklaration des Feldes hinterlegt ist. Das abschließende Leerzeichen gilt als positives Vorzeichen. Um es zu unterdrücken, kann die Aufbereitungsoption S verwendet werden. Ein angegebener <offset> ist nur bei Zeichenfolgen sinnvoll und wird deshalb ignoriert.

Es gilt die folgende Auswertungsreihenfolge der Aufbereitungsoptionen:

<Länge>	Angabe zur Länge der Ausgabe als Anzahl der Zeichen
<	Vorzeichen nach links
L	Japanisches Datum
C	Leerzeichen unterdrücken
R	Rechtsbündige Darstellung
F	Füllzeichen einfügen

▶ **Anwendung auf Zeichenfelder**
Als Voreinstellung wird der Inhalt eines Feldes in seiner vollen Länge ausgegeben; nur Leerzeichen am Ende der Zeichenkette werden abgeschnitten. Es gilt die folgende Auswertungsreihenfolge der Aufbereitungsoptionen:

C	Leerzeichen unterdrücken <Länge> und <offset>
R	Rechtsbündige Darstellung
F	Füllzeichen einfügen

6.3 Datenstrukturen und Datendefinitionen

6.3.1 Vorgehensweise

Im vorangegangenen Abschnitt haben wir gezeigt, wie Sie Felder in Text-Knoten oder als Attribut in beliebigen anderen Knoten verwenden. Bevor Sie ein Feld jedoch als Platzhalter für Daten nutzen können, muss es im Formular bekannt sein. Bei diesem Vorgang spricht man von der *Definition* oder auch *Deklaration* der Daten. Entsprechend den bisher beschriebenen Anwendungen stellt Smart Forms folgende drei Möglichkeiten zur Verfügung, um Daten im Formular bekannt zu machen und dann einzufügen:

▶ Angaben in der Formularschnittstelle definieren die Daten, die mit dem Rahmenprogramm ausgetauscht werden.

▶ Systemfelder sind immer vorhanden und in Ihrer Bedeutung fest vorbelegt (z.B. Datum, Seitenzahl). Eine Definition im Formular ist nicht erforderlich.

▶ Über Angaben bei den Globalen Definitionen werden Daten definiert, deren Inhalte im Formular zugewiesen werden sollen (z.B. als Ergebnis von Berechnungen).

Innerhalb eines Programm-Knotens können Sie darüber hinaus lokale Daten definieren, die dann aber nur im jeweiligen Knoten bekannt sind (z. B. für die Speicherung von Zwischenwerten). Diese Daten deklarieren Sie dann auch über entsprechende ABAP-Anweisungen (siehe Kapitel 8). Im folgenden wollen wir die Kenntnisse vermitteln, die erforderlich sind, damit Sie mit Daten und deren Definition unter Smart Forms umgehen können.

6.3.2 Übersicht Datenstrukturen

Alle Daten des SAP-Systems sind im Datenbanksystem des Zentralrechners abgelegt. Für die Ausgabe mittels Smart Forms müssen diese Daten zunächst in den Arbeitsspeicher des Systems geladen werden.

Im Datenbanksystem sind die Daten in *transparenten Tabellen* abgelegt. Die Übertragung in den Arbeitsspeicher erfolgt normalerweise im Datenbereitstellungsteil des Rahmenprogramms, über das ein Formular aufgerufen wird. Diese Daten gelangen dann über die Formularschnittstelle in das Formular und können dort über ihre Feldnamen eingefügt werden.

Der Entwickler eines Formulars muss natürlich wissen, welche Daten vom Rahmenprogramm über die Formularschnittstelle zur Verfügung gestellt werden. Dazu benötigt er z. B. die Namen der *Schnittstellen-Parameter*. Dem Formularentwickler muss aber auch bekannt sein, dass die Daten mit unterschiedlichem *Typ* vorliegen können. Dazu ist ein grundlegendes Verständnis der Datentypen erforderlich, die im SAP-System vorkommen. Nur mit diesem Verständnis ist überhaupt eine sinnvolle Anwendung von Daten im Formular möglich.

> **Hinweis:** Bei Anwendern mit Erfahrungen im Customizing oder im Umgang mit ABAP dürfte ein solches Verständnis zu Datentypen vermutlich schon vorhanden sein. Vieles in diesem Abschnitt wird Ihnen daher vermutlich bekannt vorkommen.

Für das weitere Verständnis reicht es an dieser Stelle aus, die Daten zu betrachten, die sich im Arbeitsspeicher eines Programms befinden. Abbildung 6.6 zeigt drei Hauptfälle zunächst anhand von ganz allgemeinen Kundendaten.

Die Unterschiede zwischen den drei Varianten der Datenhaltung sind auf den ersten Blick erkennbar; betrachten wir nun die Konsequenzen für die Ausgabe der enthaltenen Informationen.

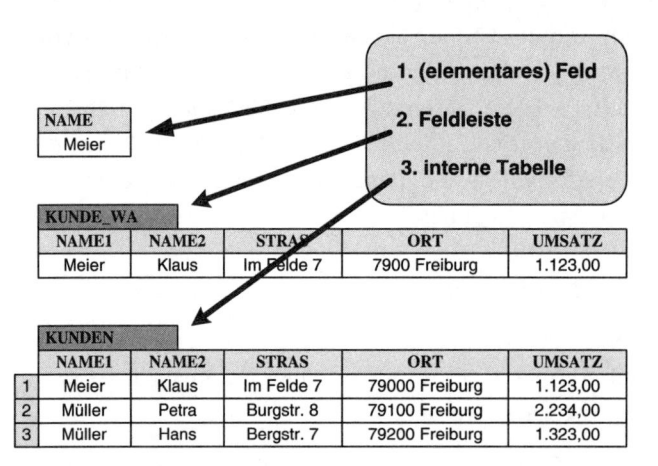

```
                              ┌─────────────────────────┐
                              │ 1. (elementares) Feld   │
    NAME                      │ 2. Feldleiste           │
    Meier                     │ 3. interne Tabelle      │
                              └─────────────────────────┘

    KUNDE_WA
    | NAME1 | NAME2 | STRAS     | ORT          | UMSATZ   |
    | Meier | Klaus | Im Felde 7| 7900 Freiburg| 1.123,00 |

    KUNDEN
    |   | NAME1  | NAME2 | STRAS     | ORT           | UMSATZ   |
    | 1 | Meier  | Klaus | Im Felde 7| 79000 Freiburg| 1.123,00 |
    | 2 | Müller | Petra | Burgstr. 8| 79100 Freiburg| 2.234,00 |
    | 3 | Müller | Hans  | Bergstr. 7| 79200 Freiburg| 1.323,00 |
```

Abbildung 6.6 Grundtypen von Variablen

(1) (Elementares) Feld

Das einfache Feld besteht aus nur einer Information, erkennbar an der Bezeichnung NAME1. Bei dem gewählten Kunden lautet der Inhalt der Variable »Meier«. Ist ein solches Feld im Formular definiert, kann die Ausgabe direkt über einen Text-Knoten erfolgen (hier im Beispiel über &NAME1&).

Da ein Feld nur eine Information enthalten kann, wird es auch als *elementares* Datenobjekt bezeichnet.

(2) Feldleiste

Die Feldleiste enthält gleichzeitig mehrere Informationen zum gewählten Kunden. Sie besteht deshalb aus einer Aneinanderreihung mehrerer Felder (daher auch der Begriff *Feldleiste*). Allerdings spricht man in diesem Zusammenhang heute auch häufig von den beteiligten *Datenkomponenten*.

In unserem Beispiel sind fünf Angaben enthalten. Jede Datenkomponente besitzt eine Bezeichnung (NAME1, STRAS etc.), außerdem hat die Feldleiste selbst einen Namen (hier KUNDE_WA).

Die Bezeichnungen der Datenkomponenten sind nur innerhalb einer einzigen Feldleiste eindeutig. Es könnte also mit gleichem Aufbau auch noch eine weitere Feldleiste LIEFER_WA existieren, um Adressen von Lieferanten zu verwalten. Folglich kann das System eine Teilinformation zum Kunden nur finden, wenn auch der Name der betreffenden Feldleiste bekannt ist.

Das hat auch Auswirkungen auf die Darstellung im Formular unter Smart Forms: Um eine Teilinformation zu lesen und auszugeben, ist eine zusammengesetzte Schreibweise für das Feld erforderlich (z.B. &KUNDE_WA-STRAS&). Die Verbindung der beiden Ebenen erfolgt immer über einen Bindestrich. Diese Schreibweise gilt ganz allgemein unter ABAP.

Betrachten Sie nochmals in Abbildung 6.6 die Angaben in der Feldleiste in Bezug auf die enthaltenen Daten. Sie sehen einerseits Zeichenfolgen mit den Inhalten zur Adresse (NAME, ORT), andererseits aber auch ein nummerisches Feld mit einer Umsatzzahl. Auch diese Typunterschiede muss das System kennen.

> **Hinweis:** Der gewählte Begriff *Feldleiste* entspricht eher einer traditionellen Wortwahl; heute auch üblich sind die Begriffe *Strukturiertes Datenobjekt* oder auch einfach nur *Struktur* (wobei wir letzteren Begriff allerdings noch an anderer Stelle verwendet sehen werden).

(3) Interne Tabelle

Die interne Tabelle bietet darüber hinaus die Möglichkeit, Informationen zu mehreren Kunden gleichzeitig unterzubringen. Die einzelnen Datensätze sind über einen Zeilen-Index durchnummeriert; vergleichbar mit dem Arbeitsblatt einer Tabellenkalkulation: Nur durch zusätzliche Angabe zur Zeilennummer ist ein Datensatz eindeutig identifiziert. Die Benennung einer Teilinformation ergibt sich über den Namen der *Datenkomponente* (entspricht der Spalte).

Die Kombination aus Zeilen- und Spaltenangabe beschreibt eindeutig eine Zelle. Sie enthält wieder die eigentliche Teilinformation. Statt von einer Zelle sprechen wir allerdings hier wieder vom *Feld* als dem Platz, an dem die Information abgelegt ist.

Um den Inhalt eines Feldes bei einer internen Tabelle anzusprechen, muss neben der Datenkomponente immer auch der gewünschte Datensatz genannt sein. Deshalb lassen sich die Felder einer internen Tabelle nicht direkt im Formular ansprechen (z.B. über einen Text-Knoten). Das praktische Vorgehen beinhaltet statt dessen zwei Schritte:

▸ Vor der eigentlichen Ausgabe wird zunächst der gewünschte Datensatz (als Zeile) in eine zusätzliche Feldleiste mit gleichem Aufbau kopiert.

▸ Im zweiten Schritt erfolgt dann die Ausgabe der gesuchten Information über das betreffende Feld in dieser Feldleiste wie im vorangegangenen Abschnitt dargestellt.

Feldleisten und interne Tabellen werden gemeinsam auch als *nichtelementare Datenobjekte* bezeichnet.

> **Hinweis:** Der Begriff *Feld* wird heute teilweise auch schon mit erweiterten Bedeutungen belegt, wir wollen uns aber innerhalb des Buches noch am eher traditionellen Verständnis orientieren, wie wir es soeben beschrieben haben.

Zusammenfassung

Sie haben nun die Grundvarianten kennengelernt, durch die Daten im Programmspeicher abgelegt sein können. Natürlich muss das zugehörige Programm (bzw. das Formular unter Smart Forms) auch wissen, wie die jeweiligen Daten beschaffen sein sollen (z.B. als einfaches Feld, interne Tabelle etc.) Aus diesem Grunde muss im ersten Schritt immer eine Definition der erforderlichen Daten erfolgen.

Das Ergebnis einer Definition sind die konkreten *Datenobjekte*, welche dann im Formular (oder über ABAP) angesprochen werden können. Ein weiteres Kriterium ist die Frage, ob die Daten änderbar sein sollen oder nicht. Man spricht daher von *Variablen* oder *Konstanten*.

> **Hinweis:** Auch wenn ein Formular überwiegend nur Daten ausgibt und diese dabei nicht ändert, werden wir Definitionen doch immer so vornehmen, als wären die zugehörigen Daten änderbar. Aus diesem Grunde sprechen wir im Weiteren nur noch von *Variablen* statt von Datenobjekten (was dem heutigen Sprachgebrauch sicher auch näher kommt). Die Variable ist damit der Überbegriff zu allen Typen von Daten, die wir soeben beispielhaft beschrieben haben. Wir sprechen hier aber häufig auch einfach von *Daten* als den Inhalten der Variablen.

Die Definition der Daten beinhaltet neben der Namensvergabe immer auch eine *Typisierung*. Auf diesem Wege erhält das System Informationen über den Aufbau der Variablen, die mit dem neuen Namen angelegt wurde.

Mit den bisherigen Informationen sind Sie bereits ausreichend gerüstet, um im nächsten Schritt mit der Definition von Daten fortzufahren (siehe Abschnitt 6.3.3). In Spezialfällen der Formularentwicklung werden Sie jedoch auf Variablen treffen, die weit komplexer sind, als wir es bisher betrachtet haben. Deshalb wollen wir an dieser Stelle noch einige Hinweise zu solchen komplexen Strukturen geben.

Komplex strukturierte Variablen

Wir haben in der bisherigen Darstellung bewusst ein einfaches Beispiel verwendet, damit die Unterschiede zwischen den verschiedenen Typen von Variablen sofort erkennbar sind (Feld, Feldleiste, etc.). In der Praxis werden Sie jedoch gelegentlich auch auf Datenstrukturen treffen, die um einiges komplexer sind. Mit Hilfe der folgenden Schritte werden Sie aber auch diese Hürde meistern.

Wir haben festgestellt, dass das *Feld* als besondere Eigenschaft nur eine einzige Information enthält, die nicht weiter aufgegliedert werden kann. Wegen dieser

Eigenschaft haben wir teilweise den Zusatz *elementar* angefügt. Wir sind in unserem Beispiel bisher auch davon ausgegangen, dass bei der Feldleiste jede Teilinformation äquivalent dazu in den zugeordneten Feldern (Datenkomponenten) abgelegt ist. Dazu gehören z. B. die Namensteile »Klaus« und »Meier«, also ebenfalls elementare Felder.

Diese Einschränkung gilt heute jedoch nicht mehr. Vielmehr kann jedes Feld in einer strukturierten Variablen selbst wieder eine eigenständige Datenkomponente sein (wie ein Verweis).

KUNDE_WA			
NAME1	NAME2	ADR	UMSATZ
Meier	Klaus		1.123,00

STRAS	ORT
Im Felde 7	79000 Freiburg

&KUNDE_WA-ADR-ORT&

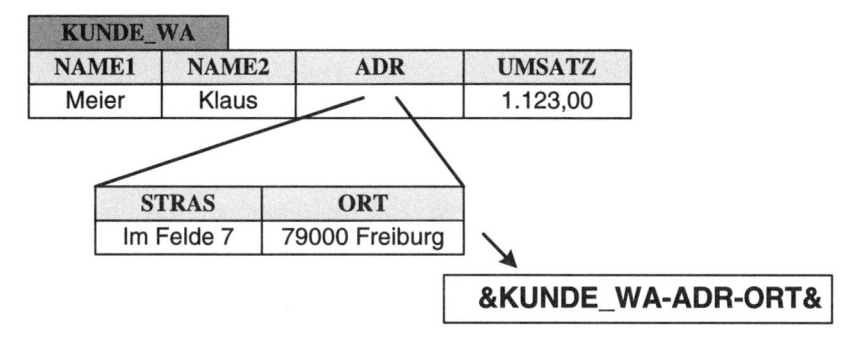

Abbildung 6.7 Erweiterung 1 zur Feldleiste

Dass diese Technik recht nützlich ist, wollen wir an zwei Beispielen zeigen. Eine Datenkomponente (Teilinformation) der Feldleiste kann wie ein Verweis auf eine andere Feldleiste angelegt sein (siehe Abbildung 6.7).

Für unsere Feldleiste KUNDE_WA wird es dadurch möglich, dass unter dem Namen einer neuen Komponente ADR eine Struktur angelegt ist, die alle Angaben zur Adresse des Kunden zusammenfasst (hier STRAS und ORT). Um von dort eine Teilinformation abzurufen, muss der Feldname unter Smart Forms auch die neue Zwischenstufe beinhalten, also z. B. &KUNDE_WA-ADR-STRAS&. Die bisherigen Komponenten STRAS und ORT können in KUNDE_WA dann entfallen.

Vorteil dieser Lösung: Bei Feldleisten, die aus vielen einzelnen Datenkomponenten aufgebaut sind, wird eine größere Übersichtlichkeit erreicht. Bei Einbindung mehrerer untergeordneter Strukturen können diese ggf. auch Komponenten mit gleichem Namen enthalten.

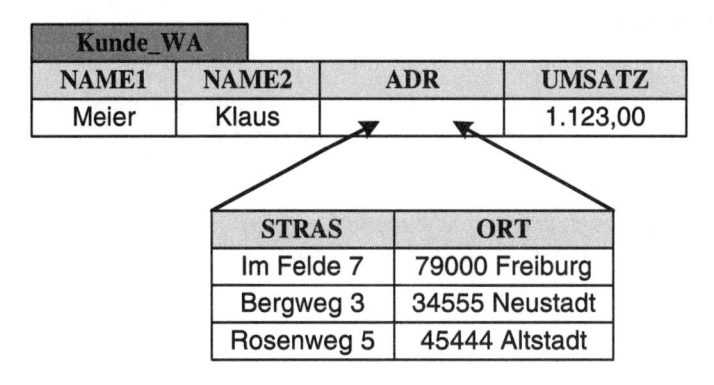

Kunde_WA			
NAME1	NAME2	ADR	UMSATZ
Meier	Klaus		1.123,00

STRAS	ORT
Im Felde 7	79000 Freiburg
Bergweg 3	34555 Neustadt
Rosenweg 5	45444 Altstadt

Abbildung 6.8 Erweiterung 2 zur Feldleiste

Alternativ kann eine Datenkomponente in der Feldleiste aber auch wie ein Verweis auf eine interne Tabelle angelegt sein (Abbildung 6.8).

In unserem Beispiel gehen wir von dem Fall aus, dass ein Kunde auch mehrere Wohnsitze und damit mehrere Adressen haben kann. Die übergeordnete Feldleiste KUNDE_WA enthält auch weiterhin immer nur einen Datensatz (mit den Daten eines Kunden). In der zusätzlichen Komponente als interne Tabelle können dazu aber beliebig viele Adressen hinterlegt sein.

Da der Name des Kunden nicht von der Anschrift abhängt, ist er auch weiterhin in KUNDE_WA geführt. Er lässt sich also wie bisher mit dem zusammengesetzten Feldnamen unter Smart Forms ansprechen. Für die Ausgabe der Adresse (oder ggf. mehrerer Adressen) muss dagegen wieder eine individuelle Logik hinterlegt sein, die jeden Datensatz einzeln abfragt (wie oben bereits erläutert).

Dieses Verfahren ist auch bei den Komponenten innerhalb von internen Tabellen anwendbar; auch dort können wieder beliebige Verweise auf andere Datenstrukturen hinterlegt sein (ggf. können sogar interne Tabellen ineinander geschachtelt sein).

Aus dieser Logik ergeben sich unzählige Kombinationsmöglichkeiten, die aber immer nach dem gleichen Schema aufgebaut werden. Der Vorgang bleibt dadurch trotzdem übersichtlich.

> **Hinweis:** Auch bei der Erläuterung der Formularschnittstelle werden Sie einzelne Parameter kennenlernen, die als komplex strukturierte Daten im genannten Sinne zu verstehen sind.

6.3.3 Datendefinition

Wie Sie an den Beispielen des letzten Kapitel gesehen haben, können die Daten im System mit unterschiedlichen Eigenschaften vorkommen. Um mit Daten arbeiten zu können, müssen Variable definiert werden, die einen Bereich des Programmspeichers dafür reservieren und die dann mit Daten gefüllt werden können. Mit der Definition wird gleichzeitig auch ein *Datentyp* für die Variable festgelegt (*Typisierung*). Damit kennt das System die Eigenschaften der Variablen und kann passenden Speicherplatz reservieren.

Variablenname	Typisierung	Bezugstyp	Vorschlagswert	Konstante
ZAHL	TYPE	I		☐
NAME	TYPE	CHAR20		☐
WA_KUNDE	TYPE	ADDR		☐
KUNDE	TYPE	TABLE OF ADDR		☐

Abbildung 6.9 Definition Globale Daten

In Abbildung 6.9 haben wir einzelne Datendefinitionen zusammengestellt. Wir werden die einzelnen Zeilen in den folgenden Abschnitten nacheinander erläutern. Die Einträge selbst haben keinen direkten Bezug zur Flugrechnung als unserem Übungsformular. Sie können die Typisierungen aber problemlos auch dort eingeben um die Beispiele nachvollzuziehen.

Jede Datendefinition muss mindestens drei Angaben enthalten:

▶ **Variablenname**
Sie müssen gewisse Einschränkungen für die Namensvergabe beachten:
Das erste Zeichen muss beispielsweise immer ein Buchstabe sein; es dürfen keine Sonderzeichen außer dem Unterstrich _ verwendet werden. Diese Regeln werden auch bei der Gesamtprüfung des Formulars kontrolliert.

▶ **Typisierung**
Hier wird festgelegt, wie der folgende Bezugstyp interpretiert werden soll. Es stehen zur Auswahl:

LIKE	Für den Bezug auf vorhandene Variablen im Formular
TYPE	Für den Bezug auf Datentypen, die im System hinterlegt sind (ABAP-Typen oder Einträge im ABAP-Dictionary)
TYPE REF	Für den Bezug auf Referenzdatentypen, wie sie in der objektorientierten Programmentwicklung verwendet werden

Wir werden im Folgenden nur auf die ersten beiden Typisierungen eingehen.

▶ **Bezugstyp**
Auf diese Angaben beziehen sich die neuen Variablen: Je nach Vorgabe in der Spalte **Typisierung** können dies im System hinterlegte Datentypen sein oder andere, im Formular bereits angelegte Daten.

Bei Feldern (elementaren Variablen) können Sie in der Spalte **Vorschlagswert** den Inhalt vorbelegen. Die Eingabe des Wertes erfolgt bei Zeichenfeldern als Text, eingeschlossen in Hochkommata, bei nummerischen Feldern wahlweise auch ohne Hochkommata.

Ist das Attribut **Konstante** gesetzt, kann das Datenelement im Formular nicht mehr mit einem neuen Inhalt versehen werden. Eine Konstante wird z.B. dann gesetzt, wenn Felder immer einen bestimmten vorgegebenen Wert enthalten sollen, um sie im Text über den Namen besser ansprechen zu können.

In den folgenden Abschnitten zeigen wir einige Möglichkeiten, die sich bei der Typisierung über TYPE und die zugehörigen Datentypen ergeben. Diese Einführung erhebt keinerlei Anspruch auf Vollständigkeit. Für umfassende Informationen verweisen wir insbesondere auch auf die ausführlichen Beschreibungen in der SAP-Bibliothek oder entsprechende Literatur.

6.3.4 ABAP-Datentypen verwenden

Die erste Zeile in unserem letzten Beispiel (siehe Abbildung 6.9) typisiert die Variable ZAHL als I (= Integer), sie kann bei Laufzeit nur die Werte ganzer Zahlen annehmen. Dieser grundlegende Typ wird vom ABAP-Entwicklungssystem zur Verfügung gestellt. Hier die wichtigsten ABAP-Typen:

C	Zeichenfolge
I	Integer (ganze Zahl)
D	Datum
T	Zeit (Time)
F	Float (Gleitkommazahl)
STRING	Zeichenfolge mit beliebiger Länge

Die Definitionen innerhalb des Formulars werden bei Generierung des zugehörigen Funktionsbausteins automatisch in passende DATA-Anweisungen der ABAP-Programmiersprache übersetzt. Entsprechend können Sie die genaue Anwendung der Typisierungen über ABAP-Typen auch in der SAP-Bibliothek nachlesen (Begriff TYPE oder DATA).

Bei der Übersetzung in ABAP-Anweisungen wird für alle genannten ABAP-Typen die im System hinterlegte Standardlänge verwendet (z. B. ein Zeichen bei Typ 'C'). Auf andere Längenangaben, wie sie unter ABAP z. B. über NAME(29) erfolgen, müssen Sie im Formular verzichten. Sie werden von der Formularprüfung abgewiesen. Das begrenzt natürlich die direkten Anwendungsmöglichkeiten der ABAP-Typen.

Andererseits ist die Typisierung über eingebaute ABAP-Typen im Grunde auch gar nicht mehr erforderlich, denn fast immer können Sie die Typisierung auch über einen Bezug auf andere Komponenten vornehmen, die im SAP-System bereits vorhanden sind (über das zentrale ABAP-Dictionary oder Variablen im Formular selbst).

6.3.5 Bezug auf ABAP-Dictionary

Das *ABAP-Dictionary* im SAP-System beschreibt u.a. die Eigenschaften aller im System verwendeten Datenbanktabellen (üblich ist auch der Begriff *Data-Dictionary* oder einfach *Dictionary*).

Neben Beschreibungen zu echten (*transparenten*) Datenbanktabellen finden sich im ABAP-Dictionary auch Einträge, die nur für die Definition von Variablen verwendet werden (*Datentypen*). Diese Datentypen sind wie Muster zu verstehen und bieten für Applikationsentwickler die Möglichkeit, Variablen mit einheitlichen Eigenschaften anzulegen. Ein Beispiel hierfür ist die einheitliche Länge eines Namensfeldes in allen Programmen, ohne dass bekannt sein muss, wie viele Zeichen der Name in der Datenbank tatsächlich besitzt.

Der Bezug auf das ABAP-Dictionary erfolgt wie bei den ABAP-Datentypen über den Zusatz TYPE. Wird kein passender ABAP-Datentyp gefunden, sucht das System automatisch im ABAP-Dictionary. Abbildung 6.10 zeigt einige Beispiele.

Variablenname	Typisieru...	Bezugstyp	Vorschlagswert	Konstante
NAME	TYPE	CHAR20		☐
WA_KUNDE	TYPE	ADDR		☐
KUNDE	TYPE	TABLE OF ADDR		☐
LIEFERANT	TYPE	TADDR		☐
WA_MATERIAL	TYPE	MARA		☐
MATERIAL	TYPE	TABLE OF MARA		☐
GEWICHT	TYPE	MARA-BRGEW		☐

Abbildung 6.10 Typisierung über ABAP-Dictionary

In der ersten Zeile des Beispiels wird die Variable NAME als Textfeld definiert. Für diese Typisierung haben wir den Bezugstyp CHAR20 verwendet, wie er im ABAP-Dictionary hinterlegt ist. Über diesen Eintrag weiß das System, dass ein Textfeld mit aktuell 20 Zeichen angelegt werden soll.

> **Tipp:** Wenn der Bezugstyp aus dem ABAP-Dictionary stammt, können Sie sich über einen Maus-Doppelklick in der Zelle zum Bezugstyp den jeweiligen Eintrag im ABAP-Dictionary direkt anzeigen lassen (siehe das Beispiel in Abbildung 6.11).

Leider existiert im Feld zum Bezugstyp keine Suchfunktion (Wertehilfe), um sich passende Einträge zum Datentyp vorschlagen zu lassen. Wechseln Sie bei Bedarf hierfür in die direkte Anzeige des ABAP-Dictionary über Transaktion SE11. In vielen Anwendungsfällen ergibt sich der Datentyp aber auch aus anderen Zusammenhängen, wie wir später noch sehen werden.

Ein Datentyp im ABAP-Dictionary kann auch mehrere Felder gleichzeitig beschreiben oder auch wieder andere Datentypen zusammenfassen. Anhand solcher zentralen Definitionen können Sie komplette Feldleisten oder interne Tabellen mit einer Typzuweisung definieren (noch weitergehende Verschachtelungsmöglichkeiten wollen wir zunächst außer Acht lassen).

Die Definition von WA_KUNDE in unserem Beispiel zeigt uns diesen Fall: Die Feldleiste wird über einen Datentyp ADDR definiert. Er enthält zwar etwas andere Feldbezeichnungen als in unserem ersten einleitenden Adressbeispiel, die Systematik ist aber erkennbar. Ein Doppelklick auf den Datentyp ADDR liefert einen Eintrag im ABAP-Dictionary wie in Abbildung 6.11. Hier sind die enthaltenen Felder als Komponenten mit ihrer Einzeltypisierungen aufgelistet.

Vor ADDR, dem Namen des Datentyps, steht als Bezeichnung **Struktur**. Es ist ein Hinweis auf unsere anfängliche Klassifikation nach Variablen, Feldleisten und internen Tabellen. Die Unterteilung der Datentypen findet sich auch im ABAP-Dictionary wieder; hier allerdings mit den Begriffen *Datenelement*, *Struktur* und *Tabellentyp* .

Für die Typisierung im Formular bietet der Weg über das ABAP-Dictionary einen unschätzbaren Vorteil: Komplexe Variablen wie Feldleisten oder interne Tabellen müssen häufig in einem ähnlichen Aufbau angelegt werden. Diesen Aufbau können Sie als Datentyp komplett im ABAP-Dictionary hinterlegen. Bei Typisierung mit Bezug auf diesen Eintrag zum Datentyp wird dann die komplette Feldleiste bzw. interne Tabelle auch im Formular angelegt.

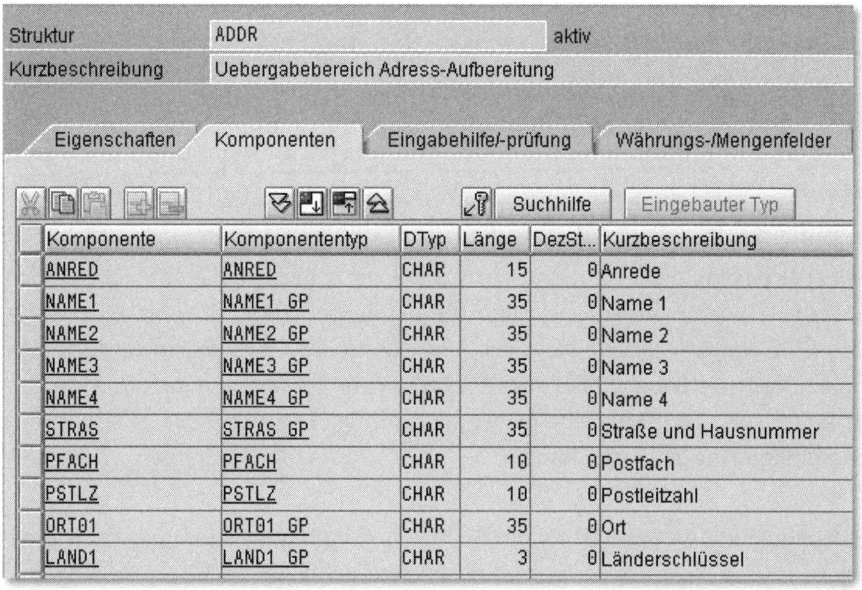

Komponente	Komponententyp	DTyp	Länge	DezSt...	Kurzbeschreibung
ANRED	ANRED	CHAR	15	0	Anrede
NAME1	NAME1_GP	CHAR	35	0	Name 1
NAME2	NAME2_GP	CHAR	35	0	Name 2
NAME3	NAME3_GP	CHAR	35	0	Name 3
NAME4	NAME4_GP	CHAR	35	0	Name 4
STRAS	STRAS_GP	CHAR	35	0	Straße und Hausnummer
PFACH	PFACH	CHAR	10	0	Postfach
PSTLZ	PSTLZ	CHAR	10	0	Postleitzahl
ORT01	ORT01_GP	CHAR	35	0	Ort
LAND1	LAND1_GP	CHAR	3	0	Länderschlüssel

Abbildung 6.11 Datentyp im ABAP-Dictionary

Kommen wir in unserem Beispiel der Abbildung 6.10 zur dritten Zeile: Über eine Erweiterung zu TYPE wird dort eine interne Tabelle KUNDE angelegt, deren Zeilenstruktur wieder durch den Datentyp ADDR vorgegeben ist und damit die gleiche wie bei WA_KUNDE ist. Der Zusatz TABLE OF erzeugt automatisch diese interne Tabelle.

> **Hinweis:** Die Typisierung mit TABLE OF war in den ersten Ständen von 4.6C noch fehlerbehaftet; achten Sie darauf, dass entprechende Service-Packs eingespielt sind.

Alternativ können Sie für die letzte Definitionszeile auch einen Datentyp im ABAP-Dictionary anlegen, der genau für diese Anwendung vorgesehen ist. Beachten Sie, dass ein solcher Datentyp als Tabellentyp angelegt sein muss. Dann kann die Typisierung wieder ganz einfach über TYPE mit Bezug auf diesen Tabellentyp erfolgen.

Datenbanktabellen

Wir sind bisher davon ausgegangen, dass spezielle Datentypen im System hinterlegt sind (in der Programmiersprache ABAP oder im ABAP-Dictionary).

Häufig werden Feldleisten oder interne Tabellen aber auch mit Daten gefüllt, die direkt aus vorhandenen Datenbanktabellen gelesen werden. Quelle und Ziel sollten in diesen Fällen natürlich die gleiche Feldstruktur aufweisen.

Es liegt also nahe, die Definition einer Variablen mit Bezug auf eine solche Datenbanktabelle vorzunehmen und dann die benötigten Daten dorthin einzulesen. Auch für diese Anwendung steht das ABAP-Dictionary zur Verfügung, denn dort sind auch alle Datenbanktabellen (als *transparente Tabellen*) mit ihren Eigenschaften hinterlegt. Der Bezug erfolgt wieder über TYPE, auch wenn es sich streng genommen nicht um Typen handelt.

> **Hinweis:** Für den Bezug auf das ABAP-Dictionary sollten Sie immer TYPE verwenden (also nicht nur bei Datentypen!). Nur dann steht auch der Sprung ins Dictionary über Maus-Doppelklick zur Verfügung. Wegen der Kompatibilität zur früheren Version können Sie grundsätzlich auch LIKE verwenden. Allerdings ist dieser Schlüssel eigentlich nur noch für den Bezug auf interne Variablen vorgesehen, wie wir im Folgenden noch sehen werden.

Betrachten Sie die letzten Zeilen in unserem Beispiel der Abbildung 6.10:

- Die definierte Feldleiste WA_MATERIAL entspricht in ihrer Struktur der Datenbanktabelle MARA für Materialdaten: Dorthin können Sie folglich immer nur einen Materialstammsatz übertragen.

- Um interne Tabellen zu erzeugen, können Sie wieder den Weg über den Zusatz TABLE OF wählen: Die interne Tabelle MATERIAL kann folglich mehrere Datensätze zum Materialstamm aufnehmen.

- Die Typisierung über TYPE ist auch auf einzelne Felder anwendbar. In der letzten Zeile wird eine Variable GEWICHT definiert, die genau so angelegt ist, wie das Datenbankfeld zum Nettogewicht im Materialstammsatz. Wie bei der Ausgabe von Feldern im Formular, wird das einzelne Feld auch hier über den mehrstufigen Feldnamen gefunden.

Ergebnis

Nach soviel Arbeit lohnt es sich, das Ergebnis der Definitionen in der Feldliste des Form Builders zur betrachten. Unsere Einträge befinden sich unter der Gruppe **Globale Daten**, wie in Abbildung 6.12 dargestellt.

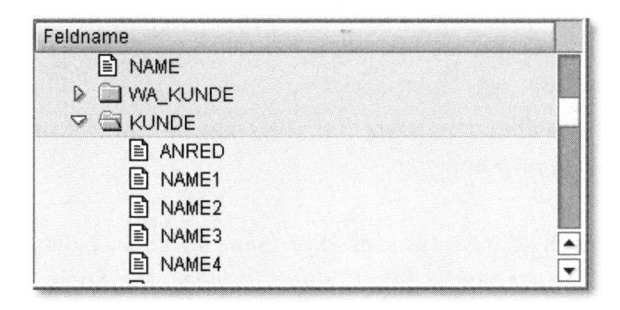

Abbildung 6.12 Feldliste in Bildschirmdarstellung

Die Variable NAME können Sie direkt als Feld in einen Text einfügen (erkennbar an dem Textsymbol vor diesem Eintrag). Für WA_KUNDE und KUNDE wurde vom System ein Ordner angelegt. Darunter sind die einzelnen Felder gelistet. Wenn Sie ein solches Feld in den Text übernehmen, wird automatisch der komplette Feldname kombiniert, also z. B. &WA_KUNDE-NAME1.

> **Hinweis** An dieser Stelle könnte man versucht sein, auch ein Feld aus der Tabelle KUNDE einfach in einen Text zu übernehmen, denn an der Darstellung in der Feldliste ist nicht erkennbar, ob es sich um eine Feldleiste oder eine interne Tabelle handelt. Versuchen Sie es ruhig einmal; starten Sie die Prüfung des Text-Knotens: Es folgt eine Fehlermeldung mit dem Inhalt »KUNDE ist eine Tabelle ohne Kopfzeile und ...«.
>
> Da die interne Tabelle aus mehreren Zeilen besteht, kann keine eindeutige Zuordnung erfolgen. Leser mit ABAP-Erfahrung werden wissen, dass es auch interne Tabellen mit Kopfzeilen gibt, die mit entsprechender Vorarbeit eine solche Zuordnung ermöglichen. Deshalb erfolgt diese Art der Fehlermeldung.
>
> Wir schlagen vor: Kennzeichnen Sie alle Tabellen eindeutig (z. B. beginnend mit dem Buchstaben T). Arbeiten Sie mit zusätzlichen Feldleisten, die Sie als Arbeitsbereiche für diese internen Tabellen einsetzen und die Sie vorher über Schleife- oder Programm-Knoten mit den entsprechenden Daten füllen. Das verhindert Irrtümer (weitere Hinweise siehe Abschnitt 7.2).

6.3.6 Bezug auf interne Daten

Im Zuge der Formularerstellung ist es ein häufiger Anwendungsfall, dass der Inhalt von Variablen in andere Variablen kopiert werden soll. Hierfür benötigen Sie wieder Variablen mit gleicher Feldstruktur:

- Nach dem bisher beschriebenen Verfahren können Sie per TYPE einen Bezug zum gleichen Eintrag im ABAP-Dictionary herstellen, der schon bei Definition des Originals verwendet wurde.
- Alternativ dazu können Sie sich über den Zusatz LIKE allerdings auch direkt auf die vorhandene Variable der Quelle beziehen.

Hinweis: Die Typisierung über LIKE mit Bezug auf vorhandene Daten ist unter Release 4.6C nur mit entsprechenden Service-Packs sinnvoll anwendbar. Sonst werden die definierten Variablen in der Feldliste nicht korrekt angezeigt.

Variablenname	Typisierung	Bezugstyp	Vorschlagswert	Konstante
WA_MATERIAL	TYPE	MARA		☐
MATERIAL	TYPE	TABLE OF MARA		☐
GEWICHT	TYPE	MARA-BRGEW		☐
WA_MAT1	LIKE	WA_MATERIAL		☐
MAT1	LIKE	TABLE OF WA_MATERIAL		☐

Abbildung 6.13 Daten definieren über LIKE

Der Vollständigkeit halber wollen wir im Folgenden das letztgenannte Verfahren kurz erläutern. Die ersten drei Einträge zum Materialstammsatz in Abbildung 6.13 kennen Sie noch aus den letzten Beispielen.

- Neu angelegt wird dagegen eine Feldleiste WA_MAT1 mit Bezug auf WA_MATERIAL, die wir vorher über das ABAP-Dictionary definiert haben. Beide Feldleisten sind damit von der Struktur her gleich.
- MAT1 wird über den TABLE-Zusatz als interne Tabelle deklariert; sie ist damit identisch aufgebaut wie der bisherige Eintrag MATERIAL.

Hinweis: Die Definition einzelner Variablen wie GEWICHT kann bei Smart Forms im Normalfall nicht über LIKE erfolgen: Die Knotenüberprüfung fordert als Bezugstyp eine interne Tabelle mit Kopf, während diese Tabellen bei Smart Forms üblicherweise ohne Kopf angelegt sind.

6.3.7 Individuelle Datentypen im Formular

In den meisten Fällen sind Datendefinitionen für die Formularentwicklung über das ABAP-Dictionary oder über eingebaute ABAP-Datentypen ausreichend. In speziellen Fällen kann es jedoch sinnvoll sein, eigene Datentypen zu kreieren. Die Zuweisung zu einer Variablen erfolgt dann wieder über die Typisierung mit TYPE, wie wir sie oben ausführlich beschrieben haben.

Die Definition formularinterner Datentypen erfolgt auf der Registerkarte **Typen** der Globalen Definitionen; Abbildung 6.14 zeigt einige Beispiele.

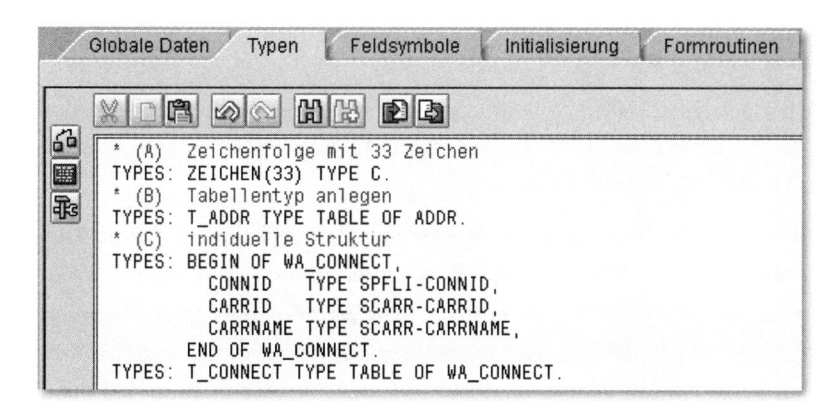

```
* (A)   Zeichenfolge mit 33 Zeichen
TYPES: ZEICHEN(33) TYPE C.
* (B)   Tabellentyp anlegen
TYPES: T_ADDR TYPE TABLE OF ADDR.
* (C)   individuelle Struktur
TYPES: BEGIN OF WA_CONNECT,
         CONNID   TYPE SPFLI-CONNID,
         CARRID   TYPE SCARR-CARRID,
         CARRNAME TYPE SCARR-CARRNAME,
       END OF WA_CONNECT.
TYPES: T_CONNECT TYPE TABLE OF WA_CONNECT.
```

Abbildung 6.14 Globale Definitionen: Typen

Auch wenn es sich hierbei schon um ABAP-Codierung handelt, wirkt die Definition eines Datentyps doch noch recht übersichtlich: Sie wird eingeleitet durch die Anweisung TYPES. Es folgt der Name des Datentyps gefolgt vom Zusatz TYPE für die Festlegung des Aufbaus.

Zum Inhalt unserer Beispiele:

(A) Hier wird ein Datentyp ZEICHEN erstellt, der eine Folge von 33 alphanummerischen Zeichen aufnehmen kann. Eine Vielzahl solcher Datentypen ist im ABAP-Dictionary bereits hinterlegt; in unserem Beispiel weiter oben haben wir z.B. CHAR20 verwendet. Einen Eintrag CHAR33 gibt es im Dictionary allerdings noch nicht; hier im Formular könnte man jetzt also ZEICHEN als Bezugstyp verwenden.

(B) Dieser Eintrag erzeugt einen Tabellentyp entsprechend dem Aufbau von ADDR. Wir könnten in unserem genannten Beispiel die interne Tabelle KUNDE dann auch mit Bezug auf T_ADDR erzeugen. Bei der Datendefinition kann der Zusatz TABLE OF entfallen.

(C) Dieses Beispiel erzeugt zunächst eine individuelle Struktur mit drei Feldern. Dadurch wird es möglich, zu einer Flugverbindung auch gleichzeitig Kürzel und Name der Fluggesellschaft zu speichern. Über eine zweite TYPES-Anweisung wird in Folge dazu ein passender Tabellentyp angelegt, um ggf. mehrere Datensätze speichern zu können. Zur Definition der passenden Variablen reicht in beiden Fällen TYPE ohne weiteren Zusatz.

Natürlich bietet die Erstellung individueller Datentypen über ABAP-Codierung weitere flexible Einstellmöglichkeiten, die auch in der ABAP-Schlüsselwortdokumentation ausführlich beschrieben sind (Aufruf mit **F1** auf TYPES im ABAP-Editor).

6.3.8 Syntax der Felder

Aus den bisherigen Beschreibungen und sonstigen Vorgaben des Systems ergeben sich die Vorschriften, die bei Eingabe eines Feldnamens zu beachten sind. Zusammenfassend ergibt sich für den Feldnamen:

- Er darf keine Leerzeichen enthalten. Weiterhin sind die Zeichen '+() nicht im Namen zugelassen; sie sind für die Angabe von Aufbereitungsoptionen vorbelegt.
- Das Feld darf maximal 130 Zeichen enthalten (es werden aber nur die ersten 32 Stellen für die Unterscheidung der vorkommenden Felder berücksichtigt).
- Es werden keine Unterschiede zwischen Groß- bzw. Kleinschreibung im Feldnamen gemacht (d.h. die Angaben &myfield& , &MYfield& und &MYFIELD& sind identisch).
- Die Namen der vorgegebenen Systemfelder können nicht für eigene Feldnamen verwendet werden.

Bei Ausgabe im Text ist zusätzlich zu beachten:

- Das Feld muss am Anfang und am Ende durch das &-Sonderzeichen eingeklammert werden.
- Für die Ausgabe der Spalte einer Feldleiste werden die beteiligten Komponenten zweistufig über einen Bindestrich (Minus-Zeichen) verbunden. In dieser Form können auch Strukturen mit noch mehr Stufen abgebildet werden.

6.4 Quelle der Daten

Zunächst nochmals die Wege, über die Daten in ein Formular gelangen können:

- Angaben in der Formularschnittstelle definieren die Daten, die mit dem Rahmenprogramm ausgetauscht werden.
- Systemfelder enthalten Daten, die in ihrer Bedeutung vorbelegt sind (Datum, Seitenzahl).

▶ Durch Einträge bei den Globalen Definitionen werden diejenigen Variablen angelegt, die innerhalb des Formulars für eigene Berechnungen etc. verwendet werden sollen (z. B. auch Arbeitsbereiche, um interne Tabellen aus der Formularschnittstelle individuell auszulesen).

Auf die Angaben bei den Globalen Definitionen sind wir im vergangen Kapitel bereits eingegangen, um ganz allgemein zu beschreiben, wie Daten behandelt werden. Im Folgenden gehen wir auf die individuellen Eigenschaften der oben genannten Fälle näher ein.

6.4.1 Formularschnittstelle

Mit Aktivierung eines Formulars erzeugt Smart Forms aus den Angaben der einzelnen Knoten einen ABAP-Funktionsbaustein, der alle Inhalte der Formularbeschreibung enthält und direkt von einem passenden Rahmenprogramm zur Ausgabe aufgerufen werden kann.

Ein solcher Funktionsbaustein enthält immer auch eine definierte Schnittstelle, über die beschrieben wird, wie Daten zum Funktionsbaustein gelangen (oder auch zurück an das aufrufende Programm, z. B. als Reaktion auf Fehlermeldungen).

Die Logik dieser festgelegten Schnittstelle findet sich direkt in der Formularschnittstelle wieder. Der Knoten wird bei Neuanlage eines Formulars automatisch bei den Globalen Einstellungen erstellt. Abbildung 6.15 zeigt als Beispiel die Formularschnittstelle der Flugrechnung.

Parametername	Typisierung	Bezugstyp	Vorschlagswert	Wertübe...
ARCHIVE_INDEX	TYPE	TOA_DARA		✓
ARCHIVE_INDEX_TAB	TYPE	TSFDARA		✓
ARCHIVE_PARAMETERS	TYPE	ARC_PARAMS		✓
CONTROL_PARAMETERS	TYPE	SSFCTRLOP		✓
MAIL_APPL_OBJ	TYPE	SWOTOBJID		✓
MAIL_RECIPIENT	TYPE	SWOTOBJID		✓
MAIL_SENDER	TYPE	SWOTOBJID		✓
OUTPUT_OPTIONS	TYPE	SSFCOMPOP		✓
USER_SETTINGS	TYPE	TDBOOL	'X'	✓
CUSTOMERS	TYPE	TY_CUSTOMERS		✓
BOOKINGS	TYPE	TY_BOOKINGS		✓
CONNECTIONS	TYPE	TY_CONNECTIONS		✓

Abbildung 6.15 Formularschnittstelle im Übungsformular

Auf vier Registerkarten können Sie Parameter definieren, die sich später exakt so auch in der Definition des ABAP-Funktionsbausteins wiederfinden. Die Definition erfolgt auf gleiche Weise, wie im vorangegangenen Kapitel beschrieben: Da alle Parameter nach der Definition sofort im Formular über Feldnamen ansprechbar sind, kann man sie auch als globale Daten betrachten.

Zusätzlich müssen alle hier angelegten Parameter natürlich auch im Aufruf über das Rahmenprogramm definiert sein (anderenfalls reagiert das System mit einem HEX-Dump bei Ausgabe des Formulars). Auf die Ansteuerung der Schnittstelle über das Rahmenprogramm werden wir in Abschnitt 9.4 noch ausführlich eingehen.

Registerkarte zu Import-Parametern

Die Registerkarte Import enthält die Typisierung aller Schnittstellenparameter, die vom Rahmenprogramm an das Formular übergeben werden. Die hier gelisteten Daten können im Formular nur gelesen werden; es ist keine Änderung im Formular möglich.

Die grau hinterlegten Parameter werden bei Neuanlage eines Formulars automatisch eingetragen und können nicht entfernt werden. Über sie lassen sich allgemeine Funktionen der Formularausgabe steuern. Im Abschnitt 9.7.2 finden Sie dazu eine ausführliche Beschreibung. Obwohl die Parameter in jeder Formularschnittstelle definiert werden, müssen sie nicht zwangsweise auch vom Rahmenprogramm mit Inhalten versorgt werden. Ggf. verwendet der Funktionsbaustein während der Ausgabe eigene Default-Werte. Üblich ist deshalb auch die Bezeichnung als *optionale Schnittstellenparameter*.

Die hell hinterlegten Zeilen werden beim Formulardesign gefüllt: Diese Parameter beinhalten die Daten der Anwendung, wie sie durch das Formular verarbeitet werden sollen (Anwendungsdaten). Diese Parameter der Anwendung müssen immer vom Rahmenprogramm bereit gestellt werden (*obligatorische Schnittstellenparameter*). Da die Erstellung eines Formulars allerdings unabhängig vom Rahmenprogramm erfolgt, kann das Smart Forms zu diesem Punkt nicht überprüfen. Folglich endet eine Formularausgabe mit einem Programmabbruch (HEX-Dump), wenn ein Parameter auf der Seite des Formulars definiert wurde, nicht aber beim Aufruf im Rahmenprogramm.

> **Tipp:** Das umgekehrte Vorgehen ist hingegen sehr wohl möglich: Im Rahmenprogramm können Sie Parameter bereitstellen lassen, die im Formular (noch) nicht gebraucht werden. Diese Parameter müssen von Seiten des Formulars auch nicht erwähnt sein; auch die Reihenfolge der Nennung kann eine andere als im Code des Rahmenprogramms sein. Dieser Zusammenhang ergibt einen wichtigen Vorteil, wenn ein Rahmenprogramm mehrere Formulare bedienen soll: Dann muss bei Erweiterung der Datenbereitstellung im Rahmenprogramm nicht automatisch jedes Formular überarbeitet werden.

Import-Parameter mit zentraler Datenübergabestruktur

In Abbildung 6.15 haben wir die Import-Parameter der Flugrechnung dargestellt. Wir wollen jetzt in einem kleinen Exkurs die Formularschnittstelle des Lieferscheins dagegen halten, um zu zeigen, wie die Datenübergabe in einem Formular aussehen kann, das eine beachtliche Komplexität hat. Das Formular zum Lieferschein heißt LE_SHP_DELNOTE. Abbildung 6.16 zeigt die Importparameter der Formularschnittstelle.

Parametername	Typisierung	Bezugstyp	Vorschlagswert
ARCHIVE_INDEX	TYPE	TOA_DARA	
ARCHIVE_INDEX_TAB	TYPE	TSFDARA	
ARCHIVE_PARAMETERS	TYPE	ARC_PARAMS	
CONTROL_PARAMETERS	TYPE	SSFCTRLOP	
MAIL_APPL_OBJ	TYPE	SWOTOBJID	
MAIL_RECIPIENT	TYPE	SWOTOBJID	
MAIL_SENDER	TYPE	SWOTOBJID	
OUTPUT_OPTIONS	TYPE	SSFCOMPOP	
USER_SETTINGS	TYPE	TDBOOL	'X'
IS_DLV_DELNOTE	TYPE	LEDLV_DELNOTE	

Abbildung 6.16 Formularschnittstelle Lieferschein

Grau hinterlegt sind wieder die optionalen Standardparameter, die sich in jeder Formularschnittstelle wiederholen. Ihnen wird sofort auffallen, dass trotz der erwähnten Komplexität nur **eine** individuelle Definitionszeile zur Datenübergabe existiert (mit Parameter IS_DLV_DELNOTE). Die Typisierung erfolgt über einen entsprechenden Datentyp im ABAP-Dictionary (hier LEDLV_DELNOTE). Dieser Datentyp enthält in seiner Struktur die Definitionen zu **allen** benötigten Komponenten. Statt die verwendeten Variablen, Feldleisten und internen Tabellen einzeln aufzulisten, sind sie für die Übergabe in einer einzigen gemeinsamen Variablen zusammengefasst. Über Doppelklick auf den Bezugstyp können Sie sich wieder direkt die Struktur des Datentyps anzeigen lassen.

Komponente	Komponententyp	DTyp	Länge	DezSt...	Kurzbeschreibung
HD GEN	LEDLV HD GEN		0	0	Lieferkopf: Allgemeine Daten
HD ADR	LE T DLV HD ADR		0	0	Adressdaten Lieferungskopf
HD GEN DESCRIPT	LEDLV HD GEN DE...		0	0	Lieferkopf: Bezeichnungen
HD ORG	LEDLV HD ORG		0	0	Lieferkopf: Organisationsdaten
HD ORG DESCRIPT	LEDLV HD ORG DE...		0	0	Lieferkopf: Bezeichnungen d. Organisat
HD PART ADD	LE T DLV HD PAR...		0	0	Zusatzdaten für Partner
HD FIN	LE T DLV HD FIN		0	0	Finanzdaten Lieferkopf
HD FT	LEDLV HD FT		0	0	Lieferkopf: Außenhandel

Abbildung 6.17 Übergabestruktur Lieferschein in der Formularschnittstelle

An den Einträgen in Spalte **DTyp** der Abbildung 6.17 ist erkennbar, dass in dieser übergeordneten Struktur sowohl Feldleisten als auch interne Tabellen enthalten sind. Die Spalte **Komponente** zeigt den jeweiligen Namen, wie er später auch in der Feldliste des Formulars erscheinen wird.

Jede Komponente des Datentyps besitzt wieder eine eigene Definition über das ABAP-Dictionary, die Sie in Spalte **Komponententyp** sehen. Diese Angabe wird noch von Bedeutung sein, wenn Sie Daten einer Komponente in andere Variablen innerhalb des Formulars übergeben wollen (was bei der Abarbeitung des Formulars häufig erforderlich ist). Dann sollte die neue Variable natürlich wieder mit der gleichen Typisierung im Formular angelegt werden (Sie müssen bei Bedarf also nicht lange nach dem passenden Eintrag suchen).

> **Tipp:** Ein Doppelklick auf einen Eintrag in Spalte **DTyp** dieses Fensters liefert die genaue Struktur der jeweiligen Komponente. Diese Funktion ist vor allem auch deshalb hilfreich, weil bei der Darstellung der Felder in der Smart Forms-Feldliste die jeweiligen Bezeichnungen nicht immer mitgeführt werden (und der Feldinhalt aus dem Namen eines Feldes auch nicht immer sofort ersichtlich ist).

Das vorgestellte Beispiel der zentralen Übergabestruktur zeigt u.a. auch, dass Datentypen im Dictionary beliebig viele Hierarchiestufen enthalten können. Mit jeder neuen Stufe erweitert sich auch der Feldname, den Sie zur Ausgabe im Formular verwenden müssten. Als Beispiel sehen Sie in Abbildung 6.18 die Ausgabe von Kopfinformationen zur Lieferung (Liefernummer und Erstellungsdatum).

Abbildung 6.18 Datenausgabe bei zentraler Schnittstellenstruktur

Das vorgestellte Verfahren der Datenbereitstellung über eine zentrale Struktur reduziert die Menge der Typdefinitionen, die sonst jeweils im Formular vorzunehmen sind. Es erleichtert auch die Entwicklung der Formulare: Beispielsweise können Sie – falls erforderlich – weitere Datenkomponenten einfach beim zentralen Datentyp anfügen und die notwendigen Änderungen zur Datenbereitstellung im Rahmenprogramm dann in einem zweiten Schritt durchführen. Falls Sie mit dem Rahmenprogramm mehrere Formulare versorgen, sind alle Schnittstellenparameter automatisch auch in allen Formularen bekannt.

Registerkarte zu Export-Parametern

Über die Registerkarte **Export** können Sie Daten nach Ausgabe des Formulars an das Rahmenprogramm zurückgeben. Üblicherweise sind dies Protokolle zur erfolgten Ausgabe des Formulars bzw. zu Fehlern, die möglicherweise bei der Formular-Abarbeitung aufgetreten sind. Bei einer rein elektronischen Formularbearbeitung (ohne eigentliche Ausgabe auf Drucker oder Fax) kann das aber auch der gesamte Inhalt des Formulars sein. Dann ist das Rahmenprogramm zusätzlich dafür zuständig, die Inhalte der Ausgabe an die passende Ausgabeeinheit weiterzuleiten (siehe Kapitel 9).

In der normalen Formularentwicklung spielen die Export-Parameter aber eine weit geringere Rolle als z.B. die Importparameter. Eine größere Bedeutung haben Sie bei Änderung oder Entwicklung eines Rahmenprogramm. Dort werden wir auch alle Parameter im Detail vorstellen (siehe Abschnitt 9.7.4).

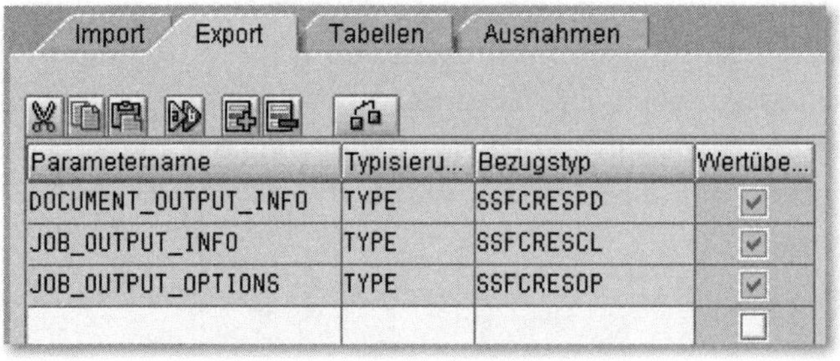

Abbildung 6.19 Formularschnittstelle Export Parameter

Bei Neuanlage des Formulars werden automatisch drei Parameter eingefügt, die nicht gelöscht werden können. Je nach Anwendungsfall werden diese Parameter vom Rahmenprogramm gelesen und interpretiert (*optionale Parameter*):

- Der erste Parameter enthält immer die Anzahl der Seiten, die ausgegeben wurden
- JOB_OUTPUT_INFO enthält Protokollhinweise zur Ausgabe des Formulars (z. B. Kennzeichen, ob eine Ausgabe erfolgt ist, Spool-IDs, ggf. auch den Inhalt der gesamten Formularausgabe in OTF- oder XML-Format)
- JOB_OUTPUT_OPTIONS beinhaltet die Ausgabeoptionen, die bei Start des Formulars gegolten haben. Durch einen Vergleich mit dem zweiten Parameter kann im Rahmenprogramm festgestellt werden, ob z. B. Druckparameter vom Anwender geändert wurden.

In allen Fällen ist die Eigenschaft **Wertübergabe** gesetzt. Die Parameter werden also erst am Ende der Formularausgabe an das Rahmenprogramm übergeben.

In Einzelfällen kann es sinnvoll sein, weitere Parameter zu definieren und im Rahmenprogramm auszuwerten. Diese Parameter sind dann wieder obligatorisch, d. h. sie müssen bei Aufruf des Funktionsbausteins zum Formular auch auf Seiten des Rahmenprogramms aufgeführt sein.

Bei eigenen Exportparametern kann es sinnvoll sein, auf **Wertübergabe** zu verzichten. In diesem Fall (*Referenzübergabe*) erfolgt eine direkte Fortschreibung der Parameter, d. h. auch im Fehlerfall sind die bis dahin angefallenen Daten auswertbar.

> **Hinweis:** Bei einer Referenzübergabe kann das Rahmenprogramm auch die Exportparameter mit Daten versehen und an das Formular übergeben (d. h. die Datenübergabe wird in beide Richtungen möglich).

Registerkarte zu Tabellen

Diese Registerkarte dient (wie der Name schon vermuten lässt) zur Übergabe von Parametern, die in internen Tabellen abgelegt sind. Wir haben aber schon festgestellt, dass dies z.B. auch bei den Importparametern erfolgen kann. Eine eigene Registerkarte zur Übergabe von Tabellen ist also eigentlich nicht erforderlich (und wird in vielen Fällen auch nicht genutzt).

Ausnahmsweise kann die Anwendung dieser Registerkarte aber trotzdem sinnvoll erscheinen, denn die Übergabe als *Importparameter* bedeutet einen lesenden Zugriff im Formular. In Einzelfällen kann es jedoch erforderlich sein, interne Tabellen mit geänderten Werten an das Rahmenprogramm wieder zurückzugeben. Die Definition erfolgt analog zu den bisherigen Fällen. In Abbildung 6.20 sehen Sie ein Beispiel aus der Flugrechnung. Es handelt sich immer um eine Referenzübergabe; Wertänderungen im Formular werden also direkt an das Rahmenprogramm zurückgegeben.

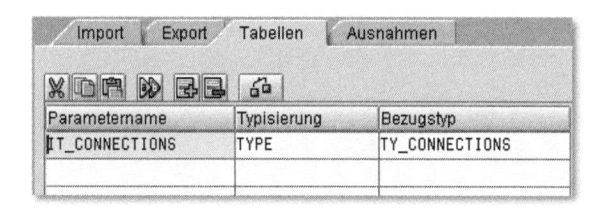

Abbildung 6.20 Formularschnittstelle: Tabellendefinition

Registerkarte zu Ausnahmen

Bei Ausgabe eines Formulars können Fehler auftreten, die zu sofortigen Reaktionen des Systems führen müssen. Diese Abweichungen von der normalen Formularausgabe werden als *Ausnahmen* bezeichnet. Vier Ausnahmefälle sind fest vorgegeben und werden bei Neuanlage eines Formulars wieder automatisch als Parameter eingetragen (siehe Abbildung 6.21).

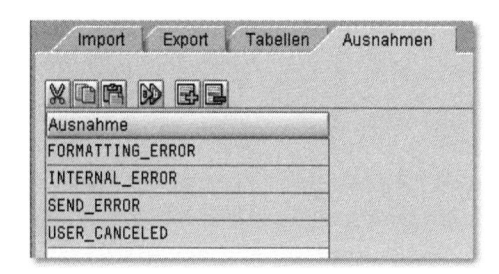

Abbildung 6.21 Formularschnittstelle: Ausnahmen

Innerhalb des Funktionsbausteins zum Formular ist jeder Fehler einer *Fehlerklasse* und diese wiederum einer *Ausnahme* zugeordnet. Wenn ein Fehler zum Abbruch der Formular-Prozessierungierung führt, so wird genau diese Ausnahme ausgelöst. Die Nummer der Ausnahme kann das Rahmenprogramm dann über die Systemvariable SY-SUBRC abfragen und entsprechend reagieren (z. B. mit einem entsprechenden Hinweis für den Anwender). Weitere Hinweise finden Sie in Abschnitt 9.8.

6.4.2 Globale Definitionen

Dieser Knoten fasst verschiedene Definitionen zusammen, die als Daten oder Unterprogramme in jedem beliebigen Formular-Knoten zu Verfügung stehen. Die Abbildung 6.22 zeigt alle Registerkarten der **Globalen Definitionen**.

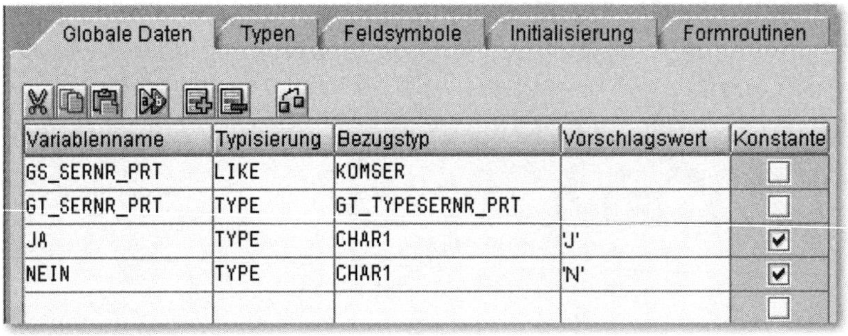

Variablenname	Typisierung	Bezugstyp	Vorschlagswert	Konstante
GS_SERNR_PRT	LIKE	KOMSER		☐
GT_SERNR_PRT	TYPE	GT_TYPESERNR_PRT		☐
JA	TYPE	CHAR1	'J'	☑
NEIN	TYPE	CHAR1	'N'	☑
				☐

Abbildung 6.22 Globale Daten

Auf die Registerkarten **Initialisierung** und **Formroutinen** werden wir erst in Kapitel 8 ausführlich eingehen. Es folgt nachstehend eine Übersicht der Registerkarten zur Datendefinition.

▶ **Globale Daten**
Hier definieren Sie Daten, die im Formular benötigt werden, aber über die Formularschnittstelle nicht zur Verfügung stehen (z. B. als Summenwerte). Da diese Daten nach einer Typisierung üblicherweise leer sind, muss zusätzlich im Formular eine Datenbeschaffung erfolgen (z. B. über Schleifen oder auch Programm-Knoten).

> **Hinweis:** Auch die Parameter der zuvor betrachteten Formularschnittstelle werden über Felder angesprochen, die im gesamten Formular zur Verfügung stehen und folglich auch in jedem Formular-Knoten verwendbar sind. So betrachtet, sind auch die Parameter der Formularschnittstelle eigentlich **Globale Daten**.

- **Typen**
  Hier erstellen Sie Datentypen als freies ABAP-Coding, falls kein passender Typ im Data-Dictionary zur Verfügung steht.

- **Feldsymbole**
  Sie können Feldsymbole wie Zeiger beim Auslesen von internen Tabellen verwenden. Wir werden in diesem Buch nicht weiter auf Feldsymbole eingehen und statt dessen den Weg über Feldleisten als Arbeitsbereiche beschreiben.

In Abschnitt 6.3 haben wir Datenstrukturen als Basis der Ausgabe über Felder beschrieben und dabei wiederholt auf die Definitionen als *Globale Daten* hingewiesen. Wir wollen an dieser Stelle deshalb nur noch einzelne Besonderheiten ergänzen.

- Wenn Sie Variablen als (nichtstrukturierte) Felder typisieren, können Sie zusätzlich einen Vorschlagswert zuordnen. Der zugehörige Eingabewert wird im Normalfall in Hochkommata eingeschlossen. Im obigen Beispiel werden die Variablen JA und NEIN vorbelegt, um logische Abfragen einfacher zu gestalten. Bei nummerischen Variablen können Sie den Wert aber auch direkt eingeben.

- Wird ein Feld zusätzlich als Konstante markiert, kann es im Formular nicht mehr geändert werden. Dies ist selbstverständlich nur sinnvoll, wenn dieses Feld zusätzlich auch einen Vorschlagswert besitzt.

- Vorbelegungen beliebiger Variablen können Sie auf der Registerkarte **Initialisierung** vornehmen: Die Zuweisungen erfolgen hier mittels ABAP-Programmcode, wodurch beliebige Berechnungen und Vorbelegungen möglich sind (siehe auch Kapitel 8).

- Globale Daten können in jedem Formular-Knoten über Felder gelesen, aber auch geändert werden. Folglich kann auch die Reihenfolge, in der die Knoten abgearbeitet werden, für den weiteren Inhalt der Variablen relevant sein. Damit eine Variable die gewünschten Daten auch wirklich enthält, muss der Knoten zur Zuweisung der Dateninhalte vor der Ausgabe abgearbeitet sein. Dafür ist in erster Linie die Position im Navigationsbaum des Form Builders relevant. (Hierauf werden wir in Kapitel 7 ausführlich eingehen).

Im Form Builder gibt es leider keine direkte Möglichkeit, die Anwendung von Feldern im Formular zu kontrollieren, wie das bei einem ABAP-Programm z.B. über den Verwendungsnachweis möglich ist. Achten Sie deshalb auf eine gute Dokumentation.

> **Tipp:** Um trotzdem eine Art Verwendungsnachweis zu erhalten, hilft ein kleiner Trick. Nutzen Sie dazu den Umstand, dass ein Feld, das im Formular angesprochen wird, bei einer Gesamtprüfung an jeder Fundstelle angemahnt wird, wenn die Definition nicht vorhanden ist. Auf diesem Weg können Sie sich auch umgekehrt die Fundstellen anzeigen lassen: Ändern Sie dazu geringfügig den betreffenden Namen bei der *Datendefiniton* (hängen Sie z. B. einen Buchstaben an). Dann existiert der bisherige Name nicht mehr und die Gesamtprüfung listet alle Knoten auf, in denen die Variable angesprochen wird.

6.4.3 Systemfelder

Innerhalb jedes Formulars steht eine Liste von Systemfeldern zur Verfügung, die Smart Forms während der Abarbeitung des Formulars durch konkrete Werte ersetzt. Die Feldinhalte stammen entweder aus dem SAP-System oder ergeben sich aus der aktuellen Formularausgabe. Alle Variablen sind in einer gemeinsamen Feldleiste SFSY zusammengefasst. Dies sind die einzelnen Felder:

- **DATE** (Aktuelles Datum)
  Das Anzeigeformat richtet sich in der Standardeinstellung nach der Länderkennung im Benutzerstammsatz. Die Länderkennung können Sie über eine ABAP-Anweisung (SET COUNTRY) im Rahmenprogramm oder in einem Programm-Knoten ändern.
- **TIME** (Aktuelle Uhrzeit)
  Uhrzeit zum Zeitpunkt der Ausgabe in der Form HH:MM:SS (HH: Stunden, MM: Minuten, SS: Sekunden)
- **PAGE** (Aktuelle Seitennummer)
  Der Seitenzähler wird mit jeder neuen Ausgabeseite entsprechend den eingestellten Attributen zum Seite-Knoten abgeändert (*Hochzählen*, *Halten*, *Rücksetzen* etc.). Dort bestimmen Sie auch die Darstellungsform während der Ausgabe (*Arabisch*, *Nummerisch* etc.). Siehe auch Abschnitt 7.4.
- **FORMPAGES** (Gesamtseitenzahl im Formular)
  Zusammen mit der Seitennummer ist damit eine Ausgabe in der Form von »Seite 2 von 9« möglich.
- **JOBPAGES** (Gesamtseitenzahl im Druckauftrag)
  Gesamtzahl aller Seiten der Formulare im aktuellen Druckauftrag. Sie unterscheidet sich nur dann von FORMPAGES, wenn mehrere Formulare in einem Druckauftrag zusammengefasst sind.
- **WINDOWNAME** (Name des aktuellen Fensters)
  Ermöglicht die Ausgabe der Fenster-Kurzbezeichnung (der Name, den Sie bei den Knotenattributen im Eingabefeldes **Fenster** eingegeben haben)

- **PAGENAME** (Name der aktuellen Seite)
  Ermöglicht die Ausgabe der Seiten-Kurzbezeichnung (des Namens, den Sie bei den Knotenattributen im Eingabefeld **Seite** eingegeben haben)

Die folgenden drei Systemfelder sind für den internen Gebrauch gedacht; Sie sollten deshalb auf eine Anwendung im Formular verzichten:

- **PAGEBREAK** (Kennzeichen Seitenumbruch)
  Wird automatisch auf 'X' gesetzt, wenn auf der aktuellen Ausgabeseite ein Seitenumbruch erfolgt ist
- **MAINEND** (Letzte Seite)   *INTMAINEND*
  Ist gesetzt, wenn das Hauptfenster auf der aktuellen Seite endet. Der Parameter wird vom System abgefragt, wenn zu einem Knoten die Bedingung **nur am/ vor Ende des Hauptfensters** gesetzt ist.
- **EXCEPTION** (Nummer der letzten Ausnahme)
  Wird verwendet bei individuellen Fehlermeldungen im Formular, die zum Abbruch der Ausgabe führen (siehe Abschnitt 9.8).

Bei Verwendung der Felder SFSY-FORMPAGES bzw. SFSY-JOBPAGES müssen alle Ausgabeseiten bis zum Ende des Formulars beziehungsweise der gesamten Druckausgabe im Arbeitsspeicher gehalten werden, damit diese Symbole durch ihre jeweiligen Werte ersetzt werden können. Bei sehr großen Ausgaben ist dafür viel Hauptspeicher auf dem SAP-Applikationsserver erforderlich.

Auf die genannten Systemfelder können Sie auch in jedem Programm-Knoten zugreifen, ohne dass diese ausdrücklich als Eingabe-/Ausgabeparameter genannt sein müssen, wie dies bei sonstigen Variablen erforderlich ist. Im Programm-Knoten stehen darüber hinaus auch alle ABAP-Systemvariablen der Systemtabelle SYST zur Verfügung. Sie werden im Programmcode üblicherweise mit 'SY-' beginnend angesprochen (z.B. SY-SUBRC als Fehlerstatus).

7 Ablauflogik des Formulars

7.1 Übersicht

In den vorhergehenden Kapiteln haben wir erläutert, wie Sie das Layout einer Seite entwerfen können und wie dort Texte, Grafiken und auch Daten über entsprechende Knoten eingebunden werden.

Wir haben uns aber bisher nur kurz damit befasst, in welcher Reihenfolge die Knoten bei der Ausgabe abgearbeitet (*prozessiert*) werden, wie Ausgaben über mehrere Seiten erfolgen und wie man diese Abläufe steuern kann. Mit diesen Funktionen befinden Sie sich in der Ablauflogik des Formulars, die wir kurz als *Formularlogik* bezeichnen wollen.

Bevor wir die vielfältigen Möglichkeiten zur Gestaltung der Formularlogik detailliert betrachten, möchten wir Ihnen zunächst eine kurze Zusammenfassung der Grundlagen geben, auf die wir im Zusammenhang der Formularlogik treffen.

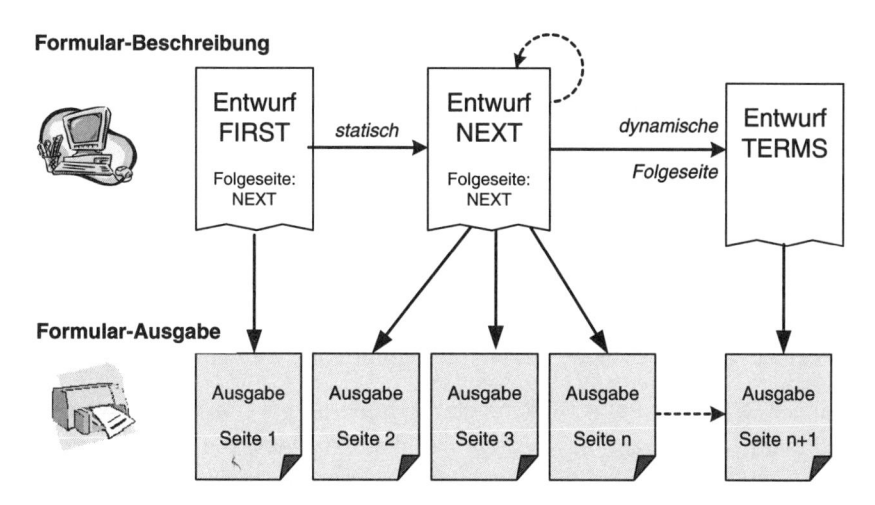

Abbildung 7.1 Abarbeitung von Seiten in der Formularlogik

Jedes Formular besteht aus einer oder mehreren Entwurfsseiten (siehe Abbildung 7.1). Die erste Seite im Navigationsbaum ist die Startseite. Üblicherweise wird dafür der Name FIRST gewählt, dieses Kürzel verwenden wir gelegentlich auch hier im Buch. Mit ihr beginnt bei der Ausgabe die Abarbeitung (*Prozessierung*) des Formulars. Die Prozessierung innerhalb dieser Seite erfolgt in der Reihenfolge, in der die zugeordneten Knoten im Navigationsbaum des Form Builders angelegt sind.

Wenn eine Ausgabeseite gefüllt ist, muss die Ausgabesteuerung entscheiden, ob noch weitere Seiten erzeugt werden müssen. Diese Entscheidung wird danach getroffen, ob bereits alle Texte und/oder Daten ausgegeben worden sind oder nicht. Welches Seitenlayout bei der neuen Ausgabeseite verwendet wird, entscheidet der Eintrag zur Folgeseite bei den Attributen der bisherigen Entwurfsseite (die übliche Kurzbezeichnung der Folgeseite ist NEXT). Wegen der festen Zuordnung dieser Folgeseite spricht man auch von einer *statischen* Abwicklung.

Alternativ kann sich die Folgeseite aber auch *dynamisch* über einen manuellen Seitenumbruch ergeben (d.h. aufgrund individueller Bedingungen zur Laufzeit). In Abbildung 7.1 ist dies der Fall, um beispielhaft eine abschließende Seite TERMS mit Angabe von Geschäftsbedingungen auszugeben. Der dynamische Seitenumbruch erfolgt, sobald alle Datensätze abgearbeitet sind.

> **Hinweis:** Wenn wir von der Ausgabe des Formulars sprechen, ist damit die Erzeugung eines Zwischendokuments gemeint, das alle notwendigen Anweisungen enthält, um die weitere Abwicklung über das SAP-Spoolsystem zu ermöglichen. Derjenige Programmteil innerhalb der Laufzeitumgebung von Smart Forms, der die Umsetzung der Formularelemente in dieses Zwischendokument vornimmt, wird auch als *Formular-Prozessor* oder *Composer* bezeichnet.

Haupt- und Nebenfenster

Jede Entwurfsseite enthält in ihren Layoutangaben ein oder mehrere Fenster. In den Fenstern befinden sich die Texte und Daten, wobei alle Angaben zur Formatierung der Ausgabe einem hinterlegten Stil entnommen werden.

Maximal ein Fenster im Formular kann als *Hauptfenster* gekennzeichnet werden. Nur in diesem Fenster kann das System die Inhalte der Ausgabe darauf überwachen, ob sie auf die aktuelle Ausgabeseite passen oder ob eine neue Seite eröffnet werden muss. Wird für die Folgeseite ein anderes Layout verwendet, muss auch das Hauptfenster in diesem Layout vorhanden sein (damit die Ausgabe der Inhalte in diesem Fenster fortgesetzt werden kann).

Alle anderen Fenster werden als *Nebenfenster* bezeichnet und haben keinen direkten Einfluss auf den Seitenumbruch. Trotzdem können sich auch Nebenfenster auf verschiedenen Entwurfsseiten wiederholen. Auf jeder neuen Ausgabeseite wird auch der Inhalt des Fensters neu begonnen (und nicht etwa von einer vorherigen Seite fortgesetzt).

Beim Hauptfenster kann also der Inhalt auf mehrere Seiten verteilt sein (Fließtext und Daten mit automatischem Seitenumbruch); bei Nebenfenstern wird der Inhalt jeweils wiederholt.

Abarbeitung einer Entwurfsseite

Die Prozessierung einer Seite (und damit der enthaltenen Knoten) erfolgt in der Reihenfolge, in der die Knoten im Navigationsbaum angelegt sind. Um eine Vorstellung von dieser Reihenfolge zu bekommen, kann es vorteilhaft sein, den Navigationsbaum der Seite komplett aufzuklappen. Dann stehen die einzelnen Knoten in der verwendeten Reihenfolge (Abb. 7.2 zeigt einen Ausschnitt).

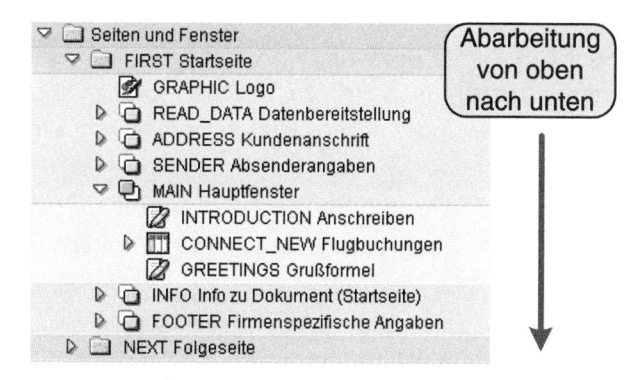

Abbildung 7.2 Abarbeitung des Formulars bei Ausgabe

Die Reihenfolge der Abarbeitung steht nicht im Zusammenhang mit der Position, die ein Knoten bei Ausgabe auf der Seite hat. Einzige Ausnahme ist die relative Positionierung z. B. von Text- oder Grafik-Knoten. Dann hängt die jeweilige Position von den vorherigen Ausgabeinhalten ab.

Die Reihenfolge der Abarbeitung müssen Sie insbesondere auch dann beachten, wenn mit Feldern gearbeitet wird. Stellen Sie sicher, dass die erforderlichen Daten einem Knoten zugewiesen werden, der im Navigationsbaum oberhalb desjenigen Knotens steht, durch den die Ausgabe der Daten erfolgt.

Durch Verschieben einzelner Knoten im Navigationsbaum (oder auch ganzer Zweige) können Sie deren Reihenfolge im Navigationsbaum ändern; verwenden Sie dafür vorzugsweise die Mausfunktionen des Form Builders (Kontextmenü, Drag&Drop). Mit etwas Übung werden Sie auch das notwendige Fingerspitzengefühl für die Angabe des Ziels besitzen. In Einzelfällen fragt das System nach, ob ein Knoten an einer bestimmten Stelle als Nachfolger- oder Unterknoten eingefügt werden soll.

Individuelle Formularlogik

Sie haben darüber hinaus verschiedene Möglichkeiten, um die Prozessierung des Formulars individuell zu beeinflussen. Verwenden Sie dazu die generellen Knotenattribute oder spezielle Knotentypen, auf die wir im Folgenden ausführlicher eingehen wollen:

- Verwenden Sie Schleife-Knoten, um Ausgaben beliebig oft zu wiederholen. Damit wird die Ausgabe von Daten aus internen Tabellen komfortabel möglich. Um die Ausgabe dabei gleichzeitig tabellarisch zu formatieren, steht der Tabelle-Knoten zur Verfügung. Die Datenausgabe über solche Schleifen in einem Hauptfenster ist der gängigste Weg, Ausgaben mit automatischem Seitenumbruch zu erzeugen.
- Zu jedem Formular-Knoten können Sie Bedingungen hinterlegen. Trifft eine solche Bedingung bei Ausgabe des Formulars nicht zu, wird der jeweilige Knoten auf der aktuellen Ausgabeseite nicht abgearbeitet (einschließlich aller Unterknoten).
- Verwenden Sie Alternative-Knoten, wenn sich die Prozessierung zur Laufzeit zwischen verschiedenen Zweigen im Navigationsbaum (und deren Unterknoten) entscheiden soll.
- Über einen Kommando-Knoten und seine Bedingungen stellen Sie ein, wann ein dynamischer Seitenumbruch mit individueller Folgeseite erfolgen soll.

In den folgenden Kapiteln werden wir diese und weitere Möglichkeiten zur Beeinflussung der Formularlogik im Detail vorstellen. Wir beginnen im ersten Schritt mit Schleife- und Tabelle-Knoten. Man spricht in diesem Zusammenhang auch von *dynamischer* Ausgabe, weil die Anzahl der Datensätze (in unserer Flugrechnung z. B. die Anzahl der Rechnungspositionen) und damit die Länge der Ausgabe zum Zeitpunkt des Formularentwurfs nicht bekannt ist. Dass die Zahl der Datensätze nicht bekannt ist, stellt den zentrale Unterschied zur Ausgabe über Schablonen dar. Bei der dynamischen Ausgabe muss ein Seitenumbruch zur Laufzeit von der Ausgabesteuerung selbst vorgenommen werden.

7.2 Dynamische Datenausgabe

7.2.1 Übersicht

Bei Ausgabe eines Formulars werden üblicherweise im Datenbeschaffungsteil des Rahmenprogramms die erforderlichen Daten aus Datenbanktabellen gelesen, in interne Tabellen übertragen und dann per Formularschnittstelle an das Formular übergeben. In Sonderfällen kann die Beschaffung von Daten auch über einen individuellen Programm-Knoten im Formular erfolgen (darauf kommen wir noch zurück).

Diese internen Tabellen bestehen aus Angaben zu Spalten mit den eigentlichen Feldnamen und einer beliebigen Zahl von Zeilen (ähnlich wie in einem Tabellenkalkulationsblatt). Diese internen Tabellen können **nicht** wie die Inhalte von Variablen oder Feldleisten direkt in einen Text-Knoten platziert werden. Die Ausgabe muss statt dessen zeilenweise unter Verwendung von Arbeitsbereichen erfolgen.

Datenbanktabelle(n)   **interne Tabelle**   **Arbeitsbereich**

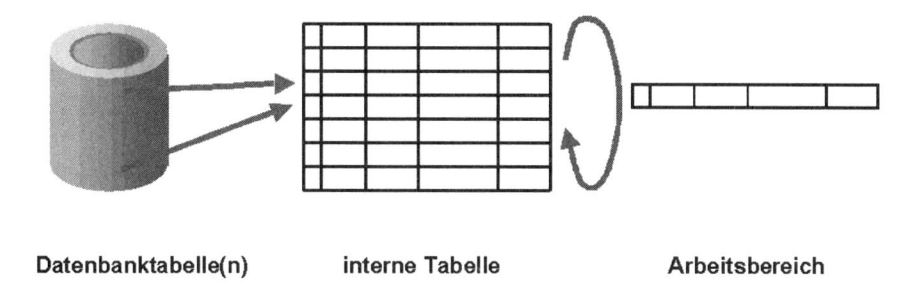

Abbildung 7.3 Schleife über interne Tabelle

Die Abarbeitung der internen Tabellen erfolgt in folgenden Stufen:

- Jede Zeile der internen Tabelle wird einmal gelesen und dabei in eine Feldleiste mit gleichem Spaltenaufbau kopiert, die wir als *Arbeitsbereich* bezeichnen (üblich ist teilweise auch die Bezeichnung *Ausgabebereich*)
- Nach jedem Lesevorgang können die benötigten Felder des Arbeitsbereichs in der gewünschten Form ausgegeben werden.
- Nach Abarbeitung aller Ausgaben wechselt das System automatisch zur nächsten Zeile der internen Tabelle

Dieser Durchlauf über alle Einträge einer internen Tabelle wird als *Schleife* bezeichnet. Verwendet wird für diese Funktion unter Smart Forms ein Schleife-Knoten oder alternativ ein Tabelle-Knoten, wie wir noch sehen werden. Für den Durchlauf stehen zwei wichtige Optionen zur Verfügung:

- Falls nicht alle Datensätze der internen Tabelle für die Ausgabe relevant sein sollten, können Sie Selektionsbedingungen hinterlegen. Es werden dann nur diejenigen Zeilen gelesen und kopiert, die den Bedingungen entsprechen (bei den Knotenattributen als WHERE-Bedingungen bezeichnet). Als Sonderfall können Sie solche Bedingungen auch nutzen, um nur einen einzelnen Datensatz zu lesen.
- Für die Festlegung einer gewünschten Ausgabereihenfolge können Sie die interne Tabelle mit Sortierkriterien versehen. Bei einer sortierten Ausgabe haben Sie zusätzlich die Möglichkeit, Zwischenwerte je Sortierstufe einzufügen.

Wenn Sie eine interne Tabelle über eine solche Schleife ausgeben, ist üblicherweise nicht bekannt, wie viele Datensätze enthalten sind. Deshalb sollten Sie interne Tabellen in der Regel in einem Hauptfenster ausgeben, damit die Ausgabesteuerung für einen passenden Seitenumbruch sorgen kann.

Bei den meisten Formularen wird auch die Ausgabe der Datensätze tabellarischen Charakter haben, d.h. das Format einer einzelnen Ausgabezeile wird nur noch wiederholt (wie z.B. bei den Positionen unserer Flugrechnung). Folglich ist es auch sinnvoll, diese tabellarische Ausgabeform im Formular durch Definition einzelner Zeilen zu beschreiben. Im einfachsten Fall kann dies über einen Text-Knoten mit Tabulatoren geschehen oder über eine Folge mehrerer Text-Knoten. Noch komfortabler ist die Gestaltung mit Hilfe eines Tabelle-Knotens. In diesem Fall können Sie die Ausgabezeilen als Zeilentypen ähnlich wie bei einer Schablone definieren.

7.2.2 Knotentypen zur Ausgabe von internen Tabellen

Für die Ausgabe der Daten, die in internen Tabellen vorliegen, sind die folgenden Knotentypen vorgesehen:

▶ **Schleife**
Zugriff auf Daten einer internen Tabelle. Die interne Tabelle wird in einer Schleife durchlaufen, wodurch jeder einzelne Datensatz über einen Arbeitsbereich ausgegeben werden kann. Die Art der Ausgabe wird nicht vorgegeben, sondern muss durch entsprechende Unterknoten erfolgen. Die Knotenattribute enthalten Selektionsbedingungen und Vorgaben zur Sortierung. Da die Schleife alle untergeordneten Knoten zusammenfasst, kann sie auch Funktionen eines Ordner-Knotens ausführen; z.B. zur automatischen Erzeugung von Kopf- und Fußbereichen.

▶ **Tabelle**
Der Tabelle-Knoten steuert die strukturierte Ausgabe der Daten in Form von Ausgabetabellen. Dafür finden Sie bei den Knotenattributen eine Registerkarte mit Angaben zum Tabellenlayout (in Form von Zeilentypen). Die Eingaben erfolgen ähnlich wie zu einer Schablone. Bei allen zugehörigen Unterknoten, die ausgaberelevant sind, müssen Bezüge auf die definierten Zellen im Layout der Ausgabetabelle hinterlegt sein.

Bei Bedarf kann der Tabelle-Knoten zusätzlich auch den Zugriff auf Daten einer internen Tabelle steuern. Er besitzt dadurch auch alle Funktionen einer Schleife. Eine Kombination aus beiden Funktionen ist sogar die üblichste Anwendungsform für diesen Knotentyp.

▶ **Komplexer Abschnitt**
Dieser Knotentyp simuliert die Eigenschaften der Knotentypen **Ordner**, **Schleife**, **Tabelle** oder **Schablone**. Je nach Eintrag auf der ersten Registerkarte wird jeweils eine der Alternativen aktiviert. Der Knotentyp stammt aus der Anfangszeit der Smart Forms-Entwicklung und sollte nicht mehr verwendet werden. Wir werden deshalb nicht weiter auf ihn eingehen.

> **Hinweis:** Im Orginal unserer Flugrechnung werden allerdings mehrere Knoten vom Typ **Komplexer Abschnitt** bei Ausgabe der Positionen verwendet. Wir werden diese Knoten in einer der folgenden Übungen durch Schleife- bzw. Tabelle-Knoten ersetzen (und dabei gleichzeitig die Struktur im Hauptfenster etwas übersichtlicher gestalten).

In komplexeren Formularen sind auch Kombinationen verschiedener Knotentypen üblich:

▶ Einem Schleife-Knoten können Sie mehrere Tabelle-Knoten als Unterknoten zuordnen, um damit die Ausgabeform zu gestalten.

▶ Alternativ können Sie unterhalb eines Tabelle-Knotens auch eine oder mehrere Schleife-Knoten anlegen, die dann auf gemeinsame Eigenschaften zur Ausgabetabelle zurückgreifen.

Welchen Aufbau Sie wählen, hängt natürlich von der konkreten Anwendung ab. Der Tabelle-Knoten selbst lässt sich nicht weiter schachteln: er kann also nicht Unterknoten eines anderen Tabelle-Knotens sein.

Weiteres Vorgehen

In den folgenden Kapiteln werden wir die genannten Möglichkeiten zur Ausgabe von internen Tabellen im Detail erläutern und dabei auch wieder auf das Beispielformular der Flugrechnung zurückgreifen. Daher werden folgende Einzelthemen behandelt:

▶ Wir werden die Schleife als zentrales Element aller genannten Knoten ausführlich vorstellen; damit sind gleichzeitig auch die äquivalenten Funktionen in den Knotentypen **Tabelle** und **Komplexer Abschnitt** gemeint.

▶ Über die Funktion der Ausgabetabelle in den Knotentypen **Tabelle** und **Komplexer Abschnitt** gestalten Sie die Ausgabeform aller betreffenden Texte, Daten oder auch Grafiken.

▶ Bei allen drei Knotentypen können Sie Ereignisknoten nutzen, um bestimmte Unterknoten in einem Kopf- oder Fußbereich ausführen zu lassen. Die Ereignisknoten aktivieren Sie durch Festlegung der zugehörigen Zeitpunkte, zu denen die zugeordneten Unterknoten ausgeführt werden sollen.

▶ Zur weiteren Erläuterung bieten wir Ihnen abschließend die Möglichkeit, das Übungsbeispiel der Flugrechnung bezogen auf die Ausgabe der Positionen (Flugbuchungen) grundlegend zu ändern. Sie werden dadurch eine größere Übersichtlichkeit erreichen.

7.2.3 Schleife

Alle drei genannten Knotentypen (**Schleife**, **Tabelle** und **Komplexer Abschnitt**) können die Funktion einer Schleife zur Verfügung stellen: Verwenden Sie die Registerkarte **Daten,** um den Durchlauf über eine interne Tabelle mit seinen Eigenschaften zu beschreiben. Die Attribute zur Funktion der Schleife sind für alle drei Knotentypen gleich; wir können uns also im Folgenden auf die Beschreibung eines Falles beschränken.

In unserer Flugrechnung werden Flugbuchungen als Rechnungspositionen ausgegeben (siehe den Musterausdruck im Anhang). Die Abbildung 7.4 zeigt den Knoten LOOP_BOOK im Hauptfenster MAIN (etwas versteckt unterhalb des Knotens TABLE), der die Eigenschaften der zugehörigen Schleife beschreibt.

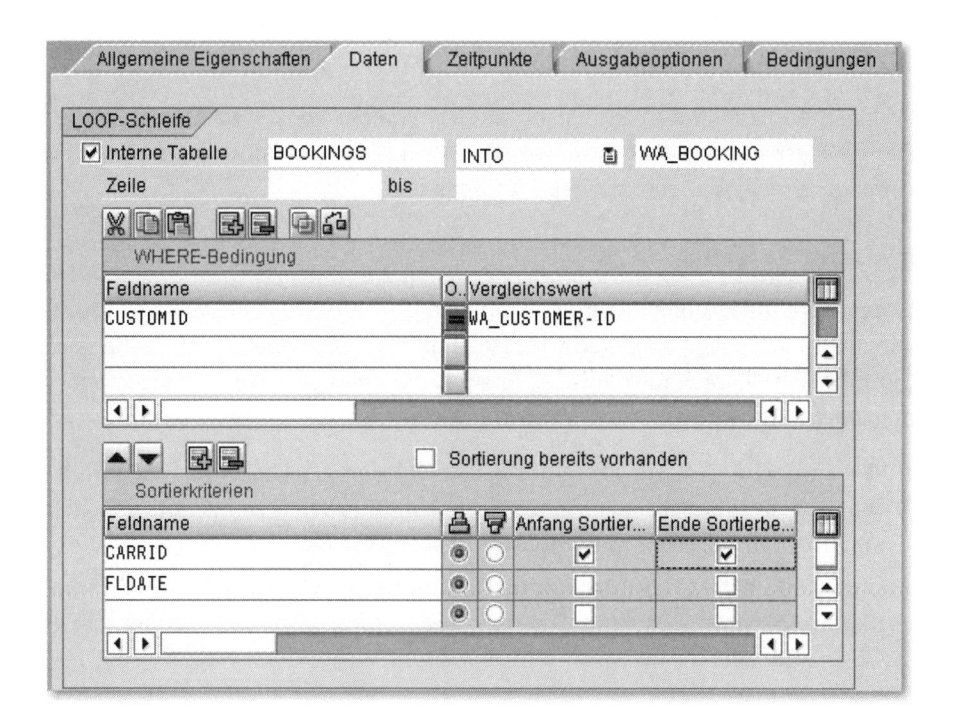

Abbildung 7.4 Merkmale einer Schleife

Bei dem Knoten LOOP_BOOK handelt es sich um einen **Komplexen Abschnitt**: Durch die Vorgaben auf der Registerkarte **Allgemeine Eigenschaften** arbeitet er wie ein Schleife-Knoten (Ausgabeart **einfach** und **wiederholte Abarbeitung**).

Daten zur Schleife

Die Registerkarte **Daten** enthält alle Attribute für den Datenzugriff innerhalb der Schleife. Die ersten und wichtigsten Angaben gelten der internen Tabelle, die durchlaufen werden soll. Dabei fällt zunächst der logische Schalter vor dem Attribut **Interne Tabelle** auf:

- Er ist im Standardfall gesetzt und sorgt dafür, dass die danach eingetragene interne Tabelle auch wirklich durchlaufen wird.
- Wenn Sie die Schleifenausführung über das Attribut deaktivieren, wird die Schleife auch nicht durchlaufen. Vom jeweiligen Knoten bleiben dann nur noch die Restfunktionen, d.h. er verhält sich ähnlich wie ein Ordner. Bei einem Tabellen-Knoten bleibt zusätzlich auch das Ausgabelayout stehen. Die Zeilentypen können also auch weiterhin zur Ausgabe von Unterknoten verwendet werden (z.B. als Ersatz für Schablone, siehe auch Hinweise in Abschnitt 4.5). Bei dem Knotentyp **Komplexer Abschnitt** (wie hier in unserem Beispiel) wird bei deaktiviertem Schalter sogar die gesamte Registerkarte **Daten** aus der Anzeige entfernt. Sie lässt sich aber nachträglich über die Registerkarte **Allgemeine Eigenschaften** wieder anwählen.

> **Tipp:** Wurde der Schalter vor dem Attribut **Interne Tabelle** deaktiviert, so bleiben bei allen Knotentypen trotzdem die vorher eingegebenen Inhalte im Hintergrund stehen. Dies kann in der Testphase eines Formulars ganz vorteilhaft sein, wenn eine Schleife kurzzeitig von ihren Daten getrennt werden soll.

Festlegung der internen Tabelle

In unserem Beispiel ist BOOKINGS als diejenige interne Tabelle eingestellt, die in der Schleife durchlaufen werden soll. Sie enthält alle Flugbuchungen mit ihren charakteristischen Eigenschaften wie Gesellschaft, Datum und Preis, die dann bei Ausgabe als Rechnungspositionen erscheinen. Der Inhalt der internen Tabelle wird im Zuge der Schleifenbearbeitung zeilenweise in die Feldleiste WA_BOOKING als Arbeitsbereich kopiert.

> **Tipp:** In unserem Beispiel besteht der Name jeder Feldleiste, die als Arbeitsbereich fungiert, aus dem Kürzel 'WA' (als Hinweis auf *Work-Area*) und dem Namen der internen Tabelle, für die sie eingesetzt wird. Nutzen Sie solche Formalien bei der Formularentwicklung. Sie sorgen damit vor allem auch in komplexen Formularen für Transparenz.

Nach vollständiger Abarbeitung der Schleife steht im zugewiesenen Arbeitsbereich der letzte Datensatz. Auf dessen Inhalt können Sie dann auch außerhalb der Schleife zugreifen.

Die interne Tabelle BOOKINGS wird in der Flugrechnung über die Formularschnittstelle zur Verfügung gestellt, die Feldleiste ist bei den globalen Daten im Formular definiert. Durch den Bezug auf einen einheitlichen Datentyp im ABAP-Dictionary ist sichergestellt, dass der Feldaufbau beider Komponenten gleich ist. In der Feldliste des Form Builders können Sie jederzeit die Namen der enthaltenen Felder kontrollieren.

Sonderfall 1: Interne Tabelle mit Kopfzeile

Über eine spezielle Typisierung können interne Tabellen so angelegt werden, dass sie selbst schon über einen Arbeitsbereich verfügen. Dieser Arbeitsbereich hat dabei den gleichen Namen, wie die interne Tabelle. Man spricht in diesem Fall auch von einer **internen Tabelle mit Kopfzeile**. Wenn Sie eine solche interne Tabelle auf der Registerkarte **Daten** eintragen, erkennt dies der Form Builder und übernimmt automatisch die Kopfzeile in die Angabe zum gleichnamigen Arbeitsbereich.

Aber auch bei einer internen Tabelle mit Kopfzeile können Sie weiterhin eine andere eigenständige Feldleiste als Arbeitsbereich eintragen. Dies trägt zu einer größeren Übersichtlichkeit bei. Interne Tabellen mit Kopfzeilen sollen laut SAP-Empfehlung heute ohnehin nicht mehr verwendet werden.

Sonderfall 2: Verwendung von Feldsymbolen

Für die Übertragung der Daten in den Arbeitsbereich verwenden wir die Zuweisungsart INTO. Die Alternative über ASSIGNING ist für den Fall vorgesehen, dass Sie den Arbeitsbereich über ein *Feldsymbol* abbilden wollen. Bei diesem Verfahren nutzt das System Zeiger, so dass die einzelnen Zeilen nicht in eine eigenständige Feldleiste kopiert werden müssen. Das kann vor allem bei großen internen Tabellen Vorteile in der Ausführungsgeschwindigkeit bringen.

Wenn Sie mit einem Feldsymbol arbeiten wollen, müssen Sie dieses zuvor auf der gleichnamigen Registerkarte bei den Globalen Definitionen eintragen. Wir werden im weiteren Verlauf aber nicht näher auf dieses Verfahren eingehen.

Datensätze einschränken

Wie in Abbildung 7.4 dargestellt, gibt es zwei Möglichkeiten, um beim Durchlauf der Schleife über die interne Tabelle die Zahl der angesprochenen Datensätze einzuschränken: per Zeilennummer oder über WHERE-Bedingungen.

Einschränken über Zeilennummer

Da in einer internen Tabelle jeder Datensatz eine eindeutige Nummer besitzt, können Sie durch Angabe von Zeilennummern bei **von/bis** die Anzahl der Datensätze einschränken. Diese Möglichkeit ist jedoch nur selten wirklich sinnvoll anwendbar. Um alle Datensätze in die Schleife einzuschließen, können die Eingabefelder leer bleiben.

> **Tipp:** Eine Schleife mit Angabe **von Zeile 1 bis Zeile 1** liest nur den Inhalt der ersten Zeile einer internen Tabelle. Das kann eine sinnvolle Anwendung sein, wenn Sie z. B. auf ein einzelnes Feld zurückgreifen wollen, dessen Inhalt in allen Tabellenzeilen gleich ist. Bei Ausgabe des Feldes werden Sie dessen Inhalt wie übergeordnete Kopfdaten ausgeben wollen (also außerhalb der eigentlichen Schleife über alle Datensätze). In diesem Fall können Sie einen weiteren Schleife-Knoten dazu verwenden, nur die erste Tabellenzeile zu lesen, um das betreffende Feld auszugeben.

Einschränken über WHERE-Bedingungen

Weit häufiger erfolgt die Einschränkung der Datensätze über eine WHERE-Bedingung. Dann werden nur diejenigen Datensätze in den Arbeitsbereich kopiert und ausgegeben, die den eingetragenen Bedingungen entsprechen. Die Eingabe erfolgt in der gleichen Weise, wie es bei den logischen Ausdrücken auf der Registerkarte **Bedingungen** üblich ist (auf die wir in Abschnitt 7.3.1 noch ausführlich eingehen werden). Einziger Unterschied. Ein logischer Ausdruck hier in der Schleife darf nur Komponenten der internen Tabelle abfragen.

> **Hinweis:** Wie in Abbildung 7.4 gezeigt, steht der Feldname zur Komponente der internen Tabelle immer in der linken Spalte. Der Feldname ist in verkürzter Version einzutragen, d.h. ohne den vorangestellten Namen der internen Tabelle. Das wird bei den ersten Versuchen mit Smart Forms häufig missachtet (die Knotenprüfung liefert dann eine Fehlermeldung).

Da in unserem Beispiel die interne Tabelle BOOKINGS unter Umständen auch Daten anderer Kunden enthalten kann, wurde die Schleife mit einer WHERE-Bedingung versehen (siehe Abbildung 7.4). Das Feld CUSTOMID enthält zu jeder Flugbuchung die zugehörige Kundennummer; der Inhalt wird deshalb mit der Nummer des Kunden verglichen, an den die Rechnung gerichtet ist. Diese Kundennummer wiederum befindet sich im Feld ID des Arbeitsbereichs WA_CUSTOMER, der ja auch die Ausgabe der Anschrift sorgt.

Sortieren und Gruppieren

Häufig ist es erforderlich, dass die Ausgabe der Datensätze in einer vorgegebenen Reihenfolge geschieht. Allerdings ist nicht immer sichergestellt, dass die Datensätze schon in der gewünschten Sortierung in der ausgewerteten internen Tabelle vorliegen. Dann können Sie entsprechende Vorgaben als Attribute zur Schleife hinterlegen. Die Eingaben erfolgen im untersten Abschnitt der Registerkarte **Daten** (siehe Abbildung 7.4).

Beispiel

In unserem Beispiel haben wir eine Sortierung eingefügt, die im Original der Flugrechnung nicht enthalten ist.

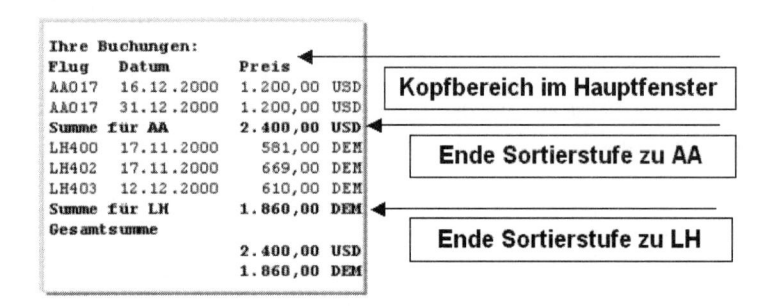

```
Ihre Buchungen:
Flug    Datum        Preis
AA017   16.12.2000   1.200,00 USD
AA017   31.12.2000   1.200,00 USD
Summe für AA         2.400,00 USD
LH400   17.11.2000     581,00 DEM
LH402   17.11.2000     669,00 DEM
LH403   12.12.2000     610,00 DEM
Summe für LH         1.860,00 DEM
Gesamtsumme
                     2.400,00 USD
                     1.860,00 DEM
```

- Kopfbereich im Hauptfenster
- Ende Sortierstufe zu AA
- Ende Sortierstufe zu LH

Abbildung 7.5 Sortierung und Gruppierung

Bei Ausgabe der Positionen haben die Knotenattribute in unserem Beispiel folgende Auswirkungen:

▶ Die erste Sortierstufe mit Angabe von CARRID bewirkt, dass die Ausgabe der Flugbuchungen in der Reihenfolge der Fluggesellschaften erfolgt (nach Kürzel).

▶ Die zweite Stufe mit FLDATE bewirkt, dass danach die Sortierung nach dem Flugdatum erfolgt (also unterhalb der jeweiligen Fluggesellschaft).

In dem Ausgabebeispiel sehen Sie das Kürzel der jeweiligen Fluggesellschaft in der Spalte **Flug**, dahinter das Flugdatum: In beiden Fällen ist eine *aufsteigende Sortierung* gewählt (siehe zugehörige Einträge bei den Knotenattributen). Allerdings ist die Ausgabe keine durchgehende Liste:

- Mit Beginn jeder neuen Fluggesellschaft erscheint eine neue Überschrift mit dem ausführlichen Namen der Gesellschaft.
- Am Ende wird für jede Fluggesellschaft der Anteil am Rechnungsbetrag als Zwischensumme dargestellt.

Die Steuerung dazu erfolgt über *Ereignisknoten*, die automatisch vom Form Builder eingefügt werden, wenn die Attribute **Anfang Sort.** bzw. **Ende Sort.** gesetzt sind (hier zur Sortierstufe CARRID).

Allgemeine Hinweise

Da die Sortierung sich immer auf die verwendete interne Tabelle der Schleife bezieht, müssen die eingetragenen Felder, nach deren Inhalt die Sortierung erfolgen soll, auch in dieser internen Tabelle vorhanden sein. Sie müssen den Feldnamen deshalb wieder in verkürzter Version eintragen (d.h. ohne den vorangestellten Namen der internen Tabelle).

Wenn Sie mehrere Felder eintragen, bestimmt die Reihenfolge der Feldnamen deren Priorität bei der Sortierung. Dies lässt sich mit den schwarzen Pfeilen/Symbolen (oben links) auch nachträglich noch ändern. Jeder Eintrag in der Liste repräsentiert dann eine Sortierungsstufe.

Über die Attribute **Anfang Sortierbegriff** bzw. **Ende Sortierbegriff** können Sie je Sortierungsstufe eine *Gruppenstufe* definieren. Dann erscheint (wie in unserem Beispiel) jeweils ein Ereignisknoten im Navigationsbaum des Form Builders. Dort können Sie weitere Unterknoten anlegen, um zu den gewünschten Zeitpunkten Überschriften oder Zwischensummen auszugeben. Die Ereignisknoten werden bei Ausgabe exakt dann angesprochen, wenn sich der Inhalt des angesprochenen Feldes ändert.

Wenn Sie keine Sortierungen vorgeben, werden die Daten so ausgelesen, wie sie in der verwendeten internen Tabellen vorliegen. Es wird also die vom Rahmenprogramm vorgenommene Sortierung berücksichtigt.

> **Hinweis:** Es ist durchaus üblich, dass eine interne Tabelle schon in der gewünschten Sortierung vom Rahmenprogramm zur Verfügung gestellt wird. Wenn Sie zu dieser Sortierung z.B. noch zusätzlich eine Gruppenstufe mit Ereignisknoten erzeugen wollen, müssen Sie zwangsläufig die Felder der Sortierung auch im Schleife-Knoten nochmals eintragen. Die Ausgabesteuerung von Smart Forms kann in diesem Fall aber nicht erkennen, dass die interne Tabelle bereits in der vorgesehenen Form sortiert ist und würde sie deshalb nochmals sortieren (was unnötige Zeit beansprucht). Wählen Sie das Attribut **Sortierung bereits vorhanden**, um dies zu vermeiden.

Ausgaben zu einer Schleife

Betrachten wir jetzt noch die Art und Weise, wie im Beispiel der Flugrechnung die Inhalte des Arbeitsbereichs WA_BOOKING mit den einzelnen Flugbuchungen über Unterknoten ausgeben werden. Öffnen Sie dazu den Unterknoten LOOP_CONNECT. Hier finden Sie beginnend mit BODY_COL1 fünf Text-Knoten für die einzelnen Spalten der Ausgabetabelle. Öffnen Sie z.B. den letzten Text-Knoten: Sie sehen nun die Feldangaben für Preis und Währung. Beide sind in WA_BOOKING enthalten.

Bei den Ausgabeoptionen finden Sie passende Einträge, um die einzelnen Text-Knoten den Zellen einer Ausgabetabelle zuzuordnen. Darauf werden wir in Abschnitt 7.2.6 bei Behandlung der Ausgabetabellen zurückkommen.

7.2.4 Einzelnen Datensatz über Schleife lesen

Im vorangegangenen Abschnitt haben wir bereits erwähnt, wie die Schleife verwendet werden kann, um einen einzelnen Tabelleneintrag durch Vorgabe einer Zeilennummer zu lesen. Häufiger wird sich der jeweilige Datensatz über eine WHERE-Bedingung ergeben. Die Inhalte der abgefragten Felder sind dann auch erst zur Laufzeit bekannt. Im Vergleich zum ersten Fall handelt es sich also um einen dynamischen Zugriff auf einen Datensatz der internen Tabelle. Wir wollen den Fall im Folgenden wieder anhand eines Beispiels aus der Flugrechnung erläutern.

Öffnen Sie in der Flugrechnung den Knoten BODY_COL4: Die Uhrzeit des Abflugs wird offensichtlich nicht aus dem Arbeitsbereich WA_BOOKING sondern aus WA_CONNECTION gelesen. Der Grund dafür ist einfach: Bei regelmäßigen Linienflügen ist die Startzeit immer gleich und wird deshalb nicht direkt zum Flug, sondern zur übergeordneten Flugverbindung gespeichert (siehe auch die Hinweise zum Flugdatenmodell im Anhang).

Damit zu jeder Flugbuchung auch die richtige Uhrzeit ausgegeben werden kann, muss in WA_CONNECTION die passende Verbindung zur aktuellen Flugbuchung stehen. Dafür sorgt der Knoten LOOP_CONNECT, ebenfalls vom Typ **Komplexer Abschnitt**. Darunter sind die genannten Text-Knoten angelegt. Wählen Sie wie in Abbildung 7.6 die Registerkarte **Daten** bei den Knotenattributen.

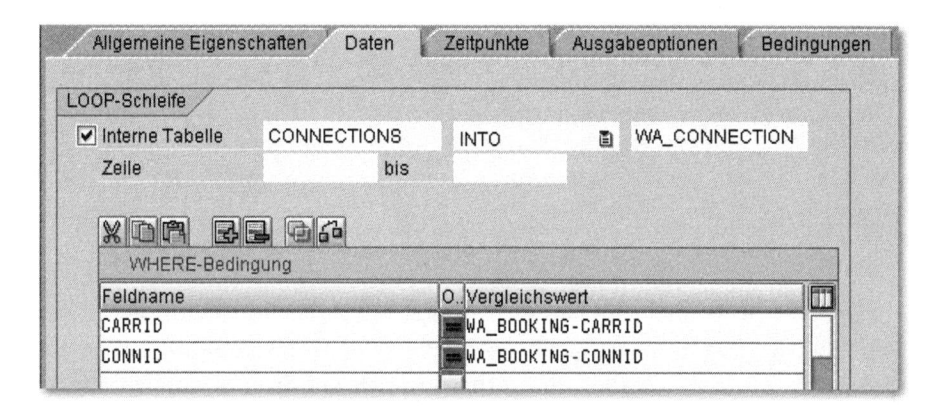

Abbildung 7.6 Schleife zum Lesen eines Datensatzes

Der Knoten arbeitet über die Voreinstellungen bei **Allgemeine Eigenschaften** wieder als eine Schleife. Über die hinterlegten WHERE-Bedingungen wird hier allerdings nur ein einziger Datensatz aus der internen Tabelle der Verbindungen gelesen und in den zugehörigen Arbeitsbereich kopiert. Die Einschränkung beim Lesen erfolgt über zwei Merkmale der jeweils aktuellen Flugbuchung:

- Feld CARRID mit Angabe der aktuellen Fluggesellschaft
- Feld CONNID mit Angabe der aktuellen Verbindungsnummer

Da eine Flugbuchung immer nur einer Verbindung zugeordnet sein kann, wird hier grundsätzlich nur ein Datensatz gelesen. Deshalb kann die im Feld DEPTIME hinterlegte Abflugzeit der Verbindung dann im Text-Knoten BODY_COL4 ausgegeben werden.

Schleife im Programmcode
Die Funktion des Schleife-Knotens wird also in diesem Beispiel etwas zweckentfremdet, um einen bestimmten Datensatz aus einer internen Tabellen zu lesen. Eine solche Funktion können Sie sonst nur über einen Programm-Knoten realisieren. Das setzt allerdings ABAP-Grundkenntnisse voraus.

> **Hintergrund:** Mit Aktivierung des Formulars wird ein Funktionsbaustein erzeugt, dessen Programmcode alle angelegten Knoten als Folge von ABAP-Anweisungen enthält. Die eben beschriebene Schleife wird dabei in die folgende LOOP-Anweisung übersetzt:
>
> ```
> *&---------------------------------------------------------------&*
> LOOP AT CONNECTIONS INTO WA_CONNECTION
>         WHERE CARRID EQ WA_BOOKING-CARRID
>           AND CONNID EQ WA_BOOKING-CONNID.
> ENDLOOP.
> *&---------------------------------------------------------------&*
> ```
>
> **Listing 7.1** Schleife-Knoten im generierten Funktionsbaustein

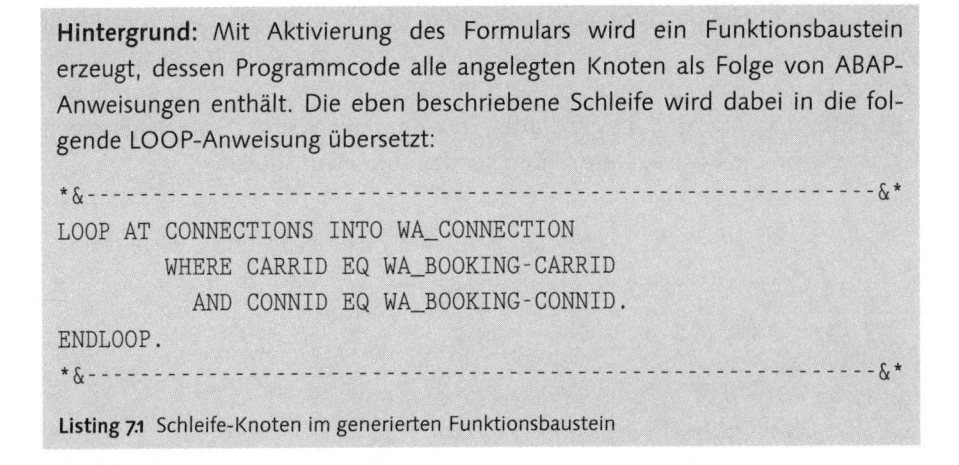

Das Ergebnis des Lesevorgangs im Arbeitsbereich WA_BOOKING steht nicht nur innerhalb der Schleife zur Verfügung, sondern so lange, bis dessen Inhalt erneut überschrieben wird. Ausgaben zum Arbeitsbereich der Schleife können infolge dessen über beliebige Knoten erfolgen, ohne dass diese als Unterknoten der Schleife angelegt sein müssen.

> **Hinweis:** Wird ein Arbeitsbereich über einen Schleife-Knoten gelesen und durch Felder angesprochen, die nicht unterhalb des Knotens angelegt sind, kann die Gesamtprüfung des Formulars zu einer Warnung führen. Der Form Builder geht in diesem Fall davon aus, dass der betreffende Arbeitsbereich keine gültigen Wert hat. Dann sollten Sie den Arbeitsbereich einmalig an anderer Stelle als Ausgangsparameter angeben; z. B. unter der Registerkarte **Initialisierung** bei den Globalen Definitionen (siehe auch Hinweise unter Abschnitt 3.4). Auch in dem folgenden Übungsbeispiel wird dieser Fall auftreten.

7.2.5 Übungsbeispiel: Schleife

Aus den bisherigen Darstellungen in diesem Kapitel geht hervor, dass der Knoten LOOP_CONNECT eigentlich keine echte Schleife darstellt, sondern »nur« zur Datenbeschaffung für die Variable dient, die das Flugdatum enthält.

Die eigentliche Ausgabe der Positionen ist über den Knoten LOOP_BOOK gesteuert, der nacheinander alle Flugbuchungen durchläuft. Diesem Knoten sollten dann auch alle Unterknoten zugeordnet sein, die für die Ausgabe sorgen (im Augenblick stehen diese unterhalb von LOOP_CONNECT).

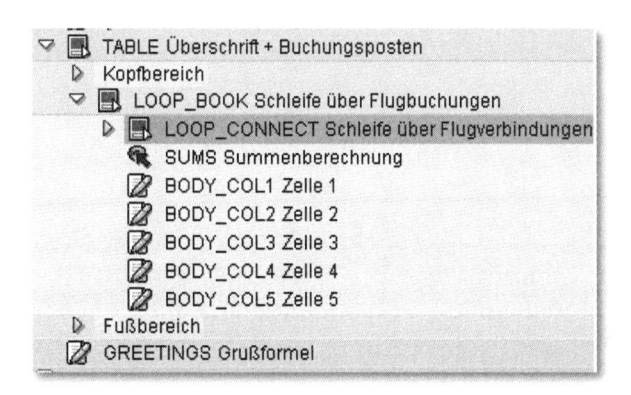

```
▽ 🗏 TABLE Überschrift + Buchungsposten
  ▷ Kopfbereich
  ▽ 🗏 LOOP_BOOK Schleife über Flugbuchungen
    ▷ 🗏 LOOP_CONNECT Schleife über Flugverbindungen
       🞰 SUMS Summenberechnung
       📝 BODY_COL1 Zelle 1
       📝 BODY_COL2 Zelle 2
       📝 BODY_COL3 Zelle 3
       📝 BODY_COL4 Zelle 4
       📝 BODY_COL5 Zelle 5
  ▷ Fußbereich
  📝 GREETINGS Grußformel
```

Abbildung 7.7 Positionsausgaben hinter LOOP_CONNECT

Verschieben Sie die Knoten so per Maus, dass die bisherigen Unterknoten von LOOP_CONNECT jetzt hinter diesem Knoten folgen (siehe Abbildung 7.7). Achten Sie darauf, dass die Reihenfolge der Knoten erhalten bleibt. Geben Sie das Formular erneut über Programm Z_SF_EXAMPLE_01 aus (vorheriges Aktivieren nicht vergessen), und kontrollieren Sie, ob die Abflugzeit jetzt wirklich noch enthalten ist.

> **Hinweis:** Leider liefert die Gesamtprüfung zum Formular jetzt eine neue Warnung mit dem Inhalt »Feld WA_CONNECTION-DEPTIME besitzt keinen definierten Wert«. Das Phänomen haben wir weiter oben schon erläutert und Ihnen auch das »Gegenmittel« genannt: Tragen Sie WA_CONNECTION bei den Globalen Definitionen unter der Registerkarte **Initialisierung** als Ausgangsparameter ein. Dann verläuft auch die Gesamtprüfung ohne Fehlermeldung.

Wir werden am Ende dieses Kapitels als Übungsbeispiel größere Änderungen an dem Aufbau des Zweiges vornehmen, der zur Ausgabe der Rechnungspositionen dient (siehe Abbildung 7.2.8). Dabei können Sie auch neue Knoten vom Typ **Schleife** anlegen bzw. die bisherigen Knoten **Komplexen Abschnitte** ersetzen.

7.2.6 Ausgabetabelle

Im letzten Abschnitt haben wir erläutert, wie die Positionen der Flugrechnung in einer Schleife durchlaufen und über Text-Knoten ausgegeben werden. Wir haben aber noch nicht betrachtet, wie diese Ausgaben in die tabellarische Darstellung gebracht werden. Dazu wird das Layout einer Ausgabetabelle verwendet, die wir grundlegend schon in Abschnitt 4.5 vorgestellt haben.

Überprüfen Sie deshalb zunächst die Registerkarte **Tabelle** im Knoten TABLE, die Sie in Abbildung 7.8 sehen.

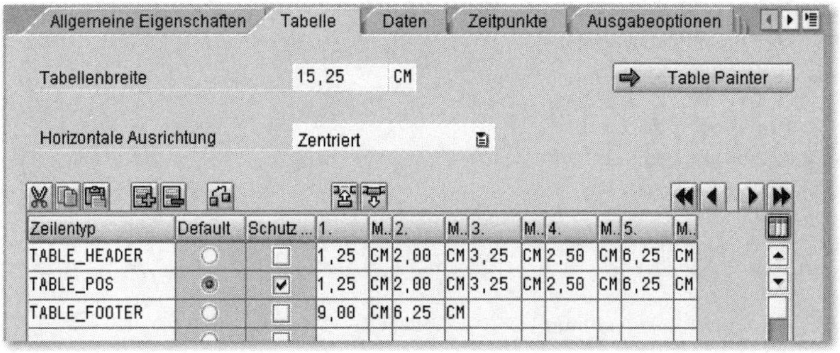

Abbildung 7.8 Ausgabetabelle

Auch in diesem Fall handelt es sich wieder um einen Knoten vom Typ **Komplexer Abschnitt**. Auf der Registerkarte **Allgemeine Eigenschaften** ist er diesmal allerdings konfiguriert als Tabellen-Knoten mit **wiederholter Abarbeitung**. Mit diesen Vorgaben wird über die Eintragungen unter der Registerkarte **Daten** wieder eine interne Tabelle durchlaufen. Auf deren Inhalt gehen wir später ein (wir werden zum Schluss auch diesen Knoten überarbeiten).

Jeder Tabelle-Knoten enthält als Besonderheit die Registerkarte **Tabelle**: Hier ist das Layout der Ausgabetabelle definiert, die von den zugehörigen Unterknoten angesprochen werden kann. Die Definition erfolgt ähnlich wie bei einer Schablone wieder über Zeilentypen: Sie werden die drei in unserem Beispiel angelegten Zeilentypen sofort auf einem Musterausdruck des Formulars wiedererkennen. Eine kleine Besonderheit ist, dass die Zeilentypen TABLE_HEADER für die Kopfangaben und TABLE_POS für die einzelnen Positionen in unserem Fall die gleiche Spaltenaufteilung haben; man wäre also im Grunde auch mit einem Zeilentyp weniger ausgekommen.

Die einzelnen Spalten sind wieder mit ihrer Breite eingetragen. Was im Vergleich zur Schablone fehlt, ist die Zeilenhöhe. Sie wird dynamisch bestimmt und hängt deshalb vom Inhalt der Zelle und dem dort verwendeten Stil ab. Die Zelle mit der größten Höhe bestimmt auch die Höhe der ganzen Zeile. Die einzelnen Zeilen können deshalb bei der Ausgabe auch eine unterschiedliche Höhe haben (abhängig von den jeweiligen Inhalten).

Bei jedem ausgaberelevanten Unterknoten zu einer Ausgabetabelle muss der gewünschte Zeilentyp angegeben werden. Über das Attribut **Default** im Tabellenlayout legen Sie fest, welcher Zeilentyp verwendet werden soll, wenn bei der Ausgabe eines Unterknotens kein Zeilentyp angegeben ist.

Über das Attribut **Schutz vor Umbruch** legen Sie fest, ob der betreffende Zeilentyp gegen Seitenumbruch geschützt sein soll. In diesem Fall wird der Inhalt einer Zeile immer komplett auf einer Seite ausgegeben.

Vor Eingabe der Zeilentypen müssen Sie wie bei der Schablone eine Gesamttabellenbreite sowie die Positionierung innerhalb des übergeordneten Fensters festlegen. Die Ausgabetabelle darf ebenfalls nicht breiter sein als das Fenster. Die Summe aller Zellen muss in der Breite mit der gesamten Tabellenbreite übereinstimmen. Für das Design der Zeilentypen steht auch hier der grafische Table Painter zur Verfügung; er überprüft die Übereinstimmung der Zeilentypen mit der Gesamtbreite.

Zuordnung der Zellen im Unterknoten

Wir haben bisher gesehen, wie das Layout der Ausgabetabelle erstellt wird. Betrachten wir nun, wie ausgaberelevante Unterknoten den Zellen innerhalb der Ausgabetabelle zugeordnet werden. Öffnen Sie dazu z.B. den Text-Knoten BODY_COL1 zur Ausgabe der Fluggesellschaft, diesmal aber mit der Registerkarte **Ausgabeoptionen**. Dort steht jetzt ein weiterer Abschnitt für die Zuordnung innerhalb der Ausgabetabelle zur Verfügung (siehe Abbildung 7.9).

Abbildung 7.9 Ausgabeoptionen zur Tabelle

Wir haben in Abschnitt 4.5 bei Betrachtung von Schablonen gesehen, dass Text- oder Grafik-Knoten über feste Zeilen- und Spaltenangaben den Schablonenzellen zugewiesen sind. Das ergibt sich aus dem festen Aufbau einer Schablone. Bei einer der Ausgabetabellen existieren hingegen keine Zeilenangaben, denn es können beliebig viele sein (je nach Datenmenge). Deshalb muss hier eine dynamische Zuordnung der Text-Knoten erfolgen:

- Da der Knoten zu Abbildung 7.9 das Kürzel der Fluggesellschaft ausgibt und es sich dabei um die erste Spalte in der Ausgabetabelle handelt, muss hier das Attribut für **neue Zeile** gesetzt sein.
- Über das untere Attribut **neue Zelle** wird zusätzlich eine neue Zelle angesprungen (es ist zugleich die erste, da keine Zelle übersprungen wird).

Überprüfen Sie zusätzlich noch die nächsten Knoten BODY_COL2 usw.: dort ist immer nur das Attribut **neue Zelle** gesetzt.

Ist bei einem ausgaberelevanten Knoten weder **neue Zeile** noch **neue Zelle** gesetzt, so wird der Inhalt an den vorherigen Knoten angehängt. Bei einem Text-Knoten müssen Sie in diesem Fall wieder die Angaben zu **Neuer Absatz** etc. auf der ersten Registerkarte des Knotens beachten. Mit Eröffnung einer neuen Zelle beginnt die Formatierung dagegen immer mit einem neuen Absatz (wie es im aktuellen Text eingestellt ist).

7.2.7 Zeitpunkte (Ereignisknoten)

Da jeder der Knotentypen mit der Möglichkeit zur dynamischen Datenausgabe auch untergeordnete Knoten zusammenfasst, ist er zusätzlich mit den Funktionen eines Ordner-Knotens ausgestattet. Das ermöglicht die automatische Erzeugung von Ereignisknoten für Kopf- und Fußbereiche, z. B. zur Ausgabe von Überschriften oder abschließenden Summen.

Die zugehörigen Einstellungen erfolgen bei den jeweiligen Knotenattributen mit Hilfe der Registerkarte **Zeitpunkte**. Öffnen Sie (wie in Abbildung 7.10) den Knoten TABLE in unserer Flugrechnung, in dem die bisherigen Kopf- und Fußbereiche angelegt sind.

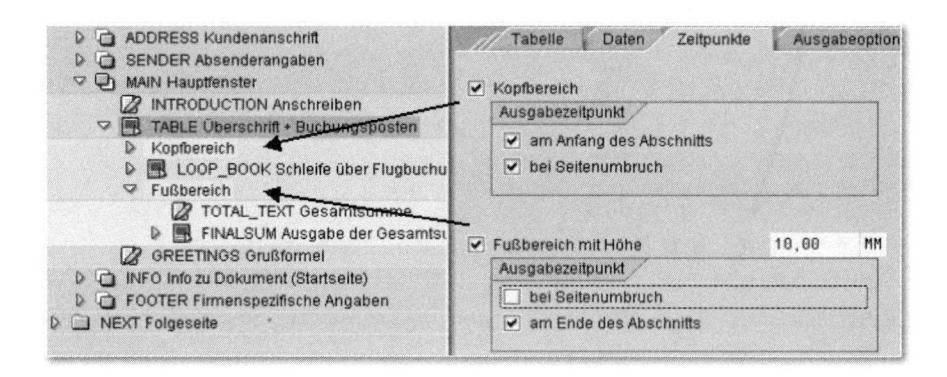

Abbildung 7.10 Ereignispunkte bei dynamischer Datenausgabe

Die Ereignisknoten können Sie zu den folgenden Zeitpunkten ausgeben lassen:

▶ Am Anfang und am Ende des Abschnittes, wobei ein Abschnitt durch die Abfolge aller Unterknoten definiert ist

▶ Bei einem Seitenumbruch (jeweils am Beginn oder am Ende einer Seite)

Für den Fußbereich benötigt das Formular eine Höhenangabe, damit bei Berechnung des Seitenumbruchs der benötigte Platz für den Fußbereich einkalkuliert werden kann.

Wenn Sie einen Kopf- und/oder Fußbereich anwählen, erzeugt der Form Builder im Navigationsbaum automatisch den passenden Ereignisknoten (mit der Bezeichnung **Kopfbereich** etc.). Dort können Sie jetzt weitere Unterknoten einfügen. In unserem Beispiel sind bereits die Texte zur Tabellenüberschrift bzw. die Rechungssummen in den Währungen der einzelnen Flugbuchungen angelegt.

> **Hinweis:** Ein Fußbereich wird üblicherweise für die Ausgabe von Zwischensummen verwendet. Für diese Anwendung muss sichergestellt sein, dass die entsprechenden Summen vorher vollständig berechnet worden sind. Wie die Berechnung der Gesamtsummen erfolgt, werden wir später noch ausführlich darstellen (siehe Abschnitt 8.6).

Ereignisknoten können Sie nicht weiter schachteln. Wenn also einmal ein Kopf- oder Fußbereich für einen Abschnitt definiert ist, können Sie keinen weiteren untergeordneten Abschnitt mit eigenem Kopf- oder Fußbereich anlegen. Zusätzlich müssen Kopf- und Fußbereich, falls beide Bereiche benutzt werden sollen, immer im gleichen Knoten definiert sein.

> **Tipp:** Beachten Sie deshalb beim Design des Formulars, dass bei kombinierter Verwendung von Tabelle- und Schleife-Knoten die Ereignisknoten nicht auf jeder Ebene zur Verfügung stehen, sondern vom jeweils übergeordneten Knoten beansprucht werden.

7.2.8 Übungsbeispiel: Flugrechnung überarbeiten

Im letzten Kapitel haben wir im Knoten TABLE nur die Vorgaben zur Gestaltung der Ausgabetabelle überprüft. Rufen Sie den Knoten noch einmal auf, jetzt aber mit der Registerkarte **Daten**: Hier werden alle Angaben zum aktuellen Kunden aus einer internen Tabelle in den zugehörigen Arbeitsbereich WA_CUSTOMER kopiert.

Da das Formular aber immer nur an einen Kunden gerichtet ist, ist auch dies wieder keine echte Schleifenabwicklung (diesen Sonderfall zur Schleife haben wir in Abschnitt 7.2.3 angesprochen).

Der gefüllte Arbeitsbereich wird darüber hinaus eigentlich auch nicht für die Positionsdaten benötigt, sondern dient primär zur Ausgabe der Kundenanschrift im ADRESS-Fenster.

> **Hinweis:** Die Ausgabe der Adresse hat bisher nur funktioniert, weil der zugehörige Adress-Knoten ADRESS im Navigationsbaum hinter MAIN und damit auch hinter TABLE folgt. Verschieben Sie probeweise das gesamte Adressfenster im Navigationsbaum vor MAIN und geben Sie das Formular erneut über das Rahmenprogramm aus. Jetzt wird die Adresse nicht mehr enthalten sein.

Mit dieser Funktion zur Beschaffung der Empfängeradresse besitzt der Knoten TABLE eine Funktion, wie sie eigentlich im MAIN-Fenster nicht zu erwarten wäre. Aber schon deshalb besitzt der Zweig zur Ausgabe der Rechnungspositionen einen Knoten-Aufbau, der sich in einigen Punkten optimieren lässt. Benötigt werden eigentlich nur:

- Ein einziger Tabelle-Knoten, in dem die ganze Schleifenabwicklung über die Flugbuchungen und die Ausgabe der Positionen erfolgt
- Ein Knoten für die Beschaffung der Uhrzeit einer Verbindung (wie bisher realisierbar über eine Schleife zum Lesen eines einzelnen Datensatzes)
- Ein Knoten außerhalb von MAIN für die Beschaffung der Adresse, wobei die Ausgabe der Adresse **nach** diesem Knoten erfolgen muss (wie bisher realisierbar über eine Schleife zum Lesen eines einzelnen Datensatzes)

Übersicht zur Strukturänderung

Im folgenden Übungsbeispiel wollen wir eine neue, übersichtlichere Knotenstruktur zur Ausgabe der Positionstabelle anlegen. Dies sind die Eckpunkte unseres Vorgehens:

- Die Ausgabe soll (wie soeben beschrieben) nur noch über einen neuen, zentralen Tabelle-Knoten gesteuert sein.
- Die ausgegebenen Unterknoten werden in die neue Struktur verschoben; sie können also wie bisher weiterverwendet werden.
- Statt der Knoten vom Typ **Komplexe Abschnitte** werden echte Tabelle- bzw. Schleife-Knoten mit gleichen Eigenschaften angelegt.

In Abbildung 7.11 ist das Ergebnis einer solchen Änderung dargestellt. Insbesondere die Struktur des MAIN-Fensters ist durch weniger Ebenen im Navigationsbaum einfacher geworden. Die Beschaffung der Daten zur Adresse erfolgt jetzt da, wo sie eigentlich hingehört: im Fenster zur Adressausgabe.

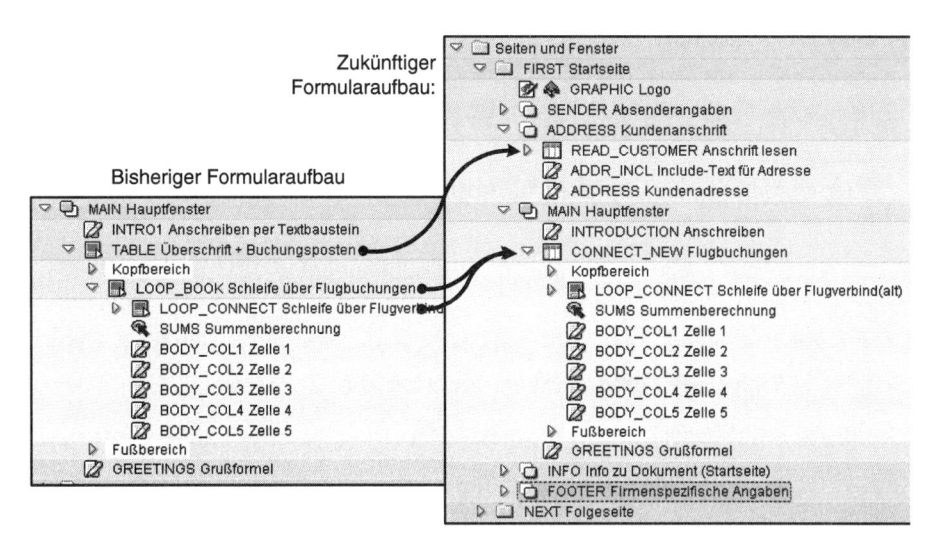

Abbildung 7.11 Formularoptimierung

Gehen Sie Schritt für Schritt vor; da die notwendigen Knoten größtenteils in der Vorlage schon vorhanden sind, dürfte das Übungsbeispiel leicht nachvollziehbar sein. Auf der Basis der neuen Struktur werden wir später weitere Änderungen vornehmen.

Schritt 1: Tabellen-Knoten anlegen

Aus der Betrachtung zum Knoten TABLE ergibt sich, dass er für die Ausgabe der Flugbuchungen im Hauptfenster nicht erforderlich ist. Wir werden ihn allerdings wegen der darin enthaltenen Zuweisung der Empfängeradresse beibehalten. Für die Ausgabe der eigentlichen Rechnungspositionen wollen wir jedoch einen neuen Tabelle-Knoten anlegen, der sowohl die Formatierung der Ausgabetabelle enthält, als auch die Schleife über alle Flugbuchungen.

Erzeugen Sie im MAIN-Fenster den neuen Tabellen-Knoten oberhalb von GREETINGS über das Kontextmenü mit **Anlegen • Tabelle**. Wählen Sie als Namen BOOK_NEW und eine passende Beschreibung. Die Tabellenbreite ist 15,25 cm. Per Default ist im Tabelle-Knoten die Registerkarte **Daten** aktiviert. Füllen Sie für den Knoten nacheinander die folgenden Registerkarten:

▶ **Tabelle**
Übertragen Sie das Design der Ausgabetabelle aus dem bisherigen Knoten TABLE (Breite, Zeilentypen, Linienmuster). Sie können hierfür auch die schnellere SAP-Kopierfunktion mit erweiterter Zwischenablage (**Strg + Y** etc.) verwenden. Wenn Ihre Positionen wie bisher mit sichtbaren Rändern erscheinen sollen, wählen Sie zusätzlich das passende Muster (über die zugehörige Taste).

▶ **Daten**

Die Schleife soll wie im bisherigen Knoten LOOP_BOOK über die interne Tabelle der Flugbuchungen laufen. Übertragen Sie die Einstellungen.

▶ **Zeitpunkte**

Übernehmen Sie die Vorgaben für Kopf- und Fußbereich wieder vom Knoten TABLE.

Überprüfen Sie die einzelnen Knoten; auch die Gesamtprüfung darf keine Fehler melden.

Schritt 2: Bisherige Unterknoten verschieben

Verschieben Sie jetzt die untergeordneten Knoten in die neuen Zweige des Navigationsbaums (per Maus über Drag&Drop):

▶ Beginnen Sie mit den Unterknoten im Kopf- und Fußbereich, die bisher unterhalb von TABLE angelegt waren. Achten Sie darauf, dass die Reihenfolge der Unterknoten auch unterhalb von BOOK_NEW erhalten bleibt

▶ Verschieben Sie dann diejenigen Knoten direkt zum neuen Knoten BOOK_NEW, die für die Ausgabe der Positionen zuständig sind. Diese befinden sich unterhalb von LOOP_BOOK. Im Übungsbeispiel zu Abschnitt 7.2.4 haben wir auch bereits die Knoten zur Ausgabe der Positionen aus der Ebene unterhalb von LOOP_CONNECT hierhin verschoben.

Der neue Zweig im Navigationsbaum sollte jetzt etwa so aussehen wie in Abbildung 7.12 gezeigt.

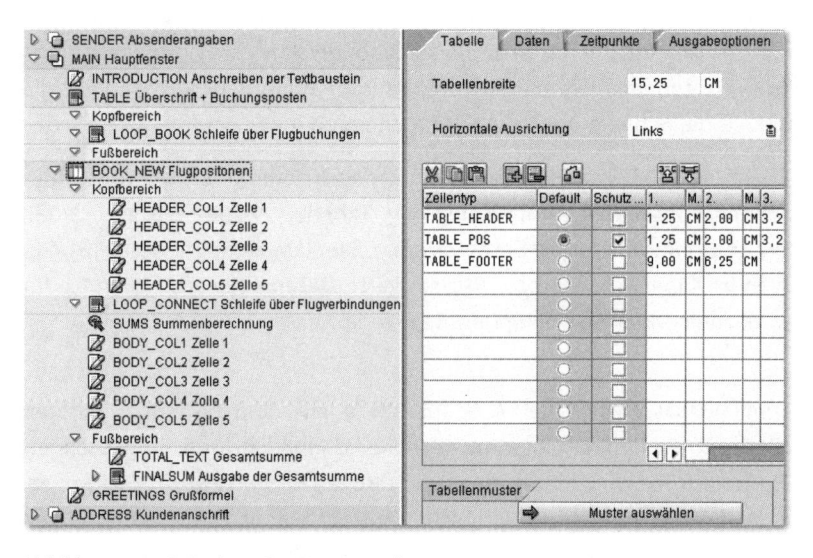

Abbildung 7.12 Geänderte Positionsausgabe

Alle relevanten Inhalte des bisherigen Knotens TABLE sind nach BOOK_NEW übertragen worden. Die bisherige Schleifenabwicklung über TABLE hat keine Inhalte mehr; wir werden sie im nächsten Schritt entfernen.

Überprüfen Sie das gesamte Formular; es dürfen keine neuen Fehler auftreten. Testen Sie die Ausgabe über das Rahmenprogramm Z_SF_EXAMPLE_01. Das Ergebnis sollte den vorherigen Ausgaben gleichen.

Schritt 3: Alte Knoten bzw. Einstellungen entfernen

Abschließend noch etwas für die Schönheit:

- Der bisherige Knoten LOOP_BOOK ist vollständig in den neuen Tabellen-Knoten aufgegangen; Sie können ihn löschen.
- Entfernen Sie auch die Kopf- und Fußbereiche unterhalb von TABLE; sie würden jetzt höchstens noch Leerzeilen bei der Ausgabe erzeugen (auf der Registerkarte **Zeitpunkte**).
- Da der bisherige Knoten TABLE jetzt nur noch zur Beschaffung der Kundendaten dient, ändern Sie den Namen auf READ_CUSTOMER.
- Es ist sicher auch sinnvoller, das Beschaffen der Adresse dort vorzunehmen, wo sie gebraucht wird: Verschieben Sie den Knoten READ_CUSTOMER also in das Fenster ADRESS. Er sollte dort der erste Eintrag sein, damit die anschließenden Text-Knoten auch Inhalte haben.

  Da für diesen Knoten jetzt die Gestaltung der Ausgabetabelle nicht mehr relevant ist, sollten Sie unter der Registerkarte **Allgemeine Eigenschaften** die Ausgabeart auf **einfach** ändern (sonst meldet die Gesamtprüfung, die Tabelle passe nicht ins Fenster). Durch diese Option verhält sich der Knoten vom Typ **Komplexer Abschnitt** jetzt wie ein Schleife-Knoten.
- Verschieben Sie abschließend das gesamte Fenster ADRESS vor MAIN.

  Dieses Vorgehen hat zwei Gründe:

  - Die Navigation im Navigationsbaum fällt leichter, wenn diejenigen Fenster, die auf dem Papier oben platziert sind, auch im Navigationsbaum zuerst aufgeführt werden.
  - Die Kundennummer muss vor Ausführung des MAIN-Fensters bekannt sein, denn über die Kundennummer in WA_CUSTOMER-ID haben wir auch die Flugbuchungen im Tabelle-Knoten BOOK_NEW gefunden.

Die neue Struktur im Navigationsbaum sollte jetzt auf dem Stand sein, den wir in Abbildung 7.11 zu Beginn dieses Kapitels gezeigt haben.

Optionale Änderungen

Sowohl der Knoten READ_CUSTOMER als auch LOOP_CONNECT unterhalb von BOOK_NEW sind im Augenblick noch mit Hilfe des Knotentyps **Komplexer Abschnitt** realisiert. Sie dienen jeweils nur noch dazu, einen einzelnen Datensatz zu lesen und in eine Feldleiste zu kopieren. Sie haben keine weiteren Unterknoten. Ersetzen Sie die Knoten durch echte Schleife-Knoten. Gehen Sie wie folgt vor:

▶ Legen Sie hinter dem bisherigen Knoten jeweils einen neuen Schleife-Knoten an. Dadurch wird der neue Knoten zeitlich nach dem alten ausgeführt: der dabei gelesene Datensatz stammt folglich auch immer aus dem neuen Knoten.

▶ Vergeben Sie die Attribute wie im bisherigen Knoten (**Interne Tabelle, Arbeitsbereich, Bedingungen**).

▶ Überprüfen Sie das Formular und testen Sie die Ausgabe.

▶ Löschen Sie dann die bisherigen Knoten vom Typ **Komplexer Abschnitt** und geben Sie den neuen Knoten die Namen des bisherigen Knotens.

7.3 Logische Abfragen

Die gängigste Form zur Beeinflussung der Ablauflogik des Formulars besteht in der Definition von logischen Abfragen. Zwei Möglichkeiten stehen zur Verfügung:

▶ Zu jedem beliebigen Knoten im Formular (unterhalb des Seite-Knotens) können *Bedingungen* hinterlegt sein. Damit können Sie die Ausführung des Knotens und ggf. auch aller seiner Unterknoten freischalten oder unterbinden.

▶ Der *Alternative*-Knoten stellt im Grunde nur eine Erweiterung von Bedingungen für den Fall dar, dass zwei Knoten unter entgegengesetzten Voraussetzungen ausgeführt werden sollen. Der Knotentyp sorgt dann für eine transparentere Darstellung und verringert den Eingabeaufwand.

7.3.1 Bedingungen

Alle manuellen Knotentypen unterhalb einer Seite (mit Ausnahme des Programm-Knotens) besitzen eine Registerkarte **Bedingungen**, um die Ausführung des Knotens an die jeweilige Formularlogik anzupassen.

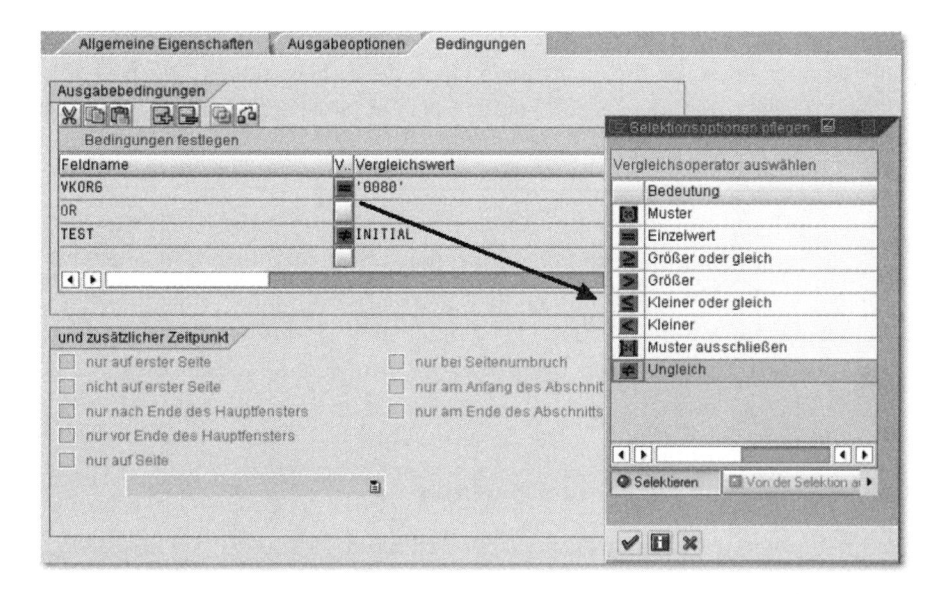

Abbildung 7.13 Bedingungen zum Knoten

Sobald eine Bedingung angelegt wurde, ist dies sofort auch an der Darstellung des zugehörigen Knotens im Navigationsbaum erkennbar. Smart Forms unterscheidet zwei Typen von Bedingungen:

- Logische Ausdrücke
- Ausgabezeitpunkte

Wir beschreiben zunächst die jeweiligen Eigenschaften.

Überwachung logischer Ausdrücke

In jeder Zeile der Bedingungen können Sie einen logischen Ausdruck mit zwei Operanden eintragen. Jeder der Operanden kann ein Feld oder ein Wert sein, denn trotz der Bezeichnungen **Feldname** und **Vergleichswert** sind beide Spalten gleichwertig. Geben Sie die Feldnamen ohne &-Klammerung ein, die Werte dagegen in Hochkommata (bei nummerischen Werten auch ohne Hochkommata).

Der Vergleichsoperator steht zwischen den einzelnen Operanden und ergibt sich aus der hinterlegten Liste wie in Abbildung 7.13 dargestellt. Ohne direkte Vorgabe durch den Anwender erzeugt der Form Builder bei Neueingabe per Default eine Überprüfung auf Gleichheit.

Durch zeilenweise Eingabe mehrerer Bedingungen können Sie auch komplexe logische Abfragen einstellen. Dabei werden die Einzelabfragen in den Zeilen über eine logische UND-Verknüpfung verknüpft. Um eine ODER-Verknüpfung zwischen zwei Zeilen zu erreichen, wählen Sie die entsprechende Taste in der Symbolleiste oder geben Sie die Buchstaben OR in die erste Spalte ein. Nach Bestätigung der Eingabe wird die Zeile in beiden Fällen automatisch grau dargestellt, um weitere Ergänzungen zu verhindern.

> **Tipp:** ABAP kennt bei logischen Abfragen neben dem Vergleich von Operanden auch eine Abfrage auf **is initial**. Dabei wird überprüft, ob dem zugehörigen Feld nach seiner Deklaration ein gültiger Wert zugewiesen wurde. Diese Überprüfung können Sie auch als Bedingung unter Smart Forms hinterlegen, indem Sie beim zweiten Operanten INITIAL eingeben (siehe Beispiel in Abbildung 7.13).

Überwachung von Ausgabezeitpunkten

Über den unteren Abschnitt **Zusätzlicher Zeitpunkt** verknüpfen Sie die Ausführung des Knotens zusätzlich mit besonderen Ereignissen der Formularprozessierung. Die Bedingungen sind eigentlich selbsterklärend, deshalb geben wir hier nur kurze Hinweise:

- Bei den Eigenschaften **nur/nicht auf erster Seite** sind immer einzelne Ausgabeseiten gemeint, nicht die Entwurfsseiten.

- Die Bedingungen **nur am/vor Ende des Hauptfensters** sind nur sinnvoll anwendbar bei Knoten in Nebenfenstern, die zusätzlich im Navigationsbaum hinter dem Hauptfenster stehen. Die hinterlegte Bedingung basiert auf einer Abfrage zur Systemvariablen SFSY-PAGEBREAK. Diese wird genau dann gesetzt, wenn das Hauptfenster komplett abgearbeitet ist. Anwendungsbeispiel: die Ausgabe einer Zwischensumme innerhalb eines Nebenfensters, das auf allen Seiten außer der letzten erscheinen soll.

- Die Bedingung **nur auf Seite** erfordert die Angabe einer Entwurfsseite In vielen Fällen können Sie alternativ dazu auch gleich den zugehörigen Knoten auf der entsprechenden Entwurfsseite löschen. Doch das geht nur, wenn das zugehörige Fenster ausschließlich auf dieser Seite existiert. Als Kopie auf mehreren Seiten (wie es z. B. bei MAIN üblicherweise der Fall ist) würde der betreffende Knoten sonst auf allen Seiten entfernt.

Die Einstellungen rechts zu **Seitenumbruch** und **Anfang/Ende von Abschnitten** sind nur bei Knoten anwählbar, die unterhalb von Ereignisknoten angelegt sind. Ereignisknoten wiederum existieren z. B. bei den Knotentypen Ordner und Schleife; sie ermöglichen die automatische Erstellung von Kopf- und Fußbereichen (siehe z. B. Abschnitt 5.4).

Verknüpfung der Überwachungen

Die Ergebnisse der Einzelüberwachungen zu logischen Ausdrücken und den Ausgabezeitpunkten sind untereinander mit UND verknüpft. Nur wenn die Gesamtbedingung erfüllt ist, wird der Knoten abgearbeitet. Ist sie nicht erfüllt, wird dieser Knoten zusammen mit allen Unterknoten ignoriert.

Im Grunde sind auch alle Unterknoten bei der Auswertung der Bedingungen mit einem logischen UND zum übergeordneten Knoten verbunden. Darüber können Sie letztendlich eine beliebig komplexe Abfragelogik im Formular hinterlegen.

> **Tipp:** Die Verwendung von Bedingungen empfiehlt sich häufig auch in der Entwicklungsphase eines Formulars, z.B. bei der Ursachenforschung zu Laufzeitfehlern. Über Bedingungen können Sie dann testweise ganze Zweige »auskommentieren« und so die Fehlerquelle einkreisen.

7.3.2 Verzweigungen über Alternative-Knoten

Der Alternative-Knoten bietet sich als elegante Lösung an, wenn zwei Knoten unter entgegengesetzten Bedingungen ausgeführt werden sollen.

Mit Neuanlage eines solchen Knotentyps erzeugt der Form Builder automatisch zwei weitere Ereignisknoten TRUE und FALSE als direkte Unterknoten im Navigationsbaum: Dort fügen Sie die eigentlichen Unterknoten ein, die abhängig vom Ergebnis der logischen Abfrage ausgeführt werden sollen (ggf. können das auch weitere Alternative-Knoten sein).

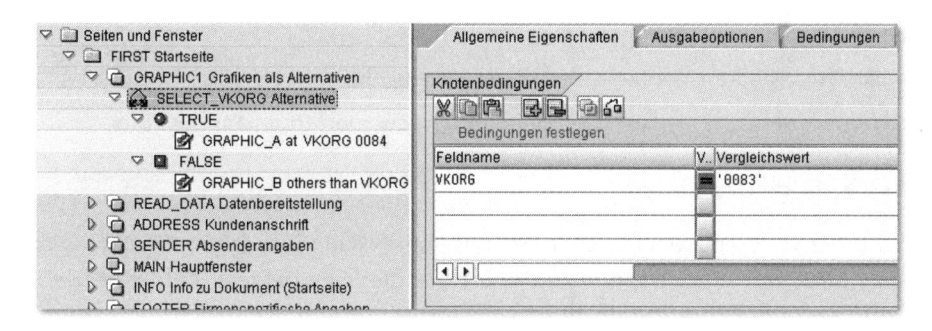

Abbildung 7.14 Verzweigungen über Alternative-Knoten

In dem einfachen Beispiel der Abbildung 7.14 wird – abhängig von der Abfrage zur Verkaufsorganisation – bei der Ausgabe zwischen zwei Grafikalternativen gewählt, die jeweils im Zweig TRUE bzw. FALSE angelegt sind.

> **Wichtig:** Den Inhalt der Abfrage bestimmen Sie über die Registerkarte **Allgemeine Eigenschaften** des Alternative-Knotens, wobei die Eingabemöglichkeiten exakt denen auf der Registerkarte **Bedingungen** entsprechen (was anfangs leicht zu Verwechslungen führt). Die letztgenannte Registerkarte existiert zudem ebenfalls. Darüber können Sie wieder die Abarbeitung des gesamten Alternative-Knotens mit einer Bedingung versehen.

Bei dem Beispiel der Abbildung 7.14 hätte man das gleiche Ergebnis auch über zwei Grafik-Knoten erreichen können. Dazu müsste jeweils nur als Bedingung die Abfrage zur Verkaufsorganisation entgegengesetzt hinterlegt sein (einmal auf *Gleichheit* und einmal auf *Ungleichheit*).

> **Hinweis:** Der Alternative-Knoten wird im Quelltext des generierten Funktionsbausteins zum Formular in die ABAP-Anweisung IF ... THEN ... ELSE ... ENDIF übersetzt.

7.4 Abfolge und Nummerierung der Ausgabeseiten

Über das Systemfeld SFSY-PAGE können Sie die aktuelle Seitenzahl in einen Text-Knoten im Formular ausgeben oder auch in sonstigen Knotenattributen abfragen, wie z. B. bei Bedingungen (siehe auch Abschnitt 6.4.3). Der Inhalt des Seitenzählers hängt von der Abfrage der Seiten im Formulars ab. Hierauf wiederum haben die folgenden Faktoren Einfluss:

- Die Menge an Datensätzen, die auszugeben sind, und der Platz im Hauptfenster, der dafür zur Verfügung steht
- Die eingestellten Knotenattribute der jeweiligen Entwurfsseite
- Die Verwendung dynamischer Seitenumbrüche per Kommando-Knoten

Reihenfolge der Seiten

Normalerweise erfolgt ein Seitenwechsel immer dann, wenn das Hauptfenster einer Seite gefüllt ist. Dann wird als nächstes die Seite prozessiert, die bei dem aktuellen Seite-Knoten als Folgeseite eingetragen ist (auf der Registerkarte **Allgemeine Eigenschaften**). In unserem Beispiel der Flugrechnung arbeiten die Entwurfsselten FIRST und NEXT entsprechend dieser statischen Logik. Auf diese Abwicklung sind wir auch schon zu Beginn des dieses Kapitels eingegangen.

Eine Abweichung von diesem Ablauf tritt ein, wenn z.B. am Ende der normalen Formularausgabe ein weiteres Blatt ausgegeben werden soll (etwa als Geschäftsbedingungen). Dann muss die Ausgabesteuerung dynamisch entscheiden können, wann auf welche andere Seite gesprungen werden soll. Die Vorgabe können Sie über einen Kommando-Knoten im Formular festlegen.

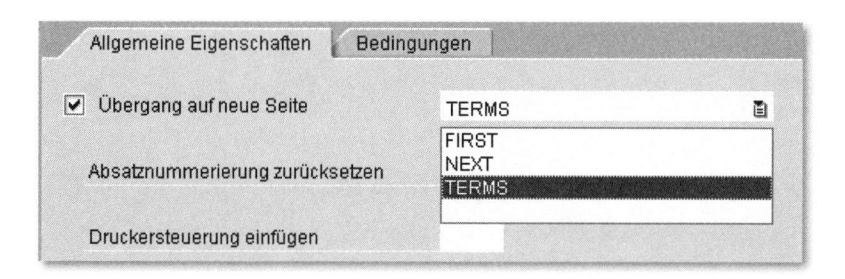

Abbildung 7.15 Dynamischer Seitenwechsel im Kommando-Knoten

Wählen Sie bei Bedarf die Option **Übergang auf neue Seite** und ordnen Sie das Kürzel der Seite zu (siehe Abbildung 7.15). Wann der Kommando-Knoten ausgeführt werden soll, legen Sie wie üblich auf der Registerkarte **Bedingungen** fest.

Grundsätzlich können Sie einen Kommando-Knoten an beliebiger Stelle im Navigationsbaum einfügen (siehe Abschnitt 7.4). Um aber die Option **Übergang auf neue Seite** verwenden zu können, müssen zusätzlich zwei Vorraussetzungen erfüllt sein:

- Der Kommando-Knoten muss in diesem Fall im Hauptfenster angelegt sein. Ansonsten erscheint bei der Ausgabe des Formulars eine Laufzeitfehlermeldung.
- Gleichzeitig darf sich der dynamische Seitenumbruch nicht unterhalb einer Schleife befinden. Deshalb ist es z.B. nicht möglich, die Ausgabe der Positionen zur Flugrechnung unter einer bestimmten Bedingung zu unterbrechen, um sie auf der Folgeseite fortzusetzen.

Alle Knoten, die innerhalb des Hauptfensters nach einem Kommando mit manuellem Seitenwechsel folgen, werden auf der aktuellen Seite nicht mehr prozessiert. Ein Kommando-Knoten mit dynamischem Seitenumbruch ist damit normalerweise der letzte Knoten im Hauptfenster. Die angelegten Nebenfenster werden aber auch auf dieser Seite noch ausgegeben.

Seitenzähler

Den aktuellen Stand der Seitennummerierung können Sie im Formular über die folgenden Systemfelder abfragen:

SFSY-PAGE	Für die aktuelle Seitennummer
SFSY-FORMPAGES	Für die Gesamtseitenzahl des Formulars
SFSY-JOBPAGE	Für die Gesamtseitenzahl aller Formulare im Druckjob

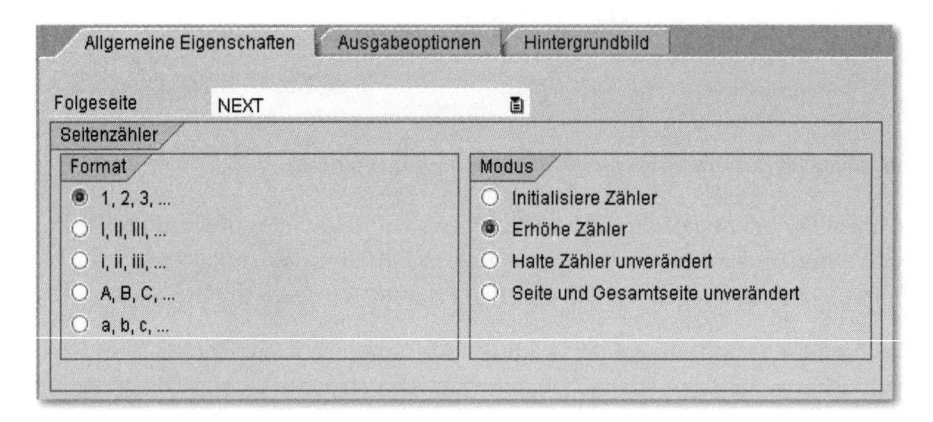

Abbildung 7.16 Eigenschaften der Seitenzähler

Über diese Systemfelder können Sie interne Seitenzähler der Ausgabesteuerung abfragen. Für diese internen Seitenzähler können Sie auf der Registerkarte **Allgemeine Eigenschaften** bei den Attributen des Seite-Knotens einige Eigenschaften festlegen (Abbildung 7.16):

▶ Im Abschnitt **Format** geben Sie vor, wie die Seitenzahl ausgegeben werden soll (in arabischen Ziffern, römischen Ziffern oder auch als Buchstaben).

▶ Im Abschnitt **Modus** legen Sie fest, wie die Werte der verschiedenen Seitenzähler beeinflusst werden sollen.

▶ Die Opitionen **Initialisieren**, **Erhöhen** und **Halten** verändern nur die aktuelle Seitenzahl in SFSY-PAGE. Die Gesamtseitenzahlen in SFSY-FORMPAGES bzw. SFSY-JOBPAGES werden unabhängig davon immer um eins erhöht

▶ Die Option **Seite und Gesamtseite unverändert** bewirkt, dass neben SFSY-PAGE auch SFSY-FORMPAGES unverändert bleibt

7.5 Kommando-Knoten

7.5.1 Übersicht

Der Kommando-Knoten enthält eine Zusammenstellung unterschiedlicher Funktionen, die wir teilweise schon an anderer Stelle eingegangen sind.

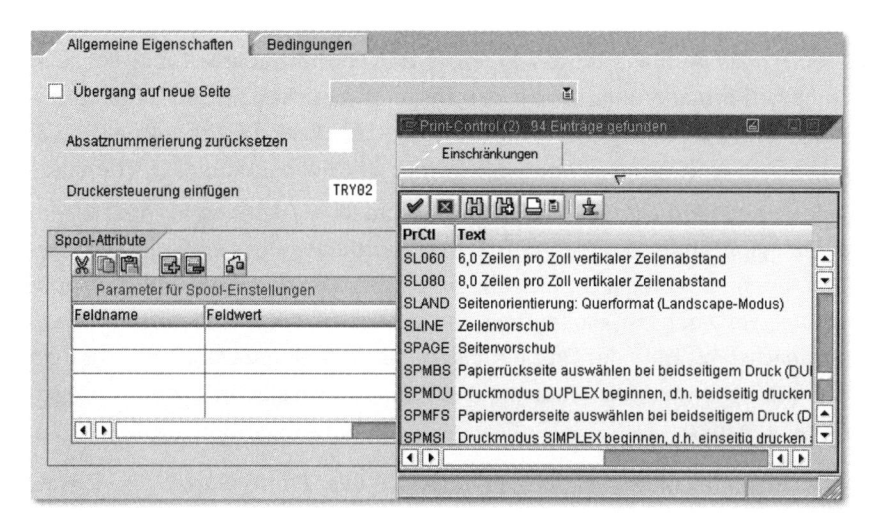

Abbildung 7.17 Kommando-Knoten mit Liste der Print-Controls

Hier geben wir Ihnen zunächst eine Übersicht zu den enthaltenen Funktionen:

- **Übergang auf neue Seite**
  Diese Funktion darf nur im Hauptfenster verwendet werden; und dort auch nur außerhalb einer Schleife. Hierauf sind wir bereits im Abschnitt 7.4 eingegangen.

- **Absatznummerierung zurücksetzen**
  Für ein Absatzformat mit Gliederungsfunktionen wird die Nummerierung auf den Startwert zurückgesetzt. Die Gliederungsfunktionen haben wir bei Vorstellung des Style Builders im Kapitel 3 ausführlich erläutert.

- **Druckersteuerung einfügen**
  Einfügen eines Print-Controls, um individuelle Funktionen des Ausgabegeräts zu nutzen

- **Vergabe von Spoolattributen**
  Für den erzeugten Ausgabeauftrag können Merkmale vergeben werden, über die die betreffenden Aufträge im Spooler auswertbar sind.

Wir wollen uns im Folgenden nur noch mit den beiden letzten Optionen näher befassen.

Übersicht zur Ausgabesteuerung

In den bisherigen Kapiteln des Buches haben wir häufig von der **Ausgabe** des Formulars gesprochen und dabei bislang meist ignoriert, dass diese Ausgabe genau genommen aus zwei einzelnen Schritten besteht. Wichtige Zwischenstation ist dabei der Spooler, der alle Druckaufträge im SAP-System verwaltet:

- Im ersten Schritt wird die Ausgabe als Spoolauftrag an den Spooler übergeben. Der Inhalt des Auftrags ist das Ergebnis der Formularabarbeitung, hat aber noch keine Formatierung, die für das Zielgerät (Drucker, Fax etc.) direkt verständlich ist. Das erzeugte Dokument besitzt zu diesem Zeitpunkt ein geräteunabhängiges Zwischenformat (das *Output Text Format*, kurz OTF-Format).

- Im Spooler werden alle Spoolaufträge gesammelt. Sie können in Ihren Eigenschaften ggf. geändert werden (z. B. durch Zuordnung eines anderen Ausgabegeräts). Nach endgültiger Bestätigung durch den Anwender erzeugt der Spooler den eigentlichen Ausgabeauftrag und sendet ihn zum Ausgabegerät. Dazu wird zunächst mit Hilfe des *Druckertreibers* das bestehende Dokument aus dem OTF-Zwischenformat in ein individuelles Format übersetzt, das vom jeweiligen Zielgerät abhängt.

Die Umsetzung im Schritt 2 ist der Zeitpunkt, bei dem *Print-Controls* zum Einsatz kommen. Sie übersetzen jede der allgemeinen Formatanweisungen des OTF-Formats in konkrete Steuersequenzen des Ausgabegerätes. Die Print-Controls beschreiben damit die eigentlichen Funktionen des Ausgabegerätes.

Bei diesem automatisierten Vorgehen werden nicht wirklich alle Funktionen des Zielgerätes berücksichtigt, sonst müsste nahezu jeder Gerätetyp auch einen eigenen, sehr individuellen Druckertreiber haben. Zusätzlich müsste auch noch der Form Builder diese individuellen Funktionen unterstützen, was dort wieder zu höherer Komplexität führt

Um trotzdem im Einzelfall auch individuelle Möglichkeiten eines Ausgabegerätes nutzen zu können, bietet Smart Forms den Aufruf von Print-Controls über den Kommando-Knoten.

7.5.2 Print-Controls

Über Print-Controls im Kommando-Knoten erhält das Formular einen direkten Zugriff auf Einzelfunktionen des Ausgabegerätes. Dieser Aufruf bedingt allerdings Abhängigkeiten oder sogar Risiken. Dazu zunächst einige Beispiele:

- Ein Formular wird dadurch abhängig vom Ausgabegerät; dies kann bei unterschiedlichen Geräten auch zu unterschiedlichen Ergebnissen führen.
- Welche Funktion sich hinter einem direkt aufgerufenen Print-Control verbirgt, ist für die Prüfroutinen im Formular nicht ersichtlich. Es wird auch keine Überprüfung vorgenommen, ob das verwendete Print-Control beim jeweiligen Ausgabegeräte überhaupt existiert.
- Die im Print-Control enthaltenen Druckerkommandos dürfen keinerlei Auswirkung auf die aktuellen Druckereinstellungen haben, da der Druckertreiber keine Informationen darüber hat, welche Änderungen durch ein beliebiges Print-Control ausgelöst werden. Der Druckertreiber geht davon aus, dass das Print-Control keine Nachwirkungen auf die danach ausgegebenen Texte und Grafiken hat (ggf. muss ein weiteres Print-Control die Einstellungen wieder zurücknehmen).
- Wenn die verwendeten Print-Controls den Zeilenvorschub verwenden, wird die automatische Berechnung des Seitenumbruchs nicht mehr funktionieren.

Trotz dieser Risiken: Gerade in speziellen Anwendungsfällen werden Sie über die trickreichen Print-Controls die passende Lösung finden! Deshalb wollen wir in der folgenden Darstellung auch technische Hintergründe behandeln.

> **Hinweis:** Alle verfügbaren Print-Controls, die Sie über einen Kommando-Knoten in das Formular einbinden können, werden zentral über die Transaktion zur Spooladministration verwaltet. Der Aufruf erfolgt vom SAP-Menü über den Pfad **Werkzeuge • CCMS • Spool • Spoolverwaltung SPAD**. Wählen Sie dort unter der Registerkarte **Gerätetypen** die Taste **Print-Control** (allerdings nur verfügbar im Modus der erweiterten Administration).

Print-Controls bestehen aus einem fünfstelligen Kürzel und einer Beschreibung. An den Anfangsbuchstaben im Namenskürzel ist die Gruppierung der Print-Controls entsprechend den Anwendungsfällen erkennbar. Beispiele hierfür sind:

BAR..	Barcodefunktionen
CI...	Einstellungen zum Zeichenabstand
COL..	Einstellungen zur Zeichenfarbe
LI...	Einstellung des Zeilenabstands (Zeilen pro Zoll)
S....	Print-Controls für SAPscript (verwendet im Druckertreiber)
TRY..	Wahl des Papiereinzugschachtes

Innerhalb dieser Gruppen sind jeweils die konkreten Print-Controls angelegt; hier wieder einige Beispiele:

CI010	Zeichenabstand 10 Zeichen pro Zoll einstellen
COL2V	Schrift invers
TRY02	Schacht 2 des Druckers für den Ausdruck wählen

Normalerweise werden bei Umsetzung der Formularausgabe in den Befehlssatz des Ausgabegerätes automatisch auch die passenden Print-Controls verwendet. Verantwortlich für die Umsetzung von Ausgaben zu Smart Forms ist der *SAPscript-Druckertreiber*; er verwendet überwiegend Print-Controls mit den Anfangsbuchstaben 'S' und 'T'. Für die Steuerung von Fonts und Barcodes sind das z. B. die folgenden Print-Controls:

SBPxx	Barcode mit Nummer 'xx' einschalten
SBSxx	Barcode mit Nummer 'xx' ausschalten
SFxxx	Druckerfont Nummer 'xxx' wählen
SLxxx	Zeilenabstand 'xxx' einstellen

Die einzelnen konkreten Druckerfonts bzw. Barcodes pflegen Sie in der SAP-Fontverwaltung (siehe Abschnitt 13.6.6).

Bei Umwandlung des Spoolauftrags in einen Ausgabeauftrag für das konkrete Ausgabegerät wird jedes Print-Control mittels Druckertreiber in die passenden Befehle (ESC-Sequenzen) des jeweiligen Gerätetyps umgewandelt (siehe auch Abschnitt 13.6).

> **Hinweis:** Es kann immer nur ein Print-Control je Kommando-Knoten ausgegeben werden. Im Eingabefeld ist über die Wertehilfe eine Liste aller Print-Controls aufrufbar, die in der Spooladministration angelegt worden sind. Es handelt sich hier um eine Gesamtliste: Vergewissern Sie sich, dass ein gewähltes Print-Control bei den verwendeten Ausgabegeräten auch mit der gewünschten Steuerungsfunktion hinterlegt ist.

7.5.3 Attribute zum Spoolauftrag

Wie oben erwähnt, wird bei jeder Formularausgabe zunächst ein Spoolauftrag erzeugt und im Spooler zwischengespeichert. Eine solcher Spoolauftrag enthält dann u.a. auch eine Reihe von Verwaltungsinformationen. In Abschnitt 13.6 werden wir noch ausführlich darauf eingehen.

Sie können zu jedem dieser Spoolaufträge darüber hinaus noch beliebige freie Attribute als zusätzliche Verwaltungsinformationen mitgeben, die dann als individuelle Merkmale z. B. für die Auswertung zur Verfügung stehen. Um die Attribute innerhalb der Spoolverwaltung (SP01) anzuzeigen, wählen Sie dort den Menüpfad **Springen • Auftragsinformationen** und dann die Registerkarte **Freie Attribute** (die allerdings nur existiert, wenn Attribute angelegt sind). Diese Spoolattribute können Sie über einen Kommando-Knoten auch direkt aus dem Formular heraus erzeugen.

Feldname	Feldwert
FORM	'AUFTRAG'
CITY	WA_CUSTOMERS-CITY

Abbildung 7.18 Kommando-Knoten mit Spoolattributen

Die einzelnen Spoolattribute bestehen aus einem beliebigen Namen für das betreffende Feld und einem entsprechenden Inhalt (Feldwert). In unserem Beispiel sind zwei Attribute definiert:

▶ FORM gibt den Inhalt des Formulars wieder, hier mit dem Feldwert AUFTRAG als Hinweis auf eine Auftragsbestätigung

▶ Der Parameter CITY enthält die Stadt des Auftraggebers; hier dynamisch definiert über ein Feld, da diese Angabe vom jeweils aktuellen Auftraggeber abhängt.

Eine spätere Auswertung der Spooldatei könnte folgende Abfrage enthalten: Liste alle Auftragsbestätigungen (d.h. Feldname FORM = 'AUFRAG'), die in eine bestimmte Stadt – z.B. Berlin – gegangen sind (d.h. zusätzlich Feldname CITY = 'BERLIN').

Hinweis: In Release-Stand 4.6C muss bei dynamischer Vergabe des Feldinhalts zusätzlich eine Klammerung des Feldnamens über das &-Sonderzeichen erfolgen; dieser Zustand gilt als Programmfehler (siehe SAPnotes im Anhang).

Eine Anwendung der Spoolattribute kann die Portooptimierung sein: In diesem Fall wird als Attribut eine (verkürzte) Postleitzahl mitgegeben (siehe z. B. Report RSPOPRNT, die Spoolattribute sind in der Datenbanktabelle TSP02A gespeichert).

7.6 Komplexer Abschnitt

In einem **Komplexen Abschnitt** werden die Eigenschaften der Knotentypen **Ordner**, **Schablone**, **Tabelle** und **Schleife** in einem einzigen Knotentyp vereinigt. Über entsprechende Optionen auf der Registerkarte **Allgemeine Eigenschaften** wählen Sie den Knotentyp, der jeweils simuliert werden soll. Es werden also nicht Eigenschaften der verschiedenen Knotentypen kombiniert.

Der Knotentyp **Komplexer Abschnitt** stammt aus ersten Versionen von Smart Forms und sollte heute nicht weiter verwendet werden. Da er im Grunde keine neuen Funktionen bietet, verzichten wir hier auf eine detaillierte Beschreibung.

Sie können eine gewünschte Funktion auch immer über denjenigen Knotentyp realisieren, der dafür eigentlich vorgesehen ist. Die Verwendung der individuellen Knotentypen bringt zudem für die Darstellung einen kleinen zusätzlichen Vorteil: Über das zugehörige Icon im Navigationsbaum erkennen Sie schneller den Knotentyp und damit die grundlegende Funktionalität.

Allerdings waren in der Originalausführung zur Flugrechnung, die wir als Übungsbeispiel verwenden, mehrere Knoten vom Typ **Komplexer Abschnitt** angelegt. Im Übungsbeispiel des Abschnitts 7.2.8 haben wir diese Knoten beispielhaft ersetzt.

7.7 Nachprozessierung

Immer wieder besteht im Rahmen der Formularentwicklung die Anforderung, dass Daten auf der ersten Seite des Formulars auszugeben sind, die eigentlich erst am Ende der Formularausgabe bekannt sind.

> **Beispiele:** Ausgabe von Summenwerten, die erst während der Formularausgabe berechnet werden, wie z. B. bei individuellen Rechnungssummen oder Angaben zum Gesamtgewicht eines Lieferscheins. Häufig sind solche Angaben zusätzlich mit besonderen Ausgabeformatierungen verbunden (etwa Strichcode oder Angaben für Kuvertiermaschinen). Eine weitere Anforderung kann die besondere Kennzeichnung von Durchschlägen sein, wenn ein Formular in mehrfacher Ausführung ausgegeben wird.

In der bisher vorgestellten Ablauflogik zum Formular ist aber festgelegt, dass ein Feld nur korrekt ausgegeben werden kann, wenn sein Inhalt zum Zeitpunkt der

Ausgabe schon bekannt ist. Und das ist bei den hier genannten Anforderungen nicht mehr der Fall. Um auch diese Ausgaben zu ermöglichen, sind grundsätzlich mindestens zwei Durchläufe bei der Prozessierung der Formulars erforderlich:

▶ Im ersten Durchlauf werden alle benötigen Werte berechnet.
▶ Im zweiten Durchlauf stehen diese Werte von Beginn an zur Verfügung und lassen sich dementsprechend ausgeben.

> **Hinweis:** Weiter oben haben Sie bereits die Systemfelder SFSY-FORMPAGES und SFSY-JOBPAGES kennen gelernt (für die Gesamtzahl der Ausgabeseiten zum Formular bzw. Spoolauftrag). Deren Inhalt ist streng genommen auch erst am Ende der Formularprozessierung bekannt. Diese Felder werden aber vom Formularprozessor grundsätzlich als Sonderfall betrachtet und auch erst nachträglich über einen zweiten Verarbeitungsdurchlauf in die Ausgabeseiten eingefügt.

Mit Basis-Release 6.1 wird es möglich sein, beliebige Variablen in einem zweiten Durchlauf auszugeben. Die Steuerung erfolgt über einen speziellen Fenster-Knoten, der zu diesem Zweck als Nebenfenster angelegt sein muss. Für diese Fenster kann dann ein Knotenattribut **Nachprozessierung** gesetzt werden, das für die Prozessierung im zweiten Durchlauf sorgt. Damit sind dann auch die anfangs genannten Beispiele realisierbar (siehe auch Kapitel 12).

In Release 4.6C steht diese spezielle Knoteneigenschaft noch nicht zur Verfügung. Die Logik der Nachprozessierung ist aber bereits implementiert und wird im Prinzip bei der Ausgabe der Gesamtseitenzahl auch schon angewendet. Ab Support Package 12 gibt es deshalb auch für Release 4.6C eine Zwischenlösung, um die gewünschte Nachprozessierung eines gesamten Fensters zu erreichen.

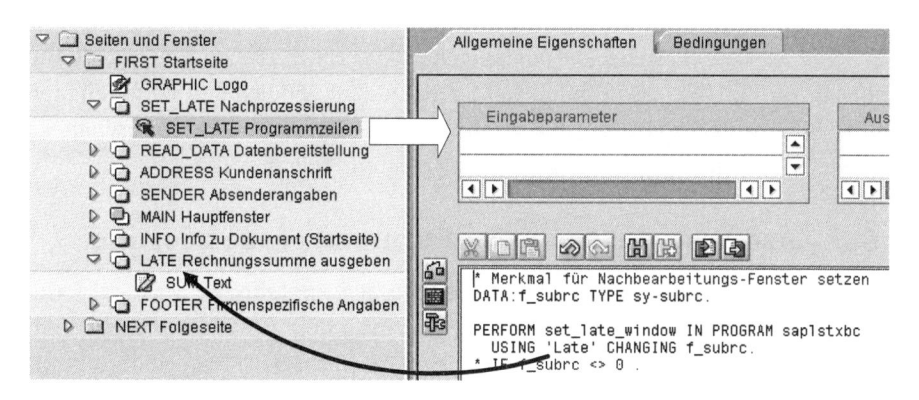

Abbildung 7.19 Nachprozessierung

Bei installiertem Support Package haben Sie die Möglichkeit, das Attribut zur Nachprozessierung eines Fensters über einen zusätzlichen Programm-Knoten zu setzen (statt über die Knotenattribute wie ab Release 6.1). Hier eine kurze Erläuterung zur Vorgehensweise:

1. Legen Sie alle Fenster im Formular an; auch die Nebenfenster, die erst im zweiten Durchlauf prozessiert werden sollen (z. B. mit Namen LATE1, LATE2). In den Unterknoten dieser Nachbearbeitungsfenster können Sie auf alle Felder im Formular zurückgreifen. Ausgegeben werden die Inhalte, wie sie sich am Ende des ersten Durchlaufs darstellen (z. B. mit berechneten Gesamtsummen).

2. Legen Sie zusätzlich auf der ersten Seite und an oberster Stelle im Navigationsbaum ein weiteres Nebenfenster an (wie SET_LATE in obiger Abbildung). Das Fenster wird selbst keine Ausgaben erzeugen.

3. Erstellen Sie statt dessen unterhalb dieses Fenster-Knotens einen Programm-Knoten. Dort muss für alle angelegten Nachbearbeitungsfenster jeweils eine FORM-Routine aufgerufen werden, die das zusätzliche Merkmal setzt. Hier die Codierung für den Fall, dass zwei Fenster (LATE1 und LATE2) erst im zweiten Durchlauf abgearbeitet werden sollen:

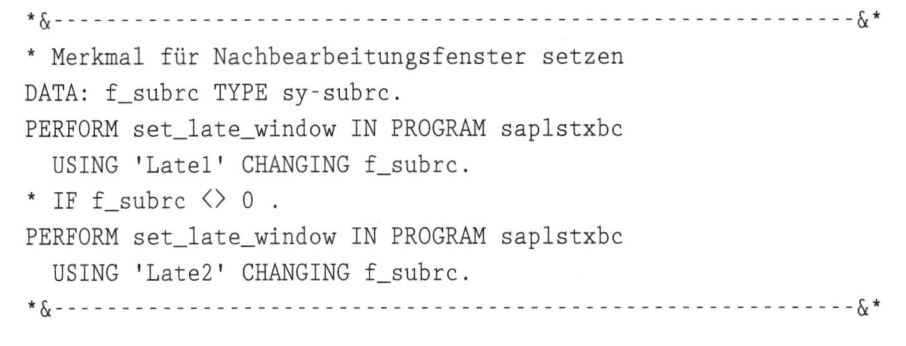

```
*&---------------------------------------------------------------&*
* Merkmal für Nachbearbeitungsfenster setzen
DATA: f_subrc TYPE sy-subrc.
PERFORM set_late_window IN PROGRAM saplstxbc
  USING 'Late1' CHANGING f_subrc.
* IF f_subrc <> 0 .
PERFORM set_late_window IN PROGRAM saplstxbc
  USING 'Late2' CHANGING f_subrc.
*&---------------------------------------------------------------&*
```

Listing 7.2 Nachprozessierung

Für weitere Details siehe die entsprechenden Hinweise im SAPnet (siehe Anhang). Ab Basis-Release 6.10 sollten Sie dann aber wirklich den vorgesehenen Eintrag bei den Knotenattributen des jeweiligen Fensters vornehmen. Löschen Sie bei Releasewechsel auch den zusätzlich angelegten Programm-Knoten.

7.8 Zusammenfassung der Formularprozessierung

In den vorhergehenden Abschnitten haben wir alle Knotentypen und -attribute vorgestellt haben, die Einfluss auf die Prozessierung des Formulars haben. Abschließend wollen wir die Abläufe nochmals aus Sicht der Ablaufsteuerung zur Formularausgabe zusammenfassen. Sie werden auf diese Kenntnisse bei Entwurf eines Formulars aber kaum angewiesen sein.

Wir unterscheiden bei der Prozessierung zwei Ebenen:

- Die Steuerung der seitenweisen Ausgabe
- Die Prozessierung der einzelnen Knoten innerhalb einer Seite

In einer ersten Näherung können Sie sich an den Zweigen des Navigationsbaums im Form Builder orientieren:

- Die Ausgabe beginnt mit der Startseite (also der ersten Seite im Navigationsbaum), es sei denn, bei den Parametern der Formularschnittstelle ist ausdrücklich eine andere Startseite vorgegeben.
- Auf jeder Entwurfsseite werden die Fenster entsprechend der Reihenfolge im Navigationsbaum durchlaufen. Die Prozessierung jedes einzelnen Fensters erfolgt dabei wieder in der Reihenfolge der zugeordneten Unterknotens.

Es werden solange Informationen zu einem Nebenfenster ausgegeben, bis einer der beiden folgenden Fälle eingetreten ist:

- Alle Knoten sind im Fenster abgearbeitet.
- Das Fenster ist auf der Ausgabeseite vollständig gefüllt.

Steuerung der Seitenausgabe

Wenn die aktuell bearbeitete Entwurfsseite ein Hauptfenster enthält, ist dessen Verhalten dafür verantwortlich, ob von der Ausgabesteuerung eine weitere Ausgabeseite angelegt wird oder ob die aktuelle Seite gleichzeitig die letzte Seite ist. Die Ablaufsteuerung zur Seitenausgabe wird aktiv, wenn eine der folgenden Bedingungen erfüllt ist:

- Alle im Hauptfenster enthaltenen Knoten sind abgearbeitet.
- Es sind noch **nicht** alle enthaltenen Knoten abgearbeitet, aber der Platz auf der Ausgabeseite ist erschöpft.
- Über einen Kommando-Knoten wurde ein manueller Seitenwechsel ausgelöst.

In allen Fällen wird zunächst die Ausgabe der aktuellen Seite beendet, wobei insbesondere die noch verbleibenden Nebenfenster ausgegeben werden, weil sie im Navigationsbaum hinter dem Hauptfenster folgen. In den beiden letzten Fällen wird darauf folgend automatisch eine neue Ausgabeseite angelegt:

- Ist der Platz auf der Ausgabeseite erschöpft, so ist dies eine zugeordnete statische Folgeseite.
- Wird über einen Kommando-Knoten ein manueller Seitenwechsel ausgelöst, so ist dies eine dynamische Folgeseite, wie sie im auslösenden Kommando-Knoten eingetragen ist.

Da im Fall, dass alle im Hauptfenster enthaltenen Knoten abgearbeitet sind, keine weitere Ausgabeseite folgt, ist dann auch die gesamte Prozessierung des Formulars beendet.

Bei einer Entwurfsseite ohne Hauptfenster wird die Folgeseite immer aus der Angabe zur statischen Folgeseite gelesen: Ein manueller Seitenumbruch mit dynamischer Folgeseite ist in diesem Fall nicht möglich, weil ein entsprechender Kommando-Knoten dort nicht ausgeführt werden kann (ein solcher ist nur in einem Hauptfenster erlaubt). Falls keine Angabe zur Folgeseite existiert, ist die aktuelle Ausgabeseite gleichzeitig auch die letzte Seite.

Prozessierung der einzelnen Knoten

Die Knoten im Navigationsbaum unterscheiden sich in ihrem Typ und haben dementsprechend unterschiedliche Eigenschaften (Art der Abarbeitung, Anzahl der Unterknoten etc.). Allen Knoten können Ausgabeoptionen und Bedingungen hinterlegt sein. Die Abarbeitung eines einzelnen Knotens enthält folgende Schritte:

- Ist der Knoten mit einer Bedingung versehen, so wird er mitsamt seinen Unterknoten nur abgearbeitet, wenn diese Bedingung erfüllt ist.
- Ist die Bedingung erfüllt oder überhaupt keine Bedingung hinterlegt, so wird die Aktion ausgeführt, die dem jeweiligen Knoten zugeordnet ist (z. B. Ausgabe eines Textes, Abarbeitung von Programmzeilen). Dabei werden auch die eingestellten Ausgabeoptionen berücksichtigt. Beispiele hierfür sind:
  - Die Ausgabe von Rahmen und Schattierungen
  - Die Zuordnung von Zellen einer Schablone oder Ausgabetabelle
  - Die Angabe eines Stils ermöglicht individuelle Absatz- und Zeichenformate.
  - Bei gesetztem Seitenschutz werden alle Ausgabeninhalte des Knotens bzw. seiner Unterknoten auf der gleichen Seite ausgegeben.
- Besitzt der jeweilige Knoten eigene Unterknoten, so werden als nächstes diese Unterknoten abgearbeitet. Die Reihenfolge der Abarbeitung ist vom Typ des Knotens abhängig; möglich sind diese Reihenfolgen:
  - Sequentiell von oben nach unten
  - Nur zu bestimmten Zeitpunkten
  - Als Alternative aufgrund von logischen Abfragen
  - Wiederholt bei Steuerung über eine Schleife

8 ABAP-Programme im Formular

8.1 Wozu Programmcode im Formular?

Es ist eine besondere Eigenschaft von Smart Forms, dass eine definierte Formularschnittstelle für die Datenübergabe zwischen Rahmenprogramm und Formular existiert. Ein Vorteil dabei ist, dass ein Rahmenprogramm ggf. die Datenversorgung für verschiedene Formulare übernehmen kann. Daraus ergibt sich auch, dass das Rahmenprogramm möglichst unabhängig vom individuellen Formular sein sollte.

> **Hinweis:** Bei Vorstellung der Funktionen im Rahmenprogramm (siehe Abschnitt 9.6) werden wir dennoch auch ansprechen, in welchem Maße Sie die Datenbereitstellung im Rahmenprogramm auf ein individuelles Formular abstimmen können.

Was geschieht aber, wenn im Formular Daten ausgegeben werden müssen, die vom Rahmenprogramm in der erforderlichen Form nicht über die Formularschnittstelle zur Verfügung gestellt werden? Das könnten beispielsweise folgende Fälle sein:

- Die Daten stehen in Tabellen der SAP-Datenbank. Sie waren aber bisher in der betreffenden Anwendung nicht vorgesehen und wurden deshalb konsequenterweise auch nicht vom Rahmenprogramm gelesen und für das Formular zur Verfügung gestellt.
- Im Formular sollen Daten ausgegeben werden, die sich aus vorhandenen anderen Daten berechnen lassen (z. B. Zwischen- und Gesamtsummen).
- Die Ausgabe von Daten muss in ganz speziellen Formen geschehen (z. B. nur bestimmte Stellen einer Variablen mit Textinhalt oder deren Inhalt als Großbuchstaben).

Der erstgenannte Fall ist sicher der häufigste und gleichzeitig auch anspruchvollste. Unter Smart Forms sind zu dieser Datenbeschaffung zwei Lösungen denkbar:

- Die Ermittlung der Daten wird zusätzlich in das Rahmenprogramm aufgenommen; die Inhalte werden wie üblich per Formularschnittstelle übergeben.
- Die Ermittlung erfolgt über ABAP-Programmcode im Formular.

Einscheidungsfaktoren zur Datenbeschaffung

Es gilt also zunächst eine Entscheidung über den Weg zu treffen, der beschritten werden soll. Dies könnten Entscheidungsfaktoren sein:

▶ Ist eine zusätzliche Datenbeschaffung aus Tabellen der Datenbank erforderlich? Wenn ja: Werden die zugehörigen Datenbanktabellen evtl. schon im Rahmenprogramm gelesen? Dann könnte die Erweiterung um weitere Felder dort sinnvoll sein.

▶ Werden die Daten auch in anderen Formularen benötigt?

▶ Ist eine ABAP-Codierung mit verhältnismäßig geringem Aufwand erforderlich? Wenn ja, sollte sie immer im Formular erfolgen. Das erspart auch Änderungen an der Formularschnittstelle.

▶ Ist das verwendete Rahmenprogramm ein Standardprogramm der SAP? Wenn ja: Vermeiden Sie es so weit wie möglich, dort Änderungen vorzusehen. Sie müssten eine Kopie des Rahmenprogramms erstellen und würden sich so von der Pflege über SAP entfernen.

Bei diesen Argumenten fällt die Entscheidung in vielen Fällen zu Gunsten der Formularseite. In diesem Fall wird ein Programmcode im Formular erforderlich.

> **Hinweis:** Gelegentlich treffen Sie möglicherweise auf die Aussage, dass das nachträgliche Lesen von Daten im Formular weniger performant sei als die Datenbereitstellung im Rahmenprogramm (z.B. bei Abfragen zur Datenbank). Das ist nur dann richtig, wenn Daten aus den gleichen Quellen gelesen werden, die vorher schon im Rahmenprogramm abgefragt wurden (dort jedoch wegen anderer Inhalte). In diesem Fall haben Sie doppelte Funktionalität und das verlangsamt natürlich die Programmausführung. Ansonsten erfolgt eine Datenbankabfrage im Formular mit gleicher Ausführungszeit wie im Rahmenprogramm.

Eingabe von Programmcode im Formular

Je nach Aufgabenstellung werden Sie den Programmcode auch an unterschiedlichen Stellen im Formular eingeben. Der verwendbare ABAP-Wortschatz ist an allen Stellen der gleiche. Es gibt hierfür die nachstehenden Möglichkeiten:

▶ Programm-Knoten
  Über diesen Knotentyp können Sie den Programmcode an beliebiger Stelle im Formular platzieren (unterhalb jedes Fensters).

- **Globale Definitionen, Registerkarte Initialisierung**
  Der Programmcode an dieser Stelle wird zeitlich vor allen anderen Knoten ausgeführt. Die Anweisungen eignen sich vor allem für grundlegende Datenzuweisungen, z. B. zur
  - Initialisierung von Variablen oder Konvertierungen
  - Umorganisation von internen Tabellen, die über die Formularschnittstelle zur Verfügung gestellt werden
  - Zusätzlichen zentralen Datenbeschaffungen aus Datenbanktabellen
- **Globale Definitionen, Registerkarte Formroutinen**
  Hier werden Unterprogramme als FORM-Routinen verwaltet, die Sie von beliebigen anderen Programm-Knoten aus aufrufen können (über Anweisung PERFORM). FORM-Routinen können in beliebiger Tiefe wiederum andere Unterprogramme oder auch Funktionsbausteine des Systems aufrufen.
- **Globale Definitionen, Registerkarte Typen**
  Individuelle Datentypen werden im Formular benötigt, wenn äquivalente Einträge im ABAP-Dictionary des Systems nicht vorhanden sind. Diese Datentypen können Sie an beliebigen Stellen im Formular für die Datendeklaration verwenden, außer in der Formularschnittstelle (z. B. unter **Globale Definitionen** oder auch in einem Programm-Knoten).

Wir haben Ihnen oben bereits einige Entscheidungsfaktoren zu der Frage genannt, ob eine Datenbeschaffung im Rahmenprogramm oder im Formular erfolgen soll. Innerhalb des Formulars stellt sich nun die Frage, ob die zugehörigen Programme (zentral) in der Initialisierung oder in einzelnen Knoten angelegt werden sollen. Vorschläge zur Entscheidungsfindung sind:

- Zentrale Datenbeschaffungen (z. B. durch Lesen aus der Datenbank) sollten immer in der Initialisierung erfolgen.
- Es könnte reizvoll erscheinen, möglichst viel Programmcode in die Initialisierung zu schreiben und dann im Formular nur noch auf das Ergebnis in Form von Variablen zuzugreifen. Das hat zwar den Vorteil einer zentralen Übersicht zu allen ABAP-Programmen, es hat aber auch Nachteile:
  - Manche Berechnungen erfolgen direkt im Zusammenspiel mit Knoten des Formulars (z. B. Summenberechnungen zur Position innerhalb einer Schleife). Diese Berechnungen werden Sie also ohnehin in individuellen Knoten unterbringen.
  - Bei einer größeren Menge an Routinen werden Sie dokumentieren wollen, wo im Formular der jeweile Programmcode verwendet wird. Dann können Sie den Programmcode auch gleich über einen individuellen Knoten an die entsprechende Stelle einfügen.

In der Regel werden Sie also alle Möglichkeiten nutzen.

Weitere Schritte

Die Pflege des Programmcodes erfolgt an allen oben genannten Stellen über die gleiche Eingabefunktion. Wir beginnen deshalb mit Hinweisen zur Bedienung des zugehörigen ABAP-Editors und den Besonderheiten seiner Anwendung unter Smart Forms. Danach werden wir einzelne ABAP-Anweisungen vorstellen, die nach unserer Erfahrung im Formular immer wieder benötigt werden. Dies stellt allerdings keine Einführung in die ABAP-Programmierung dar, da dies den Rahmen des Buches völlig sprengen würde.

> **Hinweis:** Nutzen Sie bei weitergehendem Interesse die SAP-Bibliothek und die weitreichende Literatur zu diesem Thema (z.B. Keller, Horst; Krüger, Sascha: ABAP Objects. 2. Auflage Galileo Press 2001, ISBN 3-89842-147-3)

In den beiden letzten Abschnitten von Kapitel 8 werden wir zwei Beispiele für Anwendungen zum Programm-Knoten vorstellen:

▶ Die Einbindung einer Adresse über den Funktionsbaustein, der auch die Funktionen des Adresse-Knotens steuert

▶ Die Ermittlung der Gesamtsumme unserer Flugrechnung über einen Programm-Knoten

8.2 Bearbeitungsfunktionen im Programm-Knoten

Für die Pflege von Programmen wird im SAP-System üblicherweise der *ABAP-Editor* verwendet, den wir z.B. im Einstiegskapitel schon für die Änderung des Rahmenprogramms genutzt haben (Transaktion SE38).

Der Programm-Knoten von Smart Forms bietet im Vergleich zu dieser ganzseitigen Version nur eine Variante mit verkleinertem Eingabebereich. Auch die einzelnen Funktionen wurden auf die Anforderungen unter Smart Forms reduziert. Jeder Eingabebereich zur Erstellung von Programmcode im Formular hat dabei das gleiche Erscheinungsbild (siehe Abbildung 8.1).

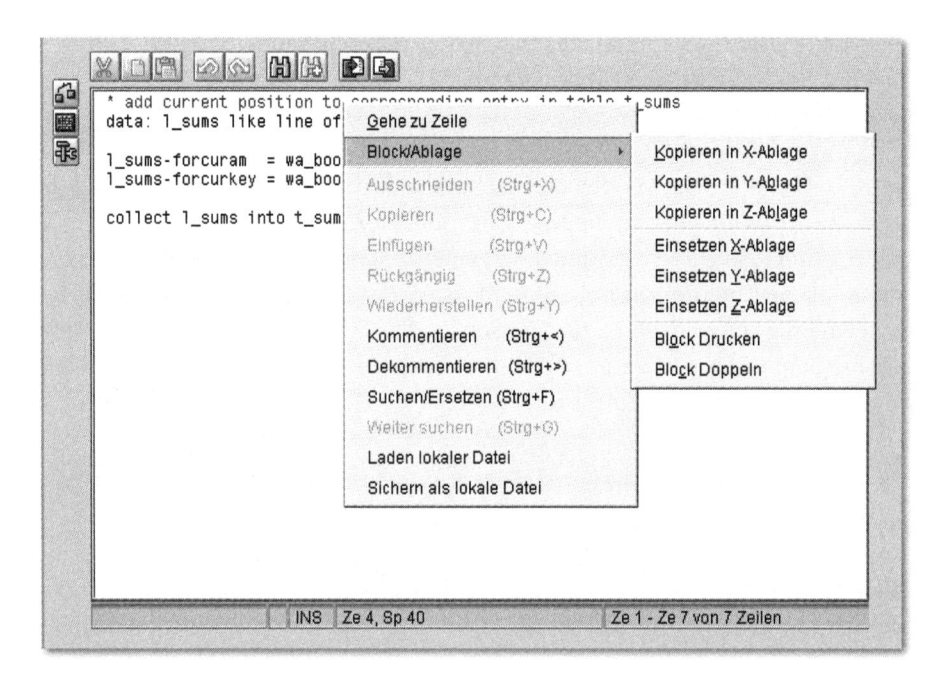

Abbildung 8.1 Programmcode erfassen

Der Editor besitzt einen Eingabebereich mit fester Größe, in dem auch die Maus sinnvoll einsetzbar ist. Hierzu zwei Beispiele: Markieren Sie per Maus einen Block mit mehreren Zeilen im Quellcode. Ihnen stehen nun folgende Möglichkeiten zur Verfügung:

▶ Über die Tabulatortaste die Zeilen jeweils um zwei Zeichen einrücken (bzw. mit **Shift** + **Tab** wieder ausrücken)
▶ Per Maus den Bereich verschieben (per Drag&Drop, also mit gleichzeitig gedrückter linker Maustaste)

Solche Funktionen sind auch über Menüeinträge erreichbar, die wir weiter unten noch beschreiben werden.

Der Editor besitzt am unteren Rand des Eingabebereichs eine Statusleiste. Hier ist laufend die aktuelle Position des Schreibcursors mit Zeilen- und Spaltenangabe eingeblendet. Das ist besonders vorteilhaft, wenn Sie Fehlermeldungen bearbeiten müssen.

Die Symbolleiste oberhalb des Eingabebereichs bietet Standardfunktionen eines Editors wie **Ausschneiden**, **Kopieren**, **Einfügen**, **Rückgängig/Wiederherstellen**, **Suchen/Ersetzen** sowie **Laden/Sichern** als lokale Datei.

Die Symbolleiste links vom Eingabebereich bietet Sonderfunktionen, die bei der Quelltexteingabe sehr nützlich sein können:

Prüfen

Die Knotenprüfung verwendet den Syntaxcheck der ABAP-Entwicklungsumgebung, um formale Fehler im eingegebenen Quelltext zu finden. Der Syntaxcheck meldet gefundene Fehler zusammen mit einer Zeilennummer. Damit lässt sich die Ursache in den meisten Fällen schnell lokalisieren (ggf. über **Gehe zu Zeile** im Kontextmenü). In manchen Situation stimmt die Zeilenangabe aber nicht: Deshalb benötigt insbesondere ein ABAP-Neueinsteiger gelegentlich etwas Geduld, um die wirkliche Ursache aufzuspüren.

> **Tipp:** Nach Neuanlage eines Programm-Knotens besteht dessen Inhalt aus ca. 25 unnötigen Leerzeilen, die man aber nicht gleich sieht. Markieren Sie einige Zeilen per Maus und sie werden als invertierte Spalte sichtbar. Löschen Sie diese Zeilen gleich zu Beginn der Bearbeitung. Manche Quellen behaupten, danach sei schon die ein oder andere Fehlermeldung verschwunden, die vorher unerklärlich erschien!

Anweisungsmuster

Hierunter finden Sie Muster für komplette ABAP-Anweisungen oder auch Aufrufe zu Funktionsbausteinen. Die Funktion der Anweisungsmuster fügt den passenden Programmcode automatisch an die Stelle im Quelltext, an der vorher der Cursor stand. So enthält z. B. der Aufruf eines Funktionsbausteins etliche Schnittstellenparameter, die dann an die konkreten Erfordernisse angepasst werden können (siehe z. B. Abschnitt 8.5)

Pretty Printer

Diese Funktion führt am Quelltext einheitliche Formatierungen durch, um eine bessere Lesbarkeit zu erhalten. Es handelt sich dabei z. B. um automatische Einrückungen in untergeordneten Zeilen oder die Umstellung auf Großschreibung. Die genaue Formatierung können Sie bei den Einstellungen zum großen ABAP-Editor (SE38) vorgeben. Die Grundfunktionen der oberen Symbolleiste erreichen Sie während der Texteingabe auch über das Kontextmenü (rechte Maustaste). Dort stehen sogar noch einige weitere sinnvolle Funktionen zur Verfügung:

- **Gehe zu Zeile**
  Diese Funktion lässt sich vor allem im Fehlerfall sehr sinnvoll einsetzen, denn nach einem Syntaxcheck werden die dabei festgestellten Fehler im Quelltext mit Bezug auf eine Zeilennummer angegeben.

▶ **Block/Ablage**
Die wichtigste Unterfunktion ist hier wohl **Block Drucken**, über die Sie einen markierten Textblock direkt zum Drucker ausgeben können. Die Unterfunktionen **Kopieren/Einsetzen X,Y,Z** bieten Zugriff auf die erweiterten Zwischenablagen des SAP-Systems (z. B. für das Kopieren mehrerer Textblöcke gleichzeitig).

▶ **Kommentieren/Dekommentieren**
Im ABAP-Quelltext gelten einzelne Zeilen generell als Kommentar, wenn in der ersten Spalte als Sonderzeichen * steht. Die entsprechende Zeile wird vom Editor zur besseren Unterscheidung sofort farbig dargestellt. Über die Unterfunktion **Kommentieren** können Sie für einen aktuell markierten Textblock komplett das Sonderzeichen * einfügen lassen bzw. über **Dekommentieren** wieder entfernen. Die Funktionen sind insbesondere in der Testphase nützlich, wenn eingegebene Programmfunktionen für kurze Zeit ausgeblendet werden sollen.

Eingebaute Hilfen

Beim Erfassen des Quelltextes können Sie über die Funktionstaste **F1** zu jeder ABAP-Anweisung direkt die interne ABAP-Schlüsselwortdokumentation aufrufen. Ein Beispiel: Platzieren Sie im Bild aus Abbildung 8.1 den Cursor auf die SELECT-Anweisung und betätigen Sie dann die Funktionstaste **F1**. Es öffnet sich ein neuer Bildschirmmodus zur Anzeige der Dokumentation zum Schlüsselwort mit allen seinen Optionen.

Wenn Sie die Funktionstaste **F1** auf einer Leerzeile betätigen, erscheint ein zusätzliches Selektionsbild und bietet den Einstieg in eine erweiterte Dokumentation, wie in Abbildung 8.2 dargestellt.

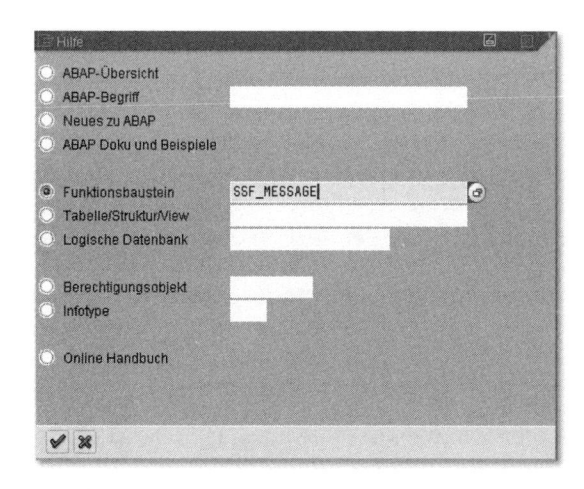

Abbildung 8.2 Hilfe im Programm-Knoten

Über Vorgaben im oberen Bildschirmbereich erreichen Sie die ABAP-Schlüsselwortdokumentation auch für Schlüsselworte, die nicht im Quelltext stehen (oder die ABAP-Übersicht, bzw. Neuerungen).

Die Anwahl von Funktionsbausteinen, Tabellen etc. beziehen sich auf Einträge im Repository (bzw. ABAP-Dictionary). Sie wechseln über diese Optionen immer direkt in den Anzeigemodus der zugehörigen Pflegewerkzeuge (z.B. den Function Builder). Rufen sie dort über den Menüpfad **Springen • Dokumentation** die individuellen Hinweise zum jeweiligen Objekt auf.

Zeilenorientierter ABAP-Editor

Der bisher beschriebene ABAP-Editor zeichnet sich durch Grundfunktionen aus, wie sie in modernen Systemen üblich sind (grafische Unterstützung, Mausbedienung). Der Vollständigkeit halber sei erwähnt, dass alternativ dazu auch eine zeilenorientierte Variante des Editors existiert. Die Umschaltung erfolgt zentral im Form Builder über den Menüpfad **Hilfsmittel • Einstellungen** unter der Registerkarte **Editor**. Die dort verwendeten Begriffe stammen eher aus den sprachlichen Tiefen der Entwicklerwelt, hier die Aufschlüsselung:

- Die Option **Text Edit Control** entspricht der bisher betrachteten Variante als der heute üblichen Einstellung.
- Die Option **Table Control Editor** entspricht der Alternative mit zeilenorientierter Darstellung.

Es gibt im Zeileneditor einzelne zusätzliche Funktionen in der Symbolzeile, die sich aus der zeilenorientierten Darstellung ergeben; außerdem ist auf der linken Seite zu jeder Zeile die Zeilennummer dargestellt. Allerdings steht in dieser Variante das gesamte Kontextmenü nicht zur Verfügung.

8.3 Besonderheiten im Programm-Knoten

Wir wollen noch auf einige Besonderheiten eingehen, die mit der Erstellung von ABAP-Programmcodes im Programm-Knoten zusammenhängen. Zur Vereinfachung soll als Programm-Knoten auch der Inhalt der Registerkarte **Initialisierung** bei den Globalen Definitionen gemeint sein.

Ein Programm-Knoten kann im Prinzip beliebige ABAP-Anweisungen ausführen. Trotzdem müssen – bedingt durch die Architektur von Smart Forms – einige Arten von Anweisungen entfallen; z.B. solche, die nicht in Funktionsbausteinen angewendet werden sollten. Dazu gehören z.B. direkte Fehlerausgaben oder auch die Anwendung interaktiver Komponenten wie Selektionsbilder.

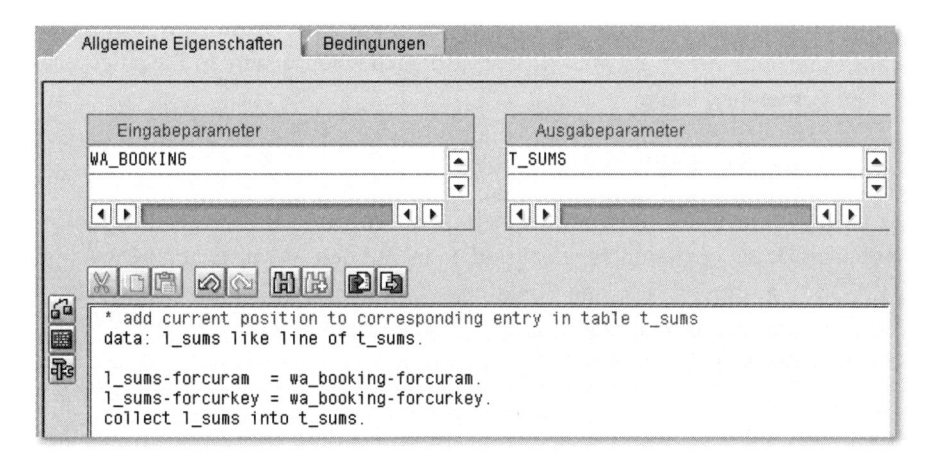

```
┌─ Allgemeine Eigenschaften ─┬─ Bedingungen ─┐

    ┌─ Eingabeparameter ──────────┐   ┌─ Ausgabeparameter ──────────┐
    │ WA_BOOKING                  │   │ T_SUMS                      │
    │                             │   │                             │
    └─────────────────────────────┘   └─────────────────────────────┘

    * add current position to corresponding entry in table t_sums
    data: l_sums like line of t_sums.

    l_sums-forcuram  = wa_booking-forcuram.
    l_sums-forcurkey = wa_booking-forcurkey.
    collect l_sums into t_sums.
```

Abbildung 8.3 Programm-Knoten

Ein- und Ausgabeparameter

Eine Besonderheit im Programm-Knoten von Smart Forms besteht darin, dass alle globalen Daten, die im Programmcode angesprochen werden, als Eingangs- oder Ausgabeparameter genannt sein müssen. Die Angabe ist eigentlich für die Ausführung nicht erforderlich und wird auch nicht in den generierten Funktionsbaustein übernommen. Die Zuordnung der Eingangs-/Ausgangsparameter erleichtert aber die spätere Fehlersuche, denn sie werden in den folgenden Fällen berücksichtigt:

▶ Im Coding darf nur auf globale Felder zurückgegriffen werden, die als Parameter genannt sind. Anderenfalls erscheint bei lokaler Prüfung des Programm-Knotens eine Fehlermeldung.

▶ Jedes Feld wird vor seiner ersten Ausgabe (z. B. über einen Text-Knoten) dahingehend überprüft, ob zuvor schon eine Wertzuweisung erfolgt ist. Diese Überprüfung schließt den Programm-Knoten mit ein. Es wird dabei allerdings nicht konkret der Quelltext kontrolliert; die Angabe als Parameter reicht aus.

▶ Auch das übergeordnete Rahmenprogramm kann auf die Eingangs-/Ausgangsparameter zurückgreifen und daraus ableiten, welche Felder im Formular wirklich benötigt werden.

Die Eingangs-/Ausgangsparameter müssen nicht mit der Detaillierung im Programmcode übereinstimmen. Wird dort z. B. das konkrete Feld einer Feldleiste angesprochen, so können Sie wahlweise den kompletten Feldnamen oder auch nur den Namen der Feldleiste als Parameter angeben. Es können auch mehr Parameter eingetragen sein, als im Quelltext wirklich angesprochen werden.

Die Unterteilung in Eingangs- und Ausgangsparameter dient nur der Übersichtlichkeit. Sie könnten im Programmcode also auch Änderungen an Eingangsparametern vornehmen lassen.

Übersetzung in Funktionsbaustein

Bei Generierung eines Funktionsbausteins zum Formular wird jeder Programm-Knoten als Unterprogramm angelegt und dabei mit den Anweisungen FORM und ENDFORM gekapselt. Da der Funktionsbaustein selbst komplett aus ABAP-Codierung besteht, können Sie sich diese Übersetzung des Programm-Knotens auch dort ansehen.

Tipp: Wenn Sie überprüfen wollen, wo und wie sich Ihr Programm-Knoten im Funktionsbaustein zum Formular wiederfindet, öffnen Sie im Lesezugriff den generierten Funktionsbaustein über den Function Builder. Rufen Sie dort die globale Volltextsuche auf, und verwenden Sie als Suchbegriff das Kürzel des Knotens oder einen anderen eindeutigen Begriff, wie z.B. den Namen einer lokalen Variablen oder einen Vermerk im Kommentar (siehe auch Kapitel 13.7.3).

8.4 ABAP-Grundlagen

8.4.1 Übersicht

Wir können an dieser Stelle keine umfassende Darstellung der Möglichkeiten bieten, die sich aus der ABAP-Programmierung ergeben. Dazu gibt es ausreichend eigene Literatur und in erster Linie auch die Beschreibung in der SAP-Bibliothek (BC-ABAP). Wir wollen trotzdem eine kleine Übersicht wagen, die gerade dem Smart Forms-Einsteiger ohne ABAP-Erfahrung eine Hilfe sein soll.

Zunächst einige allgemeine Grundregeln, die Sie bei der Pflege des Programmcodes berücksichtigen müssen:

- Jedes ABAP-Programm besteht aus *Kommentaren* und *Anweisungen*. Eine Kommentarzeile beginnt mit dem Sonderzeichen *, während jede Anweisung mit einem Punkt endet.

- Eine *Kommentarzeile* wird auch im ABAP-Editor automatisch in einer anderen Farbe dargestellt. Alternativ können Sie am Ende jeder *Anweisungszeile* einen Kurzkommentar anfügen, der jeweils mit einem Anführungszeichen beginnen muss. Diese Variante wird aber nicht in einer anderen Farbe gezeigt.

- Jede ABAP-Anweisung wird mit einem Punkt abgeschlossen, wobei eine Anweisung auch über mehrere Zeilen gehen kann (ggf. steht der Punkt also am

Ende der letzten Zeile). Umgekehrt können innerhalb einer Programmzeile auch mehrere Anweisungen stehen, die dann jeweils durch einen Punkt getrennt sind.

> **Hinweis:** Dieser Punkt wird von ABAP-Einsteigern anfangs gern vergessen. Aber gerade diesen einfachen Fall kann der Syntaxcheck manchmal nur schwer diagnostizieren. Die zugehörige Fehlermeldung führt also nicht immer direkt zur Ursache.

- Jede ABAP-Anweisung beginnt mit einem ABAP-Schlüsselwort, das den inhaltlichen Kern der auszuführenden Operation beschreibt. Es folgen Operanden, Operatoren und Zusätze zu den Schlüsselworten. Jedes Teilelement der Anweisung ist durch ein Leerzeichen vom jeweils nächsten getrennt.
- Bei den Operanden einer ABAP-Anweisung handelt es sich üblicherweise um Variablen wie **Felder**, **Feldleisten** und **interne Tabellen**. Es handelt sich also um die gleichen Bausteine, auf die wir schon im Kapitel 6 ausführlich eingegangen sind. Wir können diese Grundlagen deshalb hier als bekannt voraussetzen.

Im Programm-Knoten können unter Smart Forms alle globalen Daten angesprochen werden, die im Formular definiert sind. Als Besonderheit müssen die Daten aber zuvor als Eingangs- oder Ausgangsparameter eingetragen sein. Lediglich die Systemvariablen aus SFSY und SY stehen als »echte« globale Daten direkt zur Verfügung.

Innerhalb des Programm-Knotens können zusätzlich weitere lokale Daten definiert werden, die dann außerhalb des Knotens nicht bekannt sind (z. B. zur Speicherung von Zwischenwerten).

Schreibweisen zur Übersicht der ABAP-Anweisungen

Auf den folgenden Seiten werden wir stichwortartig einige ABAP-Anweisungen beschreiben, die Sie vermutlich häufiger bei Anwendung unter Smart Forms verwenden können. Sie sind auch gut geeignet, die Systematik der Anweisungen darzustellen.

Beginnen wir mit einer kurzen Übersicht zur Schreibweise für die folgenden Anweisungen:

Anweisungsteil	Kürzel	Bedeutung
Schlüsselwort	ABC	Kennzeichnet den Schlüsselbegriff der ABAP-Anweisung oder auch Zusatz (in Großbuchstaben)
Variable	fld	Kennzeichnet ein elementares Feld
	str	Feldleiste (hier abgeleitet von Struktur)
	itab	Interne Tabelle
	var	Variable allgemein (unabhängig vom Typ)
Datentype	tyfeld	Elementarer Datentyp (Dictionary oder ABAP-Datentyp)
	tystr	Struktur (im Dictionary oder selbstdefiniert)
	tytab	Tabellentyp (im Dictionary oder selbstdefiniert)
Datenbank	dbtab	Transparente Datenbanktabelle

Tabelle 8.1 Schreibweise zu ABAP-Anweisungen

8.4.2 Datendefinition

Aus den bisherigen Erläuterungen zu Smart Forms wissen Sie, dass die Anwendung von Daten aus zwei Schritten besteht:

▶ Zunächst müssen die erforderlichen Daten definiert und dabei auch typisiert werden. Das erfolgt für formularinterne Variablen bei den Globalen Definitionen. Die Datendefinition unter ABAP erfolgt immer über eine DATA-Anweisung. Diese beinhaltet neben der Namensvergabe auch wieder eine Typisierung über bereits bekannte Zusätze.

> **Hinweis:** Bei Generierung des Funktionsbausteins zum Formular werden auch die global definierten Variablen des Formulars in äquivalente DATA-Anweisungen übersetzt.

▶ Die eigentliche Verarbeitung der Daten erfolgt über die Funktionen, die in den sonstigen Knoten des Formulars hinterlegt sind. Beim Programm-Knoten sind das die eingetragenen ABAP-Anweisungen.

Dieses Zweistufigkeit gilt auch im ABAP-Programm.

Die Definition der Daten erfolgt über das ABAP-Schlüsselwort DATA und die Zusätze TYPE bzw. LIKE . Diese Zusätze haben Sie bei der Datendefinition im Formular schon kennengelernt. Sie werden Ihre bisherigen Kenntnisse also sofort anbringen können und die Syntax der Beispiele in Tabelle 8.2 wiedererkennen.

Syntax der Datendefinition	Anmerkung
* Feld anlegen	
`DATA fld1 TYPE tystr.`	Bezug auf Datentyp
`DATA fld2 TYPE tystr-fld.`	Bezug auf Feld in strukturiertem Datentyp
`DATA fld3 TYPE dbtab-fld.`	Bezug auf Feld in Datenbanktabelle
`DATA fld4 LIKE fld.`	Bezug auf vorhandene Variable
* Feldleiste anlegen	
`DATA str1 TYPE tystr.`	Bezug auf Struktur im Dictionary, wobei sich diese Struktur wieder aus beliebigen anderen Datentypen zusammensetzen kann
`DATA str2 TYPE dbtab.`	Bezug auf Datenbanktabelle; es wird aber trotzdem nur eine Feldleiste angelegt.
`DATA str3 LIKE LINE OF itab.`	Bezug auf interne Tabelle; damit kann 'str3' als Arbeitsbereich dieser Tabelle verwendet werden.
* Interne Tabelle anlegen	
`DATA itab1 TYPE tytab.`	Bezug auf Tabellentyp (im Dictionary oder angelegt per TYPES)
`DATA itab1 TYPE TABLE OF tystr.`	Bezug auf Struktur im Dictionary; die folgende Anweisung ist äquivalent dazu.
`DATA itab2 TYPE tystr OCCURS 10.`	Bezug auf Struktur; der Zusatz OCCURS stellt sicher, dass eine interne Tabelle angelegt wird.
* Kettensatz	
`DATA: fld1 TYPE tystr1, fld2 TYPE tystr2, fld3 TYPE tystr-fld.`	Ein Kettensatz bindet Anweisungen zusammen, die einen identischen Anfang haben. Der Schlüsselbegriff wird nur einmal vor einem Doppelpunkt aufgeführt; der Rest jeder Einzelanweisung ist über ein Komma abgeschlossen, die letzte Anweisung über einen Punkt.

Tabelle 8.2 Syntax zur Datendefinition

Über einen *Kettensatz* können Sie mehrere Anweisungen mit identischem Anfang zusammenfassen. Das verringert manchmal den Schreibaufwand und erhöht gleichzeitig die Übersichtlichkeit. Diese Form der Eingabe ist vor allem im Zuge der Datendefinition üblich. Deshalb haben wir in die Tabelle 8.2 ein Beispiel dazu aufgenommen.

8.4.3 Wertzuweisungen

Nach ihrer Definition sind alle Variablen leer oder besser gesagt *initial* (ausgenommen, wenn gleichzeitig Vorschlagswerte vergeben wurden). Dementsprechend besteht eine zentrale Aufgabe von Programmcodes darin, die definierten Daten mit Werten zu versehen. Betrachten wir also als Nächstes die Syntax von grundlegenden Wertzuweisungen:

Syntax der Zuweisung	Anmerkung
* Inhalte löschen	
CLEAR fld . CLEAR str . CLEAR itab .	Rücksetzen auf Initialwerte wie nach der Definition. Bei strukturierten Variablen werden die Komponenten einzeln gelöscht.
* Feldinhalte zuweisen	
MOVE fld1 TO fld2 .	Inhalt von fld1 nach fld2 kopieren; statt dieser ursprünglichen ABAP-Anweisung wird heute die folgende direkte Zuweisung über das Gleichheitszeichen bevorzugt (siehe folgende Anweisungen).
fld2 = fld1 .	Inhalt kopieren, ggf. mit Anpassung Format
fld3(2) = 'xy' .	Die ersten beiden Buchstaben einer Text-Variable werden gesetzt
fld4 = LEFT(fld3) .	Inhalt über Zeichenoperation ermitteln
fld5 = 11 .	Inhalt des nummerischen Feldes fld5 wird direkt gesetzt (wahlweise mit oder ohne Hochkommata)
fld6 = fld5 + 1.	Inhalt über arithmetische Operation ermitteln
* Feldleiste füllen	
str2 = str1 .	Kopieren einer kompletten Feldleiste; gleicher Feldaufbau erforderlich
MOVE-CORRESPONDING str1 TO str2 .	Nur die Felder mit gleichem Namen kopieren
str-fld = var .	Einzelnes Feld der Feldleiste (Datenkomponente) aus anderer Variablen übernehmen (ggf. mit Formatanpassung)

READ TABLE itab
  WITH KEY fld1 = 'xyz'
         fld2 = var
  INTO str .
	Lesen der Zeile einer internen Tabelle mit Angabe von Feldern als Auswahlkriterium

LOOP AT itab INTO str.
  WHERE fld1 = 'xyz'
  AND   fld2 = var .
  "Anweisungsblock
ENDLOOP .
	Schleife über eine interne Tabelle itab: Jeweils eine Zeile wird in einen Arbeitsbereich str kopiert (gleicher Feldaufbau). Schleifenende immer über ENDLOOP, dazwischen beliebige andere ABAP-Anweisungen

Tabelle 8.3 Datenzuweisungen

* Interne Tabellen füllen

`itab1[] = itab2[] .`	Inhalt von Tabellen mit gleichem Feldaufbau kopieren; die eckigen Klammern sind als besondere Kennzeichnung erforderlich.
`APPEND str TO itab .`	Eine Zeile an interne Tabelle anhängen (gleicher Feldaufbau erforderlich)

Tabelle 8.3 Datenzuweisungen (Forts.)

8.4.4 Datenbanktabellen abfragen

Bei den soeben aufgeführten Datenzuweisungen sind wir davon ausgegangen, dass die gesuchten Inhalte entweder fest vorgegeben sind oder aus anderen Daten abgeleitet werden können. In vielen Fällen ist das jedoch nicht der Fall. Vielmehr müssen dann die Daten aus den Datenbanktabellen des SAP-Datenbanksystems gelesen werden. Die Abfrage der Datenbanktabellen erfolgt üblicherweise mit Hilfe SQL-Abfragen.

Hintergrund: Um Inhalte von Datenbanktabellen im Formular verwenden zu können, müssen diese zunächst aus den Datenbanktabellen gelesen und im Arbeitsspeicher zwischengelagert werden. Diese Zwischenspeicherung geschieht z.B. über die im Formular verwendeten Variablen, die dann über ihren Feldnamen im Text-Knoten oder als Attribut in sonstigen Knoten angesprochen werden können.

Im SAP-System ist für die Verwaltung der Datenbanktabellen ein eigenständiger Datenbankserver zuständig. Ein solcher Server muss die Datenbanksprache *SQL* (*Standard Query Language*) unterstützen, die heute einen Standard bei leistungsfähigen Datenbanken darstellt. Über diese Sprache wird der Datenbankserver darüber informiert, ob Inhalte von Datenbanktabellen gelesen, geändert oder neu angelegt werden sollen. Aus diesem Grunde haben viele SQL-Anweisungen auch Einzug in die Programmiersprache ABAP gefunden, wobei SAP sogar den SQL-Sprachschatz in einzelnen Punkten an eigene Anforderungen angepasst hat (*Open SQL*).

Da ein Formular Daten wohl immer nur ausgeben, jedoch nie aktiv Inhalte von Datenbanktabellen ändern soll, wollen wir im Folgenden auch nur auf das Lesen von Datenbanktabellen eingehen. Bei der SQL-Datenbanksprache beruhen solche Lesevorgänge auf einer SELECT-Anweisung. Sie benötigt grundlegend drei zusätzliche Angaben zum Schlüsselwort:

- Die Quelle in Form einer Datenbanktabelle, aus der gelesen werden soll (FROM)
- Das Ziel in Form von Variablen, die lokal im Programm-Knoten oder unter Globalen Definitionen angelegt worden sind (INTO)
- Die Bedingungen, unter denen die Datensätze gelesen werden sollen (WHERE)

Hier einige Beispiele:

Syntax der Abfrage	Anmerkung

`SELECT *`
`  FROM dbtab`
`  INTO TABLE itab`
`  WHERE fld1 = 'xyz'`
`  AND   fld2 = var .`
	Übertragung mehrerer Datensätze gleichzeitig aus der Datenbanktabelle in eine interne Tabelle; Quelle und Ziel müssen die gleiche Zeilenstruktur haben.
	Die Felder der WHERE-Bedingung müssen in der Datenbanktabelle vorhanden sein.
	Die WHERE-Bedingungen können Sie auch bei allen folgenden Abfrage-Beispielen ergänzen.

`SELECT SINGLE *`
`  FROM dbtab`
`  INTO str`
`  WHERE ... .`
	Übertragung eines einzigen Datensatzes aus der Datenbanktabelle in eine Feldleiste (gleiche Feldstruktur erforderlich); primär anzuwenden bei eindeutigem Schlüssel in der WHERE-Bedingung.

`SELECT SINGLE fld`
`  FROM dbtab`
`  INTO var`
`  WHERE ... .`
	Ein einzelnes Feld aus der Datenbank lesen und in eine vorhandenen Variable übertragen

`SELECT SINGLE fld1 fld2`
`  FROM dbtab`
`  INTO (fld1, fld2)`
`  WHERE ... .`
	Mehrere Felder gleichzeitig lesen und in vorhandene interne Felder übertragen

`SELECT SINGLE *`
`  FROM dbtab`
`  INTO CORRESPONDING`
`       FIELDS OF str`
`  WHERE ... .`
	Inhalt einer Feldleiste über gleichnamige Felder aus Datenbanktabelle lesen

`SELECT *`
`  FROM dbtab`
`  INTO str`
`  WHERE ... .`
`  "Anweisungsblock`
`ENDSELECT .`
	Zeilenweises Lesen der Datenbanktabelle mit Übertragung in eine Feldleiste als Arbeitsbereich (gleicher Feldaufbau erforderlich). Diese SELECT-Variante arbeitet wie eine Schleife und muss deshalb immer durch eine zweite Anweisung ENDSELECT beendet werden. Dazwischen sind beliebige andere ABAP-Anweisungen möglich, z.B. zur Verarbeitung der Inhalte aus dem Arbeitsbereich.

Tabelle 8.4 Datenbanktabellen abfragen

8.4.5 Schleifen

Schleifen ermöglichen die wiederholte Abarbeitung von Anweisungen. Sie besteht aus mindestens zwei einzelnen ABAP-Anweisungen: Jeweils eine am Anfang und am Ende des Programmbereichs, der mehrfach ausgeführt werden soll.

Eine Variante zu diesem Themengebiet haben Sie schon im Abschnitt zum Schleife-Knoten kennengelernt. Dieser Knotentyp wird im generierten Funktionsbaustein des Formulars zu einer Anweisung LOOP/ENDLOOP übersetzt (siehe auch Listing 7.1).

Syntax der Abfrage	Anmerkung

```LOOP AT itab INTO wa.```
``` "Anweisungsblock```
```ENDLOOP .```
	Die LOOP-Anweisung durchläuft eine interne Tabelle, wobei der jeweils aktuelle Datensatz in einen Arbeitsbereich kopiert wird. Dazwischen kann beliebiges ABAP-Coding stehen. Ein Schleife-Knoten unter Smart Forms wird in eine LOOP-Anweisung übersetzt.

```WHILE log_ausdruck```
``` "Anweisungsblock```
```ENDWHILE```
	Bedingte Schleife: hier wird ein Anweisungsblock so lange durchlaufen, bis der abgefragte logische Ausdruck erfüllt ist.

```DO [n TIMES] .```
``` "Anweisungsblock1```
``` EXIT.```
``` "Anweisungsblock2```
```ENDDO .```
	Nicht bedingte Schleife: hier wird ein Anweisungsblock so lange durchlaufen, bis die Schleife über eine EXIT-Anweisung verlassen wird. Über den Zusatz mit TIMES lässt sich die Anzahl der Durchläufe von vornherein begrenzen.

```LOOP AT itab INTO wa .```
``` "Anweisungsblock```
```ENDLOOP .```
	Die LOOP-Anweisung durchläuft eine interne Tabelle, wobei der jeweils aktuelle Datensatz in einen Arbeitsbereich kopiert wird. Dazwischen kann beliebiges ABAP-Coding stehen. Ein Schleife-Knoten unter Smart Forms wird in eine LOOP-Anweisung übersetzt.

Tabelle 8.5 Kontrollstrukturen

Wir haben eingangs schon festgestellt: Die LOOP-Anweisung im Programm-Knoten realisiert die gleiche Funktionalität wie der Schleife-Knoten im Formular. Allerdings gibt es doch einen wichtigen Unterschied: Im ersten Fall stehen zwischen LOOP und ENDLOOP weitere ABAP-Anweisungen, im zweiten Fall sind es die Unterknoten des Schleife-Knotens.

8.4.6 Kontrollstrukturen (über Bedingungen)

Als wichtige Funktionen der Formularlogik unter Smart Forms haben Sie in Abschnitt 7.3 den Alternative-Knoten und die Attribute auf der Registerkarte **Bedingungen** kennen gelernt.

Solche Funktionen stehen Ihnen auch bei der ABAP-Programmentwicklung zur Verfügung, denn der Ablauf eines Programms muss den Rahmenbedingungen folgen können, die zur Laufzeit gelten.

Syntax der Abfrage	Anmerkung

`IF var = 'xyz' .`
`  "Anweisungsblock`
`ENDIF .`
	Der Anweisungsblock wird nur ausgeführt, wenn die Bedingung der ersten Zeile erfüllt ist. Äquivalent zu dieser Anweisung können Sie beim Formulardesign zu jedem beliebigen Knoten eine Bedingung hinterlegen.

`IF    fld1 = 'X'`
`   AND fld2 = 'xyz' .`
`  "Anweisungsblock`
`ENDIF .`
	Die IF-Abfrage kann wie beim Knoten unter unter Smart Forms mehrere Bedingungen enthalten (ggf. sogar zusätzlich mit weiteren arithmetischen Operationen).

`IF var = 'xyz' .`
`  "Anweisungsblock1`
`ELSEIF.`
`  "Anweisungsblock2`
`ELSE .`
`  "Anweisungsblock3`
`ENDIF .`
	Falls die Abfrage wahr ist, wird der erste Programmcode ausgeführt, sonst der zweite. Diese Abfrage entspricht genau dem Alternative-Knoten unter Smart Forms. Optional können mit `ELSEIF` weitere Alternativer abgefragt werden.

`CASE var1.`
`  WHEN var2.`
`    "Anweisungsblock1`
`  WHEN 'xyz'.`
`    "Anweisungsblock2`
`  WHEN OTHERS.`
`    "Anweisungsblock3`
`ENDCASE`
	Die Variable `var1` wird mit anderen Variablen verglichen. Ein Anweisungsblock wird ausgeführt, wenn der Vergleich Inhalt übereinstimmt.
	Ohne Erfolg wird `OTHERS` ausgeführt.

Tabelle 8.6 Kontrollstrukturen (Abfrage von Bedingungen)

Grundlage der Kontrollstrukturen sind logische Abfragen. Sie basieren häufig auf Feldern, deren Inhalt nur zwei Zustände für *Wahr* und *Falsch* darstellen kann. Diese Felder werden unter ABAP als Text mit Länge von einem Zeichen typisiert: Der Inhalt ist üblicherweise 'X' (Wahr) bzw. einfach leer (Falsch). Im ABAP-Dictionary sind dazu einige Standard-Datentypen hinterlegt (z. B. BOOLKZ).

8.4.7 Unterprogramme

Über Unterprogramme (FORM-Routinen) kann der Quelltext eines Programms modularisiert werden. Das erhöht die Übersichtlichkeit und erlaubt es, Programmteile an verschiedenen Stellen wieder zu verwenden. Ein solches Unterprogramm kann bei Smart Forms aus beliebigen Programm-Knoten heraus aufgerufen werden.

> **Hinweis:** Eine höhere Kapselung des Programmcodes bieten Funktionsbausteine (wie z.B. beim generierten Funktionsbaustein zum Formular). Funktionsbausteine werden allerdings nicht innerhalb eines ABAP-Programms definiert und auch nicht im Formular. Verwenden Sie dafür als spezielles Werkzeug den Function Builder. Sie können aber Funktionsbausteine, die im System vorhanden sind, aufrufen. Nutzen Sie für die korrekte Einrichtung der Syntax die Funktion der **Musteranweisung** im Programm-Knoten.

Mit jedem Aufruf einer FORM-Routine ist im Normalfall die Übergabe von Parametern verbunden, die bei Anlage des Unterprogramms festgelegt worden sind. Mit der Definition der Parameter ist auch der verwendete Typ eingestellt. Anders als bei Funktionsbausteinen spielt hier der Name des Parameters keine Rolle. Deshalb muss das aufrufende Programm die erforderlichen Parameter exakt in der gleichen Reihenfolge und mit gleichem Typ übergeben, wie sie im Unterprogramm festgelegt wurden.

Unter der Registerkarte **Formroutinen** bei den Globalen Definitionen können Sie Unterprogramme anlegen, die im jeweiligen Formular gelten sollen. Darüber hinaus können aus einem Programm-Knoten heraus aber auch Unterprogramme aufgerufen werden, die in anderen Programmen des SAP-Systems enthalten sind (wie z.B. standardisierte Routinen zur Datenbeschaffung).

Syntax der Abfrage	Anmerkung
* Aufbau Unterprogramm	

``FORM data_check
  USING var1 TYPE ty_fld
        var2 TYPE ty_tab
  CHANGING ret_code TYPE I.
    "Anweisungsblock
* ret_code = 1.
ENDFORM .```
	Hier werden zwei interne Tabellen als Parameter an das Unterprogramm übergeben. Sie müssen in gleicher Reihenfolge und mit gleichem Typ vom aufrufenden Programm bereit gestellt werden. Einziger Rückgabeparameter des Unterprogramms ist ret_code als Fehlerkennung.

Tabelle 8.7 Logische Abfragen

Syntax der Abfrage	Anmerkung
* Aufruf Unterprogramm	
| ```
Data ret_code TYPE i.
PERFORM data_check
   USING     var1
             var2
   CHANGING ret_code.
IF ret_code <> 0.
* Errorhandling
ENDIF.
``` | Aufruf des zuvor genannten Unterprogramms, wenn es als Formroutine im Formular angelegt ist. Mit Definition des Rückgabeparameters als lokale Variable und Überprüfung des Rückgabewertes nach Ausführung des Unterprogramms. |
| ```
Data ret_code TYPE i.
PERFORM data_check
   IN PROGRAM zwhtest
   USING     var1
             var2
   CHANGING ret_code.
IF ret_code <> 0.
``` | Der gleiche Aufruf, wenn das Unterprogramm in einem Programm/Report (hier 'zwhtest') außerhalb des Formulars existiert. |

Tabelle 8.7 Logische Abfragen

8.4.8 Testfunktion

In der ABAP-Entwicklungsumgebung dient der *Debugger* dazu, ein Programm in Einzelschritten auszuführen. Über einen Haltepunkt können Sie diesen Debugger auch im Programm-Knoten aufrufen: Allerdings muss der Haltepunkt immer über eine zusätzliche Anweisung im Quelltext gesetzt werden (d.h. eine Berechtigung zu Änderungen am Formular ist erforderlich). Den alternativen Weg über eine entsprechende Einsprungstelle im Function Builder erläutern wir in Abschnitt 13.7.4, ebenso die Anwendung des Debuggers.

Syntax der Abfrage	Anmerkung
`BREAK-POINT.`	Haltepunkt in der aktuellen Zeile setzen

Tabelle 8.8 Testfunktion zum Setzen Haltepunkt

8.5 Beispiel : Adresse über Funktionsbaustein einbinden

8.5.1 Übersicht

In den meisten Fällen wird die Einbindung der Adresse in das Formular über einen Adresse-Knoten den Anforderungen genügen (siehe Abschnitt 5.2.1). In Ausnahmefällen (z.B. um dabei spezielle Optionen zu nutzen) kann es jedoch sinnvoll sein, direkt auf den hinterlegten Funktionsbaustein ADDRESS_INTO_PRINT-

FORM zurückzugreifen. Wie schon im Adresse-Knoten zu Smart Forms, benötigt der Baustein als wichtigsten Eingangsparameter eine Angabe zur Adresse, die aufbereitet werden soll. Zwei Verfahren stehen zur Verfügung:

- In den meisten Fällen wird die Einbindung über die Angabe einer Adressnummer geschehen. Dann liest der Baustein die zugehörigen Adressangaben aus der ZAV, erzeugt daraus eine korrekt formatierte, postalische Adresse und gibt sie als Ergebnis zurück.
- Alternativ dazu können Sie alle Angaben zu einer Adresse auch individuell an den Funktionsbaustein übergeben, der diese Angaben liest, die postalisch korrekte Formatierung erzeugt und zurückgibt.

Das zweite Verfahren ist z. B. dann anzuwenden, wenn die Adressdaten des betreffenden Objekts noch gar nicht in der ZAV geführt wurden. In diesem Fall müssen die Adressinhalte aus einer individuellen Datenbanktabelle gelesen und über eine Standardfeldleiste an den Funktionsbaustein übertragen werden, um sie dort aufbereiten zu lassen (wir werden Ihnen dies wieder am Beispiel der Flugrechnung zeigen). In den folgenden Abschnitten stellen wir beide Verfahren vor.

Rückgabeparameter

Die Rückgabe erfolgt in beiden Fällen in Form einer Feldleiste mit zehn Feldern, die jeweils eine Zeile der formatierten Adresse enthalten. Über einen Text-Knoten müssen die zugehörigen Feldnamen dann nur noch ausgegeben werden.

Zusätzlich bietet der Funktionsbaustein für Kurzangaben zur Adresse einzeilige und zweizeilige Felder, die alternativ oder auch zusätzlich in ein Formular übernommen werden können. Die Ausgabe der Adresse erfolgt also in folgenden Schritten:

- Definition von Variablen zur Aufnahme der Adressnummer oder der individuellen Adressdaten
- Definition einer Feldleiste mit den Zeilenangaben einer formatieren Adresse (als Rückgabeparameter)
- Ermittlung der Adressnummer oder der individuellen Angaben zur Adresse
- Aufruf des ABAP-Funktionsbausteins ADDRESS_INTO_PRINTFORM zur Umsetzung der Adressangaben in die postalisch korrekte Ausgabeform (mit der Adressnummer oder den Angaben zur Adresse als Eingangsparameter)
- Ausgabe der formatierten Adressfelder über einen Text-Knoten

Formularanpassungen

In Abbildung 8.4 sehen Sie die Typisierungen, die wir für das folgende Beispiel benötigen. Auf den Inhalt kommen wir später noch zurück.

Variablenname	Typisierung	Bezugstyp	Vorschlagswert	Konstante
ADRS_PRINT	TYPE	ADRS_PRINT		☐
ADRS	TYPE	ADRS		☐

Abbildung 8.4 Daten für das Adressbeispiel (Globale Definitionen)

Der Aufruf des Funktionsbausteins erfolgt in einem Programm-Knoten. Am einfachsten erfolgt die Einbindung über die Funktionalität der **Anweisungsmuster**, die Sie über die Symbolleiste im Programm-Knoten aufrufen können. In dem dann folgenden Selektionsbild ist die Option **Funktionsbaustein** bereits angewählt. Es fehlt als Ergänzung nur noch der Name ADDRESS_INTO_PRINTFORM. Danach wird der Aufruf des Funktionsbausteins mit allen relevanten Übergabeparametern automatisch in den Quelltext übernommen.

8.5.2 Verwendung einer Adressnummer aus der ZAV

Das Listing 8.1 zeigt den Aufruf des Funktionsbausteins für den Fall der Adressübergabe per Adressnummer. Der größte Teil der Übergabeparameter ist dabei nicht grundlegend erforderlich und wurde deshalb aus dem Quelltext entfernt.

```
*&---------------------------------------------------------------&*
* Addressnumber exsisting
* all variables declared in main definations
CALL FUNCTION 'ADDRESS_INTO_PRINTFORM'
  EXPORTING ADDRESS_TYPE        = '1'
            ADDRESS_NUMBER      = GS_HD_ADR-ADDR_NO
            NUMBER_OF_LINES     = 5
  IMPORTING ADDRESS_PRINTFORM   = ADRS_PRINT
*           ADDRESS_SHORT_FORM  =
*           ADDRESS_DATA_CARRIER =
*           ADDRESS_DATA_CARRIER_0 =
*           NUMBER_OF_USED_LINES =
*&---------------------------------------------------------------&*
```

Listing 8.1 Einbindung Adressaufbereitung der ZAV

Dieser Aufruf entspricht den Angaben, die wir in Abschnitt 5.2.1 auch für den Adress-Knoten gewählt haben; siehe Abbildung 5.9. Die Eingangsparameter stellen sich folgendermaßen dar:

- ADRESS_TYPE ist eingestellt auf 1 (=Organisationsadresse)
- Die Nummer der Adresse ADDRESS_NUMBER ergibt sich aus der gleichen Variablen, die wir schon im Beispiel zum Adesse-Knoten verwendet haben.
- Über NUMBER_OF_LINES haben wir auch hier die maximale Zeilenzahl der formatierten Adresse auf 5 eingeschränkt.

Rückgabeparameter

Die Feldleiste ADRS_PRINT enthält als Rückgabeparameter die formatierte, postalische Adresse in Form von zehn Feldern (Feldnamen LINE0 bis LINE9). Diese Feldleiste wurde in den Globalen Definitionen mit Bezug auf die gleichnamige Tabelle im Dictionary typisiert (siehe Abbildung 8.4). Zur Erinnerung: Ein Doppelklick auf den Datentyp in den Globalen Daten zeigt direkt die enthaltenen Felder.

Lediglich für die folgenden zusätzlichen Hinweise haben wir drei weitere Angaben zu Rückgabewerten als Kommentar stehen lassen:

- ADDRESS_SHORT_FORM enthält bei Bedarf die Adresse, zusammengefasst in einer Zeile (bestehend aus Name und Ort).
- Die beiden Variablen zu »...CARRIER« liefern einen zweizeiligen Eintrag zur Adresse, der üblicherweise auf Überweisungsträgers verwendet wird (z. B. bei Datenträgeraustausch DTA).
- Der letzte Parameter nennt die Anzahl der Zeilen, die für die Adressaufbereitung wirklich erforderlich waren. Die Angabe kann z. B. eingesetzt werden, um bei der Ausgabe der Adresse mögliche Leerzeilen am Ende zu vermeiden.

Bis hierher haben wir die Adresse ermittelt und korrekt formatieren lassen. Es fehlt im letzten Schritt nur noch die Ausgabe. Dazu werden in einen Text-Knoten nacheinander die Felder des Rückgabeparameters eingefügt (wie in Abbildung 8.5 dargestellt). Direkt als Text wird hier zunächst die kleingedruckte Absenderzeile ausgegeben, gefolgt von den Zeilen der Empfängeradresse. Wir haben in unserem Beispiel die maximale Zeilenzahl auf fünf beschränkt und deshalb auch an dieser Stelle nicht mehr ausgegeben.

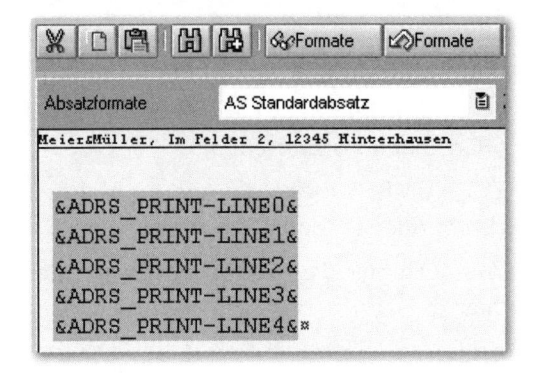

Abbildung 8.5 Adresse im Text-Knoten ausgeben

8.5.3 Einbindung bei direkter Übergabe von Adressinhalten

Im Folgenden betrachten wir den Fall, dass zwar die Inhalte der Adresse (Name, Ort etc.) bekannt sind, aber nicht die Adressnummer der ZAV. In Listing 8.2 sehen Sie den zugehörigen Aufruf des Funktionsbausteins.

Dieser Anwendungsfall ist z.B. beim Flugdatenmodell gegeben: Hier sind die Kundenadressen in der Datenbanktabelle SCUSTOM abgelegt. Für den Ausdruck einer Rechnung wird die jeweils aktuelle Adresse mit allen Feldern in einer Feldleiste WA_CUSTOMERS vom aufrufenden Rahmenprogramm zur Verfügung gestellt. (Wie die Daten aus der Datenbank gelesen werden, haben wir in Abschnitt 9.3.1 schon gezeigt).

Die relevanten Felder aus WA_CUSTOMERS können an den Funktionsbaustein übergeben werden, der dann wieder für eine postalisch korrekte Formatierung sorgt. Da auch hier nur ein einfacher Fall betrachtet werden soll, haben wir uns auf die Darstellung der wichtigsten Schnittstellenparameter beschränkt:

```
*&---------------------------------------------------------------&*
* Address without number exsisting
ADRS-ANRED = WA_CUSTOMERS-FORM.
ADRS-NAME2 = WA_CUSTOMERS-NAME.
ADRS-STRAS = WA_CUSTOMERS-STREET.
ADRS-PSTLZ = WA_CUSTOMERS-POSTCODE.
ADRS-ORT01 = WA_CUSTOMERS-CITY.
ADRS-ILAND = WA_CUSTOMERS-COUNTRY.
CALL FUNCTION 'ADDRESS_INTO_PRINTFORM'
   EXPORTING ADRSWA_IN        = ADRS
*             ADDRESS_1        =
*             ADDRESS_2        =
```

```
*             ADDRESS_3          =
*             ADDRESS_TYPE       = ' '
*             NUMBER_OF_LINES    = 5
  IMPORTING ADRSWA_OUT           = ADRS
*             ADDRESS_PRINTFORM  = ADRS_PRINT
*             NUMBER_OF_USED_LINES =
*&---------------------------------------------------------------&*
```

Listing 8.2 Formatierung Adresse ohne ZAV

Als Vorbereitung haben wir bei den Globalen Definitionen eine Feldleiste ADRS angelegt, die mit Bezug auf eine gleichnamige Struktur im Dictionary typisiert wurde (Abbildung 8.4). Diese Feldleiste enthält alle gängigen Felder einer Adresse, die der Funktionsbaustein zur Adressaufbereitung übernehmen kann.

Im Programm-Knoten werden dann die Felder von ADRS mit den entsprechenden Inhalten aus unserem Arbeitsbereich WA_CUSTOMERS im Flugdatenmodell gefüllt. Das Ergebnis wird als Eingangsparameter an den Funktionsbaustein übergeben; der Parametername ist ADRSWA_IN.

Rückgabeparameter

Die Feldleiste ADRS weist darüber hinaus noch eine Besonderheit auf: Sie enthält zusätzlich weitere zehn Felder (LINE0 bis LIN9), in welche der Funktionsbaustein direkt die formatierte Form der Adresse zurückschreiben kann. Deshalb kann ADRS gleichzeitig auch als Rückgabeparameter verwendet werden. Alternativ hätten wir wie im ersten Beispiel auch wieder auf ADRS_PRINT zurückgreifen können. Da eine Feldleiste wie ADRS aber nur einen Definitionsvorgang erfordert, ist dies der schnellere Weg.

Für die weiteren Erläuterungen haben wir noch einzelne Parameter des Funktionsbausteins als Kommentarzeilen stehen lassen:

- Die Feldleisten mit der internen Bezeichnung ADRESS_1 bis …3 spiegeln den Fall wider, dass die vorgegebene Adresse in einem exakt den einzelnen Adresstypen (1 bis 3) entsprechenden Satzaufbau vorhanden ist. Dann kann alternativ eine dieser Feldleisten als Eingangsparameter verwendet werden. In diesem Fall muss allerdings auch zusätzlich der passende Adresstyp über ADDRESS_TYPE gesetzt sein.
- Über NUMBER_OF_LINES könnte die Formatierung wieder auf bestimmte Zeilen (z. B. 5) eingeschränkt werden.

Die Ausgabe der Adresse erfolgt exakt wie im vorherigen Kapitel, wobei hier allerdings ADRS statt ADRS_PRINT mit seinen Feldernamen in den Text-Knoten eingetragen werden muss.

8.5.4 Übungsbeispiel

Den zuvor beschriebenen Fall können Sie auch direkt auf die Flugrechnung anwenden. Gehen Sie dazu folgendermaßen vor:

- Definieren Sie zunächst die erforderlichen Variablen bei den globalen Daten (siehe Abbildung 8.4)
- Erzeugen Sie dann im Fenster ADDRESS einen Programm-Knoten, der den Funktionsbaustein zur Adressaufbereitung aufruft (mit den Zuweisungen wie in Listing 8.2)

Ersetzen Sie dann für die Ausgabe über den Text-Knoten ADDRESS die bisherigen Felder zu WA_CUSTOMERS durch die Einträge in ADRS.

8.6 Beispiel: Summenbildung in der Flugrechnung

Wir wollen an dieser Stelle den Gesamtpreis aller Positionen der Flugrechnung betrachten, denn dieser wird mit Hilfe eines Programm-Knotens ermittelt. Die folgenden Schritte sind erforderlich:

- Definition der zur Berechnung erforderlichen globalen Daten
- Anlage des Programm-Knotens zur Addition der Preise aller Buchungen
- Anlage von Ereignisknoten für die Ausgabe der Summen

> **Hinweis:** Es gibt bei dieser Summenberechnung eine Besonderheit, die wir bisher nicht beachten mussten: Im Flugdatenmodell ist vorgesehen, dass es auch Flugbuchungen in unterschiedlichen Währungen geben kann. Deshalb besteht die Rechnungssumme genau genommen aus einer Liste mehrerer Summenwerte mit jeweils einem Eintrag pro Währung, wodurch sich die Summenberechnung und -ausgabe kompliziert.

Definition der Daten

Öffnen Sie zunächst zur Flugrechnung die Registerkarte **Globale Daten** bei den Globalen Definitionen, wie in Abbildung 8.6 gezeigt.

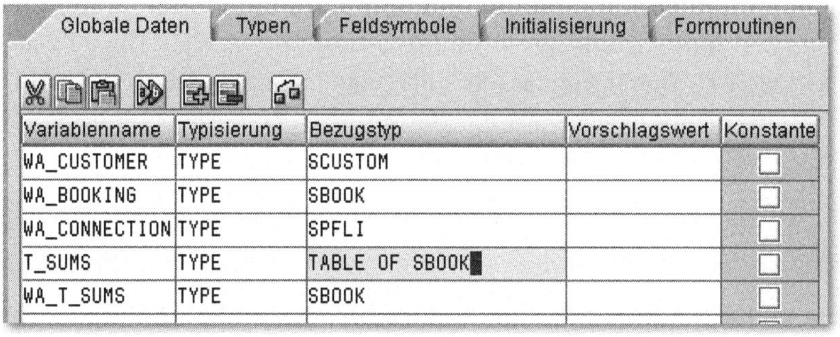

Abbildung 8.6 Globale Daten zur Flugrechnung

Die Liste der Summenwerte je Währung soll in der internen Tabelle T_SUMS enthalten sein. Sie wurde deshalb auf der Basis der Datenbanktabelle SBOOK typisiert, die üblicherweise für die Einzelbuchungen vorgesehen ist. Für die Summation werden daraus aber nur die Felder für Währung und Währungsbetrag verwendet. WA_T_SUMS ist der zugehörige Arbeitsbereich, über den die Ausgabe der Summenwerte erfolgen wird.

Summenberechnung

Mit jeder neuen Position in der Flugrechnung wird sich auch der jeweilige Summenwert über die Flugpreise ändern. Folglich muss die Berechnung im Hauptfenster innerhalb derjenigen Schleife erfolgen, die zur Ausgabe der Positionen dient. Wählen Sie dort im Navigationsbaum den Programm-Knoten SUMS; der Inhalt ist ähnlich wie in Abbildung 8.7 dargestellt.

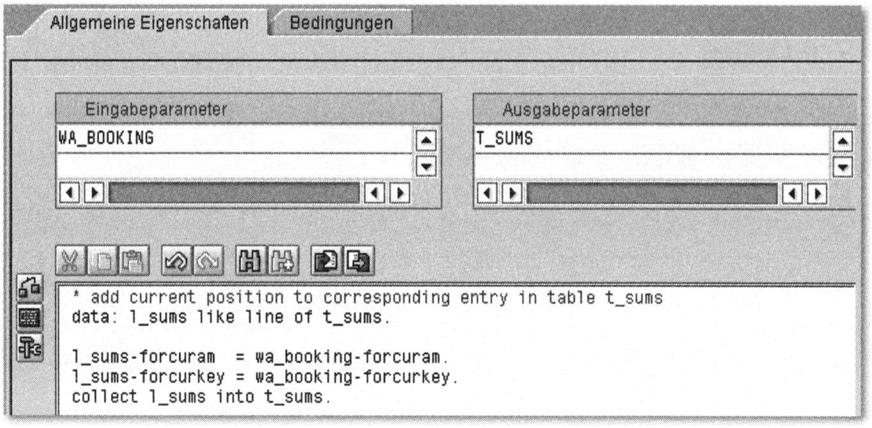

Abbildung 8.7 Summenbildung im Programm-Knoten

Für die Summenbildung wird zunächst eine lokale Feldleiste L_SUMS angelegt: Dort werden die Währung und der Währungsbetrag der aktuellen Flugbuchung zwischengespeichert. Dieser Eintrag muss dann zu demjenigen Summenwert in T_SUMS addiert werden, der bereits mit gleicher Währung wie in L_SUMS vorhanden ist. Eine Programmierung in Einzelschritten würde also bedeuten:

▶ Überprüfen Sie, ob die aktuelle Währung bereits in T_SUMS geführt ist

  ▶ Wenn ja, erhöhen Sie dort den Summenwert um den aktuellen Flugpreis

  ▶ Wenn nein, legen Sie einen neuen Eintrag zu dieser Währung an und übertragen Sie den Preis aus der aktuellen Flugbuchung

Diese Funktion übernimmt die ABAP-Anweisung COLLECT (zur genauen Erläuterung der Syntax wählen Sie dort die Funktionstaste **F1**). Nach Durchlaufen aller Positionen enthält die interne Tabelle T_SUMS so viele Summenzeilen, wie unterschiedliche Währungen in der Flugrechnung enthalten sind.

Einrichten der Ausgabe

Nun fehlt nur noch die Ausgabe. Öffnen Sie dazu den Fußbereich zur Hauptschleife im MAIN-Fenster.

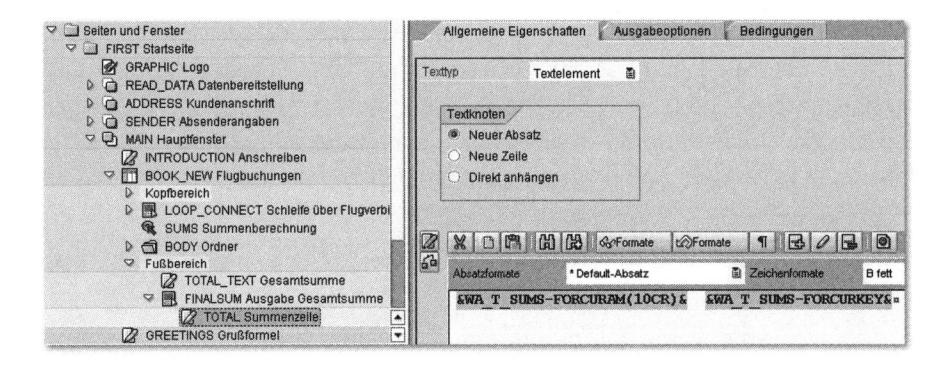

Abbildung 8.8 Ausgabe der Summenwerte

Da für mehrere Währungen Zeilen in T_SUMS enthalten sein können, muss für die Ausgabe eine Schleife durchlaufen werden, in der die einzelnen Zeilen nacheinander in einen Arbeitsbereich kopiert werden (siehe Schleife-Knoten FINALSUM, der Arbeitsbereich ist WA_T_SUMS). Über einen ganz normalen Text-Knoten TOTAL werden dann die beiden relevanten Felder des Arbeitsbereichs ausgegeben.

Die gesamte Ausgabe erfolgt zweispaltig mit Bezug auf den Zeilentyp TABLE_FOOTER, der in der Ausgabetabelle von BOOK_NEW angelegt ist: Die erste Spalte enthält die Beschriftung »Gesamtsumme« über Knoten TOTAL_TEXT, in der zweiten Spalte erscheinen nacheinander die einzelnen Summenbeträge mit Währung.

> **Tipp:** Achten Sie besonders darauf, wie diese zweispaltige Ausgabe erfolgt. Sie ist ein gutes Beispiel dafür, wie eine Schleifenausgabe auch in nur einer Zelle zusammengefasst sein kann.
>
> Das spezielle Problem ist, dass die Bezeichnung »Gesamtsumme« in der ersten Spalte nur einmal ausgegeben werden soll, in der zweite Spalte aber mehrere Einträge auftreten können. Dies ist eine Konstellation, die eigentlich nicht dem zeilenweisen Aufbau der Ausgabetabelle entspricht.
>
> Um die Ausgabeform trotzdem zu ermöglichen, wird der gesamte Inhalt des Schleife-Knotens FINALSUM übergeordnet auf die zweite Spalte der Ausgabetabelle eingestellt (siehe Zuordnung unter der Registerkarte **Ausgabeoptionen** beim Schleife-Knoten). Die eigentliche Textzeile TOTAL enhält dann keine eigene Zuordnung zur Ausgabetabelle und schreibt immer nur in die zweite Spalte. Da mit jedem neuen Datensatz auch ein neuer Absatz eingeleitet wird, sind alle Währungszeilen durch eine Zeilenschaltung getrennt, befinden sich aber in der gleichen Zelle.

8.6.1 Übungsvorschlag: Ausgabe in Hauswährung

Nachdem wir Ihnen die bisherige Systematik der Summenbildung erläutert haben, könnte eine Verbesserung des Formulars darin bestehen, die bisher übliche Ausgabe in Fremdwährungen um eine durchgängige Angabe zur Hauswährung zu ergänzen. Für diese Hauswährung ist auch die Summenbildung einfacher und entspricht darüber hinaus auch mehr der Geschäftspraxis.

Wir sehen die Änderung bewusst nur als Vorschlag. Sie können darin einige Funktionen anwenden, die wir in den vergangenen Kapiteln vorgestellt haben. Für die Realisierung gibt es zwei Alternativen:

▶ Im ersten Vorschlag ergänzen Sie die bisherige Positionsübersicht um eine weitere Spalte; Sie geben also alle Preise doppelt aus, davon eine in Hauswährung.

▶ Im zweiten Vorschlag ersetzen Sie die bisherigen Währungsangaben wahlweise durch die Hauswährung. Dann muss als weiteres Kriterium im Formular bekannt sein, wann welche Währung zu wählen ist. Der Parameter mit diesem Kriterium muss sinnvollerweise über die Formularschnittstelle zu Verfügung gestellt werden.

Lösungsvorschlag 1

Die erste Variante umfasst folgende Bearbeitungsschritte:

- Ändern Sie geringfügig die Spalteneinteilungen der bisherigen Positionsausgabe, so dass auf der rechten Seite ausreichend Platz für eine weitere Spalte mit Angabe der Hauswährung bleibt. Ergänzen Sie die weitere Spalte in der Ausgabetabelle zu allen Zeilentypen.
- Die Ausgabe der Hauswährung kann über einen neuen Text-Knoten und das Feld &WA_BOOKING-LOCCURAM& erfolgen. Da die Währung durchgängig gleich ist, könnte die Ausgabe je Position also entfallen.
- Definieren Sie für die Summenberechnung eine weitere globale Variable: Da die Summe jetzt nur noch aus dem Wert für eine Währung besteht, ist für die Aufnahme der Summenwerte auch keine interne Tabelle mehr erforderlich. Es genügt die Definition einer Feldleiste (Typisierung z. B. wieder über SBOOK).
- Summieren Sie die Hauswährung über alle Positionen. Verwenden Sie dazu den bisherigen Programm-Knoten SUMS. Wegen der einfacheren Aufgabenstellung besteht die Summierung jetzt nur noch aus einer Addition der Einzelpreise (nicht mehr über COLLECT-Anweisung).
- Erzeugen Sie im Fußbereich der Schleife über alle Positionen einen neuen Text-Knoten zur Ausgabe des berechneten Summenwertes in der Hauswährung. Achten Sie auf die richtige Zuordnung der Zelle in der Ausgabetabelle.
- Fügen Sie an geeigneter Stelle einen Hinweis auf die Hauswährung ein.
  - Wenn Sie den Hinweis z. B. in das INFO-Fenster aufnehmen, können Sie das Währungskürzel direkt aus dem Arbeitsbereich WA_BOOKING lesen. Allerdings muss das INFO-Fenster dann immer nach MAIN ausgegeben werden, wie dies im Originalformular auch vorgesehen ist.
  - Wenn Sie die Währung in die Spaltenüberschrift der Ausgabetabelle aufnehmen wollen, müssen Sie das Währungskürzel vorher individuell ermitteln. Sie können z. B. den Inhalt des Feldes LOCCURRKEY zum ersten Datensatz in BOOKINGS über einen zusätzlichen Schleife-Knoten lesen (das Vorgehen kennen Sie aus Abschnitt 7.2.4).

Der Musterausdruck zur Flugrechnung im Anhang enthält u. a. auch eine weitere Spalte für die Darstellung der Hauswährung.

Lösungsvorschlag 2

Die zweite Lösungsvariante umfasst die folgenden Bearbeitungsschritte:

- Erweitern Sie im Rahmenprogramm den Aufruf des Funktionsbausteins zum Formular um einen Parameter, der die Art der Währung vorgibt (z. B. mit Inhalt 'X', wenn Hauswährung verwendet werden soll). Durch diesen ersten Schritt bleibt das bisherige Formular auch weiterhin ausführbar.
- Erweitern Sie im Rahmenprogramm zusätzlich das Selektionsbild um eine passende Abfrage zur Art der Währung und übergeben Sie den Inhalt in den Parameter der Formularschnittstelle.
- Definieren Sie den neuen Parameter dann auch in der Formularschnittstelle auf der Seite des Formulars
- Erzeugen Sie im Formular für die Spalte »Preis« einen zweiten Text-Knoten zur Ausgabe der Positionspreise in der Hauswährung. Legen Sie hinter diesen Knoten bzw. den bisherigen Knoten eine Bedingung, die den soeben definierten Parameter der Formularschnittstelle abfragt (wahlweise können Sie dafür auch einen Alternative-Knoten nutzen).
- Realisieren Sie die Summenberechnung zur Hauswährung wie im ersten Lösungsvorschlag skizziert.

Geben Sie auch den Summenwert in Abhängigkeit vom Schnittstellenparameter aus. In diesem Fall können Sie die bisherige Ausgabe über die Schleife im Knoten FINALSUM komplett ersetzen, denn es gibt jetzt nur noch einen Wert.

9 Rahmenprogramm

9.1 Übersicht

Für die Ausgabe des Formulars ist ein Anwendungsprogramm (*Rahmenprogramm*) erforderlich, das im Wesentlichen zwei Aufgaben erfüllt (siehe Abbildung 9.1):

- Beschaffung der Daten für das Formular
- Anstoß und Steuerung der Ausgabe über den Funktionsbaustein zum Formular

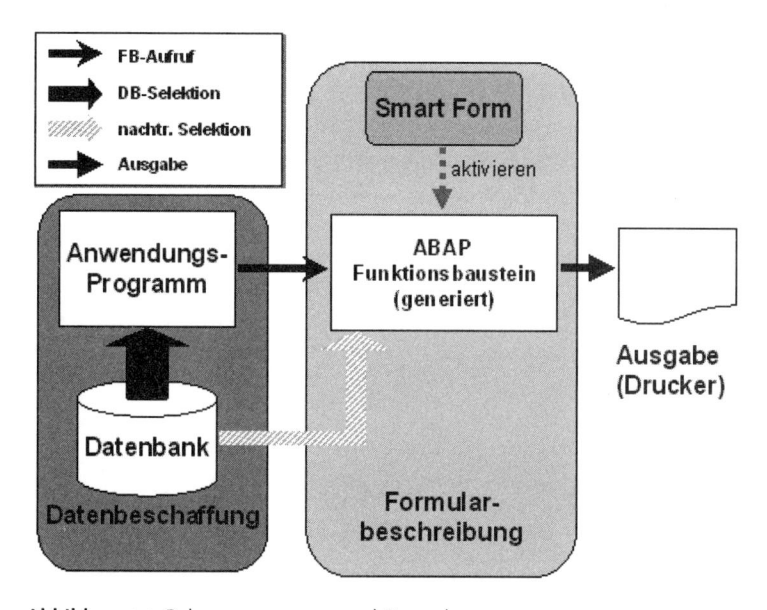

Abbildung 9.1 Rahmenprogramm und Formular

Das Rahmenprogramm kann ein normaler ABAP-Report, je nach Anwendungsfall aber auch selbst wieder ein Funktionsbaustein sein. Es gelten alle für die sonstige Programmentwicklung gültigen Regeln. Im Folgenden stellen wir deshalb nur diejenigen Punkte zusammen, die speziell die Ansteuerung eines Formulars betreffen. Dies sind im Wesentlichen drei Bestandteile:

- Lesen der benötigten Daten (z. B. aus der Datenbank) und Bereitstellen in Strukturen, wie sie im Formular definiert sind
- Ermitteln des Namens, den der generierte Funktionsbaustein zum Formular erhalten hat
- Aufruf dieses Funktionsbausteins als Anstoß der Formularausgabe

Natürlich müssen dem Rahmenprogramm die Merkmale bekannt sein, nach denen Daten über das Formular ausgegeben werden sollen (z. B. die Nummer der

Rechnung oder eines sonstigen Belegs). Das Rahmenprogramm muss auch die Information erhalten, welches Formular für die Ausgabe verwendet werden soll.

Mit der Einstellung dieser Parameter beginnt üblicherweise das Rahmenprogramm. Für die Ermittlung existieren grundsätzlich zwei Vorgehensweisen:

▶ Über einen Dialog (das *Selektionsbild*) wird der Anwender nach den Merkmalen der auszugebenden Daten befragt.

▶ Über ein vorgeschaltetes Anwendungsprogramm wird das Rahmenprogramm mit diesen Daten versorgt (wie z. B. bei der Ausgabe über die Nachrichtensteuerung)

Vor der eigentlichen Beschaffung der Daten aus der Datenbank kann das Rahmenprogramm bei Bedarf kontrollieren, welche Daten im Formular benötigt werden (dies wird z. B. bei der Ausgabe des Lieferscheins genutzt). Das kann unter Umständen zu erheblichen Performance-Verbesserungen bei der Datenbeschaffung führen.

Für die einzelnen Schritte werden üblicherweise Funktionsbausteine bzw. Unterprogramme aufgerufen. Damit lässt sich der Aufbau eines Rahmenprogramms wie in Tabelle 9.1 skizzieren:

Schritt	Bedeutung
A	* Frage: Welches Formular soll verwendet werden und welche * Parameter zur Datenselektion sollen dort gelten? * Lesen aus Nachrichtensteuerung oder individuellem Selektionsbild
B	* Optional: Welche Daten benötigt das Formular? CALL FUNCTION 'SSF_FIELD_LIST'
C	* Beschaffung der Daten durch Lesen von Datenbanktabellen, * hier zusammengefasst in einem Unterprogramm PERFORM GET_DATA
D	* Name des Funktionsbausteins zum Formular feststellen CALL FUNCTION 'SSF_FUNCTION_MODULE_NAME'
E	* Funktionsbaustein zum Formular ausführen (Ausgabe) CALL FUNCTION func_mod_name

Tabelle 9.1 Bestandteile eines Rahmenprogramms

In den folgenden Abschnitten werden wir ausführlicher auf die einzelnen Bestandteile eingehen und dabei als Beispiel einzelne Elemente aus dem Rahmenprogramm unserer Flugrechnung herausgreifen. Einen kompletten Ausdruck des Programmcodes finden Sie auch im Anhang. In Einzelfällen werden wir ergänzend auch auf das Rahmenprogramm zur Lieferung zurückgreifen.

9.2 Festlegung der Merkmale zur Datenbereitstellung

Wie oben bereits dargestellt, muss im Rahmenprogramm zunächst festgelegt sein, welche Daten ausgegeben werden sollen (z. B. Nummer der Rechnung oder des Lieferscheins). Zur Einstellung dieser Parameter existieren grundsätzlich zwei Vorgehensweisen:

▶ Über ein Selektionsbild wird der Anwender um Eingaben gebeten.

▶ Die Informationen werden von einem vorgeschalteten Anwendungsprogramm übergeben (wie z. B. bei der Ausgabe über die Nachrichtensteuerung).

Im Folgenden wollen wir grundlegende Kenntnisse für beide Wege vermitteln. Die zugehörigen ABAP-Anweisungen lassen sich wieder in Unterprogrammen zusammenfassen.

9.2.1 Flugrechnung: Selektionsbild zur Dateneingabe

Bei der Ausgabe unserer Flugrechung über Programm Z_SF_EXAMPLE_01 erscheint im ersten Schritt immer ein Selektionsbild wie in Abbildung 9.2.

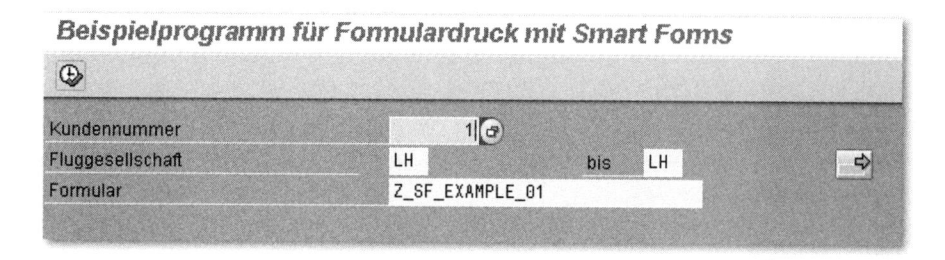

Abbildung 9.2 Rahmenprogramm mit Parameterabfrage

Enthalten sind in diesem Beispielprogramm Abfragen zu:

▶ Kundennummer

▶ Fluggesellschaft (ggf. als Mehrfachselektion)

▶ Name des Formulars

Das Selektionsbild ist einfach gehalten und weist doch schon einiges an Komfort auf. Bei der Kundenauswahl beispielsweise ist bereits die Wertehilfe hinterlegt; bei der Wahl der Fluggesellschaften ist zusätzlich eine Mehrfachselektion möglich. Der zugehörige Quelltext ist mit wenigen ABAP-Anweisungen realisiert.

```
*&---------------------------------------------------------------&*
DATA: carr_id TYPE sbook-carrid,
      fm_name TYPE rs381_fnam.
* Start selection-screen
PARAMETER:       p_custid TYPE scustom-id DEFAULT 1.
SELECT-OPTIONS: s_carrid FOR carr_id     DEFAULT 'LH' TO 'LH'.
PARAMETER:       p_form   TYPE tdsfname DEFAULT 'Z_SF_EXAMPLE_01'.
* End selection-screen
*&---------------------------------------------------------------&*
```

Listing 9.1 Selektionbild zur Flugrechnung

Für ein Selektionsbild können Sie drei grundlegende ABAP-Anweisungen einsetzen:

- **SELECTION-SCREEN**
  Ermöglicht die Eingabe allgemeiner Formatierungsvorgaben, z. B. zur Anzeige von Überschriften im Selektionsbild oder zur Trennung über Leerzeilen (in unserem Beispiel allerdings nicht verwendet)

- **PARAMETER**
  Ermöglicht die Abfrage von Parametern, die nur einen einzelnen Wert annehmen können

- **SELECTION-OPTION**
  Ermöglicht die Abfrage von Parametern, die über eine »Von/Bis«-Angabe oder andere Vorgaben des Anwenders eingeschränkt werden (also ggf. auch mehrere Werte je Parameter)

> **Hinweis:** Nach dem Start des Rahmenprogramms sucht das System im Quelltext nach allen drei genannten Anweisungen. Diese Anweisungen können irgendwo im Programmcode stehen. Der Übersichtlichkeit halber empfiehlt es sich aber, die Anweisungen in einem Block zusammenzufassen, Kommentarzeilen als Klammer zu verwenden (wie im Beispiel oben) und die Anweisungen zum Selektionsbild am Programmanfang zu platzieren.

Alle Anweisungen werden in der Reihenfolge ihres Auftretens zu dem Selektionsbild zusammengefasst und bei Aufruf des Reports automatisch auf den Bildschirm gebracht.

Für alle Leser mit ABAP-Erfahrung sind die Programmzeilen selbsterklärend. Für Neueinsteiger geben wir hier eine kurze Anleitung, wie die einzelnen Anweisungen zu lesen sind:

- Die erste PARAMETER-Anweisung erfragt den Kunden, für den die Flugrechnung erstellt werden soll. Nach Rückkehr aus dem Selektionsbild steht die Eingabe des Anwenders in der Variablen P_CUSTID. Für den Anwender war dabei anfangs das Feld durch den Kunden mit der Nummer 1 vorbelegt. Die Variable P_CUSTID wird über den TYPE-Zusatz direkt in der Anweisung definiert; sie muss also nicht in einer zusätzlichen DATA-Anweisung stehen.

- Die zweite Anweisung mit SELECT-OPTIONS geht darüber noch hinaus: Sie dient zur Auswahl der Fluggesellschaften und ermöglicht dabei u.a. die Eingrenzung der Werte über »Von/Bis«-Angaben. Nach Rückkehr aus dem Selektionsbild stehen die Eingaben des Anwenders in der internen Tabelle S_CARRID.

Es ist eine Eigenschaft der Anweisung SELECT-OPTIONS, dass ein zugeordneter Parameter mit seiner Nennung auch gleichzeitig als interne Tabelle im System deklariert wird. Enthalten sind immer vier Felder; u.a. die Felder LOW und HIGH zur Speicherung einer einzelnen »Von/Bis«-Kombination. Da in beiden Feldern das Kürzel einer Fluggesellschaft stehen wird, müssen sie auch einen entsprechenden Datentyp besitzen. Das wird über den Zusatz FOR erreicht, der den erforderlichen Datentyp aus Variable CARR_ID übernimmt (was im Grunde der Typisierung mit Hilfe von LIKE in einer DATA-Anweisung entspricht). CARR_ID wiederum wurde zuvor über eine DATA-Anweisung entsprechend dem ID-Feld der Datenbanktabelle definiert.

Wird vom Anwender nur ein Von- und ein Bis-Wert eingegeben, so enthält die zugehörige interne Tabelle auch nur eine Datenzeile. Mehrere Zeilen entstehen erst dann, wenn der Anwender die optionalen Mehrfachselektionen per Drucktaste am Bildschirm angewählt hat. In diesem Fall wird jeder vom Anwender eingegebene Wert als eine eigene Datenzeile gespeichert. Die Unterscheidung der Anwendereingaben nach Einzelwerten und Intervallen bzw. Einschluss und Ausschluss erfolgt je Datenzeile über zusätzliche Steuerungsparameter in den Feldern OPTION bzw. SIGN der internen Tabelle. Die Vorgaben des Anwenders in diesem Selektionsbild sind später die Eingangparameter zur Selektion der zugehörigen Datenbanktabellen.

Da in unserem Fall das Formular wählbar sein soll, wird über die letzte PARAMETER-Anweisung der Name des Formulars abgefragt. Der Inhalt der Variablen P_FORM ist durch den Zusatz DEFAULT vorbelegt, kann aber vom Anwender geändert werden. Der Typ der Variablen ergibt sich aus der Tatsache, dass die Namen der Formulare zu Smart Forms bis zu 30 Zeichen enthalten können. Dafür ist im Dictionary der Datentyp TDSFNAME hinterlegt.

9.2.2 Abwicklung über Nachrichtensteuerung

Bei einer Abwicklung über die Nachrichtensteuerung des SAP-Systems kann es keinen Anwenderdialog geben wie eben beschrieben (z.B. wegen automatischer Abläufe bei der Ausgabe). Die erforderlichen Informationen werden statt dessen immer aus den zugehörigen Verwaltungstabellen der Nachrichtensteuerung übernommen.

Kurzübersicht

Auf die Funktionen der Nachrichtensteuerung wollen wir hier insoweit eingehen, wie sie für die Erstellung des Rahmenprogramms relevant sind. Eine ausführliche Darstellung der Abläufe finden Sie im Abschnitt 13.5.

Alle zu einem Beleg angelegten Nachrichten sind in einer zentralen Datenbanktabelle des SAP-Systems gespeichert, der NAST (für *Nachrichten-Status*):

- Jede auszugebende Nachricht ist dort über die Mandantennummer, das Kürzel der Applikation und die Belegnummer identifiziert.
- Die NAST enthält alle Informationen, die zur Ausgabe einer individuellen Nachricht erforderlich sind; z.B. Sprache, Ausgabeobjekt mit Beleg-Nr., Angaben zum Partner (Adressaten), Ausgabegerät etc.

Mit jeder neuen Nachricht, die Sie einem Beleg zuordnen, wird auch in NAST ein neuer Eintrag erstellt. Das kann abhängig von der jeweiligen Applikation über unterschiedliche Wege geschehen. In weiten Bereichen der Logistik wird dazu heute die Nachrichtenfindung über Konditionstechnik verwendet, auf die wir im weiteren Verlauf auch noch eingehen werden.

Die meisten Angaben in NAST stammen ursprünglich aus dem betreffenden Beleg oder z.B. den Konditionssätzen der Nachrichtenfindung. Bei Erstellung des NAST-Eintrags auf der Basis der Nachrichtenfindung wird ebenfalls die verantwortliche Nachrichtenart in NAST gespeichert. Darüber wird dann auch das im Customizing zugeordnete Rahmenprogramm samt Formular gefunden (gespeichert in Datenbanktabelle TNAPR).

> **Hinweis:** Für die Darstellung der Abläufe zur Nachrichtenfindung greifen wir wieder auf die Verarbeitung eines Lieferbelegs zurück. Die sinnvolle Einbindung unser Flugrechnung in die Nachrichtensteuerung würde den vertretbaren Rahmen sprengen.

Ablauf im Rahmenprogramm

Im Zuge der Nachrichtenverarbeitung wird das Rahmenprogramm nicht direkt vom Anwender aufgerufen, sondern von einem übergeordneten Anwendungsprogramm der Nachrichtensteuerung.

Für unser Rahmenprogramm ergeben sich folgende Aufgaben:

- **Beim Start:** Übernahme aller für die Verarbeitung relevanten Informationen aus der Nachrichtensteuerung; zusätzlich Ermitteln des Formularnamens über die Nachrichtenart
- **Am Ende:** Rückgabe einer Statusinformation an das aufrufende Anwendungsprogramm; ggf. Ergänzung des Fehlerprogramms

Für die Lösung dieser Aufgaben über die Nachrichtenfindung ist eine gleichbleibende Schnittstelle zum übergeordneten Anwendungsprogramm üblich. Sie enthält sowohl globale Datendefinitionen als auch Übergabeparameter eines Unterprogramm-Aufrufs. Die wichtigsten Komponenten sind:

NAST	Der Arbeitsbereich zu dieser Datenbanktabelle ist mit den Inhalten der aktuellen Nachricht vorbelegt.
TNAPR	Die Datenbanktabelle TNAPR enthält alle Angaben, die im Customizing als Verarbeitungsroutinen zur Nachrichtenart hinterlegt sind (z. B. Formularname). Der Arbeitsbereich ist vorbelegt auf die aktuelle Nachrichtenart.
US_SCREEN	Übergabevariable als logischer Wert: ist sie gesetzt ('X'), so soll die Ausgabe über die Druckvorschau erfolgen.
RETURN_CODE	Rückgabewert, der den Erfolg der Ausgabe dokumentiert (nummerisch wie SY-SUBRC, der Anfangswert ist '999'). Auf Grundlage dieses Wertes protokolliert das aufrufende Anwendungsprogramm dann den Erfolg in NAST: Jeder Rückgabewert ungleich '0' gilt als Fehler bei der Ausgabe.

Die beiden letzten Variablen werden als Parameter über eine definierte Programmschnittstelle übergeben. Dazu wird vom übergeordneten Anwendungsprogramms direkt eine FORM-Routine im Rahmenprogramm des Formulars aufgerufen, welche dann die beiden Variablen als Parameter erhält. Der Name dieser FORM-Routine (üblicherweise ENTRY) muss zusammen mit dem Namen des Rahmenprogramms in der Nachrichtenfindung hinterlegt sein (in Tabelle TNAPR).

Aufruf durch das Anwendungsprogramm

Der Aufruf durch das übergeordnete Anwendungsprogramm hat dann etwa die folgende Syntax:

```
*&-------------------------------------------------------------&*
* Aufruf Rahmenprogramm im übergeordneten Anwendungsprogramm
Form_name = TNAPR-RONAM.      "FORM-subroutine ist usualy 'ENTRY'
Prog_name = TNAPR-PGNAM.
PERFORM Form_name IN PROGRAM Prog_name
        USING RETURN_CODE
              US_SCREEN.
*&-------------------------------------------------------------&*
```

Listing 9.2 Aufruf Formroutine über Nachrichtensteuerung

Der Name des Rahmenprogramms wird zusammen mit der FORM-Routine, die als Einstieg dienen soll, aus der Customizing-Tabelle TNAPR gelesen.

Aufbau FORM-Routine

Da die verwendete FORM-Routine üblicherweise ENTRY heißt, hat das Rahmenprogramm selbst auf oberster Ebene den folgenden Aufbau:

```
*&-------------------------------------------------------------&*
REPORT RLE_DELNOTE.
* declaration of data
INCLUDE RLE_DELNOTE_DATA_DECLARE.
FORM ENTRY
     USING RETURN_CODE US_SCREEN.
     DATA:  LF_RETCODE TYPE SY-SUBRC.
     PERFORM PROCESSING USING US_SCREEN CHANGING LF_RETCODE.
     IF LF_RETCODE NE 0.
        RETURN_CODE = 1.
     ELSE.
        RETURN_CODE = 0.
     ENDIF.
ENDFORM.
*&-------------------------------------------------------------&*
```

Listing 9.3 Aufgerufene Formroutine bei Nachrichtensteuerung

Der eigentliche Programmcode auf oberster Ebene besteht in diesem Fall nur aus grundlegenden Datendefinitionen (im entsprechenden Include hinterlegt). Die FORM-Routine wurde mit den gleichen Parametern wie oben angelegt. Allerdings findet die weitere Bearbeitung in unserem Beispiel erst in dem Unterprogramm PROCESSING statt (das hier aber noch nicht abgebildet ist). Dorthin wird auch die Vorgabe zur Druckansicht weitergereicht. Rückmeldungen vom Unterprogramm PROCESSING werden nur nach '1' bzw. '0' unterschieden (d.h. Fehler ja/nein), und über RETURN_CODE an das übergeordnete Anwendungsprogramm zurückgegeben.

Verwendete Datendefinitionen

Die aktuellen Tabelleneinträge (Arbeitsbereiche) von NAST und TNAPR werden vom übergeordneten Anwendungsprogramm zur Verfügung gestellt; sie müssen deshalb in unserem Rahmenprogramm nur noch als globale Daten deklariert werden. Das übernimmt eine TABLES-Anweisung. Weil solche Deklarationen in vielen Programmen erforderlich sind, wurden sie bereits an zentraler Stelle im System hinterlegt. Sie sind als Include RVADTABL im Rahmenprogramm eingebunden (siehe letzten Programmausschnitt). Hier ein Ausschnitt zum Inhalt des Includes:

```
*&-------------------------------------------------------------&*
* Deklaration globaler Daten in Include RVADTABL
TABLES:
  NAST,           "Nachrichtenstatus
  *NAST,          "Nachrichtenstatus (temporärer Tabelleneintrag)
  TNAPR,          "Verarbeitungsroutine zur Nachrichtenart
                  "mit Parametern wie Steuerprog.,Formular
  ITCPO,          "verwendet als Datentyp für Spoolschnittstelle
  ARC_PARAMS,     "Übergabeparameter der optischen Archivierung
  TOA_DARA,       "Übergabeparameter der optischen Archivierung
  ADDR_KEY.       "Adress-Struktur mit Adresstyp, Adress-Nr.
                  "z.B. für Empfänger-Angaben (nicht vorbelegt)
TYPE-POOLS SZADR."Datentypen der zentralen Adressverwaltung
*&-------------------------------------------------------------&*
```

Listing 9.4 Datendefinition bei Ausgabe Lieferung

In unserem Beispielprogramm werden gleichzeitig auch einige Parameter angelegt, die z.B. für die Steuerung der Formularausgabe über den Spooler erforderlich sind.

> **Hintergrund:** Bei der Abwicklung über die Nachrichtensteuerung soll in vielen Fällen die Ausgabe des Formulars ohne Zutun des Anwenders (Spooldialog) erfolgen. Dann müssen die entsprechenden Parameter vom Rahmenprogramm vorgegeben werden. Es handelt sich dabei z. B. um Felder in den Übergabeparametern OUTPUT_OPTIONS und CONTROL_PARAMETERS der Formularschnittstelle, aber auch für die Steuerung der Archivierung. Die zugehörigen Einzelparameter können als Vorgabe wieder aus der Nachrichtentabelle NAST übernommen werden.

Wie diese Übernahme erfolgt, werden wir ausführlicher bei der Vorstellung der Standardparameter zu Formularschnittstelle in Abschnitt 9.7 zeigen.

Formularname

Der aktuelle Arbeitsbereich zur Datenbanktabelle TNAPR stellt alle Angaben zur Verfügung, die zur Nachrichtenart unter der Rubrik **Verarbeitungsroutinen** eingetragen sind. Im Rahmenprogramm kann deshalb über die Anweisung LF_FORM-NAME = TNAPR-SFORM der Name des auszuführenden Formulars in eine interne Variable übernommen werden (daraus ergibt sich später der Name des aufzurufenden Funktionsbausteins).

9.3 Datenbeschaffung

9.3.1 Flugrechnung: Lesen der Datenbanktabellen

Unsere Flugrechnung ist das Beispiel einer sehr einfachen Datenbereitstellung. Entsprechend den Vorgaben des Anwenders werden drei Datenbanktabellen in interne Tabellen gelesen und an die Formularschnittstelle weitergereicht. Die Definition der internen Tabellen erfolgt äquivalent zum Formular. Hier ein Auszug:

```
*&---------------------------------------------------------------&*
DATA: customers   TYPE ty_customers,
      bookings    TYPE ty_bookings,
      connections TYPE ty_connections.
* Get Data
SELECT * FROM scustom INTO TABLE customers
       WHERE id = p_custid
       ORDER BY PRIMARY KEY.
SELECT * FROM sbook INTO TABLE bookings
       WHERE customid = p_custid
```

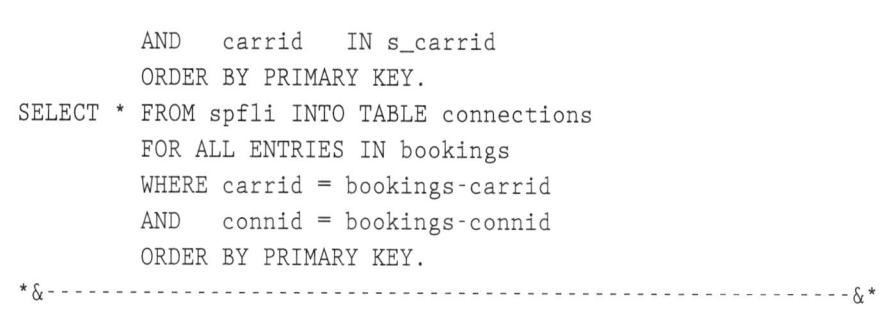

```
            AND     carrid    IN s_carrid
            ORDER BY PRIMARY KEY.
SELECT * FROM spfli INTO TABLE connections
            FOR ALL ENTRIES IN bookings
            WHERE carrid = bookings-carrid
            AND     connid = bookings-connid
            ORDER BY PRIMARY KEY.
*&---------------------------------------------------------------&*
```

Listing 9.5 Datenbeschaffung zur Flugrechnung

Die erste SELECT-Anweisung überträgt den Stammsatz des vom Anwender zuvor ausgewählten Kunden in die interne Tabelle CUSTOMERS.

> **Hinweis:** Es ist eine Besonderheit des Bespielformulars, dass CUSTOMERS als interne Tabelle angelegt wurde, obwohl immer nur ein Datensatz enthalten ist. Bei Interesse können Sie das Rahmenprogramm in einem späteren Übungsbeispiel so erweitern, dass die Rechnung für mehrere Kunden gleichzeitig angewählt werden kann (die Abfrage des Anwenders über das Selektionsbild bei Programmstart muss dann äquivalent zur Fluggesellschaft erfolgen).

Die zweite SELECT-Anweisung überträgt alle Flugbuchungen zu diesem Kunden in die interne Tabelle BOOKINGS, wobei allerdings nur diejenigen Fluggesellschaften berücksichtigt werden, die der Anwender vorher ausgewählt hat. Der Zusatz AND carrid IN s_carrid ist speziell auf die Arbeit mit solchen internen Tabellen ausgelegt, die in einem Selektionsbild per Mehrfachselektion mit Daten gefüllt werden können. Es wird die Struktur vorausgesetzt, die wir bei der Vorstellung des Selektionsbildes im Abschnitt 9.2.1 beschrieben haben.

Die dritte SELECT-Anweisung erstellt zusätzlich zu allen Buchungen, die gefunden wurden, eine Liste mit allen zugehörigen Flugverbindungen in der internen Tabelle CONNECTIONS. Hier ist es der Zusatz FOR ALL ENTRIES IN bookings, der es ermöglicht, die Daten in einem Durchlauf zu lesen, denn möglicherweise wird die Rechnung ja nicht nur für eine Flugverbindung erstellt. Die Tabelle kann im Formular verwendet werden, um Eigenschaften der Flugverbindungen auszugeben, die in den einzelnen Buchungen nicht gespeichert sind (wie z.B. die Abflugzeit).

Durch diese kompakten SELECT-Abfragen stehen alle Daten zur Verfügung, die in unserer Flugrechnung benötigt werden. Natürlich ist die Datenbeschaffung im Normalfall komplexer. Wir wollen deshalb zusätzlich auch wieder auf die Abläufe bei der Lieferung eingehen.

9.3.2 Lieferung: Daten zusammenstellen

Das Unterprogramm GET_DATA zur Bereitstellung der Lieferungsdaten ist so programmiert, dass alle absehbar benötigten Daten für die Formularausgabe zur Verfügung gestellt werden. Dass dadurch die Gefahr besteht, auch Daten zu ermitteln, die evtl. nicht gebraucht werden, haben wir in der Einleitung schon angesprochen. Hier ein Ausschnitt zum Aufruf der Datenbeschaffung:

```
*&---------------------------------------------------------------&*
* definition of data
DATA: LS_ADDR_KEY     LIKE ADDR_KEY.
DATA: LS_DLV_DELNOTE TYPE LEDLV_DELNOTE.
* select print data
PERFORM GET_DATA
        USING    LS_PRINT_DATA_TO_READ "list of required data
        CHANGING LS_ADDR_KEY           "adress from NAST
                 LS_DLV_DELNOTE        "data for delivery note
                 CF_RETCODE.           "errormessages
*&---------------------------------------------------------------&*
```

Listing 9.6 Datenbeschaffuung bei Lieferung

Das Unterprogramm GET_DATA stellt alle diese Daten über eine einzige strukturierte Variable LS_DLV_DELNOTE zur Verfügung. Sie beinhaltet eine umfangreiche Sammlung von Feldleisten und internen Tabellen als Komponenten (den Aufbau der Komponente hatte wir als Beispiel bereits in Abschnitt 6.4.1 angesprochen). Wo die Daten im Einzelfall gelesen werden, ist eine fachspezifische Frage, auf die wir hier nicht eingehen wollen.

Das Unterprogramm GET_DATA hat aber auch einen Eingangsparameter, die Feldleiste LS_PRINT_DATA_TO_READ. Sie enthält eine Liste aller Datenkomponenten, die im aktuelle Formular verwendet werden (auf die Erstellung werden wir in Abschnitt 9.6 noch ausführlich eingehen). Nur wenn eine Datenkomponente hier als erforderlich gekennzeichnet ist, werden innerhalb von GET_DATA auch die zugehörigen Inhalte aus der Datenbank gelesen. Im einfachsten Fall ist für jedes Feld in LS_PRINT_DATA_TO_READ eine IF-Abfrage hinterlegt. Ist die Bedingung nicht erfüllt, werden die zugehörigen Datenbanktabellen nicht gelesen und die zugehörige Datenkomponente in LS_DLV_DELNOTE bleibt leer.

> **Hinweis:** Die Typisierung von LS_DLV_DELNOTE erfolgt wie im Formular über einen Datentyp im ABAP-Dictionary. Bei Änderungen an dieser Komponente muss also nicht gleich das Rahmenprogramm überarbeitet werden; das kann vielmehr in einem späteren Schritt erfolgen. Die Schnittstelle bleibt auf jeden Fall funktionsfähig.

9.4 Funktionsbaustein des Formulars ansprechen

Der Name eines zum Formular gehörigen Funktionsbausteins ist nur innerhalb eines einzigen SAP-Systems eindeutig. Üblicherweise wird der Funktionsbaustein zunächst in dem System generiert, in dem die Formularentwicklung stattfindet. Wenn Sie ein solches Formular in ein anderes SAP-System übertragen, wird dort vor dem ersten Aufruf automatisch ein neuer Funktionsbaustein generiert, der hat dann auch einen anderen Namen hat.

> **Hinweis:** Sie können sich den jeweils aktuellen Namen des Funktionsbausteins im Form Builder über den Menüpfad **Umfeld • Name des Funktionsbausteins** oder durch Aufruf der Testfunktion über die Funktionstaste **F8** anzeigen lassen.

Trotz dieser Ausgangslage muss die Formularausgabe unabhängig von der SAP-Installation möglich sein. Die Lösung besteht darin, das Formular mit seinem Funktionsbaustein in zwei Schritten aufzurufen:

- Ein erster Schritt ermittelt über den Namen des Formulars die genaue Bezeichnung des generierten Funktionsbausteins
- Im zweiten Schritt wird dieser Funktionsbaustein dann zur Ausführung aufgerufen

9.4.1 Name des Funktionsbausteins ermitteln

Um den Namen des generierten Funktionsbausteins zu erhalten, ist im System ein weiterer Funktionsbaustein SSF_FUNCTION_MODULE_NAME hinterlegt. Hier als Beispiel wieder unsere Flugrechung:

```
*&---------------------------------------------------------------&*
DATA: fm_name   TYPE rs381_fnam.
CALL  FUNCTION  'SSF_FUNCTION_MODULE_NAME'
      EXPORTING  formname         = p_form
      IMPORTING  fm_name          = fm_name
```

```
         EXCEPTIONS no_form                = 1
                    no_function_module     = 2
                    others                 = 3.
*&------------------------------------------------------------&*
```

Listing 9.7 Namen des Funktionsbausteins feststellen

Als Eingangsparameter muss der Name des Formulars bekannt sein. Die zugehörige Variable P_FORM wurde in unserem Beispiel zuvor über das Selektionsbild bei Programmstart vom Anwender abgefragt.

9.4.2 Aufruf Funktionsbaustein zum Formular

Nach diesem Aufruf steht der gesuchte Name des Funktionsbausteins zum Formular in der Variablen FM_NAME. Durch Typisierung über RS38L_FNAM ist dies ein Textfeld mit 30 Zeichen. Darüber wird nun die eigentliche Formularausgabe angestoßen:

```
*&------------------------------------------------------------&*
* now call the generated function module
CALL FUNCTION fm_name
     EXPORTING  archive_index          =
*                archive_parameters     =
*                control_parameters     =
*                mail_appl_obj          =
*                mail_recipient         =
*                mail_sender            =
*                output_options         =
*                user_settings          = 'X'
                 customers              = customers
                 bookings               = bookings
                 connections            = connections
*    IMPORTING  document_output_info    =
*                job_output_info        =
*                job_output_options     =
     EXCEPTIONS formatting_error        = 1
                internal_error          = 2
                send_error              = 3
                user_canceled           = 4
                OTHERS                  = 5.
*&------------------------------------------------------------&*
```

Listing 9.8 Funktionsbaustein zum Formular aufrufen

Sicher werden Sie sogleich alle Parameter wiedererkennen, die Sie schon in der Formularschnittstelle des Form Builders gesehen haben. Da die automatisch bei Neuanlage des Formulars erzeugten Standardparameter optionale Einträge sind, können sie wahlweise auch auskommentiert werden. In diesem Fall erfolgt keine Steuerung der Ausgabeparameter über das Rahmenprogramm (dann werden statt dessen interne Default-Werte des Funktionsbausteins verwendet).

Die entscheidenden Parameter für die Datenübertragung an das Formular sind in unserem Beispiel die internen Tabellen CUSTOMERS bis BOOKINGS. Bei der Flugrechnung werden im Formular und im Rahmenprogramm die gleichen Namen verwendet.

Beim Aufruf des Funktionsbausteins können auch Parameter bereit gestellt werden, die im Formular selbst nicht definiert sind (d.h. die Liste im Formular muss nicht vorständig sein). Das ist insbesondere dann vorteilhaft, wenn ein Rahmenprogramm mit verschiedenen Formularen zusammenarbeitet, aber nicht überall die gleichen Daten erforderlich sind.

Aufruf Funktionsbaustein über Musterfunktion

Natürlich ist es etwas mühsam, den Aufruf des Funktionsbausteins zum Formular komplett per Hand einzugeben (insbesondere wenn viele Parameter definiert wurden). Hier bietet der ABAP-Editor eine Hilfe, die Sie schon im Programm-Knoten des Formulars kennengelernt haben. Über die Taste **Muster** in der Symbolleiste können Sie das Muster eines Funktionsaufrufs komplett automatisch einfügen lassen. Dazu muss nur der Name des Bausteins bekannt sein. Doch genau hier ist auch der Haken: Der Name hängt in unserem Fall vom Formular ab und wurde dann auch noch rein zufällig vergeben.

Aber es gibt eine elegante Lösung für dieses Problem, denn der zum Einfügen des Funktionsbausteins erforderliche Name lässt sich einmalig und per Hand direkt über die Formularbearbeitung ermitteln. Hier die einzelnen Vorgehensschritte:

- ▶ Rufen Sie den Form Builder zum betreffenden Formular auf
- ▶ Rufen Sie die Testfunktion über die Funktionstaste **F8** auf; der Name des Funktionsbausteins wird vorgeblendet
- ▶ Kopieren Sie den Namen in die Zwischenablage (**Strg + C**)
- ▶ Rufen Sie den Programmeditor (SE38) mit dem Rahmenprogramm auf
- ▶ Binden Sie die Musterfunktion über die Taste **Muster** ein
- ▶ Wählen Sie die Option CALL FUNCTION mit dem bisherigen Inhalt der Zwischenablage als Namen der Funktion an

Daraufhin wird der passende Funktionsaufruf mit allen Schnittstellenparametern automatisch im Quelltext eingefügt. Alle im Formular verwendeten Namen stehen links vom Gleichheitszeichen; entsprechend müssen rechts davon nur noch die entsprechenden Parameter ergänzt werden, wie sie im Rahmenprogramm gelten.

Die Standard-Schnittstellenparameter des Systems (siehe Abschnitt 9.7) sind grundsätzlich optional und deshalb auch von vornherein auskommentiert. Individuelle Parameter des Formulars sind immer obligatorisch und müssen vom Rahmenprogramm mit den entsprechenden Daten versehen werden.

Korrekten Namen des Funktionsbausteins zuweisen

Mit dem bisherigen Vorgehen sind Sie aber immer noch vom jeweils aktuellen SAP-System abhängig. Das Rahmenprogramm wird wegen der Namensvergabe nur auf diesem System funktionieren. Da dies aber vermieden werden soll, müssen Sie im letzten Schritt noch den Namen des Funktionsbausteins im bisherigen Quelltext durch die vorgesehene Variable ersetzen (in unserem Fall FM_NAME).

9.5 Übungsbeispiel: Flugrechnung an mehrere Kunden

In den vorhergehenden Abschnitten haben wir einige Grundelemente vorgestellt, die Sie in fast jedem Rahmenprogramm zur Ausgabe eines Formulars wiederfinden.

Abschließend wollen wir als Übungbeispiel zu diesem Themenbereich noch einige Erweiterungen am vorhandenen Rahmenprogramm zur Flugrechnung durchführen. Diese Erweiterung sind auch eine gute Basis, wenn Sie im nächsten Kapitel den einen oder anderen sonstigen Parameter der Formularschnittstelle testen wollen.

Über das bisherige Rahmenprogramm kann immer nur eine einzige Flugrechnung ausgegeben werden. Das wollen wir jetzt ändern. Dazu soll jetzt auch die Auswahl der Kunden über eine Mehrfachabfrage im Selektionsbild erfolgen, wie bisher schon für die Fluggesellschaften.

Umsetzung

Bisher wird der einzelne Kunde über den Schnittstellenparameter CUSTOMERS an den Funktionsbaustein des Formulars übergeben. Da es sich bei diesem Parameter um eine interne Tabelle handelt, könnte man hierüber auch mehrere Adressen übergeben.

Ein gravierender Nachteil ist, dass wir im Formular keine übergreifende Schleife erstellen können, die nacheinander alle Kunden abarbeitet und dabei mit jedem neuen Kunden auch eine neue Erstseite beginnt.

> **Hinweis:** Die Übergabe mehrerer Kunden an das Formular könnte man sinnvoll nutzen, wenn z.B. eine Art Übersichtsliste zu den Kunden geplant ist. Dann bilden die Datensätze zu den gewählten Kunden die eigentlichen Positionen, darunter ggf. als Details wieder die Flugbuchungen. In diesem Anwendungsfall müssten die Kunden als Parameter der Hauptschleife im MAIN-Fenster eingetragen sein.

Um nacheinander einzelne Rechnungen für mehrere Kunden ausgeben zu können, muss die benötigte Schleife im Rahmenprogramm selbst ausgeführt werden. Dabei erfolgt einzeln zu jedem Kunden auch der Aufruf des Funktionsbausteins zum Formular. Wir werden die Formularschnittstelle so erweitern, dass der einzelne Kunde jetzt direkt über einen entsprechenden Arbeitsbereich WA_CUSTOMER übergeben wird (der bisher erst im Formular zugewiesen wurde). Um mit mehreren Kunden agieren zu können, müssen Sie zuerst allerdings das vorhandene Selektionsbild erweitern.

Schritt 1: Erweiterte Kundenabfrage

Das Selektionsbild im Rahmenprogramm soll nun die Eingabe mehrerer Kunden ermöglichen. Die bisherige Anweisung PARAMETER wird deshalb durch SELECT-OPTIONS ersetzt:

```
*&---------------------------------------------------------------&*
DATA: cust_id TYPE scustom-id.
* PARAMETER:       p_custid TYPE scustom-id default 1.
SELECT-OPTIONS: s_custid FOR cust_id   DEFAULT 1 TO 1.
*&---------------------------------------------------------------&*
```

Listing 9.9 Erweitertes Selektionsbild

Im abgebildeten Quelltext ist die bisherige PARAMETER-Anweisung bereits auskommentiert. Die Vorgaben des Anwenders zur Kundenauswahl sind zukünftig im Parameter S_CUSTID enthalten. Die Syntax der Anweisung SELECT-OPTIONS kennen Sie bereits von der Abfrage zu den Fluggesellschaften. Da sich der Zusatz FOR immer auf interne Variablen beziehen muss, haben wir zusätzlich eine passende DATA-Anweisung vorgeschaltet. Dadurch werden die »Von/Bis«-Felder in S_CUSTID mit dem Typ der Kundennummer in SCUSTOM-ID angelegt.

Schritt 2: Erweiterte Datenbereitstellung

Da jetzt mehrere Kunden vom Anwender eingegeben werden können und die zugehörigen Selektionsoptionen jetzt in einer internen Tabelle S_CUSTID stehen, ändern sich zwangsläufig auch die SELECT-Anweisung im Rahmen der Datenbereitstellung; hier die alte und die neue Version:

```
*&---------------------------------------------------------------&*
* get data
* SELECT * FROM scustom INTO TABLE customers
*          WHERE id = p_custid
*          ORDER BY PRIMARY KEY.
* SELECT * FROM sbook INTO TABLE bookings
*          WHERE customid = p_custid
*          AND   carrid   IN s_carrid
*          ORDER BY PRIMARY KEY.
* now with more than one customer
SELECT * FROM scustom INTO TABLE customers         " (1)
         WHERE id IN s_custid
         ORDER BY PRIMARY KEY.
SELECT * FROM sbook INTO TABLE bookings            " (2)
         WHERE customid IN s_custid
         AND   carrid   IN s_carrid
         ORDER BY PRIMARY KEY.
SELECT * FROM spfli INTO TABLE connections         " (3)
         FOR ALL ENTRIES IN bookings
         WHERE carrid = bookings-carrid
         AND   connid = bookings-connid
         ORDER BY PRIMARY KEY.
*&---------------------------------------------------------------&*
```

Listing 9.10 Daten für mehrere Kunden beschaffen

Durch den Zusatz IN zur ersten SELECT-Anweisung werden jetzt wie bei der Fluggesellschaft die Daten aller eingeschlossenen Kunden in die interne Tabelle CUSTOMERS übertragen (bisher war das immer nur ein Eintrag).

Die gleiche Änderung erfolgt bei der zweiten Anweisung auch für den Aufbau der Buchungstabelle BOOKINGS, die jetzt ebenfalls mehrere Kunden berücksichtigen muss.

Auf die interne Tabelle der Flugverbindungen in der letzten Anweisung hat die Änderung kein Einfluss. Wir haben sie der Vollständigkeit halber trotzdem nochmals aufgeführt.

Schritt 3: Schleife anlegen

Jeder Kunde soll einzeln an die Formularschnittstelle übergeben werden. Deshalb muss das Rahmenprogramm die zugehörige interne Tabelle CUSTOMERS so oft in einer Schleife durchlaufen, wie Kunden gewählt wurden. Das erfolgt über eine ABAP-Anweisung LOOP, die sich im Grunde wie ein Schleife-Knoten unter Smart Forms verhält. Deshalb wird auch hier zusätzlich ein passender Arbeitsbereich benötigt.

Jede LOOP-Anweisung wird durch ein ENDLOOP abgeschlossen; dazwischen stehen die Anweisungen, die innerhalb der Schleife durchlaufen werden sollen. Das folgende Listing zeigt, wie der Aufruf des Funktionsbausteins mehrfach erfolgen kann:

```
*&---------------------------------------------------------------&*
* several customers
DATA wa_customer  TYPE scustom.
LOOP AT customers INTO wa_customer.
* now call the generated function module
  CALL FUNCTION fm_name
      EXPORTING  customers           = customers
                 bookings            = bookings
                 connections         = connections
                 wa_customer         = wa_customer
      EXCEPTIONS formatting_error    = 1
                 internal_error      = 2
                 send_error          = 3
                 user_canceled       = 4
                 OTHERS              = 5.
* errorhandling
ENDLOOP.
*&---------------------------------------------------------------&*
```

Listing 9.11 Funktionsaufruf innerhalb einer Schleife

Wir haben zunächst den Arbeitsbereich WA_CUSTOMER definiert, in der LOOP-Anweisung gefüllt und ihn dann über die Formularschnittstelle als zusätzlichen Parameter übergeben. Dieser Parameter wird augenblicklich zwar noch nicht auf Seiten des Formulars abgefragt, die Schnittstelle sollte aber trotzdem funktionieren, denn die anderen Übergabeparameter sind geblieben. Zur Fehlerbehandlung können Sie die gleichen Funktionen verwenden wie im Ursprungsprogramm (hier angedeutet als Kommentarzeile innerhalb der Schleife).

Testen Sie das Rahmenprogramm mit den bisherigen Änderungen. Die Anwenderabfrage sollte jetzt so aussehen:

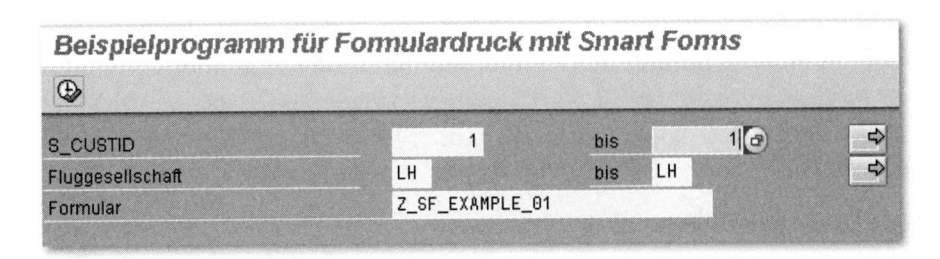

Beispielprogramm für Formulardruck mit Smart Forms			
S_CUSTID	1	bis	1
Fluggesellschaft	LH	bis	LH
Formular	Z_SF_EXAMPLE_01		

Abbildung 9.3 Erweitertes Selektionsbild

Wählen Sie zunächst nur einen Kunden: Dann sollte auch die Ausgabe wie bisher erfolgen. Probieren Sie es aber auch mit mehreren Kunden: In diesem Fall wiederholt sich die Ausgabe mehrfach, dazwischen jeweils mit einem Spooldialogbild. Aber der Kunde, für den die Flugrechnung erstellt wird, ist immer der gleiche. Versuchen Sie herauszufinden, welche Logik auf Seiten des Formulars dafür verantwortlich ist.

Als abschließenden Schritt werden wir jetzt noch das Formular auf den neuen eindeutigen Schnittstellenparameter WA_CUSTOMER ausrichten.

Schritt 4: Formular anpassen

Nach den bisherigen Schritten weiß das Formular noch nichts von dem Parameter WA_CUSTOMER, der vom Rahmenprogramm als Kunde eindeutig vorgegeben wird. Statt dessen versucht das Formular in seiner bisherigen Logik, den Kunden über die interne Tabelle CUSTOMERS zu ermitteln, wo jetzt ggf. auch mehrere Kunden enthalten sind (und liest dabei über die zugehörige Schleife immer den letzten Tabelleneintrag als Kunde).

Für die eigentliche Ausgabe der Anschrift wurde im Formular auch bisher schon ein Arbeitsbereich verwendet, denn Inhalte interner Tabellen lassen sich nicht direkt als Felder in Text-Knoten einbinden. Der Name dieses formularinternen Arbeitsbereichs ist ebenfalls WA_CUSTOMER, wie im Rahmenprogramm bzw. in der Formularschnittstelle. Wenn Sie den Arbeitsbereich jetzt auch noch auf Seiten des Formulars als Schnittstellenparameter definieren, werden die vorgegebenen Kundendaten vom Rahmenprogramm auch in diesen Arbeitsbereich übernommen.

Die Definition besteht damit aus zwei Aufgaben:

▶ Ändern Sie zunächst den Namen der bisherigen Variablen auf WA_CUSTOMER_O (als Erinnerung an die Original-Definition). Der Eintrag wird evtl. noch gebraucht.

▶ Legen Sie dann WA_CUSTOMER als Parameter der Formularschnittstelle an (mit gleicher Typisierung wie bisher über TYPE SCUSTOM)

Nach dieser Änderung darf WA_CUSTOMER im Formular nicht mehr überschrieben werden. Für die notwendige Änderung müssen Sie allerdings berücksichtigen, ob Sie das Übungsbeispiel in Abschnitt 7.2.8 durchgeführt haben, das u.a. auch die Zuweisung der Adressdaten betraf:

▶ **Wenn Sie die Übung durchgeführt haben**
Für die Zuweisung der Kundendaten ist in diesem Fall der Knoten READ_CUSTOMER im Fenster ADDRESS verantwortlich. Je nach dem bisherigen Umbau ist dies ein Schleife-Knoten oder ein komplexer Abschnitt. Löschen Sie den Knoten. Falls Sie es vorziehen, ihn nur mit einer Bedingung auszukommentieren, müssen Sie zusätzlich unter der Registerkarte **Daten** den Arbeitsbereich auf WA_CUSTOMER_O ändern, da sonst die Prüffunktion des Knotens nicht einverstanden ist.

▶ **Wenn Sie die Übung nicht durchgeführt haben**
Die Zuweisung der Kundendaten erfolgt in diesem Fall in einem **Komplexen Abschnitt** mit dem Kürzel TABLE im MAIN-Fenster. Der Knoten enthält zusätzlich die Zeilendefinitionen für die Positionsausgabetabelle. Sie dürfen ihn also nicht löschen oder auskommentieren. Ändern Sie auf der Registerkarte **Daten** den Eintrag zum Arbeitsbereich in WA_CUSTOMER_O und deaktivieren Sie dann die gesamte Schleife. Entfernen Sie dazu auf der gleichen Registerkarte den Schalter vor **interne Tabelle** (oder alternativ auf der Registerkarte **Allgemeine Eigenschaften** den Schalter vor **Wiederholte Abarbeitung**).

> **Hinweis:** Wir haben den Arbeitsbereich zusätzlich in WA_CUSTOMER_O geändert, weil sonst die Prüffunktion des Knotens mit einer Fehlermeldung antwortet. Die Prüfung fragt nur die Inhalte der Felder ab und berücksichtigt nicht, ob die gesamte Schleife oder gar der gesamte Knoten mit einer Bedingung auskommentiert wurde. Der Eintrag WA_CUSTOMER darf dort nicht mehr stehen, weil er als Parameter der Formularschnittstelle jetzt schreibgeschützt ist.

Abschlusstest

Überprüfen Sie abschließend die Ausgabe des Formulars über das Rahmenprogramm. Bei Wahl mehrerer Kunden sollten jetzt auch entsprechend viele einzelne Flugrechnungen mit korrekter Anschrift erstellt werden.

9.6 Welche Daten verwendet das Formular?

9.6.1 Übersicht

Aus den bisherigen Beschreibungen zur Formularschnittstelle wissen Sie, dass über den generierten Funktionsbaustein die Daten zwischen Rahmenprogramm und Formular ausgetauscht werden:

- Als Importparameter übergibt das Rahmenprogramm beim Start der Ausgabe diejenigen Daten, die im Formular benötigt werden.
- Über den Exportparameter kann das Rahmenprogramm nach der Abarbeitung des Formulars die Ausgabe kontrollieren.

In beiden Fällen können auch Standardparameter der allgemeinen Ausgabesteuerung angesprochen werden, auf die wir im nächsten Kapitel noch ausführlich eingehen werden.

An dieser Stelle weisen wir auf eine Funktion hin, die nicht ganz so offensichtlich ist, aber trotzdem häufig sinnvoll eingesetzt werden kann. Wir haben wiederholt darauf hingewiesen, dass ein Rahmenprogramm verschiedene Formulare ansteuern kann. Die Verbindung zum jeweiligen Rahmenprogramm wird erst bei der Ausgabe hergestellt; sie existiert noch nicht beim Design des Formulars.

In vielen Anwendungsfällen ist es vorteilhaft, wenn im Rahmenprogramm schon vor der Datenübergabe bekannt ist, welche der Schnittstellenparameter im Funktionsbaustein zum Formular verwendet werden. Da diese Information vor Aufruf des generierten Funktionsbausteins zur Verfügung stehen muss, kann sie nicht als Exportparameter angelegt sein. Dazu zwei Anwendungsfälle:

- Da ein Rahmenprogramm mehrere Formulare versorgen kann, werden häufig auch Schnittstellenparameter zur Verfügung gestellt, die ein einzelnes Formular nicht benötigt. Wenn diese Parameter bekannt sind, müssen sie vom Rahmenprogramm auch nicht mit Daten gefüllt werden. Dadurch lassen sich beachtliche Performancevorteile bei der Datenbeschaffung erreichen.
- Häufig sollen Durchschläge bei der Formularausgabe gekennzeichnet werden (*Wiederholungsdruck*). Eine solche Funktion wird unter Smart Forms erst ab Release 6.10 zur Verfügung stehen (siehe Kapitel 12). Vorher kann die erforderliche Steuerung über einen Schnittstellenparameter erfolgen, der die Wieder-

holungsseite kennzeichnet. Wird der Parameter im Formular nicht angesprochen, lässt sich statt dessen der Mehrfachdruck auch über interne Funktionen des Ausgabegerätes (z. B. des Druckers) abwickeln.

Wir werden zu den beiden Anwendungsfällen weiter unten je ein Beispiel ausführlich darstellen.

Liste verwendeter Ausgabeparameter im Formular

Um die im Formular verwendeten Parameter der Formularschnittstelle festzustellen, steht ein weiterer Funktionsbaustein SSF_FIELD_LIST zur Verfügung. Hier als Beispiel ein Aufruf, wie er im Rahmenprogramm der Flugrechnung erfolgen könnte:

```
*&---------------------------------------------------------------&*
* determine print data
DATA: fieldlist    type TSFFIELDS.
DATA: wa_fieldlist type TDLINE.
CALL FUNCTION    'SSF_FIELD_LIST'
    EXPORTING   formname            = p_form
    IMPORTING   fieldlist           = fieldlist
    EXCEPTIONS  no_form             = 1
                no_function_module  = 2
                others              = 3.
*&---------------------------------------------------------------&*
```

Listing 9.12 Überprüfung des Formulars auf Datenverwendung

Der Eingangsparameter des Funktionsbausteins ist der Name des Formulars, den wir in der Flugrechnung vom Anwender abgefragt haben. Einziger Ausgangsparameter des Funktionsbausteins ist eine interne Tabelle FIELDLIST, die in der ersten DATA-Anweisung deklariert wurde. Jede Zeile dieser internen Tabelle besteht nur aus einem Textfeld. Nach Rückkehr aus der Funktion enthält FIELDLIST einen Zeileneintrag für jeden Schnittstellenparameter, der im Formular angesprochen wird.

> **Hintergrund:** Für die Aufbereitung der Liste liest der Funktionsbaustein seinerseits die Einträge im Textfeld für Import-/Exportparameter der Datenbanktabelle STXFCONTR.

Abbildung 9.4 zeigt FIELDLIST als Beispiel bei Anwendung in unserer Flugrechnung, wie im letzten Listing beschrieben.

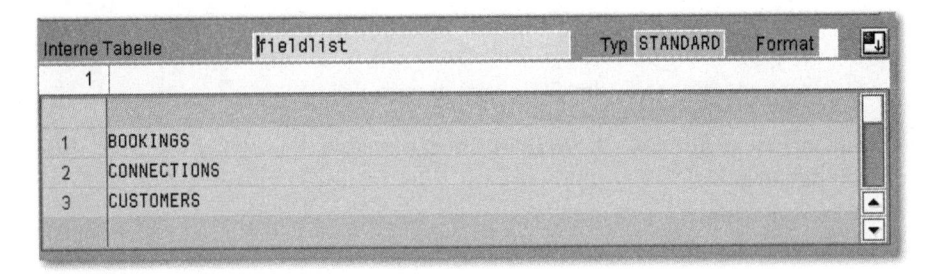

Interne Tabelle	fieldlist		Typ STANDARD	Format
1				
1	BOOKINGS			
2	CONNECTIONS			
3	CUSTOMERS			

Abbildung 9.4 Liste der verwendeten Schnittstellenparameter

Die abgebildete Liste wurde über den Debugger abgerufen; unmittelbar nach der Ausführung des Funktionsbausteins SSF_FIELD_LIST (Hinweise zu diesem nützlichen Hilfsmittel finden Sie in Abschnitt 13.7.4). Offensichtlich werden alle drei internen Tabellen, die wir über die Schnittstellen übergeben, im Formular auch verwendet.

Kriterien der Verwendung im Formular

Es bleibt noch zu klären, nach welchen Kriterien der Funktionsbaustein SSF_FIELD_LIST entscheidet, ob eine Datenkomponente aktiv im Formular verwendet wird. Dazu muss mindestens eine der beiden folgenden Bedingungen erfüllt sein:

- Der Parameter wurde als Feld ist einen Text-Knoten eingefügt
- Der Parameter ist als Attribut einem beliebigen Knoten hinterlegt
- Der Parameter ist als Eingangs-/Ausgangsparameter eines Programm-Knotens geführt

Darstellung in der Parameterliste

Ist ein Schnittstellenparameter mehrstufig an einer Feldausgabe beteiligt, so wird sowohl das einzelne Feld als auch die übergeordnete Ebene in FIELDLIST geführt. In unserer Flugrechnung sind die übergebenen Parameter als interne Tabelle angelegt. Sie werden im Formular nur über Arbeitsbereiche ausgelesen und erscheinen somit auch nicht als einzelne Felder der Ausgabe. Deshalb ist in Abbildung 9.4 nur die übergeordnete Ebene in Form der jeweiligen internen Tabelle geführt.

9.6.2 Beispiel: Übergabe Flugverbindungen je nach Bedarf

Wir wollen diese Übersicht mit einem Beispiel dazu beschließen, wie eine Datenbeschaffung auf die Einträge in FIELDLIST abgestimmt werden kann. Das ist unser Ziel: Die Datenbank-Abfrage zu den Verbindungen im Flugdatenmodell soll nur erfolgen, wenn diese Daten im Formular auch wirklich benötigt werden.

```
*&---------------------------------------------------------------&*
* Select data only if needed
READ TABLE fieldlist INTO wa_fieldlist
     WITH KEY table_line = 'CONNECTIONS'.
IF sy-subrc = 0.
  SELECT * FROM spfli INTO TABLE connections
           FOR ALL ENTRIES IN bookings
           WHERE carrid = bookings-carrid
           AND   connid = bookings-connid
           ORDER BY PRIMARY KEY.
ENDIF.
*&---------------------------------------------------------------&*
```

Listing 9.13 Nur benötigte Daten beschaffen (FIELDLIST)

Falls in der internen Tabelle FIELDLIST ein Eintrag 'CONNECTIONS' vorhanden ist, wird die zugehörige Zeile in einen passenden Arbeitsbereich WA_FIELDLIST kopiert (zu dessen Definition siehe Listing 9.12). In diesem Fall wird auch die gleichnamige Datenkomponente im Formular benötigt. Beachten Sie bei dieser Anweisung, dass der Vergleichswert in Großbuchstaben zu schreiben ist. Bei erfolgreicher Übertragung zeigt auch die Systemvariable SY-SUBRC keinen Fehler: Nur dann wird innerhalb der IF-Bedingung auch der Zugriff auf die Datenbank per SELECT-Anweisung ausgeführt.

9.6.3 Reduzierte Datenbereitstellung beim Lieferschein

Durch die konsequente Trennung von Rahmenprogramm und Formularlogik entsteht für die Formularausgabe über Smart Forms ein grundlegender Vorteil: Ein Rahmenprogramm kann Daten für viele unterschiedliche Formulare bereitstellen. Natürlich müssen alle Formulare im gleichen Themenumfeld angesiedelt sein, damit zumindest grob die gleichen Anforderungen an die Datenbereitstellung vorhanden sind (gleiche Applikation).

Die Datenbereitstellung im Rahmenprogramm sollte so ausgebaut sein, dass in den einzelnen Formularen möglichst wenig zusätzliche Daten hinzugelesen werden müssen (um Redundanzen durch doppelte Funktionen zu vermeiden).

> **Hinweis:** Gelegentlich treffen Sie möglicherweise auf die Aussage, nachträgliches Lesen von Daten im Formular sei weniger performant als die Datenbereitstellung im Rahmenprogramm. Das ist nur dann richtig, wenn Daten aus den gleichen Quellen gelesen werden, die zuvor schon im Rahmenprogramm abgefragt wurden (dort aber wegen anderer Inhalte). Dann haben Sie den Fall doppelter Funktionalität, die sich negativ auf die Geschwindigkeit auswirkt.

Dieser universelle Anspruch an die zentrale Datenbereitstellungsroutine führt aber auch zu Redundanzen, denn es werden zwangsläufig auch Daten bereitgestellt, die nicht in allen Formularen benötigt werden. Das bedeutet wieder Nachteile für die Geschwindigkeit.

Eine Lösung für dieses Problem ist die übergeordnete thematische Zusammenfassung der bereitgestellten Datenkomponenten. Je nach dem Thema kann dann festgelegt werden, ob die Daten gelesen werden sollen oder nicht. Die Themen sollten so organisiert sein, dass ihnen direkt einzelne oder mehrere abhängige Lesevorgänge in der Datenbank entsprechen. Werden Daten zu einem Thema nicht benötigt, entfallen automatisch auch die zugehörigen Lesevorgänge auf Datenbankebene.

Welche Themen/Datenkomponenten vom Formular benötigt werden, lässt sich über den Funktionsbaustein SSF_FIELD_LIST feststellen. Wir wollen dazu den Ablauf bei der Ausgabe eines Lieferbelegs erläutern.

Verwendete Schnittstellenparameter abfragen

Die Steuerung der Datenbeschaffung erfolgt über eine spezielle Feldleiste, die ein Abbild der Themen ist, deren Verwendung im Formular überwacht werden soll (siehe Abbildung 9.5).

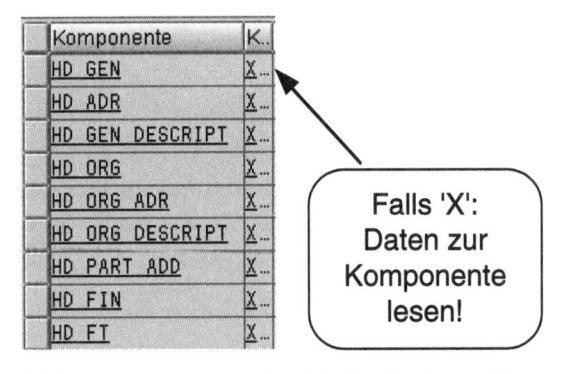

Abbildung 9.5 Steuerung der Datenbeschaffung in Lieferung

Je Datenkomponente existiert in der Feldleiste genau ein Feld mit gleichem Namen. Jedes dieser Felder repräsentiert einen logischen Zustand, der auf 'X' gesetzt ist, wenn für das betreffende Thema eine Datenbeschaffung erforderlich ist

Die Feldleiste ist durch ihren Aufbau immer abhängig von der jeweiligen Applikation. Sie muss entsprechend individuell zu jeder Datenbereitstellungsroutine angelegt sein (über entsprechenden Datentyp im ABAP-Dictionary).

> **Hinweis:** In einer solchen Feldleiste müssen nicht alle Datenkomponenten der Formularschnittstelle enthalten sein, solange für die übrigen grundsätzlich Daten bereit gestellt werden.

Aufruf im Rahmenprogramm

Um die logischen Zustände zu setzen, wird wieder der Funktionsbaustein SSF_FIELD_LIST ausgeführt. Dazu ist eine Umkodierung erforderlich, die im Rahmenprogramm der Lieferung als Unterprogramm gekapselt wurde:

```
*&---------------------------------------------------------------&*
* name of Smart Forms-formular
DATA: LF_FORMNAME    TYPE TDSFNAME.
LF_FORMNAME = TNAPR-SFORM.
* list of all data-elements (read yes/no)
DATA:     LS_PRINT_DATA_TO_READ TYPE LEDLV_PRINT_DATA_TO_READ.
* determine print data with use of SSF_FIELD_LIST
PERFORM   SET_PRINT_DATA_TO_READ
  USING   LF_FORMNAME
  CHANGING LS_PRINT_DATA_TO_READ
          CF_RETCODE.
* example for reading data
IF LS_PRINT_DATA_TO_READ-GD_GEN = 'X'.
  SELECT ....
ENDIF.
*&---------------------------------------------------------------&*
```

Listing 9.14 Systematik der Datenbeschaffung in Lieferung

Die Funktionen im Listing 9.14:

- Eingangsparameter des Unterprogramms SET_PRINT_DATA_TO_READ ist wieder der Name des Formulars; hier gelesen aus TNAPR (wie bei der Nachrichtenfindung über Konditionstechnik üblich). Zurückgegeben wird LS_PRINT_DATA_TO_READ.

- Über eine einfache IF-Abfrage kann dann die Beschaffung der einzelnen Datenkomponenten an das Ergebnis in LS_PRINT_DATA_TO_READ gekoppelt werden, die Liste der Datenkomponenten aus Abbildung 9.5
- Üblicherweise wird auch die gesamte Beschaffung der Daten durch Lesen von Datenbanktabellen wieder in einem Unterprogramm zusammengefasst. Eingangsparameter ist die Feldleiste LS_PRINT_DATA_TO_READ mit den benötigten Datenkomponenten, wie wir dies im Abschnitt 9.3.2 schon gesehen haben.

Es kann durchaus sinnvoll sein, bestimmte Datenkomponenten grundsätzlich und unabhängig von den Ergebnissen in SSF_FIELD_LIST bereitzustellen. In diesem Fall muss vor der eigentlichen Datenbeschaffung das zugehörige Feld in LS_PRINT_DATA_TO_READ auf 'X' gesetzt werden.

> **Tipp:** Für die Datenübergabe per Formularschnittstelle werden teilweise alle Datenkomponenten innerhalb einer einheitlichen, übergeordneten Struktur zusammengefasst (wie z.B. auch bei der Lieferung). Für die Bearbeitung im Formular werden deren Inhalte dann in weitere formularinterne Feldleisten und interne Tabellen kopiert.
>
> Daraus kann sich eine Falle ergeben, denn die eigentlichen Datenkomponenten der Schnittstelle sind im Formular gar nicht mehr explizit genannt. Sie werden folglich vom Funktionsbaustein nicht SET_PRINT_DATA_TO_PRINT auf **nicht erforderlich** gesetzt und ggf. auch nicht mit Daten versorgt.
>
> Dafür gibt eine einfache Lösung: Sie sollten jede dieser Komponenten explizit als Eingangsparameter in dem Programm-Knoten führen, der die formularinternen Kopien erstellt; also nicht den Namen der übergeordneten Gesamtstruktur verwenden, auch wenn es auf den ersten Blick bequemer ist.

9.6.4 Beispiel: Kennzeichnung von Durchschlägen

Wir haben einleitend die Kennzeichnung von Durchschlägen als einen zweiten Anwendungsfall genannt, bei dem es vorteilhaft ist, wenn dem Rahmenprogramm vor der Datenübergabe bekannt ist, welche der Schnittstellenparameter im aufgerufenen Formular verwendet werden. Diesen Fall wollen wir hier anhand unserer Flugrechnung erläutern.

> **Hintergrund:** Bei vielen Formularen ist es erwünscht, dass alle Exemplare eine besondere Kennzeichnung erhalten, die als Kopie der Erstausgabe erstellt werden. Das kann ein zusätzlicher Text wie »Durchschlag« sein oder eine spezielle Hintergrundgrafik. Diese Funktion wird unter Smart Forms erst ab Release 6.1 zur Verfügung stehen (Siehe Kapitel 12).

Problemstellung

Um eine solche Funktion auch im Release 4.6 anzuwenden, müssen Sie eine Hürde überwinden:

▶ Es existiert innerhalb des Formulars kein Parameter, der angibt, um das wievielte Exemplar es sich bei der aktuellen Formularausgabe gerade handelt. Über die Standardparameter der Formularschnittstelle wird lediglich die Anzahl der identischen Kopien vorgegeben (Parameter OUTPUT_OPTIONS-TDCOPIES).

▶ Diese Vorgabe wird vom Funktionsbaustein aber intern nicht weiter verwendet, sondern zur Spoolsteuerung weitergegeben. Deshalb steht anschließend die Zahl der Kopien in den dortigen Druckparametern als **Anzahl Exemplare** (siehe Spooldialogbild in Abbildung 13.29). Für die Erzeugung der Kopien ist also letztlich das Ausgabegerät verantwortlich (z. B. der eingetragene Drucker).

Der Ausgabeauftrag selbst enthält nur ein einziges Dokument, das dann für alle Exemplare gleich ist. Unter dieser Voraussetzung kann es im Formular keinen Parameter geben, der wiedergibt, welches Exemplar gerade abgearbeitet wird!

Steuerung Exemplare durch Rahmenprogramm

Um den Durchschlag trotzdem kennzeichnen zu können, muss sich der Gesamtablauf in einem wichtigen Punkt ändern. Das Rahmenprogramm muss die Ausgabekontrolle bei Mehrfachexemplaren übernehmen und ggf. einzeln den Funktionsbaustein zum Formular aktivieren. Das kann wieder über eine LOOP-Anweisung erfolgen, ähnlich unserem Übungsbeispiel von Abschnitt 9.5. Bei dieser Abwicklung kann das Rahmenprogramm dem Formular über einen Schnittstellenparameter auch mitteilen, welches Exemplar gerade gedruckt wird.

Bei diesem geänderten Gesamtablauf wird das betreffende Formular mehrfach prozessiert. Dadurch verringert sich die Ausgabegeschwindigkeit bzw. es erhöht sich die Anzahl der Einträge im Spooler. Es liegt also nahe, das Formular dahingehend zu überwachen, ob der vorgesehene Schnittstellenparameter zur Kennzeichnung des jeweils aktuellen Exemplars im Formular überhaupt abgefragt wird, falls nicht, sollte das Rahmenprogramm die bisherige Steuerung der Mehrfachexemplare über den Spooler vorziehen.

Hier der Ablauf als Ausschnitt aus dem Rahmenprogramm:

```
*&---------------------------------------------------------------&*
* ask user for exemplars
PARAMETER:  p_exemp  TYPE i DEFAULT 1.
```

```abap
DATA:       exemplar TYPE i.
DATA output_options TYPE SSFCOMPOP.
* check, whether Parmeter "exemplar" ist used in form
  READ TABLE fieldlist INTO wa_fieldlist
      WITH KEY table_line = 'EXEMPLAR'.
* if not used, generate copies in the spooler
  IF sy-subrc > 0.
    output_options-tdcopies = p_exemp.
    p_exemp = 1.
  ENDIF.
* begin of loop in case of several customers
LOOP AT customers INTO wa_customer.
* begin of loop in case of copies needed
  exemplar = 0.
  WHILE exemplar < p_exemp.
* now call the generated function module
    CALL FUNCTION fm_name
      EXPORTING
                output_options      = output_options
                user_settings       = ' '
                customers           = customers
                bookings            = bookings
                connections         = connections
                wa_customer         = wa_customer
                exemplar            = exemplar
*      IMPORTING document_output_info =
*                job_output_info     =
*                job_output_options  =
      EXCEPTIONS formatting_error    = 1
                internal_error      = 2
                send_error          = 3
                user_canceled       = 4
                OTHERS              = 5.
* next exemplar if more than one
    exemplar = exemplar + 1.
  ENDWHIILE.
ENDLOOP.
*&-------------------------------------------------------------&*
```

Listing 9.15 Ausgabe von Formular-Einzelexemplaren

In unserer Flugrechung werden alle zentralen Steuerungsparameter über ein Selektionsbild vom Anwender abgefragt. Über die PARAMETER-Anweisung haben wir eine Eingabemöglichkeit zur Anzahl der Kopien ergänzt (diese steht dann in P_EXEMP). Mit Hilfe der zusätzlichen Variablen EXEMPLAR soll später das Formular über die jeweilige laufende Nummer des ausgegebenen Exemplars informiert werden; sie wurde entsprechend als Parameter in die Schnittstelle zum Formular aufgenommen.

Geänderte Schleifensteuerung

Die LOOP-Schleife zur Ausgabe über mehrere Kunden ist Ihnen schon aus einem früheren Übungsbeispiel bekannt (siehe Abschnitt 9.5).

Den Aufruf des Funktionsbausteins zum Formular haben wir allerdings jetzt innerhalb dieser Schleife mit zusätzlichen Bedingungen versehen. Der Ablauf unterscheidet sich je nachdem, ob der Parameter EXEMPLAR vom Formular angesprochen wird. Die zugehörige Abfrage zur Tabelle FIELDLIST haben wir in unserer Übersicht in Abschnitt 9.6.1 erläutert:

▶ Wird der Parameter EXEMPLAR im Formular verwendet, so wird über die WHILE/ENDWHILE-Anweisung eine weitere Schleife aufgebaut: der Funktionsbaustein zum Formular wird darin so oft aufgerufen, wie diese Schleife Durchläufe hat (und das ist genau die Anzahl der Exemplare, die der Anwender eingegeben hat). Durch Einbindung des Parameters EXEMPLAR in die Formularschnittstelle können Sie im Formular beliebige Knoten (Fenster, Texte) über eine hinterlegte Bedingung an das jeweils aktuelle Exemplar knüpfen und damit dessen Ausführung steuern.

▶ Wird der Parameter EXEMPLAR im Formular nicht verwendet, so wird direkt der normale Schnittstellenparameter in OUTPUT_OPTIONS vorbelegt, der für die Übergabe der Kopienzahl an das Ausgabegerät verantwortlich ist (zur ausführlichen Darstellung der Standardparameter siehe Abschnitt 9.7). Gleichzeitig wird die WHILE/ENDWHILE-Schleife auf einen Durchlauf beschränkt. Dadurch sind die Verhältnisse wie vor unserer Änderung.

Die beschriebene Routine erhebt nicht den Anspruch auf einen hochgradig optimierten Programmcode. So könnte man sich auch vorstellen, dass alle Exemplare nach dem Original in einem gemeinsamen Spoolauftrag übergeben werden (für den Fall, dass jede Durchschlagseite die gleiche Kennzeichnung tragen soll).

Funktionstest bei Formularausgabe

Solange der Parameter EXEMPLAR im Formular nicht angesprochen wird, übergibt die Ausgabesteuerung die Gesamtzahl der gewünschten Ausdrucke direkt an die Spoolsteuerung. Geben Sie zur Kontrolle als Anzahl der Ausdrucke die Zahl '2' vor; Sie sehen diese Zahl anschließend auch unter **Ausdrucke** im Spooldialogbild.

Hier die Einzelschritte, um den Modus der Einzelausgabe anzusteuern:

▶ Binden Sie den Parameter EXEMPLAR auch auf Seiten des Formulars in die Schnittstelle ein.

▶ Geben Sie den Parameter als Feld in einem beliebigen Nebenfenster aus (z. B. im INFO-Fenster). Dann wird er auch im Rahmenprogramm entsprechend als »in Verwendung« registriert, und Sie können den Inhalt in der Druckvorschau überwachen.

▶ Starten Sie das Rahmenprogramm mit mehreren Exemplaren (Durchschlägen).

Jetzt wird der Spooldialog mehrfach aufgerufen, und immer ist die Anzahl der Ausdrucke '1'. Der Parameter EXEMPLAR dagegen zählt hoch bis zur gewünschten Gesamtzahl und kann damit individuell im Formular zur Kennzeichnung von Durchschlägen genutzt werden.

9.7 Standardparameter der Formularschnittstelle

9.7.1 Übersicht

In den vorherigen Abschnitten haben wir gezeigt, wie das Formular bzw. der zugehörige Funktionsbaustein grundsätzlich in ein Rahmenprogramm eingebunden wird und wie über die Schnittstellenparameter eine Übergabe von Daten erfolgen kann. In Abschnitt 6.4.1 haben wir die Schnittstelle aus Sicht des Formulars ausführlich beschrieben. Über die Registerkarten des dortigen Knotens haben Sie die folgenden Parameter kennengelernt:

▶ **Import**
für die Übertragen von Daten vom Rahmenprogramm zum Formular

▶ **Export**
für die Rückmeldung von Ausgabeergebnissen an das Rahmenprogramm

▶ **Tabellen**
für die Übergabe interner Tabellen, die im Formular änderbar sein sollen

▶ **Ausnahmen**
für die allgemeine Fehlerbehandlung (darauf werden wir in Abschnitt 9.8 noch eingehen)

Innerhalb dieser Bestandteile der Schnittstellen haben die Importparameter für die Formularentwicklung sicher die größte Bedeutung. Hierüber gelangen alle Daten zum Formular, die das Rahmenprogramm zur Verfügung stellt:

- Soweit diese Parameter spezifisch zu einem Formular angelegt worden sind, müssen sie auch auf Seiten des Rahmenprogramm zugewiesen sein (obligatorisch).
- Es existieren weitere Standardparameter, die in jeder Formularschnittstelle gleich sind. Sie werden bei der Neuanlage eines Formulars automatisch zur Schnittstelle hinzugefügt. Die Parameter dienen der allgemeinen Ausgabesteuerung und sind grundsätzlich optional; das Rahmenprogramm kann die Parameter also nutzen, muss es aber nicht tun.

Hinweis: Parameter eines Funktionsbausteins lassen sich deshalb optional verwenden, weil beim Aufruf auch die Namen der Parameter genannt sind, die intern im Funktionsbaustein gelten. Über deren explizite Zuweisung weiß das System immer, welche Parameter gemeint sind. Bei FORM-Unterprogrammen ist dagegen die Reihenfolge der übergebenen Parameter alleiniges Kriterium und muss folglich immer eingehalten werden.

Betrachtete Standardparameter

Wir betrachten nun die beiden folgenden Fälle:

- Standardparameter des *Imports* können Vorgaben des Rahmenprogramms zur Ausgabe über den Drucker, über Fax oder E-Mail, aber auch zur Ablage im Archivierungssystem enthalten. Ohne Vorgaben verwendet der aufgerufene Funktionsbaustein zum Formular interne Defaultwerte.
- Standardparameter des *Exports* werden nach einer Formularausgabe vom Funktionsbaustein zurückgemeldet. Sie dienen zur Kontrolle der Ausgabeergebnisse (z.B. der Anzahl der Ausdrucke). Auf diesem Weg kann auch das erzeugte Zwischendokument, wie es an den Spooler weitergereicht wird, zum Rahmenprogramm zurückgegeben werden (für weitere Schritte wie beispielsweise Download oder Umwandlung in PDF).

9.7.2 Import-Standardparameter

Importparameter werden vom Rahmenprogramm an das Formular übergeben. Hierüber kann das Rahmenprogramm z.B. das Ziel der Ausgabe mit entsprechenden Optionen vorgeben, wie dies z.B. bei automatischen Druckprozessen oder beim Versand per Fax erforderlich ist.

Einige Schnittstellenparameter beinhalten mehrstufig strukturierte Daten. Wir werden zunächst mit einer allgemeinen Übersicht der Parameter beginnen, wie sie in der Formularschnittstelle erscheinen, und dann zu detaillierteren Ebenen wechseln. Wir werden einen Teil der Parameter anhand von Übungsbeispielen erläutern. Einen anderen Teil werden Sie in den Kapiteln wiederfinden, die sich mit besonderen Ausgabeformen wie E-Mail, Fax und XML befassen (siehe Kapitel 10).

Die folgenden Importparameter werden bei Neuanlage eines Formulars automatisch generiert (nur die Reihenfolge der Nennung ist dort etwas anders):

Parametername	Bedeutung
CONTROL_PARAMETERS	Die Einträge in dieser Feldleiste steuern einige generelle Vorgaben zur Formularausgabe; z.B. Sprache, Startseite, Wahl der Druckvorschau statt Spooler, Ein-/Ausblenden des Drucken-Dialogbildes vor jeder Ausgabe.
OUTPUT_OPTIONS	Mit den Feldern dieser Feldleiste lassen sich viele der Optionen vorbelegen, die Anwender normalerweise im Spooldialogbild sehen (z.B. Ausgabegerät). Ist allerdings der Parameter USER_SETTINGS aktiv, übernimmt das System einzelne Vorgaben statt dessen aus den Festwerten des Benutzers.
USER_SETTINGS	Logischer Wert, der die Quelle einzelner Parameter der Spoolsteuerung vorgibt:
	bei 'X': Benutzer-Festwerte (Default)
	leer: OUTPUT_OPTIONS verwenden
MAIL_APPL_OBJ MAIL_RECIPIENT MAIL_SENDER	Parameter zum Versenden der Formulare als E-Mail (aus BVCI Business Comunication Interface)
ARCHIVE_INDEX ARCHIVE_INDEX_TAB ARCHIVE_PARAMETERS	Parameter zur Archivierung/Dokumentenablage über ArchiveLink (siehe manuelle Eingaben zum Ablagemodus im Spooldialogbild). Bei der Ausgabe über die Nachrichtensteuerung werden die enthaltenen Felder vom übergeordneten Anwendungsprogramm vorgegeben.

Tabelle 9.2 Import Standardparameter der Formularschnittstelle

Auf die Vorgaben zur E-Mail-Ausgabe bzw. Archivierung werden wir noch gesondert im Kapitel 10 eingehen.

Komponenten der Import-Standardparameter

Für die Steuerung von Standardausgaben über den Spooler bzw. Drucker als Ausgabegerät sind vor allem die in Tabelle 9.2 als Erstes aufgeführten Standardparameter von Bedeutung. Die folgende Tabelle 9.3 zeigt die wichtigsten Einzelkomponenten mit Feldname und Bedeutung.

CONTROL_PARAMETERS (Datentyp SSFCTRLOP)

Generelle Steuerungsparameter zur Formularausgabe

NO_OPEN NO_CLOSE	Steuerungsfelder, die es ermöglichen, mehrere Formulare in einem Spoolauftrag zusammenzufassen (siehe Erläuterung im Text weiter unten).
DEVICE	Art des Ausgabegerätes; mögliche Einträge sind PRINTER, TELEFAX, MAIL. Ohne Eintrag verwendet der Funktionsbaustein als Defaultwert DRUCKER.
NO_DIALOG	Logischer Wert, um Spooldialogbild zu deaktivieren: leer: Dialogfenster wird eingeblendet bei 'X': keine Abfrage des Anwenders Wird kein Dialog eingeblendet, gelten die Attribute zur Ausgabe, wie sie über OUTPUT_OPTIONS oder die Festwerte des Anwenders vorgegeben sind. Dabei ist die Angabe zum Ausgabegerät ein Musswert. Ohne gültigen Eintrag wird das Spooldialogbild auf jeden Fall eingeblendet.
PREVIEW	Bei 'X': Druckansicht auf Bildschirm. Wird über SY-batch ein Batch-Modus erkannt, so wird die Vorgabe hier ignoriert und immer Spoolauftrag erzeugt.
GETOTF	Steuerung der Ausgabe als OTF-Dokument: bei 'X': Rückgabe als OTF-Dokument über den Exportparameter JOB_OUTPUT_INFO-OTFDATA, d.h. keine Ausgabe über sonstige Ausgabegeräte. Bei aktiver XSF-Aufgabe (gesetzt über XSFCMODE) wird ein Eintrag an dieser Stelle ignoriert. Siehe auch Hinweise bei den Exportparametern.
LANGU REPLANGU1 REPLANGU2 REPLANGU3	Sprache, in der die Textausgaben des Formulars erfolgen sollen (und Ersatzsprachen, falls Text in einer vorherigen Sprache nicht vorhanden ist). Default-Wert im Funktionsbaustein ist SY-LANGU, die Sprache des aktuell angemeldeten Anwenders.
STARTPAGE	Kurzbezeichnung der Startseite (Default-Wert im Funktionsbaustein ist die oberste Seite im Navigationsbaum des Form Builders)

Tabelle 9.3 Felder der Import-Standardparameter

OUTPUT_OPTIONS (Datentyp SSFCOMPOP):
Vorgaben zur Steuerung der Formularausgabe über den Spooler, ähnlich wie diese im Spooldialogbild vom Anwender eingestellt werden können. Die Liste hier enthält nur einen Auszug aus den Einzelkomponenten:

Optische Archivierung (ArchiveLink)

TDARMOD	Der Feldeintrag legt fest, ob gleichzeitig mit der Ausgabe des Spoolauftrags auch ein Objekt für die Archivierung erzeugt werden soll: 1 = nur drucken (Default) 2 = nur archivieren 3 = drucken und archivieren (siehe Kapitel 10)
TDNOARCMCH	Bei 'X': keine Änderung des Archivierungsmodus durch Anwender im Spooldialogbild möglich

Druckvorschau und Dialog

TDTITLE	Vorgabe zur Titelanzeige im Spooldialogbild (Default-Titel ist **Drucken**)
TDNOPREV	Bei 'X': Druckvorschau generell sperren (die Taste im Dialogfenster wird ausgeblendet)
TDNOPRINT	Bei 'X': keine Druckausgabe über Druckvorschau zulassen, Taste nicht aktivierbar
TDNOARCH	Bei 'X' (Default): Archivierungsmodus in Druckvorschau kann nicht geändert werden (über entsprechendes Symbol dort)
TDIEXIT	Bei 'X': sofortiger Rücksprung aus der Druckvorschau, wenn von dort die Ausgabe auf Drucker oder Fax erfolgt ist

Texte zum Ausgabeauftrag
siehe Optionen im Abschnitt **Spoolauftrag** des Spooldialogbildes

TDDATASET	Vorgabe zum Teil 1 des Namens zum Spoolauftrag (Default ist 'SMART')
TDSUFFIX1	Teil 2 des Namens zum Spoolauftrag (Default ist der Name des Ausgabegerätes)
TDSUFFIX2	Teil 3 des Namens zum Spoolauftrag (Default ist das Kürzel des angemeldeten Benutzers)
TDCOVTITLE	Vorgabe für Text auf Deckblatt

Tabelle 9.3 Felder der Import-Standardparameter

Spoolsteuerung

Einzelne Felder werden ignoriert, wenn gleichzeitig USER_SETTINGS aktiviert ist; dann werden die Vorgaben aus dem Stammsatz des angemeldeten Benutzers verwendet (im Folgenden gekennzeichnet mit *).

TDDEST *	Ausgabegerät (Kürzel Drucker), Default ist Ausgabegerät aus Benutzerstammsatz (abhängig von Vorgabe zu USER_SETTINGS)
TDPRINTER *	Typ des Ausgabegerätes: Eintrag hier nur sinnvoll, wenn die Auswahl zum Drucker im Spooldialogbild auf einen Gerätetyp eingeschränkt werden soll (siehe Liste in Spoolverwaltung).
TDNEWID	Bei 'X': neuen Spoolauftrag anlegen, sonst Suche nach passendem Spoolauftrag (siehe Beispiel unten)
TDIMMED *	Bei 'X': sofort ausgeben, sonst zusätzlicher Anstoß vom Anwender erforderlich (über Eintrag im Spooler)
TDDELETE *	Bei 'X': Spoolauftrag löschen nach Ausgabe
Deckblatt	
TDCOVER	Leer: kein Deckblatt Bei 'X': Deckblatt ausgeben Bei 'D': Defaults zum Deckblatt vom Ausgabegerät verwenden
TDRECEIVER	Empfänger auf dem Deckblatt ausgeben (falls leer, wird aktueller Benutzername eingetragen)
TDDIVISION	Angabe zur Abteilung auf Deckblatt ausgeben
Seitenauswahl und Kopien	
TDCOPIES	Anzahl identischer Kopien/Exemplare, die ausgegeben werden sollen (Default = '1', bei '0' wird automatisch 1 angenommen). Der Eintrag wird ins Feld **Exemplar** des Spooldialogbildes übernommen (siehe auch Beispiel in Abschnitt 9.6.4 zur Kennzeichnung von Durchschlägen).
TDPAGESELECT	Leer: Ausdruck aller Seiten; sonst Vorgabe zur Druckseitenauswahl (auch kombiniert). Beispiele: 2: nur Seite 2 2–5: Seite 2 bis 5 -5: alles bis Seite 5 2-: Seite 2 bis Ende 2,5,7–9: Seite 2, 5 und 7 bis 9 drucken
XSF-Ausgabe	
XSFCMODE XSF XSFOUTMODE XSFFORMAT XSFOUTDEV	Steuerung der Schnittstelle für den Datenaustausch über den offenen Standard XML (siehe Hinweise in Abschnitt 10.3)

Tabelle 9.3 Felder der Import-Standardparameter

Anmerkung: Die mit * markierten Felder werden als Vorgaben des Rahmenprogramms nur übernommen, wenn zusätzlich der Schnittstellenparameter USER_SETTINGS leer ist. Sonst benutzt der Funktionsbaustein zum Formular automatisch die Festwerte des Benutzers.

> **Hinweis:** Erfahrene Entwickler von SAPscript-Formularen werden feststellen, dass die verwendeten Steuerparameter in ähnlicher Form auch schon dort zu finden sind. Bei Migration vorhandener Formulare lassen sich deshalb viele Parameter aus einem vorhandenen SAPscript-Rahmenprogramm übernehmen (siehe auch Kapitel 10).

Ausgabeoptionen bei Abwicklung über die Nachrichtensteuerung

Bei Abwicklung über die Nachrichtensteuerung erfolgt in vielen Fällen die Ausgabe des Formulars ohne Zutun des Anwenders (Spooldialog): In diesem Fall muss das Rahmenprogramm alle Parameter zur Steuerung der Ausgabe vorgeben. Das betrifft insbesondere die Felder in den Standard-Übergabestrukturen OUTPUT_OPTIONS und CONTROL_PARAMETERS der Formularschnittstelle. Die Inhalte finden sich überwiegend schon in der Nachrichtentabelle NAST und lassen sich entsprechend übernehmen.

Dafür existiert im System der Funktionsbaustein WFMC_PREPARE_SMART_FORM, der die relevanten Angaben aus NAST liest und über Parameter zur Verfügung stellt, die leicht in die Parameter der Formularschnittstelle überführt werden können (z.B. Drucker, Angaben in OUTPUT_OPTIONS, aber auch die E-Mail-Parameter). Hier ein typischer Aufruf:

```
*&----------------------------------------------------------------&*
SF_REPID = SY-REPID.            "Name des aktuellen Programs
* Parameter aus NAST lesen
CALL FUNCTION 'WFMC_PREPARE_SMART_FORM'
  EXPORTING
    PI_NAST      = NAST          "Nachrichtenstatus und Adresse
    PI_REPID     = SF_REPID
  IMPORTING
    PE_RETURNCODE = RETCODE      "Fehlercode
    PE_ITCPO     = SF_ITCPO      "Übergabestrukt.(wie SAPscript)
    PE_DEVICE    = SF_DEVICE     "Kommunik.typ, Art Ausgabegerät
    PE_RECIPIENT = SF_RECIPIENT  "eMail-Empfängerobjekt
    PE_SENDER    = SF_SENDER.    "eMail-Sender
* Output-Optionen der Formularschnittstelle setzen
IF RETCODE = 0.
```

```
    MOVE-CORRESPONDING SS_ITCPO TO OUTPUT_OPTIONS.
* Optional: Felder in CONTROL_PARAMETERS füllen
    CONTROL_PARAMETERS-DEVICE    = SF_DEVICE.       "Kommunik.typ
    CONTROL_PARAMETERS-NO_DIALOG = 'X'.             "Drucker-Dialog aus
    CONTROL_PARAMETERS-PREVIEW   = US_SCREEN.       "Prev. ja/nein
    CONTROL_PARAMETERS-GETOTF    = SF_ITCPO-TDGETOTF. "OTF-Ausgabe
    CONTROL_PARAMETERS-LANGU     = NAST-SPRAS.      "Sprache aus NAST
  ENDIF.
*&---------------------------------------------------------------&*
```

Listing 9.16 Parameter der Formularschnittstelle aus NAST übernehmen

Der wichtigste Eingangsparameter dieser Funktion ist der aktuelle Eintrag zur Nachrichtentabelle NAST.

Je nachdem welcher Kommunikationstyp vorliegt (Drucker, Fax, E-Mail), werden die passenden Felder der Kommunikationsstruktur SF_ITCPO gefüllt. Daraus lassen sich direkt die Inhalte von OUTPUT_OPTIONS ableiten, dem Parameter der Formularschnittstelle unter Smart Forms. Das geschieht in unserem Beispiel über die Anweisung MOVE-CORRESPONDING.

Beispielhaft sind in Listing 9.16 auch zentrale Felder in CONTROL_PARAMETERS wie das Ausgabegerät und die Sprache bereits vorbelegt. Bei Bedarf lassen sich auch die Rückgabeparameter SF_RECIPIENT und SF_SENDER für den Versand per E-Mail als Parameter in die Formularschnittstelle zu Smart Forms übernehmen.

9.7.3 Übungsbeispiel: Import-Standardparameter

Wir werden im Folgenden die direkte Anwendung der Schnittstellenparameter anhand von Beispielen zeigen. Sie können die Beispiele als Übungen betrachten und mittels der Flugrechnung nachvollziehen. Für die Steuerung des Spoolauftrag ist es allerdings sinnvoll, wenn das Rahmenprogramm auch mehrere Ausgaben nacheinander vornehmen kann. Sie sollten deshalb die letzte Formularerweiterung in Abschnitt 9.5 bereits durchgeführt haben.

Generelles Vorgehen zur Spoolsteuerung über die Schnittstelle

Bei der Ausgabe eines Formulars werden die Vorgaben für die Spoolsteuerung standardmäßig aus den Benutzerstammdaten gelesen. Über die diversen Parameter in OUTPUT_OPTIONS kann alternativ dazu das Rahmenprogramm die Werte vorgeben. Welche Quelle verwendet wird, entscheidet der Schnittstellenparameter USER_SETTINGS (mit einem internen Default-Wert auf 'X' zur Verwendung der Benutzerparameter).

Um die Vorgaben von der Schnittstelle zu übernehmen, müssen die folgenden Schritte im Rahmenprogramm erfolgen:

▶ Definition von Feldleisten entsprechend den Schnittstellenparametern CONTROL_PARAMETERS und OUTPUT_OPTIONS und deren Zuweisung beim Aufruf des Funktionsbausteins

▶ Setzen der gewünschten Vorgaben in diesen Parametern (z. B. Drucker über TDDEST)

```
*&-------------------------------------------------------------&*
DATA   control_parameters TYPE SSFCTRLOP.
DATA   output_options     TYPE SSFCOMPOP.
output_options-tddest = 'LOCL'.
*&-------------------------------------------------------------&*
```

Zusätzlich müssen Sie im Aufruf der Schnittstelle USER_SETTINGS = SPACE setzen, um die Steuerung der Ausgaben über die Schnittstelle zu aktivieren.

Spooldialogbild ausblenden

Bei der Ausgabe eines Formulars wird standardmäßig bei jeder Ausgabe das Spooldialogbild vorgeschaltet. Dort kann der Anwender individuell die aktuellen Spoolparameter ändern. Der Aufruf des Dialogfensters lässt sich über entsprechende Vorgaben in CONTROL_PARAMETERS unterbinden:

```
*&-------------------------------------------------------------&*
CONTROL_PARAMETERS-NO_DIALOG   = 'X'.
CONTROL_PARAMETERS-PREVIEW     = 'X'.   "trotzdem Preview
*&-------------------------------------------------------------&*
```

Allerdings müssen in diesem Fall auch sinnvolle Vorgaben zum Ausgabegerät hinterlegt sein; z. B.:

```
*&-------------------------------------------------------------&*
OUTPUT_OPTIONS-TDDEST    = 'LOCL'.     "lokaler Drucker
OUTPUT_OPTIONS-TDCOPIES  = 2.          "2 Exemplare
*&-------------------------------------------------------------&*
```

Ist der Eintrag allerdings kein gültiger Drucker, so erscheint das Spooldialogbild unabhängig von der Vorgabe in NO_DIALOG.

Vorgaben zum Spoolauftrag

Bei der Ausgabe mehrerer Formulare in Folge (gesteuert über die Schleife im Rahmenprogramm) wird im Standardfall je Formular ein neuer und damit eigener

Spoolauftrag erzeugt. Das haben Sie im letzten Übungsbeispiel in Abschnitt 9.5 bereits gesehen, als das Formular nacheinander für mehrere Kunden ausgegeben wurde. Für jeden einzelnen Kunden einzeln erschien daraufhin das Spooldialogbild.

Über passende Schnittstellenparameter können Sie festlegen, dass alle Ausgaben in einen einzigen gemeinsamen Spoolauftrag gelangen. In diesem Fall zeigt auch die Druckvorschau nur ein zusammenfassendes Dokument mit den Rechnungen aller gewählten Kunden.

Die Steuerung erfolgt über zwei Felder in CONTROL_PARAMETERS, die nach folgendem Schema belegt werden müssen:

	no_open	no_close
Erste Formularausgabe	space	'X'
Weitere Ausgaben	'X'	'X'
Letzte Ausgabe	'X'	space

Tabelle 9.4 Steuerung zur Anlage Spoolauftrag

Diese logischen Zustände müssen im Rahmen der Schleifenabwicklung eingestellt werden. Hier sind die passenden Auszüge aus dem Quelltext:

```
*&-------------------------------------------------------------&*
DATA control_parameters TYPE SSFCTRLOP.
LOOP AT customers INTO wa_customer.
* make sure, that spool is not closed
  control_parameters-no_open   = 'X'.
  control_parameters-no_close  = 'X'.
  AT FIRST.
    control_parameters-no_open  = ' '.
  ENDAT.
  AT LAST.
    control_parameters-no_close = ' '.
  ENDAT.
* output of formular
  CALL FUNCTION fm_name
     EXPORTING
              control_parameters   = control_parameters
              customers            = customers
              bookings             = bookings
```

```
                    connections           = connections
                    wa_customer           = wa_customer
         EXCEPTIONS formatting_error      = 1
                    internal_error        = 2
                    send_error            = 3
                    user_canceled         = 4
                    OTHERS                = 5.
ENDLOOP.
*&---------------------------------------------------------------&*
```

Listing 9.17 Schnittstellenparameter übergeben

Die Felder zur Spoolsteuerung in CONTROL_PARAMETERS werden innerhalb der Ausgabeschleife mit Werten belegt. Die ersten beiden Zuweisungen entsprechen dem Fall, den wir oben als »weitere Ausgaben« bezeichnet haben. Um den ersten bzw. den letzten Durchlauf durch eine Schleife abzufangen, existieren die Anweisungen AT FIRST bzw. AT LAST. Dort werden nur noch die abweichenden Einträge gesetzt.

> **Hinweis:** Ein neuer Ausgabeauftrag wird grundsätzlich nur in den folgenen Fällen an einen bestehenden Spoolauftrag angehängt:
>
> ▶ Die Merkmale wie Name, Ausgabegerät, Anzahl der Ausdrucke und Aufbereitungsart (Papierformat) stimmen überein.
>
> ▶ Der bestehende Spoolauftrag ist noch nicht abgeschlossen.
>
> ▶ Das Feld TDNEWID in OUTPUT_PARAMETERS ist nicht auf 'X' gesetzt.
>
> Ist eine dieser Zusatzbedingungen nicht erfüllt, erzeugt die Spoolsteuerung automatisch einen neuen Spoolauftrag.

Wenn Sie jetzt das Rahmenprogramm ausführen, wird ein einziger Spoolauftrag erzeugt, auch wenn mehrere Kunden ausgewählt sind. Das sehen Sie schon in der Druckvorschau: Auch dort sind jetzt alle Seiten der Ausgabe in einem einzigen Dokument zusammenfasst und werden fortlaufend anzeigt. Zuvor wurde je nach Anzahl der Kunden immer wieder eine neue Druckvorschau eröffnet.

9.7.4 Export-Standardparameter

Über Exportparameter kann das Rahmenprogramm Informationen vom Funktionsbaustein des Formulars zurückerhalten. Standardparameter des Exports dienen zur Kontrolle der Ausgabeergebnisse (z. B. über die Anzahl der Ausdrucke). Auf diesem Weg kann aber auch das erzeugte Zwischendokument, wie es an den

Spooler weitergereicht wird, zum Rahmenprogramm zurückgegeben werden (für weitere Schritte wie beispielsweise Download oder Umwandlung in PDF). Alle Standardparameter sind wieder optional, d.h. sie können, aber sie müssen nicht vom Rahmenprogramm abgefragt werden.

Bei Neuanlage eines Formulars werden vom System grundsätzlich drei Exportparameter angelegt (siehe Tabelle 9.5).

Standard-Exportparameter	
Parametername	Bedeutung
DOCUMENT_OUTPUT_INFO	Anzahl der ausgegebenen Formularseiten
JOB_OUTPUT_INFO	Verschiedene Informationen zur durchgeführten Ausgabe (Ist-Angaben)
JOB_OUTPUT_OPTIONS	Ähnlicher Aufbau wie beim Inputparameter OUTPUT_OPTIONS. Darüber kann das Rahmenprogramm z.B. feststellen, ob der Anwender im Spooldialogbild Änderungen vorgenommen hat.

Tabelle 9.5 Export-Standardparamter

Die wichtigsten Informationen zur Ausgabe liefert der strukturierte Parameter JOB_OUTPUT_INFO: Er enthält wichtige Informationen zum erzeugten Spoolauftrag; wahlweise kann das Rahmenprogramm dort aber auch das Dokument komplett übernehmen. Tabelle 9.6 zeigt die zugehörigen Einzelkomponenten.

JOB_OUTPUT_INFO (Datentyp SSFCRESCL)	
OUTPUTDONE	Kennzeichen für erfolgreiche Ausgabe; bei 'X': Ausgabe wurde durchgeführt
ARCHDONE	Kennzeichen für erfolgreiche Archivierung; bei 'X': Archivierung wurde durchgeführt
USEREXIT	Letzte Benutzerfunktion vor Ende der Ausgabe: 'C'=Abbrechen, 'B'=Zurück, 'E'=Beenden leer = sonstige Funktion
TDFORMS	Anzahl der ausgegebenen Formulare im Spoolauftrag; der Wert ist nur größer als '1', wenn mehrere Ausgaben in einem Spoolauftrag zusammengefasst wurden (siehe Hinweise zu Importparametern).
SPOOLIDS	Tabelle mit allen IDs der erzeugten Spoolaufträge
FAXIDS	Tabelle mit allen IDs zu Fax-Ausgaben
MAILIDS	Tabelle mit allen IDs zu E-Mail-Ausgaben

Tabelle 9.6 Datenkompontenten bei Exportparametern

OTFDATA	Tabelle mit allen Zeilen des Ausgabedokuments im OTF-Format (ist nur gefüllt bei Anforderung über GETOTF, siehe Anmerkungen unten)
XSFDTA XSLDATA CSSDATA	Tabellen mit allen Zeilen einer XML-Ausgabe, wenn als Ausgabemodus 'A' angefordert war (getrennt nach den Anteilen für XML, XSL, CSS). Jede Tabelle enthält nur eine Spalte vom Typ String, jeder Zeileneintrag ist eine Zeile des Ausgabedokuments (ist nur gefüllt bei Anforderung über entsprechende Inputparameter; vgl. Hinweise dort). Die XSF Ausgabe wird ausführlich erläutert in Abschnitt 10.3.

Tabelle 9.6 Datenkompontenten bei Exportparametern (Forts.)

Jede Formularausgabe erzeugt ein Zwischendokument mit allen Formatanweisungen, die für eine korrekte Druckdarstellung erforderlich sind. Dieses Dokument wird üblicherweise zum Spooler weitergeleitet.

OTF-Dokument als Ergebnis der Formularausgabe

Das Format dieses Zwischendokumentes ist *Output Text Format* (*OTF*) (außer wenn explizit XSF-Ausgabe angefordert war). Das OTF-Format besteht komplett aus lesbaren Zeichen. Es beschreibt den aufbereiteten Text in einem einheitlichen Zwischenformat. Es ist noch unabhängig von der Steuersprache, die das vorgegebene Ausgabegerät verwendet. Die Umsetzung vom OTF-Format in die Sprache des Ausgabegerätes ist die Aufgabe des Ausgabe-/Druckertreibers (z. B. Postscript, PCL,...).

Das erzeugte OTF-Dokument wird zusammen mit dem Spooleintrag gespeichert. Auf der Basis des OTF-Dokuments arbeitet auch die Druckvorschau; sie kann deshalb auch innerhalb der Spoolsteuerung aufgerufen werden.

Ein Rahmenprogramm kann dieses OTF-Dokument über den Importparameter GETOTF in CONTROL_PARAMETERS vom Funktionsbaustein anfordern und dann per Exportparameter selbst übernehmen (als zeilenweise Einträge in der Komponente OTFDATA, die selbst wieder eine interne Tabelle ist). In diesem Fall erfolgt keine Übergabe zum Spooler oder in die Druckansicht. Die weitere Verarbeitung ist Sache des Rahmenprogramms (z. B. Umwandlung in andere Formate wie PDF oder Download auf den Arbeitsplatz des Anwenders). Auf diesen Fall ist auch das nachstehende Übungsbeispiel ausgelegt.

9.7.5 Übungsbeispiel: Export-Standardparameter

Um das Zwischendokument der Formularausgabe im OTF-Format an das Anwendungsprogramm zurückzugeben (statt an den Spooler), sind nur wenige Schritte nötig (siehe Listing 9.18).

```
*----------------------------------------------------------------*
DATA control_parameters      TYPE SSFCTRLOP.
DATA job_output_info         TYPE SSFCRESCL.
control_parameters-getotf    = 'X'.    " Get OTF on
control_parameters-no_dialog = 'X'.    " Spooldialog off
* weitere Zuweisungen
* z.B. Name des Funktionsbausteins ermitteln
CALL FUNCTION   fm_name
     EXPORTING  control_parameters    = control_parameters
                customers             = customers
                bookings              = bookings
                connections           = connections
     IMPORTING  job_output_info       = job_output_info
     EXCEPTIONS formatting_error      = 1
                internal_error        = 2
                send_error            = 3
                user_canceled         = 4 .
WRITE 'Übergabe im OTF-Format beendet'.
* weitere Bearbeitung des OTF-Dokumentes in
* JOB_OUTPUT_INFO-OTFDATA z.B. über Funkt.baustein CONVERT_OTF.
*----------------------------------------------------------------*
```

Listing 9.18 Rückgabe Formularausgabe an Rahmenprogramm

Die einzelnen Schritte im Rahmenprogramm:

▶ Definieren Sie die Formularparameter wie angegeben

▶ Um die Rückgabe der Ausgabe an das Rahmenprogramm zu aktivieren, ist eigentlich nur ein Eintrag bei GETOTF erforderlich. Es empfiehlt sich aber, über NO_DIALOG zusätzlich auch den Spooldialog auszuschalten, da er nicht benötigt wird.

▶ Weisen Sie die Parameter in der Formularschnittstelle zu

▶ Wir haben im Listing auf eine Abfrage von Fehlern verzichtet; statt dessen wird über WRITE eine Kurznotiz ausgegeben.

Nach Ausführung des Funktionsbausteins kann das Rahmenprogramm über die zeilenweisen Einträge in der Komponente OTFDATA von JOB_OUTPUT_INFO das Ausgabeergebnis weiter verarbeiten (z. B. zur Konvertierung über den Funktionsbaustein CONVERT_OTF nach ASCII oder PDF).

9.8 Laufzeitfehler/Ausnahmen

9.8.1 Übersicht

Im Abschnitt 3.4 sind wir ausführlich darauf eingegangen, wie Fehler im Formular während der Entwicklung entdeckt und behoben werden können (z.B. über die eingebauten Überprüfungen im Form Builder). Die dort zur Verfügung stehenden Funktionen werden in den meisten Fällen für die Entwicklung eines Formulars ausreichen. Der Vollständigkeit halber wollen wir uns jetzt mit dem Umstand befassen, dass Fehler teilweise erst auftreten, wenn das Formular ausgegeben und dabei mit Daten versorgt wird. Solche Fehler werden als *Laufzeitfehler* bezeichnet.

> **Hinweis:** Die hier beschriebenen Funktionen sind sicher nur in Ausnahmefällen für die Formularentwicklung relevant.

Schnittstellenparameter

Für die Überwachung der Laufzeitfehler ist im Funktionsbaustein zum Formular ein standardisiertes Vorgehen hinterlegt. Über die Schnittstelle des Funktionsbausteins werden die Meldungen weitergereicht, so dass letztlich das Rahmenprogramm für den richtigen Umgang mit diesen Meldungen verantwortlich ist. Das Rahmenprogramm kann die Rückmeldungen des Funktionsbausteins wie folgt überwachen:

▶ Abfrage von SY-SUBRC, um festzustellen, ob eine Fehlersituation zum Abbruch des Funktionsbausteins geführt hat

Die Abfrage über SY-SUBRC entspricht einem allgemein gültigen Vorgehen im SAP-System: Auf diese Weise kann jedes ABAP-Programm die korrekte Ausführung einer untergeordneten Funktion überwachen. Ist SY-SUBRC nach Rückkehr aus einem Funktionsaufruf nicht Null, so ist bei Ausführung der Funktion ein Fehler aufgetreten, der zum Abbruch geführt hat. Tritt eine solche Abweichung vom normalen Ablauf innerhalb eines Funktionsbausteins auf, so spricht man auch von einer *Ausnahme* (Exception). Auf diese Ausnahmesituation kann dann das aufgerufene Programm reagieren, z.B. durch die Ausgabe geeigneter Meldungen.

▶ Überprüfung weiterer *Systemfelder* (SY-MSG1 etc.), die ggf. den Inhalt der letzten Ausnahme näher beschreiben

Diese Systemfelder sind üblicherweise auch beim Funktionsbaustein zum Formular gefüllt. Deshalb konnten wir in unseren bisherigen Beispielen zur Flugrechnung nach Rückkehr aus dem Funktionsbaustein eine Abfrage zu SY-

SUBRC <> 0 vornehmen und mit Hilfe der zusätzlichen Systemfelder eine Fehlermeldung am Bildschirm erzeugen.

- Lesen eines ausführlichen *internen Protokolls*
  Alle bei Ausführung des Funktionsbausteins angefallenen Meldungen (Fehler, Warnungen) werden in einem internen Protokoll mitgeschrieben. Über einen definierten Funktionsaufruf kann das Rahmenprogramm dieses Protokoll lesen und weiterverarbeiten.

Üblicherweise lösen Funktionsbausteine selbst keine direkten Meldungen am Bildschirm aus. Der Grund: Sie könnten in unterschiedlichen Arten von Programmen eingebunden sein und würden so im ungünstigsten Fall einen Batch-Prozess komplett blockieren. Statt dessen beendet der Baustein im Fehlerfall seine eigene Ausführung und gibt einen entsprechenden Hinweis auf die Ausnahmesituation an das aufrufende Programm zurück. Je nach Situation kann die Ausnahme auch über mehrere Ebenen weitergereicht werden; wenn z. B. wenn ein Funktionsbaustein wieder andere aufgerufen hat.

Reaktionen im Rahmenprogramm

Letztendlich muss also immer das Rahmenprogramm entscheiden, wie nach einer Ausnahme weiter verfahren werden soll. Im Fall der Formularausgabe sind primär zwei Arten der Reaktion üblich:

- **Ausgabe am Bildschirm**
  Im Fehlerfall erzeugt das Rahmenprogramm eine Fehlermeldung am Bildschirm des Anwenders. Sie enthält einen Kurzhinweis auf den Inhalt des Fehlers. Eine erweiterte Darstellung zur Fehlermeldung ist häufig über die eingebaute Hilfe zum Bildschirmbild abrufbar. Diese Variante ist auch beim Test von Formularen sinnvoll.

- **Protokollierung**
  Bei der Ausgabe über die Nachrichtensteuerung werden im Fehlerfall die Einträge des internen Fehlerprotokolls in ein zentrales Fehlerprotokoll übernommen und der aktuellen Nachricht zugeordnet. Über individuelle Menüwege innerhalb der Applikation kann dieses Protokoll dann vom Anwender ausgewertet werden. Gleichzeitig erhält die jeweilige Nachricht einen neuen Status, z. B. »Fehlerhafte Ausführung«. Dieses Protokoll enthält Fehlermeldungen, aber auch Warnungen, die bei der Ausgabe des Formulars aufgetreten sind. Bei diesem Verfahren kann ggf. die Ausgabe mit einem anderen Beleg fortgesetzt werden.

Für die Behandlung von Ausnahmesituationen spielt auch immer die Schwere der Ausnahme eine Rolle (z. B. unterschieden nach echten Fehlermeldungen oder einfach nur Warnungen). Aus diesem Grunde sind die auftretenden Fehler nach Typen klassifiziert. Es führen auch nur wirkliche Fehler zu einem echten Programmende; Warnungen werden lediglich in das interne Ausführungsprotokoll aufgenommen.

Standardfehlermeldungen

Für die Smart Forms-Formularausgabe ist eine Vielzahl von Fehlersituationen vordefiniert und im Funktionsbaustein zum Formular eingebunden (z.B. bei Spoolerfehler, Abbruch durch Anwender, Textbaustein nicht gefunden etc.).

> **Hinweis:** Auch das Design des Formulars kann Einfluss darauf haben, wie das System auf bestimmte Ereignisse reagiert. So kann bei Einbindung eines Include-Textes eine Option **keine Fehler, falls Text nicht vorhanden** gesetzt werden. Ist ein solcher Text im aktuellen Mandanten nicht zu finden, wird dies auf jeden Fall im internen Protokoll als Hinweis vermerkt. Je nach Einstellung im Knoten wird ggf. zusätzlich eine Ausnahme ausgelöst und dadurch die Ausführung des Funktionsbausteins beendet.

Die hinterlegten Standardmeldungen werden im Fehlerfall automatisch vom Ausgabeprozessor erzeugt. Allerdings besteht darüber hinaus auch die Möglichkeit, individuelle Meldungen als Warnungen oder Fehler zu erzeugen, um damit z.B. die Abarbeitung des Formulars unter bestimmten Bedingungen zu unterbinden. Die zugehörigen Anweisungen können über Programm-Knoten im Formular eingefügt werden (darauf gehen wir weiter unten noch ein).

Das Behandlung von Ausnahmen während der Ausführung eines ABAP-Funktionsbausteins wird auch in den zugehörigen Abschnitten der SAP-Bibliothek ausführlich beschrieben. An dieser Stelle wollen wir wieder nur die Inhalte vermitteln, die für eine Anwendung im Rahmen von Smart Forms sinnvoll erscheinen.

> **Hinweis:** Die Rückmeldungen des Programms werden im Englischen als *Messages* bezeichnet. In der deutschen Version der ABAP-Entwicklungsumgebung ist der Begriff *Nachrichten* üblich (z.B. bei *Nachrichtenklasse* etc.). Dieser Begriff wird aber auch schon im Rahmen der Ausgabesteuerung verwendet (Nachrichtenfindung, Nachrichtenstatus etc.): Um Verwechslungen zu vermeiden, sprechen wir im Folgenden von *Meldungen*.

9.8.2 Fehlerbehandlung im Rahmenprogramm

Jeder Anwendungsbereich (Arbeitsgebiet) im SAP-System besitzt eigene (Fehler-) Meldungen. Um dabei Überschneidungen zu vermeiden, werden sie in Meldungs-/Nachrichtenklassen eingeteilt: Nur zusammen mit dieser Klasse ist eine Meldungsnummer als Eintrag eindeutig (je Sprache existiert ein Eintrag). Alle Meldungen zu Smart Forms sind in Klasse **SSFCOMPOSER** enthalten. Die Pflege der verwendbaren Meldungen erfolgt über Transaktion SE91 (sie sind in der Datenbanktabelle T100 gespeichert).

Jeder Meldungsklasse ist im Funktionsbaustein des Formulars zusätzlich eine Ausnahme zugeordnet. Ist ein Fehler aufgetreten, so wird genau diese Ausnahme ausgelöst. Dazu wird die Systemvariable SY-SUBRC mit der Nummer der Ausnahme gesetzt. Details zum Inhalt werden in weitere Systemparameter übernommen (Fehlernummer, Arbeitsgebiet, Nachrichtentext u.a.). Eine Abfrage SY-SUBRC <> 0 im aufrufenden Programm liefert also immer die direkte Aussage, ob eine Ausnahme aufgetreten ist. Das Lesen der sonstigen Systemparameter liefert ggf. die Ursache dieser Ausnahme.

Ausnahmen sind Schnittstellenparameter des Funktionsbausteins und müssen entsprechend bei dessen Aufruf vereinbart werden. Zur Veranschaulichung hier ein Beispiel zum Aufruf:

```
*&---------------------------------------------------------------&*
* calling Smart Forms function module
    CALL FUNCTION fm_name
        EXPORTING   customers           = customers
                    bookings            = bookings
                    connections         = connections
        EXCEPTIONS  formatting_error    = 1
                    internal_error      = 2
                    send_error          = 3
                    user_canceled       = 4
                    test                = 5
                    test1               = 6.
IF SY-SUBRC <> 0.
    MESSAGE ID sy-msgid TYPE sy-msgty NUMBER sy-msgno
        WITH sy-msgv1 sy-msgv2 sy-msgv3 sy-msgv4.
ENDIF.
*&---------------------------------------------------------------&*
```

Listing 9.19 Ausgabe Fehlermeldung nach Formularausgabe

Die verwendbaren Ausnahmen sind im Abschnitt EXCEPTIONS zum Aufruf des Funktionsbausteins aufgelistet. Die gleichen Einträge finden Sie auch bei der Bearbeitung des Formulars auf der Registerkarte **Ausnahmen** bei den Attributen der Formularschnittstelle.

Ausgabe Fehlermeldung im Rahmenprogramm

Das letzte Listing zeigt ebenfalls ein Beispiel für eine mögliche Reaktion des Rahmenprogramms bei Auftreten einer Ausnahme (also SY-SUBRC <> 0): Über die MESSAGE-Anweisung wird direkt auf dem Bildschirm eine Meldung ausgegeben. Dies könnte das Ergebnis am Monitor sein:

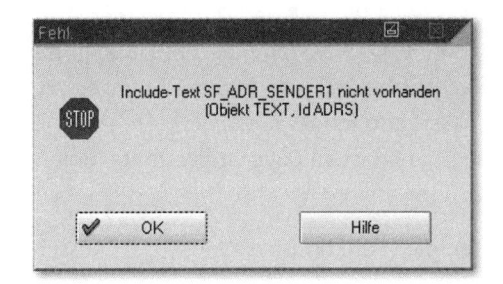

Abbildung 9.6 Fehlermeldung über MESSAGE-Anweisung

Die Parameter der Meldung sind die Angaben, die vom Funktionsbaustein zurückgemeldet werden:

SY-MSGID	Nachrichten-/Meldungsklasse (bei Smart Forms immer SSFCOMPOSER)
SY-MSGTY	Nachrichten-/Meldungstyp mit: A=Abbruch, E=Error, I=Info, S=Statusmeldung, W=Warnung, X=Exit/Kurzdump
SY-MSGNO	Aktuelle Meldungsnummer

Die Meldungsnummer muss als Eintrag zur Klasse SSFCOMPOSER hinterlegt sein. Weitere Felder geben Hinweise auf jene Komponente im Formular, auf die sich die Meldung bezieht. Bei einem fehlenden Include-Text reagiert das System z.B. mit der folgenden Meldungsnummer:

610 Include-Text &1 nicht vorhanden (Objekt &2, ID &3)

Die variablen Anteile &1 bis &3 im Text zur Meldung werden bei der Ausgabe durch Inhalte der beteiligten Formularkomponente gefüllt; diese Inhalte können ebenfalls direkt über Systemvariablen gelesen werden. In unserem Beispiel sind es Angaben zum Include-Text-Knoten:

SY-MSGN1	hier: Name des Include-Textes
SY-MSGN2	hier: zugehörige Angabe zum Textobjekt
SY-MSGN3	hier: zugehörige Angabe zur Text-ID

Ausgabe in ein internes Fehlerprotokoll

Im letzten Beispiel haben wir nur eine einzige Fehlermeldung des Funktionsbausteins ausgewertet und am Bildschirm ausgegeben. In vielen Fällen ist dies aber nicht möglich (z.B. bei automatischen Drucken).

Dann wird man im Rahmenprogramm eine Variante mit Protokollierung vorziehen. Dabei werden die Meldungen in einer zentralen Protokolltabelle gesammelt, um sie dem Anwender zur Verfügung zu stellen (z.B. ist dies bei der Ausführung über die Nachrichtensteuerung üblich). Für ein vollständiges Protokoll sollte das Rahmenprogramm dann auch Zugriff auf alle Warnungen haben.

Diese Anforderung wird erfüllt durch eine zusätzliche Protokollierungsfunktion, die bei Ausführung des Funktionsbausteins alle anfallenden Meldungen in einer internen Tabelle sammelt. Diese interne Abwicklung wird durch verschiedenen Funktionsbausteine unterstützt:

- Für das Speichern von Meldungen wird der Funktionsbaustein SSFRT_WRITE_ERROR verwendet; er wird normalerweise nur innerhalb des Funktionsbausteins zum Formular aufgerufen. Über die Anweisung RAISE ERROR wird ggf. eine passende Ausnahme ausgelöst
- Über den Funktionsbaustein SSFRT_READ_ERROR kann das Rahmenprogramm den letzten Eintrag der internen Fehlertabelle lesen. Falls vorher eine Ausnahme ausgelöst wurde, ist der letzte Eintrag automatisch die zur Ausnahme gehörige Fehlermeldung (äquivalent zu den Einträgen in SY-Feldern).
- Für das Lesen aller Laufzeitmeldungen des internen Protokolls steht der Funktionsbaustein SSF_READ_ERRORS zur Verfügung. Einziger Übergabeparameter ist eine interne Tabelle auf der Basis des Datentyps SSFERRORS; sie enthält exakt alle Felder, aus denen sich die einzelnen Meldungen zusammensetzen (mit Meldungsklasse, Meldungsnummer, Texte u.a.). Es wird automatisch das interne Protokoll der letzten Formularausgabe gelesen.

Die Übernahme aller Einträge des internen Protokolls erfolgt z.B. bei Anwendungsprogrammen, die über die Nachrichtensteuerung angestoßen werden. Nach einer echten Ausgabe über den Spooler (nicht über die Druckvorschau) wird der zugehörige Status der Nachrichtentabelle NAST aktualisiert. Zusätzlich werden dabei alle aufgetretenen Meldungen über eine Funktion wie NAST_PROTOKOLL_UPDATE in die Protokolldateien der Nachrichtensteuerung übertragen; siehe auch Abschnitt 13.6.

Beispiel zum internen Meldungsprotokoll

Wir wollen hier als abschließendes Beispiel eine kurze Programmroutine vorstellen, die eine einfache Liste aller aufgetretenen Meldungen mit ihren Parametern am Bildschirm erzeugt (es ginge sicher auch noch eleganter):

```
*&---------------------------------------------------------------&*
FORM print_ssfprot.
* Declaration
  DATA: errortab       TYPE tsferror.
  DATA: wa_errortab    TYPE LINE OF tsferror.
* get Smart Forms protocoll
  CALL  FUNCTION  'SSF_READ_ERRORS'
        IMPORTING errortab = errortab.
* output protocoll
  LOOP AT errortab into wa_errortab.
    WRITE: / wa_errortab-msgid,
             wa_errortab-errnumber,
             wa_errortab-msgty,
             wa_errortab-msgv1,
             wa_errortab-msgv2,
             wa_errortab-msgv3,
             wa_errortab-msgv4.
  ENDLOOP.
ENDFORM.
*&---------------------------------------------------------------&*
```

Listing 9.20 Fehlerprotokoll lesen und ausgeben

Ein PERFORM zu diesem Unterprogramm könnte komplett das Error-Handling im Rahmenprogramm am Anfang dieses Abschnitts ersetzen (statt der MESSAGE-Anweisung). Das Unterprogramm schreibt dann eine Liste der aufgetretenen Fehler zeilenweise auf den Monitor. Für den Aufruf selbst sind keine weiteren Parameter erforderlich.

9.8.3 Individuelle Fehlerbehandlung im Formular

Wir haben bisher die typischen Angaben zu einer Meldung kennen gelernt, wie sie der Anwender am Bildschirm oder in einem Protokoll sieht. Wir wollen im Folgenden zeigen, wie Sie individuelle Fehler im Formular als Ausnahme an das Rahmenprogramm weiterleiten können.

Interne Fehlerkonstanten

Zur Vereinfachung der Abwicklung unter Smart Forms sind alle dort verwendeten Meldungen als Konstanten im Quelltext hinterlegt. Es folgen Auszüge aus dem zugehörigen Include SSF_ERRORS (automatisch eingebunden im Funktionsbausteins zum Formular):

```
*&----------------------------------------------------------------&*
*   INCLUDE SSF_ERRORS                                             *
*   errors numbers for SAP Smart Forms
*------------------------------------------------------------------*
* error class 00: user canceled document processing
* exception      : user_canceled
constants:
  ssf_err_user_canceled          type tdsfnumber value '000001'.
* error class 01: send and convert output (spool, archive)
* exception      : send_error
constants:
  ssf_err_dest_no_authority      type tdsfnumber value '010001',
  ssf_err_spool_error            type tdsfnumber value '010002',
  ssf_err_unknown_device         type tdsfnumber value '010003',
*&----------------------------------------------------------------&*
```

Listing 9.21 Definierte Fehlermeldungen bei Formularausgabe

Inhalt der Konstanten ist eine jeweils sechsstellige Nummer. Die ersten beiden Ziffern bilden eine Fehlerklasse, die letzten vier Stellen sind innerhalb der Fehlerklasse durchlaufend hochgezählt. Diese Nummer wird u.a. in das interne Ausführungsprotokoll geschrieben.

Die Fehlerklasse entscheidet darüber, welche Ausnahme ausgelöst und über SY-SUBRC an das Rahmenprogramm übergeben werden soll. Es existieren z.Z. fünf Fehlerklassen, denen jeweils eine Ausnahme zugeordnet ist (siehe Tabelle 9.7).

Klasse	Ausnahme (exception)	Bezeichnung	Anwendungsfälle
00	4	user_canceled	Abbruch durch Anwender
01	3	send_errors	Ausgabe auf Drucker, Konvertierungen in Fax, E-Mail...
02	1	formatting_error	Hinweise zu Texten, Grafiken, Fonts sowie Formatierungen

Tabelle 9.7 Zuordnung Fehlerklasse zu Ausnahme

Klasse	Ausnahme (exception)	Bezeichnung	Anwendungsfälle
03	2	internal_error	Composer- und echte Laufzeitfehler
99	sonst.	user_defined	Individuelle Meldungen zum Formular

Tabelle 9.7 Zuordnung Fehlerklasse zu Ausnahme

Eine Routine zum Speichern einer neuen Meldung steht über den Funktionsbaustein SSFRT_WRITE_ERROR zur Verfügung. Bei Fehlern wird innerhalb des Funktionsbausteins zum Formular zusätzlich über die Anweisung RAISE ERROR eine Ausnahme ausgelöst. Die Reaktionen des Rahmenprogramms haben wir oben bereits beschrieben.

Ausnahmen im Programm-Knoten erzeugen

Im Normalfall werden Fehlermeldungen während der Laufzeit automatisch vom Formularprozessor erzeugt (z. B. wenn ein Textbaustein nicht vorhanden ist). In Einzelfällen kann es zusätzlich sinnvoll sein, individuelle Meldungen über Programm-Knoten im Formular zu erzeugen (um z. B. eine datenabhängige Fehlersituationen abzufangen). Wir wollen im Folgenden einige Möglichkeiten dazu zeigen.

Innerhalb eines Funktionsbausteins dürfen Sie keine direkten Bildschirmmeldungen ausgeben. Da jedes Formular in einen Funktionsbaustein übersetzt wird, scheidet z. B. die direkte Anwendung der MESSAGE-Anweisung aus. Es bietet sich aber an, die gewünschte Meldung (wie oben erläutert) in das interne Protokoll zu schreiben und bei Bedarf zusätzlich eine Ausnahme auszulösen. Listing 9.22 zeigt jeweils in den Kommentarzeilen dazu drei Beispiele.

```
*&---------------------------------------------------------------&*
* (A): Ausnahme über Makro erzeugen
*    USER_EXCEPTION TEST.
* (B): Ausgabe mit interner Fehlerkonstanten + Meldungsnummer
*    CALL FUNCTION 'SSFRT_WRITE_ERROR'
*      EXPORTING
**        I_ERRNUMBER      = ssf_err_unknown_device   "'010003'
*        I_msgid          = 'SSFCOMPOSER'
*        I_MSGTY          = 'E'
*        I_msgno          - '027'
*        I_MSGV1          = 'Testfax'
*        I_MSGV2          = ' '    .
*    USER_EXCEPTION TEST.
* (C): Ausgabe mit Meldungs-Nummer etc.
*    CALL FUNCTION 'SSF_MESSAGE'
```

```
*      EXPORTING
*         I_MSGID      = 'SSFCOMPOSER'
*         I_MSGTY      = 'E'
*         I_MSGNO      = '027'
*         I_MSGV1      = 'Testfax'
*         I_MSGV2      = ' '       .
*      SFSY-EXCEPTION = 'TEST'.       " zusätzlich zur Erzeugung
*      RAISE TEST.                    " einer Ausnahme
*&---------------------------------------------------------------&*
```

Listing 9.22 Fehlermeldungen und Ausnahme im Programm-Knoten

Diese drei Beispiele gelten nur für die Anwendung innerhalb eines Programm-Knotens!

Die verwendeten Ausnahmen müssen vorher bei den Globalen Definitionen auf der Registerkarte **Ausnahmen** angelegt sein (in unserem Fall heißt die Ausnahme TEST). Der Programmablauf im generierten Funktionsbaustein ändert sich in Abhängigkeit davon, ob dort eine Ausnahme definiert ist. Achten Sie auf korrekte Schreibweise, denn die Anlage der Namen wird nicht von einer Prüffunktion im Formular überwacht. Der Name der Ausnahmen steht in einem Programm-Knoten direkt zur Verfügung (d. h. ohne weitere Zuordnung als Eingangsparameter).

Natürlich müssen die Ausnahmen auch beim Aufruf des Formulars im Rahmenprogramm namensgleich hinterlegt sein. Dort weisen Sie zum Namen der Ausnahme auch eine interne Nummer zu. Sie steht nach Rückkehr aus dem Funktionsbaustein ggf. in SY-SUBRC und kann eine beliebige Ganzzahl sein.

Ausnahme über Makro erzeugen

In jedem Formular ist ein Makro mit der Bezeichnung USER_EXCEPTION hinterlegt, das direkt eine Ausnahme auslösen kann. Ein Makro besteht selbst wieder aus ABAP-Programmcodes (ähnlich wie ein Unterprogramm).

```
*&---------------------------------------------------------------&*
DEFINE USER_EXCEPTION.
  PERFORM RESET_ALL IN PROGRAM SAPLSTXBC.
  SFSY-EXCEPTION = '&1'.
  RAISE ERROR.
END-OF-DEFINITION.
*&---------------------------------------------------------------&*
```

Listing 9.23 Definition zum Makro USER_EXCEPTION

Zum Aufruf des Makros gehört als Pflichtparameter der Name der Ausnahme, die ausgelöst werden soll. Der Name wird innerhalb des Makros in die Systemvariable SFSY-EXCEPTION übertragen. Das Makro löscht zusätzlich verschiedene Statuswerte des Composers und löst dann über RAISE die eigentliche Ausnahme aus.

Das Makro darf nur in einem Programm-Knoten eingesetzt werden (nicht bei der Initialisierung).

Bei dieser einfachen Variante zur Erzeugung einer Ausnahme werden keine zusätzlichen Fehlerangaben mitgeliefert; weder über die SY-Variablen noch über die interne Protokolltabelle ERRORTAB. Eine MESSAGE-Anweisung im Rahmenprogramm erzeugt deshalb am Bildschirm eine eher zufällige Meldung, die nur davon abhängt, ob im internen Protokoll vorher schon andere Meldungen notiert wurden (z. B. als Warnungen).

> **Hintergrund:** Vor Rückkehr zum Rahmenprogramm liest der Funktionsbaustein zum Formular immer den letzten Eintrag im internen Protokoll und stellt ihn in die SY-Variablen. Das geschieht in der Annahme, der letzte Eintrag sei auch für die entstehende Ausnahme verantwortlich. In vorliegenden Fall führt das aber zu einer zufälligen Meldung.

Im Einzelfall erscheint als Hinweis also die letzte gespeicherte Warnung. Sollte vorher noch keine Warnung aufgetreten sein, wird intern automatisch Meldungsnummer '003' zugeordnet. Am Bildschirm erscheint Hinweis »Nichtklassifizierbarer Fehler (unbekannte Ausnahme wurde ausgelöst)«.

Aus dieser Situation heraus erscheint es also sinnvoll, zusätzlich den Grund für die Ausnahmesituation zu übergeben. Dazu sollen die beiden im Folgenden vorgestellten Lösungen dienen.

Ausnahme mit interner Fehlerkonstanten + Meldungsnummer

Um Meldungen im Programm-Knoten konform zu Smart Forms ausgeben zu können, steht der Funktionsbaustein SSFRT_WRITE_ERROR zur Verfügung. Er beschreibt die interne Protokolltabelle ERRORTAB für den Austausch der Meldungen und benötigt als Eingangsparameter die üblichen Angaben wie Meldungsklasse, Meldungstyp, Meldungsnummer usw.

Dem Funktionsbaustein kann optional über Parameter I_ERRNUMBER auch eine sechsstellige Fehlerkonstante mitgegeben werden. Ist der Eintrag nicht gefüllt, ergänzt das System automatisch '990001' für formularspezifische Fehlersituationen.

Sie können den Baustein im einfachsten Fall nutzen, um Warnungen in das interne Protokoll zu schreiben.

Soll zusätzlich eine Ausnahme ausgelöst werden, muss nach Aufruf dieser Funktion zusätzlich wieder das Makro USER_EXCEPTION folgen. In dem Makro wird wieder SFSY-EXCEPTION mit dem Namen der Ausnahme gesetzt (als Basis für die Weiterleitung der Ausnahme bis zum Rahmenprogramm).

Ausnahme mit Meldungsnummer

In dieser Alternative zum vorherigen Abschnitt verwenden Sie den Baustein SSF_MESSAGE zum Schreiben der Fehlermeldung in das interne Protokoll. Die Angabe der internen Fehlernummern ist hier grundsätzlich nicht mehr vorgesehen. Der Funktionsbaustein ruft selbst wieder SSFRT_WRITE_ERROR auf, d. h. es wird auch automatisch wieder '990001' für formularspezifische Fehler ergänzt.

SSF_MESSAGE löscht bei Meldungen, deren Meldungstyp sie als Fehler ausweist, über RESET_ALL wieder einige einige Statuswerte des Composers, wie es sonst im Makro USER_EXCEPTION vorgesehen ist.

Wenn Sie in der Folge eine Ausnahme über USER_EXCEPTION auslösen, wird RESET_ALL ggf. doppelt ausgeführt. Sie können alternativ die zugehörige Ausnahme hier aber auch direkt über die ABAP-Anweisung RAISE auslösen. Die Ausnahme wird allerdings nur korrekt weitergereicht, wenn zusätzlich der Name der Ausnahme in die Systemvariable SFSY-EXCEPTION eingetragen ist (siehe letztes Beispiel in Listing 9.22), was sonst im Makro erfolgt.

Hintergrund: Damit eine Ausnahme vom Programm-Knoten bis zum Rahmenprogramm gelangt, müssen im generierten Funktionsbaustein zunächst zwei weitere Funktionsbausteine überbrückt werden. Dadurch ergibt sich folgender Ablauf:

- Im ersten Schritt führt die Ausnahme zurück zum Aufruf des Funktionsbausteins SSFCOMP_TABLE_NEXT_ROW. Dieser erzeugt selbst wieder eine Ausnahme über RAISE ERROR. Dadurch erscheint eine Ausnahme OTHERS im übergeordneten Funktionsbaustein SSFCOMP_PROCESS_DOCUMENT.

- Auf dieser Stufe wird in Folge ein Unterprogramm %RAISE ausgeführt, das über Funktionsbaustein SSFRT_READ_ERROR den letzten Eintrag des internen Fehlerprotokolls liest und den Inhalt in die SY-Variablen stellt.

- Zusätzlich überprüft %RAISE, ob bei den Globalen Definitionen im Formular individuelle Ausnahmen hinterlegt sind. Ist das der Fall, wird zusätzlich der Inhalt von SFSY-EXCEPTION ausgewertet.

> - Ist dort eine formularindividuelle Ausnahme eingetragen, wird die Ausnahme mit dem jeweiligen Namen (in unserem Beispiel TEST) nochmals ausgelöst und gelangt so zum Rahmenprogramm des Formulars.
>
> - Wird keine formularindividuelle Ausnahme festgestellt, entnimmt %RAISE die auszulösende Ausnahme aus der Fehlernummer des internen Protokolls (je nach vorheriger Zuweisung über eine Fehlerkonstante). Das entspricht dann der üblichen Behandlung aller Standardausnahmen.
>
> Aus diesem internen Ablauf ergibt sich, dass immer die Systemvariable SFSY-EXCEPTION gesetzt sein muss. Bei Verwendung des Makros USER_EXCEPTION im Programm-Knoten erfolgt diese Zuweisung automatisch.

9.8.4 Überwachung der Formularausführung per TRACE

In Ausnahmefällen der fortgeschrittenen Formularentwicklung kann es sinnvoll sein, die Ausgabe des Formulars mit Hilfe von Trace-Funktion zu überwachen (als weitere Laufzeitanalyse). In diesem Fall werden automatisch alle Schritte der Ausführung in einem Text protokolliert.

Eine solche Trace-Überwachung lässt sich auch so einrichten, dass im Protokoll nur bestimmte Ereignisse erscheinen (z.B. Fehlermeldungen). Ein passendes Werkzeug für Trace-Funktionen zu Smart Forms finden Sie über die Transaktion SMARTFORM_TRACE. Anwender solcher Spezial-Werkzeuge sind üblicherweise mit den hinterlegten Funktionen vertraut, so dass wir an dieser Stelle auf weitere Erläuterungen verzichten.

10 Besondere Ausgabeverfahren

In unseren bisherigen Ausführungen haben wir uns überwiegend auf den Fall konzentriert, dass die Ausgabe eines Formulars auf einem Drucker erfolgt bzw. vorher als Druckansicht im System angezeigt wird.

Das Drucken eines Formulars ist sicher immer noch die häufigste Ausgabeform, aber auch andere Ausgabeformen (Ausgabemedien) sind bereits sehr üblich. Hierzu zählen die Fax-Ausgabe, das Versenden eines Formulars als E-Mail und die Ausgabe im PDF-Format. Auch die Archivierung von fertigen Formularen ist im weitesten Sinne eine Ausgabeform. Mit der wachsenden Zahl von Internetanwendungen erlangt zusätzlich die XML- und HTML-Ausgabe eines Formulars immer größere Bedeutung.

Alle diese Ausgabeformen bietet Ihnen Smart Forms. Hierauf werden wir in den nächsten Abschnitten eingehen.

10.1 Versenden über E-Mail oder Telefax

10.1.1 Übersicht

Um Formulare über E-Mail zu versenden, nutzt Smart Forms Schnittstellen des *BCI* (*Business Communication Interface*). Dieses Interface erledigt selbständig das Versenden von Dokumenten an interne Kommunikationspartner. Um Dokumente an externe Partner zu schicken, leitet das BCI die Sendeobjekte an SAPconnect weiter. Durch diese stufenweise Abwicklung ergibt sich auch bei Smart Forms eine durchgängige Schnittstelle.

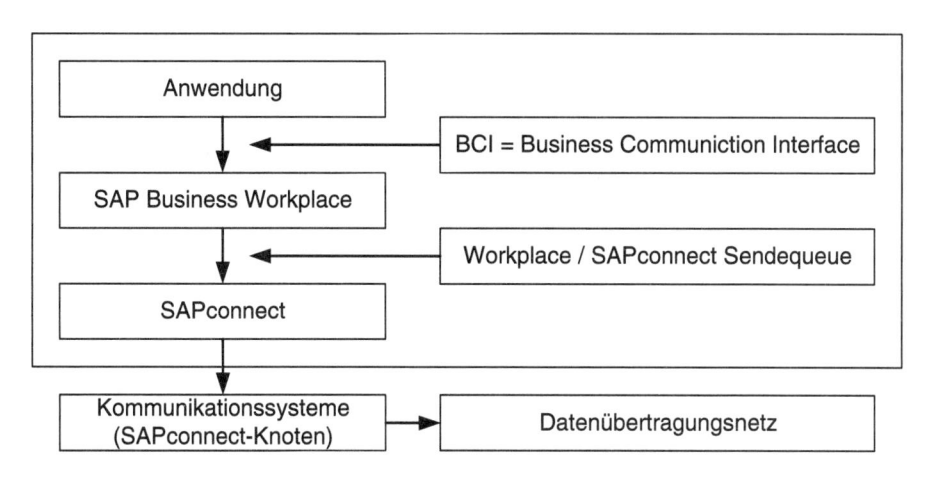

Abbildung 10.1 SAP-Kommunikationssystem

Das BCI wird heute überwiegend mit der Kommunikation über E-Mail in Verbindung gebracht. Es kann aber alle vom SAP-System unterstützten Kommunikationsarten nutzen (z.B. Fax, Internet, X.400, Remote Mail, Paging, aber auch Drucken). Für diese zusätzlichen Dienste sind allerdings meistens auch zusätzliche Kommunikationssysteme außerhalb des SAP-Systems erforderlich.

> **Hinweis:** Zum einfacheren Verständnis werden wir zunächst nur auf die Kommunikation über das SAP-interne Mailingsystem Bezug nehmen. Auf diese Weise können Sie das Ergebnis direkt im SAP Business Workplace kontrollieren.
>
> Wir werden aber am Ende ergänzend auch auf die anderen Dienste des BCI eingehen (z.B. Fax-Versand über das BCI als Alternative zum Versand über den Spooler).

Das BCI ist programmtechnisch über *BOR-(Business-Object-Repository-)Objekte* organisiert. Diese Objekte sind auch Basis des SAP Business Workplace (aber auch des SAP Business Workflow).

Grundsätzliche Sendeinformationen

Um ein Dokument über das BCI zu versenden, sind folgende Angaben relevant:

- Das BCI benötigt die Angabe eines *Empfängers* und eines *Senders*. Beide Angaben müssen als BOR-Objekte vorliegen. Wie diese Objekte aussehen und ggf. neu zu erzeugen sind, werden wir später wieder anhand eines Beispiels erläutern.
- Darüber hinaus kann das BCI automatisch *Verknüpfungen* zwischen dem Sendevorgang und dem Anwendungsobjekt erzeugen. Das bringt folgende Vorteile:
  - Sie können alle Sendevorgänge über das Anwendungsobjekt auswerten. Der Zugriff kann sogar direkt bei Bearbeitung des Anwendungsobjekts erfolgen, z.B. bei der Pflege eines Lieferbelegs (Aufruf über das Systemmenü).
  - Es sind Rückmeldungen zum Status möglich. Dadurch erkennen Sie z.B. das Format, in dem ein Dokument das SAP-System verlassen hat (z.B. Postscript oder PDF).

Parameter der Formularschnittstelle

Damit sind (in aller Kürze) auch schon die Parameter genannt, die sich zum E-Mail-Versand über BCI in der Formularschnittstelle unter Smart Forms wiederfinden.

Parametername	Bedeutung
MAIL_RECIPIENT	Empfänger des Dokumentes
MAIL_SENDER	Sender des Dokuments
MAIL_APPL_OBJ	Verknüpft das Anwendungsobjekt mit dem versendeten Dokument

Tabelle 10.1 E-Mail-Parameter der Formularschnittstelle

Alle drei Parameter basieren auf dem gleichen Datentyp SWOTOBJID. In der Sprache des BCI handelt es sich um BOR-Objekte vom Objekttyp **Recipient**. Sie sind hier als sogenannte **flache** Recipient-Objekte angelegt. Flach deshalb, weil jeder Parameter nur einen Eintrag haben kann, also z. B. nur eine Empfängeradresse und keine Verteilerliste.

> **Hintergrund:** Dieser Objekttyp repräsentiert einen Empfänger, an den ein Dokument (also ein MESSAGE-Objekt) gesendet werden soll. Dies kann z. B. ein interner SAP-Benutzer sein, eine Organisationseinheit oder der Ansprechpartner einer Firma (wenn diesem eine Standard-Kommunikationsart zugeordnet ist). Das zugehörige Recipient-Objekt enthält alle für das Senden notwendigen Informationen (z. B. Adresse, ggf. aber auch Sendeattribute wie z. B. die Sendepriorität).

Betrachten wir die Datenkomponenten eines flachen Recipient-Objektes, wie es unter Smart Forms verwendet wird.

MAIL_RECIPIENT	(Datentyp SWOTOBJID)
LOGSYS	Logisches System
OBJTYPE	Objekttyp, z. B.: RECIPIENT bei Sender/Empfänger SOFMFOL bei Verknüpfung
OBJKEY	Objektschlüssel
DESCRIBE	Describe Kennzeichen

Tabelle 10.2 Datenkomponenten im Recipient-Objekt

Sie werden jetzt evtl. vom einfachen Aufbau der Parameter (nur vier Felder) überrascht und folglich versucht sein, die Inhalte wie bei den bisherigen Schnittstellenparametern zu setzen. Doch das geht hier leider nicht mehr.

Betrachten wir konkrete Inhalte bei zu einer Ausgabe über E-Mail, wie Sie an den generierten Funktionsbaustein übergeben wird (in Abbildung 10.2 für das Empfängerobjekt). Die Einträge bei den Objekten sind im Grunde nur Verweise auf andere Objekte im BCI. Dort sind die eigentlichen Informationen abgelegt. Ohne Kenntnis dieser Objekte (und entsprechende Objekt-Nummern) ist auch kein Eintrag in der Schnittstelle möglich.

Strukturiertes Feld			RECIPIENT_ID	
Länge (in Bytes)			100	
Nr.	Komponentenname	Typ	Länge	Inhalt
1	LOGSYS	C	10	0000000100
2	OBJTYPE	C	10	RECIPIENT
3	OBJKEY	C	70	USR25000000000003 27000000000028
4	DESCRIBE	C	10	*<OBJECT>*

Abbildung 10.2 Inhalt zum E-Mail-Empfängerobjekt

An dieser Stelle könnten wird die Behandlung des Themas abbrechen, denn die Kenntnisse zum BCI sind mit hoher Wahrscheinlichkeit nicht vorhanden. Und eine Einführung in das BCI würde wiederum zu weit vom eigentlichen Thema Smart Forms ablenken. Zusätzlich ist die Verwaltung der Objekte im BCI im Rahmen üblicher Formularentwicklungen ohnehin kaum ein Thema, da die Inhalte bereits von vorgelagerten Systemen geliefert werden (z.B. bei der Nachrichtensteuerung über NAST).

Trotz dieser Feststellung wollen wir allen, die im Text bis hierher gekommen sind, die Möglichkeit geben, konkret einen E-Mail-Versand über Smart Forms aufzubauen und damit die Parameter weiter kennen zu lernen.

10.1.2 Übungsbeispiel: E-Mail-Versand

Es wäre doch schön, wenn Sie einen anderen Mitarbeiter in Ihrem Hause auf die bisherigen Erfolge im Zusammenhang mit der Flugrechnung hinweisen könnten. Und das natürlich per E-Mail. Damit Ihr Kollege auch weiterhin freundlich ist und nicht durch zu viele E-Mailversuche bei seiner Arbeit gestört wird, sollten Sie allerdings zunächst an sich selbst mailen.

Das Formular wird nach der bisherigen Ausgabe also erneut, diesmal allerdings per E-Mail-Versand, ausgegeben. Auf diese Weise können Sie die Zusatzfunktion jederzeit wieder auskommentieren.

Tipp: Oder Sie erweitern das Selektionsbild zur Flugrechnung um einen weiteren Parameter »Zusätzlich per Mail versenden?«. Hierzu haben wir in den bisherigen Kapiteln alle Grundlagen besprochen, doch ist dies bereits ein späterer, zweiter Schritt.

Im Anhang finden Sie einen Ausdruck zu der passenden Programmerweiterung für die Flugrechnung. Auf diese Programmerweiterung im Anhang werden wir uns im Folgenden häufiger beziehen.

Betrachten Sie zunächst den Aufbau des Programms.

- Wir haben die gesamte Ausgabe als E-Mail in einem Unterprogramm MAIL_OUTPUT zusammengefasst. Das beinhaltet insbesondere alle Funktionen zur Bereitstellung der BOR-Objekte des BCI.
- Übergabeparameter zum Unterprogramm sind die Daten, die in der Formularschnittstelle benötigt werden; insbesondere auch der Name des generierten Funktionsbausteins.
- Da die Ausgabe des Formulars im Unterprogramm erfolgt, ist dort auch der generierte Funktionsbaustein eingebunden. Über den passenden Parameter der Kontrollstruktur erhält der Funktionsbaustein die Information, dass der Versand per E-Mail erfolgen soll. Nur dann werden die speziellen E-Mail-Objekte überhaupt akzeptiert.

Hinweis: In verschiedenen anderen Übungsbeispielen dieses Buches haben wird bereits Änderungen an der Formularschnittstelle vorgenommen. Die Einträge hier im Listing beziehen sich auf das Originalformular, das Sie für diese Übung gern aufrufen können, da es nicht geändert wird.

Anlage der E-Mail-Objekte

Die eigentliche Frage ist natürlich, wie die E-Mail-Objekte der Formularschnittstelle erzeugt werden:

- Im Unterprogramm MAIL_OUTPUT finden Sie zunächst einige Datendefinitionen.
- Es folgen Abschnitte zu Sender, Empfänger und Anwendungsobjekt. Wir haben einleitend festgelegt, dass Sie als Ersteller der Flugrechnung auch gleichzeitig der Empfänger des E-Mails sein sollen: deshalb die Zurodnung des Empfängers über die Benutzerkennung in SY-UNAME. Sie können Ihren Anmeldenamen aber natürlich auch direkt in Hochkommata setzen.

▶ In unserem speziellen Fall sind Sender und Empfänger gleich: Deshalb finden Sie den Eintrag zur Benutzerkennung auch an beiden Stellen.

Noch ein Hinweis auf die Definitionen im Abschnitt zum Empfänger: Dort finden Sie u.a. eine Zeile mit Angaben zum Adresstyp. Durch die Zuweisung des Wertes 'B' zum Parameter 'TypeID' weiß das BCI, dass ein Versand per E-Mail erwünscht ist (Fax wäre z.B. der Eintrag 'F').

Nach Durchlaufen der bisher behandelten Programmzeilen sind die notwendigen Objekte für das BCI angelegt. Der restliche Programmcode dient u.a. der Anpassung an die flachen Objekte, wie sie für Smart Forms erforderlich ist.

Eingabe des Quelltextes

Für alle, die das Beispiel nicht per Hand eingeben wollen, hier der Hinweis, wie dies bequemer geschehen kann. Wir haben den Programmcode nicht selbst geschrieben, Grundlage bildet vielmehr ein Report RSSOKIF2, der die E-Mail-Ausgabe über SAPscript an einem Beispiel erläutert, und der sich auch in Ihrem System befindet. Auf dieses Beispiel haben wir uns ebenfalls bezogen.

Im Anhang finden Sie im Abschnitt hinter dem Listing eine genaue Anleitung, wie die den Inhalt von RSSOKIF2 in das Rahmenprogramm zur Flugrechnung überführen können. Wenn Sie der Anleitung gefolgt sind, erhalten Sie nach jeder Formularausgabe ein zusätzliches Expressdokument zugesandt.

Abbildung 10.3 Expressdokument erhalten nach Senden über Smart Forms

Der Hinweis zum Expressdokument enthält u.a. den Namen des Funktionsbausteins zum Formular. Über **Eingang** können Sie sich den Inhalt natürlich auch direkt im Business Workplace des SAP-Systems ansehen.

Abschluss

Die Optimierung des Programms möchten wir Ihnen überlassen. Hier noch einige Hinweise:

- Es wird Sie vielleicht wundern, dass das Formular innerhalb einer LOOP-Schleife ausgegeben wird. Es handelt sich um eine Funktion des Originalprogramms, das auch eine Ausgabe an mehrere Empfänger vorgesehen hat. In unserem Fall ist aber immer nur ein Empfänger gefüllt.
- Der Quelltext im Anhang entspricht noch weitgehend der Vorlage, wie sie aus dem Programm RSSOKIF1 übernommen wurde. Wir haben lediglich die Kommentare angepasst.
- Anlass zur Orientierung sind sicher die bisher nicht vorhandenen bzw. nicht sinnvoll gefüllten Kopfdaten zur E-Mail. Entsprechende Zuweisungen für den ursprünglichen Fax-Versand sind als Beispiel bereits vorhanden. Sie müssen nur noch die Parameter der Formularschnittstelle entsprechend vorbelegen.

Hinweis: Wir haben uns bei diesem Übungsbeispiel nicht darum gekümmert, wie die Objekte des BCI wirklich erzeugt werden. Das ist aber durchaus realistisch, denn auch im Rahmen einer produktiven Formularentwicklung werden Sie wohl kaum in die Programmierung des BCI einsteigen müssen. Die erforderlichen Objekte werden Ihnen üblicherweise durch vorgelagerte Anwendungen bereits angeboten (z. B. über die Nachrichtensteuerung). Wir möchten Ihnen nur das notwendige Grundverständnis für den Umgang mit diesen Objekten vermitteln.

10.1.3 Zusätzliche Möglichkeiten bei DEVICE='MAIL'

Obwohl die Parameter MAIL_SENDER, MAIL_RECIPIENT und MAIL_APPL_OBJ primär für das Versenden von E-Mails gedacht sind, handelt es sich um einen generellen Anschluss an das BCI. Das bedeutet, dass Sie alle Kommunikationsarten, die das BCI unterstützt, über diese Parameter ansprechen können.

Die verwendete Kommunikationsart ist über eine Eigenschaft des Empfänger-Objektes eingestellt (als Adresstyp). Sie wird bei der Anlage des RECIPIENT-Objektes zum Empfänger über das Attribut **TypeId** vorgegeben. In unserem Übungsbeispiel haben wir bereits die Fax-Ausgabe angesprochen. Folgende Adresstypen stehen zur Verfügung:

B	SAP-Benutzername
P	Persönliche Verteilerliste
C	Allgemeine Verteilerliste
F	Fax-Nummer
U	Internet-Adresse

R	Remote-Mail-Adresse (innerhalb eines R/3-R/3-Systemverbundes)
X	X.400-Adresse
G	ID einer Organisationseinheit
H	Name einer Organisationseinheit

Hinweis: Beim Versenden des Formulars verwendet Smart Forms primär das OTF-Format; eine Einstellung, die bei Versand innerhalb des SAP-Systems sinnvoll ist. Bei externem Nachrichtenversand (durch Weiterleitung an SAPconnect) sind andere Formate üblich. Deshalb können Sie in der SAPconnect-Administration für die unterstützten Adresstypen eines Knotens vorgeben, dass Formulare vor Ihrem Versenden konvertiert werden sollen, zum Beispiel nach PDF (Transaktion SCOT).

10.1.4 Anwendungsfall: mySAP CRM

Im CRM können Sie Marketingkampagnen durchführen, die u. a. Mailingaktionen enthalten. Der Versand der E-Mails kann über unterschiedliche Kommunikationskanäle erfolgen (E-Mail, Brief, Fax, SMS). Grundlage dieser Massenverarbeitung sind Smart Forms-Formulare.

Hintergrund: Hier kommt eine Variante von Smart Forms zum Einsatz, die speziell auf die Anwendungung unter mySAP CRM zugeschnitten wurde. Die Formularausgabe erzeugt direkt den Inhalt der E-Mails als *Plain Text* oder *HTML-Format*. Um den Inhalt auch jederzeit im HTML-Format erzeugen zu können, wird auf die Anwendung einzelner Knotentypen der Standardversion von Smart Forms verzichtet.

Jede Marketingmail wird mit Hilfe einer Vorlage angelegt, die bereits grundlegende Textblöcke der E-Mail enthält (die SAP-Standardvorlage dafür ist CRM_MARKETING_MAIL_01). Abhängig vom Ziel und vom Kommunikationsweg existieren unterschiedliche Vorlagen. Wir nennen Ihnen einige Beispiele:

- E-Mail als Newsletter
- Fax für Produktinformationen
- SMS für Einladungen zu Veranstaltungen
- Briefe bei Produktankündigungen

Mit Versand der E-Mails an die vorgesehenen Zielgruppen werden die Adressen der angeschriebenen Geschäftspartner eingespielt (über enthaltene Felder als Platzhalter; sie werden im CRM als *Merkmale* bezeichnet).

Eine weitere Personalisierung wird innerhalb des Formulars dadurch erreicht, dass unterschiedliche Textblöcke mit Bedingungen versehen sind. Die Bedingungen können aus Stammdaten des Geschäftspartners stammen, aus der aktuellen Kampagne oder aus sonstigen Systemdaten.

Bei Versand per E-Mail können die Formulare einen Hyperlink enthalten (als Verweis auf eine Internetseite zur aktuellen Kampagne). Über eine zusätzliche ID, die mit diesem Hyperlink verknüpft ist, lässt sich feststellen, ob der Geschäftspartner die Internetseite besucht hat (Hinweise zur Verwendung dieser Tracking-IDs finden Sie auch bei der Behandlung der Hyperlinks in Abschnitt 13.3.2).

10.2 Versenden per Telefax

Die heute üblichste Form, um eine Formularausgabe per Fax zu versenden, nutzt den SAP-Spooler und damit den gleichen Weg wie die Druckausgabe.

> **Hintergrund:** Für den Fax-Versand besitzt das Spool-System eigene Gerätetypen. Die Abwicklung des Versandes erfolgt über SAPconnect. Alternativ kann der Fax-Versand auch über Fax-Geräte erfolgen, die am lokalen Arbeitsplatz-Rechner angeschlossen sind (wie die Ausgabe über den lokalen Drucker).

Um ein Formular unter Smart Forms als Fax zu versenden, muss in der Formularschnittstelle der Parameter DEVICE der Kontrollstruktur CONTROL_PARAMETERS auf 'TELEFAX' gesetzt werden.

Smart Forms startet dann in der Voreinstellung einen Fax-Dialog anstelle des sonst üblichen Spool-Dialogs. Dort kann der Anwender die gewünschte Fax-Nummer eintragen (siehe Abbildung 10.4).

Wie beim Spooldialogbild (siehe Abbildung 13.29) können Sie die Werte für diese Felder mit Hilfe der Ausgabeoptionen vorbelegen und dann auch den Dialog überspringen, indem Sie das Feld NO_DIALOG der Kontrollstruktur setzen.

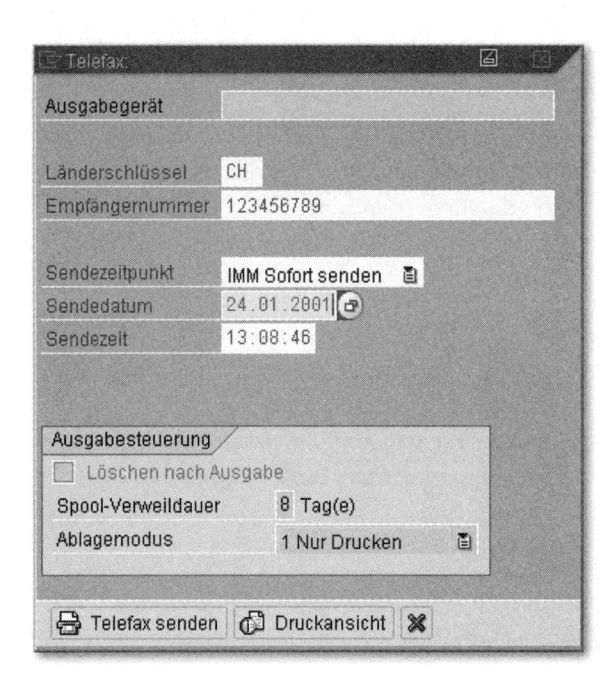

Abbildung 10.4 Fax-Dialog bei Abwicklung über den Spooler

Tabelle 10.3 zeigt die Schnittstellenparameter zur Fax-Steuerung:

Fax-Paramter in OUTPUT_OPTIONS	
Parametername	Bedeutung
TDTELELAND*	Länderschlüssel, z.B. 'DE'. Daraus wird automatisch die Landesvorwahl ermittelt.
TDTELENUM*	Telekommunikationspartner, nur Ziffern und als Trennzeichen /-.() und Leerzeichen. Mit Sonderzeichen & am Anfang wird die interne Nummernprüfung ausgeschaltet. Siehe auch Dokumentation zum Datenelement SKTELNR.
TDTELENUME	Telekommunikationspartner Ersatz
TDFAXUSER	Name des SAP-Anwenders
FAXFORMAT	Format des Dokuments
TDSCHEDULE*	Gewünschter Sendezeitpunkt: IMM: Sofort senden (Default) NIG: Nachts senden
TDSENDDATE*	Gewünschtes Sendedatum
TDSENDTIME*	Gewünschte Sendezeit

Tabelle 10.3 Schnittstellenparameter der Fax-Steuerung

Über die mit * gekennzeichneten Komponenten können Sie die entsprechenden Eingabefelder des Fax-Dialogs vorbelegen. Die Vorbelegung des Eingabefeldes **Ablagemodus** erfolgt über die Komponente TDARMOD (siehe Archivierung im Abschnitt 10.4).

Insbesondere bei Fax-Versand können Vorgaben zur Deckblattgestaltung sinnvoll angewendet werden. Nutzen Sie dazu die zusätzlichen Parameter in OUTPUT_OPTIONS.

10.3 XSF-Ausgabe

10.3.1 Übersicht

Für den Datenaustausch im Internet gewinnt XML (eXtensible Markup Language) immer größere Bedeutung. Auf der Basis dieses standardisierten Formats besteht die Möglichkeit, unterschiedliche Anwendungen über das Internet in einen gemeinsamen Geschäftsprozess zu integrieren. XML ist damit z.B. die Basis für B2B-Kommunikation (Business to Business).

XSF steht für *XML for Smart Forms* und ist ein XML-Schema, um den Inhalt eines Formulars auszugeben. In der XSF-Ausgabe sind keine Layoutinformationen enthalten, nur die prozessierten Daten und Texte eines Formulars. Über die XSF-Ausgabe können externe Anwendungen außerhalb des SAP-Systems auf den Inhalt von Formularen zugreifen und weiter verarbeiten. Damit ist z.B. die Anbindung externer Formularwerkzeuge möglich (als Ersatz für die unter SAPscript übliche RDI-Schnittstelle).

> **Hinweis:** Mehr Informationen zur XSF-Schnittstelle finden Sie im Internet unter *http://www.sap.com/spp* (suchen Sie nach BC-XSF). Software-Partner können sich Produkte, die auf die XSF-Schnittstelle zugreifen, bei SAP zertifizieren lassen.

In der einfachsten Form kann eine generierte XML-Ausgabe direkt in einem Internet-Browser dargestellt werden. Die Realisierung über Ausgabefunktionen ermöglicht es, für die Druckausgabe und das Web-Publishing die gleichen Formulare zu verwenden.

> **Hinweis:** Wenn XSF über die Spool-Verarbeitung ausgegeben werden soll, muss im System wenigstens ein Drucker vom Gerätetyp XSF eingerichtet sein.

Sie können die XSF-Ausgabe unter Smart Forms statisch oder dynamisch aktivieren:

- Die statische Ausgabe erfolgt über die Formularattribute
- Die dynamische Ausgabe erfolgt über Standardparameter der Formularschnittstelle (übersteuert ggf. wieder die statische Vorgabe)

> **Hinweis:** Der generierte Funktionsbaustein gibt zusätzlich eine Referenz auf eine Instanz vom Typ CLIXML_DOCUMENT zurück, über die Sie auf die XML-Ausgabe mit Hilfe der iXML-Bibliothek zugreifen können.

10.3.2 Übergabeformen der XSF-Ausgabe

Der Datenstrom zu XML besteht aus reinen Textinformationen, die in jedem Editor oder Browser als Zeichen dargestellt werden können. Dazu werden wir am Ende dieses Kapitels auch ein Beispiel zeigen (siehe Abbildung 10.5).

Auf Wunsch kann Smart Forms eine formatierte XML-Ausgabe erzeugen, bei der zwei zusätzliche Komponenten als Formatierungsinformationen mitgegeben werden (CSS und XSL). Die formatierte Ausgabe ergibt bei Anzeige über einen Browser die komplette Darstellung des Formulars mit allen Inhalten und Formatierungen. Ab Basisrelease 6.10 kann über XSF auch direkt eine HTML-Ausgabe erfolgen (siehe Kapitel 12).

Die Ausgabe im Format XSF kann auf zwei Wegen erfolgen:

Rückgabe an Anwendungsprogramm
Die XML-Ausgabedaten werden über die Formularschnittstelle zur Weiterverarbeitung an das Rahmenprogramm zurückgegeben (siehe Übungsbeispiel weiter unten). Für die Rückgabe an das Rahmenprogramm steht in der Formularschnittstelle der Exportparameter JOB_OUTPUT_INFO zur Verfügung. Er enthält als Komponenten u.a. drei interne Tabellen mit der Bezeichnung XSFDATA. Die Tabelle besteht nur aus einer einzigen Datenkomponente, nämlich einem Feld vom Typ STRING (mit variabler Länge), in das jeweils eine Zeile der Ausgabedaten geschrieben wird. Für die formatierte XML-Ausgabe stehen parallel dazu und mit gleichem Aufbau die Datenkomponenten XSLDATA und CSSDATA zur Verfügung.

Spoolauftrag
Die Ausgabe erfolgt wie bei sonstigen Druckaufträgen über den Spooler. Für die Ausgabe der Inhalte muss ein passendes Ausgabegerät vom Gerätetyp XSF eingestellt sein.

Üblicherweise werden Sie das erzeugte XML-Dokument für den Austausch mit einem externen System zwischenspeichern; für Testzwecke kann das z. B. auch eine lokale Datei sein. In beiden Fällen können Sie den Weg über einen Spoolauftrag gehen.

> **Hinweis:** SAP-Smart Forms verwendet, wenn XML-Dokumente an die Spool-Verarbeitung weiterleitet werden, nicht OTF, sondern das Binär-Format, damit keine Informationen durch Konvertierungen verloren gehen. Wenn Sie einen solchen Spoolauftrag über Exportfunktionen der Spool-Ausgabesteuerung (Transaktion SP01) als Text abspeichern, fügt die Exportfunktion Zeilenumbrüche ein. Durch diese Umbrüche entspricht in den meisten Fällen die exportierte Datei nicht mehr den XML-Konventionen und lässt sich dann auch nicht im Browser anzeigen. Für den Export von Binärdateien ist diese Funktion der Spool-Steuerung also nicht geeignet.

Für den Frontend-Druck empfiehlt sich folgendes Vorgehen:

- Verwenden Sie ein Ausgabegerät mit Koppelart F. Beim Drucken mit diesem Gerätetyp wird die Ausgabe an einen Drucker-Dämon weitergeleitet (je nach Betriebssystem verbirgt sich dahinter ein anderes Programm).
- Richten Sie sich als Frontend-Drucker auf Ihrem lokalen PC einen Drucker ein, der die Ausgabe in eine Datei umleitet. Unter Windows NT müssen Sie zum Beispiel dazu einen Drucker definieren, der den Port FILE: benutzt.

Dies ist nur eine mögliche Vorgehensweise. Es gibt noch andere Koppelarten, mit denen sich eine Ausgabe aus dem Spool in eine Datei umleiten lässt. Einzelheiten entnehmen Sie dem SAP-Druckhandbuch.

10.3.3 XSF-Ausgabe statisch aktivieren

Wenn Sie ein Formular generell im XSF-Format ausgeben wollen, können Sie dieses Format statisch im Form Builder einstellen. Diese Einstellung können Sie nachträglich innerhalb des Rahmenprogramms übersteuern.

Die Eingaben erfolgen bei den Formularattributen unter der Registerkarte **Ausgabeoptionen** (siehe Abbildung 10.5).

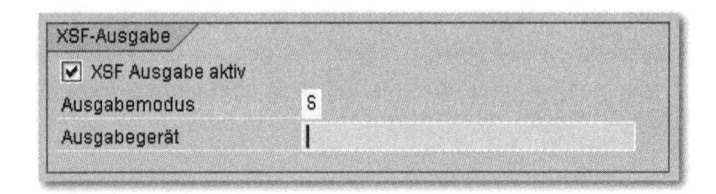

Abbildung 10.5 Formularattribute: Steuerung der XML-Ausgabe

Mit diesen Einstellungen gibt Smart Forms das Formular im XSF-Format aus:

- Das Attribut **XSF-Ausgabe aktiv** setzt die XSF-Ausgabe und deaktiviert damit die sonst übliche OTF-Ausgabe.
- Der Ausgabemodus kennzeichnet, an welches Ausgabemedium die XML-Ausgabe übergeben werden soll (siehe Aufstellung oben). Zur Auswahl stehen:
    - S = Spoolauftrag
    - A = Anwendung
- Bei der Einstellung S (= Spool) werden Sie zusätzlich nach einem passenden Ausgabegerät (Drucker) gefragt.

10.3.4 XSF-Ausgabe dynamisch über Formularsschnittstelle vorgeben

Wahlweise können Sie die XSF-Ausgabe auch über die Formularschnittstelle steuern. Verantwortlich sind wieder verschiedene Felder im Schnittstellenparameter OUTPUT_OPTIONS (siehe Tabelle 10.4).

Angaben zur XSF-Ausgabe in OUTPUT_OPTIONS	
xsfcmode	XSF-Status durch Aufrufer gesetzt Steuert, aus welcher Quelle (Formular oder Schnittstelle) die XSF-Angaben übernommen werden. Bei 'X' übersteuern die weiteren Schnittstellenparameter die Angaben im Formular. Dann hat insbesondere der Inhalt von Komponente GETOTF in CONTROL_PARAMETERS keine Bedeutung.
xsf	XSF-Ausgabe aktiv Bei allem anderen als 'X' bleibt die normale Ausgabe im OTF-Format (beides gleichzeitig ist also nicht möglich).
xsfoutmode	XSF-Ausgabemodus S=Spool, A=Anwendung: Im letzten Fall ist es sinnvoll, über die Kontrollstruktur auch den Spool-Dialog auszuschalten.

Tabelle 10.4 Angaben zur XSF-Ausgabe in OUTPUT_OPTIONS

xsfoutdev	Ausgabegerät
	Nur sinnvoll bei Ausgabemodus S=Spooler. Falls zusätzlich die Komponente TDDEST in OUTPUT_OPTIONS mit einem Wert belegt ist, wird der Eintrag an dieser Stelle ignoriert.
xsfformat	Formatierte XSF-Ausgabe
	Bei 'X' ist die formatierte XSF-Ausgabe aktiviert; sonst wird nur eine abgewandelte XML-Datei ausgegeben ohne weitere Formatierungsangaben in CSS und XSL.

Tabelle 10.4 Angaben zur XSF-Ausgabe in OUTPUT_OPTIONS (Forts.)

Die Steuerungsparameter entsprechen im Prinzip den drei Angaben, die statisch auch im Formular gemacht werden können. Über XSFCMODE steuern Sie, welche Angaben letztendlich gelten sollen. Lediglich über XSFFORMAT können Sie zusätzlich bei Steuerung per Formularschnittstellen eine formatierte XSF-Ausgabe anfordern. Dann besteht die Ausgabe aus zwei weiteren Anteilen mit Formatierungsangaben zum Formular (die sich z.B. auch im Internet-Browser darstellen lassen, siehe folgendes Übungsbeispiel).

10.3.5 Übungsbeispiel: Download XSF-Ausgabe

Mit Hilfe dieser Übung können Sie für das Formular zur Flugrechnung eine XSF-Ausgabe anstoßen. Die Ausgabe wird an das Rahmenprogramm zurückgeliefert und von dort per Download an den Arbeitsplatz übertragen.

Im Ausgabemodus A = Anwendung wird der erzeugte XML-Datenstrom an das Rahmenprogramm zurückgegeben. Für die Übergabe steht in der Formularschnittstelle der Exportparameter JOB_OUTPUT_INFO zur Verfügung. Er enthält als Komponenten u.a. drei interne Tabellen mit der Bezeichnung XSFDATA, XSLDATA und CSSDATA.

Jede Tabelle besteht nur aus einer einzigen Datenkomponente: Einem Feld vom Typ STRING (mit variabler Länge), in das jeweils eine Zeile der Ausgabedaten geschrieben wird. Drei einzelne Tabellen sind deshalb erforderlich, weil bei formatierter Ausgabe der Datenstrom aus drei Anteilen bestehen kann (XML, XSL und CSS).

Um die Daten innerhalb des Rahmenprogramms weiter zu verwenden (z.B. für einen Download), können die Tabellen in einer Schleife durchlaufen werden.

Das Listing 10.1 zeigt die benötigen Anweisungen für:

- Die Datendefinitionen
- Die Parametervorbelegungen zur Steuerung der XSF-Ausgabe über die Formularschnittstelle
- Die Rückgabe der Ergebnisse an das Rahmenprogramm
- Deren Download zum lokalen Arbeitsplatz-PC.

```
*--------------------------------------------------------------*
* zusätzliche Definitionen ---- -------*
DATA: output_options      TYPE SSFCOMPOP,
      control_parameters TYPE ssfctrlop,
      job_output_info    TYPE SSFCRESCL
* XSF-Ausgabe anfordern ---------------------------------------*
output_options-xsfcmode     = 'X'. " Get XSF params from prog.
output_options-xsf          = 'X'. " XSF Output active
output_options-xsfoutmode   = 'A'. " Application
* output_options-xsfformat    = 'X'. " optional: Formatting ON
control_parameters-no_dialog = 'X'. " Spool-Dialog OFF
* sonstige Zuweisungen, Datenbeschaffung etc.
* Formularausgabe ---------------------------------------------
*
CALL FUNCTION  fm_name
     EXPORTING control_parameters = control_parameters
               output_options     = output_options
               customers          = customers
               bookings           = bookings
               connections        = connections
     IMPORTING job_output_info    = job_output_info
     EXCEPTION formatting_error   = 1
               internal_error     = 2
               send_error         = 3
               user_canceled      = 4.
* download der XML-Daten --------------------------------------*
DATA: d_line(1024) TYPE c,
      d_table      LIKE TABLE OF d_line.
LOOP AT job_output_info-xsfdata.
    d_line = job_output_info-xsfdata-tsfxrdi.
    APPEND d_line to d_table.
ENDLOOP.
```

```
CALL FUNCTION   'download'
    EXPORTING   filename = 'C:\temp\test.xml'
    TABLES      data_tab = d_table
*------------------------------------------------------------------*
```

Listing 10.1 Download von XML-Daten

Die Schritte im Einzelnen:

1. Definieren Sie die übliche Struktur zur Angabe der Ausgabeoptionen (Typ: SSFCOMPOP) sowie eine Struktur vom Typ SSFCRESCL, um das Ergebnis zurückzuerhalten.

2. Geben Sie die folgenden Steuerungsparameter für die Formularschnittstelle vor:

   ▶ Über XSFCMODE steuern Sie, dass die XSF-Vorgaben der Formularschnittstelle wirksam sein sollen und nicht die Eintragungen im Formular.

   ▶ Der Parameter XSF sorgt für die Umschaltung von OTF-Format auf XSF.

   ▶ Über XSFOUTMODE legen Sie fest, dass die Rückgabe der Ausgabeergebnisse an das Rahmenprogramm erfolgen soll.

   ▶ Wählen Sie optional über XSFFORMAT die formatierte Ausgabe: Dann müssen Sie den späteren Download allerdings einzeln für drei Anteile der Ausgabe wiederholen. Dafür ist das Ergebnis dann aber auch im Browser darstellbar.

   ▶ Um den Spool-Dialog zu vermeiden, sollten Sie auch NO_DIALOG in der Kontrollstruktur setzen (wie hier vorgeschlagen).

3. Rufen Sie den generischen Funktionsbaustein auf und übergeben Sie die Strukturen OUTPUT_OPTIONS und JOB_OUTPUT_INFO an die gleichnamigen Standardparameter der Formularschnittstelle.

4. Für den Download der zurückgegebenen Ausgabedaten wird im Beispiel zunächst eine Tabelle L_TABLE mit einem einzigen Feld L_LINE von 1024 Zeichen erzeugt. In der folgenden Schleife werden alle Zeilen der XML-Daten in diese Tabelle überführt (wobei automatisch die variablen Feldlängen der Übergabetabelle in die festen Feldlängen von L_TABLE umgesetzt werden). Diese Tabelle können Sie dann als Eingangsparameter einer standardisierten Download-Funktion verwenden (hier mit einer Ausgabe auf die lokale Festplatte C: in das Verzeichnis TEMP).

Wenn Sie das Rahmenprogramm zur Flugrechnung mit diesen Änderungen ausführen, erscheint vor der Ausgabe ein weiterer Dialog mit Abfrage der Zieldatei (Abbildung 10.6).

Abbildung 10.6 Abfrage der Zieldatei bei Download

Bestätigen Sie die Vorgabe (das Verzeichnis TEMP muss allerdings vorhanden sein). Wenn Sie diese Zieldatei anschließend in Ihrem Internet-Browser öffnen, erscheinen die erzeugten XML-Anweisungen (Abbildung 10.7).

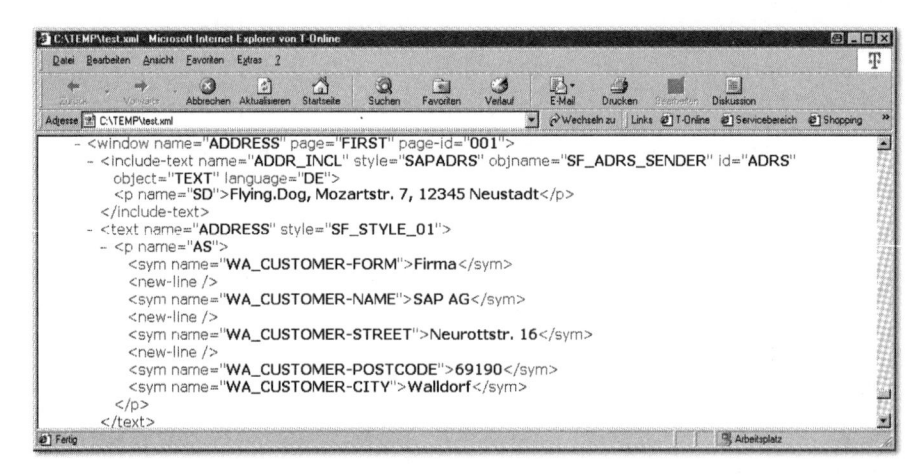

Abbildung 10.7 XML-Ausgabeergebnis im Browser

Der Browser versieht Schlüsselbegriffe im Text automatisch mit einer Farbkennung und erzeugt zusätzliche Einrückungen, so dass eine Darstellung des Navigationsbaums für den Text entsteht.

Um alternativ dazu den Inhalt der Ausgabe als formatierte Flugrechnung zu sehen, aktivieren Sie bei den OUTPUT_OPTIONS den Parameter XSFFORMAT. In diesem Fall müssen Sie allerdings den Download auch für alle drei Komponenten der Ausgabe einzeln wiederholen. Erzeugen Sie so auf dem lokalen PC drei einzelne Dateien mit den Endungen XML, XSL und CSS.

> **Hinweis:** Im System existiert auch eine Musterlösung zur Flugrechnung für den zuletzt beschriebenen Fall (Rahmenprogramms SF_XSF_DEMO).

10.4 Archivierung

In vielen Geschäftsprozessen ist es sehr wichtig, dass beteiligte Geschäftsdokumente archiviert werden können (meistens aus rechtlichen Gründen). Dazu gehören auch Formulare, wobei diese in elektronischer Form archiviert werden können. Als generelle Schnittstelle für externe Archivierungslösungen steht SAP ArchiveLink zur Verfügung. SAP besitzt keine eigene Archivierungslösung, allerdings gibt es eine Reihe zertifizierter Partnerprodukte für diese Anwendung. Nähere Informationen hierzu finden Sie auf der SAP-Homepage in den Partnerseiten.

Aus der Sicht von Smart Forms wird das externe Ablagesystem wie ein weiterer logischer Drucker angesehen. Die Ablage findet entsprechend direkt mit dem Druckvorgang statt. Der Aufruf erfolgt also wieder über den generierten Funktionsbaustein des Formulars. Zur Steuerung stehen in der Formularschnittstelle wieder einige Standardparameter zur Verfügung (Tabelle 10.6).

Parametername	Bedeutung
ARCHIVE_INDEX	SAP ArchiveLink-Struktur einer DARA-Zeile
	Indexinformation für die zu archivierende Druckausgabe. Diese Information wird mit der Druckausgabe im Archiv abgelegt. Im Archiv kann damit direkt auf diese Druckausgabe über die Indexinformation zugegriffen werden.
ARCHIVE_INDEX_TAB	SAP Smart Forms: Tabelle mit Archivindizes
ARCHIVE_PARAMETERS	ImageLink-Struktur

Tabelle 10.5 Archivierungsparameter der Formularschnittstelle

Diese Parameter und das mit Daten gefüllte Dokument werden an SAP ArchiveLink weitergeleitet. Die Inhalte der Schnittstellenparameter sind üblicherweise nicht Inhalt einer Formularentwicklung. Die Parameter werden statt dessen schon durch die Anwendung vorbelegt, die der Formularausgabe vorgeschaltet ist (z.B. die Nachrichtensteuerung). Wir werden deshalb nicht näher darauf eingehen.

Angaben zur Archivierung in OUTPUT_OPTIONS	
TDARMOD	Der Feldeintrag legt fest, ob gleichzeitig mit der Ausgabe des Spoolauftrags auch eine Archivierung erfolgen soll: 1 = nur drucken 2 = nur archivieren 3 = drucken und archivieren
TDNOARCMCH	Bei **'X'**: keine Änderung des Archivierungsmodus durch Anwender im Spooldialogbild möglich

Tabelle 10.6 Angaben zur Archivierung in OUTPUT_OPTIONS

Ob für ein ausgegebenes Dokument eine Archivierung stattfindet, kann wieder auf zwei Wegen eingestellt sein:

- Der Anwender legt den Ablagemodus vor einer Ausgabe über den Spool-Dialog fest.
- Bei einer Formularausgabe ohne Spool-Dialog müssen Sie den Eintrag über die Formularschnittstelle vorbelegen. Die Steuerung erfolgt über die Komponte TDARMOD bei den OUTPUT_OPTIONS (siehe Tabelle 10.6).

Die Formulare werden mit den im SAP-System erfassten Anwendungsdaten verknüpft. Als Archivierungsformat wird das OTF-Format verwendet.

11 SAPscript-Formulare migrieren

11.1 Übersicht

Bis zum Release 4.6B des SAP-Systems war SAPscript das einzige Werkzeug zur Entwicklung von Formularen. Dieses Werkzeug wird auch weiterhin gewartet (allerdings entwickelt SAP dieses Werkzeug nicht mehr weiter), zumal dazu eine große Zahl an Formularen existiert. Smart Forms bieten einige grundlegende Vorteile:

- Die Anpassung eines Formulars ist wesentlich vereinfacht; zum einen durch die grafische Oberfläche, zum anderen auch durch neue Funktionselemente (wie Schablonen).
- Es muss keine zusätzliche Skriptsprache erlernt werden, um bestimmte Anweisungen ausführen zu können; z. B. kann nun eine Box um einen Text grafisch im Tool eingestellt werden, während bei SAPscript hierzu ein eigenes Kommando notwendig ist, das zudem im Gegensatz zu Smart Forms Texte nur statisch umrahmen kann.
- Die Schnittstelle zum Rahmenprogramm ist klarer gestaltet; dadurch lässt sich ein Rahmenprogramm leichter für die Ansteuerung mehrerer Formulare nutzen.
- Es stehen komplett neue Funktionen zur Verfügung, die unter SAPscript nicht angesprochen werden können (z. B. die Ausgabe über XSF).

SAP liefert mit Smart Forms auch grundlegende Formulare für wichtige Geschäftsprozesse aus. Falls entsprechende Standardformulare allerdings nicht vorhanden sind oder wenn Sie eigene SAPscript-Formulare entwickelt haben, stellt sich für Sie die Frage, wie diese Formulare nach Smart Forms überführt werden können.

Funktionen der automatischen Migration

Über eine integrierte Migrationsfunktion bietet Smart Forms Ihnen dazu Unterstützung. Um dessen Möglichkeiten richtig einschätzen zu können, ist ein Basisverständnis für die Formularentwicklung unter SAPscript erforderlich. Für diejenigen Leser, die dort bisher keine Erfahrungen gesammelt haben, gehen wir deshalb zunächst kurz auf die relevanten Punkte ein.

Gemeinsamkeiten der Systeme

Trotz aller Unterschiede zwischen beiden Systemen: Es gibt auch eine Reihe von Gemeinsamkeiten, die die Migration erleichtern. Hier einige Beispiele zu Funktionen, die gleich oder ähnlich sind:

- SAPscript verwendet die gleichen Elemente Seite und Fenster für das Layout des Formulars (incl. Unterscheidung nach Haupt- und Nebenfenstern). Aufgrund gleicher Attribute lassen sich diese Informationen direkt nach Smart Forms übernehmen.
- Innerhalb der Fenster erfolgen bei SAPscript alle Ausgaben über Textelemente. Aus jedem dieser Textelemente wird bei Migration ein Text-Knoten unter Smart Forms.
- Auch SAPscript nutzt Absatz- und Zeichenformate zur Formatierung von Texten. Die Inhalte der Formate sind in beiden Systemen ähnlich und lassen sich deshalb weitgehend übernehmen. Wahlweise ließen sich Formate auch bei SAPscript-Formularen zu einem Stil zusammenfassen. Diese Möglichkeit wurde in vielen vorhandenen Formularen leider nicht genutzt. Doch nur unter dieser Bedingung lassen sich die verwendeten Formate automatisch migrieren.
- Ein SAPscript-Anwendungsprogramm stellt eine Reihe von Steuerungsparametern zur Verfügung, die gleich oder ähnlich auch in den Standardparametern der Formularschnittstelle unter Smart Forms zu finden sind.

Es ist zu erkennen, dass die Gemeinsamkeiten primär im Seitenlayout zu finden sind.

Abweichungen zwischen den Systemen
Unterschiede bestehen dagegen vor allem im Bezug auf die Prozessierung, also die Steuerung der Formularausgabe. Hier die zwei wichtigsten Punkte:

- Ein Textelement im SAPscript-Formular kann spezifische Kommandos enthalten, die bei der Ausgabe des Textelementes interpretiert werden. Sie beeinflussen den Ablauf der Ausgabe innerhalb des Textelementes (z. B. Positionierungen, Ausgabe von Umrahmungen, aber auch logische Abfragen). Eine Gesamtliste dieser Kommandos finden Sie weiter unten. Solche Kommandos werden bei Smart Forms über Knotenattribute oder spezielle Knotentypen dargestellt.
- In welcher Reihenfolge die einzelnen Textelemente ausgegeben werden, ist bei SAPscript üblicherweise im zugehörigen Anwendungsprogramm hinterlegt (und nicht im Formular wie unter Smart Forms). Dazu wird für jedes Textelement ein passender Funktionsbaustein mit den entsprechenden Parametern aufgerufen.

Insgesamt ergibt sich für die Schnittstelle zwischen Formular und Rahmenprogramm unter SAPscript eine sehr enge Verzahnung. Das zeigt sich z. B. anhand der Vielzahl von Funktionsbausteinen, die für die Steuerung der Ausgabe zuständig sind. Unter Smart Forms ist das bekanntermaßen nur noch ein zentraler Funktionsbaustein!

Empfehlung zur Vorgehensweise

Aus dieser kurzen Gegenüberstellung ergibt sich, dass eine automatische Umsetzung, wie sie über die integrierte Migrationsfunktion geboten wird, in erster Linie nur das Formularlayout übernehmen kann. Die gesamte Formularlogik sowie die erforderlichen Änderungen am Rahmenprogramm müssen Sie manuell nachführen. Eine Migration empfiehlt sich nach heutigem Stand also nur, wenn umfassende Änderungen an bereits vorhandenen SAPscript-Formularen geplant sind oder Sie diese ganz durch Smart Forms ersetzen wollen.

Wir werden im Folgenden eine Empfehlung für die Schritte einer erfolgreichen Migration geben. Dabei werden wir neben allgemeinen Hinweisen in Einzelfällen auch wieder auf ein konkretes Beispiel zur Formularmigration eingehen: Es handelt sich in diesem Fall um den QM-Reklamationsbericht, bestehend aus SAPscript-Formular QM_COMPLAIN und Rahmenprogramm RQQMRB01 (zur Einbindung des Berichts über das QM-Customizing und dessen Ausgabe siehe Abschnitt 13.5.4).

Hinweis: Für den Gesamtablauf der Migration ist es auch von Bedeutung, inwieweit das Formular unter Smart Forms von der SAPscript-Vorlage abweichen soll. Bei den folgenden Empfehlungen müssen wir verständlicherweise von einer »Eins-zu-Eins«-Umsetzung ausgehen.

Wir gehen außerdem davon aus, dass die erforderlichen Informationen zur Umsetzung primär aus dem Quellformular bzw. aus dem Rahmenprogramm zu entnehmen sind. (Gibt es weitere Dokumentationen, haben Sie es umso leichter.)

11.2 Stile migrieren

Auch unter SAPscript können Stile definiert werden, um eine einheitliche Formatierung über verschiedene Texte hinweg zu erreichen. Diese Stile werden bis heute vorwiegend bei der Formatierung von Texten angewendet. Über die SAPscript-Anweisung STYLE lässt sich ein solcher Stil aber auch in einem SAPscript-Formular nutzen. Darüber hinaus konnten unter SAPscript die Angaben eines Stils auch individuell im Formular gepflegt werden. Wohl aufgrund der historischen Entwicklung ist dies bis heute die üblichere Variante.

Bei einer automatischen Migration von SAPscript nach Smart Forms werden nur die explizit angelegten Stile überführt, nicht aber die individuellen Absatz- und Zeichenformate eines Formulars. Die Migration erfolgt im Eröffnungsbild zu Smart Forms über den Menüpfad **Hilfsmittel** • **SAPscript-Stil migrieren**. Geben

Sie vorher den Namen des Stils ein, der unter Smart Forms gelten soll. Es folgt die übliche Abfrage zur Entwicklungsklasse etc. Vergessen Sie auch nicht, den neu erzeugten Stil zu aktivieren, bevor Sie ihn erstmals in ein Formular einbinden.

Da die Migrationsfunktion bei individuellen Formaten in einem SAPscript-Formular nicht weiterhilft, müssen Sie häufig auf eine rein manuelle Übertragungsmethode zurückgreifen: Erzeugen Sie dazu einen neuen Stil unter Smart Forms und übertragen Sie per Hand über einem zweiten Modus die Angaben aus dem bisherigen SAPscript-Formular. Meist ist es sogar sinnvoll, eine Gesamtmigration damit zu beginnen.

Der neue Stil unter Smart Forms sollte alle Formatierungen enthalten, die im bisherigen SAPscript-Formular hinterlegt sind. Sie sollten die gleichen Kürzel wie im Quellformular auch für die Zielformate verwenden; denn bei der späteren Migration des Formulars werden automatisch auch alle Textformatierungen über diese Kürzel angesprochen.

Zwar muss die Übertragung per Hand erfolgen, doch dauert dies nicht allzu lange und Sie erhalten gleichzeitig einen schnellen Überblick über die verwendeten Formate. Dabei können Sie sich häufig die Arbeit zur Übernahme der Tabulatoren ersparen. Diese werden im Formular unter Smart Forms ohnehin eher über Layoutelemente wie Schablone-Knoten abgebildet und können als Einträge zu den Tabulatoren deshalb entfallen.

11.3 Formulare migrieren

11.3.1 Automatische Migrationsfunktion

Die Migration von Formularen kann auf zwei Wegen erfolgen:

- Über SF_MIGRATE im Reporting:
  Über dieses Programm können Sie mehrere SAPscript-Formulare migrieren. Der Name des Originalformulars wird lediglich um '_SF' ergänzt und als Name des Formulars vorgeschlagen. Sie können darüber nur Formulare aus dem Kundennamensraum übertragen.

- Über den Menüpfad **Hilfsmittel** · **SAPscript-Formular migrieren** im Einstiegsbild zu Smart Forms

Beide Wege greifen für die Übersetzung auf den gleichen Funktionsbaustein im System zurück; deshalb ist auch das Ergebnis beider Funktionen inhaltlich gleich.

Schritte der Einzelmigration

Wir gehen davon aus, dass die Einzelmigration der üblichere Weg ist und werden uns im Folgenden auch nur noch darauf beziehen.

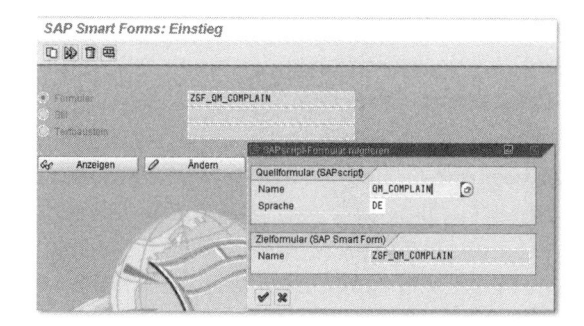

Abbildung 11.1 SAPscript-Formular migrieren

Hier die zugehörigen Einzelschritte:

▶ Geben Sie im Einstiegsbild von Smart Forms den Namen des Zielformulars an (beachen Sie dabei wieder den Kundennamensraum).
▶ Wählen Sie dann den Menüpfad **Hilfsmittel • SAPscript-Formular migrieren**.
▶ Ergänzen Sie im folgenden Dialog Name und Sprache zum SAPscript-Quellformular (siehe Abbildung 11.1).

Nach dem Migrationslauf wird das neu erzeugte Formular automatisch im Änderungsmodus des Form Builders aufgerufen.

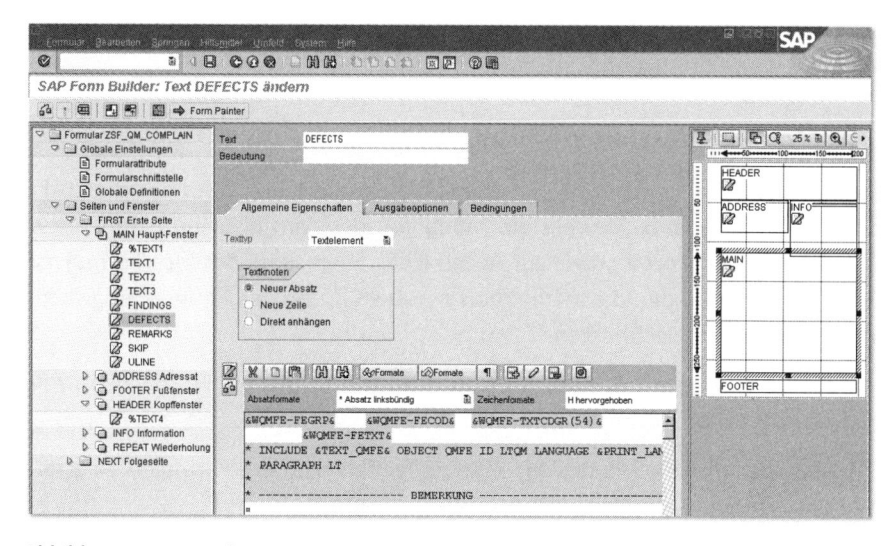

Abbildung 11.2 Formular aus SAPscript-Migration

Bei Darstellung des Bearbeitungsbildes wie in Abbildung 11.2 sind alle automatischen Funktionen der Migration bereits durchgelaufen. Hier einige der enthaltenen Teilfunktionen:

- Alle Layoutinformationen zu den Entwurfsseiten und den Fenstern werden mit ihren Attributen (Position etc.) übernommen. Sie sind sofort im Form Painter darstellbar. Das Hauptfenster steht im Navigationsbaum immer an erster Position, die Nebenfenster folgen in alphabetischer Reihenfolge.
- Alle im SAPscript-Formular enthaltenen Textelemente werden in Text-Knoten überführt. Die enthaltenen Texte besitzen die gleichen Absatz- und Zeichenformate wie im Quellformular. Beachten Sie, dass diese Formate auch im zugeordneten Stil des Formulars unter Smart Forms enthalten sein müssen. Die Text-Knoten erscheinen im zugehörigen Fenster in der gleichen Reihenfolge, wie sie im SAPscript-Formular angelegt waren. Insbesondere im Hauptfenster ist das häufig eine lange Liste.
- Alle Felder (SAPscript-Bezeichnung: *Symbole*) werden über die Text-Knoten ausgegeben. Allerdings existiert zunächst keine der erforderlichen Deklarationen in der Formularschnittstelle oder bei den globalen Daten. Eine Prüfung im Formular würde also zu einer langen Fehlerliste führen.
- Alle SAPscript Kommandos (z.B. IF...ENDIF, BOX, INCLUDE...) sind im Text-Knoten als Kommentarzeilen formatiert und entsprechend grau hinterlegt.

Bei der Migration entsteht in Smart Forms ein Formular ohne jegliche Ablauflogik, denn die ist bei SAPscript im Rahmenprogramm bzw. in speziellen SAPscript-Kommandos untergebracht. Die Überführung dieser Inhalte muss manuell erfolgen. Die Migration über das System-Tool ist folglich nur der erste Schritt, um Formulare von SAPscript nach Smart Forms zu übertragen. Alle weiteren Schritte sind Ihre Aufgabe als Formularentwickler.

11.3.2 Manuelle Nachbearbeitung

Im Normalfall ist es sinnvoll, bei der Nachbearbeitung mit mindestens drei SAP-Modi parallel zu arbeiten: Jeweils ein Modus für das Formular und Rahmenprogramm unter Smart Forms sowie zur Anzeige des originalen SAPscript-Formulars. Später kommt evtl. noch die Transaktion zur Ausführung des Rahmenprogramm hinzu (z.B. über die Nachrichtensteuerung).

Wir wollen die weiteren Arbeiten des automatisch migrierten Formulars in folgende Schritte teilen:

1. Anpassungen im Formulardesign, um eine Testfähigkeit des Formulars zu erreichen (Definition der erforderlichen Daten, Formate)
2. Umsetzung der SAPscript-Kommandos in äquivalente Knoten unter Smart Forms

3. Anpassung des Rahmenprogramms, um die Ausgabefähigkeit des Formulars zu erreichen
4. Implementierung der Formularlogik (vor allem der Abläufe im Hauptfenster)

In den weiteren Kapiteln werden wir diese Schritte im Detail erläutern.

11.3.3 Testfähigkeit des Formulars erreichen

Um einen ersten Ausgabetest für das migrierte Formular zu erreichen, sollten Sie zunächst versuchen, die im Formular enthaltenen *Felder* bzw. *Symbole*, wie sie unter SAPscript heißen, zu interpretieren (am Ende dieses Kapitel finden Sie dazu eine tabellarische Übersicht).

Hier wieder die einzelnen Schritte:

- Erstellen Sie im Style Builder von Smart Forms einen neuen Stil, der alle Formatierungen enthält, die im bisherigen SAPscript-Formular hinterlegt sind (falls ein vergleichbarer Stil unter Smart Forms noch nicht exitiert). Wichtig: Verwenden Sie dabei die gleichen Kürzel für die Absatz- und Zeichenformate wie im SAPscript-Formular. Die inhaltliche Übereinstimmung ist dagegen noch zweitrangig.

- Weisen Sie bei den Formularattributen des migrierten Formulars den neuen Stil zu. Unter dieser Bedingung besitzen alle migrierten Texte sofort eine Formatierung wie im Original. Ohne diesen Schritt würde die erste Überprüfung des Formulars zu einer Vielzahl von Fehlermeldungen führen.

- Erstellen Sie in einem weiteren Modus eine Kopie vom bisherigen SAPscript-Rahmenprogramm, das als Basis der zukünftigen Anwendung unter Smart Forms dienen soll.

- Sie sollten nun die im Formular verwendeten Variablen definieren. Falls Sie dazu keine passende Dokumentation zur Hand haben, geht dies auch mit Hilfe der eingebauten Überprüfungen im Form Builder: Starten Sie dazu im Form Builder von Smart Forms erstmals eine Gesamtprüfung. Das System meldet eine Reihe von Feldern, die nicht gefunden werden. Die Liste ist zu diesem Zeitpunkt nicht vollständig, später werden weitere Fehlermeldungen hinzukommen. Stellen Sie durch Aufruf der einzelnen Knoten fest, welche Datenstrukturen sich hinter den Meldungen verbergen:
    - Ersetzen Sie Systemfelder (z. B. &Page& für Seitenzahl) durch den äquivalenten Eintrag unter Smart Forms (in diesem Fall &SFSY-PAGE&).
    - In SAPscript-Formularen wurden horizontale Trennlinien üblicherweise über das Symbol &ULINE& oder &VLINE& ausgegeben, eine lange Zeichenkette aus Einzelstrichen. Dazu finden Sie weiter unten noch einige Hinweise.

- Überprüfen Sie bei anderen Feldern, wie die Deklaration im bisherigen Rahmenprogramm erfolgt ist. Deklarieren Sie entsprechend die zugehörigen internen Tabellen und Feldleisten in der Formularschnittstelle von Smart Forms. Eventuell erkennen Sie jetzt schon aus dem Inhalt bzw. dem bisherigen Rahmenprogramm, dass der Inhalt erst im Formular zugewiesen wird. Nehmen Sie die Definition dann nicht in der Formularschnittstelle vor, sondern bei den Globalen Definitionen.
- Im Zweifelsfall kommentieren Sie ein Feld solange aus, bis Ihnen mehr Informationen zur Verfügung stehen. Verwenden Sie dazu die Ganzseitenversion des Editors in der Variante als Zeileneditor, denn dort können Sie die Kommentar-Sonderkennung /* direkt als Absatzformat zuweisen.

▶ Wenn jetzt bei der Gesamtprüfung keine Fehlermeldungen mehr auftreten, können Sie das Formular erstmals aktivieren: Testen Sie zunächst nur den generierten Funktionsbaustein (betätigen Sie viermal die Funktionstaste **F8** als Schnellzugriff). In Einzelfällen werden hier weitere Fehler gefunden, die auch zur Laufzeit zum Abbruch geführt hätten (z. B. bei Problemen mit Aufbereitungsoptionen zu Feldern). Leider wird in diesen Fällen auch die zugehörige Suche nach der Ursache schwieriger.

▶ Bei einem erfolgreichen Test des Funktionsbausteins sehen Sie erstmals das neue Formular mit seinen fest hinterlegten Textelementen in einer Druckansicht (natürlich ohne Daten).

Ab jetzt heißt die Aufgabe **kontinuierliche Optimierung**: Versuchen Sie nach und nach die Bausteine des Formulars auszubauen.

Umsetzung ULINE

Wie angekündigt, folgen hier Hinweise zum Symbol &ULINE&, das im SAPscript-Formular für die Ausgabe von horizontalen Trennlinien dient (erzeugt über das Sonderzeichen für Unterstrich):

▶ Unter Smart Forms werden Sie dazu häufig eine andere grafische Funktion verwenden. Eine Schablone ist z. B. eine solche Möglichkeit: Wählen Sie die gleiche Breite, wie sie von &ULINE& ausgegeben wurde. Die Schablone sollte aus nur zwei Zeilen bestehen, z. B. jeweils mit einer Höhe von '0,5 LN'. Wählen Sie als Muster eine einfache Trennlinie zwischen den Zeilen. Über die Zeilenhöhe können Sie den Platzbedarf bei der Ausgabe sehr individuell einstellen. Der Schablone sind keine weiteren Text-Knoten für Ausgaben zugeordnet.

▶ Falls Sie trotzdem nach dem gleichen Verfahren wie bisher über &ULINE& weiterarbeiten wollen, legen Sie eine entsprechende Variable bei den Globalen Definitionen an (z. B. typisiert über CHAR80). Weisen Sie per ABAP unter der

Registerkarte **Initialisierung** einen Unterstrich als entsprechend lange Zeichenkette zu (z. B. über ULINE = '_____'). Dann können Sie sogar die bisherigen Aufbereitungsoptionen wie &ULINE(71)& beibehalten. Achten Sie darauf, dass das zugehörige Absatzformat (üblicherweise UL) wie bisher auf eine feste Schriftart eingestellt ist; evtl. müssen Sie dort auch noch den Zeilenabstand anpassen.

▶ Als weitere Alternative können Sie auf das ABAP-Systemfeld &SYST-ULINE& zurückgreifen, das ebenfalls mit dem Unterstrich als Füllzeichen vorbelegt ist. Achten Sie bei Ausgabe auch hier wieder auf eine feste Schriftart und die Gestaltung der Abstände im zugehörigen Absatzlayout.

Symbole umsetzen

Für die soeben geschilderten Teilschritte ist die Interpretation der Symbole im SAPscript-Formular wichtig. Wir haben deshalb die unterschiedlichen Typen von Symbolen in Tabelle 11.1 nochmals zusammengefasst.

Symbole unter SAPscript und deren Umsetzung	
Allgemeine Systemsymbole	Für viele Systemsymbole (z. B. &Page& für Seitenzahl) gibt es einen äquivalenten Eintrag unter Smart Forms (in diesem Fall &SFSY-PAGE&). Für die Systemsymbole von SAPscript ohne Ersatz (z. B. &DAY&) sollten Sie unter Smart Forms ein neues Feld definieren und über ABAP in einem Programm-Knoten mit passendem Inhalt versorgen. Ggf. können Sie dabei auf generelle Systemfelder zurückgreifen (siehe folgende Zeile).
ABAP Systemsymbole (SYST)	Die Systemfelder stehen auch unter Smart Forms zur Verfügung (als Knoten-Attribute, in Programm-Knoten, aber auch als Platzhalter in Text-Knoten). Sie können also wie bisher genutzt werden. Für Neueingaben in einem Text-Knoten können Sie dafür allerdings nicht auf die komfortable Feldliste zurückgreifen: verwenden Sie statt dessen die Feldfunktionen des Editors und geben Sie die Systemfelder direkt ein. Oder übertragen Sie einfach den bisherigen Eintrag aus SAPscript.
Benutzeradresse (USR03)	Die Daten müssen ggf. individuell über einen Programm-Knoten ermittelt werden; der Benutzername steht in SY-UNAME.
SAPscript Systemsymbole	Ein Teil der hinterlegten Felder findet sich in den Smart Forms-Systemfeldern (z. B. FORMPAGES); ein anderer Teil ergibt sich aus Parametern der Formularschnittstelle (z. B. Angaben zur Fax-Ausgabe).
Standardsymbole	Die Einträge der Tabelle TTDTG werden von Smart Forms nicht direkt zur Verfügung gestellt, können ggf. aber wieder über einen Programm-Knoten gelesen werden.

Tabelle 11.1 Symbole unter SAPscript und deren Umsetzung

Symbole unter SAPscript und deren Umsetzung	
Textsymbole	Smart Forms kennt keine speziellen Textsymbole; die Funktionalität wird komplett über globale Variablen abgedeckt, die Sie mit beliebigen Texten vorbelegen können.
Programm-Symbole	Darin enthalten sind alle Daten, die ein SAPscript-Druckprogramm dem Formular individuell zur Verfügung stellt. Unter Smart Forms sollten Sie diese Daten als Import-Parameter in die Formularschnittstelle aufnehmen.

Tabelle 11.1 Symbole unter SAPscript und deren Umsetzung

11.3.4 SAPscript-Kommandos umsetzen

Wir haben bereits festgestellt, dass Textelemente unter SAPscript spezielle Kommandos enthalten können, die sich bei Smart Forms in Knotenattributen oder auch speziellen Knoten wiederfinden. Wir wollen die Migration mit dieser Umsetzung fortsetzen. Zum Abschluss dieses Kapitels finden Sie dazu eine tabellarische Aufstellung aller SAPscript-Kommandos.

Die automatische Migration hat zu jedem Textelement aus SAPscript einen Text-Knoten unter Smart Forms erzeugt. Dieser enthält alle Angaben, die unter SAPscript als Kommandos oder Texte hinterlegt waren. Analysieren Sie nacheinander die enthaltenen Funktionseinheiten und übertragen Sie die Inhalte in diejenigen Knoten bzw. Attribute, die Smart Forms dafür vorsieht (z. B. die Umsetzung des Kommandos INCLUDE in einen entsprechenden einzelnen Text-Knoten.)

> **Tipp:** Im Zuge des weiteren Formularausbaus kann es hilfreich sein, wenn die bisherigen Text-Knoten, wie sie ursprünglich vom System migriert worden sind, zur Dokumentation erhalten bleiben. Dadurch ist der Übergang später auch leichter nachvollziehbar. Um dies zu erreichen, müssen Sie alle Inhalte in neue Knoten unter Smart Forms umsetzen. Kommentieren Sie anschließend die Inhalte im Original-Knoten komplett aus (über /* als Absatzformat).

Nach eigener Erfahrung ist es meist sinnvoll, das Formular zunächst in den Nebenfenstern zu optimieren, bevor es in die eigentliche Formularlogik mit Ausgabe der Daten im Hauptfenster geht.

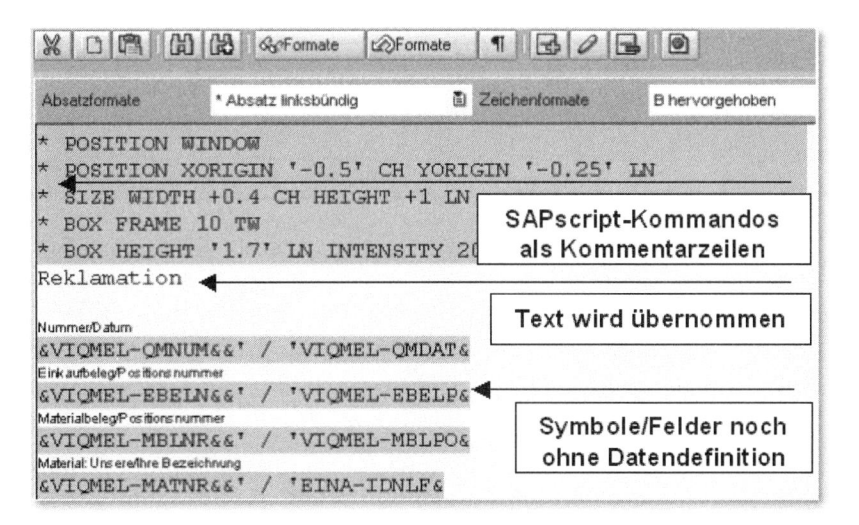

Abbildung 11.3 Text-Knoten nach automatischer Migration

In Abbildung 11.3 sehen Sie einen typischen Text-Knoten nach der automatischen Migration. Hier einige Beispiele zur Umsetzung der SAPscript-Kommandos:

- SAPscript verwendet spezielle Kommandos, um Ausgabebereich zu gestalten (BOX, FRAME etc.). Diese Zeilen sind wie andere SAPscript-Kommandos im migrierten Text-Knoten auskommentiert. Verwenden Sie unter Smart Forms dafür die Attribute **Rahmen** und **Schattierung**, die bei jedem Knoten unter der Registerkarte **Ausgabeoptionen** zur Verfügung stehen (incl. Vorgaben zum Randabstand gegenüber dem Text im Ausgabebereich). Die Rahmung kann sowohl ein ganzes Fenster betreffen (BOX FRAME), als auch Teilbereiche daraus. Im Beispiel der Abbildung 11.3 wird die Überschrift »Reklamation« über das zweite BOX-Kommando gerahmt und grau hinterlegt. Um dies unter Smart Forms zu erreichen, müssen Sie für die Überschrift einen eigenen Text-Knoten anlegen. Vergeben Sie dort die passenden Attribute für Rahmung und Schattierung.

- In Ihrem migrierten SAPscript-Formular waren vermutlich auch Standardtexte über INCLUDE-Kommandos eingebunden. Entscheiden Sie, ob Sie diese Texte weiter verwenden wollen. Dann müssen Sie zu jedem Aufruf einen entsprechenden Include-Text-Knoten erstellen. Die Parameter übernehmen Sie direkt von dem auskommentierten INCLUDE-Kommando. Beachten Sie, dass meist auch die Sprache des Textes über eine Variable festgelegt ist; sie wird bei Smart Forms schon per Formularschnittstelle übergeben. Natürlich können Sie auch die bisherige Variable weiterverwenden, wenn Sie dafür zunächst eine Definition unter den globalen Daten vornehmen und ggf. später den Parameter per Schnittstelle übergeben.

> **Hinweis:** Auch in einem eingebundenen Standardtext können weitere SAPscript-Kommandos oder Felder eingebunden sein (z.B &ULINE& für Unterstreichungen). Je nach Kommando oder Feld kann das unter Smart Forms zu Laufzeitfehlern führen. In diesem Fall sind also Änderungen am Standardtext unumgänglich; die gleichzeitige Nutzung über beide Systeme ist dann nicht mehr möglich.

- Die über Include-Text-Knoten eingebundenen Standardtexte sind weiterhin mandantenabhängig und nicht in Smart Forms-Transporte eingebunden. Eine Alternative ist die Erzeugung neuer Smart Forms-Textbausteine mit gleichem Inhalt.

- Falls im Formular Adressdaten ausgegeben werden (Kommando ADRESS/ENDADRESS unter SAPscript): Überprüfen Sie, ob die Adressen in der zentralen Adressverwaltung geführt (d.h. Identifikation über eine ID). Dann können Sie zukünftig dafür den Adresse-Knoten von Smart Forms verwenden. Evtl. werden die Adressinhalte aber auch in Form einzelner Felder übergeben: Verwenden Sie für die korrekte Formatierung dann einen zusätzlichen Programm-Knoten, wie in Abschnitt 8.5 beschrieben.

- Bei tabellarischen Darstellungen kann es sinnvoll sein, die bisherige Formatierung über Tabulatoren durch Schablone-Knoten zu ersetzen (wie z.B. bei den Info-Angaben in Abbildung 11.3). Dann müssen Sie den bisherigen Ausgabetext allerdings auch in einzelne Text-Knoten aufteilen sowie als Unterknoten den einzelnen Zellen der Schablone zuordnen.

Nach den bisherigen Beispielen folgt eine Liste aller SAPscript-Kommandos mit Hinweisen auf die äquivalente Darstellung unter Smart Forms:

Kommandos unter SAPscript	Realisierung unter Smart Forms
NEW-PAGE	Der manuelle Seitenumbruch ist ein Attribut im Kommando-Knoten.
PROTECT	Der Schutz vor Seitenumbruch erfolgt über die Attribute eines Text-Knotens oder im Absatzlayout.
NEW-WINDOW	Smart Forms kennt nur noch ein Hauptfenster: Um Funktionen wie Mehrspaltigkeit zu erreichen, verwenden Sie Ausgabetabellen im Hauptfenster.
DEFINE	Definitionen zu Variablen erfolgen unter den Globalen Definitionen.

Tabelle 11.2 SAPscript-Kommandos umsetzen

Kommandos unter SAPscript	Realisierung unter Smart Forms
SET DATE MASK SET TIME MASK	Eine Datums-/Zeitmaske existiert unter Smart Forms nicht; kombinieren Sie individuell mit dem umgebenden Text.
SET COUNTRY	Die Darstellung von Dezimalzahlen und Datumswerten können Sie bei Smart Forms über die ABAP-Anweisung SET COUNTRY vorgeben (wahlweise im Rahmenprogramm, in der Initialisierung oder in einem Programm-Knoten). Ohne Vorgabe verwendet Smart Forms die länderspezifische Aufbereitung, wie sie im Benutzerstamm hinterlegt ist.
SET SIGN	Vorzeichenausgabe: Verwenden Sie individuelle Aufbereitungsoptionen bei Feldern mit Zahlenangaben, um die Position festzulegen.
RESET	Das Rücksetzen einer Gliederungsebene erfolgt über eine Option im Kommando-Knoten.
INCLUDE	SAPscript-Texte lassen sich über einen Include-Text-Knoten einbinden. Dieser Knoten bietet die gleichen Optionen wie das ursprüngliche Kommando, so dass Sie die Parameter direkt übernehmen können. In Releases vor 4.6C wurden Grafiken in Standardtexte umgewandelt und ließen sich dann per Include-Kommando in ein SAPscript-Formular einbinden. Diese Grafiken kann Smart Forms nicht weiterverwenden. Legen Sie die Grafiken im System neu an und verwenden Sie dann den Grafik-Knoten.
STYLE	Der Wechsel eines Stils erfolgt als Attribut des jeweiligen Knotens, wahlweise auch durch Zuordnung in einem übergeordneten Knoten (Order, Schablone).
ADRESS	Verwenden Sie dafür den Adresse-Knoten; grundsätzlich ist dann nur noch die Adressnummer erforderlich (wenn Verwaltung über ZAV erfolgt).
TOP / ENDTOP	Kopftext im Hauptfenster, verwenden Sie entsprechende Ereignisknoten zu Ordner-, Tabelle- oder Schleife-Knoten.
BUTTON / ENDBUTTON	Fußtexte, s.o.
IF / ENDIF	Bedingung im Knoten, für den die Ausgabe gilt, wahlweise auch als Alternative-Knoten.
CASE	Setzen Sie **Bedingung** bei den Knoten, die unterschieden werden sollen (ggf. organisiert über Ordner-Knoten).
PERFORM	Ausführung von ABAP-Code über einen Programm-Knoten; bei den Globalen Definitionen können Sie zusätzlich FORM-Routinen anlegen, die nur im Formular gelten. Beachten Sie aber, dass sich die Art der Parameterübergabe bei dem SAPscript-Kommando vom üblichen Verfahren unter ABAP unterscheidet.
PRINT-CONTROL	Eingabe als Attribut des Kommando-Knotens

Tabelle 11.2 SAPscript-Kommandos umsetzen (Forts.)

Kommandos unter SAPscript	Realisierung unter Smart Forms
BOX, POSITION; SIZE	Rahmung und Schattierung finden Sie als Attribut verschiedener Knotentypen (auch bei Text-Knoten) oder verwenden Sie Schablone-Knoten und deren Funktion zur Erstellung von Mustern.
HEX / ENDHEX	Die Übergabe hexadezimaler Codes an den Drucker kann nicht mehr direkt, sondern nur noch über Print-Controls erfolgen.
SUMMING	Summierungen erfolgen über individuelle ABAP-Anweisungen in Programm-Knoten.

Tabelle 11.2 SAPscript-Kommandos umsetzen (Forts.)

11.3.5 Ausgabefähigkeit über Rahmenprogramm erzeugen

Der kritischste Punkt der kontinuierlichen Optimierung ist sicher der Aufbau der Ablauflogik im Hauptfenster. Die bisher im SAPscript-Formular verwendeten Textelemente sind lediglich als eine Aneinanderreihung von Text-Knoten migriert worden, die keinerlei Bezug mehr zueinander haben. Sie müssen die Ablauflogik also überwiegend dem SAPscript-Rahmenprogramm entnehmen. Doch zunächst muss erst einmal ein startbares Rahmenprogramm unter Smart Forms vorliegen.

Auch dazu wieder die Schritte:

- Wir haben oben vom bisherigen SAPscript-Rahmenprogramm eine Kopie erzeugt, die das zukünftige Smart Forms-Rahmenprogramm werden soll. Häufig wird dieses Programm nicht alleinstehend aufgerufen, sondern über eine andere SAP-Applikation: Binden Sie zunächst Ihre Kopie in die dortige Nachrichtensteuerung ein. Überprüfen Sie die Ausgabe Ihrer Beispieldaten noch einmal mit dem bisherigen SAPscript-Formular (dann sind Sie sicher, dass die Einstellungen auch wirklich funktionieren). Ändern Sie erst dann den Eintrag zum Formular auf die oben migrierte Version unter Smart Forms.

- Stellen Sie in dem neuen Rahmenprogramm fest, welche Programmbereiche bisher für die generelle Datenbeschaffung zuständig waren und welche die Routinen zur Ausgabesteuerung enthalten. Auch unter SAPscript wurde in den meisten Fällen schon auf getrennte Bereiche im Quelltext geachtet.

- Machen Sie die bisherigen Programmteile der Ausgabesteuerung zu Kommentarzeilen. Binden Sie statt dessen die beiden Funktionsbausteine für den Aufruf des Formulars zu Smart Forms ein (wie in Abschnitt 9.4 beschrieben). Das bedeutet u.a.:
  - Definieren Sie die zusätzlich benötigten Variablen zum Formularnamen. Ein Formularname war auch bisher schon für die Ausgabe des SAPScript-Formulars erforderlich und wird entsprechend Datenbeschaffungsteil bereitge-

stellt. Übernehmen Sie den Namen in die neue Variable. Aus dem Formularnamen lassen Sie den Namen des Funktionsbausteins zur Formularschnittstelle ermitteln.

- Weisen Sie die Parameter der Formularschnittstelle zu, die Sie individuell zum Formular definiert haben (Pflichtparameter). Die Parameter werden in den meisten Fällen über den Datenbeschaffungsteil mit Daten gefüllt. Die Namen der Parameter im Funktionsbaustein und Programm sind gleich, wenn Sie – wie oben beschrieben – auch auf Seiten des Formulars die Originaldaten verwendet haben. Diese Namen müssen auch im Rahmenprogramm bekannt sein.

- Überprüfen Sie das Programm auf Syntaxfehler und vergessen Sie abschließend nicht die Aktivierung des Programms.

▶ Erzeugen Sie jetzt eine erste Ausgabe über die zugehörige Applikation (Druckvorschau). Wenn diese Ausgabe erfolgreich endet, haben Sie einen der wichtigsten Schritte geschafft!

Auch wenn die Ablauflogik im Hauptfenster des Formulars noch nicht implementiert ist: Ab jetzt können Sie die Tests bei weiteren Anpassungen über die Applikation durchführen. Das gewährleistet realistische Tests und vermeidet spätere Überraschungen.

11.3.6 Übergeordnete Ablauflogik

Für die Implementierung der übergeordneten Ablauflogik müssen Sie die entsprechenden Passagen im Quelltext des bisherigen Rahmenprogramms analysieren (falls keine andere Dokumentation zur Verfügung steht).

Hier zunächst wieder ein paar allgemeine Hinweise:

▶ Im bisherigen Ausgabeteil des Rahmenprogramms ist erkennbar, in welcher Reihenfolge die Textelemente bisher ausgegeben wurden. Ensprechend sollten Sie auch die Reihenfolge der Fenster/Knoten im Navigationsbaum unter Smart Forms einstellen.

▶ Bei der Ausgabe im Hauptfenster handelt es sich üblicherweise um eine Auflistung beliebig vieler Positionen. Da diese innerhalb des Rahmenprogramms in einer internen Tabelle geführt sind, muss dort auch eine Schleife (mit LOOP/ENDLOOP-Anweisung) im Quelltext vorhanden sein. Je nach Komplexität des Formulars können auch mehrere Schleifen geschachtelt sein: Beginnen Sie mit der äußersten Schleife.

▶ Mit Übernahme der Ablaufsteuerung werden Sie auch weitere Parameter (z.B. interne Tabellen) in die Formularschnittstelle aufnehmen müssen. Allerdings ist es nur bei sehr großen Änderungen sinnvoll, den kompletten Funktionsbaustein per Musterfunktion neu ins Rahmenprogramm einzufügen. Achten Sie also darauf, dass alle Änderungen gleichzeitig im Formular und im Rahmenprogramm erfolgen (sonst gibt es Laufzeitfehler).

- In den meisten Fällen ist es sinnvoll, im Hauptfenster des Formulars bei Smart Forms mit einem Tabelle-Knoten zu beginnen. Geben Sie dort die wichtigsten Zeilenlayouts vor (z. B. für Positions- und Kopfzeilen). Bei SAPscript wurde die Spaltenaufteilung mit Tabulatoren erzeugt; die Spaltenbreiten finden Sie also in den zugehörigen Absatzlayouts.
- Beginnen Sie dann mit der äußersten Schleife der Datenausgabe, die Sie je nach Situation durch den vorhandenen Tabelle-Knoten oder einen untergeordneten Schleife-Knoten abbilden können. Definieren Sie den benötigten Arbeitsbereich bei den Globalen Definitionen. Erzeugen Sie passende Text-Knoten als Unterknoten für diejenigen Ausgaben, die in diese Schleife erfolgen sollen.
- Verfeinern Sie kontinuierlich die Ablauflogik durch weitere Schleife-Knoten etc.
- Ermitteln Sie die Parameter, die zukünftig im Formular berechnet werden sollen (z. B. Gesamt-/Zwischensummen). Überprüfen Sie, ob dafür eine Standardfunktion des Schleife-Knotens verwendet werden kann. Legen Sie ansonsten passende Programm-Knoten an. In Einzelfällen werden Sie sogar den zugehörigen Quelltext direkt kopieren können.

> **Tipp:** Führen Sie in dieser Phase nicht zu viele Erweiterungen gleichzeitig durch, sondern testen Sie immer wieder die Ausgabe des Formulars über das Rahmenprogramm. Anderenfalls könnten Laufzeitfehler auftreten, die schwer zu interpretieren sind und viel Zeit für die Ursachenforschung erfordern.

Beispiel-Migration

Abbildung 11.4 zeigt den Übergang von SAPscript auf Smart Forms am Beispiel des Formulars QM_COMPLAIN aus dem Qualitätsmanagement. Der Inhalt des Formulars ist eine Liste mit aufgetretenen Materialfehlern, die z. B. als Rückmeldung an den Lieferanten dienen kann.

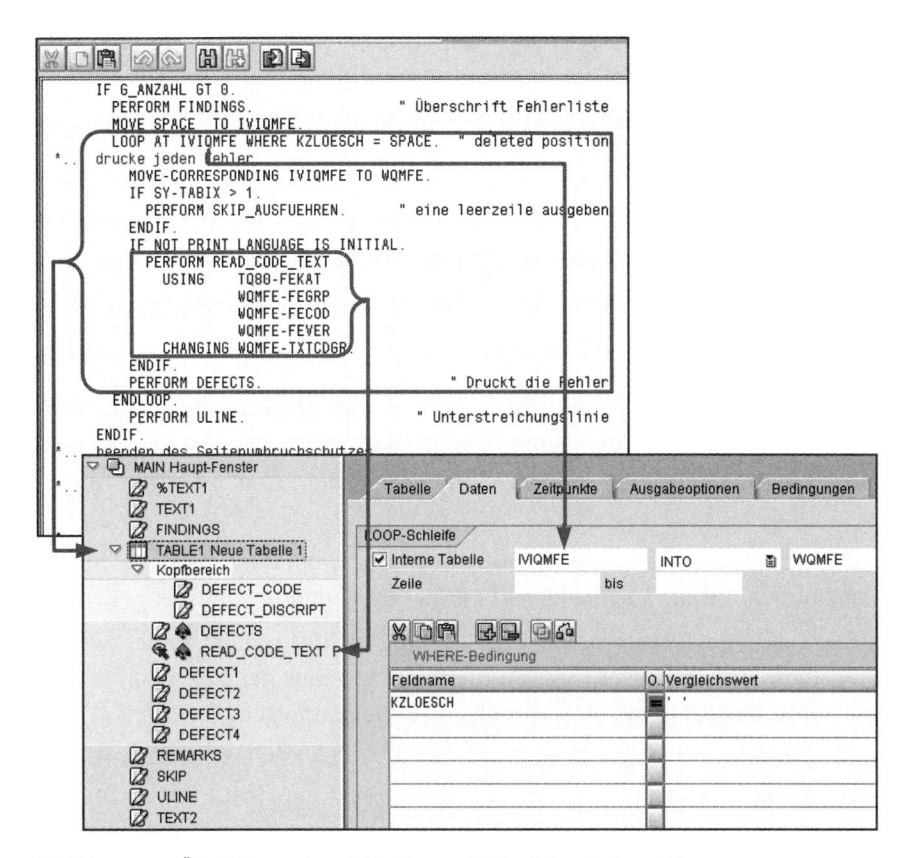

Abbildung 11.4 Überleitung einer Schleife von SAPscript nach Smart Forms

Häufig lässt sich der Inhalt einer LOOP-Anweisung im Rahmenprogramm direkt in einen Schleife-Knoten von Smart Forms übertragen (wie in unserem Beispiel). Einige weitere Hinweise anhand dieses Beispiels:

- Da für die Ausgaben immer der Arbeitsbereich zuständig ist, wurde die in der Schleife benötigte interne Tabelle von der Prüffunktion des Formulars vorher nicht angemahnt. Sie ist entsprechend noch nicht in der Formularschnittstelle definiert. Ergänzen Sie den Eintrag im Formular und im Rahmenprogramm. Folglich hat auch der Arbeitsbereich WQMFE nur Funktionen im Formular. Falls Sie die Definition anfangs in der Formularschnittstelle vorgenommen haben, verschieben Sie die zugehörige Zeile jetzt zu den Globalen Definitionen (Registerkarte **Globale Daten**).

- Im SAPscript-Rahmenprogramm unseres Beispiels wird der Arbeitsbereich über die Anweisung MOVE-CORRESPONDING gefüllt. Sie ist äquivalent zu LOOP ... INTO ... und wird dann verwendet, wenn die Struktur von Arbeitsbereich und interner Tabelle nicht vollständig übereinstimmen.

- Um eine tabellarische Ausgabe der Positionen im Hauptfensters zu erreichen, wurden unter SAPscript Tabulatoren im jeweiligen Absatzformat hinterlegt. Die Felder einer kompletten Positionszeile wurden nacheinander in einem Textelement angelegt und über die Tabulatoren ausgerichtet (im Beispiel als Text-Knoten DEFECTS dargestellt). Unter Smart Forms können Sie zur Gestaltung der tabellarischen Ausgabe Zeilentypen verwenden: Legen Sie in diesem Fall die Schleife mit Hilfe eines Tabelle-Knotens an (wie in unserem aktuellen Beispiel). Um die einzelnen Zellen korrekt zu füllen, muss dann aber auch für jede Spalte ein eigener Text-Knoten angelegt sein (in unserem Beispiel DEFECT1, DEFECT2, ...).

- Mit dem Tabelle-Knoten kann auch die korrekte Ausgabe von Kopf- und Fußzeilen erfolgen. Der Inhalt des Kopfbereichs ersetzt in unserem Beispiel die Anweisung `PERFORM FINDINGS` im Rahmenprogramms zum bisherigen Formular.

- Unterhalb der Schleife im SAPscript-Rahmenprogramm werden drei Teilfunktionen ausgeführt, die auch bei Smart Forms vorhanden sein müssen:

  - Der Aufruf des Unterprogramms SKIP_AUSFÜHREN erzeugt ab der zweiten Position eine Leerzeile: Falls erforderlich, kann dies bei Smart Forms über einen Text-Knoten mit einer einzelnen Leerzeile erfolgen.

  - Der Aufruf von READ_CODE_TEXT überprüft den Kurztext zu einer Fehlermeldung der aktuellen Position. Diese Funktion muss natürlich auch unter Smart Forms vorhanden sein. Wir haben dazu einen Programm-Knoten mit gleichem Inhalt unterhalb der Schleife eingefügt. Er wird folglich bei jedem Schleifendurchlauf ausgeführt. Im Ursprungsprogramm ist der Aufruf des Unterprogramms an eine IF-Bedingung zu PRINT_LANGUAGE geknüpft: Bei Smart Forms ist das äquivalent dazu eine Bedingung auf der gleichnamigen Registerkarte (siehe auch entsprechende Hinweise weiter unten).

  - Die Anweisung PERFORM DEFECTS hat bisher eine Positionszeile ausgegeben. Das erfolgt unter Smart Forms natürlich automatisch dadurch, dass die entsprechenden Text-Knoten angelegt sind.

- Nach Ausführung der Schleife ergänzt das SAPscript-Rahmenprogramm die Endtexte. Unter Smart Forms erfolgt dies automatisch dadurch, dass die entsprechenden Knoten angelegt sind.

- Die Funktion PROTECT/ENDPROTECT verhindert Seitenumbrüche zwischen einzelnen Textelementen: Bei Smart Forms kann der Schutz über die Registerkarte **Ausgabeoptionen** eines Text-Knotens erfolgen.

Übernahme Programmcode

Wenn bei SAPscript Daten innerhalb der Ausgabeschleife geändert werden, muss dies bei Smart Forms über passende Knoten nachgebildet werden. Aus diesem Grunde haben wir oben den Programm-Knoten READ_CODE_TEXT angelegt.

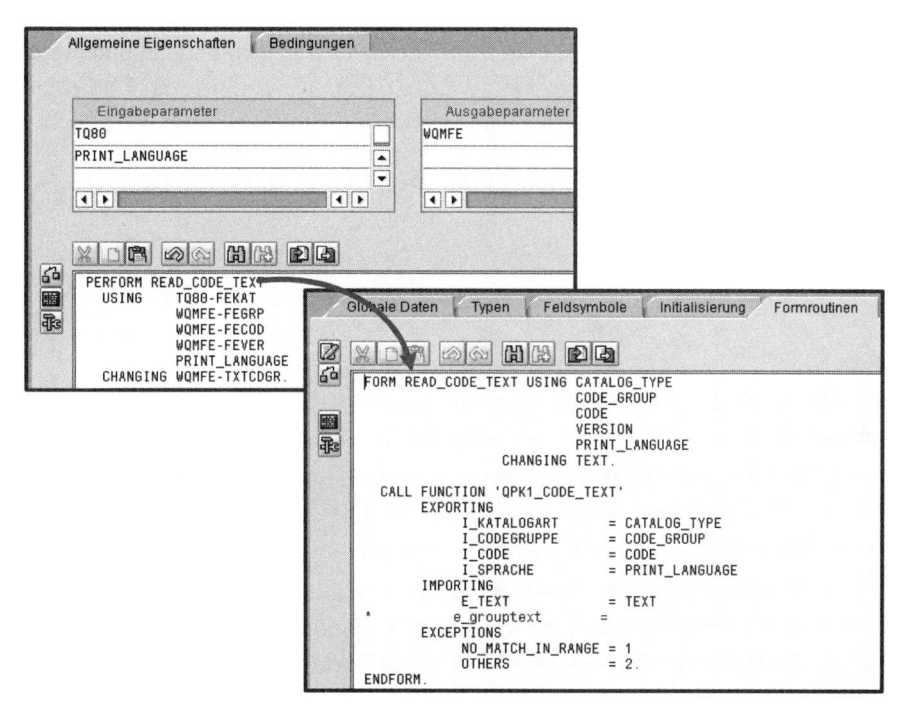

Abbildung 11.5 Programm-Knoten und Formroutine

Die Abbildung 11.5 zeigt den Inhalt des Programm-Knotens: Wie im Originalquelltext wird lediglich das Unterprogramm READ_CODE_TEXT aufgerufen. Das geht aber wiederum nur, wenn dieses Unterprogramm auch bei Smart Forms im Zugriff ist. Wir haben es deshalb zusätzlich bei den Globalen Definitionen unter der Registerkarte **Formroutine** angelegt.

Beachten Sie noch eine Besonderheit: Dieses Unterprogramm greift auch auf das Sprachkennzeichen in PRINT_LANGUAGE zurück. Im Originalquelltext war das kein Problem, da die Variable global definiert worden war. Sie stand deshalb auch im Unterprogramm zur Verfügung, ohne selbst als Übergabeparameter zu erscheinen. Unter Smart Forms kennen die Formroutinen keine globalen Daten in diesem Sinne. Deshalb mussten wir die Sprache als zusätzlichen Übergabeparameter in den Aufruf des Unterprogramms einfügen.

11.3.7 Standard-Schnittstellenparameter

Wir haben uns bisher damit befasst, wie die Formularinhalte von SAPscript zu Smart Forms übertragen werden können. Nicht betrachtet haben wir die Funktionen, um die Ausgabe selbst in einer vorgegebenen Art zu steuern. Die Parameter sind natürlich auch in beiden Systemen vorhanden.

Unter Smart Forms müssen zu diesem Zweck weitere Schnittstellenparameter vom Rahmenprogramm vorgegeben werden. Darauf sind wir ausführlich in Abschnitt 9.7 eingegangen. Wird haben dort z.B. folgende Themenbereiche unterschieden:

- Generelle Ausgabesteuerung
- Druckerparameter
- Ausgabe per Fax
- Ausgabe per E-Mail

Die zugehörigen Parameter der Formularschnittstelle werden bei Neuanlage eines Formulars automatisch angelegt und können optional vom Rahmenprogramm mit Inhalten versorgt werden.

Steuerparameter unter SAPscript

Ein ähnliches Verfahren zur Steuerung der Ausgabe existiert auch unter SAPscript. Die benötigten Parameter werden auch dort häufig über einen Datenbereitstellungsteil zur Verfügung gestellt (der die Angaben seinerseits z.B. wieder aus der Nachrichtensteuerung erhält). Es liegt also nahe, diese Informationen auch für die Formularschnittstelle von Smart Forms weiter zu verwenden. Das Vorgehen werden wir im Folgenden erläutern.

Jede SAPscript-Formularausgabe wird über den Funktionsbaustein OPEN_FORM eingeleitet. In dessen Schnittstelle werden ähnliche Parameter übergeben, wie beim Aufruf des Funktionsbaustein zum Formular unter Smart Forms (durch den er auch ersetzt wird). Die Parameter, die zu diesem Zeitpunkt gelten, können deshalb auch für Smart Forms verwendet werden. Hier beispielhaft ein Aufruf:

```
*&--------------------------------------------------------------&*
CALL FUNCTION 'OPEN_FORM'
     EXPORTING
*          APPLICATION         = 'TX'
           ARCHIVE_INDEX       = TOA_DARA         "TOA_DARA
           ARCHIVE_PARAMS      = ARC_PARAMS       "ARC_PARAMS
           DEVICE              = DEVICE
           DIALOG              = ' '
```

```
            FORM              = TNAPR-FONAM
            LANGUAGE          = NAST-SPRAS
            OPTIONS           = ITCPO             "ITCPO
            MAIL_SENDER       = SENDER            "SWOTOBJID
            MAIL_RECIPIENT    = RECIPIENT         "SWOTOBJID
*           MAIL_APPL_OBJECT  = ' '               "SWOTOBJID
*           RAW_DATA_INTERFACE = '*'
*&--------------------------------------------------------------&*
```

Listing 11.1 Eröffnung der Formularausgabe unter SAPscript

Die internen Schnittstellenparameter erinnern schon vom Namen her an die Parameter im Funktionsbaustein zum Formular unter Smart Forms. Wir haben als Kommentar die Datentypen genannt, die für die Deklaration der Komponenten verwendet werden. Zum Teil sind es sogar deckungsgleiche Datentypen wie unter Smart Forms. Um Steuerungfunktionen weiter verwenden zu können, die bisher schon vom SAPscript-Rahmenprogramm zur Verfügung gestellt wurden, müssen also nur die passenden Feldzuweisungen erfolgen.

Betrachten wir nacheinander die einzelne Themenschwerpunkte:

Parameter der allgemeinen Ausgabesteuerung

Für die Vorbelegung von Ausgabeparametern (z. B. Druckervoreinstellungen) sind unter Smart Forms die Schnittstellenparameter CONTROL_PARAMETERS und OUTPUT_OPTIONS zuständig. Unter SAPscript übernimmt das primär ein Parameter OPTIONS, basierend auf der Struktur ITCPO des ABAP-Dictionarys.

Es folgt beispielhaft eine Liste der möglichen Zuordnungen. Da die Namen der Parameter im Rahmenprogramm je nach Einzelfall unterschiedlich sein können, haben wir hier symbolisch die Namen der hinterlegten Datentypen aufgeführt:

```
*&--------------------------------------------------------------&*
*       transfer    Smart Forms  <<<  SAPscript
*       define user_settings
IF ITCPO-TDDEST <> '*' OR ITCPO-TDDEST <> ' '.
  USER_SETTINGS = ' '.
ENDIF
*------Get CONTROL_PARAMETERS----------------------------------*
* CONTROL_PARAMETERS-NO_OPEN   = .        " look for use of
* CONTROL_PARAMETERS-NO_CLOSE  = .        " function START_FORM
CONTROL_PARAMETERS-DEVICE      = DEVICE.
IF DIALOG = ' '.
```

```
      CONTROL_PARAMETERS-NO_DIALOG = 'X'.
ENDIF.
CONTROL_PARAMETERS-PREVIEW      = ITCPO-TDPREVIEW.
* CONTROL_PARAMETERS-PREVIEW    = US_SCREEN.      "Prev. ja/
nein
CONTROL_PARAMETERS-GETOTF       = ITCPO-GETOTF.
* CONTROL_PARAMETERS-LANGU      = NAST-SPRAS.
*------Get OUTPUT_OPTIONS--------------------------------------*
* MOVE-CORRESPONDING ITCPO TO OUTPUT_OPTIONS.
*------Fax options (SAPcomm)-----------------------------------*
OUTPUT_OPTIONS-TDTELELAND   = ITCPO-TDTELELAND.
OUTPUT_OPTIONS-TDTELENUM    = ITCPO-TDTELENUM.
OUTPUT_OPTIONS-TDFAXUSER    = ITCPO-TDFAXUSER.
OUTPUT_OPTIONS-TDSCHEDULE   = ITCPO-TDSCHEDULE.
OUTPUT_OPTIONS-TDSENDDATE   = ITCPO-TDSENDDATE.
OUTPUT_OPTIONS-TDSENDTIME   = ITCPO-TDSENDTIME.
*------Archiv options------------------------------------------*
OUTPUT_OPTIONS-TDARMOD      = ITCPO-TDARMOD.     " Arch.Mod.
OUTPUT_OPTIONS-TDNOARMCH    = ITCPO-TDNOARMCH.   " Arch.Mod.
*------Output options------------------------------------------*
OUTPUT_OPTIONS-TDTITLE      = ITCPO-TDTITLE.
OUTPUT_OPTIONS-TDNOPREV     = ITCPO-TDNOPREV.    " No preview
OUTPUT_OPTIONS-TDNOPRINT    = ITCPO-TDNOPRINT.   " No prev.print
* OUTPUT_OPTIONS-TDNOARCH   = .
OUTPUT_OPTIONS-TDIEXIT      = ITCPO-TDIEXIT.
*------Text options--------------------------------------------*
OUTPUT_OPTIONS-TDDATASET    = ITCPO-TDDATASET.
OUTPUT_OPTIONS-TDSUFFIX1    = ITCPO-TDSUFFIX1.
OUTPUT_OPTIONS-TDSUFFIX2    = ITCPO-TDSUFFIX2.
OUTPUT_OPTIONS-TDCOVTITLE   = ITCPO-TDCOVTITLE.  " title cover
*------Spool options-------------------------------------------*
OUTPUT_OPTIONS-TDDEST       = ITCPO-TDDEST.      " Output Device
OUTPUT_OPTIONS-TDPRINTER    = ITCPO-TDPRINTER.
OUTPUT_OPTIONS-TDNEWID      = ITCPO-TDNEWID.     " new spool entry
OUTPUT_OPTIONS-TDIMMED      = ITCPO-TDIMMED.     " immediately
OUTPUT_OPTIONS-TDDELETE     = ITCPO-TDDELETE.    " delete after
OUTPUT_OPTIONS-TDLIFETIME   = ITCPO-TDLIFETIME.
OUTPUT_OPTIONS-TDAUTORITY   = ITCPO-TDAUTORITY.
OUTPUT_OPTIONS-TDFINAL      = ITCPO-TDFINAL.
```

```
*------Cover options---------------------------------------*
OUTPUT_OPTIONS-TDCOVER      = ITCPO-TDCOVER.     " cover page
OUTPUT_OPTIONS-TDRECEIVER   = ITCPO-TDRECEIVER.  " report to
OUTPUT_OPTIONS-TDDIVISION   = ITCPO-TDDIVISION.
*------Page select----------------------------------------*
OUTPUT_OPTIONS-TDCOPIES     = ITCPO-TDCOPIES.    " copies
OUTPUT_OPTIONS-TDPAGESLCT   = ITCPO-TDPAGESLCT.
*------XSF options----------------------------------------*
* OUTPUT_OPTIONS-XSFCMODE    = .
* OUTPUT_OPTIONS-XSF         = .
* OUTPUT_OPTIONS-XSFOUTMODE  = .
* OUTPUT_OPTIONS-XSFOUTDEV   = .
* OUTPUT_OPTIONS-XSFFORMAT   = .
*&-------------------------------------------------------&*
```

Listing 11.2 Zuweisung Schnittstellenparameter zur Ausgabesteuerung

Wenn bei SAPscript kein Ausgabegerät vom Rahmenprogramm ausdrücklich vorgegeben wurde (über TDDEST), so war automatisch der Benutzerstammsatz relevant. In der Formularschnittstelle unter Smart Forms ist für diese Wahl der Parameter USER_SETTINGS verantwortlich, den wir in unserem Beispiel entsprechend vorbelegt haben.

Die Zeilen in Listing 11.2, für deren Parameter keine direkte Zuweisung angegeben ist, hängen vom jeweiligen Fall ab: Die Werte waren unter SAPscript entweder in individuellen Funktionen des Druckprogramms hinterlegt oder nicht vorhanden (wie z. B. bei den Parametern zur XSF-Ausgabe). Untersuchen Sie dazu im Detail den bisherigen Programmcode.

> **Beispiel:** Ob mehrere Ausgaben in den gleichen Spoolauftrag gelangten, wurde unter SAPscript über Aufrufe eines Funktionsbausteins START_FORM gesteuert. Setzen Sie dem entsprechend auch die Werte für NO_OPEN und NO_CLOSE bei den CONTROL_PARAMETERS unter Smart Forms.

Da viele Felder der ICPO-Struktur namensgleich mit den Einträgen in OUTPUT_OPTIONS sind, wäre in unserer Aufstellung auch eine Zuweisung über MOVE-CORRESPONDING möglich gewesen. Allerdings erkennen Sie daran nicht so leicht, welche Parameter noch offen bleiben.

Archivierung

Die Parameter sind in beiden Systemen gleich aufgebaut und lassen sich deshalb direkt in die Formularschnittstelle von Smart Forms übertragen.

```
*&----------------------------------------------------------------&*
* Transfer        Smart Forms <<< SAPscript
* ARCHIVE_PARAMETERS         = ' '.
MOVE-CORRESPONDING G_TOA_DARA_TAB    TO ARCHIVE_INDEX.
MOVE-CORRESPONDING G_ARC_PARAMS_TAB TO ARCHIVE_PARAMETERS.
*&----------------------------------------------------------------&*
```

Listing 11.3 Schnittstellenparameter zur Archivierung

E-Mail-System

Die Parameter sind in beiden Systemen gleich aufgebaut und lassen sich deshalb direkt in die Formularschnittstelle von Smart Forms übertragen.

```
*&----------------------------------------------------------------&*
* Transfer        Smart Forms <<< SAPscript
* MAIL-PARAMETERS.
MOVE-CORRESPONDING SENDER    TO MAIL_SENDER.
MOVE-CORRESPONDING RECIPIENT TO MAIL_RECIPIENT.
MOVE-CORRESPONDING APPL_OBJ  TO MAIL_APPL_OBJ.
*&----------------------------------------------------------------&*
```

Listing 11.4 Schnittstellenparameter zum E-Mail-System

12 Neuerung ab Basis-Release 6.10

12.1 Web Application Server 6.10

Die Smart Forms-Dokumente wurden mit Basis Release 4.6C eingeführt, aber die Entwicklung von Smart Forms hat nicht mit diesem Release geendet; vielmehr wurde eine ganze Reihe von Erweiterungen in den nächsten Releases, dem Web Application Server 6.10 und 6.20, eingebaut. Sicherlich fragen Sie sich jetzt: »Web Application Server 6.10 – was für ein Release ist das, und habe ich dieses Release?«. Gehen wir also zum besseren Verständnis erst dieser Frage nach.

Was ist der Web Application Server 6.10

Heutzutage erscheinen Ihnen die verschiedenen Release-Bezeichnungen vielleicht willkürlich und eventuell sogar unverständlich (R/3 Enterprise Release 4.7 läuft auf Web Application Server 6.10!). Aber dies hat durchaus seinen Sinn. In den vergangenen Jahren gab es nur ein SAP-Produkt, nämlich das R/3, mit Releasebezeichnungen wie 3.1I, 4.0B, 4.6C. Somit läuft hier z.B. das Release 4.0B der Basis-Technologie mit dem Release der Anwendung 4.0B von z.B. FI, HR, MM, und SD. In den letzten fünf Jahren hat SAP seine Lösungspalette signifikant ausgebaut, z.B. mit dem Business Information Warehouse (BW), dem Advanced Planner and Optimizer (APO), dem Customer Relationship Management (CRM) oder dem Strategic Enterprise Management (SEM).

Die meisten SAP-Anwendungen (R/3, BW, CRM, APO etc.) nutzen den gleichen *Technology Stack* als Grundlage. Dieser Technology Stack wurde vom Basis Release 4.6C zum Web Application Server 6.10 massiv erweitert und zu einem vollständigen Web Application Server ausgebaut. SAP gab ihm einen neuen Namen mit einer eigenständigen Releasebezeichnung. Die Smart Forms-Formulare sind nun Bestandteil dieses Technology Stack, und die Anwendungen selbst bauen auf diesen Technology Stack auf und nutzen daraus die Smart Forms als Tool. Die verschiedenen SAP-Anwendungen haben nun wieder ihren eigenen Releasezyklus mit eigenen Releasenummern. Somit ergibt sich z.B., dass CRM 3.0 auf dem Web AS 6.10 läuft oder R/3 Enterprise auf Web AS 6.20. Und was bedeutet das für Sie? Sie müssen die Smart Forms-Handhabung für alle diese unterschiedlichen SAP-Anwendungen nur einmal lernen!

12.1.1 Neuerungen im Form Builder, Form Painter und Table Painter

Rückgängig machen/Wiederherstellen

Der Form Builder merkt sich hier in der Voreinstellung, was Sie seit der letzten Sicherung an dem Formular geändert haben. Dies betrifft sowohl Änderungen im Navigationsbaum als auch im Table Painter, im Form Painter, im PC-Editor und auf den Eingabefeldern. Diese Änderungen können Sie schrittweise wieder zurücknehmen. Danach ist es auch möglich, den Zustand vor der Rücknahme wiederherzustellen.

Für diese Funktion muss der Form Builder Zwischenstände des Formulars speichern. Dies geschieht allerdings erst dann, wenn Sie **RETURN** gedrückt oder eine Anwendungsfunktion aufgerufen haben. Unter **Hilfsmittel • Einstellungen** muss außerdem auf der Registerkarte **Allgemein** die Option **Rückgängig machen/Wiederherstellen von Formularänderungen** gewählt sein. Dies ist für Sie bereits in der Voreinstellung der Fall.

So gehen Sie vor:

▶ Wählen Sie 🖑 in der Anwendungsfunktionsleiste des Form Builders, um Ihre letzte Änderung rückgängig zu machen. Sie können durch erneutes Aufrufen dieser Funktion weitere Änderungen rückgängig machen.

▶ Wählen Sie 🖑 in der Anwendungsfunktionsleiste, um den Zustand vor der letzten Rücknahme wiederherzustellen.

Hinweis: Smart Forms klappt die Knoten im Navigationsbaum des Form Builders nach dem Aufruf einer der Funktionen wieder zusammen. Ansonsten müsste sich der Form Builder nach jeder Aktion im Navigationsbaum den genauen Zustand desselben merken. Das würde zu großen Performanceverlusten beim Arbeiten mit dem Form Builder führen.

Tipp: Bei sehr großen Formularbeschreibungen kann sich das Speichern der Zwischenstände in der Laufzeit des Form Builders nachteilig beim Arbeiten bemerkbar machen. Deaktivieren Sie in diesem Fall die Funktionen über die Option **Rückgängig machen/Wiederherstellen von Formularänderungen** der Form Builder-Einstellungen.

Up- und Download von Formularen

Über diese Funktion können Sie ein komplettes Formular oder nur Teilbäume davon auf Ihrem lokalen PC als XML-Datei abspeichern (*herunterladen*) und später im gleichen oder einem anderen Formular wieder laden (*hochladen*). So ist es möglich, dass Sie beispielsweise eine Tabellenausgabe, die Sie schon für ein Formular erstellt haben, für ein anderes Formular wiederverwenden.

> **Hinweis:** Sie können Teilbäume auch über das Clipboard im Navigationsbaum von einem Formular in ein anderes kopieren.

Beim Hochladen von Teilbäumen eines Formulars müssen Sie selbst dafür sorgen, dass die Stile und Felder, die in dem heruntergeladenen Teilbaum existieren, auch im Zielformular vorhanden sind. Falls dies nicht der Fall ist, müssen Sie diese Stile und Felder selbst anlegen.

Smart Forms schreibt beim Hochladen von Teilbäumen eines Smart Forms-Formulars die Formulardaten in das Clipboard. Eventuell dort abgelegte Daten (über die Funktionen **Ausschneiden** oder **Kopieren** des Kontextmenüs) gehen dabei verloren. Auch hier wieder das konkrete Vorgehen:

- Um ein ganzes Formular herunterzuladen, wählen Sie **Hilfsmittel • Formular herunterladen**. Beim Speichern in ein von Ihnen gewähltes Verzeichnis bietet Smart Forms automatisch den Formularnamen als Dateinamen an.
- Um einen Teilbaum des Formulars herunterzuladen, wählen Sie im Navigationsbaum einen Unterknoten des Knotens **Seiten und Fenster** als Wurzelknoten des Fomulars per Doppelklick aus. Dann wählen Sie **Hilfsmittel • Teilbaum herunterladen** und speichern den Teilbaum in ein Verzeichnis Ihres PCs ab.
- Um eine Datei wieder hochzuladen, wählen Sie **Hilfsmittel • Hochladen**. Smart Forms erkennt automatisch, ob es sich um ein ganzes Formular oder nur um einen Teilbaum handelt:
  - Bei einem ganzen Formular wird das aktuelle Formular im Form Builder überschrieben. Sie werden mit einer entsprechenden Warnung darauf aufmerksam gemacht.
  - Bei einem Teilbaum kopiert Smart Forms den Teilbaum in das Clipboard. Um den Teilbaum einzufügen, rufen Sie an der Position im Navigationsbaum, an der Sie den Teilbaum einfügen möchten, das Kontextmenü auf und wählen **Einsetzen**.
- Wenn Sie einen Teilbaum heruntergeladen haben, sollten Sie prüfen, ob alle Felder und Stile, die Sie in dem Teilbaum verwenden, auch im Zielformular bekannt sind, und diese gegebenenfalls ergänzen.

12.1.2 Neue Tabellenausgabe

Das Konzept der Tabellenausgabe über Schablone- und Tabelle-Knoten wurde mit dem SAP Web Application Server 6.10 überarbeitet. Insbesondere der neue Tabelle-Knoten stellt die Pflege von Ausgabetabellen übersichtlicher im Navigationsbaum dar, weil die einzelnen Tabellenzeilen explizit im Baum angezeigt werden. Außerdem erzeugt der neue Tabellentyp automatisch Kopf-, Haupt- und Fußbereiche, so daß die Registerkarte **Zeitpunkte** nicht mehr benötigt wird.

> **Hinweis:** Der alte Tabellentyp wird nicht mehr um Funktionen erweitert und durch den neuen Tabelle-Knoten komplett ersetzt. Sie können keine Knoten vom alten Tabelle-Knoten mehr anlegen, aber weiterhin Ihre alten Tabellen bearbeiten.

Verbunden mit der Änderung des Knotentyps sind verschiedene neue Funktionen, die wir im Folgenden kurz darstellen wollen.

Zeilentypen

Wenn Sie Zeilentypen für Schablonen definieren, ist die Darstellung im Table Painter jetzt ein direktes Abbild der Ausgabe (ohne Inhalte der Zellen). Sie legen dort nicht nur Zeilentypen an, sondern bestimmen direkt, in welcher Reihenfolge und wie oft sie verwendet werden sollen. Für diese Aufgabe stehen im Kontext-Menü des Form Painters zwei neue Menüeinträge zur Verfügung:

- Im Menü **Intervall** können Sie das Intervall für die Verwendung eines Zeilentyps erhöhen, verringern oder individuell einstellen. Intervalle entsprechen den Angaben in den Spalten **Von/Bis** in den Detail-Einstellungen.

- Im Menü **Referenz** können Sie einen schon vorhandenen Zeilentyp referenzieren.

Rahmen und Schattierungen

Sie können Sie Rahmen und Schattierungen jetzt individuell jeder Zelle einer Ausgabetabelle oder auch Schablone zuordnen. Dadurch wird insbesondere auch die Ausgabe von waagerechten und senkrechten Strichen vereinfacht.

Wahlweise können Sie mehrere Zellen zusammenfassen und mit einem gemeinsamen Rahmen versehen: diese Funktion wird als *Äußerer Rahmen* bezeichnet (im Gegensatz zum *Inneren Rahmen*, der zusätzlich je Zelle vergeben werden kann). Die Funktion zur Schattierung beinhaltet jetzt auch eine Farbwahl: Sie können die betreffenden Zellen also auch farbig hinterlegen.

Berechnungen

Bei Ausgabe über den neuen Tabelle-Knoten können Sie nicht nur Datensätze aus internen Tabelle lesen und ausgeben, sondern während der Ausgabe gleichzeitig auch Berechnungen zu diesen Daten durchführen (z.B. um Summen, Mittelwert oder die Anzahl von Einträgen zu ermitteln).

Die Attribute der automatischen Berechnungen werden über eine neue Registerkarte **Berechnungen** beschrieben.

> **Hinweis:** Solche automatischen Berechnungen können nur erfolgen, wenn die berechneten Werte zu einer gemeinsamen Einheit oder Währung in Bezug stehen. Wenn Sie allerdings Werte berechnen wollen, deren Ergebnis zu verschiedenen Einheiten oder Währungen in Bezug stehen kann, müssen Sie die Berechnung auch weiterhin über individuelle ABAP-Anweisungen in Programm-Knoten durchführen.

Um eine automatische Berechnung einzurichten sind die folgenden Schritte erforderlich:

1. Definieren Sie zunächst ein zusätzliches globales Feld, das sogenannte Zielfeld, um das Ergebnis der Operation ausgeben zu können.
2. Wählen Sie dann auf Registerkarte **Berechnungen** des Tabelle-Knotens nacheinander
   - Eine Operation (Summe, Mittelwert etc),
   - Ein Feld der internen Tabelle, für das die Operation ausgeführt werden soll
   - Die Zeitpunkte der Initialisierung bzw. Berechnung
3. Je nachdem, ob die Berechnung über alle Sätze der durchlaufenen Tabelle erfolgt oder über die Positionen einer Sortierstufe, müssen Sie das Zielfeld entweder im Fußbereich der Ausgabetabelle oder am Beginn/Ende einer Sortierstufe ausgeben.

12.1.3 Das Kopienfenster

Mit einem *Kopienfenster* können Sie einen Ausgabebereich definieren, dessen Ausgaben nur auf der Kopie oder nur auf dem Original erscheinen sollen. Bisher mußte eine solche Funktion aufwändig vom Rahmenprogramm gesteuert werden (siehe Beispiel in Abschnitt 9.6.4). Über das Kopienfenster können Sie jetzt z.B. Kopien direkt kennzeichnen.

> **Hinweis:** Der neue Fenstertyp bezieht sich nur auf den Fall, dass Sie Kopien von Ihrem Formular drucken wollen. Diese Vorgabe kann über die Formularschnittstelle erfolgen oder direkt im Spooldialogbild (siehe Abbildung 13.29): setzen Sie dort entsprechend die Angabe zur Anzahle der Ausdrucke.

Für die Ausgabe der Unterknoten eines Kopienfensters können Sie festlegen, wo sie ausgegeben werden sollen:

- Auf dem Orginal und auf den Kopien (**Orginal und Kopien**)
- Nur auf dem Orginal (**Nur Orginal**)
- Nur auf den Kopien (**Nur Kopien**)

Über Systemfeld SFSY-COPYCOUNT oder SFSY-COPYCOUNT0 können Sie zusätzlich abfragen, ob gerade eine Kopie oder das Original ausgegeben wird.

12.1.4 Das Abschlussfenster

Sicher haben Sie auch schon die Fälle erlebt, bei denen Sie bereits auf der ersten Seite eines Formulars Werte ausgeben oder abfragen möchten, die erst im Laufe der Prozessierung des Formulars feststehen. Zum Beispiel: Bereits im Anschreiben einer Rechnung soll die Gesamtsumme genannt werden. Dieser Rechnungsbetrag liegt aber erst nach der Auflistung aller Einzelposten vor. Ähnliche Schwierigkeiten ergeben sich, wenn auf der ersten Seite innerhalb von Bedingungen die Gesamtseitenzahl abgefragt werden soll.

Für solche Fälle bringen Ihnen Abschlussfenster die Lösung: Die Prozessierung überspringt erst einmal alle Fenster dieses Typs im Navigationsbaum, bis das Ende des Navigationsbaums erreicht ist. Erst dann werden abschließend alle Abschlussfenster abgearbeitet, und zwar ebenso nach ihrem Auftreten im Navigationsbaum (von oben nach unten). Dadurch sind innerhalb dieses Fenstertyps alle Informationen, die erst zum Ende der Formularprozessierung bekannt sind, verfügbar.

Zu Release 6.10 lässt sich dieser Fenstertyp über eine Auswahlbox auf der Registerkarte **Allgemeine Eigenschaften** einstellen. Für Release 4.6C und 4.6D ist es zunächst nötig, dass ein Support Package eingespielt wird. Der Fenstertyp wird in diesem Release etwas anders ausgewählt.

Viele Arbeitsschritte benötigen Sie hierzu nicht. Sie legen ein Fenster an und stellen den Fenstertyp über die Listbox **Fenstertyp** auf der Registerkarte **Allgemeine Eigenschaften** ein.

12.1.5 Neue Systemfelder

In der untenstehenden Tabelle finden Sie die neuen Systemfelder.

Feldname	Bedeutung
&SFSY-XSF&	Smart Forms setzt dieses Kennzeichen (SFSY-XSF = 'X'), falls das Formular im XSF-Format oder HTML-Format ausgegeben wird. Auf der Registerkarte **Bedingungen** eines Knotens können Sie mit Hilfe dieses Feldes Ausgaben, die nur für diese Ausgaben vorgesehen sind (zum Beispiel Drucktasten), ausblenden.
&SFSY-COPYCOUNT&	Abfrage, ob das Original oder die wievielte Kopie des Formulars ausgegeben wird. COPYCOUNT = 1: Original, COPYCOUNT = 2: erste Kopie; COPYCOUNT = 3: zweite Kopie usw.
&SFSY-COPYCOUNT0&	Abfrage, ob das Original oder die wievielte Kopie des Formulars ausgegeben wird. COPYCOUNT = 0: Original, COPYCOUNT = 1: erste Kopie; COPYCOUNT = 2: zweite Kopie usw.
SFSY-SUBRC	Rückgabewert, den Sie in Programmzeilen-Knoten abfragen können, um auf Fehlersituationen bei der Ausgabe dynamisch reagieren zu können. Bisher hat dieses Feld nur für Include-Texte und Textbausteine eine Bedeutung: SFSY-SUBRC = 0 :Textbaustein/Include-Text gefunden und ausgegeben SFSY-SUBRC = 4 :Textbaustein/Include-Text nicht gefunden
SFSY-USERNAME	Anmeldename des Benutzers, der das Formular druckt

12.2 Web-Formulare für Internet-Anwendungen

Sie können für Formulare, die Sie im SAP System für Ihren Geschäftsprozess verwenden, auch im Web-Browser ausgeben. Zusammen mit weiteren mySAP.com-Technologien lassen sich so Internet-Anwendungen implementieren, in deren Prozess Formulare eingebunden sind.

Doch betrachten wir zunächst zum besseren Verständnis ein Beispiel. Statt zwischen Partnern eines Geschäftsprozesses Formulare über die herkömmliche Post auszutauschen, verschickt einer der Beteiligten, beispielsweise ein Lieferant, an seinen Kunden eine E-Mail mit einem Link zu einem Formular. Der Kunde geht auf diesen Link, dabei öffnet sich der Web-Browser, und er meldet sich bei dieser Internetanwendung an. Im Web-Browser erscheint nun das Formular mit eingabebereiten Feldern, über die der Kunde die angeforderte Lieferung bestätigen und den Lieferanten mit weiteren Informationen versorgen kann. Beim Bestätigen des Formulars werden die eingegebenen Daten an die Anwendung des Lieferanten übermittelt und ausgewertet. Dies ist eine sehr effiziente, Zeit und somit Kosten sparende Möglichkeit, formularbasierte Geschäftsprozesse abzubilden.

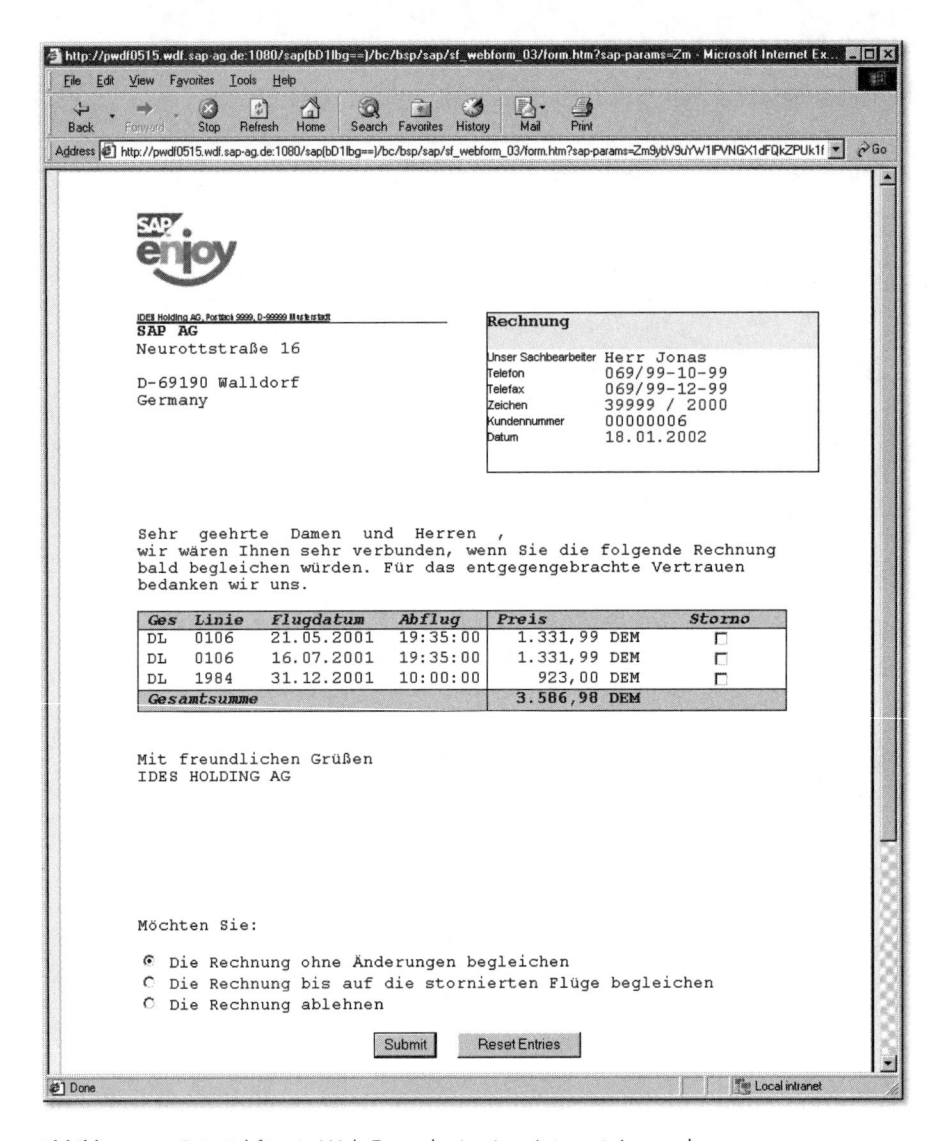

Abbildung 12.1 Beispiel für ein Web Formular in einer Internet-Anwendung

Ein solches Web-Formular ist ein HTML-Formular, dessen Layout dem eines Smart Forms-Dokuments im SAP-System entspricht. Sie legen also ein Formular im System an (oder ändern ein bestehendes Formular), geben ihm Web-Eigenschaften mit und nutzen als Ausgabeform die HTML-Ausgabe von Smart Forms. Das Einbetten in eine Internetanwendung können Sie dann mit einer BSP-Applikation (BSP = Business Server Pages) vollziehen. Darauf werden wir etwas später noch eingehen.

Die wichtigsten Vorteile für Sie bei der Verwendung von Smart Forms als Web-Formular sind:

- Sie können Formulare, die Sie bereits zum Drucken verwenden, mit minimalem Aufwand für Internet-Anwendungen im Web-Browser benutzen.
- Die Darstellung des Web-Formulars in der Internet-Anwendung hat das gleiche Layout wie beim Drucken. Aufgrund des hohen Wiedererkennungsgrades (auszufüllende Bestandteile befinden sich an der gleichen Position) finden sich Benutzer, die das Formular in gedruckter Form bereits kennen, schnell zurecht.

12.2.1 Die HTML-Ausgabe

Um Formulare als Web-Formulare zu verwenden, transformiert Smart Forms die XSF-Ausgabe (siehe Abschnitt 10.3) nach HTML. Die Transformation wird mit Hilfe eines serverseitigen XSLT-Programms durchgeführt, das die XML-Tags der XSF-Ausgabe in HTML-Tags überführt. Das XSLT-Programm wird auf der Serverseite mit Hilfe eines XSLT-Prozessors ausgeführt. Das Transformationsergebnis wird als *interaktives Web-Formular* oder auch nur als *Web-Formular* bezeichnet. Warum interaktives Web-Formular? Ganz einfach: Sie können noch eingabefähige Elemente, z.B. ein Textfeld, Radiobuttons, Drucktasten mit hinterlegter Funktionalität usw., im Formular definieren.

Für die Formatierung des Web-Formulars (Schriften, Abstände etc.) generiert Smart Forms aus den im Formular verwendeten *Smart Styles* Stile für ein CSS-Stylesheet. Die CSS-Ausgabe ist in die HTML-Ausgabe eingebettet.

Prinzipiell sind verschiedene Möglichkeiten denkbar, die HTML-Ausgabe in Ihren Geschäftsprozess einzubinden. SAP empfiehlt Ihnen, eine BSP-Applikation für das Einbinden des Formulars zu nutzen. BSP-Applikationen sind Internet-Anwendungen, die mit Hilfe des Web Application Servers implementiert werden können.

> **Tipp:** Die Formularentwicklung und die Integration eines Web-Formulars in eine Internet-Anwendung mit Hilfe einer BSP-Applikation sind so weit entkoppelt, dass diese Aufgaben auch auf zwei Personen verteilt werden können.

12.2.2 Verwendung eines Web-Formulars

Für die Verwendung eines Web-Formulars, (um es also anzeigen und auswerten zu können), müssen Sie es mit Hilfe von Web-Technologien in eine Internet-Anwendung integrieren. Hierfür zeichnen Sie entweder vorhandene Felder auf dem Formular als Eingabeelemente aus oder Sie erweitern das Formular um neue Eingabeelemente für die Verwendung im Web.

Danach werten Sie die Eingaben Ihres Web-Formulars aus. (Dies ist abhängig von den verwendeten Internettechnologien).

> **Hinweis:** Innerhalb der Formularbeschreibung können Sie mit Hilfe des Systemfeldes SFSY-XSF Ausgaben ausblenden, die nur im Web-Browser erscheinen sollen (zum Beispiel Drucktasten, die man nicht drucken würde). Fragen Sie dazu im Bedingungsteil des Ausgabeknotens mit Hilfe dieses Feldes ab, ob die XSF-Ausgabe aktiviert wurde. In diesem Fall ist das Feld gesetzt.

12.2.3 Eingabeelemente

Smart Forms transformiert die Inhalte eines Formulars bei formatierter Ausgabe automatisch nach HTML. Wenn Sie Eingaben auf dem Formular zulassen möchten, können Sie in Text-Knoten Felder als *Web-Eingabefelder* auszeichnen, indem Sie ausgewählten Feldern eines Text-Knotens einen Eingabetyp zuweisen. Über diese Eingabefelder können Benutzer in der Web-Anwendung Werte eingeben, die sie im SAP-System auswerten können.

Web-Eingabefelder können Sie in Text-Knoten auf der Registerkarte Web-Eigenschaften kennzeichnen. Wenn Sie eine URL für die Auswertung der Web-Eingabefelder angegeben haben, bettet SAP Smart Forms die Felder des gesamten Formulars bei der Transformation nach HTML in eine HTML-Form ein. Das einleitende <FORM>-Tag steht dann unmittelbar nach dem <BODY>-Tag und das abschließende </FORM>-Tag unmittelbar vor dem abschließenden </BODY>-Tag. Es ist also nur eine HTML-Form pro Formular möglich, die dann alle Seiten der Ausgabeseiten umschließt. Welche Werte bei einer Übertragung des HTML-Formulars übergeben werden, entnehmen Sie bitte dem Abschnitt 12.2.4.

Einfache Eingabetypen

Bei einfachen Eingabetypen ordnet SAP Smart Forms die Felder dem HTML-Tag <INPUT> zu:

```
<input name="Feldname" type="(je nach Eingabetyp)"
     size="Feldlänge" maxlength = "Maximallänge"
     value="(je nach Feldwert)" readonly (wenn Nur Anzeigen angekreuzt ist)>
```

> **Hinweis:** Die Parameter **Feldlänge** und **Maximallänge** haben nur für den Eingabetyp **text** eine Bedeutung.

Eingabetyp	Korrespondierender Typ des <INPUT>-Tags (Attribut type)	HTML-Element
Checkbox	checkbox	☐
Text	text	
Submit	submit	Submit Query
Reset	reset	Submit Query
Hidden	hidden	(Textfeld ohne Ausgabe)

Mit dem Eingabetyp **Hidden** übergeben Sie Daten, die für die weitere Auswertung des HTML-Formulars notwendig sind.

Ein Beispiel: Sie erweitern ein Rechnungsformular, auf dem Flugbuchungen angegeben sind, um eine Spalte mit einem Ankreuzfeld pro Zeile. Um herauszufinden, welche Zeilen der Benutzer angekreuzt hat, übergeben Sie in der gleichen Tabellenzeile versteckte Web-Eingabefelder, über die Sie sich die Schlüsselfelder der Tabellenzeile merken. Beim Auswerten der Ankreuzfelder können Sie so auf die korrespondierenden Zeilen zugreifen (siehe auch BSP-Applikation SF_WEBFORM_02).

Gruppierende Eingabetypen

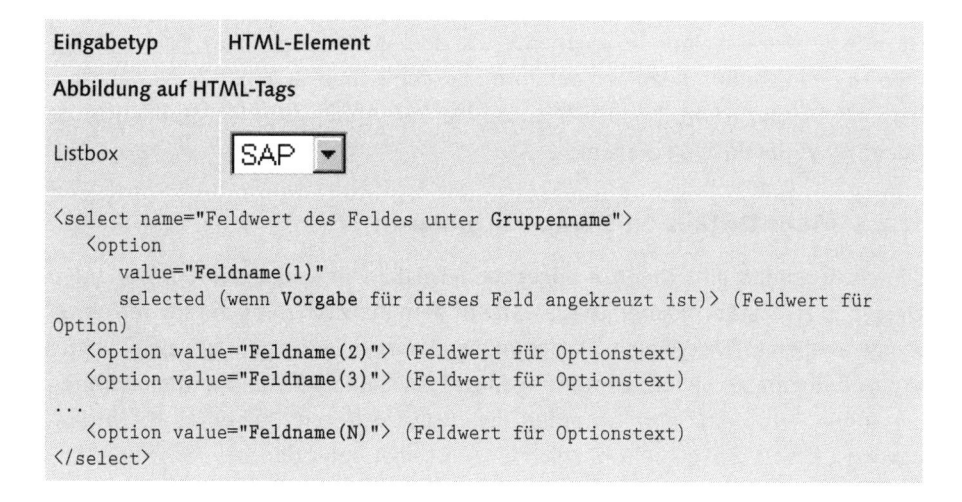

Eingabetyp	HTML-Element
Abbildung auf HTML-Tags	
Listbox	SAP ▼

```
<select name="Feldwert des Feldes unter Gruppenname">
   <option
      value="Feldname(1)"
      selected (wenn Vorgabe für dieses Feld angekreuzt ist)> (Feldwert für
Option)
   <option value="Feldname(2)"> (Feldwert für Optionstext)
   <option value="Feldname(3)"> (Feldwert für Optionstext)
...
   <option value="Feldname(N)"> (Feldwert für Optionstext)
</select>
```

Eingabetyp	HTML-Element
Radiobutton	○

```
<input
   checked (wenn Vorgabe für dieses Feld angekreuzt ist)
   name="Feldwert des Feldes unter Gruppenname"
   type="radio"
   value="Feldname(1)"> [Text im Text-Knoten]
<input name="Gruppenname" type="radio"
      value="Feldname(2)"> [Text im Text-Knoten]
...
<input name="Gruppenname" type="radio"
      value="Feldname(N)"> [Text im Text-Knoten]
```

Auch hier ein Beispiel zum besseren Verständnis: Sie haben ein Feld GROUP definiert und weisen ihm vor dem Text-Knoten mit den Web-Eigenschaften den Wert RADIO zu. Dann fassen Sie drei Felder OPTION1, OPTION2 und OPTION3 in einer Listbox zusammen, indem Sie für diese Felder den Eingabetyp **Listbox** einstellen und unter Gruppenname das Feld GROUP eintragen. Der Benutzer sieht auf dem Web-Formular die Feldwerte von OPTION1, OPTION2 und OPTION3. Wählt er OPTION1 aus, überträgt der Browser das Name/Wert-Paar RADIO=OPTION1. Bei Auswahlknöpfen (Eingabetyp **Radiobutton**) würde er entsprechend <Feldwert des Gruppennamens>=<Name des Feldnamens zum Auswahlknopf> übertragen.

Zeichnen Sie Felder als eingabefähig über die Registerkarte Web-Eigenschaften des Text-Knotens aus. Werten Sie dann die Formulareingaben des Benutzers aus. Die Werte von Feldern mit den Eingabetypen **Submit**, **Reset** und **Listbox** werden als Text auf der generierten HTML-Seite angezeigt. Damit dieser Text übersetzbar ist, müssen Sie ihn über Textelemente vor dem Aufruf des Smart Forms-Dokumentes definieren und dann an der Formularschnittstelle an Smart Forms übergeben. Als Beispiel kann Ihnen hier auch die BSP-Applikation SF_WEBFORM_02 oder SF_WEBFORM_03 dienen.

12.2.4 Mehr Details zu HTML-Formularen

Dieser Abschnitt gibt Ihnen – zugegebenermaßen in verkürzter Form – mehr Details zu HTML-Formularen, basierend auf dem inzwischen doch sehr verbreiteten generellen HTML-Wissen. Dieses Wissen können Sie nutzen, um zielgerichtet Web-Formulare zu bauen. Einführungen zu HTML und HTML-Formularen finden Sie ohne Probleme im Internet; wir als Autoren haben z.B. *http://www.w3schools.com* als sehr nützlich für uns selbst befunden.

Für die sinnvolle Auswertung von HTML-Formularen enthalten diese meistens einen sogenannten *Submit-Button*. Klickt ein Benutzer auf diesen Button, werden die Daten des Formulars an eine Ziel-URL übermittelt, die Sie mit Hilfe des ACTION-Attributs angegeben haben: Im Beispiel sieht das dann folgendermaßen aus.

```
<FORM METHOD="POST" ACTION="GET_VALUES.HTM">
...
</FORM>
```

> **Hinweis:** Eine URL muss nicht unbedingt eine weitere HTML-Seite sein. Es kann sich auch um ein CGI-Skript oder ein Java-Servlet handeln.

Smart Forms verwendet die Methode POST zum Übertragen der Formulardaten. Die durch HTTP erzeugten Name/Wert-Paare für die Eingabefelder werden also nicht an die Ziel-URL gehängt, sondern im sogenannten HTTP-Body übertragen. Im übrigen werden laut HTML-Konvention nicht alle Eingaben auf dem HTML-Formular als Name/Wert-Paar übertragen.

Eingabetyp	HTML-Formular		Name/Werte-Paar laut HTML-Konvention	
	Feldname	Wert	Name	Wert
Text	TEXTFIELD	SAP	TEXTFIELD	SAP
Checkbox	MYFLAG	(angekreuzt)	MYFLAG	
Reset	S_RESET	(geklickt)	(kein Wert)	(kein Wert)
Hidden	S_HIDDEN	SAP	S_HIDDEN	SAP
Submit	S_BUTTON	Ok	S_BUTTON	Ok

Tabelle 12.1 Beispiele für die Übergabe von Werten bei einfachen Eingabeelementen

Eingabetyp	HTML-Formular		Name/Werte-Paar laut HTML-Konvention	
	Gruppen-name	Name des ausge-wählten Feldes	Name	Wert
Radiobutton	RADIO	OPTION2	RADIO	OPTION2
Listbox	LIST	ENTRY1	LIST	ENTRY1

Tabelle 12.2 Beispiele für die Übergabe von Werten bei komplexen Eingabeelementen

Folgende Regeln sollten Sie beachten:

- Die Reset-Drucktaste dient nur zum Initialisieren der Formulareingaben und wird nicht übertragen.
- Die Felder werden in der Reihenfolge ihres Auftretens im Formular übertragen.
- Es sind mehrere Web-Drucktasten vom Eingabetyp **Submit** auf einem HTML-Formular möglich. Übertragen werden nur der Name und der Wert (der der Beschriftung der Drucktaste entspricht) von der Drucktaste, auf die der Benutzer geklickt hat. Für alle anderen wird weder ein Name noch ein Wert übertragen. Für die Abfrage, welche Drucktaste übertragen wurde, reicht es also, den technischen Feldnamen abzufragen.
- Ist ein Ankreuzfeld auf einem Formular angekreuzt, wird lediglich der Name des Feldes übertragen, aber kein Wert. Wenn ein Ankreuzfeld nicht angekreuzt ist, wird weder der Wert noch der Name übertragen.
- Beim Eingabetyp **Text** und **Hidden** werden für jedes auf dem HTML-Formular auftretende Feld Name und Wert übertragen.
- Bei den komplexen Eingabeelementen entspricht der übertragene Name dem Gruppennamen und der Wert dem technischen Namen des ausgewählten Feldes.

12.2.5 Aufruf eines Web-Formulars mit einer BSP-Applikation

Mit dem Release 6.10 wurde die Architektur des SAP-Basis-Systems grundlegend erweitert. Der Applikationsserver kann in dieser Architektur als Web-Server und als Web-Client fungieren. Die Lösung basierend auf dieser neuen Architektur nennt sich Web Application Server 6.10.

BSP-(Business-Server-Pages-)Applikationen bauen auf dieser neuen Architektur auf. Sie ermöglichen die Entwicklung von Internet-Anwendungen mit serverseitigem Skripting in ABAP oder JavaScript. Da BSP-Applikationen direkt auf dem Web Application Server laufen, kann der Entwickler außerdem auf alle Ressourcen des R/3-Applikationsservers (zum Beispiel Datenbankzugriffe, Funktionsbausteinaufrufe) zugreifen. Das vereinfacht natürlich erheblich die Erstellung einer Internet-Anwendung.

Das Thema BSP-Applikation und die entsprechenden Grundlagen können wir im Rahmen dieses Buches nicht diskutieren. Nähere Informationen und wie Sie generell BSP-Applikationen bauen, finden Sie in der SAP-Online-Dokumentation.

Der Zeitpunkt des Zugriffs auf diese Ressourcen ist ereignisgesteuert. Um Aktionen wie Datenselektion, Initialisierungen oder Eingabeverarbeitung vor bzw.

nach der Darstellung einer Web-Seite zu ermöglichen, stellt eine BSP-Applikation mehrere Standardereignisse zur Verfügung.

> **Hinweis:** BSP-Applikationen implementieren Sie mit Hilfe des Web Application Builders im Web Application Server. Der Web Application Builder ist eine Erweiterung der wohl bekannten ABAP Workbench.

Mit der formatierten XSF-Ausgabe können Sie Formulare mit Hilfe des Web Application Server über eine HTTP-Response an den Client senden, also im Web-Browser anzeigen:

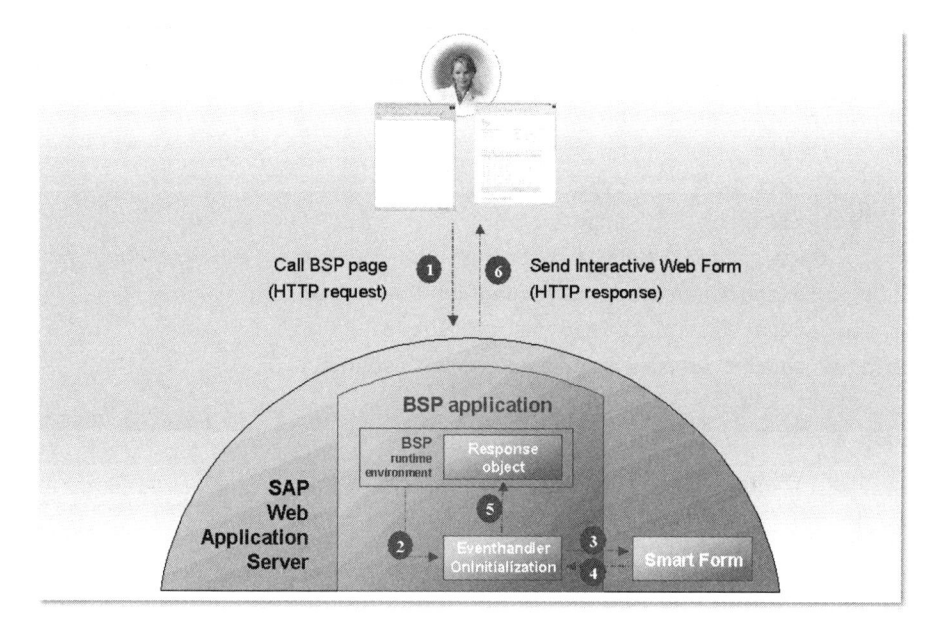

Abbildung 12.2 Aufruf eines Web-Formulars mit einer BSP-Applikation

Gehen wir die einzelnen Schritte des Aufrufes im Detail durch:

1. Die BSP-Seite wird durch den Benutzer oder eine vorhergehende BSP-Seite aufgerufen. Der HTTP-Request wird über den Web Application Server an die *BSP-Laufzeitumgebung* weitergereicht.
2. Die BSP-Laufzeitumgebung löst das Ereignis **Initialization** aus. Im zugehörigen Eventhandler **OnInitialization** können Sie nun Daten zu Ihrem Formular selektieren – in der Regel ausgehend von Eingaben des Benutzers der vorhergehenden BSP-Seite.

3. Um HTML (mit eingebettetem CSS) zu erzeugen, parametrisieren Sie den Smart Forms-Funktionsbaustein und rufen ihn auf (siehe Abschnitt 12.2.4 zur Ausgabe im HTML-Format).
4. Der Funktionsbaustein gibt HTML als Tabelle im RAW-Format zurück.
5. Die letzten beiden Schritte können Sie natürlich auch in einer Methode oder einem Funktionsbaustein kapseln.
6. Um das Formular im Browser anzuzeigen, müssen Sie das durch die BSP-Laufzeitumgebung zur Verfügung gestellte Response-Objekt mit der Methode SET_DATA füllen. Diese Methode erwartet die Daten als XSTRING. Konvertieren Sie die XSF-Ausgabe entsprechend und übergeben Sie es an das Response-Objekt:

```
* Variables for formatted XSF and conversion
data: ls_xmloutput type ssfxmlout,
      lt_html_raw  type tsfixml.
data: l_xstring       type xstring,    "needed for HTTP response
      l_xlength       type i,
      l_html_xstring type xstring.
* ls_xmloutput has been returned by Smart Forms
ls_xmloutput = ls_output_data-xmloutput.
lt_html_raw  = ls_xmloutput-trfresult-content[].
* Convert RAW to XSTRING
loop at lt_html_raw into l_xstring.
   concatenate l_html_xstring l_xstring into l_html_xstring
                                                      in byte mode.
endloop.
* Set header of response
response->set_header_field( name  = 'content-type'
                            value = ls_xmloutput-trfresult-type ).
* Fill response object
l_xlength = xstrlen( l_html_xstring ).
response->set_data( data   = l_html_xstring
                    length = l_xlength ).
```

Listing 12.1 Coding-Beispiel für das Senden des Web-Formulars an einen Client

Als Ergebnis sendet der Web Application Server die XSF-Ausgabe an den Browser.

> **Hinweis:** In der BSP-Applikation SF_WEBFORM_01 können Sie eins von wahlweise drei Formularen, die nicht speziell für die Verwendung im Web verändert wurden, anzeigen.

12.2.6 Formulareingaben auswerten

Web-Formulare können Sie nicht nur im Browser anzeigen. Über die Registerkarte Web-Eigenschaften von Text-Knoten zeichnen Sie Felder als Eingabe-Elemente aus. Smart Forms klammert alle Eingabe-Elemente eines Formulars in einem HTML-Formular. Im Folgenden schauen wir uns an, wie Sie mit Hilfe in einer BSP-Applikation die Eingaben eines Web-Formulars auswerten.

Sie erzeugten bereits über Smart Forms ein Web-Formular in einer BSP-Applikation. Das Formular enthält mindestens ein Feld, das als Submit-Drucktaste ausgezeichnet ist. Das Smart Forms-Formular rufen Sie nun im Eventhandler **OnInitialization** Ihrer BSP-Seite auf, beispielsweise auf der Seite FORM.HTM.

Damit Smart Forms die Ziel-URL, an die die eingegebenen Daten übertragen werden sollen, in die HTML-Ausgabe hineingenerieren kann, müssen Sie diese URL über den Parameter XSFACTION angeben. Weisen Sie diesem Parameter vor dem Aufruf des Smart Forms-Formulars den Namen der BSP-Seite zu, die beim Klicken auf die Submit-Drucktaste aufgerufen werden soll:

```
data: ls_output_options type ssfcompop.
ls_output_options-xsfaction = 'PAGE.HTM'.
```

> **Hinweis:** Wenn Sie den Parameter XSFACTION nicht füllen, lädt der Browser beim Klicken auf die Submit-Drucktaste die aktuelle Seite erneut (also FORM.HTM).

Holen Sie sich dann die Formulareingaben auf der Folgeseite im Eventhandler **OnInitialization** (PAGE.HTM in diesem Beispiel). Dazu verwenden Sie die Methode **get_form_fields** des request-Objektes:

```
data: http_fields type TIHTTPNVP.
call method request->get_form_fields
        changing fields = http_fields.
```

Werten Sie darauf die Tabelle **http_fields** in Ihrer Anwendung aus. Jede Tabellenzeile besteht aus den Feldern **Name** und **Value** (also einem Name/Wert-Paar). Die Eingabe-Elemente sind nach Ihrem Auftreten im Formular in der Tabelle geordnet.

> **Hinweis:** Es gibt auch HTML-Elemente, die nur dann übertragen werden, wenn sie **aktiv** sind (angekreuztes Ankreuzfeld, geklickte Submit-Drucktaste). Anderenfalls sind sie nicht in der Tabelle **http_fields** enthalten. Mehr hierzu im Abschnitt 12.2.4 oder Sie schauen sich als Beispiel die BSP-Applikation SF_WEBFORM_02 in einem System an.

12.2.7 Web-Eigenschaften im Form Builder pflegen

Web-Eigenschaften können Sie direkt im Form Builder pflegen. Auf der Registerkarte **Web-Eigenschaften** des Text-Knotens zeichnen Sie Felder aus, die Sie als Eingabe-Elemente in Web-Formularen verwenden möchten. Der Text-Knoten muss entweder den Texttyp **Textelement** oder **Textbaustein** haben.

Eingabetypen

Folgende einfache Eingabetypen können Sie wählen:

- Text-Eingabefelder
- Versteckte Text-Eingabefelder
- Ankreuzfelder
- Reset- und Submit-Drucktasten

Folgende gruppierende Felder stehen Ihnen zur Verfügung:

- Listboxen
- Auswahlfelder

Übernahme von Feldern

Sie können entweder den oder die Feldnamen, die als Eingabe-Element auf dem Web-Formular verwendet werden sollen, manuell in der Spalte **Feldname** eintragen oder wählen Sie ![icon], um alle Felder des zugehörigen Text-Knotens in die Tabelle zu übernehmen.

> **Tipp:** Alle Eigenschaften für ein Feld **abc**, das hier eingetragen ist, gelten für jedes Auftreten von **abc** im Text-Knoten. Soll nicht jedes Auftreten von **abc** Web-Eigenschaften haben, verteilen Sie den Text auf zwei Text-Knoten und hängen die Text-Knoten hintereinander.

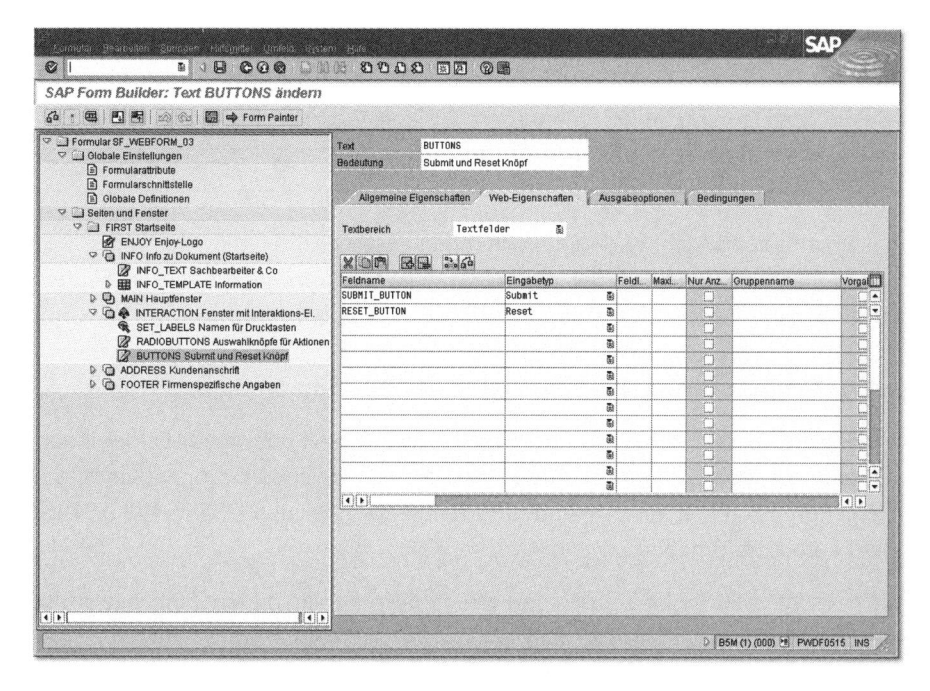

Abbildung 12.3 Beispiel für die Web-Eigenschaften eines Formulars

12.2.8 Einfache Eingabetypen verwenden

Die Eingabetypen **Text**, **Checkbox**, **Reset**, **Hidden** und **Submit** gehören zu den einfachen Eingabetypen. Der Benutzer kann auf dem Web-Formular einem Feld von diesem Eingabetyp unabhängig von anderen Feldern einen Wert zuweisen.

Felder auszeichnen

Falls noch nicht vorhanden, fügen Sie Felder in das Textelement bzw. in den Textbaustein ein, die als einfacher Eingabetyp auf einem Web-Formular verwendet werden sollen. Legen Sie dann über eine Zeile der Tabelle die Web-Eigenschaften für ein Feld fest. Für einfache Eingabetypen haben die Felder **Gruppenname** und **Vorgabe** in der Tabelle keine Bedeutung. Weitere Informationen entnehmen Sie bitte der F1-Hilfe.

Beschriftung von Drucktasten

Bei den Eingabetypen **Reset** und **Submit** entspricht der Wert eines Feldes dem Text auf der Drucktaste. Sie müssen also diesen Text dem Feld vor dessen Ausgabe zuweisen.

Web-Formulare für Internet-Anwendungen

> **Hinweis:** Innerhalb eines Smart Forms-Formulars können Sie keine Textelemente anlegen. Um die Texte von Drucktasten übersetzbar zu machen, müssen Sie die Textelemente im Rahmenprogramm anlegen und die Texte an der Formularschnittstelle übergeben.

Smart Forms kennzeichnet nun die von Ihnen ausgezeichneten Felder in der XSF-Ausgabe als Eingabefelder. Bei der HTML-Ausgabe werden aus diesen Feldern HTML-Eingabefelder.

12.2.9 Gruppierende Eingabetypen verwenden

Die Eingabetypen **Listbox** und **Radiobutton** fassen zwei oder mehr Felder innerhalb einer Gruppe zusammen. Alle Felder, die den gleichen Gruppennamen tragen, gehören zu einer Gruppe und müssen alle den gleichen Eingabetyp (Listbox oder Radiobutton) haben.

Auf dem Web-Formular selbst kann der Benutzer über diesen Eingabetyp nur eine Option aus einer Gruppe auswählen. Der Text-Knoten muss entweder den Texttyp **Textelement** oder **Textbaustein** haben.

Falls noch nicht vorhanden, fügen Sie Felder in das Textelement bzw. in den Textbaustein ein, die als einfacher Eingabetyp auf einem Web-Formular verwendet werden sollen. Übernehmen Sie die Felder, die Sie gruppieren möchten. Ein Feld entspricht einer Option in einer Listbox bzw. einem Auswahlfeld. Legen Sie dann in der Formularschnittstelle ein Feld an und belegen Sie es mit einem Vorschlagswert. Dieser Vorschlagswert entspricht dem Gruppennamen Ihrer Gruppe.

> **Tipp:** Sie können das Feld auch in den Globalen Definitionen definieren. Die Definition in der Formularschnittstelle hat allerdings den Vorteil, dass Sie den Gruppennamen dort direkt an die BSP-Applikation übergeben können.

Tragen sie den Feldnamen aus dem letzten Schritt für alle Felder Ihrer Gruppe in der Spalte **Gruppenname** ein. Der Wert dieses Feldes wird als Gruppenname für das HTML-Element verwendet. Der so vergebene Gruppenname ist nicht nur innerhalb eines Text-Knotens gültig, sondern im gesamten Formular. Die Felder einer Gruppe können also auch auf mehrere Text-Knoten verteilt sein.

Kreuzen Sie für höchstens eines der gruppierten Felder das Ankreuzfeld **Vorgabe** an. Dadurch legen Sie fest, welche Option innerhalb der Gruppe beim Anzeigen des Formulars ausgewählt ist.

> **Hinweis:** Wenn Sie innerhalb einer Tabelle pro Zeile eine Listbox oder eine Gruppe von Auswahlfeldern verwenden wollen, müssen Sie den Gruppennamen dynamisch ändern. So können Sie dem Feld für den Gruppennamen beispielsweise den Index der Tabellenzeile zuweisen. Auf diese Information können Sie dann wieder innerhalb der BSP-Applikation zugreifen.

Optionen innerhalb der Listbox

Bei einer Gruppe von Listbox-Feldern entspricht der Wert eines Feldes dem Text einer Option in der zugehörigen Listbox. Sie müssen also diesen Text dem Feld vor dessen Ausgabe zuweisen.

> **Tipp:** Innerhalb eines Smart Forms-Formulars können Sie keine Textelemente anlegen. Um die Texte von Listbox-Feldern übersetzbar zu machen, müssen Sie die Textelemente im Rahmenprogramm anlegen und die Texte an der Formularschnittstelle übergeben.

Smart Forms kennzeichnet die von Ihnen ausgezeichneten Felder in der XSF-Ausgabe als Eingabefelder. Bei der HTML-Ausgabe werden aus diesen Feldern HTML-Eingabefelder.

12.3 Web Application Server 6.20

Kurz noch ein paar Neuerungen zum Web Application Server 6.20, auch wenn die Entwicklung des Releases bei Drucklegung dieses Buches noch nicht endgültig abgeschlossen war.

12.3.1 Seitenschutz für Tabellenzeilen

Das Hauptfenster zeichnet sich dadurch aus, dass die Ausgabe automatisch auf der Folgeseite fortgesetzt wird, wenn nicht mehr ausreichend Platz vorhanden ist. Sie schützen logisch zusammengehörige Ausgaben gegen diesen automatischen Seitenumbruch mit der Seitenschutzoption. Bisher war es so, dass Sie bei Tabellenausgaben nur einzelne Tabellenzeilen gegen Seitenumbruch schützen konnten, so dass die Tabellenzeile nicht zerrissen wurde, wenn sich der Zelleninhalt über mehrere Zeilen erstreckt. Ab dem Web Application Server 6.20 können Sie den Seitenschutz auch für mehrere Tabellenzeilen setzen, indem Sie die zu schützenden Tabellenzeilen in einem Ordner zusammenfassen, für den dann der Seitenschutz gesetzt wird. Die Erweiterung des Seitenschutzes für Tabellen verhindert also, dass zusammengehörige Tabellenzeilen (etwa bei mehrzeiligen Tabellen) nicht auf zwei Seiten verteilt ausgegeben werden.

12.3.2 Hoch- und Herunterladen von Textbausteinen und Smart Styles

Bisher konnten Sie lediglich die Formularbeschreibung (oder auch nur einen Teilbaum daraus) aus dem Form Builder als XML-File herunterladen und lokal auf Ihrem PC abspeichern, um sie später wieder hochzuladen (zum Beispiel zur Wiederverwendung). Nun können Sie auch Textbausteine und Stile aus den zugehörigen Pflegetransaktionen herunter- und wieder hochladen.

12.3.3 Web-Formulare

HTM- Eingabetyp TEXTAREA

Bisher konnten Sie folgende Eingabetypen für Felder im Form Builder festlegen: Text-Eingabefelder, Ankreuzfelder, Auswahlfelder (Radiobuttons), Listbox, versteckte Eingabefelder (HIDDEN), Reset- und Submit-Drucktasten. Ab dem Web Application Server 6.20 können Sie aus einem Text-Knoten eine HTML-Textarea generieren, um dem Benutzer die Erfassung von längeren Texten auf dem Web-Formular zu erlauben. Diese Entwicklung ist auch zu SAP Web Application Server 6.10 mit einem entsprechenden Support Package zu verwenden (siehe Hinweis 434644).

Caching

Für Grafiken und Stile wird jetzt der Caching-Mechanismus des Web-Browsers genutzt, so dass diese beim ersten Zugriff aus dem SAP-System geladen werden müssen. Bei mehrmaligem Zugriff verkürzt sich so die Ladezeit erheblich.

Farbige Rahmen und Absatznummerierung

Bisher war es nicht möglich, farbige Rahmen und Absatznummerierungen auf Web-Formularen anzuzeigen. Dies ist ab dem Web Application Server 6.20 möglich.

Zugriff auf Smart Forms-Objekte über eine URL

Dies ist eine Entwicklung, die nicht direkt die Web-Formulare betrifft, aber auch für Web-Anwendungen interessant ist: Ab dem Web Application Server 6.20 können Sie auf folgende Smart Forms-Objekte im SAP-System über eine URL zugreifen und im Browser anzeigen:

- Textbausteine
- SAPscript-Texte
- Grafiken

- Stile
- Die komplette Formularbeschreibung (entspricht dem XML-Format beim Herunterladen aus dem Form Builder)

Für die Anzeige eines Objekts im Browser verwenden Sie diese URL, die als Parameter die Sprache, das System und das Format enthält. Über zusätzliche Parameter in der URL können Sie auch eine automatische Textersetzung für Felder (Symbole) in Textbausteinen (SAPscript-Texten) nutzen. Vor der Anzeige werden diese Felder durch die in der URL angegebenen Werte ersetzt.

13 Umfeld Formularentwicklung

13.1 Übersicht

Im Zuge der Formularentwicklung kommen Sie gelegentlich auch mit SAP-Funktionen in Berührung, die mit der Formularentwicklung nicht direkt etwas zu tun haben (z.B. Customizing der Nachrichtenfindung, Problemanalyse per Debugger in der ABAP Entwicklungsumgebung). Sie werden dabei feststellen, dass es vorteilhaft ist, auch in diesen Themenbereichen das passende Basiswissen zu haben, um die Entwicklung und Überprüfung der Formulare effizient voranzutreiben. Genau dieses Basiswissen können Sie hier erwerben.

Die folgenden Themen sind enthalten:

- Transport und Übersetzung
- Textbearbeitung und -ablage im SAP-System
- Grafikverwaltung
- Nachrichtenfindung und -steuerung
- Spoolsteuerung (Druck-/Spoolsystem)
- Entwicklungswerkzeuge

Die einzelnen Themenbereiche sind wie in einem Kompendium gestaltet; damit sind die einzelnen Kapitel relativ unabhängig voneinander. Wählen Sie Ihre eigene Abfolge also entsprechend dem Bedarf, der sich im Zuge der Formularentwicklung für Sie ergibt. In den einzelnen Kapiteln achten wir darauf, daß auch Leser, die dort jeweils frisch einsteigen wollen, einen verständlichen Zugang erhalten.

Wir bieten zu keinem der Themen eine Gesamtdarstellung, denn das würde den Rahmen dieses Buches sprengen. Wir lassen uns deshalb bei der Auswahl der Funktionen davon leiten, inwieweit sie für die Entwicklung von Formularen relevant sind. Trotz allem werden Sie in Einzelfällen Funktionen auch im Detail kennenlernen. Bitte lassen Sie sich aber nicht dadurch abschrecken. Wenn Sie im Buch bis hierher vorgedrungen sind, haben Sie schon alle Grundlagen der Formularentwicklung kennengelernt.

13.2 Transport und Übersetzung

Über Smart Forms erstellte Formulare und Stile sind mandantenunabhängig. Sie werden darüber hinaus als eigenständige Entwicklungsobjekte im Repository des SAP-Systems verwaltet. Damit stehen alle Funktionen zur Verfügung, die für solche Entwicklungsobjekte gelten. Insbesondere lassen sich Formulare, Textbausteine und Stile:

- Per Transportauftrag im Transport-Organizer an andere Systeme übertragen
- Mit Hilfe eines zentralen Übersetzungswerkzeugs in andere Sprachen übersetzen

13.2.1 Transport

Sie können jedes Formular und jeden Stil als Ganzes in einen Transportauftrag einbinden. Solche Gesamtobjekte besitzen immer ein Kürzel R3TR als Programm-ID im Katalog der Repository-Objekte (Datenbanktabelle TADIR). Die zugehörigen Objekttypen sind:

- SSFO (SAP Smart Forms)
- SSST (SAP Smart Styles)

> **Hinweis:** Durch die gleiche Art und Weise der Speicherung im System finden Sie auch Textbausteine wie Formulare unter Objekttyp SSFO.

Wenn Sie bei der Entwicklung eines Formulars oder Stils eine Entwicklungsklasse verwenden, für die Transporte im SAP-System vorgesehen sind (also nicht temporär über $TMP), so wird beim ersten Sichern eines Formulars oder Stils automatisch der Name eines Transportauftrags abgefragt und zugeordnet.

Den Transport-Organizer zur Verwaltung dieser Aufträge erreichen Sie über den SAP-Menüpfad **Werkzeuge • ABAP-Workbench • Übersicht • Transport Organizer (Transaktion SE09 oder SE10)**. Ein Transportauftrag mit Objekten aus Smart Forms sieht dort wie folgt aus:

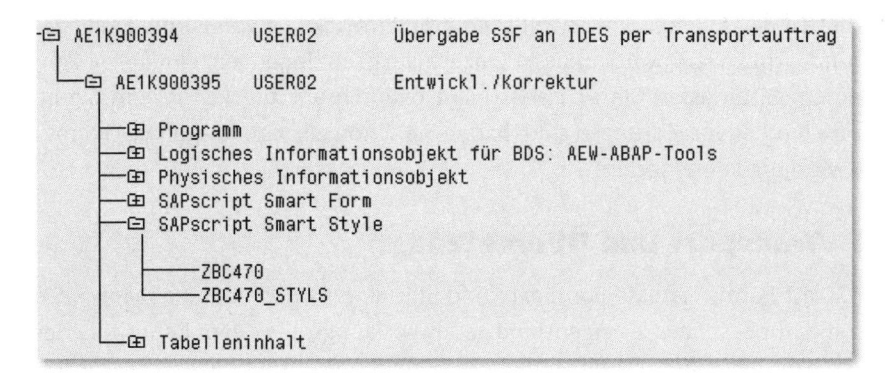

```
AE1K900394      USER02      Übergabe SSF an IDES per Transportauftrag
  AE1K900395    USER02      Entwickl./Korrektur
      Programm
      Logisches Informationsobjekt für BDS: AEW-ABAP-Tools
      Physisches Informationsobjekt
      SAPscript Smart Form
      SAPscript Smart Style
          ZBC470
          ZBC470_STYLS
      Tabelleninhalt
```

Abbildung 13.1 Smart Forms und Transportauftrag

Der Unterknoten **SAPscript Smart Forms** kann Formulare und Textbausteine enthalten. Der Transportauftrag kann weitere Objekte aufnehmen, die mit der Formularentwicklung zusammenhängen: z.B. ein zugehöriges Rahmenprogramm oder auch Grafiken, die im Formular eingebunden wurden (sie sind ggf. im Unterknoten **Programm** bzw. **Tabelleninhalt** zu finden).

Der Transport Organizer zeigt unter dem Menüpfad **Auftrag/Aufgabe • Objektliste • Objektliste anzeigen** eine komplette Aufstellung aller Objekte, die in einem Transportauftrag bzw. einer zugehörigen Aufgabe zusammengefasst sind. Dort sind auch die einzelnen Formulare/Stile mit Programm-ID und Objekttyp hinterlegt. Bei Bedarf können Sie die Liste auch von hier aus erweitern, um z.B. ein fertiges Formular erneut zu transportieren.

13.2.2 Übersetzung von Texten

Mit Smart Forms angelegte Formulare sind in den gleichen Übersetzungsprozess eingebunden wie andere Entwicklungsobjekte. Deshalb sind auch die Transportobjekttypen SSFO und SSST den Standard-Übersetzungswerkzeugen des SAP-Systems bekannt. Wenn man von einer Übersetzung des Formulars spricht, so ist eigentlich die Übersetzung der enthaltenen Texte gemeint; das kann sein:

- Die Beschreibung der einzelnen Knoten (d.h. deren Bedeutung)
- Der Inhalt von Text-Knoten (Fließ-/Langtexte)

Beide Fälle werden nach dem üblichen Verfahren für Langtexte übersetzt.

Der Aufruf der zugehörigen Transaktion SE63 erfolgt im SAP-Menü über den Pfad **Werkzeuge • ABAP-Workbench • Hilfsmittel • Übersetzung**. Die Transaktion zeigt zunächst ein leeres Bearbeitungsbild; im weiteren Vorgehen unterscheiden sich die beiden oben genannten Fälle.

Fall 1: Übersetzung der Knotenbeschreibungen

Die Knotenbeschreibungen gelten als Kurztexte zu logischen Objekten. Der Zugang im Übersetzungswerkzeug erfolgt deshalb über den Menüpfad **Übersetzung • Logische Objekte • Logische Objekte**. Im Eingabefeld wählen Sie dann die folgenden Einträge:

- Der Objekttyp ist SSFO für Formulare, SSST für Stile
- Zur Vorgabe des Textnamens haben Sie über die Funktionstaste **F4** als Wertehilfe Zugriff auf alle Formulare, Textbausteine und Stile (je nach Objekttyp).

- Wählen Sie als Quellsprache die Originalsprache des gewählten Formulars (sie wird vorgeschlagen).
- Die Zielsprache gibt an, in welche Sprachen das Formular zu übersetzen ist. Beachten Sie, dass die Auswahl an Zielsprachen unter den Globalen Einstellungen im Formular auch eingeschränkt werden kann.

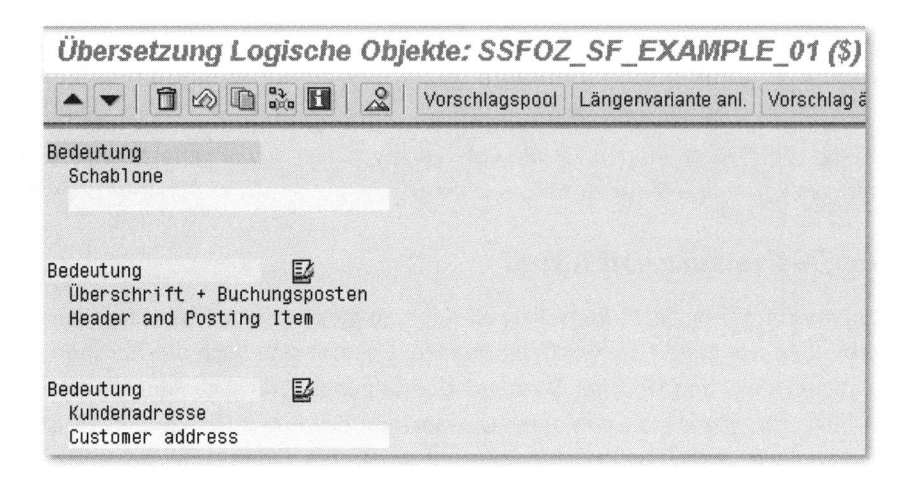

```
Übersetzung Logische Objekte: SSFOZ_SF_EXAMPLE_01 ($)

  ▲ ▼  | 🗑 | ⚙ | 📋 | ⋮⋮ | 🅘 | ⚖ |  Vorschlagspool  | Längenvariante anl. | Vorschlag a

Bedeutung
  Schablone


Bedeutung            📝
  Überschrift + Buchungsposten
  Header and Posting Item


Bedeutung            📝
  Kundenadresse
  Customer address
```

Abbildung 13.2 Übersetzung der Knotenbeschreibungen

Über **Bearbeiten** erreichen Sie ein Bearbeitungsbild wie in Abbildung 13.2 dargestellt.

Je Knoten zeigt das Übersetzungstool den Eintrag in Quell- und Zielsprache, wobei nur der Inhalt im Zielfeld geändert werden kann. Begriffe der Originalsprache, deren Übersetzung bereits in einem Vorschlagspool bekannt sind, können Sie vom System automatisch vorschlagen lassen.

Insgesamt wird man eine Übersetzung der Knotenbeschreibungen aber eher selten vornehmen. Sie ist nur sinnvoll, wenn das Formular anschließend auch in der neuen Sprache bearbeitet wird. Dazu muss dann auch die Originalsprache geändert werden (siehe Fall 2).

Fall 2: Übersetzung der Inhalte von Text-Knoten.

Für die Übersetzung wichtig sind die Texte, die im Formular für die Ausgabe vorgesehen sind. Diese Texte gelten als Langtexte; wählen Sie deshalb im Übersetzungswerkzeug den Menüpfad **Übersetzung** • **Langtexte** • **SAPscript** • **Smart Forms**.

Durch den direkten Zugang über diesen Menüpfad entfällt die Abfrage zum Objekttyp. Wählen Sie wieder den Namen des Formulars oder eines Textbausteins (Stile sind hier nicht sinnvoll), sowie die Quell- und Zielsprache. Es erscheint folgendes Bearbeitungsbild:

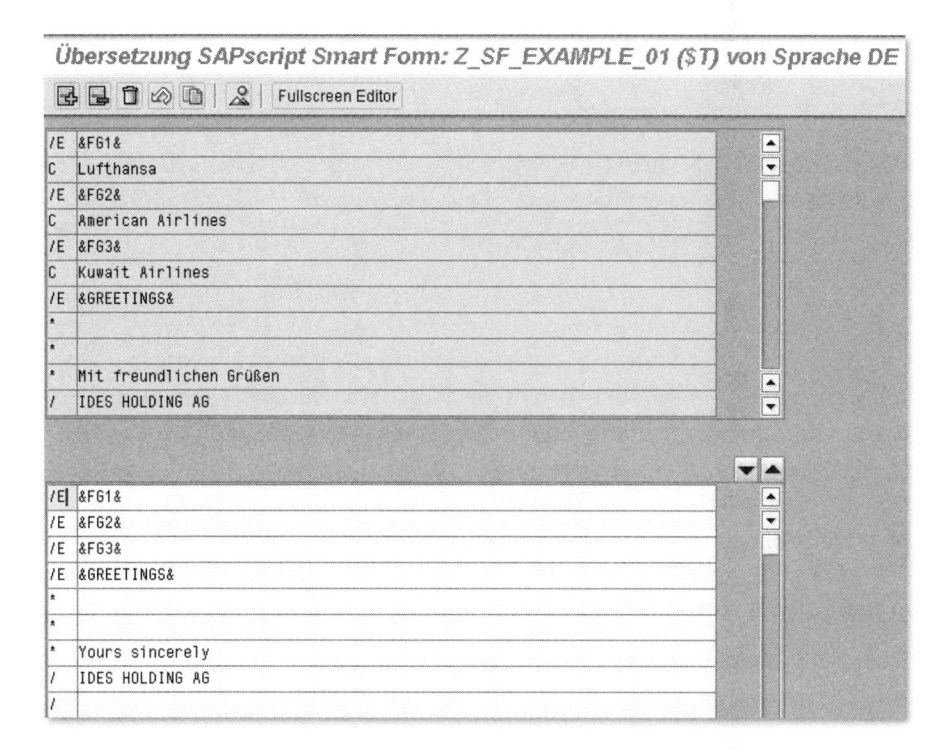

```
Übersetzung SAPscript Smart Form: Z_SF_EXAMPLE_01 ($T) von Sprache DE

/E   &FG1&
C    Lufthansa
/E   &FG2&
C    American Airlines
/E   &FG3&
C    Kuwait Airlines
/E   &GREETINGS&
*
*
*    Mit freundlichen Grüßen
/    IDES HOLDING AG


/E   &FG1&
/E   &FG2&
/E   &FG3&
/E   &GREETINGS&
*
*
*    Yours sincerely
/    IDES HOLDING AG
/
```

Abbildung 13.3 Übersetzung der Texte im Formular

Die relevanten Knoten des Formulars wurden vom Übersetzungswerkzeug zu einem langen Text zusammengefasst und lassen sich über einen Langtext-Editor bearbeiten. Der obere Bildschirmbereich zeigt einzelne Texte in der Quellsprache, der untere Teil enthält die änderbaren Einträge in der Zielsprache. Dieses Bearbeitungsbild können Sie über den Menüpfad **Hilfsmittel • Voreinstellungen** in einigen Punkten an Ihre Vorstellungen anpassen.

Sie müssen nicht zu jedem Textelement einen sprachabhängigen Eintrag in der Zielsprache erzeugen: Textelemente, die in der Zielsprache keine eigene Übersetzung haben, werden bei der Ausgabe in der Zielsprache über die Angaben bei der Originalsprache versorgt. In unserem Beispiel wäre das bei den auszugebenden Namen der Fluggesellschaften der Fall.

Falls Textelemente dem Übersetzungswerkzeug schon bekannt sind, werden sie automatisch in die Zielsprache übersetzt und in den unteren Bildschirmbereich eingefügt (in unserem Fall z.B. der Inhalt zu GREETINGS). Ohne Übersetzungsvorschläge kann es vorteilhaft sein, den gesamten Inhalt von der Quellsprache in die Zielsprache zu kopieren und dann die Einträge dort nacheinander zu überschreiben (Menüpfad **Bearbeiten • Quelltext übernehmen**). Sichern Sie die Übersetzung; das Formular lässt sich jetzt auch in der Zielsprache ausgegeben.

> **Tipp:** Für einen Kurztest melden Sie sich erneut im SAP-System an. Wählen Sie dabei aber als Anmeldesprache Ihre Zielsprache aus, für die Sie soeben eine Übersetzung erstellt haben. Wählen Sie dann über das Reporting Z_SF_EXAMPLE_01 und als Parameter unser Beispielformular. Die Flugrechnung wird jetzt in Ihrer Zielsprache ausgegeben.

Im Beispielformular zur Flugrechnung wird die Anmeldesprache verwendet, weil über die Formularschnittstelle bisher keine individuelle Sprachsteuerung vorgesehen ist. In echten Anwendungen wird die Sprache, in der die Textelemente auszugeben sind, vom Rahmenprogramm vorgegeben (ggf. auch mit Ersatzsprachen). Ist ein Textelement in dieser Sprache nicht vorhanden, wählt die Ausgabesteuerung statt dessen die Anmeldesprache. Besteht auch dort kein Eintrag, wird auf die Originalsprache des Formulars zurückgegriffen.

Sprache der Formularbearbeitung

Trotz der bisherigen Übersetzungen: Das Formular können Sie über die Smart Forms-Transaktionen auch weiterhin nur in seiner Originalsprache bearbeiten. Texte in anderen Sprachen müssen Sie immer wieder per Übersetzungswerkzeug pflegen.

> **Hinweis:** Wird die Smart Forms-Formularpflege von einen Anwender aufgerufen, der eine andere Anmeldesprache als im Formular vorgesehen hat, kann der Anwender zwischen zwei Alternativen wählen:
>
> ▶ Das Formular wird weiterhin in der bisherigen Originalsprache aufgerufen (also nicht in der Anmeldesprache).
>
> ▶ Die Originalsprache des Formulars wird auf die Anmeldesprache gewechselt. Bedingung ist in diesem Fall, dass alle Knotentexte des Formulars schon in der Zielsprache vorliegen. Dazu erfolgt vor Aufruf des Formulars automatisch eine entsprechende Prüfung; bei Bedarf wird direkt das Übersetzungswerkzeug zur Bearbeitung der Resteinträge als **Logische Objekte** aufgerufen.

Bei Aufruf eines Formulars über den Form Builder werden alle angelegten Sprachen des Formular geladen (also nicht nur die Originalsprache). Allerdings wird das Formular nicht für die Übersetzung gesperrt, so dass unter Umständen beide Transaktionen gleichzeitig aktiv sein können. In diesem Fall würde der Inhalt einer Zielsprache beim Sichern des Formulars im Form Builder überschrieben.

13.3 Textbearbeitung und -ablage

13.3.1 Übersicht

Eine zentrale Funktion bei der Erstellung von Formularen über Smart Forms ist die Eingabe und Formatierung von Texten. Die korrekte Platzierung von Texten haben wir im Zusammenhang mit Fenstern, Schablonen sowie den Merkmalen von Text-Knoten ausführlich erläutert.

Für die Eingabe der Texte über Text-Knoten oder Textbausteine verwendet Smart Forms den *Inline-Editor*. Dieser ist auch in anderen Applikationen des SAP-Systems eingebunden, in denen Texte vom Anwender eingegebenen werden können. Bis auf wenige Sonderfunktionen handelt es sich hierbei also um eine Standard-Anwendungskomponente, die schon allgemein bekannt sein dürfte. Für alle Leser, die sich trotzdem näher mit dem Inline-Editor und auch der Verwaltung von Texten in SAP befassen wollen, haben wir hier einige relevante Informationen zusammengestellt.

Zusätzlich werden wir erläutern, wie Texte nach der Eingabe generell im SAP-System abgelegt werden. Damit wird der Weg frei, um beliebige Texte, die unabhängig von Smart Forms angelegt wurden, über Include-Text-Knoten in eine Formular einzubinden.

13.3.2 Inline-Editor

Der Inline-Editor dient zur Eingabe und Formatierung von Texten und Feldern. Er wird in Text-Knoten, aber auch bei der Erstellung von Textbausteinen verwendet.

Die Eigenschaften des Text-Knotens wollen wir anhand des vorhandenen Knotens in unserem Formular zur Flugrechnung erläutern; wählen Sie auf Seite FIRST im Fenster MAIN den Knoten INTRODUCTION.

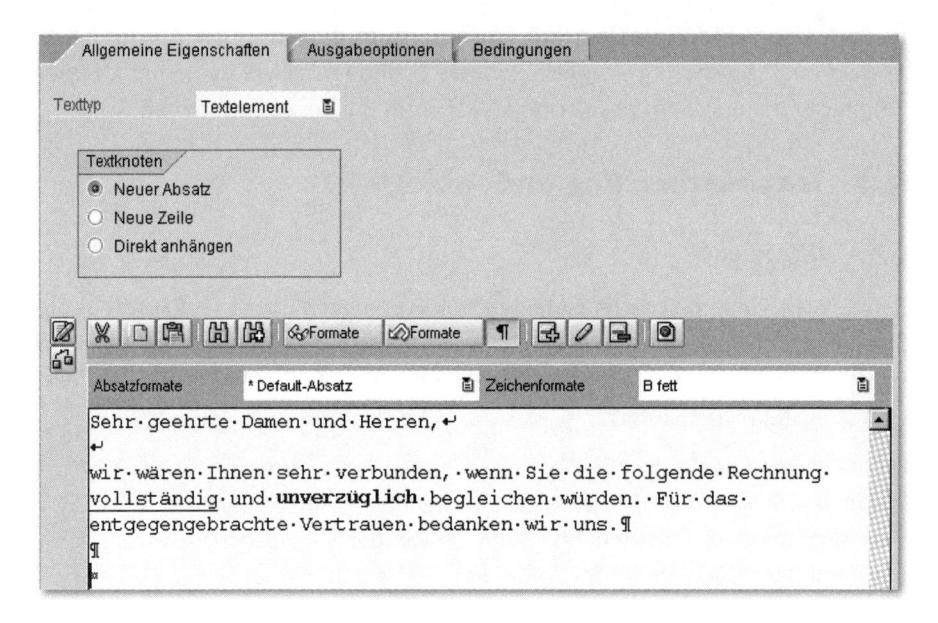

Abbildung 13.4 Textbearbeitung im Inline-Editor

Der Inline-Editor stellt einfache Textbearbeitungsfunktionen zur Verfügung, wie sie in gängigen WYSIWYG-Editoren üblich sind. Die Darstellung im Eingabebereich entspricht dabei weitgehend schon der späteren Ausgabe (z.B. mit Zeichenformatierungen wie *Fett*, *Kursiv* oder auch mit unterschiedlichen Schriftgrößen).

Der Zeilenumbruch im Fließtext erfolgt automatisch in Abhängigkeit von der Breite des übergeordneten Fensters:

- Ein neuer Absatz ist immer durch eine »harte« Zeilenschaltung gekennzeichnet, die Sie über **Return** erzeugen. Dem folgenden Text können Sie wahlweise ein anderes Absatzformat zuweisen.

- Über **Shift** + **Return** erzeugen Sie einen »weichen« Zeilenumbruch: Für die so geteilten Textabschnitte kann immer nur ein gemeinsames Absatzformat eingestellt sein.

Hinweis: Wenn Sie einen Text unterhalb einer Schablone oder Ausgabetabelle anlegen und entsprechend einer Zelle zuordnen, werden die Maße der Zelle leider nicht zur Textformatierung herangezogen. Der Zeilenumbruch im Inline-Editor erfolgt etwas irritierend auch weiterhin entsprechend den Maßen des Fensters; bei der Ausgabe werden aber die Ränder der zugehörigen Zelle korrekt berücksichtigt.

Textteile können Sie wahlweise mit Hilfe der Maus als Block oder über die Richtungstasten der Tastatur (zusammen mit **Shift**) markieren. Auf diese Blockbearbeitung beziehen sich teilweise die Funktionen, auf die wir jetzt eingehen wollen.

Einige Sonderfunktionen des Editors erreichen Sie über die Symbol- bzw. die Formatleiste.

Symbolleiste oben

Sie bietet Standardfunktionen der Textbearbeitung zum Ausschneiden, Kopieren, Einfügen und Suchen. Für eine bessere Übersicht ist es häufig sinnvoll, die im Text verwendeten Steuerzeichen wie Tabulatoren und Zeilenschaltungen anzeigen zu lassen (wählen Sie die zugehörige Funktion über das Symbol mit den Absatzzeichen). Weitere Symbole dienen der Pflege von Feldern im Text und sind schon im Abschnitt 6.2.2 beschrieben. Hinweise zur Einbindung von Hyperlinks folgen weiter unten.

Formatleiste

Die Einträge in der Formatleiste direkt oberhalb des Textes enthalten Auswahllisten zum Absatz- und Zeichenformat. Die Einträge der Listen geben den Inhalt des aktuell im Knoten gültigen Stils wieder. Ein solcher Stil kann einheitlich für das ganze Formular hinterlegt sein; diese Zuweisung erfolgt bei den Formularattributen. Abweichend können Sie einen individuellen Stil je Fenster oder auch direkt zum Text-Knoten zuordnen (unter der Registerkarte **Ausgabeoptionen**). Dieser Eintrag übersteuert ggf. die allgemeine Formularvorgabe.

Die Inhalte der Formatleiste:

- **Absatzformat**
  Bei der Neuanlage eines Text-Knotens stellt Smart Forms automatisch das Default-Absatzformat ein (* = Default), das im zugehörigen Stil festgelegt ist. Vorgaben im Absatzformat betreffen immer den gesamten Absatz, in dem der Cursor zur Zeit steht. Eine Änderung des Absatzformats ist normalerweise anhand der Textformatierung sofort erkennbar (z.B. beim Wechsel von *Linksbündig* auf *Zentriert* bzw. bei geänderter Zeichengröße oder geänderten Abständen).

- **Zeichenformat**
  Vor der Vergabe eines individuellen Zeichenformats müssen Sie die zugehörige Textstelle zunächst markieren. Auf diesem Weg können Sie die in Frage kommenden Zeichen auch nacheinander mit unterschiedlichen Formatierungen versehen (z.B. *Fett* und *Kursiv*). Über die Taste **Anzeigen Formate** können Sie

für diesen Fall eine kleine Liste aller (Zeichen-)Formate aufrufen, die an der jeweils aktuellen Cursorposition gelten.

Individuell vergebene Zeichenformatierungen übersteuern immer die Vorgaben im Absatzformat. Über die Taste **Rücksetzen Formate** können Sie alle markierten Zeichen wieder auf die ursprünglichen Vorgaben im Absatzformat zurückgesetzen.

Bei komplexen Zeichenformatierungen kann es sinnvoll sein, in den zeilenorientierten Ganzseiteneditor zu wechseln. Dort werden alle hinterlegten Steuerkommandos der Formatierungen direkt angezeigt. Sie lassen sich ggf. auch ändern (siehe dazu die Beschreibung weiter unten).

> **Hinweis:** Die Einträge zum Absatz- und Zeichenformat in der Formatzeile geben in den ersten Versionen von Smart Forms unter 4.6C jeweils die zuletzt gewählte Formatierung wieder, **nicht** aber die Formatierung des Absatzes bzw. Zeichens, auf dem der Cursor gerade steht. Nutzen Sie in diesen Versionen die beiden zugehörigen Tasten der Symbolzeile (oder installieren Sie das passende Support Package; siehe SAPnote 327636).

Symbolleiste links

Von dort wechseln Sie zur Ganzseitenversion des Editors, den Sie als *SAPscript-Editor* kennen. Dort besteht insbesondere auch die Möglichkeit, in einer zeilenorientierten Variante zu arbeiten (Zeileneditor). Diese Darstellung kann z.B. verwendet werden, um die im Text eingefügten Steuerzeichen explizit anzuzeigen oder auch zu ändern (siehe die ausführlichen Hinweise im nächsten Kapitel).

Die Überprüfung des Text-Knotens enthält primär eine Kontrolle darüber, ob enthaltene Datenfelder mit korrektem Namen eingetragen sind.

Hyperlink einfügen (URL)

Im Text können Sie Hyperlinks einfügen (z.B. als Hinweis auf die eigene Internetadresse zu Werbezwecken oder für weitere Serviceinformationen). Diese Links werden automatisch vom System unterstrichen und auch in der Ausgabe so dargestellt. Ein Hyperlink ist vor allem in elektronisch versandten Dokumenten sinnvoll (z.B. bei Versand als E-Mail). Dann kann der Empfänger über den Verweis direkt zur Information auf dieser Seite springen, soweit er mit seinem Internet-Browser Zugriff darauf hat.

Wir schlagen die nachstehende Vorgehensweise bei der Eingabe der URL vor:

- Geben Sie die Adresse direkt als Text ein und markieren Sie diese.
- Rufen Sie die Funktion über das Symbol für **URL-Einfügen** auf.
- Der markierte Text wird automatisch unterstrichen und andersfarbig dargestellt.

> **Tipp:** Alternativ können Sie den URL-Eingabemodus auch mit Beginn Ihrer Eingabe anwählen. Über die Taste **Rücksetzen Formate** kehren Sie am Ende der Eingabe zur normalen Darstellung zurück. Die Kennzeichnung als Hyperlink geschieht also wie bei einem Zeichenformat.

Beispielanwendung
Die Funktion der Hyperlinks wird z.B. bei mySAP CRM innerhalb von Mailinglisten verwendet. Der Empfänger einer E-Mail kann einfacherweise über den Hyperlink direkt auf eine Internetseite mit weiteren Informationen verzweigen.

Im Rahmen von Marketingkampagnen besteht zusätzlich die Möglichkeit, ein *Tracking* für die E-Mails zu vergeben. Über das Tracking kann der Absender den Besuch einer Internetseite, die dem Geschäftspartner in der E-Mail genannt wurde, kontrollieren. Für diese Funktion müssen bei der Erstellung des E-Mail-Textes nur zwei zusätzliche Sonderzeichen als Trackingsymbol eingefügt werden (die Zeichen ++ direkt hinter der URL).

Beim Versand einer E-Mail wird dieses Trackingsymbol durch eine eindeutige Tracking-ID ersetzt, die stellvertretend für eine Kombination aus Geschäftspartner und Kampagne steht. Wenn der Geschäftspartner dann die Seite besucht, kann diese ID gelesen und z.B. für eine namentliche Begrüßung genutzt werden.

Bei Verwendung der Trackingfunktion muss zusätzlich die angesprochene Internetadresse auf eine Webseite verweisen, von der aus ein passender Funktionsbaustein zur Interpretation der Tracking-ID aufgerufen werden kann (zur weiteren Information siehe Dokumentation zu mySAP-CRM).

13.3.3 SAPscript-Editor (Ganzseiteneditor)

Über die linke Symbolleiste zum Inline-Editor können Sie den vollständigen SAPscript-Editor aufrufen. Damit wird eine Textbearbeitung über die gesamte Bildschirmgröße möglich. Der Editor enthält zwei Modi:

- Als *grafischer PC-Editor* ist die Textdarstellung und die Bedienung ähnlich wie bei dem bisher beschriebenen kleineren Inline-Editor (allerdings steht der gesamte Bildschirm als Eingabebereich zur Verfügung).

▶ Im eher »traditionellen« Modus als *Zeileneditor* ist manche Funktion evtl. weniger komfortabel, dafür ergeben sich in Einzelfällen andere Vorteile.

Wählen Sie zwischen beiden Modi über den Menüpfad **Springen • Editor einstellen** des SAPscript-Editors; auf der Registerkarte **SAPscript** finden Sie das zugehörige Attribut **PC-Editor** (Anmerkung: Die Einstellungsmöglichkeit zum »Form Painter« bezieht sich an dieser Stelle nicht auf Smart Forms). Bei Einstellung als Zeileneditor ergibt sich das folgende Bild:

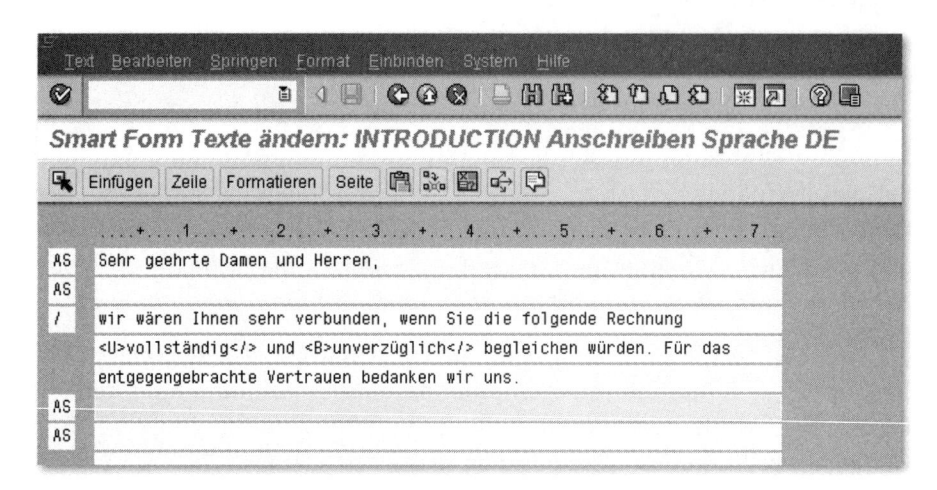

Abbildung 13.5 SAPscript-Editor in der Variante als Zeileneditor

Der Textzeilenbereich im Zeileneditor beginnt mit einem Zeilenlineal. In den nachfolgenden Zeilen kann Text erfasst werden.

Die Absatzformate erscheinen hier mit ihrem Formatschlüssel links neben der Textzeile in einer speziellen, zweistelligen Formatspalte. In dieser Formatspalte ist auch die Wertehilfe hinterlegt. Sie liefert eine Liste der Absatzformate, die im aktuellen Stil hinterlegt sind.

Darüber hinaus gelten weitere grundlegende Formatierungen aus SAPscript, die auch Smart Forms versteht, auch wenn sie im Inline-Editor nicht zugewiesen werden können. Eine Übersicht erhalten Sie über die Funktionstaste **F1** in einem Eingabefeld der Formatspalte. Wenn Sie z. B. das Sonder-Absatzformat /* verwenden, wird der eingegebene Text als Kommentar klassifiziert. Er wird im Inline-Editor unter Smart Forms grau hinterlegt und nicht ausgegeben.

Im Textbereich selbst sind alle Zeichen-Formatierungen an Sonderzeichen zu erkennen, die direkt im Text eingefügt sind. In der Abbildung 13.5 ist z. B. das Wort »unverzüglich« mit Absatzformat <B> fett markiert. Es folgen die wichtigsten Formatanweisungen:

- **Zeichenformate: <NN> ..</>**
  Alle Zeichen hinter dem Zeichenformatschlüssel <NN> werden entsprechend den Vorgaben im jeweiligen Format ausgegeben. Das Ende des Zeichenformates wird durch </> angezeigt (siehe das Wort »unverzüglich« in unserem Beispiel). Diese Formatzuordnungen können Sie auch direkt über die Tastatur eingeben: Bei Rückkehr zum Inline-Editor von Smart Forms wird auch die grafische Bildschirmanzeige dort automatisch angepasst.

- **Tabulatorzeichen: ,,**
  Zwei normale Kommata direkt hintereinander bedeuten bei der Ausgabeaufbereitung einen Tabulatorsprung. Falls im Absatzformat keine Tabulatorposition definiert ist, gilt der Abstand aus der Kopfinformation des Stils.

- **Felder(Symbole): &...&**
  Felder werden wie im Inline-Editor durch das &-Sonderzeichen geklammert; sie sind hier im Zeileneditor aber nicht grau hinterlegt. Sie können die Felder also wie normalen Text eingeben. (Vergessen Sie aber bitte nicht die Überprüfung der Feldnamen im Inline-Editor!)

- **Sonderzeichen: <(·&<**
  Zeichen, die durch <(· eingeleitet werden, heben die Wirkung von Sonderzeichen auf, so dass diese, wie alle anderen Zeichen auch, normal ausgegeben werden können. Das Ende der maskierten Zeichenfolge wird durch <)· festgelegt. Im obigen Beispiel wird also das &-Sonderzeichen ausgegeben. Es können auch mehrere aufeinanderfolgende Zeichen einer Zeichenfolge gleichzeitig eingefasst werden.

13.3.4 Textverwaltung

An den unterschiedlichsten Stellen im SAP-System werden Texte zur Beschreibung des jeweiligen Objektes benötigt (z.B. als Erläuterungen zum Material, als besondere Vereinbarungen im Verkaufsbeleg, als Verpackungshinweise im Lieferbeleg etc.) Diese erläuternden Texte werden innerhalb der Anwendung über den SAPscript-Editor erstellt und in zentralen Datenbanktabellen abgelegt. Sie lassen sich über Include-Textknoten auch in ein Formular von Smart Forms einbinden.

Jeder Text erhält bei der Neuanlage einen Namen; dieser wird entweder vom Anwender eingegeben (z.B. bei Anlage von Standardtexten) oder automatisch vom System vergeben (z.B. im Rahmen einer Anwendung).

Um bei der großen Menge an Texten im SAP-System eine Eindeutigkeit in der Zuordnung sicherzustellen, existieren neben dem Namen zwei weitere Merkmale, nach denen alle Text kategorisiert sind:

▶ **Textobjekt**
Zu jedem Text muss ein übergeordnetes Bezugsobjekt existieren. Es kennzeichnet das globale Umfeld, in dem ein Text steht. Wir nennen Ihnen folgende Beispiele:

MATERIAL	Materialstammsatz
VBBK	Vertriebsbeleg Kopftext
VBBP	Vertriebsbeleg Positionstext
TEXT	Standardtext zu SAPscript

Das Kürzel ist durch das Objekt bestimmt, über das die Textverarbeitung aufgerufen wurde. Wenn Sie also in der Transaktion zum Materialstamm einen Materialgrundtext anlegen, erzeugt das System im Hintergrund automatisch einen Text mit dem Objekteintrag MATERIAL.

Alle Texte, die unabhängig von einem speziellen Objekt angelegt sind, werden als SAPscript-Standardtexte bezeichnet (Pflege über das Einstiegsmenü zur SAPscript, Transaktion SO10).

▶ **Text-ID**
Die Text-ID unterscheidet verschiedene Typen von Texten innerhalb eines Textobjektes; an anderer Stelle wird auch der Begriff *Textart* verwendet. Beispiel zum Textobjekt TEXT, den SAPscript-Standardtexten:

ST	Benutzerspezifische Standardtexte (Individualtexte)
ADRS	Adressangaben, die als Texte bei Org-Einheiten wie VkOrg, Versandstelle usw. hinterlegt sind (Adresse-, Kopf-, Fuß-, Grußtext)
SDTP	Zahlungsbedingungen

Alle SAPscript-Texte sind abhängig von Mandant und Sprache, ein Text wird also jeweils individuell mit diesen Merkmalen gespeichert.

Über die Transaktion SE75 pflegen Sie die Merkmale **Textobjekt** und **Text-ID**. Eine Liste der im System hinterlegten Textobjekte bzw. Text-IDs mit ihren Bezeichnungen können Sie auch direkt im Include-Text-Knoten über die Wertehilfe in den beiden Feldern abrufen.

> **Hinweis:** Bei Bearbeitung von Texten im jeweiligen Objekt (z. B. Verkaufsbeleg) wird meist von *Textarten* gesprochen, statt von Text-IDs. Welche Textarten verwendet werden können, ist über ein Textschema im jeweiligen Objekt festgelegt (das immer nur Textarten mit der Kennung des zugehörigen Textobjektes enthält). Textinhalte müssen nicht immer neu eingegeben werden; viel häufiger werden Kopien aus Vorgängerbelegen erzeugt (*Textfindung*). Für diese automatische Zuordnung von Textinhalten sind Zugriffsfolgen verantwortlich, die einen beteiligten Stammdatensatz nach möglichen Inhalten überprüfen (um z. B. Texte aus dem Materialstammsatz in den Verkaufsbeleg zu übernehmen).

Belegtexte unter Smart Forms

Wenn Sie innerhalb einer Anwendungstransaktion einen Text bearbeiten (z. B. im Materialstammsatz), so erfolgt dies überwiegend über einen Kurztext-Editor wie z. B. den Inline-Editor. Um festzustellen, mit welchem Namen und mit welchen Merkmalen dieser Text im System abgelegt ist, gehen Sie wie folgt vor:

- Im jeweiligen Erfassungsbild können Sie immer auch zum SAPscript-Editors (Ganzseitenversion) wechseln.
- Wählen Sie dort die zeilenorientierte Variante und dann den Menüpfad **Springen • Kopf**.
- In der folgenden Abbildung erhalten Sie eine Übersicht zu den Klassifikationsmerkmalen des aufgerufenen Textes.

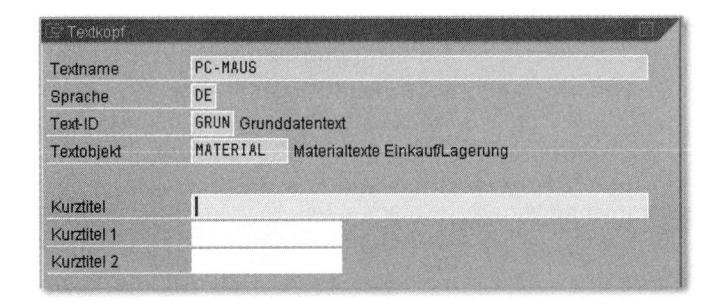

Abbildung 13.6 Attribute im Textkopf

Die Abbildung 13.6 zeigt die Angaben für den Grunddatentext im Materialstamm. Als Textname wurde die Materialnummer übernommen. Über diese Angabe sowie über Textobjekt, Text-ID und Sprache können Sie den Text per Include-Text-Knoten in ein Formular von Smart Forms einbinden. Auf weitere Informationen wie den Ersteller und das Erstellungsdatum haben wir in unserer Abbildung verzichtet.

Positionstexte mit zusammengesetzten Namen

Unser Beispiel mit dem Grundtext im Materialstammsatz bezieht sich auf die Textverwaltung und ist vergleichsweise ein einfacher Fall, da der Textname direkt aus dem zugehörigen Material (als Objekt) gebildet wird.

Es gibt allerdings auch komplexere Fälle, bei denen mehrere Parameter für die Bildung des Namens verantwortlich sind (z.B. bei Texten zu Belegpositionen). Diese Parameter werden bei Neuanlage eines Textes aneinander gehängt, um den Textnamen zu erhalten.

Objekt	Beschreibung	Elemente im Textnamen			
MATERIAL	Materialstamm: Grunddatentext	MatNr(18)			
MATERIAL	Vertriebstext	MatNr(18)	VkOrg(4)	VtWeg(2)	
KNA1	Debitorenstamm: Zentrale Texte	DebNr(10)			
KNA1	Vertriebstexte	DebNr(10)	VkOrg(4)	VtWeg(2)	Sparte(2)
VBBK	Lieferbeleg: Kopftexte	BelNr(10)			
VBBP	Positionstexte	BelNr(10)	PosNr(6)		
EKPO	Bestellung: Positionstext	BelNr(10)	PostNr(5)		

Tabelle 13.1 Textablage im System

Die Tabelle Tabelle 13.1 zeigt einige Beispiele: Jeweils in Klammern eingeschlossen finden Sie die Anzahl der Zeichen, die das jeweilige Element zum Textnamen beiträgt.

Zusammengesetzte Textnamen nachbilden

Wenn Sie Texte mit zusammengesetztem Textnamen unter Smart Forms ansprechen wollen, müssen Sie den Textnamen äquivalent im Formular nachbilden. Das heißt konkret: Die Variable, die im Include-Text-Knoten den Namen des Textes vertritt, muss aus den gleichen Elementen aufgebaut sein. Ein solches Beispiel haben wir bereits in Abschnitt 5.1.4 genannt (siehe auch Abbildung 5.5).

Die Ermittlung des Variabeleninhalts muss über einen vorgeschalteten Programm-Knoten erfolgen. Hier als Beispiel das Vorgehen bei einem Text zur Lieferposition:

```
*&---------------------------------------------------------------&*
* Get Name of item-text in Delivery
CLEAR TEXT_NAME.
```

```
TEXT_NAME(10)   = GS_IT_GEN-DELIV_NUMB.      "Number of Delivery
TEXT_NAME+10(6) = GS_IT_GEN-ITM_NUMBER.      "Item-number
* Alternative using WRITE
* TEXT_NAME = GS_IT_GEN-DELIV_NUMB.
* WRITE GS_IT_GEN-ITM_NUMBER TO TEXT_NAME+10(6).
*&---------------------------------------------------------------&*
```

Listing 13.1 Name eines Positionstextes ermitteln

Eingangswert des Programm-Knotens ist eine Feldleiste GS_IT_GEN mit allgemeinen Angaben zur Position, die von der Formularschnittstelle zur Verfügung gestellt wird. Sie enthält insbesondere DELIV-NUMB als Lieferungsnummer und ITM_NUMBER als Nummer der aktuellen Position. Ausgangsparameter ist unsere Text-Variable TEXT_NAME, die dann bei der Ausgabe des Formulars den Textnamen enthält:

- Im ersten Schritt wird die Variable geleert. Dann wird die Lieferscheinnummer mit zehn Zeichen in TEXT_NAME übernommen, wobei führende Stellen automatisch mit 0 belegt sind. Die letzte Zeile erweitert die Text-Variable nochmals um die sechsstellige Positionsnummer. Über den Offset '10' ist sichergestellt, dass die Positionsnummer hinten angehängt wird.
- Als Kommentar finden Sie im untenstehenden Quelltext eine alternative Programmierung, die zum gleichen Ergebnis führt.
- Über den Programm-Knoten ergibt sich so ein Textname mit 16 Zeichen. Das entspricht der Formatierung, wie sie beim Abspeichern des Positionstextes erfolgt ist. Entsprechend wird der Text auch bei der Ausgabe des Formulars im SAP-System gefunden und kann in das Ausgabedokument übernommen werden.

Datenbanktabellen der Textablage

Texte im SAP-System werden in folgenden zentralen Tabellen der Datenbank gespeichert:

STXH	Kopfangaben der Texte (SAPscript- und Fremdformate)
STXL	SAPscript Textzeilen (komprimiertes ITF-Format)
STXB	Textinhalte von Fremdformaten

Die Speicherung der Zeilen in STXL erfolgt allerdings nicht nach den Zeilen, wie sie im SAPscript-Editor erscheinen, sondern in größeren Blöcken mit Binary-Format (Feld CLUSTD). Bei langen Texten erzeugt das System ggf. mehrere Blöcke (einzeln hochgezählt).

Da die Textinhalte verschlüsselt sind, kann das Lesen und Schreiben nur über passende Funktionsbausteine erfolgen (die bei einem Include-Textknoten natürlich automatisch aufgerufen werden).

Auch für die Suche nach Texten über bestimmte Merkmale steht ein Funktionsbaustein zur Verfügung (SELECT_TEXT). Die Selektion kann z.B. in einem Programm-Knoten sinnvoll sein, um zu sehen, welche Texte bei den vorgegebenen Kriterien angelegt sind.

ITF Textformat

Die über den SAPscript-Editor erstellten Texte werden im ITF-Format bearbeitet und gespeichert (Interchange Text Format).

Das ITF-Format ist ein lesbares Format, d.h. es besteht nur aus Zeichen, die im Zeichensatz oberhalb des Leerzeichens stehen. Es besteht aus zwei Teilen, dem Formatfeld und dem eigentlichen Zeileninhalt. Bestimmte Elemente des Formats sind fest vorgegeben (z.B. das Absatzformat '/' für eine neue Zeile oder '/:' zur Kennzeichnung des Zeileninhalts als Steuerkommando. Andere Elemente wie z.B. die Namen von Absatzformaten oder Zeichenformaten können vom Anwender im Rahmen der Stil- und Formularpflege festgelegt werden.

Bei der Ausgabe eines Formulars übernimmt der Composer die Aufgabe, einen im ITF-Format vorliegenden Text aufzubereiten und in ein Format zu überführen, das die Druckdarstellung repräsentiert. Dieses Format wird *OTF* (*OutputText Format*) genannt. Es enthält alle Informationen über den Zeilen- bzw. Seitenumbruch.

Fremdformate

In aktuellen SAP-Release besteht auch die Möglichkeit, Texte über ein externes Standard-Textverarbeitungssystem auf dem Fontend-PC zu verarbeiten (z.B. WinWord). Dieses lokale Programm wird dabei vom SAP-System ferngesteuert. Die Ablage der dort angelegten Texte erfolgt ebenfalls in der SAP-Datenbank, allerdings im Format des verwendeten Textprogramms (DOC, RTF etc.). Die Speicherung der Dokumenteninhalte erfolgt gesondert in der Datenbanktabelle STXB.

Die Klassifizierung über Textobjekt und Text-ID findet sich auch bei diesen Fremdformaten wieder. Wird ein solcher Text zur Bearbeitung aufgerufen, startet SAPscript das zugeordnete Anwendungsprogramm auf dem lokalen PC.

Texte in Fremdformaten können nicht in Formulare von Smart Forms übernommen werden. Sie lassen sich zwar technisch wie SAPscript-Texte in ein Formular einbinden (per Includes); mangels passender Übersetzung des Textinhaltes besteht die Ausgabe aber vor allem aus unerwünschten Steuerzeichen.

Formulartexte unter Smart Forms

Texte in Formularen und Textbausteinen zu Smart Forms sind unabhängig von Mandanten (anders als sonstige SAPscript-Texte). Sie werden zeilenweise in einer eigenen Datenbanktabelle STXFTXT gespeichert (mit Knoten- und Formularname als zentrale Merkmale). Diese Texte sind auch nur über die Transaktionen zu Smart Forms aufrufbar.

13.4 Grafikverwaltung

Seit Basis-Release 4.6C werden Grafiken (wie z.B. Firmenlogos, Materialbilder) im SAP-System über den *BDS (Business Document Service)* verwaltet. Damit ist eine sprach- und mandantenunabhängige Ablage möglich.

Ähnlich wie bei SAPscript-Texten lässt sich die Ablage über die beiden Merkmale **Objekt** und **ID** strukturieren. In einer SAP-Standardinstallation ist allerdings nur GRAPHIC als Objektkennung und BMAP als ID hinterlegt (d.h. nur Rastergrafiken). Bei Bedarf können Sie dazu allerdings weitere kundenspezifische Merkmale anlegen (siehe die Hinweise am Ende dieses Kapitels).

> **Hintergrund:** Die Verwaltungsinformationen der einzelnen Grafiken inklusive der zugeordneten Klassifikationsmerkmale sind in der Datenbanktabelle STX-BITMAPS abgelegt. Dort ist eine eindeutige Dokumenten-ID hinterlegt, über die der eigentliche Zugriff auf den Dokumentenservice erfolgt.

Da das SAP-System keine Transaktionen zur Erstellung von Rastergrafiken enthält, müssen diese explizit von einem Arbeitsplatzrechner importiert werden. Verwendbare Formate sind heute TIF (6.0) und BMP (ohne Komprimierung). Beide Formate werden beim Import in ein SAP-internes Rasterformat gewandelt.

Sie erreichen die Transaktion zur Grafikverwaltung (SE78) im SAP-Menü über den Pfad **Werkzeuge • Formulardruck • Administration • Grafik**.

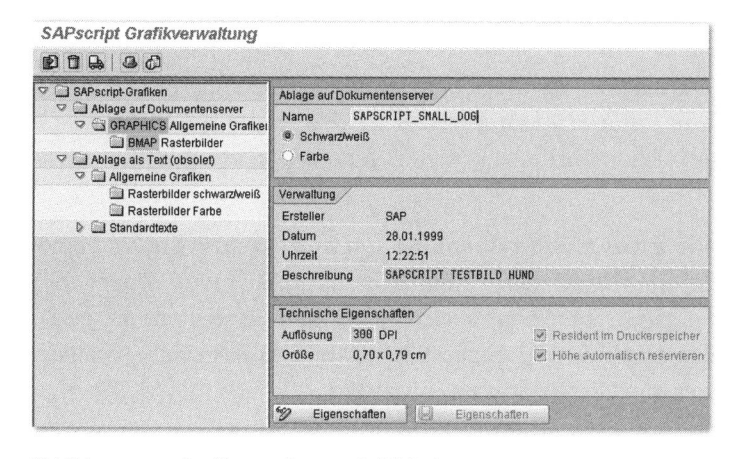

Abbildung 13.7 Grafikverwaltung mit Bildinformationen

Der Navigationsbaum zeigt neben den Grafiken zum BDS als zusätzliche Information auch die Verwaltungseinträge zu Grafiken, die in früheren Releases in Form von Text abgelegt wurden. Diese Grafiken können nicht mehr in ein Formular unter Smart Forms eingebunden werden (auch nicht über Include-Text-Knoten).

Wählen Sie also den Knoten **Ablage auf Dokumentenserver** sowie GRAPHIC und BMAP. Um auf vorhandene Grafiken zuzugreifen, steht über die Funktionstaste **F4** im Namensfeld die gleiche Wertehilfe zur Verfügung, wie im Grafik-Knoten des Formulars. Zum aktuell gewählten Eintrag wählen Sie per Menü oder Symbolleiste zwischen zwei Ansichten:

- **Grafik • Bildinformationen**
  Entspricht der Darstellung wie in obiger Abbildung; dort können Sie auch einzelne Attribute der Grafik (z. B. den Name) ändern.

- **Grafik • Druckansicht**
  Zeigt den Inhalt der Grafik in Originalgröße zur Kontrolle

Bei den Bildinformationen finden Sie u. a. auch einige wichtige technische Eigenschaften:

- Auflösung und Größe sind Eigenschaften der Originalgrafik. Sie werden vom System automatisch beim Import der Grafik ermittelt und können nicht mehr geändert werden. Bei Änderung der Auflösung im Grafik-Knoten eines Formulars ändert sich die Ausgabegröße der Grafik; auch diese Größe wird vom System automatisch aus der Originalgröße errechnet.

- Das Attribut **Resident im Druckerspeicher** steuert die Nutzung eines internen Druckerspeichers. Es empfiehlt sich, die Eigenschaft bei Grafiken zu setzen, die sich auf jeder Seite eines Formulars wiederholen (wie Firmenlogos). Dies verringert die Größe der vom System erzeugten Druckdateien und die benötigte Druckzeit.

> **Hinweis:** Bitte beachten Sie, dass auch der Druckerspeicher begrenzt ist. Falls Sie zu viele Grafiken resident im Druckerspeicher halten wollen, besteht die Gefahr, dass Grafiken beim Ausdruck komplett verloren gehen.

- Das Attribut **Höhe automatisch reservieren** sorgt dafür, dass eine Grafik bei Ermittlung des Seitenumbruchs im Formular berücksichtigt wird. Dabei wird automatisch die tatsächliche Höhe der Grafik für den Seitenumbruch reserviert, d. h. der nachfolgende Text beginnt erst unterhalb der Grafik (Grafiken können dann auch einen Seitenumbruch auslösen).

Neue Grafik importieren

Diese Funktion importiert die Grafik und legt sie auf dem Business Document Server (BDS) ab. Sie können Sie dann auf einem Formular ausgeben. Um eine neue Grafik anzulegen, wählen Sie den Menüpfad **Grafik • Importieren**.

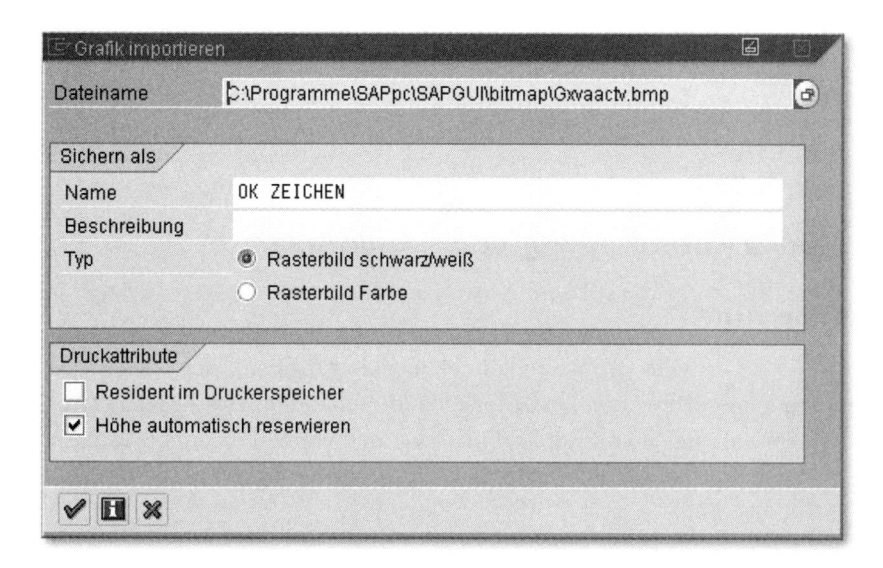

Abbildung 13.8 Grafik importieren

Wählen Sie wie in Abbildung 13.8 den Dateinamen inklusive Pfad auf dem lokalen PC. Vergeben Sie einen eindeutigen Namen für die Ablage im SAP-System. Ist der Name bereits vorhanden, wird der vorhandene Eintrag im System sonst überschrieben – gewollt oder ungewollt.

Entscheiden Sie beim Typ der Grafik zwischen den Rasterbildern **schwarz/weiß** oder **Farbe**: Wenn eine Grafik im SAP-System sowohl in Farbe als auch in Schwarz/Weiß darstellbar sein soll (abhängig von der Wahl im Formular), müssen Sie die Grafik nacheinander für jedes Merkmal einzeln importieren (und zwar zweimal unter gleichem Namen). Die Umsetzung der Farbinformationen erfolgt im jeweiligen Importvorgang.

Transport

Über den Menüpfad **Grafik • Transportieren** können Sie eine Grafik direkt in einen SAP-Transportauftrag einfügen (z. B. zusammen mit einem neu erstellten Formular).

Klassifikation der Grafiken

In einer Standardinstallation werden alle Rastergrafiken über GRAPHIC als Objektkennung und BMAP als ID klassifiziert.

Für eine abgestuftere Grafikverwaltung können Sie zu diesen Merkmalen weitere kundenspezifische Einträge anlegen. Verwenden Sie dazu die Transaktion SE75 im SAP-Menü über den Pfad **Werkzeuge • Formulardruck • Administration • Einstellungen**. Wählen Sie dort die Steuertabellen zu Grafikobjekte und IDs. Die neuen Kürzel für Objekt- und ID-Einträge müssen im Kundennamensraum liegen (beginnend mit Z oder Y).

13.5 Nachrichtenfindung und -steuerung

13.5.1 Übersicht

Mit Smart Forms erstellte Formulare können in allen gängigen Applikationen des SAP-Systems eingesetzt werden, in denen eine formularorientierte Ausgabe erforderlich ist. Für eine Reihe von Applikationen werden von SAP bereits Musterformulare mit entsprechenden Rahmenprogrammen zur Verfügung gestellt (z. B. in HR, FI, SD, CRM, EBP).

Der Anstoß zur Ausgabe der Formulare erfolgt seitens der Applikation über die jeweilige Nachrichtensteuerung. Dort müssen die Formulare samt Rahmenprogrammen also zunächst einmal eingebunden sein. Das aber ist selbst bei den SAP-eigenen Musterformularen zu Smart Forms nicht immer der Fall. Entsprechend ergeben sich für die Einbindung Ihrer Formulare die folgenden Schritte:

▶ Erstellung einer Arbeitskopie vom Muster
▶ Überarbeitung in Smart Forms
▶ Einbindung des neuen Formulars in die jeweilige Nachrichtenfindung

Leider ist auch heute noch die Systematik zur Nachrichtensteuerung innerhalb der einzelnen Applikationen recht unterschiedlich aufgebaut. Deshalb können wir hier auch kein einheitliches Verfahren beschreiben, wie Formulare eingebunden werden müssen. Wir wollen aber zumindest anhand einzelner Beispiele das Vorgehen erläutern (zur Einbindung von Formularen der SAP siehe die entsprechenden Hinweise im SAPnet im Anhang).

> **Hinweis:** Die bisherigen SAPscript-Formulare haben einen Namen mit maximal 16 Zeichen. Danach sind häufig auch die Felder im Customizing ausgelegt, über die ein Formular der jeweiligen Applikation zugeordnet ist.

> Da der Formularname unter Smart Forms aber bis zu 30 Zeichen enthalten kann, ist es unter Umständen sinnvoll, den verwendeten Namen auf 16 Zeichen zu begrenzen.

Aus der Einbindung in die jeweilige Systematik der Nachrichtensteuerung ergibt sich im Einzelfall noch eine weitere Aufgabe. Wenn kein geeignetes Rahmenprogramm zur Verfügung steht (oder ein vorhandenes Rahmenprogramm zu ändern ist), muss bekannt sein, wie die jeweilige Nachrichtensteuerung vorgegebene Informationen an das Rahmenprogramm weiterleitet. Hierzu gehören das Objekt, für das der Ausdruck z. B. mit einer Belegnummer erstellt werden soll, das vorgesehene Ausgabegerät mit den gewünschten Steuerparametern usw.

Diese Informationen müssen im Zugriff sein, damit das Rahmenprogramm entsprechende Daten aus den Datenbanktabellen lesen und dem Formular zur Verfügung stellen kann. Wir wollen auch diese Seite der Nachrichtensteuerung anhand eines Beispiels erläutern.

Beginnen wir aber mit Einbindung der Formulare.

13.5.2 Nachrichtenfindung über Konditionstechnik

Eine Vielzahl Applikationen im Bereich der Logistik verwendet heute als Basis der Nachrichtenfindung die *Konditionstechnik*: Ein Verfahren, das sich schon in vielen anderen Anwendungsbereichen des SAP-Systems bewährt hat (z. B. bei der Preisfindung in SD oder MM, bei der Textfindung, bei Umlagen in CO).

Verwendet wird die Nachrichtenfindung über Konditionstechnik u.a. in der Materialwirtschaft (Beschaffung) und im Vertrieb, wo besonders viele Formularausgaben erfolgen (Lieferung, Faktura etc.).

Mit der Erstellung eines Belegs (z. B. eines Lieferbelegs) ermittelt die Nachrichtenfindung automatisch Vorschläge zu denjenigen Nachrichten, die zu diesem Beleg erzeugt werden sollen. Das könnte z. B. ein Ausdruck auf Papier sein oder der Versand eines Fax-Formulars, die Übersendung einer E-Mail an den Kunden oder einen hausinternen Sachbearbeiter usw. Über die Nachrichtenfindung per Konditionstechnik kann eine solche individuelle Zusammenstellung der Nachrichten automatisch erfolgen.

Dies sind die wichtigsten Komponenten hierzu:

- Jedem Beleg wird automatisch ein *Nachrichtenschema* zugeordnet, in dem alle Nachrichtenarten enthalten sind, die zum Beleg ausgebbar sein sollen.
- Jede *Nachrichtenart* enthält die Informationen zum verwendeten Formular und Rahmenprogramm, aber auch Angaben dazu, wie und wann eine Nachricht ausgegeben werden soll (z.B. sofort bei Speichern des Belegs oder im Nachtversand).
- Je Nachrichtenart können *Konditionssätze* angelegt sein, die z.B. ein passendes Ausgabegerät enthalten (Fax, Drucker etc.). Diese Konditionssätze hängen von vielfältigen Merkmalen ab: Im Fall einer Lieferung ist sicher die Versandstelle ein sinnvolles Merkmal, damit der Lieferschein ggf. am zugehörigen Packplatz direkt ins Paket gelegt werden kann.
- Unter Umständen können auch mehrere Konditionssätze je Nachrichtenart hinterlegt werden (wenn z.B. bei einzelnen Kunden ein abweichendes Vorgehen gewünscht ist). Dann sorgt eine *Zugriffsfolge* dafür, dass immer nur der Konditionssatz mit der höchsten Priorität gezogen wird. Die Zugriffsfolge ist direkt der Nachrichtenart zugeordnet.

Ausführlicher als mit dieser Übersicht wollen wir das grundsätzliche Verfahren der Konditionstechnik auch nicht erläutern. Hierzu existieren ausführliche Beschreibungen, nicht zuletzt auch in der SAP-Bibliothek.

Wir wollen aber am praktischen Beispiel zeigen, wie Sie ein neues Formular in die Nachrichtenfindung mit Konditionstechnik einbinden. Als Applikation wählen wir wieder die Lieferung. Die beiden folgenden grundlegenden Schritte sind mindestens erforderlich:

- Pflege einer Nachrichtenart mit den Angaben zum Formular
- Einbinden der Nachrichtenart in das passende Nachrichtenschema, falls die Nachrichtenart vorher nicht existierte

Diese Einstellungen erfolgen im Customizing. Weitere Einstellungen sind nötig, wenn die erzeugten Nachrichten später automatisch ausgegeben werden sollen (z.B. Konditionssätze mit passenden Ausgabegeräten). Wir wollen die Ausgabe des Lieferscheins hier allerdings immer manuell anstoßen. Dies dürfte zumindest für die Dauer der Formularentwicklung auch der sinnvollste Weg sein.

Aufruf Customizing Nachrichtenfindung

Die Einrichtung der Nachrichtenfindung über Konditionstechnik erfolgt im Customizing der jeweiligen Applikation; zum Vertrieb beispielsweise unter **IMG: Vertrieb • Grundfunktionen • Nachrichtenfindung**.

Alternativ dazu existiert eine zentrale Transaktion NACE, in der alle Applikationen mit ihren Einstellungen zur Nachrichtenfindung zusammengefasst sind. Wir wollen im Folgenden immer auf NACE zurückgreifen (dazu existiert im Customizing allerdings kein Menüpfad).

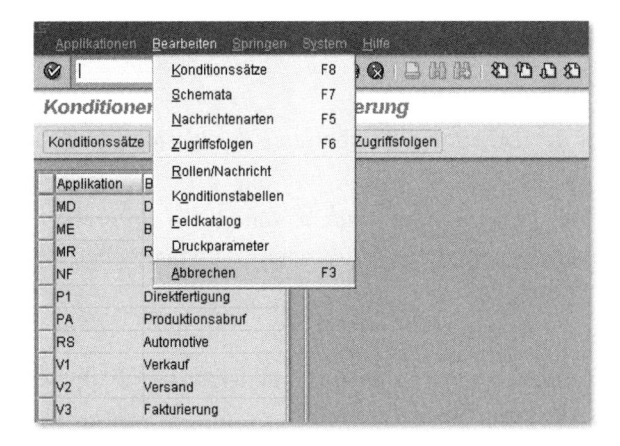

Abbildung 13.9 Customizing Nachrichtenfindung mit Konditionstechnik

Nach dem Aufruf von NACE öffnet sich eine Liste aller vertretenen Applikationen wie in Abbildung 13.9: Ausgehend von diesem Einstiegbild finden Sie unter dem Menü **Bearbeiten** alle Einzelbearbeitungsfenster der Nachrichtenfindung. Markieren Sie zuvor die relevante Applikation (beim Lieferbelegs ist es V2 = Versand).

Schritt 1: Nachrichtenart pflegen

Öffnen Sie im Menü nach in Abbildung 13.9 das Bearbeitungsbild zur Nachrichtenart, es erscheint eine Liste aller angelegten Nachrichtenarten wie in Abbildung 13.10.

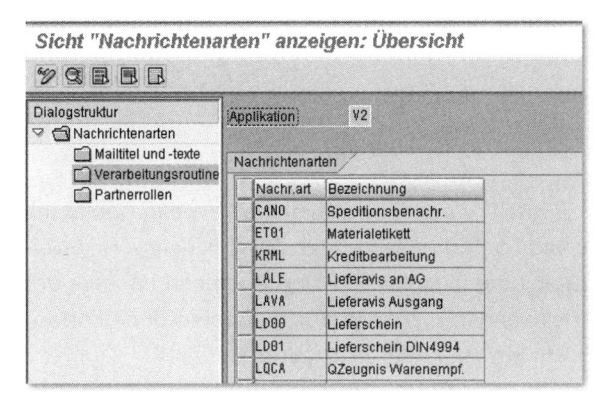

Abbildung 13.10 Nachrichtenarten

Nachricht kopieren

Wir gehen davon aus, dass Sie für ein neues Formular auch eine neue Nachrichtenart verwenden wollen. Erzeugen Sie diese durch Kopie einer vorhandenen Nachrichtenart; am besten von derjenigen, die bisher für eine entsprechende Ausgabe zuständig ist. In unserem Fall wäre das z.B. die Nachrichtenart LD00 für Standard-Lieferscheine.

Gehen Sie folgendermaßen vor:

- Erzeugen Sie die Kopie über den Menüpfad **Bearbeiten • Kopieren als** (wechseln Sie ggf. vorher in den Bearbeitungsmodus).
- Vergeben Sie danach ein Kürzel für die neue Nachrichtenart, das im Anwendernamensraum liegen muss (also beginnend mit Y oder Z), und vergeben Sie eine aussagekräftige Bezeichnung.
- Bestätigen Sie die Eingaben mit **Return**.
- Das System fragt nun ab, ob auch untergeordnete Tabelleneinträge mitkopiert werden sollen: Wählen Sie **Alle kopieren**.
- Sichern Sie dann die neue Nachrichtenart. Das System fragt jetzt nach einem Transportauftrag, den Sie ggf. auch neu anlegen können.

Formular zuweisen

Wählen Sie dann zur neuen Nachrichtenart den Themenbereich **Verarbeitungsroutinen** innerhalb der Dialogstruktur am linken Bildschirmrand.

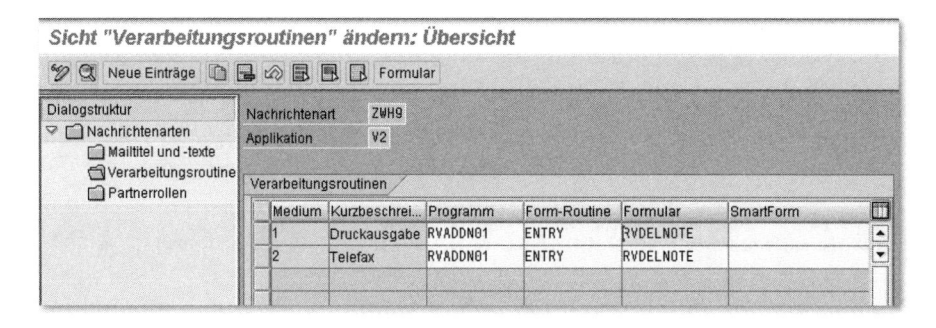

Abbildung 13.11 Verarbeitungsroutinen zur Nachrichtenart

Der Arbeitsbereich im rechten Bildschirmbereich erscheint jetzt wie in Abbildung 13.11. Hier sind alle Programme und Formulare hinterlegt, die abhängig vom jeweiligen Ausgabemedium verwendet werden sollen. Bei den Ausgaben im Zuge des elektronischen Datenaustausches können diese ggf. auch komplett ohne Formular erfolgen (dann existiert nur ein Eintrag in der Programmspalte).

Um die Druckausgabe auf Formulare unter Smart Forms einzurichten, müssen Sie die Einträge in der zugehörigen Zeile ändern:

- Die Spalte **Formular** enthält Verweise auf bisherige SAPscript-Formulare. Dahinter folgt eine Spalte für das Formular unter Smart Forms. Löschen Sie also für die Zeile mit **Druckausgabe** den Eintrag in der Spalte **Formular** und erzeugen Sie einen neuen Eintrag in der Spalte **SmartForm**. Um Schreibfehler zu vermeiden, sollten Sie die hinterlegte Wertehilfe nutzen. (Das Standardformular für Lieferungen heißt unter Smart Forms LE_SHP_DELNOTE).

- Auch die Spalte **Programm** enthält bisher noch den Namen des Rahmenprogramms zur Verarbeitung eines SAPscript-Formulars; ändern Sie auch diesen Eintrag. Das Standardprogramm für die Ausgabe des Lieferscheins zu Smart Forms ist RLE_DELNOTE.

- Üblicherweise ist das Rahmenprogramm nicht direkt aufrufbar, sondern nur ein dort enthaltenes Unterprogramm. Die zugehörige Schnittstelle wird auch für den Austausch von Programmparametern genutzt (siehe Abschnitt 9.2.2 mit Darstellung dieses Aspektes aus der Sicht des Rahmenprogramms). Der bisherige Eintrag ENTRY zu dieser FORM-Routine wird auch vom Rahmenprogramm RLE_DELNOTE verwendet und kann deshalb stehenbleiben.

Tipp: Es kann gelegentlich etwas problematisch sein, das richtige Formular bzw. Rahmenprogramm für eine Anwendung zu finden. Für die Standardformulare der SAP existiert inzwischen eine entsprechende Aufstellung (siehe dazu die Hinweise im SAPnet bzw. im Anhang).

Zeitpunkt der Ausgabe
Nun sollten Sie noch ein weiteres Attribut zur neuen Nachrichtenart kontrollieren:

- Wählen Sie in der Dialogstruktur per Mausdoppelklick den Haupteintrag **Nachrichtenarten**. Damit gelangen Sie zurück zur Hauptübersicht der Nachrichtenarten.

- Wechseln Sie per Mausdoppelklick auf Ihre neue Nachrichtenart in die zugehörige Detailansicht.

- Wählen Sie dann die Registerkarte **Vorschlagswerte**: Dort sollte als **Versandzeitpunkt** der Eintrag **Versenden durch anwendungseigene Transaktion** gewählt sein. Nur mit dieser Vorgabe können Sie bei der späteren Bearbeitung eines Lieferbelegs die Ausgabe selbst anstoßen.

> **Hintergrund**: Über den Eintrag bei **Versandzeitpunkt** ist je nach Nachrichtenart hinterlegt, wann eine Nachricht ausgegeben werden soll: Das kann direkt beim Speichern eines Belegs sein, bei Anstoß durch den Anwender oder automatisch über einen Batchprozess.

Sichern Sie Ihre Eingaben und ordnen Sie ggf. einen Transportauftrag zu. Sie befinden sich dann wieder in der Gesamtübersicht aller Nachrichtenarten. Kehren Sie über die Funktionstaste **F3** zurück zur Gesamtübersicht aller Applikationen.

> **Tipp:** Die Angaben unter den Verarbeitungsroutinen sind in der Datenbanktabelle TNAPR gespeichert. Sie können die dortigen Einträge überprüfen (z. B. per Transaktion SE16), um feststellen, in welchen Applikationen ein Formular oder Rahmenprogramm aktuell bereits eingesetzt ist.

Schritt 2: Einbindung in das Nachrichtenschema

Ein Nachrichtenschema enthält alle Nachrichtenarten, die in einem Beleg anwählbar sein sollen, wobei jedem Beleg immer nur ein Nachrichtenschema zugeordnet sein kann. Welches Schema das ist, wird vom System automatisch über eine Schemafindung eingestellt, auf die wir an dieser Stelle aber nicht näher eingehen werden.

> **Tipp:** Wenn Sie unsicher sind, welches Schema für Ihre Einstellungen relevant ist: Öffnen Sie einen Beispielbeleg Ihrer Applikation, für den Sie die Nachrichenausgabe testen wollen. Im Bereich allgemeiner Angaben zum Beleg befindet sich häufig auch ein Hinweis zum gefundenen Nachrichtenschema. Im Bearbeitungsbild zum Lieferbeleg finden Sie den Eintrag allerdings nur über die Analyse der Nachrichtenfindung.

Wir werden als Nächstes die angelegte Nachrichtenart in das passende Nachrichtenschema einbinden. Hier zunächst die Einzelschritte, um dieses Nachrichtenschema im Customizing der Transaktion NACE zu erreichen:

- Stellen Sie sicher, dass die Applikation V2 weiterhin markiert ist.
- Wählen Sie dann den Menüpfad **Bearbeiten • Schemata**.
- Es erscheint eine Liste aller im Rahmen der Applikation verwendeten Nachrichtenschemata. Markieren Sie für unser Beispiel des Lieferbelegs den Eintrag 'V10000'.
- Wählen Sie dann per Mausdoppelklick den Eintrag **Steuerung** in der linken Dialogstruktur, um das Bearbeitungsbild wie in Abbildung 13.12 zu erhalten.

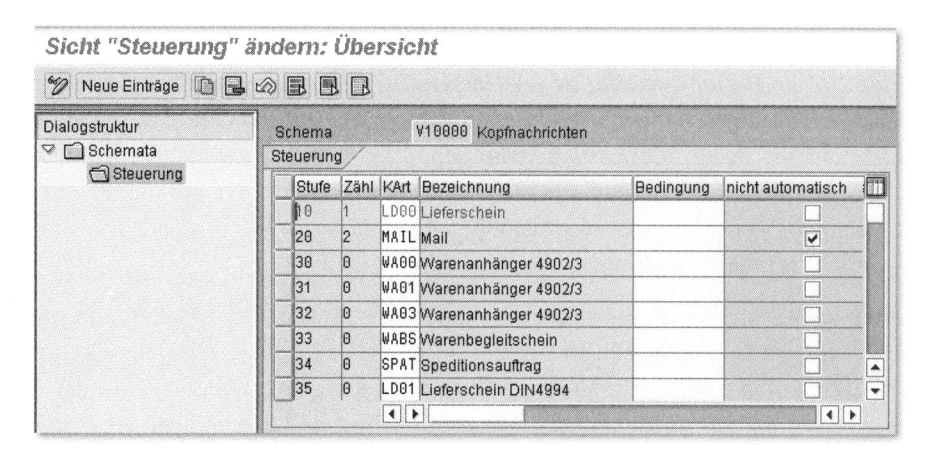

Abbildung 13.12 Nachrichtenarten im Nachrichtenschema

Sie sehen alle im Nachrichtenschema enthaltenen Nachrichtenarten: Das heißt aber nicht, dass diese Nachrichten auch später alle zu einer Lieferung ausgegeben werden! Darüber entscheiden wieder andere Parameter, wie z.B. die Ausführungsbedingungen oder auch der Inhalt der Konditionssätze. Diese Parameter sind aber für unser aktuelles Ziel zur Einbindung der neuen Nachrichtart nicht weiter relevant.

Beachten Sie die bisherige Nummerierung der einzelnen Nachrichtenarten; bei der folgenden Anlage eines neuen Eintrags sollten Sie die bisherigen Nummern nicht verwenden. Wählen Sie statt dessen für den neuen Eintrag eine Zahl, die so groß ist, dass der Eintrag am Ende der Liste erscheinen wird. Dies sind die Einzelschritte:

- Erzeugen Sie über die Taste **Neue Einträge** eine leere Eingabezeile.
- Wählen Sie dort die neue Nummer und die neue Nachrichtenart.
- Bestätigen Sie die Eingabe.
- Sichern Sie Ihre Eingaben; ordnen Sie ggf. wieder den Transportauftrag von oben zu.

Sie befinden sich wieder in der Gesamtübersicht aller Nachrichtenschemata. Kehren Sie mit Hilfe der Funktionstaste **F3** zurück zur Gesamtübersicht der Applikationen.

Zuordnung Nachrichten im Beleg

Bisher haben Sie im Customizing die Nachrichtenfindung eingerichtet. Damit ist die Möglichkeit geschaffen, dass eine Nachrichtenart für die konkrete Ausgabe als Nachricht im Beleg automatisch gefunden oder manuell zugeordnet werden kann. Für den Testbetrieb soll die manuelle Zuordnung reichen, auf die wir entsprechend jetzt noch eingehen wollen. Erst nach dieser Zuordnung lässt sich eine Nachricht erstmals ausgeben.

Jede Applikation, die auf die Nachrichtenfindung über Konditionstechnik zurückgreift, enthält in der jeweiligen Bearbeitungstransaktion eine Verzweigung, um die Nachrichten zu pflegen, die im jeweiligen Beleg angelegt sind. Leider ist dafür aber kein einheitlicher Menüpfad realisiert; üblich ist der Zugang über das Menü **Springen** oder das Menü **Zusätze**.

Unser bisheriges Beispiel der Nachrichtenfindung bezieht sich auf den Lieferbeleg; dessen Bearbeitungs-Transaktion ist VL02N (im SAP-Menü wahlweise unter **Vertrieb** oder **Logistic Execution**). Wählen Sie eine beliebige Lieferung als Muster aus und dann **Return**.

Im dann folgenden zentralen Bearbeitungsbild zur Lieferung wählen Sie den Menüpfad **Zusätze** • **Liefernachrichten** • **Kopf**, um das Bearbeitungsbild zu den Nachrichten wie in Abbildung 13.13 zu erreichen.

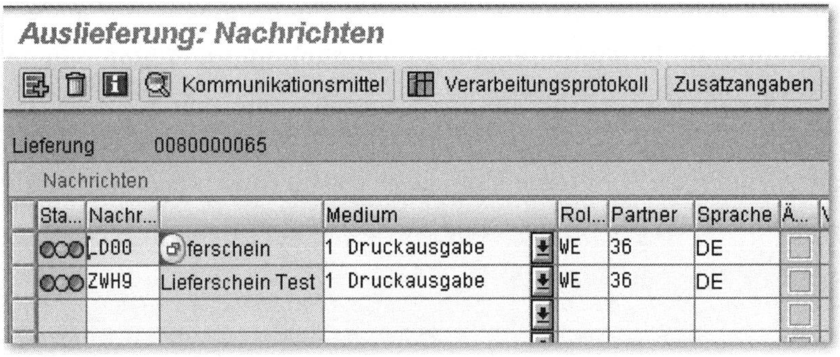

Abbildung 13.13 Nachrichten im Lieferbeleg

Sie sehen hier eine Liste aller Nachrichten, die bisher zum Beleg angelegt wurden. Ob die Nachrichten noch zur Ausgabe anstehen oder bereits abgearbeitet wurden, darüber informiert der Zustand der Statusspalte in Form einer Ampel:

Rot	Fehler bei der Übertragung an den Spooler, die Ausgabe wurde abgebrochen. Für diese Nachrichten existiert im Normalfall auch ein Eintrag im Nachrichtenfehlerprotokoll.
Gelb	Noch nicht an den Spooler übergeben, bereit für den Ausgabeauftrag
Grün	Erfolgreich an den Spooler übertragen

Sie können also nur Nachrichten in der Gelbphase über einen Ausgabeauftrag (siehe folgender Abschnitt) an den Spooler übergeben.

Nachricht hinzufügen

Die neu von Ihnen angelegte Nachrichtenart ist sicher nicht in der Liste vorhanden, denn eine automatische Zuordnung (*Findung*) erfolgt nur bei Neuanlage eines Lieferbelegs. Sie können eine solche Nachricht aber auch selbst hinzufügen: Wählen Sie die erste freie Zeile in der Liste und rufen Sie im Eingabefeld zur Nachrichtenart über die Funktionstaste **F4** die Wertehilfe auf. Alle jetzt angezeigten Nachrichtenarten sind im aktuell gewählten Nachrichtenschema enthalten. Dort muss also jetzt auch Ihre neue Nachrichtenart zu sehen sein; ansonsten wird evtl. doch ein anderes Nachrichtenschema verwendet (siehe oben).

Übernehmen Sie die neue Nachrichtenart ins Eingabefeld und bestätigen Sie den Eintrag. Die anderen Felder werden automatisch mit Defaults gefüllt. Dieser neue Eintrag steht nun auf Gelb und zeigt damit die Bereitschaft für die Ausgabe.

Ergänzen Sie wahlweise über die Taste **Kommunikationsmittel** noch die Vorgabe zum Ausgabegerät. Oder sichern Sie direkt die neuen Nachrichteneinstellungen: Das System fragt ggf. automatisch nach einem fehlenden Ausgabegerät. Verlassen Sie über die Funktionstaste **F3** das Bearbeitungsbild der Lieferung.

Nachrichtausgabe anstoßen

Sie können die Nachricht nicht direkt aus einem Bearbeitungsbild zum Lieferbeleg ausgeben. Damit ist sichergestellt, dass alle Eingaben zuvor auch an die Datenbank übergeben worden sind (denn von dort werden die Daten für das Formular gelesen).

Starten Sie statt dessen die Ausgabe im Eröffnungsbild zum Lieferbeleg (VL02N) über den Menüpfad **Lieferung • Liefernachricht ausgeben**. Es folgt eine Liste aller Nachrichten, die zuvor im Beleg auf Ampelfarbe Gelb standen. Wählen Sie Ihre neue Nachricht und dann das Symbol für **Druckvorschau**. Ggf. folgt eine Abfrage zum Ausgabegerät; dann aber endlich die gesuchte Formularausgabe. Auch aus diesem Fenster heraus können Sie die Ausgabe zum echten Druck an den Spooler weiterleiten.

> **Hinweis:** Sie können eine Nachricht beliebig oft in die Druckvorschau holen. Bei einer echten Druckausgabe allerdings ändert sich auf jeden Fall der Status der Nachricht je nach Erfolg entweder auf Rot oder auf Grün. Diese Nachricht kann dann nicht mehr ausgegeben werden. Rufen Sie ggf. das Nachrichtenbearbeitungsbild erneut auf und tragen Sie die Nachrichtenart nochmals ein (oder duplizieren Sie per Taste **Wiederholen** den bisherigen Nachrichteneintrag).

Ablauf der Nachrichtenverarbeitung

Wir haben soeben erfolgreich eine Nachrichtenart angelegt, auf dieser Basis eine passende Nachricht in der Lieferung erzeugt und diese dann auch ausgegeben. Im Folgenden werden wir erläutern, wie diese Abläufe im SAP-System gesteuert sind. Diese Informationen sind vor allem dann wichtig, wenn Sie ein eigenes Programm in die Nachrichtenverarbeitung einbinden wollen.

Alle zum Beleg angelegten Nachrichten werden einheitlich mit den jeweils aktuellen Einstellungen (wie Drucker, Partner etc.) in der Datenbanktabelle NAST gespeichert (Nachrichten-Statussatz). Sie ist zentraler Ausgangspunkt für die weitere Verarbeitung: Von dort erhält z. B. auch das Rahmenprogramm zur Lieferung seine Eingangsinformationen.

In das Feld NAST-VSZTP wird bei der Anlage einer neuen Nachricht der Versandzeitpunkt aus der Nachrichtenart übernommen: Er bestimmt, wann das System die spezielle Nachricht ausführen soll (beim Speichern des Belegs, zu einem bestimmten Zeitpunkt etc.). Beim Produktivbetrieb wird NAST normalerweise über einen Report (z. B. RSNAST00) ausgewertet, der alle zur Ausgabe anstehenden Nachrichten selektiert, um Sie dann über passende Ausgaberoutinen (Programm und Formular) z. B. an das Spoolsystem zu übergeben. Für unsere neuen Nachrichtenart haben wir als Ausgabezeitpunkt **Anwendungsspezifische Transaktion** gewählt: Die so angelegten Nachrichten werden vom Report ignoriert und müssen statt dessen manuell angestoßen werden.

Über den Eintrag in NAST kennt das System die Nachrichtenart und kann damit auch die zugehörige Verarbeitungsroutine ermitteln (aus der Datenbanktabelle TNAPR). Die aktuellen Einträge beider Tabellen stehen auch dem Rahmenprogramm der Formularausgabe als globale Parameter zur Verfügung. Auf diese Weise kennt das Programm sowohl die passenden Ausgabeparameter (wie z. B. den Druckernamen), als auch das relevante Formular.

Im Gegenzug meldet das Programm den Erfolg oder Misserfolg der Ausgabe zurück; beim Lieferbeleg über einen Schnittstellenparameter RETURN_CODE.

Dessen Inhalt wird in NAST fortgeschrieben und ist dann im Lieferbeleg als Ampelsignal sichtbar. Das zugehörige Tabellenfeld heißt NAST-VSTAT (z.B. mit 1 = verarbeitet), das zugehörige Verarbeitungsdatum findet sich ggf. im Feld NAST-DATVR.

Aufgetretene Fehlermeldungen werden ebenfalls übernommen und in zwei Datenbanktabellen fortgeschrieben: CMFK für Kopfinformation und CMFP mit den einzelnen Meldungen als Positionen. Über eine interne Protokollnummer im Feld CMFPNR sind alle Meldungen zu einer einzelnen Nachricht identifiziert.

> **Hinweis:** Fehlermeldungen werden nur bei einer echten Ausgabe der Nachricht erzeugt (z.B. beim Ausdruck); Meldungen zur Druckvorschau werden nicht in die Datenbanktabelle übernommen und sind deshalb auch nicht auf diesem Wege auswertbar.

Den Inhalt der Fehlertabellen können Sie im Rahmen der Applikation als Fehlerprotokoll zur Nachricht abrufen.

13.5.3 Formulare des Finanzwesens einbinden

Die bisher beschriebene Nachrichtenfindung über Konditionstechnik wird heute bereits in vielen Modulen der Logistik eingesetzt. In anderen Bereichen existieren darüber hinaus aber noch weitere individuelle Verfahren. Wir wollen hier beispielhaft die Einbindung eines neuen Mahnformulars erläutern.

Einbindung Rahmenprogramm

Für das Mahnwesen über Smart Forms ist das Standardformular F150_DUNN_SF vorsehen, von dem Sie für eine Anpassung wieder Kopien anlegen sollten. Im Gegensatz zu den bisherigen Betrachtungen ist das Rahmenprogramm, das dieses Formular mit Daten versorgt, selbst ein Funktionsbaustein (mit Namen FI_PRINT_DUNNING_NOTIC_SMARTF). Die Einbindung dieses Funktionsbausteins in die Applikation erfolgt wieder im Customizing:

- Wählen Sie unter **Finanzwesen · Grundeinstellungen** die Transaktion zur Pflege der *Business Transaktion Events*: es öffnet sich ein leeres Bearbeitungsbild.
- Rufen Sie dort über den Menüpfad **Einstellungen · PS-Bausteine · einer SAP-Anw.** eine Liste von Business Transaction Events ab.
- Ersetzen Sie in der Zeile mit **Event 1720** und **Applk. FI-FI** den bisherigen Eintrag zu SAPscript durch den neuen Funktionsbaustein zu Smart Forms.
- Sichern Sie die Einstellungen.

Einbindung Formular

Jetzt muss der Funktionsbaustein natürlich noch wissen, welches Formular verwendet werden soll:

▶ Die Einstellung erfolgt wieder im Customizing; diesmal unter **IMG: Finanzwesen • Deb.-/Kreditorenbuchh. • Geschäftsvorfälle • Mahnen • Druck**. Wählen Sie dort **Mahnformulare zuordnen**.

▶ Markieren Sie das gewünschte Verfahren (z.B. **Zahlungserinnerung, 14tägig**) und wählen Sie im Navigationsbaum links z.B. die Aktivität **Formulare für normales gerichtliches Verfahren**. Das System fragt nach dem gewünschten Buchungskreis.

▶ Tragen Sie im Feld Formular einfach den Namen Ihres Formulars ein, das Sie unter Smart Forms erstellt haben. In der hinterlegten Wertehilfe werden allerdings nur SAPscript-Formulare aufgelistet. Da auch die interne Prüfroutine noch auf SAPscript-Formulare ausgelegt ist, erhalten Sie beim Speichern eine Warnmeldung, die Sie aber ignorieren können.

13.5.4 QM-Formulare einbinden

In Kapitel 10 haben wir bei der Erläuterung der Migration von Formularen aus SAPscript teilweise den Reklamationsbericht aus dem Qualitätsmanagement herangezogen (als Beispiel einer individuellen Migration). Dieses Formular wird zur Dokumentation von QM-Meldungen ausgegeben. Der Reklamationsbericht gehört zu den sog. *Arbeitspapieren* der QM-Meldungen.

Wir wollen an dieser Stelle kurz darstellen, wie Sie den Reklamationsbericht im SAP-System aufrufen und im Customizing einrichten können. Der Originalname des Formulars unter SAPscript ist QM_COMPLAIN, das Rahmenprogram ist RQQMRB01. Diese Kombination trägt als Arbeitspapier in der Meldungsbearbeitung die Nummer 5999.

Customizing

Die Einstellungen zur Ausgabe des Berichts finden Sie im Customizing **IMG: Qualitätsmanagement • Qualitätsmeldung • Meldungsbearbeitung • Drucksteuerung • ... Formulare festlegen**.

Zur Vereinfachung gehen wir davon aus, dass der Aufruf auch weiterhin über das Arbeitspapier 5999 erfolgen soll. Wir ersetzen also nur das bisherige SAPscript-Formular durch die neue Version unter Smart Forms (in der Entwicklungsphase sollten Sie statt dessen natürlich mit Kopien des Aufrufs beginnen).

Um das neue Formular unter Smart Forms einzubinden, wählen Sie den oben genannten Menüpfad.

- Es folgt ein Dialogbild: Sie können dort ein Arbeitspapier definieren (ändern und neu anlegen) oder ein neues Arbeitspapier einer Meldungsart zusätzlich zuordnen. Wählen Sie **Arbeitspapiere definieren**.
- Die folgende Abfrage zum Anwendungskreis beantworten Sie mit 'N' (= Meldungen).
- Wählen Sie per Mausdoppelklick dann die Details zum gesuchten Arbeitspapier 5999 (= Reklamationsbericht).
- Ändern Sie den Eintrag zum Ausgabeprogramm auf das neue Rahmenprogramm unter Smart Forms. Da dieses Programm aus dem bisherigen Eintrag migriert wurde, muss der Eintrag PRINT_PAPER als Formroutine erhalten bleiben.
- Ändern Sie auch den Eintrag zum Formular auf den neuen Namen unter Smart Forms. Geben Sie den Namen direkt ein, denn die hinterlegte Wertehilfe berücksichtigt z.Z. nur SAPscript-Formulare. Das ist auch der Grund für die dann folgende Warnung »Form ... in Sprache ... nicht gefunden«.

Speichern Sie den geänderten Eintrag. Trotz der Warnung zum Formular wird der Eintrag akzeptiert: Sie können den Bericht ab jetzt mit Hilfe von Smart Forms ausgeben.

> **Hinweis:** Der Reklamationsbericht ist als Arbeitspapier standardmäßig den Meldungsarten F2 und Q2 zugeordnet (Fehler bzw. Mängelrüge zum Lieferanten). Das ist relevant bei der Auswahl einer passenden Meldung auf der Anwendungsseite.

Raklamationsbericht ausgeben

Wählen Sie die Anwendung zur Verwaltung von Qualitätsmeldungen im SAP-Menü über den Pfad **Logistik • Qualitätsmanagement • Qualitätsmeldung**.

Wir gehen davon aus, dass in Ihrem System bereits Qualitätsmeldungen erfasst sind. Wählen Sie deshalb Anzeigen (QM03). Suchen Sie danach über die Wertehilfe unter der Registerkarte **Lieferant** nach einer Meldung mit der Meldungsart F2 oder Q2, denn nur dort ist der Reklamationsbericht standardmäßig zugeordnet.

Öffnen Sie das Bearbeitungsbild zur gewählten Meldung. Veranlassen Sie von dort die Ausgabe über den Menüpfad **Meldung • Drucken • Meldung**. Wählen Sie im folgenden Dialogbild das Arbeitspapier 5999. Hier steht auch wieder die Druckansicht zur Verfügung.

13.6 Druck- und Spoolsystem

13.6.1 Übersicht

Auch wenn die elektronische Datenübermittlung (Fax, E-Mail) immer größere Bedeutung als Ausgabemedium gewinnt, so führt der gebräuchlichste Weg der Formularausgabe noch immer zu einem Drucker. Entsprechend ist der korrekte Formulardruck von entscheidender Bedeutung; darüber hinaus erfordert die Vielfalt unterschiedlicher Drucker häufig eine individuelle Anpassung im SAP-System.

> **Hinweis:** Auch wenn die im Folgenden beschriebenen Einstellungen zum Teil für alle Ausgabemedien verwendbar sind, werden wir der Einfachheit halber doch auf Begriffe im Zusammenhang mit *Druck* zurückgreifen.

Ablauf im Spoolsystem

Die aus Smart Forms erzeugten Ausgaben zu Druckern oder Fax-Geräten werden an den zentralen Spooler des SAP-Systems weitergeleitet. Der Inhalt der Ausgabe wird dort als *Spoolauftrag* geführt. Ein solcher Spoolauftrag wird zunächst zwischengespeichert, bevor die Spoolsteuerung eine Weiterleitung an das konkrete Ausgabegerät veranlasst (als *Ausgabeauftrag*). Dies kann je nach Vorgabe im Spoolauftrag so bald wie möglich sein oder zu einem vorgegebenen Zeitpunkt erfolgen oder auch erst, nachdem eine weitere Freigabe durch den Anwender erfolgt ist.

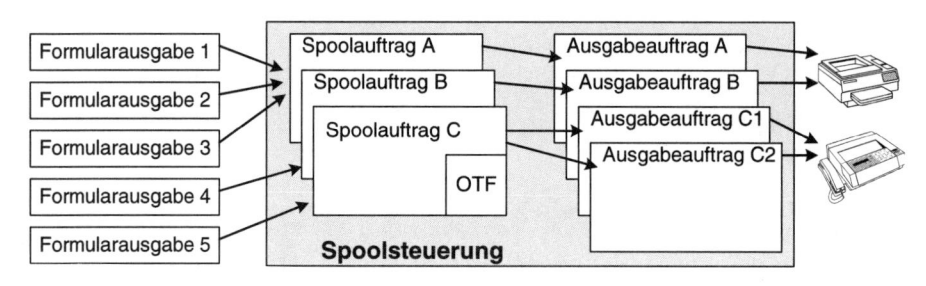

Abbildung 13.14 Spoolsteuerung

Wir fassen diese Schritte zusammen:

- Innerhalb eines beliebigen SAP-Anwendungsprogrammes wird die Funktion **Ausgabe/Ausdruck** veranlasst (wir nennen das im Weiteren *Druckvorgang*). Dabei werden bestimmte Voreinstellungen für den Ausdruck mitgegeben (z. B. die Anzahl der Exemplare, der Name des Ausgabegerätes).
- Das SAP-System erzeugt daraus den *Spoolauftrag* (der synonyme Begriff lautet *Druckjob*) und übergibt ihn an die *Spoolsteuerung* (die synonymen Begriffe hier-

für lauten *Druck-* bzw. *Ausgabesteuerung*). Wie Abbildung 13.14 zeigt, hat allerdings nicht jeder ausgelöste Druckvorgang auch einen eigenen Spoolauftrag zur Folge. Der Spoolauftrag beinhaltet das Ergebnis der Formularausgabe als OTF-Zwischendokument sowie verschiedene Verwaltungsinformationen (z.B. den Zeitpunkt einer geplanten Übergabe an das Ausgabegerät).

- Die Spoolsteuerung veranlasst zum gegebenen Zeitpunkt die Weiterleitung an das Ausgabegerät. Das beinhaltet insbesondere die Umwandlung des OTF-Dokuments im Spoolauftrag in ein Format, das dem speziellen Ausgabegerät/Drucker entspricht. Das dabei erzeugte Dokument im Format des Ausgabegerätes wird in einem Ausgabeauftrag verwaltet.
- Ein Spoolauftrag kann auch mehrere Ausgabeaufträge zur Folge haben. Das ist z.B. der Fall, wenn die Weiterleitung an einen Drucker im ersten Versuch wegen technischer Probleme scheiterte.

Solange ein Spoolauftrag im Wartezustand ist, kann er vom Anwender in einzelnen Parametern geändert werden. Dies kann insbesondere in der Testphase des Formulars hilfreich sein. Andererseits kann die Spoolsteuerung selbst auch durch Parameter im Formular beeinflusst werden. Aus diesen Gründen sind Kenntnisse zu der Art wichtig, wie die Spoolsteuerung den Druckvorgang zu einem Formular umsetzt (d.h. wie daraus konkrete Druckeranweisungen werden).

Themenschwerpunkte

Wir unterscheiden die beiden folgenden Schwerpunkte:

- Die *Spoolsteuerung* sorgt für die Abwicklung der konkreten Spoolaufträge während der Zeit in der Warteschlange.
- In der *Spoolverwaltung* legt der SAP-Anwender die Regeln fest, nach denen die Spoolsteuerung bei der Umsetzung eines Spoolauftrags für das Ausgabegerät vorgehen soll. Die Anpassung dieser Funktionen kann z.B. zur verbesserten Nutzung von Möglichkeiten der Ausgabegeräte führen.

Der folgende Weg führt im SAP-Menü von Easy-Access zu diesen beiden Aufgabenbereichen: **Werkzeuge • CCMS • Spool**, dann **Ausgabesteuerung (SP01)** oder **Spoolverwaltung (SPAD)**.

In die Spoolsteuerung gelangen Sie zusätzlich auch direkt aus jeder Anwendung über den Menüpfad **System • Dienste • Ausgabesteuerung** oder noch direkter über den Pfad **System • eigene Spoolaufträge**.

> **Hinweis:** Da wir im Zuge der Formularausgabe (Prozessierung) schon den Begriff *Ausgabesteuerung* verwendet haben, sprechen wir an dieser Stelle immer von der *Spoolsteuerung* (auch wenn in den Menüeinträgen und in den Bildschirmbildern vorwiegend Begriffe mit »Ausgabe..« verwendet werden). Aber schließlich heißt der verwaltete Puffer ja auch Spooler!

Die einzelnen Schritte

Auf die oben genannten Transaktionen werden wir in den folgenden Kapiteln immer wieder zurückkommen. Wir wollen aber mit Anmerkungen zum Spooldialogbild beginnen, das bei einem Druckvorgang wahlweise am Bildschirm erscheint. Darüber kann der Anwender grundlegende Parameter der Druckausgabe individuell vorgeben. Zwangsläufig gewinnen häufig auch viele Anwender über diesen Dialog ihre ersten Einblicke in die Funktionen des Spoolsystems.

Im letzten Unterkapitel werden wir die Grundlagen der Font- und Barcodeverwaltung im SAP-System erläutern. Gerade dieser Themenbereich ist für die Formularentwicklung von Bedeutung, denn durch den direkten Zugriff auf ein Ausgabegerät lassen sich auch dessen individuelle Eigenschaften nutzen. Dazu gehören insbesondere auch individuelle Schriftarten und Barcodes (Strichcodes).

13.6.2 Vorgaben im Spooldialogbild

Wenn Sie im SAP-System eine Ausgabe anstoßen, erscheint in vielen Fällen ein Dialogbild, über das Sie grundlegende Parameter der Ausgabe individuell eintragen bzw. in dem Sie die Vorgaben des Druckprogramms ändern.

> **Hinweis:** Ob das Dialogbild erscheint, hängt in erster Linie von den Vorgabe des aufgerufenen Druckprogramms ab. Bei automatisierten Ausgaben wird darauf eher verzichtet. Aber auch dann ist es wichtig, dass das verwendete Ausgabegerät im System tatsächlich vorhanden ist. Sonst wird das Dialogbild auf jeden Fall erscheinen.

Die Beschriftung für dieses Dialogbild lautet »Drucken«. Da es allgemeine Parameter der Spoolsteuerung vorgibt, verwenden wir die übliche Bezeichnung *Spooldialog* auch in diesem Buch (das Dialogbild kann bei anderen Ausgabemedien wie z.B. dem Fax durchaus einen anderen Aufbau als beim Drucken haben; siehe Abbildung 10.8). Die Abbildung 13.15 zeigt den Standardaufbau bei der Ausgabe über einen Drucker.

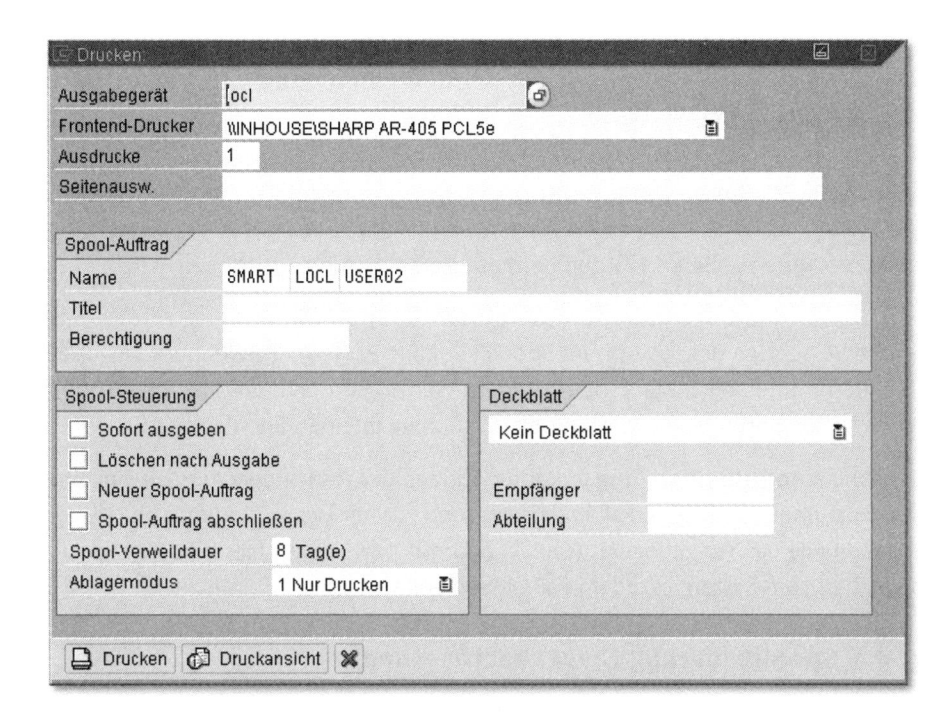

Abbildung 13.15 Spooldialogbild

Die meisten Eingabefelder sind selbsterklärend bzw. über die Funktionstaste **F1** im jeweiligen Feld ausreichend beschrieben. Hier nur einzelne Anmerkungen:

- Der Name eines Spoolauftrags setzt sich im Standardfall aus drei Komponenten zusammen. Im Falle eines Formulars zu Smart Forms besteht er aus einem Kürzel (immer SMART), dem Druckernamen und dem Benutzerkürzel. Das ist gleichzeitig der Systemvorschlag für den »Titel« des zugehörigen Spoolauftrags, wenn der Anwender in dem gleichnamigen Eingabefeld nichts anderes vorgibt. Der Eintrag kann zusätzlich auch vom Rahmenprogramm vorgeschlagen werden.

- Die Parameter des Spooldialogbildes können Sie über die Formularschnittstelle von Smart Forms individuell vorbelegen; das haben wir in Abschnitt 9.7 Standardparameter der Formularschnittstelle ausführlich beschrieben.

  Erfolgt die Ausgabe über die Nachrichtensteuerung, so sind diese Parameter wieder über die Konditionen zur Nachrichtenart vorbelegt (siehe Abschnitt 9.2.2).

- Einige der Angaben gelten für jede Art von Ausgabeaufträgen (Drucker, Fax etc.) und können auch als Benutzerparameter des jeweiligen Anwenders voreingestellt sein (z.B. das Ausgabegerät, sowie Vorgaben zu den Optionen

Sofort ausgeben und **Löschen nach Ausgabe**). Die Pflege dieser Voreinstellungen erfolgt im Systemmenü über den Pfad **Benutzervorgaben • eigene Daten** (Registerkarte **Festwerte**).

> **Hinweis:** Bei Smart Forms entscheidet der Schnittstellenparameter USER_SETTINGS, ob die Benutzerparameter oder sonstige Parameter, die vom Rahmenprogramm geliefert werden, vorgeschlagen werden sollen.

▶ Alle Vorschläge des Systems im Spooldialogbild kann der Anwender individuell ändern. In letzter Stufe können Änderungen sogar noch innerhalb der Spoolverwaltung erfolgen (also nach der Umsetzung in einen Spoolauftrag).

Bei einer automatisierten Ausgabe ohne Abfrage des Anwenders müssen einzelne Druckparameter auf jeden Fall im Hintergrund zur Verfügung stehen; z. B. Grundangaben wie das Ausgabegerät (siehe Abschnitt 9.7.) Andernfalls wird das Spooldialogbild vom System in jedem Fall eingeblendet.

13.6.3 Spoolsteuerung (Ausgabesteuerung)

Über die Transaktion SP01 (oder den Menüpfad, siehe oben) erreichen Sie eine Liste der aktuellen Einträge im Spoolsystem; die Einträge sind selektierbar nach Kriterien wie Erstellungsdatum, Ausgabegeräte oder Ersteller. Zusätzlich können Sie in der Anzeige wählen zwischen:

▶ Spoolaufträgen, die über den Druckvorgang erzeugt werden

▶ Ausgabeaufträgen, die schon von der Spoolsteuerung bearbeitet und weitergeleitet worden sind

Über den Eintrag **System** des Anwendungsmenüs können Sie die Spoolsteuerung auch direkt aus jeder beliebigen Transaktion aufrufen. In diesem Fall öffnet sich ein weiterer Modus, so dass die aktuell bearbeitete Transaktion im Hintergrund erhalten bleibt. Dieser Menüpfad bietet zwei Alternativen:

▶ **System • Dienste • Ausgabesteuerung** öffnet die Spoolsteuerung mit Zugriff auf alle Spool- und Ausgabeaufträge (wie Transaktion SP01).

▶ **System • Eigene Spoolaufträge** öffnet direkt eine Liste der Spoolaufträge, die für den angemeldeten Anwender in der Spoolverwaltung hinterlegt sind. Da sich ein Anwender in erster Linie für seine eigenen Spoolaufträge interessiert, ist dieser Zugang häufig der beste Einstieg (wie Transaktion SP02).

Abbildung 13.16 zeigt die Liste der Spoolaufträge wie nach einem Aufruf über den zweiten Menüpfad.

Ausgabesteuerung: Übersicht der Spool-Aufträge

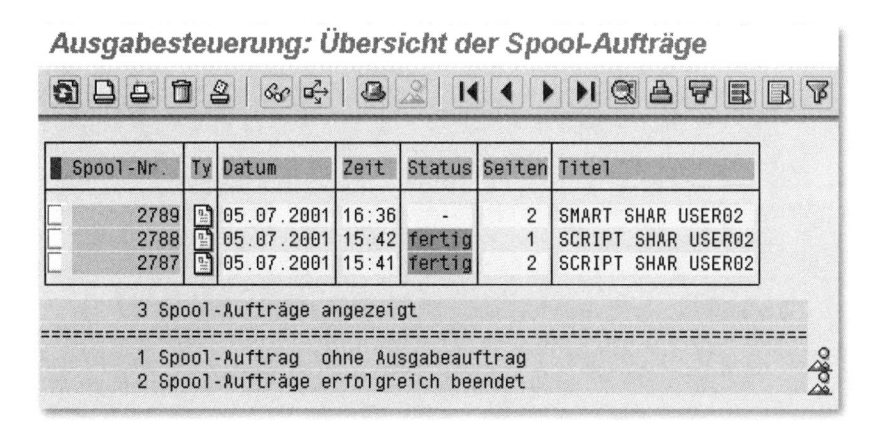

Spool-Nr.	Ty	Datum	Zeit	Status	Seiten	Titel
2789		05.07.2001	16:36	-	2	SMART SHAR USER02
2788		05.07.2001	15:42	fertig	1	SCRIPT SHAR USER02
2787		05.07.2001	15:41	fertig	2	SCRIPT SHAR USER02

3 Spool-Aufträge angezeigt
==
  1 Spool-Auftrag ohne Ausgabeauftrag
  2 Spool-Aufträge erfolgreich beendet

Abbildung 13.16 Spoolsteuerung mit Anzeige der Spoolaufträge

Die Liste der Spool-Aufträge wird im ABAP-List-Viewer (ALV) dargestellt; entsprechend können Sie den Aufbau über Anzeigevarianten individuell konfigurieren (Menüpfad **Einstellungen • Anzeigevariante • etc.**). Die folgenden grundlegenden Informationen sehen Sie in der Standardform der Liste:

▶ Jeder Spoolauftrag besitzt eine eindeutige Identifikationsnummer.

▶ Als Typ wird bei den Formularausgaben ein *SAPscript-Dokument (OTF)* angezeigt: Ein Mausklick auf das entsprechende Symbol öffnet bei Verwendung der Standardeinstellung die grafische Druckvorschau. Über den Menüpfad **Springen • Auftragsanzeige • Einstellungen** können Sie aber z.B. auch auf eine direkte Darstellung der OTF-Daten umschalten. Bei Tests kann dies durchaus hilfreich sein.

▶ Die Angaben zu Datum und Zeit bezeichnen den Erstellungszeitpunkt.

▶ Der Eintrag zum Titel wird von der Spoolsteuerung aus den drei Komponenten Quelle, Drucker und Anwendername zusammengesetzt. Der Titel kann über Parameter in OUTPUT_OPTIONS der Formularschnittstelle unter Smart Forms ggf. auch anders vorbelegt werden.

Status zum Spoolauftrag

Eine zentrale Information zum Spoolauftrag als Maß für den Fortschritt der Abarbeitung ist natürlich der Status. Die wichtigsten verwendeten Kennzeichen sind:

Leer	Zum Spoolauftrag wurde noch kein Ausgabeauftrag erstellt; damit auch noch keine Weiterleitung an das Ausgabegerät
Wartet	Ein Ausgabeauftrag wurde erstellt, aber noch nicht vom Spool-System bearbeitet (z.B. noch keine Umsetzung des Dokuments in Format des Druckers)

In Arb.	Das Spool-System bereitet den Ausgabeauftrag für den Druck auf (inkl. Umsetzung des OTF-Dokumentenformats in das Ausgabeformat des Druckers).
Druckt	Der Ausgabeauftrag wird aktuell gerade gedruckt.
Fertig	Der Ausgabeauftrag wurde ordnungsgemäß gedruckt.
F5	Mehr als ein Ausgabeauftrag mit jeweils eigenem, unterschiedlichen Status wurde erzeugt (aber ohne endgültigen Bearbeitungsstatus). Ein Doppelklick auf den Statuseintrag zeigt die Einzelinformationen zu jedem Ausgabeauftrag.
Fehler	Ein schwerwiegender Fehler ist bei der bisherigen Ausgabe aufgetreten (z.B. ein Netzwerkfehler). Eine genaue Aufschlüsselung der Ursachen finden Sie im Ausgabeprotokoll. Aufträge mit Fehlern verbleiben im Spool-System, bis sie gelöscht werden oder bis die Verweildauer überschritten ist. Der Anwender kann den Spooleintrag nach einem Ausgabefehler aber auch nochmals aktivieren und damit die erneute Übergabe an das Ausgabegerät anstoßen.
Zeit	In diesem Fall wurde vom Ersteller ein bestimmter Zeitpunkt für die Ausgabe des Auftrags vorgegeben.

Der Status der Abarbeitung kann sich natürlich schnell ändern, wenn einzelne Spoolaufträge gerade in Bearbeitung sind: Aktualisieren Sie ggf. die Anzeige über das entsprechende Symbol.

Sie können einen Spoolauftrag auch jederzeit aus der Liste löschen. Allerdings bleibt ein zugehöriger Ausgabeauftrag erhalten, wenn er vorher schon an das Ausgabegerät (oder dessen vorgeschalteten Netzwerkspooler) weitergeleitet worden ist.

Hinweis: Auf Wunsch können Sie die Spoolverwaltung so einrichten, dass zu jedem Ausgabeauftrag ein individuelles Protokoll erzeugt wird, das dann alle Meldungen enthält und nicht nur die aufgetretenen Fehler. Diese Option wählen Sie direkt bei der Definition des Ausgabegerätes (über den Pfad **Springen • Testhilfe**).

Eigenschaften des Spoolauftrags

Über den Menüpfad **Springen • Auftragsinformationen** (oder per Mausdoppelklick) in der Liste der Spoolaufträge erhalten sie weitere Informationen zum angelegten Spoolauftrag. Sie können einzelne Eigenschaften ggf. auch ändern (z.B. zum Ausgabegerät, zur Anzahl der Exemplare, zur Priorität).

Ausgabevorgänge zusammenfassen

Jedes Drucken eines Formulars wird über den Spooler abgewickelt; aber nicht immer wird dabei ein neuer Spoolauftrag erzeugt. Statt dessen versucht die Spool-Steuerung, solche Druckvorgänge zusammenzufassen, die bei zentralen

Kriterien gleiche Inhalte haben (z. B. Benutzer, Titel, Ausgabegerät, Anzahl der Exemplare etc.). Die Merkmale haben primär nichts mit dem Inhalt der Dokumente zu tun, die ausgegeben werden sollen. Sobald weitere Druckvorgänge an den Spoolauftrag anhängt werden, erhöht sich automatisch auch die Gesamtzahl der Seiten.

Über das Attribut **Abgeschlossen, kein Anfügen mehr möglich** bei den Auftragsinformationen können Sie einen Spoolauftrag auch individuell für die Aufnahme weiterer Druckvorgänge sperren. Für den nächsten gleichartigen Druckvorgang wird dann ein neuer Spoolauftrag angelegt. Bei Erzeugen eines Ausgabeauftrags, der die konkrete Umsetzung des Dokuments in die Druckersprache einleitet, wird diese Option natürlich auch automatisch aktiviert.

> **Tipp:** Druckvorgänge, die in einem Spoolauftrag zusammengefasst wurden, können Sie insgesamt automatisch ausgeben, indem Sie beim letzten Druckvorgang die Option **Sofort ausgeben** anwählen.

Ob und wann ein Spoolauftrag angelegt wird, können Sie unter Smart Forms über entsprechende Schnittstellenparameter zum Formular vom Rahmenprogramm vorgeben lassen (siehe Abschnitt 9.7).

> **Tipp:** Sie können den Inhalt jedes Spoolauftrags als reine Textinformation (ohne Steuerzeichen) per Download an den lokalen PC herunterladen (Menüpfad **Spoolauftrag • weiterleiten • als Text speichern**). Das kann für Tests hilfreich sein. Die Ablage erfolgt ohne Rückfrage im lokalen Arbeitsverzeichnis der SapGui (normalerweise das Verzeichnis **SAPWorkdir** im lokalen Benutzerpfad).

TemSe – Eintrag
Bei Spoolaufträgen handelt es sich immer um temporäre Daten, die zu gegebenem Zeitpunkt wieder gelöscht werden (z. B. sofort nach erfolgreicher Ausgabe oder nach einstellbarer Verweildauer). Das Löschen dient insbesondere auch zur Vermeidung von Kapazitätsproblemen, die sich aus der großen Menge täglich anfallender Spoolaufträge ergeben können.

Für die Ablage solcher temporären Objekte verwendet das SAP-System eine spezielle Speicherungsform, die als *TemSe-Datenablage* bezeichnet wird (TemSe = temporäre sequentielle Objekte). Diese Form der Datenablage wird z. B. auch zur Speicherung von Hintergrund-Programmjobs genutzt.

Deshalb gibt es zu jedem Spoolauftrag auch einen eindeutigen TemSe-Eintrag (siehe Registerkarte **TemSe** innerhalb der **Auftragsinformationen**).

Ausgabe anstoßen

Eine häufig genutzte Funktion im Zuge der Formularentwicklung ist der direkte Anstoß der Ausgabe über die Spoolsteuerung. Sie muss insbesondere dann erfolgen, wenn im Spooldialogbild der jeweiligen Anwendung das Attribut **Sofort ausgeben** nicht gesetzt war oder wenn bei der ersten Ausgabe Fehler aufgetreten sind.

Der Anstoß zur Ausgabe eines Spoolauftrag erfolgt in der Listendarstellung der Spoolsteuerung über den Menüpfad **Spoolautrag • Drucken • ohne Änderungen** oder **mit geänderten Parametern**. Der Cursor muss auf dem entsprechenden Spoolauftrag stehen; bei Bedarf können auch mehrere Zeilen in der Liste markiert sein. Über den Menüpfad mit **geänderten Parametern** können Sie einige der Vorgaben, die über den Druckerdialog eingestellt worden sind, nochmals für den individuellen Spoolauftrag ändern (Ausgabegerät, Anzahl der Exemplare, aber auch Einschränkung auf bestimmte Seiten).

Ausgabeauftrag

Für die Ausgabe eines Spoolauftrags auf dem Zielgerät (Drucker, Fax etc.) wird von der Spoolsteuerung ein Ausgabeauftrag erzeugt (je nach Vorgabe automatisch oder manuell, wie beschrieben). Der Ausgabeauftrag enthält das Dokument in der Sprache des Ausgabegerätes; in unserem Fall bedeutet das z. B. die Umsetzung der OTF-Anweisungen in Druckersequenzen, wie sie im betreffenden Druckertreiber hinterlegt sind.

Unter Umständen können je Spoolauftrag auch mehrere Ausgabeaufträge folgen, wenn z. B. eine Ausgabe nach Fehlermeldungen des Ausgabegeräts wiederholt werden musste. Wählen Sie ggf. aus dem Bild zum Spoolauftrag den Menüpfad **Springen • Ausgabeaufträge** (oder das entsprechende Symbol).

13.6.4 Spoolverwaltung

Im vorherigen Kapitel haben wir betrachtet, wie individuell erzeugte Druckvorgänge in der Spoolsteuerung zwischengespeichert und in Einzelschritten an das Ausgabegerät weitergeleitet werden (inkl. Übersetzung des OTF-Dokumentenformats in die Steuersprache des Druckers).

Im Rahmen der Spoolverwaltung/-administration können Sie Eigenschaften dieses Umsetzungsvorgangs einrichten. Das betrifft insbesondere auch die Anpassungen der Druckereigenschaften an die Vorgaben des SAP-Systems.

Verwenden Sie als Einstiegspunkt aller Aktivitäten in der Spoolverwaltung den Menüpfad **Werkzeuge • CCMS • Spoolverwaltung (Tcode SPAD)**.

Das zugehörige Bearbeitungsbild (siehe Abbildung 13.17) kennt drei Modi der Administration:

- Die **einfache Administration** für Eingaben zu den Ausgabegeräten und Servern bzw. zur Verwaltung der Spooleinträge
- Die **erweiterte Administration** mit zusätzlicher Registerkarte **Outputmanagement**
- Die **volle Administration** mit allen Eingabemöglichkeiten (z. B. auch zu den Gerätetypen)

Im Folgenden werden wir überwiegend auf den vollen Administrationsmodus zurückgreifen.

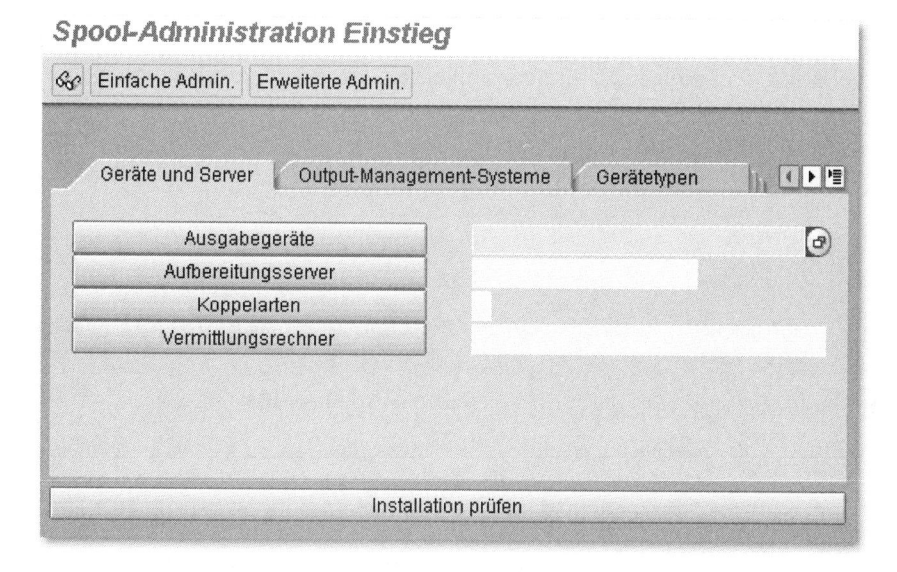

Abbildung 13.17 Spool-Administration

Vom Einstiegsbild zur Spool-Administration können Sie zu den einzelnen Bearbeitungsfunktionen wechseln; hier kurz das Vorgehen zum Aufruf eines Ausgabegerätes:

- Wenn Sie im Einstiegsbild das Ausgabegerät mit Namen eingetragen, so wechselt die Taste **Ausgabegeräte** direkt in das zugehörige Detailbild.
- Ohne diese Vorgabe erscheint eine Liste aller Ausgabegeräte im System, wählen Sie den gesuchten Eintrag per Mausdoppelklick, um zum gleichen Detailbild zu gelangen.

Druckertreiber

Bei der Abarbeitung eines Formulars erzeugt der Composer ein Dokument im Format OTF, das noch vom tatsächlichen Ausgabegerät unabhängig ist. Dieses Dokument wird im Ausgabeauftrag an die Spoolsteuerung übergeben. Die Ausgaben von sonstigen Programmen/Reports sind dagegen in einem ABAP-Listenformat zwischengespeichert.

Es ist die Aufgabe der Spoolsteuerung, dafür zu sorgen, dass angelieferte Ausgabedokumente vom OTF-Format in die passenden druckerspezifischen Befehle übersetzt werden (oder in die Anweisungen anderer Ausgabegeräte wie Fax, E-Mail etc.). Für diese Umsetzung sind im System *Druckertreiber* hinterlegt.

Das System unterscheidet wie bei den Quelldokumenten zwei Treibertypen:

- *OTF-Treiber* für Ausgabedokumente, die über Formulare unter Smart Forms (oder auch unter SAPscript) erzeugt wurden
- *Listendruck-Treiber* für die Ausgabe sonstiger Programme

In Tabelle 13.2 sind einige OTF-Treiber aufgelistet, die standardmäßig im System hinterlegt sind.

Treiber	Anwendungsfall
POST	PostScript-Drucker
PRES	Kyocera-Drucker (mit Druckersprache PRESCRIBE)
HPL2	HP kompatible Laserdrucker (mit Druckersprache PCL-5 für alle Drucker ab HP-LaserJet III)
STN2	Einfacher Zeilendrucker (ohne Proportionalschriften, aber *Fett*, *Kursiv*)
SWIN	Umsetzung lokaler Windows-Druckertreiber über das Vermittlungsprogramm SAPLPD. Damit können alle Windows-Drucker angesprochen werden.
TELE	Fax- und Telexverkehr über SAP-Kommunikationsserver (ausschließlich ASCII als Ausgabe)
PDF1	Treiber für die Umwandlung in PDF-Format (ab Basis-Release 4.6D)

Tabelle 13.2 Druckertreiber im SAP-System

Bei der Ausgabe eines Formulars (oder beliebiger anderer Dokumente) wählt der Anwender allerdings nicht einen solchen Druckertreiber, sondern ein spezielles Ausgabegerät. Dabei handelt es sich um das Abbild eines physikalischen Druckers, auf dem im jeweiligen Netzwerk von Seiten des SAP-Systems ausgedruckt werden kann. Dessen Attribute enthalten u.a. den Standort des Gerätes, die Ausgabe von Deckblattern sowie Defaulteinstellungen zur Schachtauswahl inkl. Angaben zum einliegenden Papierformat.

> **Tipp:** Zum Ausgabegerät können Sie auf Registerkarte **Ausgabe-Attribute** auch individuelle Angaben zu den Rändern vorgeben, die das Gerät auf dem Papier nutzen kann. Hinterlegen Sie die Angaben als horizontale und vertikale Verschiebung. Nutzen Sie diese Eigenschaften, wenn bei Ausgaben auf einem individuellen Drucker bestimmte Teile eines Formulars abgeschnitten werden. Die eingetragenen Verschiebungen werden beim Druck zum linken bzw. oberen Rand eines jeden Ausgabebereichs im Formular hinzuaddiert.
>
> Ein Beispiel: Geben Sie eine horizontale Verschiebung ein, wenn zuvor beim Ausdruck am linken Rand abgeschnitten wurde. Sie können umgekehrt auch einen negativen Wert eintragen, wenn am rechten Rand etwas fehlt: in diesem Fall würden sich alle Ausgabebereiche des Formualars während des Ausdrucks nach links verschieben. Wenn daraufhin der Drucker am linken Rand etwas abschneidet, müssen Sie allerdings doch noch das Formular ändern.

Jedem Ausgabegerät ist wiederum ein Gerätetyp zugeordnet, der jeweils das Modell eines Druckers (oder auch Fax-Gerätes) identifiziert. Der Gerätetyp enthält u.a. die Angabe, welcher Druckertreiber für die Aufbereitung zu verwenden ist. Daraus ergeben sich drei Ebenen:

1. **Ausgabegerät**
   Mit Angaben zum Standort, zur Ausgabe des Deckblattes, zu Defaulteinstellungen zur Schachtauswahl inkl. Angaben zum einliegenden Papierformat etc.
2. **Gerätetyp**
   Er enthält die Namen der Treiber, die verwendet werden sollen (getrennt nach SAPscript/Smart Forms und Listendruck. Der Gerätetyp beinhaltet auch eine Liste aller verwendbaren Print-Controls (siehe unten).
3. **Drucker / Geräte-Treiber**
   Vorgegeben durch SAP, siehe Tabelle 13.2

Ein Treiber steuert grundlegende Funktionen des Ausgabegerätes und sorgt für die Umsetzung der Formatangaben aus dem Spooldokument in die Steuersequenzen des jeweiligen Druckers. Um dies zu ermöglichen, ist für jeden Druckertyp eine Liste der verfügbaren Formatierungsanweisungen (Print-Controls) hinterlegt. Sie bestehen in erster Linie aus einem Kürzel und den passenden Steuerbefehlen des Druckers (Escape-Sequenzen).

Beispiele dieser Print-Controls:

- CI010 (Zeichenabstand 10 Zeichen pro Zoll einstellen)
- COL2V (Schrift invers)
- TRY02 (Papier aus Schacht 2 des Druckers einziehen)

Die Print-Controls können Sie über einen Kommando-Knoten auch direkt aus dem Formular heraus ansprechen (siehe auch Abschnitt 7.5). Bei Standard-Print-Controls ist dies allerdings nur selten sinnvoll, da sie schon vom Druckertreiber selbst interpretiert werden. Es besteht jedoch darüber hinaus die Möglichkeit, zu einem Gerätetyp weitere individuelle Print-Controls anzulegen, die dann z.B. spezifische Funktionen eines Druckers ansprechen. In diesem Fall ist es sinnvoll, einen neuen Gerätetyp anzulegen und dessen Funktionen zu erweitern.

13.6.5 Gerätetypen (Print-Controls)

Der Gerätetyp identifiziert das Modell eines Druckers oder Fax-Gerätes. Die Abbildung im SAP-System besteht aus Kopfangaben und verschiedenen, zugeordneten Komponenten (z.B. den Print-Controls). Damit diese Komponenten nicht komplett neu angelegt werden müssen, sollten Sie bei der Neuanlage eines Gerätetyps immer einen vorhandenen Gerätetyp kopieren, der dem neuen Drucker ähnlich ist. Die folgenden Komponenten des Gerätetyps werden mitkopiert:

- Gerätetypdefinition
- Print-Controls (die ggf. später erweitert werden)
- Aufbereitungsarten
- Fontmetriken
- Druckerfonts und Barcodes (z.B. zur Verwendung unter Smart Forms)

Auf die einzelnen Eigenschaften werden wir im weiteren Verlauf teilweise noch näher eingehen.

Der Aufruf der Kopierfunktion selbst erfolgt etwas versteckt vom Hauptbearbeitungsbild der Spoolverwaltung (SPAD) über den Menüpfad **Hilfsmittel • zu Gerätetypen • Kopieren Gerätetyp**.

Wählen Sie den Ursprungstyp und vergeben Sie einen Namen für den Zielgerätetyp. Beachten Sie auch die beiden zusätzlichen Attribute zum weiteren Kopiervorgang:

- **Referenzen verwenden**
  Der Originalgerätetyp wird als Referenztyp verwendet; d.h. bei neuen Softwareversionen werden die im Quelltyp enthaltenen Aufbereitungsfunktionen auch an die Kopie weitergereicht (dies sollte immer aktiviert sein, wenn der

Quellgerätetyp original von SAP stammt). Verwenden Sie keine Referenzen, wenn im neuen Gerätetyp umfangreiche Änderungen bei den Aktionen der Geräteaufbereitung vorgesehen sind.

▶ **Includes auf Quelle anpassen**
Über *Includes* können in einem Gerätetyp Verweise auf andere Funktionen/ Aktionen eingetragen werden, die schon vorher in diesem Gerätetyp definiert worden sind (z. B. teilweise verwendet in Aufbereitungen). Damit die Includes nach dem Kopiervorgang auf Funktionen innerhalb des neuen Gerätetyps zeigen, sollte das Attribut immer gesetzt sein.

In das Bearbeitungsbild zum neuen Gerätetyp gelangen Sie wieder vom Einstiegsbild der Spool-Administration (SPAD) über den Modus **volle Administration**.

Print-Controls

Die Print-Controls enthalten alle Steueranweisungen, die ein Drucker benötigt, um eine bestimmte Formatierung umzusetzen. Die Kürzel der Steuerzeichen bestehen aus fünf Zeichen und haben über die Anfangsbuchstaben eine einheitliche Namensgebung.

Wir sind bei Vorstellung des Kommando-Knotens in Abschnitt 7.5.2 schon ausführlich auf Print-Controls eingegangen; zumindest aus der Sichtweise des Formulardesign. Im Folgenden wollen wir deshalb nur noch die Punkte ergänzen, die sich aus den Funktionen innerhalb der Spoolverwaltung ergeben.

Die Spoolverwaltung unterscheidet dabei zwei Kategorien:

▶ **Übliche Print-Controls**
Dabei handelt es sich um generelle Einträge, die direkt vom Druckertreiber angesprochen werden. Bei Print-Controls, die von SAPscript-Druckertreibern angesprochen werden, ist die Option **SAPscript** gesetzt. Es handelt sich überwiegend um Print-Controls mit S oder T als Anfangsbuchstaben. Im Druckerhandbuch der SAP-Bibliothek sind für jeden SAPscript-Druckertreiber die verwendeten Print-Controls aufgelistet.

Sie können kundenspezifische Print-Controls ergänzen, um sie z. B. in Kommando-Knoten einzubinden (dabei ist der Kundennamensraum zu beachten).

Für übliche Print-Controls sollte im Gerätetyp immer ein Eintrag vorhanden sein; ggf. als leere Zuweisung, wenn keine passende ESC-Sequenz existiert (da sonst Fehlermeldungen während der Druckausgabe wahrscheinlich sind). Die Liste der üblichen Print-Controls wird im Normalfall direkt von SAP gepflegt. Im Eingabefeld eines Kommando-Knotens unter Smart Forms können Sie sich per Wertehilfe direkt eine Liste dieser Print-Controls anzeigen lassen.

▶ **Druckerspezifische (nicht übliche) Print-Controls**
Diese Print-Controls werden nicht vom Druckertreiber direkt angesprochen; wohl aber durch automatische Funktionen, die dort hinterlegt sind. (Beispielsweise wird bei Wechsel der Schriftart aus dem Systemfont der Druckerfont und daraus das hinterlegte Print-Control abgeleitet.)

Druckerspezifische Print-Controls sind nicht durch einen Namensraum geschützt und sollten deshalb nur bei kundenindividuellen Druckertypen eingetragen werden (abgeleitet von SAP-Gerätetypen).

Im Bearbeitungsfenster des Gerätetyps ist unter der Registerkarte **Print-Controls** eine Liste aller Print-Controls des jeweiligen Ausgabegerätes hinterlegt (siehe Abbildung 13.18).

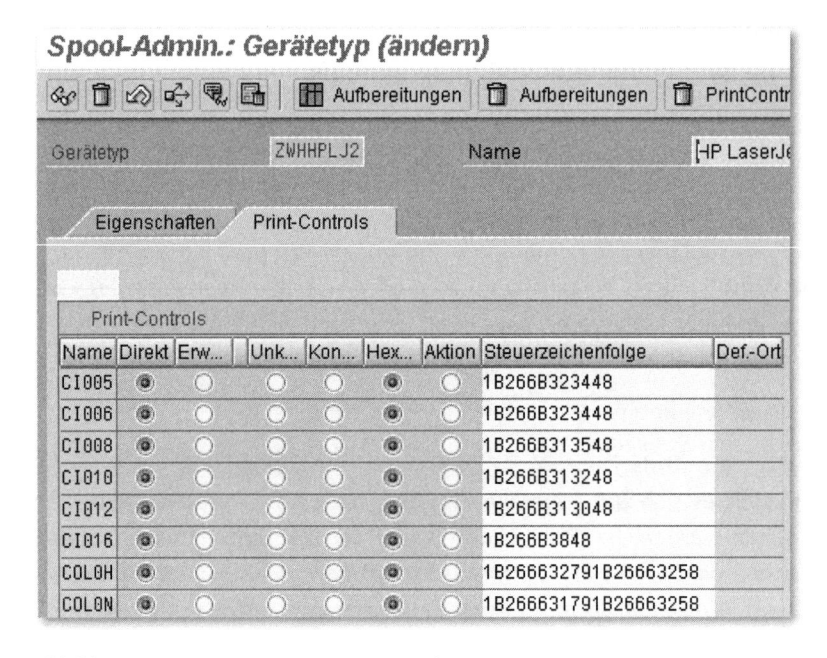

Name	Direkt	Erw...	Unk...	Kon...	Hex...	Aktion	Steuerzeichenfolge	Def.-Ort
CI005	●	○	○	○	●	○	1B266B323448	
CI006	●	○	○	○	●	○	1B266B323448	
CI008	●	○	○	○	●	○	1B266B313548	
CI010	●	○	○	○	●	○	1B266B313248	
CI012	●	○	○	○	●	○	1B266B313048	
CI016	●	○	○	○	●	○	1B266B3848	
COL0H	●	○	○	○	●	○	1B266632791B26663258	
COL0N	●	○	○	○	●	○	1B266631791B26663258	

Abbildung 13.18 Gerätetyp mit Print-Controls

Um ein neues Print-Control anzulegen, wählen Sie den Menüpfad **Bearbeiten • Zeile einfügen** bzw. **Bearbeiten • Einfügen über Print-Control**.

Die Steuersequenzen können Sie wahlweise hexadezimal oder als Text eingeben. Die erste Variante ist die gebräuchlichere, da sie der Darstellung in den meisten Druckerhandbüchern entspricht. Zur Wahl der Eingabeform setzen Sie die zugehörigen Attribute.

Beispiel

Im folgenden Kapitel werden wir ausführlich auf die Verwaltung von Schriften (Fonts) im SAP-System eingehen. Um die Schriften eines Druckers ansprechen zu können, werden Print-Controls verwendet. Der Ablauf ist etwa folgender:

- Über den Stil zum Formular findet der Ausgabevorgang einen Systemfont zur Textformatierung. Dieser Eintrag steht auch im Zwischendokument, das der Spoolauftrag verwaltet (OTF-Format).
- Der Druckertreiber überprüft, ob der gewählte Systemfont auch beim Drucker verfügbar ist; falls ja, übernimmt er von dort das zugeordnete Print-Control und findet so die Escape-Sequence, um den Font im Drucker anzuwählen.

13.6.6 Fonts und Barcodes im SAP-System

Anhand des letzten Beispiels im vorhergehenden Kapitel konnten Sie sehen, dass zu jeder Schriftart (Font), die ein Drucker ausgeben kann, auch ein entsprechender Font im SAP-System hinterlegt sein muss (inkl. der passenden Angaben zu Zeichenbreiten, -höhen etc., um eine korrekte Textformatierung vorzunehmen). Diesen *Systemfont* verwenden Sie im Formular unter Smart Forms für die Formatierung von Texten. Natürlich unter der Voraussetzung, dass er auch im zugehörigen Stil des Formulars einem Format zugeordnet ist.

Als besondere Form der Schriftarten (*Fonts*) kann man Strichcodes (*Barcodes*) betrachten. Dabei wird jedes eingehende Zeichen in eine Folge von Strichen umgesetzt. Aufgrund der Ähnlichkeit erfolgt auch die Pflege im SAP-System über die gleichen Transaktionen (wir sprechen im Weiteren trotzdem nur noch von der *Fontpflege*).

> **Hinweis:** Die Fontverwaltung zu Smart Forms und SAPscript ist identisch. Insbesondere bei der Suche nach Hinweisen im SAPnet oder der SAP-Bibliothek kann es hilfreich sein, dieses zu wissen.

Der Einstieg in die SAP-interne Fontpflege erfolgt direkt als Untermenü zum Formulardruck über den Pfad **Werkzeuge • Formulardruck • Administration • Font**. Abbildung 13.19 zeigt das Einstiegsbild.

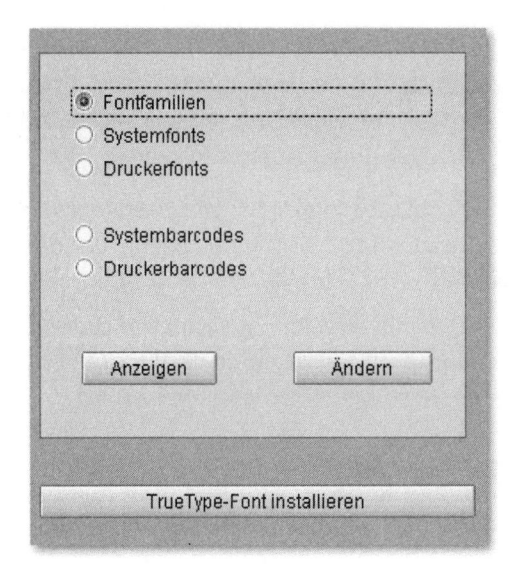

Abbildung 13.19 Einstiegsbild zur Fontpflege

Zur Pflege der Schriftarten gehören die folgenden Schritte:

▶ **Fontfamilien**
Hier vergeben Sie die Namen der verwendeten Schriftenarten (z.B. *Arial*, *Times*). Zusätzlich erfolgt eine Einteilung in *proportional* und *nicht proportional*. Wahlweise können Sie auch Ersatzfonts eintragen für den Fall, dass der Hauptfont auf einem Ausgabegerät nicht verfügbar ist.

▶ **Systemfonts**
oder auch SAP-Fonts sind Kombinationen aus Fontfamilie, Fonthöhe (in 1/10-Punkt) und den Fontattributen *Fett* und *Kursiv*. Es sind damit je Schriftgröße bis zu vier Systemfonts hinterlegt. Darauf greifen auch die Angaben zur Schriftart in den Formaten unter Smart Forms zurück.

▶ **Druckerfonts**
sind Kombinationen aus Fontfamilie, Fonthöhe und den Eigenschaften *Fett/Kursiv*, die jeweils die echten Möglichkeiten eines Ausgabegerätetyps widerspiegeln. Die Zuordnung und Eingabe erfolgt immer entsprechend dem Gerätetyp. Wichtiges Attribut zum Druckerfont ist die Zuweisung eines Print-Controls, das erforderlich ist, um einen Font im Drucker anzusprechen. Bei *nicht proportionalen* Schriften ist die Schriftbreite für alle Zeichen gleich (angegeben in CPI). Bei proportionalen Schriften steht das Eingabefeld nicht zur Verfügung (vorbelegt mit AFM, siehe unten).

Familie	Bedeutung	P	Ers.1	Ers.2
COURIER	Courier	✓	LETGOTH	

Fontfamilie

Familie	Fonthöhe	Fett	Kursiv
COURIER	060		
COURIER	060	✓	
COURIER	060		✓
COURIER	060	✓	✓

Systemfont

Gerätetyp	Familie	Fonthöhe	Fett	Kurs.	CPI	PrtCt
ZHPLJ4	COURIER	060			17,00	SF025
ZHPLJ4	COURIER	060	✓		17,00	SF026
ZHPLJ4	COURIER	060		✓	17,00	SF027
ZHPLJ4	COURIER	060	✓	✓	17,00	SF028

Druckerfont

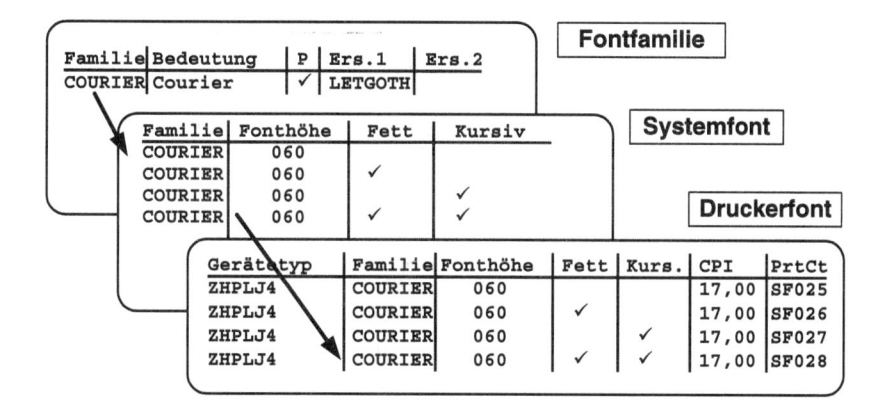

Abbildung 13.20 Ansteuerung von Schriften (Fonts) im SAP-System

Für die Formularausgabe über den Druckertreiber gilt folgender Ablauf (siehe auch Abbildung 13.20):

- In der zwischengeschalteten Stufe als OTF-Dokument wird zunächst der benötigte Systemfont mit der Höhe etc. festgestellt.
- Der Treiber versucht daraufhin, bei den Druckerfonts des Ausgabegerätes einen Eintrag zu diesem Font zu finden; bei Erfolg wird dieser Font über Print-Controls aktiviert.
- Ist kein passender Druckerfont verfügbar, liest das System im Eintrag zur Fontfamilie, ob ein Ersatzfont vorgesehen ist. Ggf. wird dann dafür ein Eintrag bei den Druckerfonts gesucht, der allerdings mit den gleichen Attributen versehen sein muss (*Höhe*, *Fett* etc.).

Proportionale Schrift

In früheren SAP-Releases musste die Anlage eines Druckerfonts einzeln separat für alle Schriftgrößen erfolgen. Inzwischen sind manche Druckertreiber auch in der Lage, skalierbare Fonts zu bedienen (Schriften mit beliebig wählbarer Größe). Der Druckertreiber liest in diesem Fall die notwendigen Informationen zur Höhe etc. aus den *AFM-Angaben* (AFM = Adobe Font Metrik). Ein Druckerfont, der als skalierbar markiert ist, hat als Eintrag bei der Fonthöhe automatisch einen Wert '000'.

Skalierbare Schriften sind in den meisten Fällen zusätzlich proportional, d.h. die Breite der einzelnen Zeichen ist nicht einheitlich. Folglich muss sie für jedes Zeichen individuell hinterlegt sein. Die Eingabe erfolgt im Bearbeitungsbild zum Druckerfont unter **Metrikdaten**. Zur Vereinfachung können Sie die Daten im AFM-Standardformat von einem lokalen PC hochladen.

TrueType-Fonts

Die bisherige Logik der Fontverwaltung im SAP-System ging davon aus, dass die verwendeten Schriften individuell im jeweiligen Drucker installiert sind. Entsprechend musste ein Abgleich zwischen den SAP-Systemfonts und den Druckerfonts erfolgen.

In den vergangenen Jahren hat sich im Windows-Umfeld aber eine Technologie durchgesetzt, bei der Schriften eines Dokuments individuell vom PC an den Drucker übergeben werden, bevor dieser seine Ausgabe durchführt (*Softfonts*). Das übliche Format der Schriften ist TTF (= TrueType-Fonts).

Der Ausdruck kann bei diesem Verfahren auf jedem grafikfähigen Drucker erfolgen, die Kontrolle über den Druckablauf übernimmt komplett das druckende Programm. Bedingt durch die geringere Geschwindigkeit bei der Ausgabe kommt die Technik vor allem auf Laserdruckern zum Einsatz. Ein großer Vorteil ist darin zu sehen, das die Ausgabe auf allen Druckern zum gleichen Ergebnis führt, da die Formatierungsinhalte gleich sind.

Seit Release 4.6C sind auch einzelne Druckertreiber des SAP-Systems in der Lage, TrueType-Fonts zu verarbeiten. Da diese Fonts unabhängig vom jeweiligen Gerätetyp sind, vereinfacht sich auch die notwendige Administration ganz enorm (siehe auch die Hinweise im SAPnet bzw. im Anhang).

Um einen TrueType-Font zu verwenden, muss dieser zunächst per Upload von einem Arbeitsplatz-PC in das SAP-System eingelesen werden. Der Aufruf erfolgt vom Einstiegbild der Fontpflege (SE73, siehe Abbildung 13.21) über die Taste **TrueType-Font installieren**.

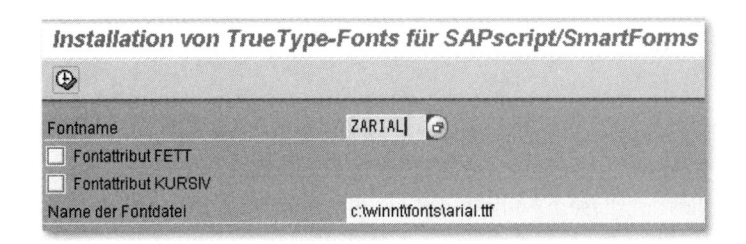

Abbildung 13.21 TrueType-Fonts importieren

Beim ersten Einlesen eines Fonts wird man immer eine neue Fontfamilie anlegen: Der Importprozess fragt entsprechend nach dem Namen der Fontfamilie (siehe Abbildung 13.21). Beim Einlesevorgang (*Upload*) übernimmt das SAP-System alle für die Fontverwaltung notwendigen Angaben (wie z.B. die Schriftbreite der einzelnen Zeichen) und erzeugt daraus automatisch die passenden Einträge bei den System- und Druckerfonts. Die Fonts sind dadurch sofort einsetzbar.

> **Hinweis:** Allerdings muss die Verwendung von TrueType-Fonts auch im jeweiligen Gerätetyp freigegeben sein. Wechseln Sie dazu vom Einstiegsbild der Fontpflege (SE73) in die Bearbeitung der Druckerfonts, wählen Sie dann den Gerätetyp und aktivieren Sie die TrueType-Fonts über die gleichnamige Taste.

TrueType-Fonts sind grundsätzlich frei skalierbare Fonts; entsprechend werden beim Upload auch die zugehörigen Angaben in der Kategorie **Druckerfonts** gesetzt.

Wenn in einer Fontfamilie mehrere Schriftschnitte existieren (z.B. *Kursiv*, *Fett*) müssen Sie die einzelnen TrueType-Fonts nacheinander in die neue SAP-Fontfamilie importieren: setzen Sie dabei im Eingangsbild (siehe Abbildung 13.21) das passende **Fontattribut FETT/KURSIV**.

> **Hinweis:** Unter Release 4.6C ist dieses mehrfache Einlesen zu einer vorhandenen Fontfamilie allerdings nicht möglich. Das System antwortet mit der Meldung »Fontfamilie existiert bereits«. Es handelt sich dabei um einen Programmfehler (behoben ab 4.6d, vgl. die Hinweise im SAPnet bzw. im Anhang).

Barcodes

Die Behandlung von Barcodes (Strichcodes) zeigt viele Parallelen zur Verwaltung von Fonts. Auch hier existiert wieder eine Unterscheidung zwischen Angaben im SAP-System und dem Drucker:

- **Systembarcodes**
  Dies sind die Barcode-Einträge, die im Formular gewählt werden können (bzw. im Stil). Sie enthalten grundlegende Attribute, die auch im Formular für die Formatierung erforderlich sind (z.B. Anzahl der Zeichen, Breite, Höhe, Grad der Rotation/Drehung bei der Ausgabe). Die Angabe **Barcodetyp** dient zur Zeit nur der allgemeinen Information. Kundenspezifische Systembarcodes sind möglich (dabei ist der Kundennamensraum zu beachten).

- **Druckerbarcodes**
  Dabei handelt es sich im Grunde um Systembarcodes, die druckerspezifisch zugeordnet worden sind. Wichtigstes Attribut ist dort der Verweis auf ein Print-Control, durch das der Barcode im Drucker ein- und ausgeschaltet werden kann. Üblicherweise sind dies Print-Controls mit der Bezeichnung SBPxx bzw. SBSxx. Bei der Ausgabe eines Formulars setzt der Druckertreiber einen Systembarcode genau in den Eintrag um, der beim jeweiligen Drucker hinterlegt ist. Zwischen den Steuerkommandos für Beginn und Ende werden dann die Zeichen eingefügt, die den Inhalt der Barcode-Ausgabe darstellen.

Der Ausdruck von Barcodes setzt im Normalfall die Installation entsprechender Schriftkassetten im Drucker voraus (Ausnahme siehe unten). Ab Release 4.6C ist auch die Ausgabe von 2-D-Barcodes möglich (siehe die Hinweise im SAPnet bzw. im Anhang).

Lokaler Druck von Barcodes

Sie können Barcodes optional auch über einen Drucker ausgeben, der am lokalen Windows-PC angeschlossen ist. Ein solcher Drucker wird vom SAP-System über das Ausgabegerät LOCL angesprochen. Der Druck erfolgt mit Hilfe eines Umsetzungsprogramms SAPLPD, das ebenfalls auf dem lokalen Arbeitsplatz-PC läuft.

Zum Programm SAPLPD sind Erweiterungen verfügbar, die Barcode-Anweisungen im Datenstrom automatisch in Grafiken umwandeln und ausdrucken. Dadurch kann die Ausgabe sogar auf jedem grafikfähigen Drucker erfolgen, ohne dass ein Barcodemodul installiert ist. Die notwendige Erweiterung bedeutet die Installation einer zusätzlichen DLL auf dem Arbeitsplatz-PC (von Drittherstellern, siehe die Hinweise im SAPnet bzw. im Anhang).

13.7 Entwicklungswerkzeuge

13.7.1 Übersicht (Object Navigator)

Wir haben in den vorangegangenen Kapiteln häufiger auf Werkzeuge verwiesen, die zur ABAP Entwicklungsumgebung gehören. Dazu einige Beispiele:

- Der *Function Builder* dient zur Darstellung des Funktionsbausteins, den das System aus jedem Formular generiert.
- Den *ABAP-Editor* verwenden Sie zur Erstellung eines passenden Rahmenprogramms.
- Das *ABAP-Dictionary* dient zur Verwaltung von Datentypen, auf die wir bei der Datendefinition im Formular zurückgreifen können.

Jedes dieser Werkzeuge hat seine eigenen, speziellen Eigenschaften, auf die wir in den folgenden Abschnitten eingehen werden.

Und doch haben diese Werkzeuge auch viele Gemeinsamkeiten. Wir beginnen mit dem ABAP-Editor und nennen Ihnen einige dieser gemeinsamen Funktionen, die Sie dann direkt auf die anderen Werkzeuge übertragen können.

Eine der wichtigsten Gemeinsamkeiten ist die zentrale Verwaltung der beteiligten Programmobjekte (Funktionsbausteine, Programme, etc) in einem gemeinsamen, zentralen Verzeichnis, dem *Repository*.

Hintergrund: Die Inhalte des Repositorys sind selbst wieder in den Tabellen der zentralen SAP-Datenbank abgelegt. Ein Teil des Repositorys bildet das *ABAP-Dictionary*, das speziell die globalen Datendefinitionen zu Datenbanktabellen bzw. Datentypen beschreibt.

Folglich lassen sich die unterschiedlichen Objekte der Programmentwicklung auch in einer gemeinsamen Oberfläche darstellen und organisieren. Das zugehörige Werkzeug ist der *Object Navigator*. Der Aufruf erfolgt im SAP-Menü über den Pfad **Werkzeuge • ABAP Workbench • Übersicht • Object Navigator (SE80)**.

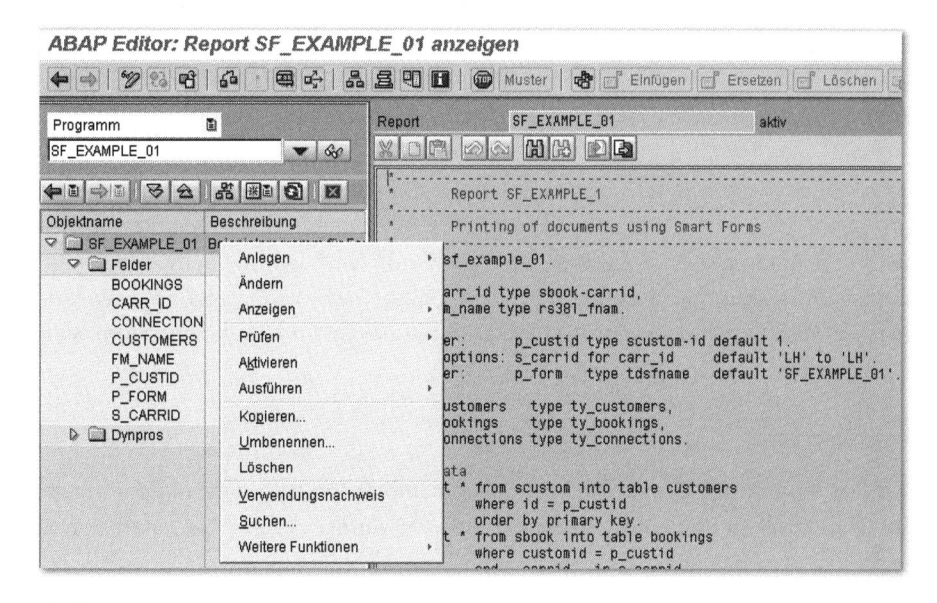

Abbildung 13.22 Rahmenprogramm im Object Navigator mit Kontextmenü

Wie die Abbildung 13.22 zeigt, verwendet auch der Object Navigator eine Baumdarstellung, um den hierarchischen Aufbau vom Programmen oder sonstigen Entwicklungsobjekten darzustellen. Wir erläutern die wichtigsten Funktionen auch hier mit Hilfe unseres Beispielformulars:

▶ Wählen Sie nach dem Start des Object Navigators im ersten Auswahlfeld, der **Objektliste**, den Typ des gesuchten Objekts. In unserem Fall ist das der Eintrag 'Programm'.

▶ Tragen Sie im Feld darunter den Namen SF_EXAMPLE_01 ein

▶ Bestätigen Sie die Eingaben mit **Return**

Das gewählte Programm wurde mit allen enthaltenen Variablen und Programmteilen in den Navigationsbaum übernommen. Von Bedeutung sind in unserem

Beispiel aber nur die Einträge unter **Felder**: Hier sind alle Variablen aufgeführt, die das Rahmenprogramm verwendet (und von dort teilweise an das Formular weiterreicht).

Programm bearbeiten

Per Doppelklick auf den ersten Knoten im Navigationsbaum (Name des Programms) öffnet sich im Arbeitsbereich rechts der ABAP-Editor und stellt den zugehörigen Programmcode dar. Der Mausdoppelklick auf ein Feld im Navigationsbaum führt direkt zur zugehörigen Definitionszeile im Quelltext.

> **Hinweis:** Dies ist eine durchgängige Funktionalität. Je nach gewähltem Objekttyp im Navigationsbaum wird im rechten Bearbeitungsbereich automatisch das passende Werkzeug zur Anzeige oder Pflege aufgerufen.

Da wir über das gewählte Programm den ABAP-Editor aufgerufen haben, gibt die übergeordnete Symbolleiste die wichtigsten Funktionen für dieses Werkzeug wieder. Vor allem in der Anfangsphase überraschend: Wird über die Symbolleiste ein anderes Programmobjekt aufgerufen, dann ändern sich die Einträge im Navigationsbaum des Object Navigators nicht! Durch Auswahl im Navigationsbaum wird allerdings der alte Zustand wieder hergestellt.

Kontextmenü

Die Funktionen des Object Navigators sind primär Verwaltungsfunktionen zum Anlegen, Löschen etc. Für diese Funktionen verwenden Sie wie bei Smart Forms am einfachsten das Kontextmenü.

> **Tipp:** Bei der Arbeit mit einem kleineren Monitor kann es vorteilhaft sein, den Object Navigator mit seinem Navigationsbaum komplett zu schließen, so dass nur noch das entsprechende Bearbeitungswerkzeug übrig bleibt. Natürlich ist auch der umgekehrte Weg möglich: Über den Menüpfad **Hilfsmittel • Objektfenster anzeigen** wird der Navigationsbaum in jedem der Bearbeitungswerkzeuge wieder eingeblendet. Dann stehen auch alle Funktionen des Object Navigators wieder zur Verfügung.

13.7.2 ABAP-Editor

Der ABAP-Editor ist das übliche Werkzeug zur Erstellung von ausführbaren Programmen. Wir wollen anhand unseres Beispielprogramms einige Funktionen erläutern, die für die Arbeit mit Smart Forms sinnvoll erscheinen.

Öffnen Sie das Werkzeug im SAP-Menü über den Pfad **Werkzeuge • ABAP Workbench • Entwicklung • ABAP Editor (SE38)** und wählen Sie das Beispielprogramm Z_SF_EXAMPLE_01, das Sie schon im Schnelleinstieg erstellt haben. Zur Pflege des Programmcodes wählen Sie **Programm • Ändern**. Natürlich kann der Aufruf auch über SE80 erfolgen, wie im letzten Kapitel beschrieben.

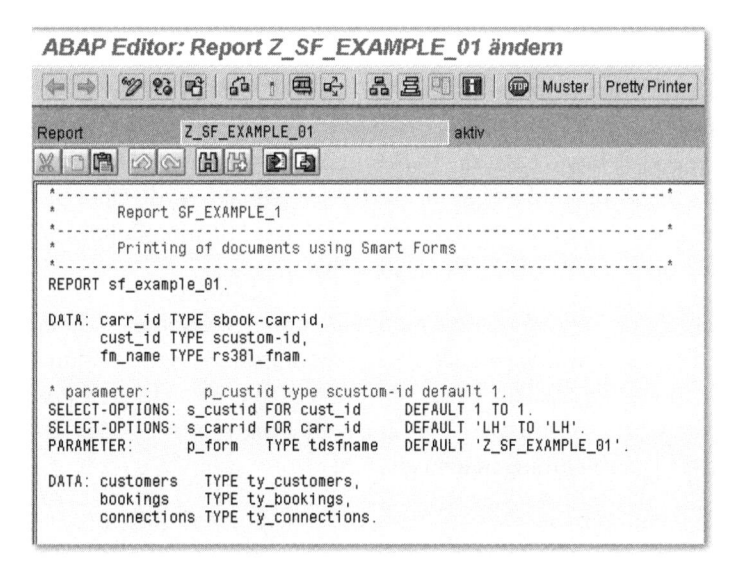

```
ABAP Editor: Report Z_SF_EXAMPLE_01 ändern

Report        Z_SF_EXAMPLE_01              aktiv

*----------------------------------------------------------------*
*       Report SF_EXAMPLE_1                                      *
*----------------------------------------------------------------*
*       Printing of documents using Smart Forms                  *
*----------------------------------------------------------------*
REPORT sf_example_01.

DATA: carr_id TYPE sbook-carrid,
      cust_id TYPE scustom-id,
      fm_name TYPE rs38l_fnam.

* parameter:     p_custid type scustom-id default 1.
SELECT-OPTIONS: s_custid FOR cust_id    DEFAULT 1 TO 1.
SELECT-OPTIONS: s_carrid FOR carr_id    DEFAULT 'LH' TO 'LH'.
PARAMETER:      p_form   TYPE tdsfname  DEFAULT 'Z_SF_EXAMPLE_01'.

DATA: customers   TYPE ty_customers,
      bookings    TYPE ty_bookings,
      connections TYPE ty_connections.
```

Abbildung 13.23 ABAP Editor

Falls der ABAP-Editor in Ihrer Installation etwas anders als in unserer Abbildung 13.23 erscheint, dürfte es sich um die zeilenorientierte Variante handeln. Dies können Sie im Menü **Hilfsmittel** unter Einstellungen ändern. Wählen Sie dort den Eintrag **Fronten Editor**.

Editorfunktionen

Teilfunktionen des ABAP-Editors kennen Sie bereits vom Programm-Knoten im Formular, z.B. den Syntaxcheck oder die Musterfunktion, mit der Sie ABAP-Anweisungen oder ganze Funktionsbausteine mit korrekten Anweisungsmustern einfügen.

Ähnlich wie das Formular, müssen Sie auch jedes ABAP-Programm aktivieren, wenn es nach Änderungen im System gültig sein soll. Ohne Aktivierung lässt sich ein geänderter Quelltext nur im Rahmen der Entwicklungsumgebung ausführen; verwenden Sie dazu wieder die Funktion **Programm • Testen F8**.

Über den Debugger steht noch eine weitere Funktionalität zur Verfügung: Hierüber können Sie das Programm in Einzelschritten ablaufen lassen, um die korrekte Ausführung zu überwachen. Auf dieses wichtige Hilfsmittel werden wir später in einem eigenen Abschnitt eingehen (siehe Abschnitt 13.7.4).

Hilfen

Der Aufruf der allgemeinen Hilfe sowie der Schlüsselwortdokumentation erfolgt wie im Programm-Knoten (siehe Abschnitt 8.2).

Eine weitere Unterstützung bietet Ihnen die *Vorwärtsnavigation* innerhalb des Quelltextes. Sie gibt Aufschluss über die Definition von Variablen und Unterprogrammen. Ein Mausdoppelklick auf den betreffenden Begriff reicht, um in die nächste Detailebene zu gelangen. Über die Funktionstaste **F3** gelangen Sie immer wieder zurück zum Ursprung. Abhängig vom aktuellen Objekt wird dabei ggf. auch ein anderes Bearbeitungswerkzeug aufgerufen, z. B. der Function Builder bei Funktionsbausteinen oder das ABAP-Dictionary bei Datentypen.

Haben Sie die Definition einer Variablen direkt oder per Vorwärtsnavigation erreicht, öffnet sich mit einem Doppelklick der *Verwendungsnachweis*. Dadurch erhalten Sie automatisch alle Stellen, an denen die Variable im aktuellen Programm angesprochen wird. Natürlich existiert auch ein direkter Aufruf über den Menüpfad **Hilfsmittel • Verwendungsnachweis**.

Sie können den Verwendungsnachweis auch zu anderen Entwicklungsobjekten wie Unterprogrammen oder Funktionsbausteinen aufrufen. Das SAP-System merkt sich automatisch die Verwendung aller Entwicklungsobjekte in speziellen Datenbanktabellen (dem Repository). Der Verwendungsnachweis zu einem Funktionsbaustein liefert also alle Stellen, in denen der Baustein bisher aufgerufen wird. Abbildung 13.24 zeigt ein typisches Beispiel mit Trefferliste.

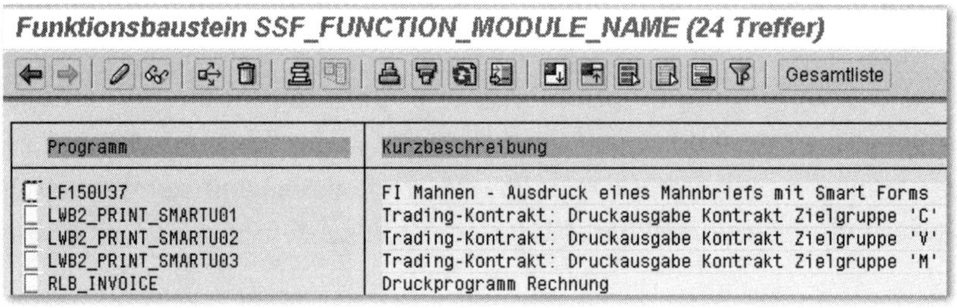

Abbildung 13.24 Fundstellen zum Verwendungsnachweis

Aus der Trefferliste wechseln Sie per Mausdoppelklick im rechten Bildschirmteil zur eigentlichen Fundstelle. Dagegen öffnet ein Doppelklick in der linken Hälfte die Liste nur zur Darstellung weiterer Details.

> **Tipp:** Nutzen Sie den Verwendungsnachweis auch als eine gute Möglichkeit, um die Anwendung eines Bausteins an anderer Stelle zu studieren.

Volltextsuche

Sehr sinnvoll für die Orientierung ist auch die eingebaute Volltextsuche. Über den Menüpfad **Bearbeiten • Suchen/Ersetzen** rufen Sie die erweiterte Volltextsuche der Entwicklungsumgebung auf (Suchen Sie nicht über die Tastatur mit **Strg + F**; dort ist nur eine bescheidenere Variante hinterlegt). Das Eröffnungsbild zur Volltextsuche sollte wie in Abbildung 13.25 aussehen.

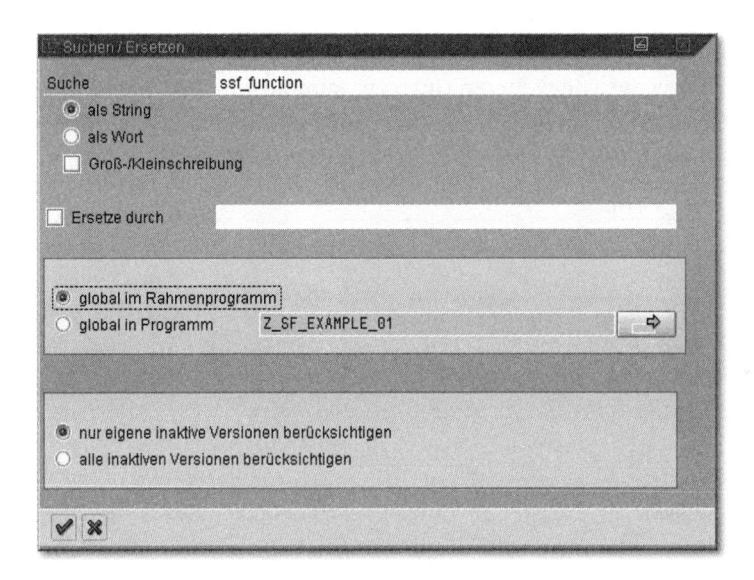

Abbildung 13.25 Volltextsuche Entwicklungssystem

Wichtig ist die Option **global im Rahmenprogramm**: Sie sorgt dafür, dass auch untergeordnete Programmteile wie Includes in die Suche einbezogen werden. Als Ergebnis erhalten Sie eine Liste aller gefundenen Einträge zum gesuchten Text; per Mausdoppelklick wechseln Sie dann wieder direkt zur Fundstelle (und über die Funktionstaste **F3** auch immer wieder zurück).

Arbeitsvorrat

Im Rahmen eines Entwicklungsprojektes werden Sie immer wieder mit gleichen Programmen arbeiten. Um schneller darauf zurückzugreifen, steht Ihnen die Funktion des Arbeitsvorrats zur Verfügung. Darüber verwalten Sie den Zugriff auf Programme, aber auch alle anderen Objekte des Dictionarys.

Um das aktuell gewählte Programm hinzuzufügen, wählen Sie den Menüpfad **Hilfsmittel • Arbeitsvorrat • aktuelles Objekt aufnehmen**. Eine Liste der aktuell im Arbeitsvorrat enthaltenen Programme/Objekte erhalten Sie über Anzeigen im gleichen Menüpfad wie eben. Von dort können Sie einen Eintrag natürlich wieder direkt per Mausdoppelklick aufrufen. Es öffnet sich automatisch das zugehörige passende Bearbeitungswerkzeug.

Aufrufhierarchie

Bei der Analyse komplexer Programmstrukturen mit geschachtelten Aufrufen von Unterprogrammen kann eine Übersicht sinnvoll sein, welcher Programmteil von wo aufgerufen wird bzw. welche weiteren Unterprogramme von dort wieder aufgerufen werden. Eine solche Darstellung erreichen Sie über den Pfad **Hilfsmittel • Aufrufgraf • ruft/Gerufen von**. Abbildung 13.26 zeigt dazu ein Beispiel.

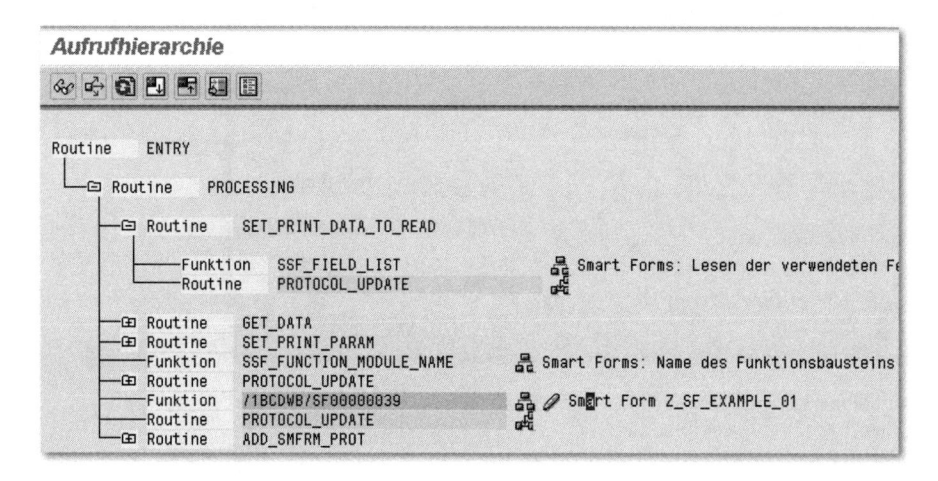

Abbildung 13.26 Aufrufhierachie im ABAP Editor

Per Mausdoppelklick auf die Bezeichnung wechseln Sie zum Quelltext eines Unterprogramms. Jeder Funktionsbaustein besitzt einen eigenen untergeordneten Navigationsbaum, den Sie über das entsprechende Symbol anzeigen lassen können.

13.7.3 Function Builder

Wir haben bei der Betrachtung der Schnittstelle zwischen Rahmenprogramm und Formular schon erläutert, dass alle Knoten im Formular unter Smart Forms für die Ausführung in einen Funktionsbaustein übersetzt werden. Auf diesem Wege können Sie dann vom Rahmenprogramm angesprochen werden.

> **Hintergrund:** Funktionsbausteine dienen der Kapselung von allgemeinen Funktionalitäten, die von unterschiedlichen ABAP-Programmen aufgerufen werden können. Funktionsbausteine werden zentral im SAP-System gepflegt und stehen dann allen beteiligten Modulen zur Verfügung. Mit Funktionsbausteinen wird eine hohe Wiederverwertbarkeit erreicht. Ein Großteil des heutigen SAP-Programmcodes ist über Funktionsbausteine realisiert.

Aufruf Function Builder aus dem Formular

Die Vielfalt an Funktionsbausteinen erfordert deren thematische Zusammenfassung in Funktionsgruppen. Durch diese Zuordnung ergeben sich weitere Funktionalitäten, über die nur die Bausteine der jeweiligen Gruppe verfügen (z. B. gemeinsame Daten und Unterprogramme). Wenn Sie einen neuen Funktionsbaustein anlegen wollen, muss die Funktionsgruppe schon vorhanden sein.

Funktionsbausteine und Funktionsgruppen pflegen Sie über ein eigenes Programmierwerkzeug, den Function Builder. Wir werden im Folgenden die Systematik der Funktionsbausteine und des Function Builders wieder soweit darstellen, wie es für die Anwendung innerhalb Smart Forms sinnvoll erscheint.

Mit Aktivierung des Formulars zu Smart Forms wird im Hintergrund ein passender Funktionsbaustein erzeugt; der Name des Funktionsbausteins wird vom System automatisch vergeben.

Im Form Builder von Smart Forms steht eine Testfunktion zur Verfügung, über die der Funktionsbaustein ohne zugehöriges Rahmenprogramm in seinen Grundfunktionen getestet werden kann. Diese Testfunktion stammt aus dem Function Builder der Entwicklungsumgebung. Wählen Sie im Form Builder von Smart Forms den Menüpfad **Formular • Testen F8**. Es ist das Einstiegsbild des Function Builders wie in Abbildung 13.27 dargestellt.

Abbildung 13.27 Einstiegsbild zum Function Builders

Der Name des Funktionsbausteins zum Formular wird direkt vorgeblendet. Er enthält u.a. das Kürzel 'SF' für Smart Forms und eine hochlaufende Nummer. Das weitere Vorgehen für Einzeltests haben wir bereits in Abschnitt 3.4 beschrieben.

> **Hinweis:** Das Einstiegsbild zum Function Builder bietet auch die Taste **Ändern** an. Allerdings ist eine Änderung am Quelltext nicht sinnvoll, denn schließlich wird der Programmcode immer automatisch erzeugt und bei der nächsten Generierung auch wieder überschrieben (der Änderungsmodus wird auch per Zugangsschlüssel abgefangen).

Wir wollen Ihnen im ersten Schritt die Funktionen vorstellen, über die Sie Funktionsbausteine erstellen. Auch wenn für Funktionsbausteine aus Smart Forms eine Pflege (Änderung) auf diesem Wege nicht sinnvoll ist, so können die Darstellungsformen in dem einen oder anderen Fall doch weiterhelfen. Häufig ist es ja auch einfach hilfreich zu wissen, was eigentlich im Hintergrund so geschieht.

Eigenschaften des Funktionsbausteins

Wählen Sie jetzt im Einstiegsbild zum Function Builder nach Abbildung 13.28 die Taste **Anzeigen**, um in die Pflegefunktionen zum Funktionsbaustein zu wechseln. Es folgt das Hauptbearbeitungsbild, wie in Abbildung 13.28 dargestellt.

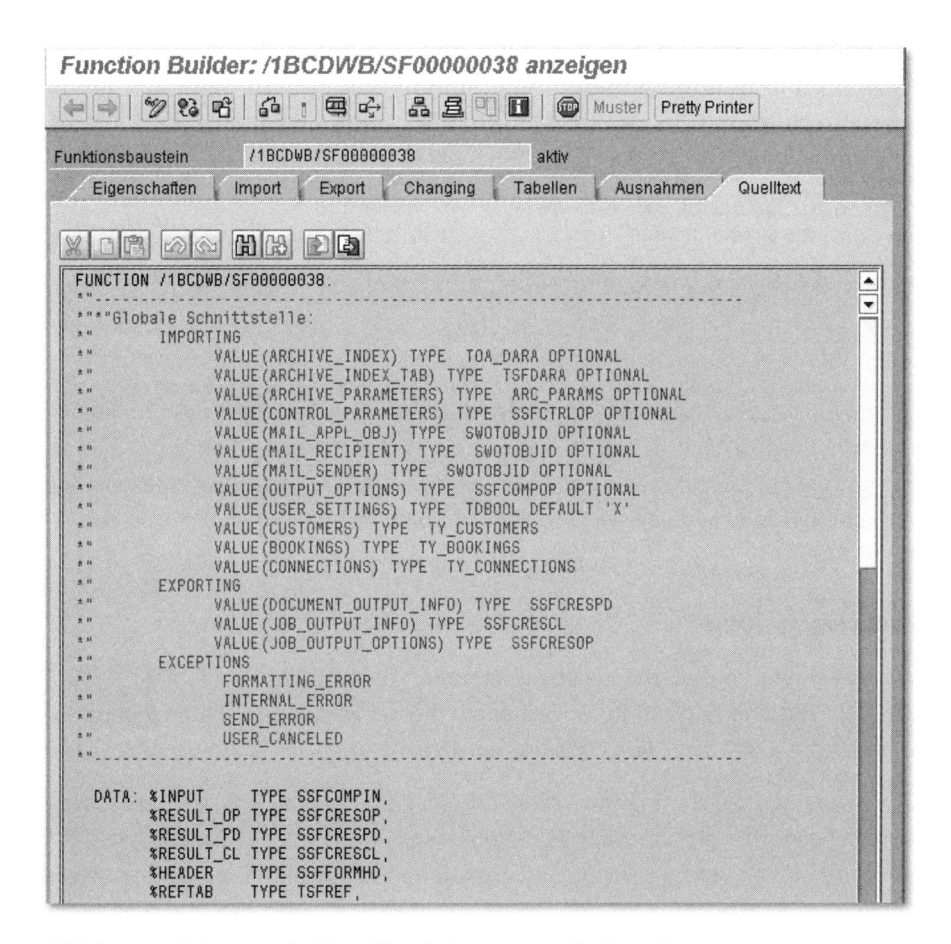

```
Function Builder: /1BCDWB/SF00000038 anzeigen

Funktionsbaustein    /1BCDWB/SF00000038            aktiv
 Eigenschaften   Import   Export   Changing   Tabellen   Ausnahmen   Quelltext

FUNCTION /1BCDWB/SF00000038.
*"----------------------------------------------------------------------
*"*"Globale Schnittstelle:
*"  IMPORTING
*"     VALUE(ARCHIVE_INDEX) TYPE  TOA_DARA OPTIONAL
*"     VALUE(ARCHIVE_INDEX_TAB) TYPE  TSFDARA OPTIONAL
*"     VALUE(ARCHIVE_PARAMETERS) TYPE  ARC_PARAMS OPTIONAL
*"     VALUE(CONTROL_PARAMETERS) TYPE  SSFCTRLOP OPTIONAL
*"     VALUE(MAIL_APPL_OBJ) TYPE  SWOTOBJID OPTIONAL
*"     VALUE(MAIL_RECIPIENT) TYPE  SWOTOBJID OPTIONAL
*"     VALUE(MAIL_SENDER) TYPE  SWOTOBJID OPTIONAL
*"     VALUE(OUTPUT_OPTIONS) TYPE  SSFCOMPOP OPTIONAL
*"     VALUE(USER_SETTINGS) TYPE  TDBOOL DEFAULT 'X'
*"     VALUE(CUSTOMERS) TYPE  TY_CUSTOMERS
*"     VALUE(BOOKINGS) TYPE  TY_BOOKINGS
*"     VALUE(CONNECTIONS) TYPE  TY_CONNECTIONS
*"  EXPORTING
*"     VALUE(DOCUMENT_OUTPUT_INFO) TYPE  SSFCRESPD
*"     VALUE(JOB_OUTPUT_INFO) TYPE  SSFCRESCL
*"     VALUE(JOB_OUTPUT_OPTIONS) TYPE  SSFCRESOP
*"  EXCEPTIONS
*"     FORMATTING_ERROR
*"     INTERNAL_ERROR
*"     SEND_ERROR
*"     USER_CANCELED
*"----------------------------------------------------------------------

  DATA: %INPUT     TYPE SSFCOMPIN,
        %RESULT_OP TYPE SSFCRESOP,
        %RESULT_PD TYPE SSFCRESPD,
        %RESULT_CL TYPE SSFCRESCL,
        %HEADER    TYPE SSFFORMHD,
        %REFTAB    TYPE TSFREF,
```

Abbildung 13.28 Function Builder: Pflegefunktionen zum Funktionsbaustein

Die Pflegefunktionen bestehen aus mehreren Registerkarten, wobei die Registerkarte mit dem Quelltext des Funktionsbausteins vorgeblendet ist. Trotz der großen Funktionalitäten unter Smart Forms ist der erzeugte Quelltext auf den ersten Blick überraschend kurz: Die meisten Funktionen zur Abarbeitung sind wieder in untergeordneten Funktionsbausteinen hinterlegt und deshalb auf den ersten Blick nicht erkennbar.

> **Tipp:** In dieser Anzeige zum Quelltext können Sie direkt einen Haltepunkt setzen, falls Sie den Ablauf der Formularausgabe per Debugger überwachen wollen. Der Einstieg über die Testfunktion ist ein guter Weg, um die vom Rahmenprogramm gelieferten Daten zu kontrollieren (siehe auch Abschnitt 13.7.4).

Die Übergabeparameter des Funktionsbausteins selbst sind zusammen mit ihrer Typangabe nur als Kommentarzeilen aufgelistet. Diese Zeilen werden vom System automatisch erstellt. Die eigentliche Definition der Parameter erfolgt ähnlich wie im Form Builder von Smart Forms über eigene Registerkarten. Auch die Bezeichnung der Registerkarten dürfte aus dem Knoten zur Formularschnittstelle von Smart Forms schon bekannt sein.

Ebenso entsprechen die Inhalte genau den Eintragungen beim zugehörigen Formular. Öffnen Sie beispielsweise die Registerkarte **Import**: In der zugehörigen Liste sind die gleichen Definitionen wie im zugehörigen Formular enthalten.

Öffnen Sie jetzt die Registerkarte **Eigenschaften**: Sie sehen, dass zum Funktionsbaustein offensichtlich zusätzlich auch eine gleichnamige Funktionsgruppe angelegt wurde. Da das für jeden von Smart Forms erzeugten Funktionsbaustein gilt, enthält umgekehrt jede dieser Funktionsgruppen auch nur einen einzigen Funktionsbaustein!

Funktionsgruppen

Wir wollen uns an dieser Stelle etwas näher mit dem Aufbau von Funktionsgruppen befassen und mit den Besonderheiten, die bei Funktionsgruppen gelten, die automatisch aus Smart Forms erzeugt werden.

Unter der Registerkarte **Eigenschaften** des Pflegedynpros zum Funktionsbaustein ist die zugehörige gleichnamige Funktionsgruppe genannt. Per Mausdoppelklick auf den Eintrag rufen Sie weitere Informationen zur Funktionsgruppe ab (siehe Abbildung 13.29).

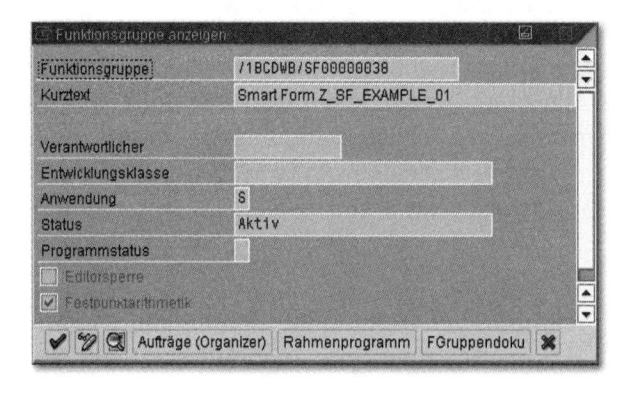

Abbildung 13.29 Informationen zur Funktionsgruppe

Diese allgemeinen Informationen helfen noch nicht viel weiter: Wählen Sie deshalb die Taste **Rahmenprogramm**, um die Inhalte dieser Funktionsgruppe wie in Abbildung 13.30 anzuzeigen.

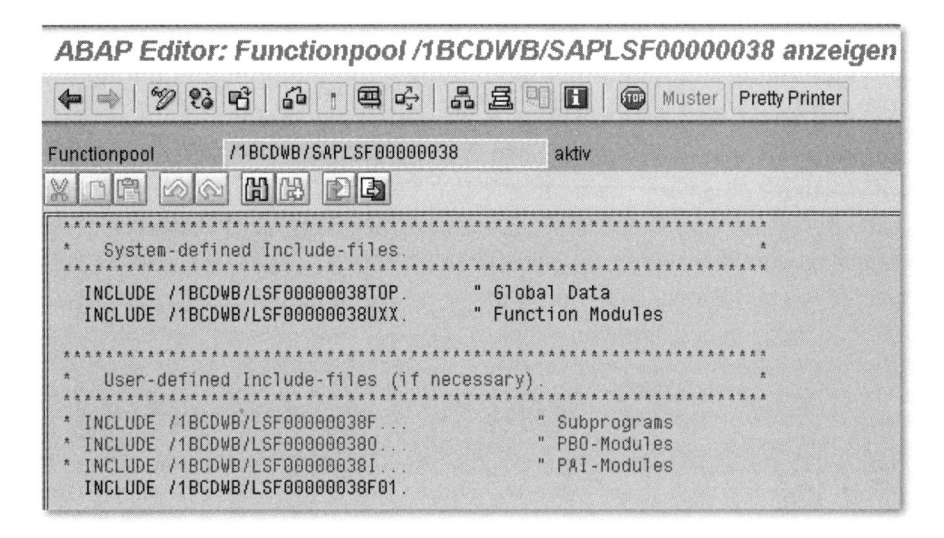

```
ABAP Editor: Functionpool /1BCDWB/SAPLSF00000038 anzeigen

Functionpool    /1BCDWB/SAPLSF00000038    aktiv

************************************************************
*   System-defined Include-files.                           *
************************************************************
   INCLUDE /1BCDWB/LSF00000038TOP.      " Global Data
   INCLUDE /1BCDWB/LSF00000038UXX.      " Function Modules

************************************************************
*   User-defined Include-files (if necessary).              *
************************************************************
*  INCLUDE /1BCDWB/LSF00000038F...      " Subprograms
*  INCLUDE /1BCDWB/LSF000000380...      " PBO-Modules
*  INCLUDE /1BCDWB/LSF00000038I...      " PAI-Modules
   INCLUDE /1BCDWB/LSF00000038F01.
```

Abbildung 13.30 Quelltext zur Funktionsgruppe

Das System wechselt automatisch in den ABAP-Editor. Der Quelltext zum Rahmenprogramm der Funktionsgruppe wird als **Functionpool** bezeichnet. Die Systematik im Rahmenprogramm jeder Funktionsgruppe ist gleich; sie besteht aus:

- Globalen Datendefinitionen
- Zugeordneten Funktionsbausteinen
- Individuellen Programmroutinen, die als Unterprogramme von allen Funktionsbausteinen der Funktionsgruppe verwendet werden können

In unserem Fall sind diese Gruppen auch durch drei Einträge vertreten (als Include-Bausteine, die jeweils wieder Verweise auf den eigentlichen Quelltext sind):

- **INCLUDE .../...TOP**
  Enthält alle globalen Datendefinitionen der Funktionsgruppe; in unserem Fall insbesondere auch diejenigen Datendefinitionen, die wir im Knoten für Allgemeine Definitionen des Form Builders vorgenommen haben.

- **INCLUDE .../...UXX**
  Enthält einen Verweis auf den Quelltext des Funktionsbausteins, den wir auch im Einstiegsbild zum Function Builder vorgeblendet hatten.

- **INCLUDE .../...F01**
  Enthält individuelle Unterprogramme zum Formular, die vom Funktionsbaustein aufgerufen werden. Hier finden sich u. a. alle Knoten wieder, die im zugehörigen Formular angelegt worden sind.

Inhalt eines Knotens anzeigen

Jedes der Include-Programme können Sie per Mausdoppelklick öffnen. Probieren Sie es einfach mit dem letzten Baustein, und schon sehen Sie den ABAP-Quelltext zu einer Reihe von Unterprogrammen (Form-Routinen). Hier sollten auch alle ausführbaren Knoten aus unserem Formular enthalten sein. Versuchen Sie eine Volltextsuche nach der Grafik SMALL_DOG, die Sie im Schnelleinstieg in das Formular eingebunden haben (oder alternativ nach ENJOY, wenn Sie das Übungsbeispiel ausgelassen haben). Der zum Grafik-Knoten gehörige ABAP-Code wird wie in Abbildung 13.31 dargestellt aussehen.

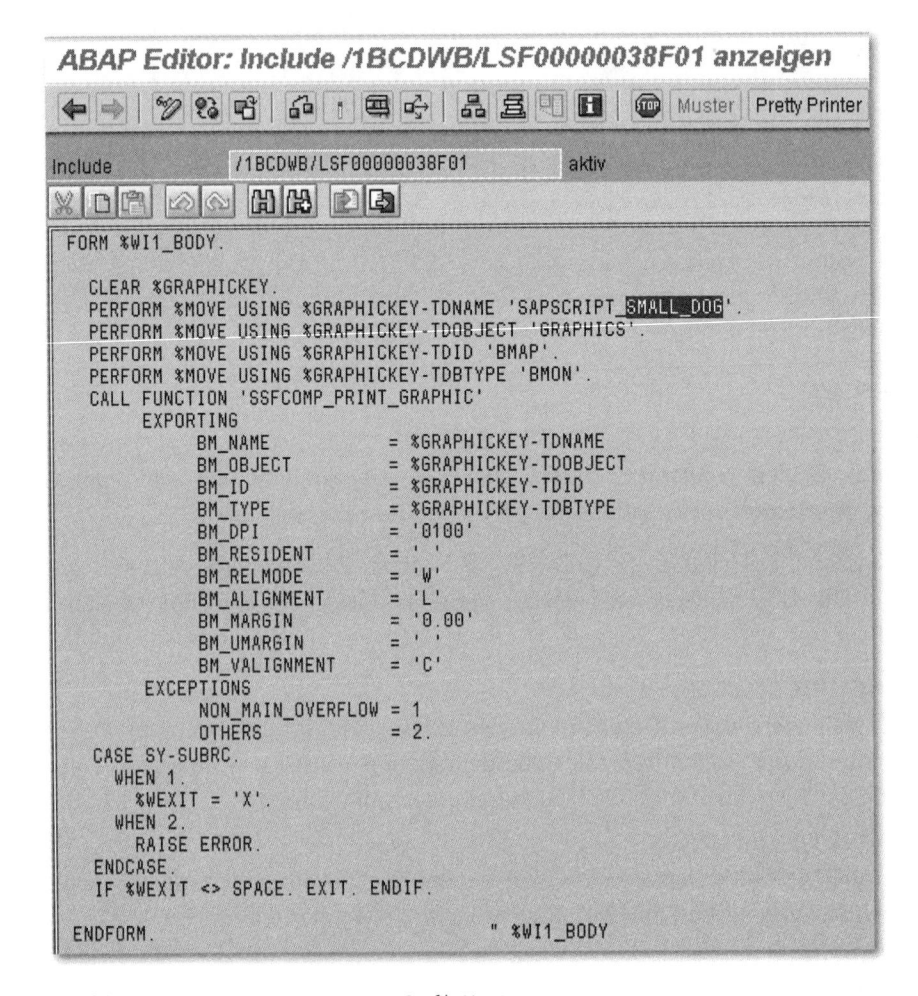

```
ABAP Editor: Include /1BCDWB/LSF00000038F01 anzeigen

Include        /1BCDWB/LSF00000038F01        aktiv

FORM %WI1_BODY.

  CLEAR %GRAPHICKEY.
  PERFORM %MOVE USING %GRAPHICKEY-TDNAME  'SAPSCRIPT SMALL_DOG'.
  PERFORM %MOVE USING %GRAPHICKEY-TDOBJECT 'GRAPHICS'.
  PERFORM %MOVE USING %GRAPHICKEY-TDID    'BMAP'.
  PERFORM %MOVE USING %GRAPHICKEY-TDBTYPE 'BMON'.
  CALL FUNCTION 'SSFCOMP_PRINT_GRAPHIC'
       EXPORTING
            BM_NAME         = %GRAPHICKEY-TDNAME
            BM_OBJECT       = %GRAPHICKEY-TDOBJECT
            BM_ID           = %GRAPHICKEY-TDID
            BM_TYPE         = %GRAPHICKEY-TDBTYPE
            BM_DPI          = '0100'
            BM_RESIDENT     = ' '
            BM_RELMODE      = 'W'
            BM_ALIGNMENT    = 'L'
            BM_MARGIN       = '0.00'
            BM_UMARGIN      = ' '
            BM_VALIGNMENT   = 'C'
       EXCEPTIONS
            NON_MAIN_OVERFLOW = 1
            OTHERS            = 2.
  CASE SY-SUBRC.
    WHEN 1.
      %WEXIT = 'X'.
    WHEN 2.
      RAISE ERROR.
  ENDCASE.
  IF %WEXIT <> SPACE. EXIT. ENDIF.

ENDFORM.                               " %WI1_BODY
```

Abbildung 13.31 Unterprogramm zum Grafik-Knoten

Für die eigentliche Ausgabe der Grafik wird ein Funktionsbaustein SSFCOM_PRINT_GRAPHIC aus der Systembibliothek aufgerufen. Ein Mausdoppelklick auf diesen Namen liefert seinen Quelltext und die Definitionen der Übergabeparameter. Über das Unterprogramm %MOVE werden diese Übergabeparameter vorher auf diejenigen Werte gesetzt, die Sie zuvor im Knoten des Formulars eingestellt haben.

Jeder andere ausführbare Knoten des Formulars ist ebenfalls hier eingebunden. Manchmal kann es sinnvoll sein, auf diese Weise den vom System erzeugten Programmcode zu überprüfen (z. B. auch bei eigenen Programm-Knoten). Oder setzen Sie einen passenden Haltepunkt für die Ausführung über den Debugger (siehe nächstes Kapitel).

> **Hinweis:** Sie können allerdings nicht nach Inhalten von Textelementen suchen (aus Text-Knoten), denn diese sind unabhängig vom Formular und vom Funktionsbaustein abgelegt (siehe Abschnitt 13.3.4 Textverwaltung). Damit entfällt auch die Suche nach Feldern, die über Text-Knoten ausgegeben werden.

Verlassen Sie nach dieser kurzen Einführung die Funktionsgruppe und kehren Sie zurück bis zum Einstiegsbild des Function Builders (wie in Abbildung 13.31 abgebildet).

Sonstiges

Sie haben soeben das Rahmenprogramm bzw. die Definition von globalen Daten über die Funktionsgruppe kennengelernt. Beide Programmbereiche können Sie auch direkt vom Einstiegsbild des Function Builders (oder dem Pflegedynpro) über den Menüpfad **Springen • Globale Daten/Rahmenprogramm aufrufen**.

Einen Überblick über die Struktur innerhalb der Funktionsgruppe erhalten Sie auch durch Darstellung der Objektliste über den Menüpfad **Hilfsmittel • Objektliste anzeigen**. Damit öffnen Sie den Object Navigator (wie über Transaktion SE80).

13.7.4 ABAP-Debugger

Bei anspruchsvolleren Formularentwicklungen mit Smart Forms ist häufig die korrekte Bereitstellung von Datenbankinformationen eine zentrale Aufgabe. Dabei wird man auch komplexere Programmcodes im Rahmenprogramm erstellen müssen, als dies bei dem Beispiel unserer Flugrechnung der Fall ist. Unter Umständen sind auch anspruchsvolle Routinen in den Programm-Knoten des Formulars erforderlich.

Einsatzgebiet

Es stellt sich also die Aufgabe, die Funktion des Programmcodes auf Fehlerfreiheit zu überprüfen:

- Für die formale Überprüfung (richtige Eingabe der Anweisungen, der Variablennamen etc.) steht die eingebaute Syntaxprüfung zur Verfügung.
- Zusätzlich werden Sie sich Ergebnisse des Programmcodes (z. B. in Form von Feldern) einfach über Ausgaben im Formular ansehen.

Entspricht der Inhalt den Erwartungen, kann man mit einer gewissen Wahrscheinlichkeit davon ausgehen, dass auch der Programmcode korrekt ist.

Aber selbst erfahrene Programmentwickler werden zugeben, dass bei komplexeren Programmroutinen leider häufig das Ergebnis zunächst einmal nicht den Erwartungen entspricht (trotz formal überprüfter Programmzeilen). Die Ursachen dafür können vielfältig sein, z. B. haben ausgewertete Quellvariablen nicht die Inhalte, die erwartet waren oder es werden Optionen zu ABAP-Anweisungen vom Entwickler falsch interpretiert.

Da die Ursachen im Fehlerfall normalerweise nicht sofort ersichtlich sind (sonst hätte man es ja gleich richtig gemacht), ist auch das Einkreisen der Fehlerquelle mühsam.

Funktionsübersicht zum Debugger

Zur Unterstützung der Programmanalyse enthält die ABAP Entwicklungsumgebung den *Debugger*: Über dieses Werkzeug kann jedes ABAP-Programm schrittweise ausgeführt werden (d. h. Programmzeile für Programmzeile). Das bedeutet:

- Wenn Sie ein Programm bei eingeschaltetem Debugger aufrufen, wird zunächst nur die erste Programmzeile ausgeführt.
- Dann zeigt das System einen speziellen Debug-Bildschirm, über den der Programmentwickler den Zustand der Programmumgebung überwachen kann (z. B. durch Anzeige der Inhalte von Programmvariablen).
- Über Funktionstasten können Sie dann die Ausführung der nächsten Programmzeile veranlassen usw.

Da ein Programm durchaus Tausende Programmzeilen enthalten kann, wird das schrittweise Überprüfen, beginnend beim Programmstart, schnell zu einer mühsamen Angelegenheit. Deshalb bietet der Debugger die Möglichkeit, die Einsprungstelle ins Programm nicht nur auf den Programmanfang zu legen, sondern über einen sog. *Haltepunkt* auf jede beliebige Programmzeile.

Wahlweise können Sie auch mehrere Haltepunkte einstellen, wobei der Debugger dann nacheinander an jedem dieser Haltepunkte anhält. Hierüber können Sie z. B. Dateninhalte am Beginn und am Ende einer Programmfunktion vergleichen.

Da jedes Formular mit seiner Aktivierung im Hintergrund in ein ABAP-Programm übersetzt wird, lässt sich auch der Debugger für die Fehleranalyse einsetzen. Es gibt aber eine erste Einschränkung: Sie können den Debugger nur bedingt aus dem Form Builder heraus aktivieren. Verwenden Sie dafür bei Bedarf eine Anweisung im Programm-Knoten (darauf kommen wir noch zurück).

Komfortabler ist auf jeden Fall der Weg über die Entwicklungsumgebung. Mit der folgenden knappen Einführung wollen wir insbesondere zeigen, das der Einsatz dieses nützlichen Werkzeugs auch für die Smart Forms-Entwickler gelingen kann, die bisher nicht über Programmiererfahrung verfügen.

Schritt 1: Debugger aktivieren

Wir werden zunächst zeigen, wie Sie den Debugger für den Quelltext in einem Programm-Knoten des Formulars einschalten können. Da das Formular als Funktionsbaustein in das aufrufende Rahmenprogramm eingebunden ist, wollen wir an dieser Stelle auch auf den Function Builder als zugehörigem Programmierwerkzeug innerhalb der ABAP Entwicklungsumgebung zurückgreifen, um den Aufruf des Debuggers zu ermöglichen.

Wechseln Sie über den Menüpfad **Formular** • **Testen des Form Builders in das Einstiegsbild** zum Function Builder. Der Name des Funktionsbausteins zum Formular ist bereits vorgeblendet. Wählen Sie dort die Taste **Anzeigen**: Es öffnet sich der Function Builder in seiner kompletten Funktionalität mit Darstellung des Quelltextes zum Funktionsbaustein (siehe Abbildung 13.32).

Im ersten Schritt wollen wir erreichen, dass das Rahmenprogramm sofort nach Aufruf des Funktionsbausteins die Ausführung unterbricht. Dazu sollten Sie die erste ausführbare Programmzeile im Funktionsbaustein über einen Haltepunkt markieren. Gehen Sie deshalb mit dem Schreibcursor auf die erste Zeile des Programmcodes, die immer mit `FUNCTION /1BCDWB/....` beginnt.

Setzen Sie dann einen neuen Haltepunkt über den Menüpfad **Hilfsmittel** • **Breakpoints** • **setzen/löschen** oder das STOP-Symbol in der Symbolleiste. Auf gleichem Wege können Sie später den Haltepunkt auch wieder entfernen.

Nach kurzer Bearbeitungszeit reagiert das System: Markiert wird aber nicht etwas die erste Programmzeile im Code, die Sie soeben angewählt haben, sondern die erste ausführbare Programmzeile. In unserem Beispiel der Abbildung 13.32 ist das die Zeile mit der Anweisung `IF USER_SETTINGS <> SPACE`.

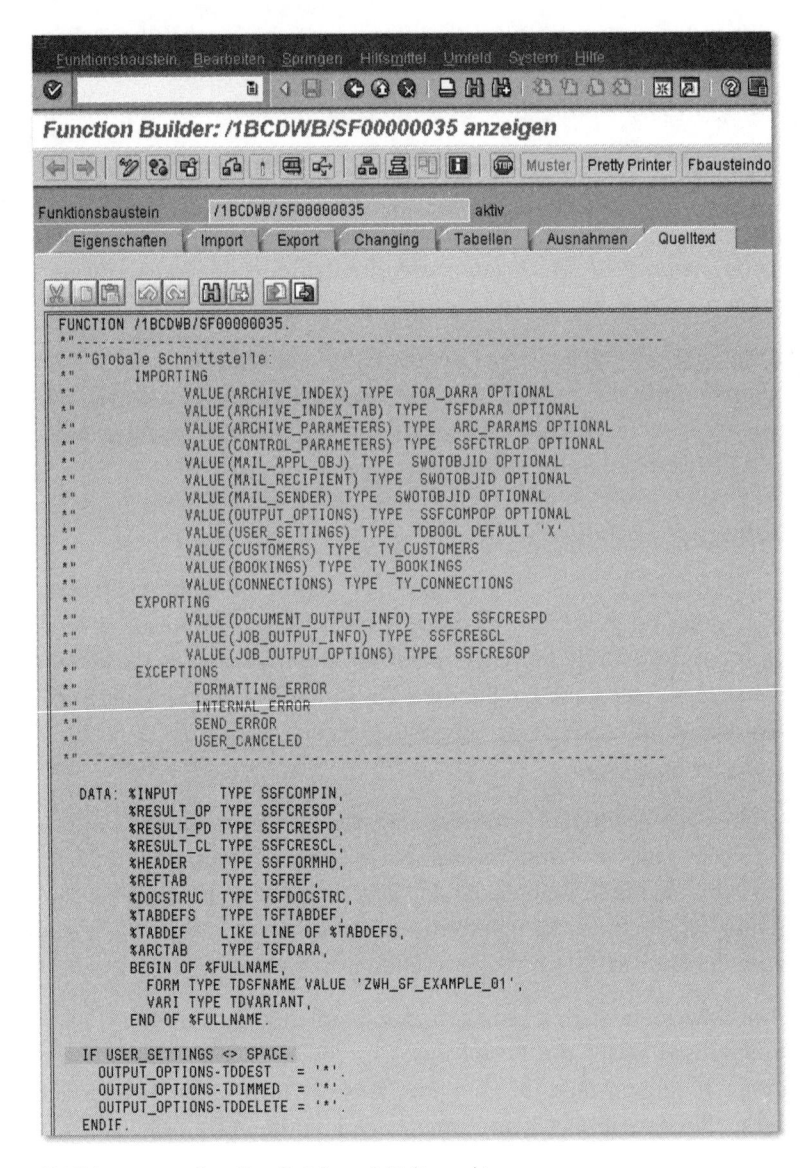

Abbildung 13.32 Function Builder mit Haltepunkt

Als nichtausführbare Programmzeilen gelten offensichtlich auch DATA-Anweisungen zur Typisierung von Daten.

Schritt 2: Debugger aufrufen

Um den Debugger aufzurufen, müssen Sie nun das zugehörige Rahmenprogramm starten (je nach Anwendungsfall z.B. als eigenständiger Report oder über eine Applikation mit Nachrichtenfindung).

Tipp: Nicht immer merkt das Rahmenprogramm sofort, dass ein Haltepunkt gesetzt wurde. Starten Sie ggf. die Transaktion zum Rahmenprogramm neu. Das hilft auf jeden Fall!

Sobald innerhalb der Programmausführung der Haltepunkt erreicht ist, öffnet sich das Bearbeitungsfenster des Debuggers. Abbildung 13.33 zeigt das Ergebnis zu unserem Beispiel.

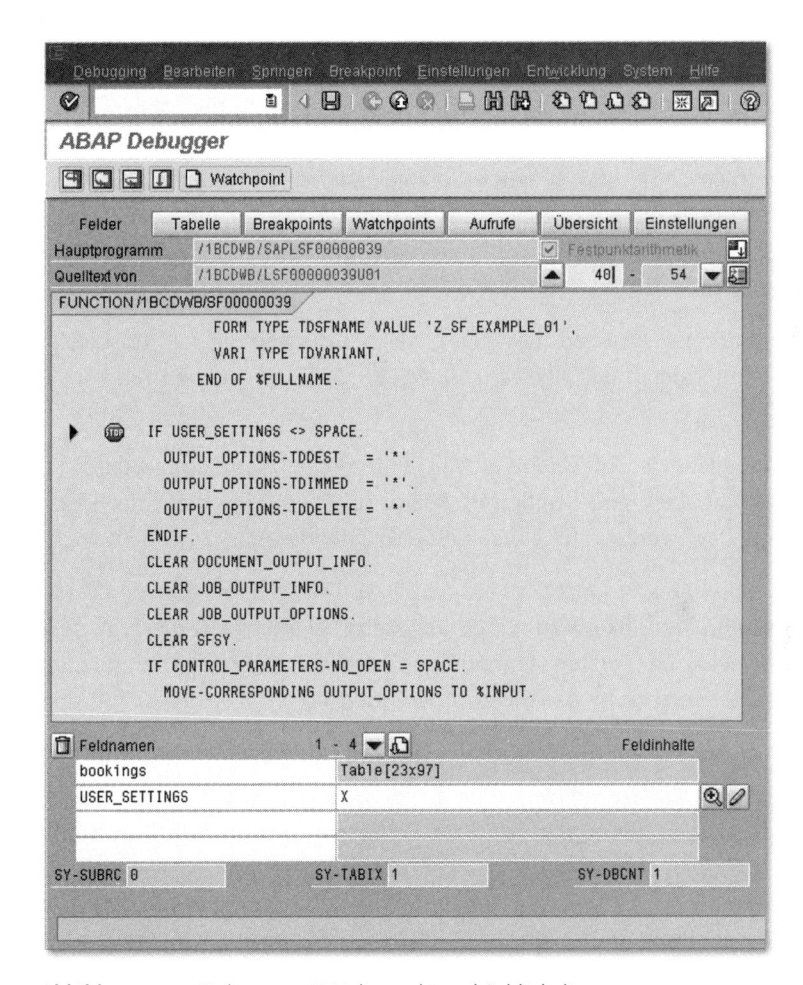

Abbildung 13.33 Debugger mit Haltepunkt und Feldinhalten

Der mittlere Teil des Bildschirms zeigt als Ausschnitt die Programmstelle, an der die Ausführung unterbrochen wurde.

Entwicklungswerkzeuge **453**

> **Hinweis:** Im Quelltext können Sie über **Bild** blättern. Sie können aber leider nicht über die üblichen Pfeiltasten zeilenweise vor- oder zurücklaufen. Zu einer beliebigen Stelle im Quelltext springen Sie am besten über die Volltextsuche.

Der vorher eingetragene Haltepunkt ist wieder über ein STOP-Zeichen zu erkennen. Der schwarze Pfeil davor (*Debug-Cursor*) zeigt, dass die Programmausführung auch genau bis zu dieser Stelle geführt hat; die aktuelle Anweisung ist dabei noch nicht ausgeführt worden.

Um diese Zeile auszuführen, steht im Menü **Debugging** die Funktion **Einzelschritt F5** zur Verfügung: Der Debug-Cursor wechselt dann in die nächste Ausführungszeile. In unserem Fall wird über IF eine Bedingung zur Variablen USER_SETTINGS abgefragt. Ist sie erfüllt, werden die geklammerten Felder zu OUTPUT_OPTIONS gesetzt; im anderen Fall läuft das System direkt auf die Zeile CLEAR DOCUMENT.... Je nach Fortbewegung im Programmcode wird auch die Bildschirmdarstellung aktualisiert.

Um in dieser Situation abschätzen zu können, welches der nächste Schritt ist, sollten Sie als Anwender den Inhalt der Variablen USER_SETTING kennen.

Feldinhalte anzeigen
Genau dies ermöglicht der Anzeigebereich im unteren Teil des Debug-Bildes: Er zeigt bis zu vier Variablen gleichzeitig mit ihrem Inhalt an; links steht der Feldname und rechts davon dessen Inhalt (soweit er darstellbar ist).

Im Beispiel der Abbildung 13.33 ist das Feld USER_SETTINGS bereits bei den Feldinhalten dargestellt. Der Inhalt wird mit 'X' angezeigt. Allerdings ist dieser Anzeigebereich bei Erreichen des ersten Haltepunktes noch leer. Welche Variablen dargestellt werden sollen, entscheiden Sie als Anwender:

▶ Ist der Feldname bekannt, können Sie ihn per Tastatur eingeben; nach **Return** wird sofort der Inhalt dargestellt.

▶ Noch einfacher ist es, wenn der gesuchte Feldname auch in dem Ausschnitt des Programmcodes enthalten ist, der gerade im oberen Anzeigebereich zu sehen ist. Ein Mausdoppelklick auf den Feldnamen übernimmt ihn in die erste freie Zeile der unteren Liste.

Falls Sie einmal mehr als vier Variablen gewählt haben, können Sie über die Pfeiltasten oberhalb dieses Anzeigebereichs durch die Liste blättern. Der Mülleimer löscht komplett alle Anzeigefelder aus der Ansicht und macht sie damit frei für Neueingaben.

Inhalte von Strukturierte Variablen anzeigen

Was bei Feldern noch einigermaßen übersichtlich ist, gestaltet sich bei internen Tabellen schon schwieriger; trotzdem wird man deren Inhalt besonders häufig kontrollieren wollen. Im obigen Beispiel haben wir die interne Tabelle BOOKINGS aufgenommen, die über die Schnittstelle vom aufrufenden Rahmenprogramm bereit gestellt wird. Bei diesem Datentyp nennt der Debugger nur die Anzahl der Einträge (hier drei) und die Breite je Zeile (die max. Anzahl an Zeichen). Per Mausdoppelklick auf den Zeileneintrag ändert sich aber die Anzeige wie in Abbildung 13.34 dargestellt.

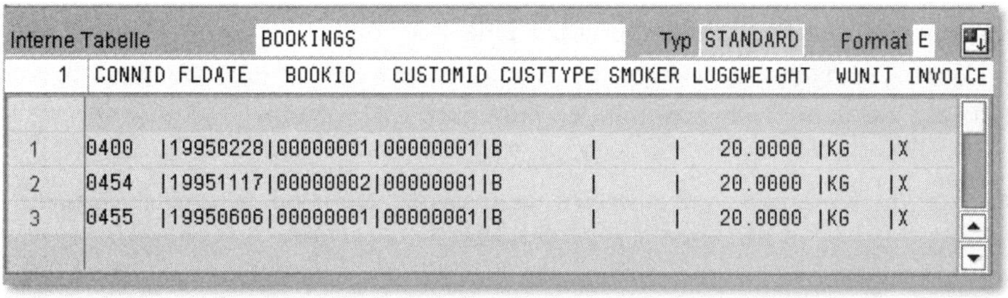

Abbildung 13.34 Debugger mit Tabelleninhalten

Sie sehen jetzt die Inhalte der ersten Zeilen der internen Tabelle (wieder bis zu vier); links davon in blauer Schrift der Index der jeweiligen Zeile. Zu dieser Darstellung ist eine weitere Detaillierung möglich:

▶ Ein Mausdoppelklick auf eine Zelle liefert weitere Informationen zur dieser Komponte.
▶ Ein Mausdoppelklick auf den blauen Zeilenindex links öffnet eine Detailsicht auf die Daten der gesamten Zeile mit Darstellung aller Felder und deren Inhalt.

Über die Funktionstaste **F3** gelangen Sie wie üblich wieder zurück in die jeweils vorherige Sicht.

Bis hierher haben Sie schon die wichtigsten Funktionen kennengelernt, um die Feldinhalte im Programm zu überprüfen. Anhand des gezeigten Beispiels haben Sie auch konkret gesehen, wie eine Überprüfung der Datenübergabe vom Formular zum Funktionsbaustein des Formulars aussehen kann: Über den Haltepunkt wurde der Debugger direkt bei Aufruf des Funktionsbausteins aktiviert; damit sind dann automatisch alle Importfelder der Formularschnittstelle mit ihren Inhalten abrufbar.

> **Hinweis:** Wir sind den Weg über den Funktionsbaustein gegangen, um den Haltepunkt zu setzen. Zum gleichen Ergebnis führt natürlich auch der Weg über das Rahmenprogramm: Setzen Sie dort den Haltepunkt einfach direkt auf den Aufruf zum Funktionsbaustein.

Anweisungen schrittweise ausführen

Das Programm steht noch immer an der gleichen Stelle, an der die Ausführung per Haltepunkt unterbrochen wurde; ggf. auch einige Programmzeilen weiter, wenn Sie den Einzelschritt schon probiert haben. Natürlich wäre es mühsam, das gesamte restliche Programm auch über Einzelschritte fortzuführen. Dafür stehen im Menü Debugging bzw. über die Symbolleiste weitere Funktionen zur Bewegung zur Verfügung. Die zugehörigen Funktionstasten sind:

F5	Einzelschritt: Es wird Anweisung für Anweisung ausgeführt; auch untergeordnete Funktionsaufrufe werden explizit im Einzelschritt ausgeführt.
F6	Ausführen: Bewegung wie beim Einzelschritt; allerdings werden Aufrufe von Unterprogrammen und Functions komplett in einem Zuge durchlaufen.
F7	Return: Der Debugger kehrt an die Stelle zurück, in der ein aufrufendes Programm wieder die Kontrolle übernimmt (z.B. an das Ende des Function-Aufrufs aus dem Rahmenprogramm).
F8	Weiter (bis Cursor): Der Programmcode wird in einem Zuge ausgeführt ▶ bis zu der Position, an der sich der Schreibcursor befindet oder ▶ bis zum nächsten gesetzten Haltepunkt oder ▶ einfach nur bis zum Ende des Programms.

Insbesondere bei Abarbeitung des Programms über die Funktionstaste **F8** ist schnell zu erkennen, dass die Wahl geeigneter Haltepunkte die Kontrolle des Programmablaufs maßgeblich erleichtert. Sie haben oben gesehen, wie Haltepunkte vor der Programmausführung vergeben werden können. Der Debugger bietet darüber hinaus die Möglichkeit, weitere Haltepunkte direkt im Debug-Bild des Quelltextes zu vergeben, und zwar durch einen Mausdoppelklick links von der jeweiligen Programmzeile. Natürlich sollte sich die Zeile in der Ausführung vor dem aktuellen Debug-Cursor befinden. Durch einen weiteren Doppelklick entfernen Sie den Haltepunkt wieder.

Noch einfacher geht die Fortführung durch die Positionierung über den Schreibcursor. Sobald dieser in einer Zeile vor der aktuellen Ausführungszeile steht, wird das Programm per Funktionstaste **F8** nur bis zu dieser Zeile fortgeführt.

> **Hinweis:** Wenn Sie die Programmausführung über den Debugger nach mehreren Minuten nicht aktiv fortsetzen, wird die ganze Transaktion vom SAP-System abgebrochen. Der zugehörige Modus zeigt dann wieder direkt das Hauptmenü von Easy-Access. Dieser Sicherheitsmechanismus existiert vor allem deshalb, weil ein aktiver Debugger viel Rechenleistung erfordert und ggf. andere Anwendungen verlangsamen kann.

Beachten Sie auch: Haltepunkte, die fest im Programmcode eingetragen sind, bleiben dort bis zum Ende der aktuellen Sitzung stehen. Denken Sie also daran, die Haltepunkte auch wieder zu entfernen (über das STOP-Symbol in der Symbolleiste des ABAP-Editors, Function Builders etc.). Über den Menüpfad **Hilfsmittel • Breakpoints • Anzeigen** erhalten Sie dort auch eine Liste aller aktuell angelegten Haltepunkte, die Sie ggf. auch auf diesem Weg löschen können.

Schritt 3: Debugger im Formular

Wie oben bereits festgestellt, können Sie den Debugger mit Einschränkungen auch direkt im Form Builder von Smart Forms aktivieren. Einziger Einstiegspunkt ist der Programm-Knoten. Die Pflege des Quelltextes erfolgt dort zwar auch über den ABAP-Editor, es fehlt allerdings auf der Bedienoberfläche die Funktion zum Setzen eines Haltepunktes wie in Transaktion SE38 (z.B. über das STOP-Symbol).

Wir nennen zwei Varianten zum Setzen eines Haltepunktes:

- Verwendung einer ABAP-Anweisung
- Setzen im Function Builder über eine Suche nach dem betreffenden Knoten

Haltepunkt über ABAP-Anweisung

Für die erste Variante bietet ABAP das Schlüsselwort BREAK-POINT, dass Sie in jeder beliebigen Quelltextzeile eines Programm-Knotens einfügen können. Der Debugger hält dann exakt an dieser Stelle.

Das ist sicher der schnellste Weg, wenn Sie im Rahmen der Formularentwicklung auch Programm-Knoten verwenden wollen. In dieser Situation ist es kein besonderer Nachteil, dass Sie für das Einfügen der Anweisung den Quellcode ändern und dann das Formular neu aktivieren müssen.

Haltepunkt im Knoten setzen

Wenn Sie allerdings die zweite Variante mit dem Weg über den Function Builder nutzen, sind Sie zusätzlich unabhängig vom Knotentyp. Sie können also z.B. auch den Ablauf bei der Abarbeitung eines Text-Knotens kontrollieren. Dazu möchten wir Ihnen im Folgenden noch einige Hilfestellungen geben.

Alle Knoten des Formulars sind im generierten Funktionsbaustein als einzelne Unterprogramme realisiert (FORM-Routinen), wobei jedes Unterprogramm auch den Namen des zugehörigen Knotens enthält. Alle diese FORM-Routinen sind wiederum in einem Include-Programm zusammengefasst.

> **Hintergrund**: Der Begriffe *Include* an dieser Stelle hat nichts mit der Einbindung von SAPscript-Texten zu tun. An dieser Stelle handelt es sich um einen speziellen Programmtyp, der Routinen zusammenfasst, die zur Einbindung in andere Programm vorgesehen sind. Es wird also nur der gleiche Begriff verwendet.

Der Name des betreffenden Includes wird wie der Name des zugehörigen Funktionsbausteins zufällig vergeben.

Beispiel zur Knotensuche

Um das erzeugte Unterprogramm zu einem Knoten zu finden, können Sie die Volltextsuche im Function Builder verwenden. Angenommen, der gesuchte Knoten heißt INFO_TEXT:

- ▶ Wählen Sie wieder den Funktionsbaustein über den Menüpfad **Formular • Testen** im Form Builder und öffnen Sie dann den Function Builder im Anzeigemodus.
- ▶ Über den Menüpfad **Bearbeiten • Suchen/Ersetzen** rufen Sie dort die erweiterte Volltextsuche der Entwicklungsumgebung auf (siehe auch Hinweise im Kapitel 13.7.2 zur Suche im ABAP-Editor). Wichtig ist das Attribut **global im Rahmenprogramm**: Er sorgt dafür, dass auch die zugeordneten Includes in die Suche einbezogen werden.

Das Ergebnis des Suchvorgangs ist eine Liste aller gefundenen Einträge zum gesuchten Text (hier allerdings nur mit einer Fundstelle). Per Mausdoppelklick gelangen Sie direkt zu der entsprechenden Stelle im Quelltext (siehe Listing 13.2).

```
*----------------------------------------------------------------*
*   FORM %WI4_BODY
*----------------------------------------------------------------*
FORM %WI4_BODY.
  PERFORM %WRITE_TEXT USING 'INFO_TEXT' SPACE SPACE 'P' SPACE.
  IF %WEXIT <> SPACE. EXIT. ENDIF.
ENDFORM.
*----------------------------------------------------------------*
```

Listing 13.2 Listing 13.2: Text-Knoten im Funktionsbaustein zum Formular

Da es sich in unserem Fall um einen Text-Knoten handelt, wird die zentrale FORM-Routine WRITE_TEXT aufgerufen. Ein Haltepunkt an dieser Stelle würde direkt die Überwachung der zugehörigen Knotenfunktionen ermöglichen.

Vermutlich werden Sie die Überwachung per Debugger aber häufiger in einem Programm-Knoten benötigen. Um den übersetzten Programmcode zu finden, können Sie auch dort wieder den Namen des Knotens als Suchkriterium nutzen.

Bei langen Programmsequenzen kann es auch sinnvoll sein, direkt an eine bestimmte Stelle im Code des Programm-Knotens zu springen: Wählen Sie als Suchbegriff in diesem Fall z.B. eine lokale Variable oder Inhalte einer Kommentarzeile, die ebenfalls in die Suche eingebunden werden kann (fügen Sie ggf. einen eindeutigen Kommentar als Suchbegriff ein). Aber beachten Sie: Der Funktionsbaustein zum Formular wird immer erst bei Aktivierung aktuell neu erzeugt, d.h. entsprechende Suchbegriffe sind auch erst dann im Funktionsbaustein zu finden.

> **Tipp:** Leider wird der Haltepunkt im Funktionsbaustein nicht immer gleich an der gewünschen Programmstelle gesetzt, wenn Sie die Stelle per Volltextsuche gefunden haben. Statt dessen folgt eine Fehlermeldung '0000', die natürlich nicht weiterhilft. Setzen Sie in diesem Fall kurzzeitig einen Haltepunkt auf der ersten Seite des Funktionsbausteins (auch wenn er nicht mehr gebraucht wird). Suchen Sie dann erneut die eigentliche Programmstelle und setzen Sie nun den gewünschten einen Haltepunkt. Jetzt sollte es gehen!

13.7.5 ABAP-Dictionary

Im Zusammenhang mit der Typisierung von Variablen haben wir auf die Bedeutung des ABAP-Dictionarys mit seinen Datentypen hingewiesen. Es ermöglicht z.B. auf übersichtliche Weise die gleichartige Definition von Parametern der Formularschnittstelle im Formular und im Rahmenprogramm. Um diesen Vorteil auch bei der Entwicklung eigener Formulare zu haben, ist es sinnvoll, eigene Datentypen anzulegen, falls diese noch nicht vorhanden sind.

Wir wollen im Folgenden das ABAP-Dictionary etwas ausführlicher vorstellen. Wir sehen dabei für die Formularentwicklung unter Smart Forms zwei Fragestellungen als zentrale Themen:

- Welche zusätzlichen Informationen sind über einen Datentyp abrufbar?
- Wie werden neue Datentypen angelegt und ggf. auch geändert?

Die Erläuterungen sollen wieder anhand eines konkreten Beispiels erfolgen. Darin werden wir die vorhandenen Übergabeparameter der Formularschnittstelle zu einer gemeinsamen Struktur zusammenfassen.

> **Hinweis:** Sie können das beschriebene Beispiel zur Übung natürlich auch wieder am eigenen System nachspielen. Beachten Sie aber, dass danach die Feldnamen im Formular und im Rahmenprogramm teilweise andere sind, was leicht zu Verwirrungen führen könnte, wenn Sie danach noch weitere Kapitel des Buches durcharbeiten.

Einstieg in das ABAP-Dictionary

Starten Sie das ABAP-Dictionary über den Menüpfad **Werkzeuge** • **ABAP Workbench** • **Entwicklung** • **Dictionary (SE11)**. Für Smart Forms-Anwender wichtig sind im Eröffnungsbild eigentlich nur zwei Kriterien:

▶ **Datenbanktabelle**
Enthält die Beschreibung aller transparenten Datenbanktabellen im System; dort sind die eigentlichen Daten untergebracht.

▶ **Datentyp**
Enthält alle Einträge im Dictionary, die Sie für die Definition weiterer Daten verwenden können.

Wählen Sie als Beispiel die Datenbanktabelle SBOOK: Sie enthält alle Flugbuchungen, auf die wir unser Beispielformular ausgelegt haben. Es handelt sich um eine Originaldatenbanktabelle von SAP; verwenden Sie deshalb den Anzeigemodus, und Sie erhalten eine Darstellung wie in Abbildung 13.35.

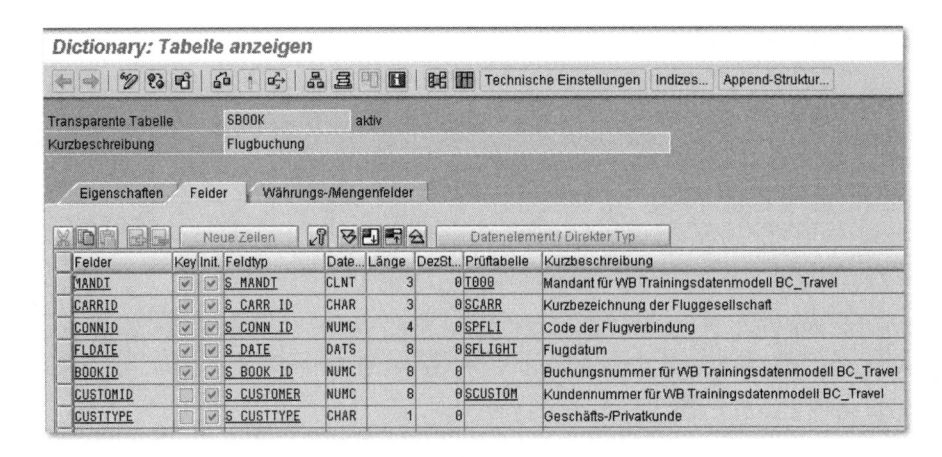

Abbildung 13.35 ABAP-Dictionary Bearbeitungsbild

Bearbeitungsbild ABAP-Dictionary

Die mittlere Registerkarte zeigt die einzelnen Felddefinitionen innerhalb der Datenbanktabelle SBOOK. Die Feldnamen dürften aus der bisherigen Anwendung schon bekannt sein. Hier noch einige Anmerkungen zu den weiteren Merkmalen:

- **Key**
  Die hier markierten Felder sind Schlüsselfelder und damit für die eindeutige Kennzeichnung eines Datensatzes wesentlich.

- **Feldtyp**
  Wie bei der Definition von Daten im Programm oder im Formular, werden auch die Eigenschaften von Feldern einer Datenbanktabelle über Datentypen charakterisiert. Die Zuweisung erfolgt bei der Neuanlage eines Feldes und beinhaltet einen Verweis auf einen beliebigen Datentyp im Data Dictionary. Das sind dann ggf. nicht nur Feldtypen, sondern auch Strukturen und Tabellentypen. Bei Feldtypen sehen Sie in den folgenden Feldern die Länge und ggf. die Dezimalstellen.

- **Prüftabelle**
  Häufig sind nur bestimmte Werte für den Inhalt eines Feldes erlaubt (z.B. nur die Kürzel der bereits angelegten Fluggesellschaften). Die Überwachung erfolgt automatisch über das SAP-System, wenn Sie hier eine entsprechende Prüftabelle zuweisen. Die Namen der Felder müssen übereinstimmen.

Per Mausdoppelklick auf die unterstrichenen Merkmale wechseln Sie zu weiteren Details des jeweiligen Eintrags. Wechseln Sie auf die Registerkarte **Eigenschaften**: Sie sehen dort, dass die aktuelle Datenbanktabelle in der Entwicklungsklasse BC_DATAMODEL enthalten ist. Die Angabe ist z.B. dann relevant, wenn Sie nach anderen Tabellen des Flugdatenmodells suchen: In der Wertehilfe des Eingangsbildes zum ABAP-Dictionary steht auch die Entwicklungsklasse als Selektionsmerkmal zur Verfügung.

Hilfsmittel

Für die weitere Analyse der Datenbanktabelle sind vor allem zwei Funktionen nützlich; der Aufruf erfolgt über das Menü **Hilfsmittel**:

- **Grafik**
  Die Verknüpfungen, die sich insbesondere über die Prüftabellen ergeben, werden grafisch dargestellt. Per Mausdoppelklick auf eines der Symbole zu beteiligten Datenbanktabellen wechseln Sie zu deren Aufbau. Über einen Doppelklick auf einen Verbindungsarm sehen Sie die Felder der zugehörigen Verknüpfung.

- **Tabelleninhalt • Anzeigen**
  Wechseln Sie darüber direkt in die Transaktion SE16 zur Anzeige von Tabelleninhalten. Grundsätzlich sind Tabelleninhalte darüber auch pflegbar.

> **Hinweis:** Die Eingabe von Testdaten über die Tabellenpflege kann bei einzelnen Tabellen durchaus ein sinnvolles Vorgehen sein. Verwenden Sie ggf. in der Listdarstellung der Buchungen die Funktion Anlegen mit Vorlage im Menü Tabelleneintrag. Ändern Sie dann ggf. die Felder nach Ihren Vorstellungen. Auch hier wird die Integrität der Daten durch Abgleich mit den übergeordneten Prüftabellen automatisch sichergestellt. Allerdings sind für das Flugdatenmodell spezielle Programme vorhanden, die eigenständig eine Vielzahl von Buchungen erzeugen.

Eigenen Datentyp anlegen

Bisher haben wir die Eigenschaften einer vorhandenen Datenbanktabelle überprüft. Wir wechseln jetzt zur Pflege von Datentypen und tun dies gleich anhand eines Übungsbeispiels. Darin wird ein neuer Tabellentyp angelegt, der alle individuellen Tabellen der bisherigen Formularschnittstelle enthalten soll.

Wählen Sie im Eröffnungsbild zum ABAP-Dictionary die Option **Datentyp** und als Inhalt ZSF_EXAMPLE. Auch beim Datentyp sind wieder Namenskonventionen zu beachten. Wählen Sie **Anlegen**: Es folgt eine Abfrage zum untergeordneten Typ des Eintrags:

- Ein Datenelement ist Grundlage für die Definition von einzelnen Feldern.
- Eine Struktur fasst beliebige andere Datentypen zusammen; sie kann damit zur Typisierung von Feldleisten verwendet werden. Jede einzelne Komponente einer Struktur kann wieder ein beliebiger anderer Datentyp sein (z. B. als ein Tabellentyp wie im Beispiel, das wir aufbauen).
- Ein Tabellentyp dient als Vorlage zur Definition von Datenbanktabellen oder internen Tabellen. In der Formularschnittstelle zur Flugrechnung wird z. B. der Tabellentyp TY_BOOKINGS zur Typisierung der Buchungstabelle verwendet (und kann von dort auch direkt angezeigt werden).

Wählen Sie für die Zusammenfassung der bisherigen Übergabetabellen den Datentyp **Struktur** im Dialogbild; es folgt das Bearbeitungsbild zum ABAP-Dictionary, wie in Abbildung 13.36 dargestellt.

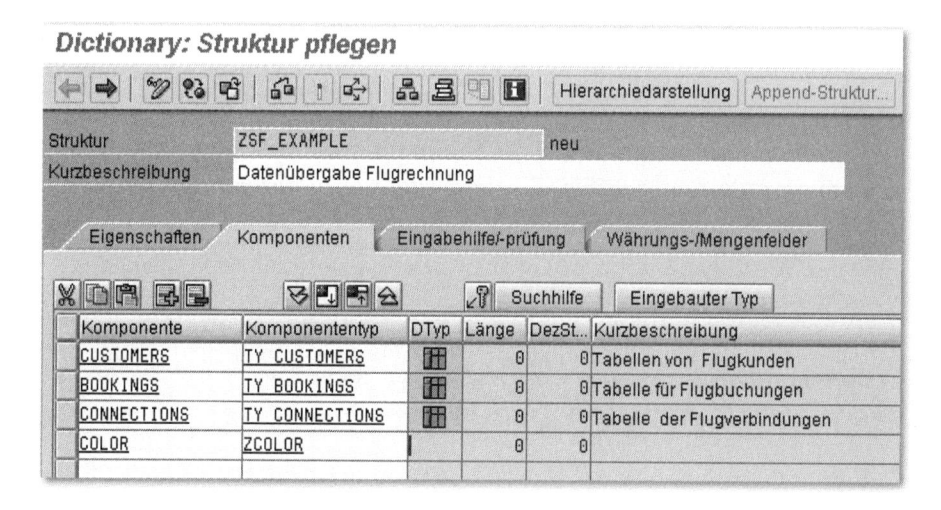

```
Dictionary: Struktur pflegen
[toolbar icons]  Hierarchiedarstellung  Append-Struktur...

Struktur           ZSF_EXAMPLE                    neu
Kurzbeschreibung   Datenübergabe Flugrechnung

  Eigenschaften   Komponenten   Eingabehilfe/-prüfung   Währungs-/Mengenfelder

[icons]                          Suchhilfe   Eingebauter Typ

Komponente     Komponententyp   DTyp   Länge   DezSt...   Kurzbeschreibung
CUSTOMERS      TY_CUSTOMERS              0        0       Tabellen von Flugkunden
BOOKINGS       TY_BOOKINGS               0        0       Tabelle für Flugbuchungen
CONNECTIONS    TY_CONNECTIONS            0        0       Tabelle der Flugverbindungen
COLOR          ZCOLOR                    0        0
```

Abbildung 13.36 Datentyp anlegen

Beim ersten Aufruf ist der Eingabebereich natürlich noch leer. Vergeben Sie eine Bezeichnung und definieren Sie die drei Komponenten, die bisher in der Formularschnittstelle zur Datenübertragung angelegt sind. Das System erkennt automatisch, dass es sich um Tabellentypen handelt und zeigt entsprechende Symbole in der Spalte **DTyp**.

Damit sind die Anforderungen an die Neugestaltung der Schnittstelle eigentlich schon erfüllt. Sichern und aktivieren Sie den neuen Datentyp. Natürlich fragt das System auch hier nach einer Entwicklungsklasse (ggf. wieder als lokales Objekt $TMP eintragen).

Sie können den Datentyp danach natürlich auch weiterhin ändern; wir wollen das nutzen, um im Folgenden eine weitere Komponente COLOR anzulegen.

Übungsbeispiel mit individuellem Komponententyp

In der letzten Zeile in Abbildung 13.37 sehen Sie eine Komponente COLOR, die sich auf einen Datentyp ZCOLOR im Dictionary beziehen soll. Diese Komponente existiert dort aber nicht. Wenn Sie also diesen Datentyp erstmalig in die Liste eingeben, erscheint eine Warnung »ZCOLOR ist nicht aktiv vorhanden«.

Sie können den Datentyp ZCOLOR aber direkt an dieser Stelle anlegen, d.h. ohne die aktuelle Erfassung verlassen zu müssen:

▶ Wählen Sie dazu den Komponententyp per Mausdoppelklick aus.
▶ Falls noch nicht geschehen, wird das System die bisherigen Eingaben zunächst sichern.

▶ Wie bei der Neuanlage von ZSF_EXAMPLE müssen Sie jetzt für ZCOLOR entscheiden, welche Art von Datentyp gelten soll: Datenelement, Struktur, Tabellentyp. Sie können also für den neuen Datentyp wieder eine Struktur wählen usw.

Auf diese Weise können beliebig komplex gestaffelte Datentypen entstehen.

> **Hinweis:** Die Inhalte der späteren Variablen werden durch Aneinanderreihung aller Ebenen identifiziert (jeweils mit Bindestrich, wie bei den bisherigen zweistufigen Datentypen auch). Aber allein schon die Länge der entstehenden Feldnamen sollte Sie anhalten, die Anzahl der Ebenen auf ein Minimum zu beschränken.

Zurück zu unserem Datentyp ZCOLOR: Wählen Sie also beim Einstieg in die Neuanlage den Typ **Datenelement**. Da dieser elementare Datentyp keine weiteren Komponenten enthalten kann, erscheint ein etwas abgewandeltes Bearbeitungsbild.

Wählen Sie wie in Abbildung 13.37 den eingebauten Datentyp CHAR mit einer Länge von vier Zeichen.

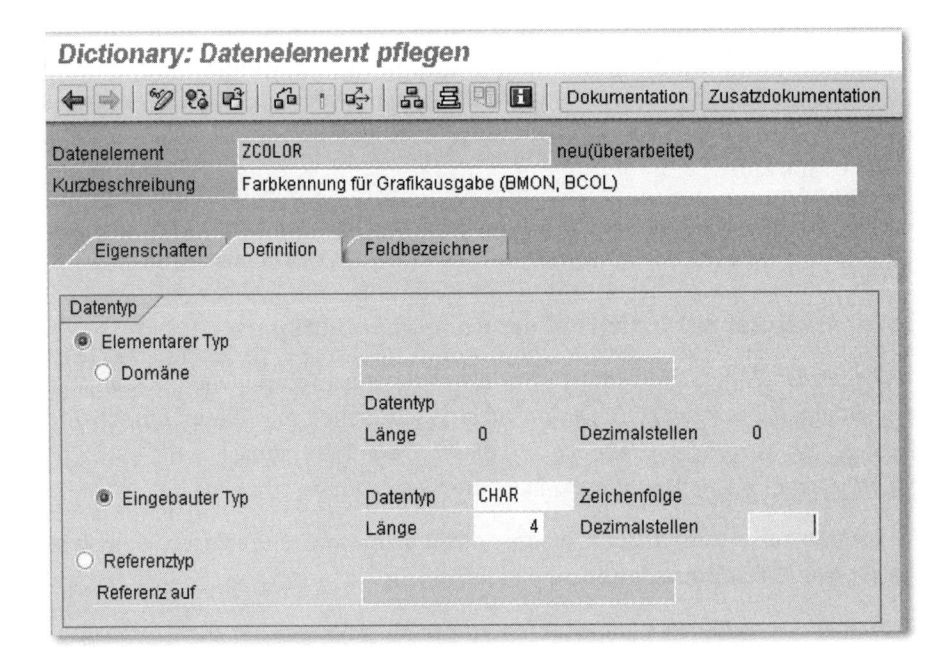

Abbildung 13.37 Data Dictionary: Anlegen Datenelement

Hinweis: Die *eingebauten Datentypen* des Dictionarys entsprechen den Grundtypen der ABAP-Programmiersprache, die wir in Abschnitt 6.3 bei der Typisierung von Daten vorgestellt haben. Sie unterscheiden sich aber im Aufbau und in den verwendeten Kürzeln (siehe die hinterlegte Liste über Funktionstaste **F4**).

Pflegen Sie auf der Registerkarte **Feldbezeichner** zusätzlich die Bezeichnungen des Feldes für Anwendungen unter ABAP (am einfachsten überall 'Color'). Sichern Sie dann die Eingaben und aktivieren Sie den neuen Datentyp.

Hinweis: Die neue Komponente heißt COLOR, weil sie für die externe Farbsteuerung in Grafik-Knoten verwendbar ist. Nach entsprechender Definition in der Formularschnittstelle müssen zwei weitere Bedingungen erfüllt sein:

- Die Variable muss im betreffenden Grafik-Knoten des Formulars zur dynamischen Festlegung der Farbe eingetragen sein.
- Im Rahmenprogramm muss der Inhalt auf BCOL oder BMON vorbelegt werden (z. B. in Abhängigkeit vom Drucker).

Sicherlich war die Definition über einen eigenen Datentyp ZCOLOR aufwändiger als nötig. Denn im Erfassungsbild von Abbildung 13.37 finden Sie u.a. auch eine Taste **Eingebauter Typ**: Nach deren Anwahl sind DTYP und die nachfolgenden Spalten eingebebereit, so dass der Datentyp CHAR auch direkt gesetzt werden kann.

Auswirkung auf die Formularschnittstelle

Wenn Sie die neue Variablenstruktur in der Formularschnittstelle einsetzen wollen, ist noch folgendes zu tun:

- Definieren Sie eine passende strukturierte Variable in der Formularschnittstelle; z. B. SF_EXAMPLE TYPE ZSF_EXAMPLE, die bisherigen Tabellendefinitionen sind dann nicht mehr erforderlich (Achtung: ZSF_EXAMPLE muss vorher im Dictionary aktiviert sein).
- Erweitern Sie im Formular alle Feldnamen mit Bezug auf die Schnittstellenparameter um die zusätzliche Hierarchiestufe; aus CONNECTIONS wird beispielsweise SF_EXAMPLE-CONNECTIONS.

Definieren Sie eine entsprechend strukturierte Variable auch im Rahmenprogramm, ergänzen Sie die Formularschnittstelle und weisen Sie die Daten aus den bisherigen internen Tabellen zu.

A Anhang

A.1 Hinweise im SAPnet (SAPnotes/OSS-Meldungen)

Hier eine Auswahl nützlicher Hinweise (Notes) im Service-Marketplace der SAP zu Smart Forms (BC-SRV-SCR), auf die wir uns teilweise auch im Text schon bezogen haben

SAPnotes	Themenbereich
430621 412293	Ausgelieferte Druckprogramme und Formularvorlagen Was tun, wenn keine Formularvorlage vorhanden ist?
430621	Hinweis zum Schulungsbeispiel SF_EXAMPLE_01
134810 359009	Nachprozessierung
359379	Eingabe Attribute zum Spoolauftrag
8928	Liste der aktuellen Gerätetypen im SAP-System
201307 392030	True Type Fonts im SAP-System verwenden
197177 5196	Drucken von Barcodes im SAP-System
323736 317851	PDF-Druck mittels Spooler
363531 388271 392002	Sprache und Übersetzung von Formulartexten

Tabelle A.1 Empfohlene Hinweise zu Smart Forms im SAPnet

Im Service-Marketplace der SAP gibt es zusätzlich eine Seite speziell mit Informationen zu Smart Forms (*service.sap.com/smartforms*).

A.2 Das SAP-Flugdatenmodell

Im Rahmen dieser Dokumentation verwenden wir als Beispielformular eine Flugrechnung, die auf dem SAP-Flugdatenmodell basiert.

Das SAP-Flugdatenmodell ist ein besonderes SAP-Modul, das nur im Rahmen von Schulungen oder Präsentationen verwendet wird. Das Flugdatenmodell mit den zugehörigen Datenbanktabellen ist in jedem Kundensystem enthalten, deshalb können Sie alle Übungsbeispiele direkt an Ihrem eigenen SAP-System nachvollziehen (verwenden Sie aber trotzdem einen Testmandaten und nicht das Produktivsystem!).

Übersicht

Das Flugdatenmodell beschreibt auf einfache Weise den Flugbetrieb verschiedener Gesellschaften mit Kunden, Flugplänen, Buchungen etc. (siehe Abbildung A.1).

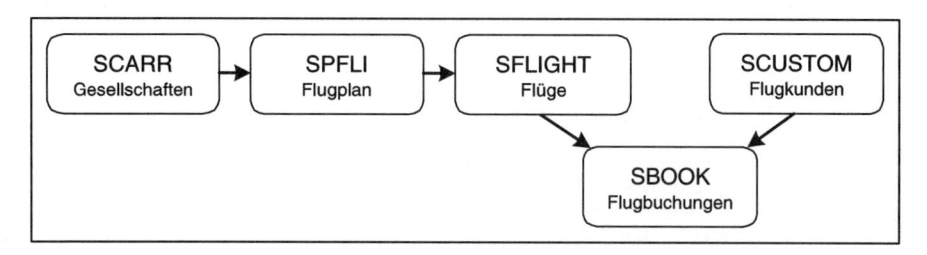

Abbildung A.1 Flugdatenmodell (vereinfachte Darstellung)

Wir wollen an dieser Stelle das Flugdatenmodell nur insoweit vorstellen, als es für die Anwendung der Beispiele in diesem Buch sinnvoll ist:

- Die Datenbanktabelle SCARR enthält die Kennungen und Bezeichnungen der Fluggesellschaften.
- Der Flugplan jeder Fluggesellschaft ist mit seinen Flugverbindungen in Tabelle SPFLI hinterlegt.
- Die konkreten Flugdaten für jede Flugverbindung mit Tag, Abflugzeit etc. stehen in der Tabelle SFLIGHT, auf die wir im Rahmen der Flugrechnung aber nur selten zurückgreifen.
- Für alle in SFLIGHT angelegten Flüge kann es Buchungen geben, die dann in der Datenbanktabelle SBOOK abgelegt sind. Auf diesen Datensätzen basieren auch die Positionen der Flugrechnung.

Die Daten aller Kunden (Name, Adresse etc.) sind in der Tabelle SCUSTOM abgelegt. Die Nummer eines Kunden, der eine Buchung vorgenommen hat, ist ebenfalls in der Datenbanktabelle SBOOK hinterlegt.

Datenbanktabellen mit Schlüsselfeldern

Wie bei der Speicherung in Datenbanktabellen üblich, sind alle Einträge in den einzelnen Tabellen über Schlüsselfelder eindeutig identifiziert. Um einen speziellen Datensatz zu lesen, müssen die Inhalte dieser Schlüsselfelder bekannt sein.

Sind nicht alle Schlüsselfelder bekannt, liefert eine Datenbankabfrage eine Liste aller Einträge, die den jeweiligen Kriterien entsprechen.

> **Beispiel:** Die Flugrechnung listet Buchungen aus der Datenbanktabelle SBOOK; sie berücksichtigt dabei die Schlüsselfelder für Kunde und Fluggesellschaft als Selektionsmerkmal bei der Datenbereitstellung.

Tabelle A.2 nennt die wichtigsten Datenbanktabellen mit ihren Schlüsselfeldern:

Datenbanktabelle	Beschreibung	Schlüsselfelder (Key)
SCURX	Währungen	Währungsschlüssel
SBUSPART	Geschäftspartner	Mandant, Partner
STRAVELAG	Reisebüros	Mandant, Reisebüro
SCUSTOM	Kunden	Mandant, Kundennummer
SCARR	Fluggesellschaften	Mandant, Fluggesellschaft
SCOUNTER	Verkaufsstellen	Mandant, Fluggesellschaft, Verkaufsstelle
SPFLI	Flugplan	Mandant, Fluggesellschaft, Verbindungsnummer
SFLIGHT	Flüge	Mandant, Fluggesellschaft, Verbindungsnummer, Flugdatum
SBOOK	Flugbuchungen	Mandant, Fluggesellschaft, Verbindungsnummer, Flugdatum, Buchungsnummer, Kundennummer

Tabelle A.2 Tabellen zum Flugdatenmodell

Felder der Datenbanktabellen

Über das ABAP-Dictionary können Sie sich jederzeit die hinterlegten Felder der einzelnen Datenbanktabellen anzeigen lassen. Wir haben hier zusätzlich als schnelle Übersicht die wichtigsten Felder der Tabellen zusammengestellt, die in unserer Flugrechnung angesprochen werden:

Feld	Bedeutung	Anmerkung
Tabelle: SCUSTOM = Kunden		
MANDT	Mandant	
ID	Kundennummer	Eindeutig zusammen mit Mandant
NAME	Name des Kunden	Zeile 1 der Adresse
FORM	Anrede zum Kunden	Zeile 2 der Adresse
STREET	Straße des Kunden	
POSTBOX	Postfach	
POSTCODE	Postleitzahl	
CITY	Stadt	
COUNTRY	Land	
REGION	Region	
TELEPHONE	Telefonnummer	
LANGU	Sprachenschlüssel	
Tabelle: SCARR = Fluggesellschaften		
MANDT	Mandant	
CARRID	Kürzel Fluggesellschaft	Eindeutig zusammen mit Mandant
CARRNAME	Name Fluggesellschaft	
CURRCODE	Kürzel Währung	
Tabelle: SPFLI = Verbindungen		
MANDT	Mandant	
CARRID	Kürzel Fluggesellschaft	
CONID	Code der Flugverbindung	Eindeutig zusammen mit Mandant
COUNTRYFR	Abflug-Länderschlüssel	
CITYFROM	Abflug-Stadt	
AIRFROM	Abflug-Flughafen	
COUNTRATO	Ankunft-Land	
CITYTO	Ankunft-Stadt	
AIRTO	Ankunft-Flughafen	
FLTIME	Flugdauer	

Tabelle A.3 Inhalt ausgewählter Tabellen des Flugdatenmodells

Feld	Bedeutung	Anmerkung
DEPTIME	Uhrzeit Abflug	
ARRTIME	Uhrzeit Ankunft	
Tabelle: SBOOK = Flugbuchungen		
MANDT	Mandant	
CARRID	Kürzel Fluggesellschaft	
CONNID	Code Flugverbindung	
FLDATE	Flugdatum	
BOOKID	Buchungsnummer	
CUSTOMID	Kundennummer	
FORCURAM	Preis der Buchung in Fremdwährung	Abhängig von Buchungsort
FORCURKEY	Fremdwährung	
LOCCURAM	Preis der Buchung in Hauswährung	
LOCCURKEY	Hauswährung der Fluggesellschaft	
ORDER_DATE	Bestelldatum	

Tabelle A.3 Inhalt ausgewählter Tabellen des Flugdatenmodells (Forts.)

Im SAP-System ist das Flugdatenmodell als Datenmodell BC_TRAVEL hinterlegt. Lassen Sie sich bei Bedarf über den Data Modeler (Transaktion SD11) ausführliche Details direkt in Ihrem System anzeigen.

Hinweis: Für das Flugdatenmodell stehen spezielle Programme zur Verfügung, über die Sie automatisiert eine Vielzahl von Datensätzen erzeugen lassen können. Koordinieren Sie dies bei Bedarf mit der Basisadministration in Ihrem Hause.

A.3 Beispielformulare zur Flugrechnung

A.3.1 Ausgelieferte Musterformulare

Die SAP-Standardinstallation von Basis-Release 4.6C enthält drei Musterformulare zu Smart Forms inkl. zugehöriger Rahmenprogramme. Die Formulare basieren alle auf dem Flugdatenmodell und unterscheiden sich nur geringfügig im Formularinhalt.

Programm	Formular	Inhalt
SF_EXAMPLE_01	SF_EXAMPLE_01	Schulungsbeispiel
SF_EXAMPLE_02	SF_EXAMPLE_02	Zusätzlich sortiert nach Fluglinie
SF_EXAMPLE_03	SF_EXAMPLE_03	Weiteres Beispiel ab Web Application Server 6.10
SF_XSF_DEMO	SF_XSF_DEMO1	Beispiel zur XSF-Ausgabe. Zeigt auch die Steuerung eines Formulars über die Schnittstelle zum Funktionsbaustein und Rückgabe des Ausgabe-Inhalts an das Rahmenprogramm.
Beispielanwendungen ab Web Application Server 6.10		
SF_WEBFORM_01 SF_WEBFORM_02 SF_WEBFORM_03	SF_WEBFORM_01 SF_WEBFORM_02 SF_WEBFORM_03	Beispiele zur Anwendung als Web-Formulare
SF_SUBTOTALS	SF_SUBTOTALS	Anwendung von Berechnungen im neuen Tabelle-Knoten

Tabelle A.4 Musterformulare zum Flugdatenmodell unter Smart Forms

A.3.2 Musterausdruck zur Flugrechnung (SF_EXAMPLE_01)

Die Übungsbeispiele in diesem Buch basieren auf dem Musterformular SF_EXAMPLE_01; Abbildung A.2 zeigt einen Ausdruck des Originals.

SAP enjoy

IDES Holding AG, Postfach 9999, D-99999 Musterstadt

Firma
SAP AG
Neurottstr. 16
69190 Walldorf

Rechnung	
Unser Sachbearbeiter	Herr Jonas
Telefon	(0 69 99) 99-10 99
Telefax	(0 69 99) 99-12 99
Zeichen	39999 / 1996
Kundennummer	00000001
Datum	04.02.2002

Sehr geehrte Damen und Herren,

wir wären Ihnen sehr verbunden, wenn Sie die folgende Rechnung bald begleichen würden. Für das entgegengebrachte Vertrauen bedanken wir uns.

Ges	Linie	Flugdatum	Abflug	Preis	
AA	0017	03.03.2001	13:30:00	830,70	DEM
AA	0017	03.03.2001	13:30:00	830,70	DEM
AA	0017	20.10.2001	13:30:00	830,70	DEM
AA	0017	20.10.2001	13:30:00	830,70	DEM
AA	0017	12.01.2002	13:30:00	808.699	ITL
AA	0064	06.03.2001	09:00:00	830,70	DEM
AA	0064	10.07.2001	09:00:00	808.699	ITL
AA	0064	10.07.2001	09:00:00	830,70	DEM
AA	0064	15.01.2002	09:00:00	808.699	ITL
AA	0064	15.01.2002	09:00:00	830,70	DEM
Gesamtsumme				5.814,90	DEM
				2.426.097	ITL

Mit freundlichen Grüßen
IDES HOLDING AG

Abbildung A.2 Beispielausdruck zur Flugrechnung SF_EXAMPLE_01

A.3.3 Quelltexte zum Rahmenprogramm (Original)

```abap
*----------------------------------------------------------------*
* Report SF_EXAMPLE_1
*----------------------------------------------------------------*
* Printing of documents using Smart Forms
*----------------------------------------------------------------*
report sf_example_01
data: carr_id type sbook-carrid,
      fm_name type rs38l_fnam.
parameter:       p_custid type scustom-id default 1.
select-options: s_carrid for carr_id    default 'LH' to 'LH'.
parameter:       p_form   type tdsfname  default 'SF_EXAMPLE_
01'.
data: customers   type ty_customers,
      bookings    type ty_bookings,
      connections type ty_connections.
* get data
  select * from scustom into table customers
          where id = p_custid
          order by primary key.
  select * from sbook into table bookings
          where customid = p_custid
          and   carrid   in s_carrid
          order by primary key.
  select * from spfli into table connections
          for all entries in bookings
          where carrid = bookings-carrid
          and   connid = bookings-connid
          order by primary key.
* print data
  call function 'SSF_FUNCTION_MODULE_NAME'
       exporting  formname          = p_form
*                 variant           = ' '
*                 direct_call       = ' '
       importing  fm_name           = fm_name
       exceptions no_form           = 1
                  no_function_module = 2
                  others            = 3.
  if sy-subrc <> 0.
*   error handling
```

```abap
        message id sy-msgid type sy-msgty number sy-msgno
                with sy-msgv1 sy-msgv2 sy-msgv3 sy-msgv4.
      exit.
    endif.
*   now call the generated function module
    call function fm_name
         exporting
*                   archive_index          =
*                   archive_parameters     =
*                   control_parameters     =
*                   mail_appl_obj          =
*                   mail_recipient         =
*                   mail_sender            =
*                   output_options         =
*                   user_settings          = 'X'
                    customers              = customers
                    bookings               = bookings
                    connections            = connections
*        importing  document_output_info   =
*                   job_output_info        =
*                   job_output_options     =
         exceptions formatting_error       = 1
                    internal_error         = 2
                    send_error             = 3
                    user_canceled          = 4
                    others                 = 5.
    if sy-subrc <> 0.
*     error handling
      message id sy-msgid type sy-msgty number sy-msgno
              with sy-msgv1 sy-msgv2 sy-msgv3 sy-msgv4.
    endif.
*---------------------------------------------------------------*
```

Listing A.1 Original-Programmcode zum Rahmenprogramm

A.3.4 Musterausdruck zur Flugrechnung nach Änderungen

Im Buch sind verschiedene Übungsbeispiele vorgesehen, die anhand einer Kopie des Musterformulars (Z_SF_EXAMPLE_01) durchgespielt werden können. Abbildung A.3 zeigt einen Musterausdruck, der die wichtigsten Änderungen enthält.

```
                    ** Flying.Dog **
        ┌──────────────┬──────────────────┬──────────────┐
        │  Lufthansa   │ American Airlines│ Kuwait Airlines│
        ├──────────────┴──┬───────────────┴──────────────┤
        │ Mozartstrasse 7 │ Fon (49)3333/4444-0          │
        │ 12345 Neustadt  │ Fax (49)3333/4444-99         │
        └─────────────────┴──────────────────────────────┘
```

Flying.Dog Mozartstr. 7, 12345 Neustadt
Firma
SAP AG
Neurottstr. 16
69190 Walldorf

Rechnung

Unser Sachbearbeiter	Herr Jonas
Telefon	(0 69 99) 99-10 99
Telefax	(0 69 99) 99-12 99
Zeichen	39999 / 1996
Kundennummer	00000001
Datum	04.02.2002

Sehr geehrte Damen und Herren,

wir wären Ihnen sehr verbunden, wenn Sie die folgende Rechnung kurzfristig und vollständig begleichen würden. Für das entgegengebrachte Vertrauen bedanken wir uns.

Ges	Linie	Flugdatum	Abflug	Preis	USD
AA	0017	03.03.2001	13:30:00	830,70 DEM	462,32
AA	0017	03.03.2001	13:30:00	830,70 DEM	462,32
AA	0017	20.10.2001	13:30:00	830,70 DEM	462,32
AA	0017	20.10.2001	13:30:00	830,70 DEM	462,32
AA	0017	12.01.2002	13:30:00	808.699,00 ITL	462,32
AA	0064	06.03.2001	09:00:00	830,70 DEM	462,32
AA	0064	10.07.2001	09:00:00	808.699,00 ITL	462,32
AA	0064	10.07.2001	09:00:00	830,70 DEM	462,32
AA	0064	15.01.2002	09:00:00	808.699,00 ITL	462,32
AA	0064	15.01.2002	09:00:00	830,70 DEM	462,32
Gesamtsumme				5.814,90 DEM 2.426.097 ITL	4.623,20

Mit freundlichen Grüßen
Flying.Dog

Abbildung A.3 Flugrechnung nach Änderungen im Buch

Die Änderungen zum Formular beinhalten u.a. die tabellarische Darstellung im Kopf des Formulars. Der Ausdruck zeigt auch die Erweiterung zur Hauswährung, die wir im Übungsbeispiel des Abschnitts 8.6 skizziert haben.

A.3.5 Quelltext zur Flugrechnung nach den Übungsbeispielen

Der folgende Quelltext zeigt das Ergebnis der wichtigsten Änderungen im Zuge von Übungsbeispielen des Buches. Die Änderungen stammen verständlicherweise überwiegend aus Kapitel 9. Im Listing sind die Neuerungen in den einzelnen Zeilen nochmals extra mit einem Kommentar versehen, der einen Verweis auf das jeweilige Unterkapitel enthält.

Für abgeschlossene Themenbereiche finden Sie weitere Listings direkt im jeweiligen Buchkapitel.

```
*---------------------------------------------------------------*
*       Report Z_SF_EXAMPLE_1
*---------------------------------------------------------------*
*       Printing of documents using Smart Forms
*---------------------------------------------------------------*
REPORT z_sf_example_01.
DATA: carr_id            TYPE sbook-carrid,
      fm_name            TYPE rs38l_fnam.
DATA  cust_id            TYPE scustom-id.          "(K9.5)
DATA  exemplar           TYPE i.                   "(K9.6.4)
DATA  output_options     TYPE ssfcompop.           "(K9.6.4)
DATA  control_parameters TYPE ssfctrlop.           "(K9.7.3)
DATA  job_output_info    TYPE SSFCRESCL.           "(K9.7.5)
SELECT-OPTIONS: s_custid FOR cust_id   DEFAULT 1 TO 1.  "(K9.5)
SELECT-OPTIONS: s_carrid FOR carr_id   DEFAULT 'LH' TO 'LH'.
PARAMETER:  p_form TYPE tdsfname DEFAULT 'Z_SF_EXAMPLE_01'.
PARAMETER:     p_exemp TYPE i DEFAULT 1.
DATA: customers    TYPE ty_customers,
      bookings     TYPE ty_bookings,
      connections  TYPE ty_connections.
* get data
* determine print data
DATA: fieldlist    TYPE tsffields.               "(K9.6.1)
DATA: wa_fieldlist TYPE tdline.                  "(K9.6.1)
CALL FUNCTION 'SSF_FIELD_LIST'                   "(K9.6.1)
    EXPORTING       formname            = p_form
    IMPORTING       fieldlist           = fieldlist
```

```
      EXCEPTIONS      no_form                  = 1
                      no_function_module       = 2
                      OTHERS                   = 3.
* now with more than one customer
SELECT * FROM scustom INTO TABLE customers                "(K9.5)
       WHERE id IN s_custid
       ORDER BY PRIMARY KEY.
SELECT * FROM sbook INTO TABLE bookings                   "(K9.5)
       WHERE customid IN s_custid
       AND   carrid   IN s_carrid
       ORDER BY PRIMARY KEY.
* select data only if needed
READ TABLE fieldlist INTO wa_fieldlist                    "(K9.6.2)
     WITH KEY table_line = 'CONNECTIONS'.
IF sy-subrc = 0.                                          "(K9.6.2)
   SELECT * FROM spfli INTO TABLE connections
           FOR ALL ENTRIES IN bookings
           WHERE carrid = bookings-carrid
           AND   connid = bookings-connid
           ORDER BY PRIMARY KEY.
ENDIF.                                                    "(K9.6.2)
* output_parameters
* output_options-tddest = 'LOCL'.                         "(K9.7.3)
* control_parameters-no_dialog  = 'X'.                    "(K9.7.3)
* control_parameters-preview    = 'X'.                    "(K9.7.3)
* control_parameters-getotf     = 'X'.                    "(K9.7.5)
* check, whether "exemplar" ist used in form
READ TABLE fieldlist INTO wa_fieldlist                    "(K9.6.4)
     WITH KEY table_line = 'EXEMPLAR'.
IF sy-subrc > 0.                                          "(K9.6.4)
   output_options-tdcopies = p_exemp.                     "(K9.6.4)
   p_exemp = 1.                                           "(K9.6.4)
ENDIF.                                                    "(K9.6.4)
* print data
CALL FUNCTION 'SSF_FUNCTION_MODULE_NAME'
     EXPORTING  formname         = p_form
*                variant          = ' '
*                direct_call      = ' '
     IMPORTING  fm_name          = fm_name
     EXCEPTIONS no_form          = 1
```

```
                no_function_module = 2
                OTHERS             = 3.
IF sy-subrc <> 0.
*   error handling
  MESSAGE ID sy-msgid TYPE sy-msgty NUMBER sy-msgno
          WITH sy-msgv1 sy-msgv2 sy-msgv3 sy-msgv4.
ENDIF.
* several customers
DATA wa_customer  TYPE scustom.                      "(K9.5)
LOOP AT customers INTO wa_customer.                  "(K9.5)
* begin of loop in case of copies needed
  exemplar = 0.                                      "(K9.6.4)
  WHILE exemplar < p_exemp.                          "(K9.6.4)
* make sure, that spool is not closed
  control_parameters-no_open    = 'X'.               "(K9.7.3)
  control_parameters-no_close   = 'X'.               "(K9.7.3)
  AT FIRST.                                          "(K9.7.3)
    control_parameters-no_open  = ' '.               "(K9.7.3)
  ENDAT.                                             "(K9.7.3)
  AT LAST.                                           "(K9.7.3)
    control_parameters-no_close = ' '.               "(K9.7.3)
  ENDAT.                                             "(K9.7.3)
* now call the generated function module
    CALL FUNCTION fm_name
         EXPORTING
              control_parameters = control_parameters "(K9.7.3)
              output_options     = output_options     "(K9.6.4)
              user_settings      = ' '                "(K9.6.4)
              customers          = customers
              bookings           = bookings
              connections        = connections
              wa_customer        = wa_customer        "(K9.5)
              exemplar           = exemplar           "(K9.6.4)
         IMPORTING
              job_output_info    = job_output_info    "(K9.7.5)
         EXCEPTIONS
              formatting_error   = 1
              internal_error     = 2
              send_error         = 3
```

```
           user_canceled      = 4
           OTHERS             = 5.
  IF sy-subrc <> 0.
* error handling
    MESSAGE ID sy-msgid TYPE sy-msgty NUMBER sy-msgno
            WITH sy-msgv1 sy-msgv2 sy-msgv3 sy-msgv4.
  ENDIF.
* next exemplar if more than one
    exemplar = exemplar + 1.                          "(K9.6.4)
  ENDWHILE.                                           "(K9.6.4)
ENDLOOP.                                              "(K9.5)
*--------------------------------------------------------------*
```

Listing A.2 Rahmenprogramm mit Änderungen aus Übungsbeispielen

A.4 Beispiel zum E-Mail-Versand über Smart Forms

A.4.1 Quelltext

In Abschnitt 10.1 haben wir zur Erläuterung des E-Mail-Versands über Smart Forms ein Übungsbeispiel genannt. Hier finden Sie den Quelltext dazu. Wenn Sie das Beispiel bei sich installieren möchten, können Sie zur Vereinfachung der Eingabe auf vorhandene Musterprogramme im System zurückgreifen. Der folgende Abschnitt beschreibt das Vorgehen.

```
*--------------------------------------------------------------*
* Aufruf aus Hauptprogramm
Perform   mail_output
  USING   fm_name
          customers
          bookings
          connections .

*--------------------------------------------------------------*
*         FORM MAIL_OUTPUT                                     *
*--------------------------------------------------------------*
*                                                              *
*--------------------------------------------------------------*
FORM      mail_output
  USING   fm_name       TYPE rs38l_fnam
          customers     TYPE ty_customers
```

```abap
        bookings    TYPE ty_bookings
        connections TYPE ty_connections.
*********************************************************************
*
*   Verwendung des Kommunikations-Interfaces über Smart Forms:
*
*   Dieser Report zeigt an einem einfachen Beispiel, wie man auch
*   über Smart Forms von der Funktionalität des
*   neuen Kommunikations-Interfaces profitieren kann.
*   Hier gezeigt am Beispiel des internen E-Mail-Systems.
*********************************************************************
  TABLES: soud.
* PARAMETERS: land LIKE soxfx-rec_state DEFAULT 'DE' OBLIGATORY.
* PARAMETERS: number LIKE soxfx-rec_fax OBLIGATORY.
* Makros für Zugriff aufs BOR
  INCLUDE <cntn01>.
* Datendeklaration
* * (BOR)
  DATA: sender_id      LIKE swotobjid,
        appl_object_id LIKE swotobjid,
        recipient_id   LIKE swotobjid,
        recipient      TYPE swc_object,
        sender         TYPE swc_object,
        recipient_tab  TYPE swc_object OCCURS 0 WITH HEADER
LINE,
        folder         TYPE swc_object,
        BEGIN OF sofmfol_key,
            foldertype   LIKE sofm-foltp,
            folderyear   LIKE sofm-folyr,
            foldernumber LIKE sofm-folno,
            type         LIKE sofm-doctp,
            year         LIKE sofm-docyr,
            number       LIKE sofm-docno,
            forwarder    LIKE soub-usrnam,
        END OF sofmfol_key,
        bor_key        LIKE swotobjid-objkey,
        address_string LIKE soxna-fullname.
* * (SAPscript)
  DATA: header LIKE thead,
        result LIKE itcpp,
```

```
          lines LIKE tline OCCURS 0 WITH HEADER LINE,
          otfdata LIKE itcoo OCCURS 0,
          options LIKE itcpo.
* Deklaration eines Containers
  swc_container container.
* Smart Forms (neu)
  DATA control_parameters TYPE SSFCTRLOP.
  control_parameters-device = 'MAIL'.
***********************************************************************
*                 Sender (BOR-Objekt-ID)                               *
***********************************************************************
* Objektreferenz auf ein RECIPIENT-Objekt erzeugen
  swc_create_object sender 'RECIPIENT' space.
* Container leeren
  swc_clear_container container.
* Adresse (aufrufender interner Benutzer)
  swc_set_element container 'AddressString' sy-uname.
* Adresstyp (interner Benutzer)
  swc_set_element container 'TypeId' 'B'.
* Aufruf der Methode RECIPIENT.FindAddress
  swc_call_method sender 'FindAddress' container.
* Ausgabe der zur Ausnahme gehörigen Fehlermeldung
  IF sy-subrc NE 0.
    MESSAGE ID sy-msgid TYPE 'E' NUMBER sy-msgno.
  ENDIF.
* Ermittlung der BOR-Objekt-ID
  swc_object_to_persistent sender sender_id.
***********************************************************************
*                 Empfänger (BOR-Objekt-ID)                            *
***********************************************************************
*** 1.1 Objektreferenz auf ein RECIPIENT-Objekt erzeugen
SWC_CREATE_OBJECT RECIPIENT 'RECIPIENT' SPACE.
*** 1.2 Importparameter für Methode RECIPIENT.CreateAddress
***     in Container schreiben
SWC_CLEAR_CONTAINER CONTAINER.
* Adresse (aktueller interner Benutzer)
SWC_SET_ELEMENT CONTAINER 'AddressString' SY-UNAME.
* Adresstyp (interner Benutzer)
SWC_SET_ELEMENT CONTAINER 'TypeId' 'B'.
```

```
*** 1.3 Aufruf der Methode RECIPIENT.CreateAddress
SWC_CALL_METHOD RECIPIENT 'CreateAddress' CONTAINER.
* Ausgabe der zur Ausnahme gehörigen Fehlermeldung
IF SY-SUBRC NE 0.
  MESSAGE ID SY-MSGID TYPE 'E' NUMBER SY-MSGNO.
ENDIF.
*** 1.4 Belegen Sendeattribut "Expreß" über RECIPIENT.SetExpress
*** 1.4.1 Importparameter in Container schreiben
SWC_CLEAR_CONTAINER CONTAINER.
* SendExpress-Flag
SWC_SET_ELEMENT CONTAINER 'SendExpress' 'X'.
*** 1.4.2 Methodenaufruf
SWC_CALL_METHOD RECIPIENT 'SetExpress' CONTAINER.
IF SY-SUBRC NE 0.
* Ausgabe der zur Ausnahme gehörigen Fehlermeldung
  MESSAGE ID SY-MSGID TYPE 'E' NUMBER SY-MSGNO
                  WITH SY-MSGV1 SY-MSGV2 SY-MSGV3 SY-MSGV4.
ENDIF.
**********************************************************************
*           Anwendungsobjekt (BOR-Objekt-ID)                          *
**********************************************************************
* Parameter (MAIL_APPL_OBJECT) sollte mit der BOR-Objekt-ID
* des Anwendungsobjekts (z.B. Rechnung, Bestellung), von dem aus
* das Senden initiiert wird, gefüllt werden. Beim Senden wird das
* Anwendungsobjekt automatisch mit dem Dokument verknüpft.
* In diesem Beispiel wird als Anwendungsobjekt-ID die BOR-ID des
* Eingangs des Reportaufrufers genommen.
* Lesen der Eingangs-ID des Aufrufers
  SELECT * FROM soud
         WHERE sapnam LIKE sy-uname AND deleted = ' '.
  ENDSELECT.
  IF sy-subrc NE 0.
* Aufrufer besitzt kein Office => wird angelegt
    CALL FUNCTION 'SO_USER_AUTOMATIC_INSERT'
         EXPORTING
              sapname       = sy-uname
         EXCEPTIONS
              no_insert     = 1
              sap_name_exist = 2
```

```
                  x_error          = 3
                  OTHERS           = 4.
      IF sy-subrc NE 0.
*     Office nicht angelegt: Inbox-ID = SPACE
         CLEAR soud.
      ELSE.
* *   Neuer Versuch: Lesen der Eingangs-ID des Aufrufers
         SELECT * FROM soud
                  WHERE sapnam LIKE sy-uname AND deleted = ' '.
         ENDSELECT.
      ENDIF.
   ENDIF.
*  Anlegen eines Anwendungsobjekts (hier vom Typ SOFMFOL)
   CLEAR sofmfol_key.
   sofmfol_key-type    = 'FOL'.
   sofmfol_key-year    = soud-inbyr.
   sofmfol_key-number  = soud-inbno.
   bor_key = sofmfol_key.
   IF NOT bor_key IS INITIAL.
      swc_create_object folder 'SOFMFOL' bor_key.
      IF sy-subrc = 0.
* *   Ermittlung der BOR-Objekt-ID
         swc_object_to_persistent folder appl_object_id.
         IF sy-subrc NE 0.
            CLEAR appl_object_id.
         ENDIF.
      ENDIF.
   ELSE.
      CLEAR appl_object_id.
   ENDIF.
***************************************************************
*       Anlegen des Textbausteins, d.h. des zu faxenden Textes  *
*    gedacht für SAPscript, anpassen auf Mail unter Smart Forms *
***************************************************************
   REFRESH lines.
   CLEAR lines.
   lines-tdline = 'FAXen über SAPscript mit Device = MAIL,'.
   APPEND lines.
   CLEAR lines.
   lines-tdformat = '* '.
```

```abap
      lines-tdline = 'd.h. über das neue Kommunikations-Interface.'.
      APPEND lines.
*   Füllen des Text-Headers für SAPscript
      CLEAR header.
      header-tdobject = 'TEXT'.
      header-tdname   = 'Testfax'.
      header-tdid     = 'ST'.
      header-tdspras  = sy-langu.
      header-tdform   = 'SYSTEM'.
      CLEAR options.
      CONCATENATE 'Senden über SAPscript' sy-datum sy-uzeit
                  INTO options-tdtitle SEPARATED BY space.
************************************************************
*     Aufruf des Formulars unter Smart Forms
*
************************************************************
* Auflösen des Recipient-Objekts in "flache" Recipient-Objekte
* mit Hilfe der Methode Expand.
* Bei diesem Beispiel (Recipient = genau eine E-Mail-Adresse)
* ist diese Auflösung eigentlich nicht nötig. Allgemein
* wird diese Vorgehensweise aber dringend empfohlen und daher in
* diesem Beispiel vorgeführt.
      swc_clear_container container.
      REFRESH recipient_tab.
      swc_call_method recipient 'Expand' container.
      IF sy-subrc NE 0.
        MESSAGE ID sy-msgid TYPE 'E' NUMBER sy-msgno.
      ENDIF.
*   "Flache" Recipient-Objekte aus Container lesen
      swc_get_table container 'ResultTable' recipient_tab.
      IF sy-subrc NE 0.
        REFRESH recipient_tab.
      ENDIF.
*   Loop über die "flachen" Recipient-Objekt.
      LOOP AT recipient_tab.
*  *  Für jedes "flache" Recipient-Objekt ein Aufruf von
SAPscript:
*  *  BOR-Objekt-ID des Handles ermitteln
        swc_object_to_persistent recipient_tab recipient_id.
```

```
* neu: Formular unter Smart Forms aufrufen
    CALL FUNCTION fm_name
      EXPORTING
*                archive_index          =
*                archive_parameters     =
                 control_parameters     = control_parameters
                 mail_appl_obj          = appl_object_id
                 mail_recipient         = recipient_id
                 mail_sender            = sender_id
*                 output_options        = output_options
*                 user_settings         = space
                 customers              = customers
                 bookings               = bookings
                 connections            = connections
*      importing document_output_info   =
*                job_output_info        =
*                job_output_options     =
      EXCEPTIONS formatting_error       = 1
                 internal_error         = 2
                 send_error             = 3
                 user_canceled          = 4
                 test                   = 5
                 test1                  = 6.
  ENDLOOP.
ENDFORM.
*---------------------------------------------------------------*
```

Listing A.3 E-Mail-Versand bei Smart Forms

A.4.2 Programmerstellung

Es folgt die Anleitung, wie Sie den Quelltext mit relativ geringem Aufwand eingeben können. Die Grundlage bildet der Report RSSOKIF2, der die E-Mail-Ausgabe über SAPscript an einem Beispiel erläutert und der sich auch in Ihrem System befindet. Auf dieses Beispiel haben wir uns ebenfalls bezogen.

Schritt 1: Quellcode kopieren

- Öffnen Sie das Programm RSSOKIF2 im Anzeigemodus mit Hilfe des ABAP-Editors (SE38).
- Öffnen Sie des Weiteren Ihr bisheriges Rahmenprogramm zur Flugrechnung. Legen Sie dort am Ende des Quellcodes ein neues leeres Unterprogramm MAIL_OUTPUT an (zunächst nur als Gerüst, die Übergabeparameter folgen später).
- Kopieren Sie den gesamten Quelltext aus RSSOKIF2 in das neu angelegte Unterprogramm. Entfernen Sie dort auf jeden Fall die erste Zeile mit der REPORT-Anweisung sowie die beiden folgenden PARAMETERS-Anweisungen. Nutzen Sie auch den Pretty Printer, um die Übersichtlichkeit etwas zu erhöhen.

Schritt 2: Anpassung auf E- Mail-Versand

Wenn Sie sich den eigenen Quellcode ansehen, gibt es gewisse Abweichungen zu unserem Ausdruck in Listing A.3. Das Originalbeispiel in RSSOKIF2 ist auf den Fax-Versand ausgelegt. Die Vorgabe finden Sie bei der Anlage der Empfängerdaten. Um auf E-Mail-Versand umzustellen, könnten Sie jetzt die vorhandenen Zeilen zum Empfänger an unsere Version anpassen.

Doch auch dafür gibt es noch eine kleine Erleichterung: In Ihrem System existiert ein weiterer Report RSSOKIF1, der auf eine E-Mail-Ausgabe vorbereitet ist. Einziger Nachteil: Er läuft nicht über SAPscript, deshalb haben wir den ersten Report vorgezogen. Hier also die nächsten Schritte:

- Da RSSOKIF1 die gleichen Variablen verwendet wie unsere bisherige Kopie, können Sie von dort die Anweisungen zur Anlage des Empfängers (zwischen Empfänger und Anwendungsobjekt) kopieren. Kommentieren Sie den bisherigen Code aus oder löschen Sie ihn gleich.
- Ergänzen Sie am Ende des Hauptteils zum bisherigen Rahmenprogramm den Aufruf über PERFORM MAIL_OUTPUT.
- Jetzt sollten Sie für das Programm einen Gesamt-Syntaxcheck durchführen. Das Ergebnis müsste Fehlerfrei lauten.
- Starten Sie jetzt das Rahmenprogramm.

Es erscheint zunächst das bisherige Smart Forms-Formular am Bildschirm. Im nächsten Bild sehen Sie die Ausgaben zu den Write-Anweisungen ganz am Ende des neuen Unterprogramms. Diese gehören noch zur Fax-Ausgabe und passen jetzt nicht mehr. Wir werden die Zeilen aber ohnehin im nächsten Schritt entfernen.

Wenn Sie dieses Bild angezeigt bekommen, wurde intern bereits eine E-Mail an Sie selbst versandt. Gehen Sie mit der Funktionstaste **F3** zurück, und Sie erhalten eine Expressmeldung wie in Abbildung A.4. Auch hier stimmen die Bezeichnungen noch nicht.

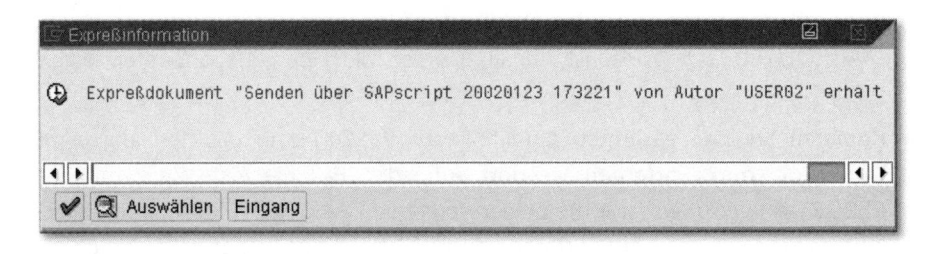

```
Expreßinformation
  Expreßdokument "Senden über SAPscript 20020123 173221" von Autor "USER02" erhalt

  ✓  Auswählen  Eingang
```

Abbildung A.4 Expressmeldung nach erstem E-Mail-Versand

Über den **Eingang** können Sie sich auch den kompletten Inhalt des bisher versandten Formulars ansehen.

Schritt 3: Aufruf Formular zur Flugrechnung

Bleibt als letzter großer Schritt noch der Umbau auf die Flugrechnung als Formular unter Smart Forms.

- ▶ Ergänzen Sie zunächst die Übergabeparameter des Unterprogramms sowohl bei der Programmdefinition als auch im Aufruf.
- ▶ Wandeln Sie die bisherige Ausgabe zum SAPscript-Formular in einen Kommentar um: Beginnend beim Aufruf von OPEN_FORM bis zum letzten WRITE der Protokollausgabe.
- ▶ Setzen Sie statt dessen den Funktionsbaustein zum Formular ein (als Kopie aus dem bisherigen Aufruf zur Druckausgabe).

Wenn Sie das Programm jetzt als Test ausgeben, erhalten Sie zweimal nacheinander die gleiche Druckansicht. Es bleibt also noch die Umstellung des zweiten Teils auf die E-Mail-Ausgabe.

Schritt 4: Umstellung auf E-Mail-Versand

- Definieren Sie im Unterprogramm die Kontrollstruktur CONTROL_PARAMETERS über Datentyp SSFCTRLOP.
- Weisen Sie dort dem Feld DEVICE den Inhalt MAIL zu.
- Ergänzen Sie die Formularschnittstelle wie im Quelltext abgebildet. Die Einträge zu den E-Mail-Parametern befinden sich übrigens zuvor schon im Aufruf von OPEN_FORM zum SAPscript-Formular.
- Wenn Sie jetzt das Formular testen, sollte nur noch eine Druckansicht erscheinen. Statt dessen erhalten Sie nach Rückkehr wieder einen Hinweis wie in Abbildung A.5.

Der Hinweis zum Expressdokument enthält u.a. den Namen des Funktionsbausteins zum Formular.

Abbildung A.5 Expressdokument – erhalten nach Senden über Smart Forms

A.5 Musterformulare Automotiv

A.5.1 Übersicht

Sie finden hier beispielhaft drei Formulare der Branchenlösung **Best Practices for mySAP Automotive**. Sie zeigen einige Gestaltungsmöglichkeiten unter Smart Forms.

Die Formulare zum Lieferschein und zum Frachtauftrag sind aus Originalformularen des SAP-Standardsystems entwickelt worden. Zum Vergleich mit den Originalausführungen können Sie also im eigenen System nachschauen. Es wurden auch keine Änderungen am Rahmenprogramm vorgenommen; zusätzliche Daten werden also bei der Ausgabe direkt im Formular beschafft.

Die Formulare beinhalten eine Vielzahl unterschiedlicher Ausgabebereiche, die natürlich über Fenster abgebildet sind. In den meisten Fenstern befinden sich Überschriften, die als Textbausteine im System hinterlegt sind. Da diese Formulare auch bereits unter SAPscript existieren, werden dafür die vorhandenen Standardtexte weiterbenutzt. Damit ist eine zentrale Pflege für beide Technologien gewährleistet.

A.5.2 Warenanhänger nach VDA 4902 (KLT-Label)

Das Formular entstand über einer SAPscript-Migration. Es zeigt insbesondere die Möglichkeiten zur Einbindung von Barcodes unter Smart Forms.

Abbildung A.6 KLT Warenanhänger in Best Practices for mySAP Automotive

A.5.3 Lieferschein nach DIN 4994/4992

Der Lieferschein ist geprägt durch eine Vielzahl kleiner Ausgabebereiche. Die Formatierung erfolgt über einzelne Fenster und teilweise auch Schablonen.

Eine Besonderheit ist die Darstellung der Spalten im Hauptfenster. Die zugehörigen senkrechten Linien gelten für die gesamte Höhe des Hauptfensters. Ihre Länge ist folglich nicht abhängig von der Anzahl der Lieferpositionen. Deshalb können die Linien auch nicht über die Ausgabetabelle erzeugt werden, die für die Formatierung der Positionen verantwortlich ist (bzw. über ein dort hinterlegtes Muster).

Die Lösung für dieses Problem bietet eine zusätzliche Schablone, die über das MAIN-Fenster gelegt ist. Bei dieser Schablone ist dann wiederum ein passendes Muster hinterlegt: Mit jeder neuen Ausgabeseite wird auch diese leere Schablone mit ihren Rändern ausgegeben (es sind dort keine weiteren Text-Knoten für Ausgaben zugeordnet).

Best Practices for mySAP.com								
Neurottstr. 16								
69190 Walldorf / Germany								

(5) Konto-Nr. beim Empfänger	(2) Eingangs- und Bearbeitungsvermerke	**Lieferschein**
Firma Werk Walldorf I Neurottstraße D-69190 WALLDORF		(3) Nr. 80000113 (4) Versanddatum 18.07.2001 Seite 1 / 1

(6) Fracht		(7) Anlieferung (ist)	
frei	unfrei	Waggon	Spediteur
Einheit DM		Fracht	fremd Fahrzg
		Express	eign. Fahrzg
		Post	
		Luftfr.	

Rechnung (8) Nr.
(9) vom

Kunden-Nr. beim Lieferanten

(10) Ihr Zeichen	(11) Bestellung Nr.	Datum	(12) 50000075	(13) Durchw.-Nr. (0761-12345) 11111-22222	(14) Unsere Auftrags-Nr.

(15) Zusatzdaten des Bestellers	(19) Versandart	frei (20)unfrei	(21) Verpackungsart	(22) Versandzeichen	(23) brutto Gesamt- gewicht kg	(24) netto
					336,013	336,013

(25) Versandanschrift	(26) Empfangs-/Abladestelle
Werk Walldorf I 69190 Walldorf	Tor 23

(27) Pos.	(28) Bestell-Nr./Sach-Nr.	(29) Bestell-Bezeichnung (21) Verpackungsart (Einzelheiten)	(30) Menge ME	(31)	(40) Pos. Menge (ist)	+/-	Vermerke
000010	AS1-1000	ABS_1_Rad Aggregat Typ 1 20 ST in HU: 1000001189 20 ST in HU: 1000001190 20 ST in HU: 1000001191 10 ST in HU: 1000001192	70	1			
000020	AS1-2000	ABS_1_Rad Aggregat Typ 2 10 ST in HU: 1000001192	10	1			
900001	VA1-12000-SSFO	KLT 4314	16	1			
900002	VA1-11000-SSFO	Europalette	4	1			
900003	VA1-13000 EXT-VA1-13000	Karton Einlage	64	1			
900004	VA1-1200 EXT-VA1-1200	Deckel	4	1			

ME
1=ST
2=kg
3=g
4=m
5=mm²
6=m²
7=m³
(ltr)

Datum	Eingangsvermerke	Mengenprüfung	Güteprüfung/Prüfbericht	Empfänger	Rechnungsprüfung
Name Nr.					

Abbildung A.7 Lieferschein in Best Practices for mySAP Automotive

A.5.4 Frachtauftrag nach VDA 4992

Das Formular zeigt Möglichkeiten zur individuellen Formulargestaltung, die Smart Forms über Rahmen und Schattierungen bietet.

Im Formular sind mehrere breite Ränder mit unterschiedlichen Graustufen hinterlegt. Jedes dieser Ränder ist über ein eigenes Fenster realisiert, das selbst keine weiteren Inhalte für Ausgaben enthält.

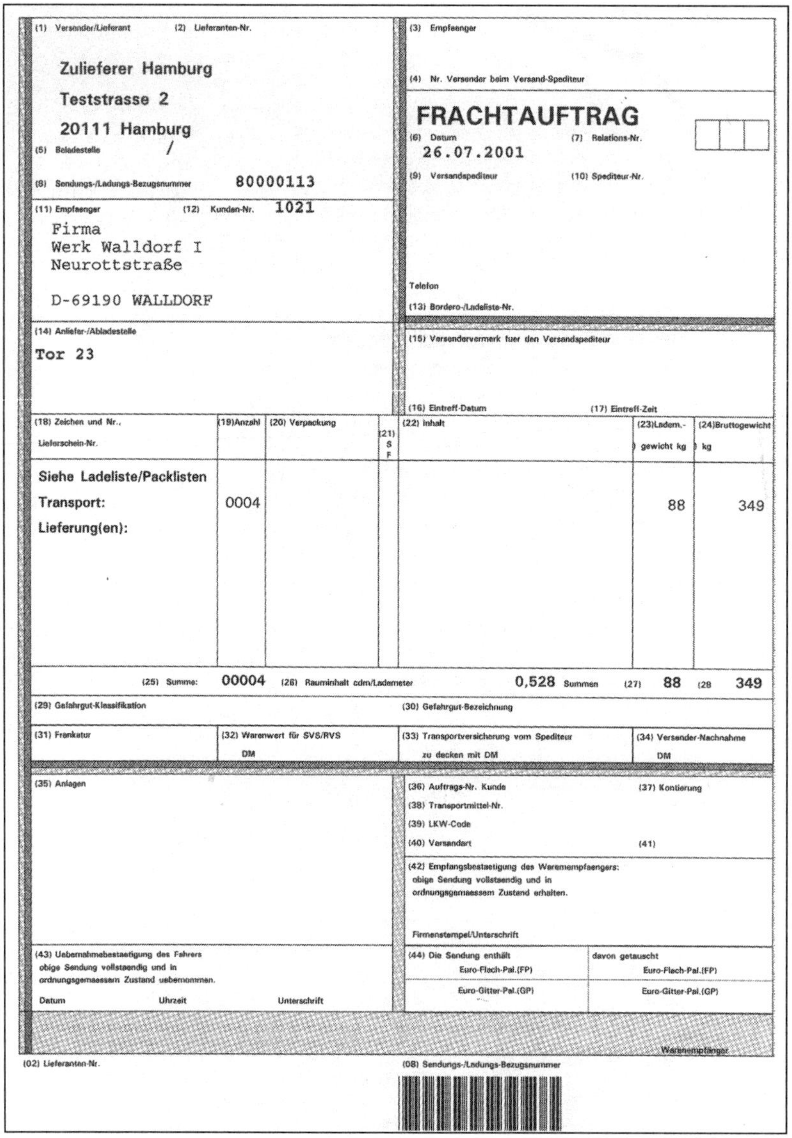

(1) Versender/Lieferant (2) Lieferanten-Nr.

Zulieferer Hamburg
Teststrasse 2
20111 Hamburg

(5) Beladestelle /

(8) Sendungs-/Ladungs-Bezugsnummer 80000113

(3) Empfaenger

(4) Nr. Versender beim Versand-Spediteur

FRACHTAUFTRAG

(6) Datum (7) Relations-Nr.
26.07.2001

(9) Versandspediteur (10) Spediteur-Nr.

(11) Empfaenger (12) Kunden-Nr. 1021

Firma
Werk Walldorf I
Neurottstraße

D-69190 WALLDORF

Telefon

(13) Bordero-/Ladeliste-Nr.

(14) Anliefer-/Abladestelle
Tor 23

(15) Versendervermerk fuer den Versandspediteur

(16) Eintreff-Datum (17) Eintreff-Zeit

(18) Zeichen und Nr., Lieferschein-Nr.	(19) Anzahl	(20) Verpackung	(21) SF	(22) Inhalt	(23) Ladem.-gewicht kg	(24) Bruttogewicht kg
Siehe Ladeliste/Packlisten Transport: Lieferung(en):	0004				88	349

(25) Summe: 00004 (26) Rauminhalt cdm/Lademeter 0,528 Summen (27) 88 (28 349

(29) Gefahrgut-Klassifikation (30) Gefahrgut-Bezeichnung

(31) Frankatur (32) Warenwert für SVS/RVS DM (33) Transportversicherung vom Spediteur zu decken mit DM (34) Versender-Nachnahme DM

(35) Anlagen

(36) Auftrags-Nr. Kunde (37) Kontierung
(38) Transportmittel-Nr.
(39) LKW-Code
(40) Versandart (41)

(42) Empfangsbestaetigung des Warenempfaengers:
obige Sendung vollstaendig und in ordnungsgemaessem Zustand erhalten.

Firmenstempel/Unterschrift

(43) Uebernahmebestaetigung des Fahrers
obige Sendung vollstaendig und in ordnungsgemaessem Zustand uebernommen.
Datum Uhrzeit Unterschrift

(44) Die Sendung enthält davon getauscht
Euro-Flach-Pal.(FP) Euro-Flach-Pal.(FP)
Euro-Gitter-Pal.(GP) Euro-Gitter-Pal.(GP)

Warenempfänger

(02) Lieferanten-Nr. (08) Sendungs-/Ladungs-Bezugsnummer

Abbildung A.8 Frachtauftrag in Best Practices for mySAP Automotive

Index

A

ABAP-Datentypen 160
ABAP-Debugger 449
ABAP-Dictionary 161, 162, 171, 225, 459
ABAP-Editor 47, 439
   Anweisungsmuster 228, 269
   Bearbeitungsfunktionen 226
   Besonderheiten unter Smart Forms 230
   Eingabaute Hilfen 229
   Syntaxcheck 228
ABAP-Grundlagen 232
   Selektionsbild 257, 271
ABAP-Programmierung 23
   Programmcode im Formular 223
Ablauflogik 19
Absatzformat 57, 70
   Absatznummerierung zurücksetzen 213
   Namenskürzel 62
   pflegen 62
   Ränder und Abstände 63
Abschnitt 200
Adressen 130
   Adresse-Knoten 131
   über Funktionsbaustein einbinden 242
   ZAV 130, 244
   ZAV Customizing 134
Alternative-Knoten 184, 209
Änderungsmanagement 88
Anwendungsprogramm 255
Arbeitsbereich 185
Archivierung 313
Aufbereitungsoptionen 149
Aufzählungen 65
Ausgabeauftrag 216, 424
Ausgabebereich 20, 92, 99, 105, 116, 137
Ausgabegerät 426
Ausgabemedien 313, 416
   Archivierung 331
   Drucker 313, 407
   E-Mail 313, 390
   HTML 365
   Telefax 321
   XML 323
   XSF 371
Ausgabeoptionen 32, 53, 57, 94, 110, 140
   Rahmung und Schattierung 118
   Zeile und Spalte 111
   zur Ausgabetabelle 199
Ausgabeseite 21
Ausgabetabelle 96, 103, 197
   Layout 198
   Registerkarte Tabelle 198
   Schutz vor Umbruch 199
   Zeilentypen 198
   Zelle im Unterknoten zuordnen 199
Ausnahmen 175

B

Barcode 69, 431, 435
BCI (Business Communication Interface) 313
BDS (Business Document Service) 399
Bedingungen 32, 53, 184, 206
Beispielformular 25, 37
Benutzerparameter 419
Bereichsmenü 55
   Administration 55
   SAPscript 56
Bezugstyp 160
Buchaufbau 14
Business Workplace 314

C

Composer 182, 426
control_parameters 288

D

Daten 22, 23, 143
   ABAP Datentypen 160
   Arbeitsbereich 185, 190, 194, 274
   Bezugstyp 160, 172
   Datenbanksystem 153
   Datenbanktabelle 161, 164, 184, 237, 460
   Datendefinition 159
   Datenobjekt 156

Datentypen 153, 159, 460
  formularintern 167
Dictionary 161
Feld 154
Feldleiste 154, 280
Feldsymbole 177, 190
Interne Tabelle 155, 185, 189
komplex strukturiert 156, 162
Quelle 143, 168, 237
Strukturen 144, 153
Transparente Tabellen 153, 164
Datenbanktabelle 460
Datenbeschaffung 24, 184, 223
  Performance 224, 280
  Wege 224
Datendefinition 144, 152, 248
  Globale Daten 176
  Konstante 177
  mit LIKE 159
  mit TYPE 159
  Typisierung 156
  unter ABAP 234
  Variablen 156, 177
  Vorschlagswert 177
Datenelement 162
Datum 149, 178
  Formatierung 142
Dokumentation 88
Download 327
Drag&Drop 204
Druckerkommando 215
Druckersteuerzeichen 213
Druckertreiber 215, 426, 427
Druckjob 416
Druckmodus 99
Druckprogramm 255
Drucksystem 416
Durchschläge 218, 276, 282

E

Einzelprüfung 39
Elementares Feld 154
E-Mail 313
Entwicklerregistrierung 27
Entwicklungsklasse 37, 57
Entwicklungswerkzeuge 436
Entwurfsseite 96

Ereignisknoten 40, 74, 76, 140, 193, 200
  Fußbereich 39
  Zwischensumme 201

F

Farbdrucker 69
Fax-Ausgabe 313
Fehlerbehandlung 300
  Ausnahmen 175, 303
  Ausnahmen im Formular 308
  Fehlermeldung 301
  im Rahmenprogramm 303
  interne Fehlerkonstanten 307
  internes Protokoll 301, 305
  Laufzeitfehler 300
  Standard-Meldungen 302
  Systemfelder 300
Fehlerliste 85
Fehlermeldungen 39, 85
Felder 86, 183
  als Knotenattribut 148
  im Debugger 454
  im Text-Knoten 145
  mit Aufbereitungsoptionen 149
  Syntax 168
  Systemfelder 178
Feldleiste 154
Feldliste 72, 145
Feldsymbole 177
Fenster 20
Fenster-Knoten
  Abschlußfenster 362
  anlegen 100
  auf mehreren Seiten 101
  Hauptfenster 100
  Kopienfenster 361
  Nebenfenster 100
Flugdatenmodell 25
Flugrechnung 25
  Arbeitskopie 36
Folgeseite 182
Fontpflege 431
Fonts 55, 69, 431
  TrueType-Fonts 434
Form Builder 31, 71, 141
  Drag&Drop 47, 183, 204, 227
  Grundeinstellungen 77

Navigationsbaum 181, 205, 209
Teilwerkzeuge 71
Form Painter 31, 72, 79, 101
Formroutinen 225
Formular 19
  Ablauflogik 19, 21, 181, 210
  aktivieren 38, 84
  angelegt 31
  ausgeben 24, 35
  Datenflussanalyse 86
  Design 26
  Dokumentation 88
  dynamische Ausgabe 184, 200
  Erstseite 21
  Folgeseite 21, 182, 210
  Formularlogik 181
  generieren 31, 56, 88
  Gesamtprüfung 38, 86, 196, 231
  Herunter-/Hochladen 358, 378
  kopieren 36
  Layout 19, 20, 91
  Name 56
  Prozessierung 183, 219, 220
  prüfen 84
  Seitenränder 427
  Seitenumbruch 210
  sichern 84
  Status 34, 38, 84
  testen 34, 38, 84, 87, 443
  zurück zu aktiver Version 84
Formularattribute 34, 38, 93
Formularlogik 181
Formular-Prozessor 182
Formularschnittstelle 34, 169, 419
  Anzahl Kopien 283
  Ausnahmen 175
  Export-Parameter 173, 296
  Feldsymbole 177
  Import-Parameter 170, 287
  obligatorische Parameter 170
  Standardparameter 170, 174, 270, 286
  Tabellen 175
  Typen 177
  Wertübergabe 174
  zentrale Datenübergabestruktur 171
Function Builder 34, 87, 443

Funktionsbaustein 23, 31, 56, 87, 88
  Eigenschaften 444
  Name feststellen 267
Funktionstasten 18
Fußbereich 200

G

Gerätetyp 427, 428
Gesamtprüfung 38
Gesamtsummen 201
Gliederung 65
Globale Daten 176
Globale Definitionen 176
  Formroutinen 225
  Globale Daten 176
  Initialisierung 225
  Typen 167, 225
Globale Einstellungen 34, 51, 72, 93
Grafik 55
  Auflösung 42
  BMP-Format 399
  im Form Painter 80
  importieren 401
  Klassifikation 402
  Performance Druckausgabe 139
  SAPSCRIPT_SMALL_DOG 41
  selektieren 41, 136
  TIF-Format 399
  Verwaltung 399
Grafik-Knoten 41, 135
  Ausgabebereiche 137

H

Hauptfenster 22, 99, 104, 182, 185
  Breite 100
Hintergrundbild 81, 83, 135, 137
HTML-Ausgabe 313
Hyperlink 390

I

Include-Text 121
  Dynamische Textnamen 124
  Objekttyp 124
  Standardtext 125
  Text-ID 124
  Textschlüssel 121

Inline-Editor 44, 72, 119, 387
Interne Tabelle 155
Internet-Anwendungen 363, 370
ITF Textformat 398

K
Knoten 24, 32
   Einzelprüfung 39, 85
   im Funktionsbaustein 448, 458
   kopieren 46, 75
   Kurzbezeichnung 75
   Nachfolgerknoten 73
   über mehrere Seiten 75
   verschieben 46, 75
   verwalten 46
   Vorgängerknoten 73
Knotenattribute 32, 52, 76
   statisch/dynamisch 76
Knotentypen
   elementar 52, 115
   Grafische Symbole im Navigationsbaum 73
   mit Layouteigenschaften 51, 116
   Übersicht 50
   zur Ablaufsteuerung 52
Kommando-Knoten 184, 213
   Absatznummerierung 213
   Druckersteuerzeichen 213
   dynamischer Seitenumbruch 211
   Spoolattribute 213, 216
Komplexer Abschnitt 187, 189, 198, 218
Konstante 177
Kontextmenü 46, 74
Kopfbereich 200

L
Laufzeitfehler 300
Layout 19
LIKE 159
Linie 95
Logische Abfragen 206
   Alternativen 209
   Ausgabezeitpunkte 208
   Bedingungen 206
   Logische Ausdrücke 207
Lokales Objekt 37

M
Makro 309
Maßeinheiten 62, 78, 93
Meldungen 38
Menüweg 18, 55
Migration 333
Muster 109
Musterformular 26, 36
mySAP CRM 320, 391

N
Nachprozessierung 218, 362
Nachrichtenfindung 403
   Customizing 404
   Konditionstechnik 403
Nachrichtensteuerung 402
   NAST 260, 412
Navigationsbaum 32
   Bearbeitungsfunktionen 74
   Grafische Knotensymbole 73
   Zweige 73
Nebenfenster 22, 99, 104, 182
Nummerierung und Gliederung 65

O
Object Navigator 436
Objektkatalogeintrag 37, 57
Ordner-Knoten 111, 139, 200
   Übungsbeispiel 141
OTF Ausgabeformat 298, 320, 426
output_options 288

P
Papierfach/einzug 98
PDF Ausgabeformat 297
PDF-Format 313
Portooptimierung 218
Print-Controls 98, 213, 214, 429
Programm-Knoten 179, 224
   Adressbeispiel 242
   Datenbeschaffung 184
   Editorfunktionen 226
   Ein-/Ausgabeparameter 231
   Nachprozessierung 220
   Prüfen 228, 231
   Summenbildung 248
Prozessierung 73

Q
QM Formulare einbinden 414

R
Rahmen 94
Rahmenprogramm 19
  aktivieren 49
  anlegen 26, 47
  ausführen 35, 49
  Ausgabe über Schleife 273
  Datenbeschaffung 184, 224, 264, 272
  Datenbeschaffung Lieferschein 279
  Formularname 264
  Funktionsbaustein aufrufen 267, 268
  Funktionsübersicht 255
  im Formular verwendete
    Parameter 231, 276
  kopieren 48
  mehrere Formulare 279
  Nachrichtensteuerung 260
  Name des Funktionsbausteins 267, 270
  prüfen 49
  Spoolsteuerung 293
  Standardparameter und Nachrichtensteuerung 292
  Übungsbeispiel 270, 279, 282, 293
Rechnungsformular 20
Reporting 35
Ressourcenname 98

S
SAP Easy Access 33
SAPconnect 313
SAPscript 27, 56
  Editor 391
  Formulare migrieren 333, 336
  Kommandos 342
  Kompatibilität 27
  Schnittstellenparameter 352
  Standardtext 33
  Stil 30, 58
  Stile migrieren 335
  Symbole 341
  Zeileneditor 29
SAPscript-Text 121
Schablone-Knoten 81, 103
  anlegen 105
  Breite 106, 109
  kombinieren 112
  Layout 103
  Muster 109
  prüfen 106, 110
  Übungsbeispiel 106
  Unterknoten 110
Schattierung 94
Schleife 185
  ABAP-Programmcode 195
  Ausgabe über Schleife 194
  Einzelnen Datensatz lesen 194
  Ereignisknoten 193
  Gruppenstufe 193
  Interne Tabelle mit Kopfzeile 190
  Registerkarte Daten 188, 195
  Sortieren und Gruppieren 192
  Sortierung 185
  Übungsbeispiel 196, 206
  von Daten trennen 189
  WHERE-Bedingung 185, 191, 194
  Zeilennummer 191
  Zwischenwerte 185
Schleife-Knoten 184, 186, 201
Schnelleinstieg 19, 26
Schrift 64, 69
  unterstreichen 69
Schulungsbeispiel 25
Seite-Knoten 96
  anlegen 97
  Attribute 97
  Entwurfsseite 21
  Hintergrundbild 135
  Seitenzähler 212
Seiten und Fenster 33, 72
Seitenformat 93, 98
Seitennummer 178
Seitenränder 427
Seitenumbruch 100, 200
  automatische Berechnung 215
  dynamisch 182
  manuell 97, 182
Seitenzahl 148
Seitenzähler 212, 219
SF_EXAMPLE_01 36
Smart Forms 17
  Eröffnungsbild 31, 56
  Werkzeuge 55

Smart Style 19, 44
Spoolattribute 216
Spoolauftrag 217, 294, 324, 419
    Status 421
Spooldialogbild 294, 418
Spoolsteuerung 417, 420
    Anzahl Exemplare 283
Spoolsystem 416
Spoolverwaltung 217, 417, 424
    Gerätetypen 215
    Print Controls 215
    Spoolauftrag 216
Sprache 141, 386
    bei Formularausgabe 142
Standardabsatz 61
Standardtext 26, 27
    anlegen 29
    kopieren 28
Stil 19, 31, 44, 57, 89, 94
    Absatzformat 115, 123
    aktivieren 60
    in Formular einbinden 60
    Kopfdaten 57, 61
    Namen ändern 60
    pflegen 60
    Standardabsatz 61
    Varianten 60
    Zeichenformat 115
Strichcode 69
Striche 110
Struktur 162
Style Builder 57
    Stilbaum 59
Systemfelder 178, 300, 363

T

Tabelle als Begriff 104
Tabelle-Knoten 81, 186, 201
    anlegen 203
    Ausgabetabelle 197
    Layout 103
    Muster 109
    ohne Datenzugriff 112
    Registerkarte Tabelle 198
    Übungsbeispiel 201
Tabellentyp 162
Table Painter 81, 104, 108
    Aufruf 82

    Mausfunktionen 82
    Raster 83
    verlassen 83
    Vordruck und Hintergrundbild 83
Tabulatoren 64, 81
Textablage 387, 397
Textart 395
Textbaustein 31, 125
    Dynamischer Textname 127
    in Formular einbinden 125
    Neuanlage und Pflege 128
    Text übernehmen 127
    Überungsbeispiel 129
    Übungsbeispiel 126
    Verwendeter Stil 127
Textbearbeitung 387
Texteditor 44, 387
Textfluss 64
Text-ID 28, 394
Text-Knoten 115, 387
    Bezug zu Ausgabebereich 116
    Hyperlink 390
    Include-Text 121
    Rahmen und Schattierung 118
    Sprache 142
    Textbaustein 125
    Textelement 119
    Textfluss 116
    Textformatierung 115
    Texttypen 117
    Übungsbeispiel 120
Textobjekt 394
Textverwaltung 393
Trace 312
Transaktion 55
Transportauftrag 56, 382, 401
Transport-Organizer 382
TYPE 159
Typisierung 156

U

Überschriften 200
Übersetzung 383
Übungsbeispiel
    Ausgabe in Hauswährung 251
    Durchschläge 282
    Fenster-Knoten 102
    Flugrechnung überarbeiten 201

Flugverbindungen 279
Gliederungen 66
Ordner-Knoten 141
Programm-Knoten 242
Rechnung an mehrere Kunden 270
Rückgabe im OTF Format 298
Schablone-Knoten 106
Schleife 196
Standardparameter der Formular-
   schnittstelle 293
Stilinhalte 70
Summenbildung 248
Textbaustein 126, 129
Text-Knoten 120
URL einfügen 391

V
Variablen 156
Verwendungsnachweis 178
Vordruck 103

W
Warnmeldungen 38, 39, 85
Web Application Server 357, 370, 377
Web-Formulare 363, 378
Werkzeuge 24

X
XML-Ausgabe 313
XSF 24, 94
XSF-Ausgabe 323

Z
Z_SF_EXAMPLE_01 37
ZAV 130
Zeichenformat 57, 68, 71
Zeilenabstand 64
Zeilentypen 81, 104, 107, 198
Zeitpunkte 200
Zwischenablage (erweitert) 77
Zwischensummen 201

Horst Keller, Sascha Krüger

ABAP Objects

Einführung in die SAP-Programmierung

Mit Release 4.6 hat die SAP-Programmiersprache ABAP einen weiteren Evolutionsschritt getan und ist zu ABAP Objects geworden, einer Sprache, in der alle wichtigen Konzepte der objektorientierten Programmierung realisiert sind. Das Buch führt in den Sprachumfang von ABAP Objects ein und erläutert anhand zahlreicher Beispiele sowohl das klassische als auch das objektorientierte Programmiermodell.

Es richtet sich an alle, die in die ABAP-Programmierung einsteigen wollen oder einen einfachen Umstieg auf ABAP Objects suchen.

Für diese zweite Auflage wurde der Text noch einmal gründlich durchgesehen.

Auf 2 CDs: Testversion SAP-Basis-System mit implementierten Buchbeispielen!

SAP PRESS

672 S., 2001, geb.
64,90 €
ISBN 3-89842-147-3

Galileo Press

Raimund Heuser

Integrierte Planung mit SAP

Konzeption, Methodik, Vorgehen

SAP PRESS

480 S., 2001, geb.
59,90 €
ISBN 3-89842-123-6

Dieses Buch bietet Ihnen erstmals eine ganzheitliche Betrachtung des unternehmerischen Planungsprozesses mit SAP. Nicht einzelne Planungsfunktionen und -aktivitäten stehen im Mittelpunkt, sondern deren Integration und die dabei sich ergebenden Interdependenzen, Möglichkeiten und Beschränkungen. Deshalb wird sowohl die Einbindung in die Unternehmensstrategie als auch in das operative Tagesgeschäft genau erläutert.

Um Ihnen die Anwendung auf Ihr Unternehmen zu erleichtern, wird ein konkreter integrierter Planungsprozess mit SAP in all seinen Phasen detailliert beschrieben. Dabei erfahren Sie zugleich, warum welche Planungsschritte notwendig sind, welche Schlussfolgerungen aus Ergebnissen gezogen werden können und welche kritischen Erfolgsfaktoren überhaupt zu beachten sind.

Galileo Press

Dies ist nicht die letzte Seite ...

www.galileo-press.de

Computing | Design | Business | SAP PRESS

Katalog und Webshop

Gewinnen Sie attraktive Preise mit Ihrem Feedback

Nutzen Sie auch ...

- Inhaltsverzeichnisse, Leseproben, Leser- und Pressekritiken
- Artikel, Interviews und Linklisten rund um die Buchthemen
- Neuheiten-Newsletter
- BuchScanner
- Diskussionsforen
- Glossare zu Fachbegriffen

u.v.m.

Die Buchregistrierung

Für registrierte Nutzer halten wir zusätzliche Informationsangebote bereit.

Ihr persönlicher Registrierungscode: 02GP19610095